여순사건과 한국전쟁 전후에 숨진
수많은 영령들 앞에
이 책을 바칩니다

"이 저서는 2007년 정부(교육인적자원부)의 재원으로 한국학술진흥재단의 지원을 받아 출판되었음" (KRF-2007-814-A00036)

'빨갱이'의 탄생

초판 1쇄 발행 2009년 5월 25일
초판 6쇄 발행 2023년 6월 25일

지은이 ㅣ 김득중
펴낸이 ㅣ 윤관백
펴낸곳 ㅣ 선인

등록 ㅣ 제5－77호(1998. 11. 4)
주소 ㅣ 서울시 양천구 남부순환로 48길 1, 1층
전화 ㅣ 02)718－6252 / 6257 팩스 ㅣ 02)718－6253
E-mail ㅣ sunin72@chol.com

정가 38,000원

ISBN 978－89－5933－162－8 93910

· 잘못된 책은 바꿔 드립니다.

'빨갱이'의 탄생

여순사건과 반공 국가의 형성

김 득 중

화보

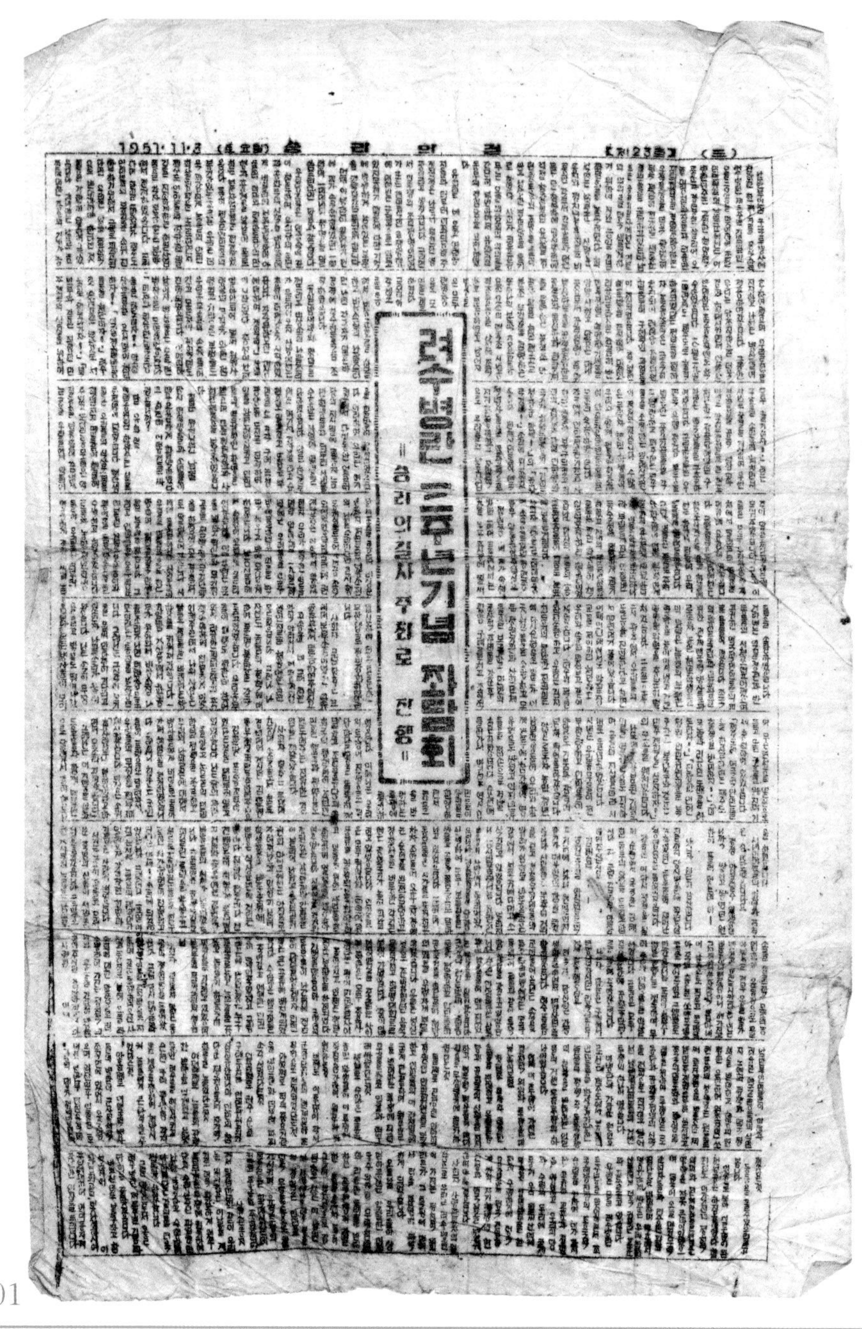

1951·11·3 (土曜日) 승 리 의 길 【제23호】 (三)

려수병란 三주년기념 좌담회

=승리의 길사 주최로 진행=

01

01_ 남부군 기관지 『승리의 길』에 실린 「려수병란 3주년 기념 좌담회」. 이 기록은 14연대 군인들이 지리산에서 여순 사건을 회고한 좌담회를 정리한 것인데, 제14연대 군인들의 경험이 실려 있는 유일한 현존 기록이다(1951. 11. 3)

02

03

02_ 여순사건 진압을 위해 경찰이 출동 준비를 하고 있다.

03_ 진압작전을 논의하고 있는 제5여단 사령관과 참모들. 맨 오른쪽이 여단장 김백일 중령, 가운데가 5여단 작전참모 이영규 소령, 맨 왼쪽이 참모장 오덕준 소령

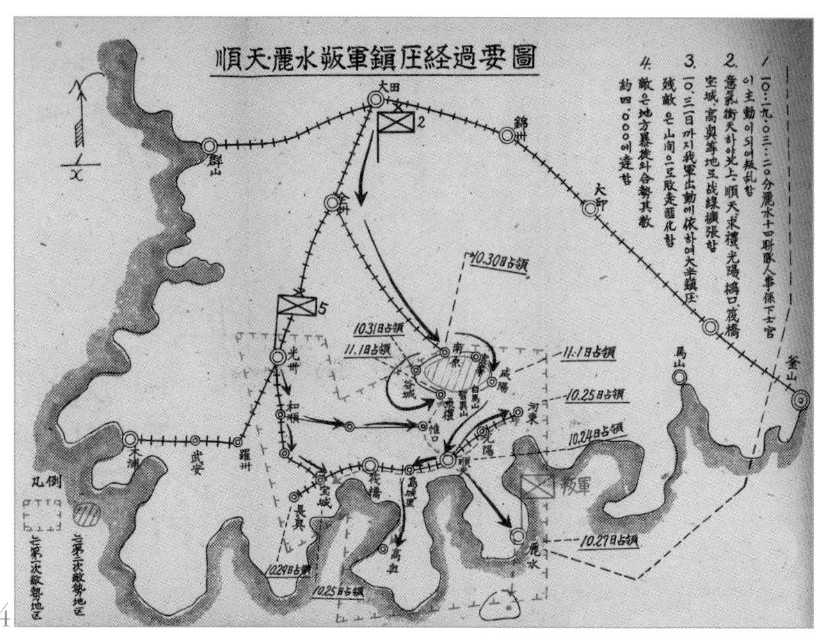

04

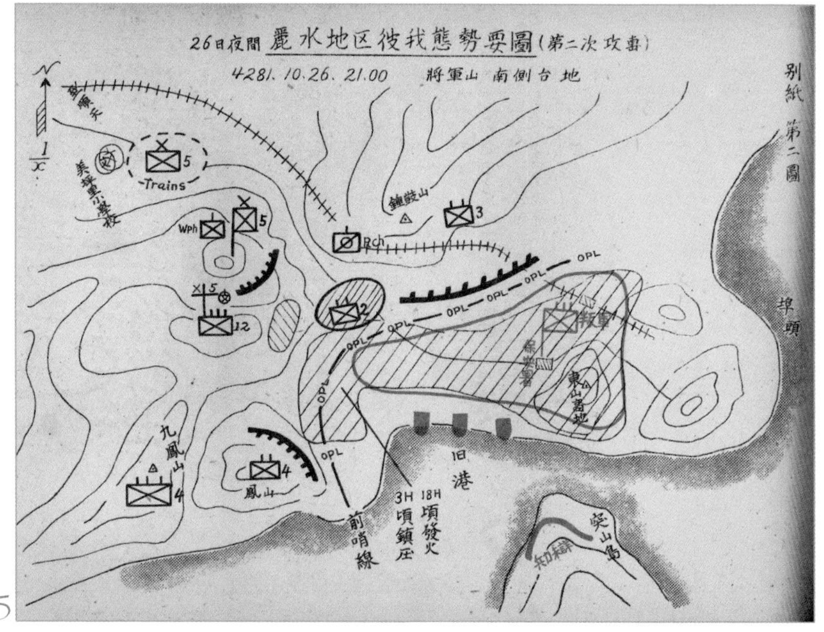

05

04_ 여순사건의 전체적인 진행 상황을 표시한 「순천 · 여수 반군 진압 경과 요도」. 진압군과 봉기군의 이동 상황이 날짜별로 간략하게 표시돼 있다.

05_ 10월 26일 저녁 9시 현재 여수지역의 대치 상황을 나타낸 「여수지구 피아 태세 요도」. 봉기군이 여수 중심가와 돌산도에 머물러 있고, 진압군 제2 · 3 · 4 · 12연대가 공격을 위해 배치되어 있음을 알 수 있다.

반란병사에게 고함

一、점점치위는닥처오는이때 그대들의부모는 눈물을흘리고 손고바기대린다 기피생각하라 부모를모른척할소냐

二、중대장이상간부를체포혹은죽이고도라오면二十萬圓의상금을주겟다

三、도라오는그대들의생명은절대보장한다

호남방면군사령관

06

일반지방민에게고함

一、산간부락민은속히지서부근으로모이라 생활보장은안심하라

二、군행동지역은태극기를세우라 세우지안흐면반란군으로취급한다

三、반란군에식사 피복 금품을주는자는반란군과갗치취급하고사형에처한다

四、특별정보를국군이나경찰에게내통하여주는사람에게는특별상금을주겟다

五、반란군좌익분자의선전의거짓말에절대속지마라

호남방면군사령관

07

08

06_ 여순사건 당시 진압군은 반란 병사, 농민, 지역민을 대상으로 경고문 삐라를 살포하였다. 사진은 호남방면사령관이 발행한 「반란 병사에게 고함」 삐라이다.

07_ 「일반 지방민에게 고함」 삐라. 군 작전지역에서 태극기를 걸지 않으면 반란군으로 취급할 것이고, 반란군에게 피복이나 금품을 주면 반란군과 같이 사형에 처한다고 경고하고 있다.

08_ 호남지구반도귀순촉진위원회 벌교지부가 붙여놓은 귀순 권고문. 반도는 '이 기회에 반성하여 귀순하라' 고 적혀 있다(1949. 1)

009

10

09_ 아기를 맨 아낙네가 경찰관들의 시체를 둘러보고 있다.
10_ 연달아 묶인 채로 트럭에 실려 가는 봉기군

AT YOSU IN THE U.S. ZONE, WHERE KOREA'S REBELLION BEGAN ON OCT. 19, LOYAL TROOPS FLUSH OUT COMMUNISTS FOR TRIAL AFTER RETAKING THE CITY

REVOLT IN KOREA

A NEW COMMUNIST UPRISING TURNS MEN INTO BUTCHERS

PHOTOGRAPHS FOR LIFE BY CARL MYDANS

Sooner or later the cold war in Korea was sure to turn hot, and so it did in late October on a signal from the Soviets. The reasons were well known: Korea had been split between U.S. and Soviet control at Yalta, and the Soviets obstructed all later efforts to unite it, preferring to establish a Communist "people's republic" in North Korea and equip it for civil war which would make all Korea Red. The urgency increased in August when the U.S. gave South Korea a government under President Syngman Rhee. When the Red rebellion came, it splattered blood across the new southern nation.

It began on the cool night of Oct. 19 while the Moscow radio trumpeted the news that Soviet troops were leaving Korea. Simultaneously a Red cell of 40 soldiers in a regiment of the American-trained Korean national army at the southern port of Yosu killed the regimental officers, gathered the entire regiment in revolt, murdered the local police and quickly captured both Yosu and the city of Sunchon 25 miles to the north. There the rebels, still in American Army uniforms, and followers raised the flag of the North Korean People's Republic, and for a few bloody days ruled a small chunk of Rhee's south. Before they melted into the hills, at least temporarily repulsed by loyal troops, LIFE's Carl Mydans was on the scene with a camera to record the brutal consequences.

CONTINUED ON NEXT PAGE 55

11

11_ 여순사건은 국내뿐만 아니라 외국 기자의 관심을 끌었다. 반란 지역을 방문한 *Life* 기자 칼 마이던스는 순천에서 벌어진 협력자 색출장면과 여수 진압작전을 직접 목격하였고, 그가 촬영한 사진들을 *Life*에 게재하였다.
이 사진은 진압군이 여수에서 제14연대 군인과 협력자를 색출하여 옷을 벗긴 채 연행하는 장면이다. 왼편 목조 건물에 '오까모또(岡本)' 라고 쓴 문패가 보인다. 태평양전쟁이 끝난 3년 만에 전쟁 같은 내전이 발발했고, 2년 뒤에는 한국전쟁이 발발했다. 전쟁의 연속이었다.

12

12_ 진압군의 명령에 따라 황급히 보따리를 싸매고 여수 서국민학교에 모이는 시민들. 이들을 기다리고 있던 것은 군경의 의심과 협력자로 지목당할지 모른다는 공포였다.

13

13_ 진압군은 시민을 국민학교에 모이게 한 다음 협력자를 색출 했다. 옷이 벗겨진 혐의자들이 경찰과 우익 인사들로부터 심문을 받고 있다.

14

MACARTHUR GREETS KOREA'S PRESIDENT

Allied Commander in Japan welcomes Syngman Rhee at the Haneda Airfield in Tokyo. Mrs. MacArthur is in the background.
Associated Press Wirephoto

Korea Orders Martial Law, Army Moves on Red Rebels

By RICHARD J. H. JOHNSTON
Special to THE NEW YORK TIMES

SEOUL, Korea, Thursday, Oct. 21—The Korean Cabinet met early this morning in emergency session under President Syngman Rhee to widen plans for the suppression of the Communist uprising on the southern coast of Korea, spearheaded by revolting Korean army forces.

[Loyal Korean Government troops and police routed a motley army of Communist-led rebels south of Kwangju Thursday, apparently removing the threat of a nation-wide rebellion aimed at overthrowing the infant Korean Republic, The United Press said. Reports to Korean and United States Army headquarters in Seoul said the Korean Army reinforcements had stopped the rebel advance south and east of Kwangju. The main body of the rebels was said to be fleeing into the hills.]

Home Minister T. Y. Yun announced that he had declared martial law "on my own responsibility" last night. Mr. Yun said that the Cabinet and the Chief Executive would decide whether to continue the martial law decree, the first to be imposed by the two-months' old government.

Incomplete reports from the scene of the revolt that began in the south coast port town of Yosu listed 100 police killed by the rebellious army forces. At Sunchon, twelve miles north, the Home Ministry said that 300 police had been killed by the rebels. The original 800 army troops who staged the revolt in Yosu had reportedly swollen in numbers to more than 3,000. It was reported that marauding rebel troops had enlisted farmers and workers to join the revolt.

The revolt broke out at 2 o'clock yesterday morning among 2,500 Korean troops in Yosu. They were awaiting shipment to the island of Chejudo, a port town. Last week the police had arrested the Communist cell leader of the unit. The rebels attacked the police station in town, under the leadership of Communist cell workers, the authorities said.

It was reported this morning that the rebels had driven fifty miles northward to Namwon. There

Continued on Page 15, Column 2

South Korea Orders Martial Law, Army Moves Against Red Rebels

Continued from Page 1

was no indication of wide-scale fighting there, however.

Korean army forces were posted at points on the roads leading to Kwangju, the provincial capital. A Korean army spokesman said it appeared that the rebels had taken to the hills.

The authorities admitted, however, that the rebels held Yosu. Loyal troops have been removed by the coast guard. It was said that the rebels were avoiding pitched battles with loyal troop concentrations.

United States Army headquarters said that no Americans were involved and that United States troops had not been called in.

Maj. Gen. John B. Coulter, United States commander, said this morning that his office was seeking from the Korean authorities a detailed report of the rebellion.

The liaison committee of the United Nations Temporary Commission on Korea this morning received a request for a report on the rebellion from the commission's secretariat in Paris.

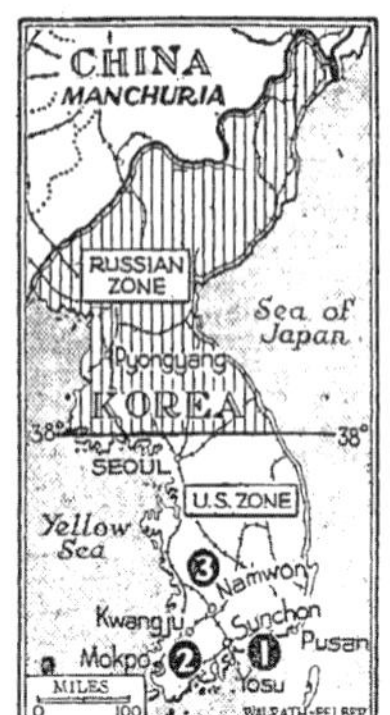

The New York Times Oct. 21, 1948

Counter-measures were under way against disaffected army units that seized Yosu (1) and attacked Sunchon in the same area. The rebels were reported moving toward Kwangju (2) and unconfirmed advices said fighting had spread to Namwon (3).

15

14_ 미 뉴욕타임즈에 보도된 여순사건 기사(1948. 10. 21)
15_ 진압작전 때 발생한 대화재로 폐허가 된 여수 시가지

現地報道 特輯

國際新聞

THE INTERNATIONAL PRESS

第439號

附錄

順天地區의戰鬪詳報

叛亂軍實城에集結

一部에는「게리라」部隊蠢動

피흐른順天의慘狀

寫眞=本社特派員朴進植發

社告

寫眞說明

16

16_『국제신문』은 여순사건 관련 사진을 풍부하게 게재했다. 여수 진압이 거의 끝난 10월 27일, 『국제신문』은 12장의 사진을 넣은 「현지보도 특집」을 부록으로 발행했다. 신문 보도는 일반 국민이 여순사건을 '공산주의자들의 반란'으로 인식하는데 중요한 역할을 했다(『국제신문』, 1948. 10.)

17

17_ 1948년 5월 31일 중앙청에서 열린 제헌국회 개원식. 선거가 실시되지 못한 제주도 2명을 제외한 198명의 의원들이 모였다.

18_ 정부수립식에 참석한 존 하지 주한 미군 사령관과 더글라스 맥아더 연합군 사령관, 이승만 초대 대통령(1948. 8. 15)

19_ 이승만 정부의 초대 내각

21

20_ 여순사건이 발발한 날, 이승만 대통령은 맥아더를 만나기 위해 일본으로 건너갔다. 사진은 일본에서 돌아온 이승만을 영접하는 무쵸 주한 미 특별대표. 이승만과 무쵸 사이에 윤치영 내무부 장관이 서 있고, 이승만의 오른쪽에는 임영신 상공부 장관이 보인다.

21_ 국군에게 기관총 사용 방법을 교육하는 미 임시군사고문단원(1948. 11. 22, 부산)

22

22_ 육군 총참모장 채병덕이 육군보병학교에서 기념사를 하고 있다. 육군보병학교는 포트 베닝에 있는 미 육군보병학교를 모방하여 설립되었다. 뒷줄에 앉아 있는 사람은 왼쪽부터 로버츠 주한 미 군사고문단장, 클라크 육군보병학교 고문, 밥 에드워드 주한 미 대사관 육군무관, 제임스 하우스만 육군 참모부 고문(1949. 9. 26, 서울). 하우스만은 여순사건 진압작전에 깊숙이 개입한 인물이다. 밥 에드워드는 1950년 7월 대전형무소 수감자 1,800명이 집단 처형되었다는 보고서를 작성하였다. 그는 이 처형이 "의심할 바 없이 최고위층에서 내려졌다" 고 적었다.

23

23_ 한국전쟁기 지리산 부근 구례지역에서 체포된 빨치산. 송요찬 8사단장과 미 군사고문단원이 빨치산이 하차하는 것을 지켜보고 있다(1951. 12. 10, 구례). 여순사건은 육지에서 빨치산 활동이 본격화되는 계기였다. 1949년 동계토벌작전으로 소강상태를 보이던 빨치산 활동은 한국전쟁 때 후퇴하던 인민군이 지리산 등지에 입산하면서 다시 시작되었다.

책머리에

1

처음 여순사건에 관심을 가질 때만 하더라도, 나는 현대사 연구자로서 여순사건을 어느 정도 '알고 있다'고 생각했다. 여순사건에 대한 연구는 1998년 국사편찬위원회에서 『자료 대한민국사』를 편찬하는 과정에서 싹텄는데, 이 때 생긴 몇 가지 조그만 의문들은 시간이 지나면서 해결되기보다는 점점 더 많은 숙제가 되었다. 일시나 사건을 확인하기 위해 기존 자료를 뒤지다 보면, 천편일률적인 시각만이 있을 뿐 구체적인 사실을 확인하기 어려웠다.

그러는 과정에서 여수와 순천에 내려가 김계유 선생님을 만나고, 여수·순천의 시민단체를 방문하고, 지역을 답사하면서 본격적인 연구가 시작되었다. 여순사건에 대한 귀중한 증언을 남긴 김계유, 반충남 선생님의 글은 연구의 길잡이가 되었다. 특히 김계유 선생님의 글은 당시 기억을 되살려 사건을 증언하고 기록한 귀중한 글이었다. 돌아가신 김계유 선생님의 명복을 빈다. 사건을 증언해 주셨던 여수의 정기순 선생님과 구례의 정운창 선생님은 미처 따라잡을 수 없었던 당시의 상황을 자세히 알려주셨다. 정기순 선생님의 건강과 고 정운창 선생님의 명복을 빈다.

여수·순천을 방문하면서 여순사건 규명을 위해 수많은 지역을 뛰어다니며 진상규명에 힘 써오신 분들이 계시다는 것을 알게 되었다. 여수지역사회연구소의 김병호, 이영일, 박종길, 주철희, 이오성, 조경일, 김행숙 그리고 순천의 박병섭, 선휘성 선생은 나에게 여순사건으로 돌아가신 분들의 소리를 듣게 하여, 나태해지기 쉬운 정신을 일깨워주었다.

여수에 내려갔을 때, 여수지역사회연구소의 박종길 선생은 눈앞에 펼쳐진 바다를 바라보며 '여순사건 때 돌아가신 수만 명의 혼령들이 당신을 보살펴줄 것'이라고 얘기했다. 이야기는 짤막했지만, 수 년 간 나의 가슴 속에 가라앉아 여순사건 연구를 촉진하는 힘이 되었다.

여순사건이 지금도 살아있는 역사라는 점은 여수 · 순천 · 광양 · 구례 지역에서 여순사건 유족회가 활동 중이라는 사실에서도 드러난다. 학술 심포지움이 열릴 때마다 매번 얼굴을 뵈었던 유족들의 유일한 소망은 죽은 자의 명예회복이었다. 자신의 아버지와 어머니가 왜 죽어야 했는지를 이해할 수 없었고, 설명할 수 없었던 것이 우리의 현대사였다. 이제는 그런 시절을 끝내야 한다는 연구자로서의 의무가 여순사건 연구를 재촉하였다.

여순사건 연구에서 어려운 점은 두 가지이다. 하나는 사실에 대한 확인이 매우 어렵다는 점이고, 두 번째는 기존의 두껍게 형성된 반공주의 시각의 장벽이었다. 돌이켜보건대, 이런 이유 때문인지 주변에서도 여순사건 연구를 권유하지 않았던 것으로 기억된다.

그러나 여순사건에 관심을 가지고 글을 써왔던 선행연구자들이 있었다. 일본의 히구찌 유우이찌(樋口雄一), 미국의 브루스 커밍스(Bruce Cumings), 존 메릴(John Merrill)이 그러했다. 1960년대에 최초로 여순사건 관련 논문을 발표한 히구찌 유우이찌 선생은 틈틈이 자료를 챙겨주시고, 매번 자신의 저작을 보내주셨다. 이제야 그 보답을 하게 되어 기쁘다. 국내에서는 황남준, 안종철 선생 등의 선구적 연구가 있었다. 이들의 선행 연구가 없었다면, 여순사건에 대한 문제 의식을 키울 수 없었을 것이다.

공부를 진행하면서 여순사건이 이승만 정부 타도를 위한 공산주의자들의 반란이나, 공산주의자들의 양민 학살과는 다른 양상을 띠고 있다는 점을 발견하게 되었다. 내가 가장 많이 놀란 것은 이전에 좌익 학살로 알려져 있던 것이 군경에 의한 대량학살로 밝혀졌을 때였다. 또한 여순사건이 단순히 14연대 군인들의 반란만이 아니라, 지역민들이 광범위하게 참여한 반란이었고 그렇기 때문에 여순사건은 한 가지 색깔로는 규정될 수 없는 복합적인 성격을 띠고 있다는 점도 알게 되었다.

여순사건은 잊혀질 수 있는 과거가 아니며 생활 속에 깊숙이 들어와 있다. '줄을 잘 서야 한다'는 얘기나 '나서면 다친다'는 삶의 지혜(?)는 삶과 죽음의 경계선을 오갔던 여순사건의 역사적 경험 속에서 시작되었다. 국민학교 운동장 등에서 벌여졌던 부역자 심사는 '이 편'과 '저 편'을 갈랐고, 저 편에 있는 사람은 결국 죽음으로 향했다.

협력자 즉결처형이 이루어졌던 학교는 죽음의 공간이었다. 여수의 한 초등학교 학생들은 밤 12시가 되면 귀신이 나타나고, 교정에 있는 이순신 장군이 이 귀신을 물리친다는 괴담을 말한다. 많은 학교에서 유통되는 이른바 '학교 괴담'은 학교가 공동묘지에 세워졌기 때문에 생긴 이야기가 아니다. 여순사건 때도, 한국전쟁 때도 학교는 항상 군사적 용도로 사용되었다. 여순사건 때 초·중등학교는 군경에 의한 즉결 처형이 이루어진 장소였다. 공동묘지에 학교가 세워졌던 것이 아니라, 학교가 공동묘지가 되었던 것이다. 30~40년 뒤에도 학교 운동장에서는 사람의 뼈가 나왔다. 괴담이 생기지 않았다면, 그것이 오히려 이상한 일이었다.

사건이 진압된 뒤, 여수 제14연대는 아예 폐지되었고 광주 제4연대도 개칭되었다. '四는 죽음의 死와 통하기 때문에' 회피되었던 것이 아니다. '四'는 대한민국을 거스르는 '반란'과 '반역'의 기호가 되었기 때문에 금기시되었다.

2

인간이 벌여 놓은 일치고 역사 연구와 관련되지 않은 일은 없기 때문에 역사학은 매우 많은 얼굴들을 가지고 있다. 그렇기 때문에 역사 연구자는 많은 일에 관심을 쏟아야 하고, 그러는 과정에서 많은 사람들을 만나 도움을 받는다.

이 책에는 미처 표현되지 못한 숱한 고마움이 녹아 있다. 연구 과정에서 학문적 빚을 진 수많은 사람들에게 일일이 감사의 뜻을 전하기는 힘들지만, 아래의 분들에게는 특별한 감사의 말씀을 전하고 싶다.

스스로를 역사 연구자로 자리매김하지 못하고 방황했을 때, 대학원의 여러 선생님들은 역사에 어떻게 다가가야 하는지, 어떻게 살아가야 하는지를 몸과 마음으로 가르쳐 주셨다. 이 자리를 빌려 그동안 표현하지 못했던 감사와 존경의 마음을 전하고 싶다.

대학원에 입학하고 만나 뵌 성대경 선생님의 사람들에 대한 따뜻한 시선은 나의 몸가짐을 되돌아보게 하였다. 서중석 선생님이 현대사 연구에서 보여준 꼼꼼함과 문제 의식은 나의 게으름을 자책하게 하였는데, 논문 제출을 재촉하셨던 덕분에 간신히 학위논문을 완성할 수 있었다. 핵심에 다가서는 예리함으로 무지를 일깨워준 김택현 선생님, 전공 시기가 다름에도 누구 못지않은 논평을 해주신 김영하 선생님과 오랜 시간을 같이 하지 못한 것이 아쉽다. 역사학계의 전통을 잇기라도 하듯, 상당히 뒤늦게 여순사건에 대한 박사학위 논문을 제출했다. 심사 과정에서 강정구 선생님은 논문의 중심을 잡아주셨고, 정해구 선생님은 시종일관 세세하고 자상한 논평을 해주셨다.

거칠고 투박한 대학원 시절의 연구 생활을 다듬어준 임경석 선생님, 최규진, 김인덕, 전명혁 선배님에게도 고마움을 전한다.

학창시절에 접했던 여러 선생님과 선배들에 대한 고마움은 오랫동안 지워지지 않았다. 스스로 보기에도 엉성했던 학위 논문을 지도해주신 여러 선생님들께 송구스럽다. 이 책으로 그 당시의 죄송함을 대신하고 싶다.

본격적인 연구의 출발이라고 할 수 있는 대학원 시절부터 같이 해온 안준범 학형의 엄격한 학문적 자세는 나에게 항상 귀감이 되었다. 그 시절부터 지금까지 오랜 시간을 같이 지내온 이임하는 세상의 모든 일을 얘기할 수 있는 든든한 동료였다. 새로운 길을 찾아 나서는 과정에서 만났던 대학원 후배 연정은, 김춘수는 역사학연구소에서도 만나 같은 길을 걷게 되는 동지가 되었다.

같은 길을 가는 사람들이 만나 고민을 나누었던 역사학연구소는 역사 연구의 기본적 자세를 가다듬을 수 있는 공간이었다. 연구소 살림살이를 보살피는 김선경 소장님과 송찬섭 선생님께 미안한 마음을 금할 수 없다. 윤한택, 박준성, 윤대원, 배성준 선배의 활동은 학문과 사회가 어떻게 관련을 맺어야 하는지를 알려주었고, 후지이 다케시는 든든한 후배였다.

민간인 학살과 반공체제를 공부하는 길에서 만난 강성현, 김학재는 후배라기보다는 동료였다. 두 사람은 더할 나위없는 훌륭한 논평자였을 뿐만 아니라 이 책의 부족한 점을 지적하고 메워주는 사실상의 공동 작업자였다. 이들과의 만남 속에서 한국의 민간인 학살문제에 대한 연구는 더욱더 지평이 넓어져, 한국제노사이드연구회까지 지속되었다.

2004년 창립 때부터 지금까지 활동하고 있는 한국제노사이드연구회는 학살과 관련된 문제 의식의 지평을 넓히고 관련 연구자들의 고민을 공유하는 공간이었다. 홍순권 전임 회장과 정근식 회장의 폭넓은 관심과 배려 그리고 최호근, 전갑생 선생의 헌신은 우리 사회에서 제노사이드에 대한 문제 의식을 확산시킬 수 있었던 동력이었다. 한국전쟁기 민간인 학살에 관한 김동춘 선생님, 한홍구 선생님의 선구적 연구에도 감흥 받은 바가 컸다.

여순사건은 제주4·3사건과 무척 관련이 깊다. 제주4·3 진상규명운동에 힘쓰던 양조훈 제주4·3평화재단 상임이사, 박찬식 4·3연구소 소장, 김종민 기자를 만나 같은 시대를 살아가는 자의 연대를 확인할 수 있었다.

민간인 학살 문제의 사회적 해결은 유족과 연구자들 그리고 시민단체의 활동이 어우러져야 한다. 이런 의미에서 한국전쟁전후민간인학살진상규명범국민위원회의 이춘열 선생과 이창수 위원장 등의 활동은 관련자들의 힘을 모아내는 중요한 역할을 했다.

또한 민간인 학살 문제가 사회적 이슈로 확산되는 데에는 언론의 역할이 컸다. 김주환, 이채훈, 심규상, 안수찬, 심길보 기자는 진실을 추구하는 저널리즘의 본령이 어떠해야 하는지를 보여주었고, 이들의 부지런한 탐사

보도는 학문적 연구를 추동하고 사회적 관심을 불러일으켰다.

여순사건 연구는 이러한 학자, 시민단체, 유가족, 언론 등의 사회적 네트워크 속에서 만들어질 수 있었다. 이들 모두에게 감사의 뜻을 전한다.

3

흔히 역사 연구의 기본은 사료라고 말한다. 여순사건을 연구하면서 부족한 사료 때문에 겪었던 경험은 이루 말할 수 없다. 국·내외, 온·오프라인 등 여순사건 관련 자료가 있는 곳이면 어디든지 쫓아다녔다.

첫 직장이었던 국사편찬위원회에서의 생활은 자료에 대한 감각을 키워준 곳이었다. 여순사건을 연구한 계기도 국사편찬위원회 업무를 통해서였고, 연구의 내용을 채워나간 곳도 국사편찬위원회였다. 정옥자 위원장님과 장필기 실장님 그리고 여러 직원들의 배려가 없었다면 기나긴 여정을 마무리하기가 어려웠을 것이다. 업무와 전공 분야에서 공유하는 점이 많았던 김광운, 윤덕영, 최영묵 선생 그리고 구술사 업무를 같이 하는 장용경 학형에게 고마움을 표한다.

국편의 지원으로 사료 수집을 위해 미 국립기록관리청(National Archives of Record Administration)에 파견되어 지낸 기간은 사료에 대한 예리한 감각과 안목을 넓힐 수 있었던 좋은 계기였다. 고령에도 불구하고 매일 같이 아카이브즈에 출근했던 방선주 선생님은 자료에 대한 천착이 삶의 방식과 어떤 관계를 맺고 있는지를 몸소 보여주셨다. 생각해보면, 미국에 있는 수개월 동안 내가 배운 것은 사료가 아니라 사료에 대한 방선주 선생님의 자세와 삶의 방식이었던 것 같다. 조용하게 꼿꼿이 일에 매진하는 모습, 자신의 장례식에서는 장송곡이 아니라 행진곡을 울려달라고 말하시던 모습에서 나는 사료 이상의 것을 볼 수 있었다. 선생님의 건강과 준비하시는 책이 순조로이 출판되기를 기원한다.

증거 자료를 찾아내고 발굴하는 수집가 역할은 역사가의 기본이지만, 무엇이 사실이고, 무엇이 허구인지를 가리기 위해 힘을 쏟고, 표면에 드러난 사람이 진짜 그 행위를 한 것인지를 가려낼 때는 끈질기게 심문하는 수사관이 되기도 한다. 사건과 연관된 사람이 누구이고, 그들이 어떤 사람인지를 알기 위해서 뒷조사를 할 때는 심지어 흥신소의 탐정 같기도 하다는 생각이 들었다.

'역사의 심판'이라는 말에서 드러나듯, 사람들은 역사가에게 재판장의 역할을 기대한다. 역사가들이 산더미 같은 사실을 헤집고 정리하여, 이에 대한 평가를 내려주기를 기대하는 것이다. 그러나 사실 '역사적 평가'는 역사가의 몫은 아니다. 물론 역사가는 하나의 의견을 제시할 수 있지만, 그것이 곧바로 역사적 평가가 되는 것은 아니다. 역사적 평가를 기대하는 사람들은 자신이 '역사적 평가'를 만들어내는 하나의 주체라는 점을 잘 의식하지 못하는 것 같다.

여순사건을 연구하는 과정은 많은 직업을 경험하게 했지만, 내가 이 책에서 되고 싶었던 것은 산 자와 죽은 자를 이어주는 무당이었다. 죽은 자를 대신하여 현세의 남아 있는 자에게 말하고, 과거와 현재를 이어줌으로써 원혼을 풀어주는 그런 사람 말이다.

이제까지 여순사건은 말할 수 있는 입이 없었다. 여순사건이 무엇이고, 어떤 사연이 있었는지를 말하지 못했다. 이제, 말하지 못하는 여순사건을 넘어서 말할 수 있는 여순사건이 되어야 한다. 이 책은 미약하나마 그 디딤돌이 되고자 한다.

마지막으로 이 책의 출판을 기꺼이 맡아주신 선인출판사 윤관백 사장과 많은 분량의 원고를 편집해 준 직원들에게 고마움을 전한다.

4

공부하고 집필하는 것을 핑계 삼아 제대로 찾아보지도 못한 아버님과 어머님에게 이제는 조금 면목이 설 것 같다. 아들이 높은 곳만을 쳐다보며 달릴 때, 저 낮은 곳에서 가족을 지켰던 어머님 그리고 아들이 하는 일을 묵묵히 지켜보고 응원했던 아버님이 있었기에 이 책은 쓰일 수 있었다.

늦게 들어오는 것이 일상화되어, 좋아하는 여행도 한번 같이 가보지 못한 선우, 선하에게는 항상 미안한 마음이 있었다. 아들과 딸은 아빠를 믿어주며 잘 참아주었다. 새해 벽두에 약속했던 아버지로서의 약속을 지켜낸 것으로 보답하고자 한다.

몇 년 전 아이들과 같이 구례 산동마을의 산수유를 구경하러 갔을 때, 나는 산수유가 아름답게 핀 이 마을에도 가슴 아픈 역사가 있었다고 얘기해주었다. 그 때 선우와 선하는 마을 사람들이 왜 죽었으며, 공산주의자가 무엇이냐고 물었다. 대답은 쉽게 나올 수 없었다. 아이들은 나의 설명을 잘 이해할 수 없었겠지만, 아름다운 풍경에 감추어진 슬픈 역사를 느낄 수는 있었으리라. 이 책은 선우, 선하와 같은 자라나는 세대들에게 들려주는 과거의 이야기이자, 나의 후세대가 그러한 아픔을 겪지 말아야 한다는 현재의 다짐이며 미래에는 이 같은 일을 다시는 겪지 말라는 약속이기도 하다. 이것이 이 책을 쓴 궁극적 목적이다.

마지막으로 아내 강수정은 나의 원고를 꼼꼼히 읽어주고 비평해준 훌륭한 논평자였다. 학창 시절에 역사를 공부했던 아내의 지적은 내가 쉽게 지나쳐버릴 수 없는 것들이다. 평생을 같이 할 동무로써 아내를 만난 것은 나에게 큰 행복이었고, 나의 시간은 그의 시간이기도 했다. 이 책의 반은 그의 몫이다. 아내에게 이 책을 바친다.

2009년 5월
여수 앞바다의 잔물결을 다시 볼 날을 고대하며 쓰다
김 득 중

목 차

第2部 진압과 학살

第3部 반공 국가 '대한민국'의 건설

▎표 목차▎

▌그림 목차▐

서 론

서론

1. 왜 여순사건을 연구해야 하는가?

한국 사회는 아직도 여순사건을 정면으로 바라보지 못하고 있다. 우리 사회는 과연 여순사건에 대해 어느 정도나 알고 있으며, 우리가 알고 있는 사실(史實)은 어느 정도나 당시 사실(事實)에 가까울까?

여순사건에 대한 편견과 무관심은 사회적 인식과 기억에만 한정된 것은 아니었다. 한국 현대사에 대한 관심이 높았던 1980~90년대에도 여순사건은 관심을 끌지 못하였다. 몇몇 연구자들의 선구적 논문이 나오기는 했으나, 수십 년 간 여순사건은 본격적인 연구 대상이 되지 못했다.

여순사건에 대한 사회적 외면과 연구의 부족은 정부의 공식 역사가 초기부터 사건의 성격을 규정하고, 수십 년간 여순사건에 대한 해석을 독점해왔기 때문이기도 했다.

국방부에서 간행한 공식 간행물은 여순사건을 여수 제14연대 '남로당 세포들이 대한민국을 전복하기 위해 일으킨 군내의 쿠데타'이며 남로당 중앙이나 지방 좌익들이 일으킨 반란이라고 설명하고 있다.[1]

『한국경찰사』는 여순사건 때 '반도들은 경찰서 습격, 시내 각 중요 기관

---

1) 국방부 전사편찬위원회, 1967, 『한국전쟁사1 – 해방과 건군』, 451쪽.

을 점령하고 수십 명씩 떼를 지어 북괴기를 휘두르고 적기가를 부르며 거리를 시위 횡행'했고 '반도들은 인민위원회를 설치하고 양민과 우익인사 학살과 함께 재산의 약탈도 감행'했다고 서술했다. 그리고 반란으로 '여수는 하룻밤 사이에 공포와 무법의 반란지옥으로 화'하였다고 하였다.[2)]

기존 역사 서술에서 '여순반란'은 남한 공산주의자들의 독자적 반란이 아니라 북한 공산주의자들과 연결을 갖고 남한 정부를 타도하기 위한 책략으로 이해된다. 최근 간행된 한 책은 "김일성의 '국토완정론'은 처음에는 남한 내부에서의 공작이나 무장봉기를 통해 이승만 정부를 무너뜨리려는 노력으로 나타났다. 제주4·3사건, 여수·순천의 국군 제14연대 반란, 빨치산 활동 등은 이 노선에 따라 일어난 것이었다"라고 하여, 여순사건이 북한과 연관을 가지고 있다고 인식하였다.[3)]

위와 같은 인식은 여순사건 발발 당시, 이승만 정부가 발표하고 언론 매체가 보도한 여순사건 인식에 기원을 두고 있다. 그리고 이런 상황은 지금까지 거의 변동이 없었다. 이승만 정부는 북한과 연계된 남한 공산주의자들이 여순사건을 일으켰다고 발표했고, 반란자들을 수많은 인명을 살상한 악마라고 규정했다. 언론은 정부 발표문을 그대로 받아 보도했고, 더 나아가 사진 보도를 통해 여수와 순천이 어떻게 지옥으로 변했는지, 봉기군이 얼마나 많은 양민을 잔인하게 학살했는지, 국군은 얼마나 용맹하게 반란 진압에 나섰는지를 상세히 보도했다.

이처럼 여순사건에 대한 공식 역사는 표준화된 냉전 반공주의적 해석의 틀을 갖고 있다. 공식 역사의 여순사건 해석은 '왜 이 사건이 발생했는가?'라는 원인에 대한 기본적 질문이 빠져있다. 공식 역사의 인식은 이 질문을 누락한 채 바로 '누가 이 반란을 일으켰는가?', '그들은 누구의 명령을 따랐는가?'라는 질문으로 들어간다. 그리고 이 질문에 대한 답을 제시하면

---

2) 내무부 치안국, 1973, 『한국경찰사(1948. 8~1961. 5) Ⅱ』, 139~145쪽.
3) 교과서포럼, 2008, 『대한교과서 한국 근·현대사』, 기파랑, 144쪽.

서 그것을 무력으로 단숨에 진압한 것이 얼마나 자랑스러운 일인지를 증명하려는 논리 구조를 갖고 있다.

그런데 이러한 질문은 사실 질문이 아니다. 정답이 이미 준비되어 있기 때문이다. 이 반란은 좌파 정당과 좌파 정치 세력들이 주도한 것이고 그들은 체제를 전복하려는 목적을 갖고 있다는 것이 공식 역사의 정답이다. '누가 그런 일을 저질렀는가'라는 질문을 먼저 던지고, '그들은 왜 그런 행동을 했는가'라는 질문이 뒤따라오며, 답은 이미 정해져 있는 것이다.

이런 인식은 모든 정치적 비판과 부당함에 대한 저항을 '체제 전복' 행동이라는 추상적 악으로 규정해 비판자들을 혼란과 파국의 원흉으로 몰아가는 한편, 저항에 대한 탄압과 존재 자체에 대한 물리적 절멸까지도 정당화한다. 반면, 진압작전을 수행하는 군인과 경찰, 집권당은 '체제 전복'을 방어하는 수호세력으로 규정한다.

이러한 논리가 거대한 외부의 적을 상정할 경우 그 공포와 폭력은 더욱 증가한다. 여순사건에 대한 공식 역사는 공산주의의 적화(赤化) 계획과 음모를 강조하는 해석을 통해, 외부 거대 권력의 세계지배 전략에 따라 일사분란한 지령에 따르는 세력들이 내부의 적으로 침투해있다는 공포를 극대화시켰다. 그 결과 그러한 공포로 인해 체제가 끊임없는 위기에 처한 것으로 설정되어 그에 대응하기 위한 모든 위헌적·초법적 조치들이 정당화된다. 뿐만 아니라 오로지 봉기세력의 경찰 습격과 우익인사 학살, 재산약탈 등만을 강조함으로써 저항행위의 우발적 폭력을 사회질서와 법을 위반한 형사범죄와 연결시킨다. 자연스럽게 경찰은 반란의 피해자이자 치안유지를 담당하는 중립적 국가 기구로, 우익은 아무 이유 없이 공격당한 선량한 피해자가 된다.

이를 통해 강조되는 것은 '적'과 '아'를 구별하는 선명한 이분법이다. 공산주의자들은 혼란을 일으키는 악마적 파괴자가 되며, 선량한 '우리'는 도덕적으로 우월하지만 피해를 당한 사람이 된다. 반란으로 촉발된 '혼란'은 그것이 더 하면 더 할수록, 이를 바로잡고 '질서'를 확립하기 위한 강력한 진압의 필요성과 정당성을 입증한다.

이러한 이분법적 구도 속에서 이 사건을 초래한 사회적 구조와 정치적 갈등의 과정과 성격, 사건의 전개 과정과 반란의 이유, 사건 이후 일어난 체제의 변화와 그 결과, 그 과정에서 무참한 국가폭력에 의해 희생되고 ‘빨갱이’로 낙인찍힌 국민들이 겪어야 했던 고통의 세월들은 완전히 은폐된다.

그러나 공식 간행물이 서술하고 있는 여순사건은 사실과는 매우 다르다. 어떤 부분은 의도적으로 왜곡, 과장되었고 어떤 부분은 가공으로 만들어졌으며, 중요한 사실들은 외면당했다.

먼저, 여순사건은 북한의 지령을 받아 시작된 것도 아니고, 남로당 중앙과도 전혀 상관이 없었다. 여순사건을 일으킨 봉기 주체는 제14연대 일부 하사관들이었다. 여수 제14연대가 봉기를 일으켰던 이유는 제주도 항쟁을 진압하라는 이승만 정부의 명령을 군인들이 거부했기 때문이었다. 진압 명령을 받은 여수 제14연대 군인들은 동족의 가슴에 총 뿌리를 겨눌 수 없다며 제주도 파병을 거부하고 1948년 10월 19일에 봉기했다.

그리고 봉기는 단지 14연대 군인들의 반란으로 끝나지 않았다. 여순사건은 광범위한 지역의 대중운동으로 전환되었다. 지방 좌익 세력과 지역 주민들이 봉기에 호응해 가세하면서 여순사건은 전남 동부 지역 수개 군으로 급속히 파급되었다. 여순사건이 이승만 정권에 위기감을 불러일으킨 이유는 바로 이것이었다. 군대에서 봉기가 일어났다는 점보다 더 중요한 것은 지역 주민들이 봉기에 가담했다는 사실이었다. 그리고 그것은 해방 이후 분단정부 수립을 거치며 한국 사회에 누적되어온 모순의 폭발이었다. 군인봉기가 지방 좌익 세력의 합세로 커져갈 수 있었던 것은 토지개혁, 친일파 척결 등 해방 후에 풀어야 할 과제가 쌓인 채 누적되었고, 이승만 단독정부 수립에 따른 통일정부 수립 좌절이 대중운동으로 폭발되었기 때문이다.[4]

---

[4] 서중석, 2008, 「여순사건과 한국현대사」, 『여순사건과 대한민국의 형성』(여순사건 60주년기념 학술심포지움 자료집) ; 서중석, 2007, 『이승만과 제1공화국』, 역사비평사, 48쪽.

진압군은 대중운동으로 확산된 여순사건에 초토화 작전과 민간인 학살로 대응했다. 진압과정에서부터 시작된 민간인 대량학살은 10월 27일 여수진압에서 그친 것이 아니라 사건이 파급된 인근 산악 지역에서 계속 이루어졌으며, 한국전쟁까지 계속되었다. 군인봉기와 대중저항은 짧았지만, 진압과 학살과 통제는 지속되었다.

공식 역사는 진압 과정의 민간인 학살을 완전히 누락시키고 일부분만을 강조했다. 여순사건을 생각할 때 가장 먼저 떠올리는 이미지는 좌익에 의한 양민학살과 폭력이지만, 좌익이 경찰·우익인사를 학살한 경우보다는 진압군이 지역 민간인을 학살한 경우가 훨씬 많았고 더 잔인했다. 정부군 진압작전은 전 시민을 대상으로 한 무차별 초토화 작전으로 진행되어 죄없는 수많은 민간인이 억울하게 희생되었다.

시민단체 조사에 의하면 여순사건 진압 과정에서 약 1만 명의 지역 주민들이 목숨을 잃었으며, 이들 대부분은 한국 군대와 경찰에 의해 살해당했다. 그들과 그 후손들은 왜 자신이 군경에 끌려가야 했고, 왜 죽어야 했는지를 몰랐다. 그리고 그들은 아직도 그 이유를 정확히 알지 못한다.

정부는 지역 주민들이 '봉기군에 협조했기 때문에', 그들이 '빨갱이였기 때문에' 마땅히 받아야할 처벌을 받은 것뿐이라고 말한다. 그러나 처벌받은 사람들은 그들이 빨갱이였기 '때문에' 처벌 받은 것은 아니었다. 그들은 처벌 받은 뒤에 빨갱이가 '되었다'.

여순사건에서 좌익 폭력은 군·경의 폭력보다 약했지만, 폭력을 독점적으로 소유한 국가는 좌익 폭력을 불법적인 것으로 간주하여 진압을 정당화했다. 그리고 여순사건에서 벌어진 인명 살상 책임은 모두 봉기세력과 지역 좌익 세력에게 떠넘겨졌고, 좌익 세력은 살인마로 낙인찍혔다.

주목할 점은 대한민국 성립 초기 국가 형성과정에서 노골적인 국가폭력으로 민간인 학살을 자행했던 주체가 국민을 보호해야 할 임무를 맡은 군대와 경찰이었다는 점이다. 한국군의 용맹스러운 작전으로 기억되는 여순사건 진압작전의 실체는 주로 일반 주민들을 대상으로 벌인 전투였다. 건군 이후 최초의 전투는 외부의 적을 대상으로 한 것이 아니라 자국 국민을 대상으로 수행되었다.

그 동안 이러한 여순사건의 사실을 사실대로 말하지 못하게 된 가장 중요한 이유는 수십 년간 지속되어온 반공체제의 압력 때문이었다. 반공체제하에서 여순사건에 대한 사실과 평가, 그 모두는 의심해서는 안 되는 '금기'가 되었다. 여순사건은 반공체제를 형성하고 유지하는 기초가 되었기 때문에 정부로부터 부여된 반공적 역사상(歷史像)을 의심하거나 부정하는 것은 반공 국가 대한민국의 기원을 부정하는 것과 동일하게 간주되었다.[5] 역사적 사실에 대한 의심과 회의가 허용되지 않을 때, 사건은 박제화 된 채 유통되었다.

따라서 이 연구의 첫 번째 목적은 그 동안 공식 역사의 시선으로 은폐되고 누락되었던 여순사건의 사실적 측면을 규명하는 것이다. 사실에 대한 분석은 역사적 평가를 위한 가장 기초적인 작업이기 때문에 이 연구는 대단히 사실적이고 실증적인 접근 방식을 취한다. 그러나 이 연구가 사실에 대한 왜곡을 극복하고 사실을 온전히 복원하는 일에만 한정되는 것은 아니다. 사실에 대한 충분한 고려와 연관된 사실에 대한 분석을 통해 그 의미를 추출함으로써만이 종합적인 역사적 평가가 가능할 것이다.

여순사건에 대한 정부의 공식 역사는 사실을 왜곡했을 뿐 아니라, 여순

---

5) 2001년 여순사건을 소재로 제작된 극영화 「애기섬」이 제작되었을 때, 한 월간지는 이 영화가 '공산주의자에 의한 반란이란 성격을 희석화'하고, '국군 진압을 양민학살로 과장'했다고 비난했다. 이 기사는 여수에서 1,000여 명이 죽었다는 영화 내용은 전사(戰史)나 종군 기자단의 기록에도 남아있지 않는 '조작'이라고 주장했다. 하지만 『월간조선』은 이후에 감독의 반론문을 게재하고, 정정 보도 기사를 냈다. 한국전쟁 때, 여수의 '애기섬'에서는 국민보도연맹원이 학살되었는데, 이들의 다수는 여순사건 관련자였다.

이 논란에 대해서는 우종창, 2001, 「국군 지휘부의 자해 행위 : 여순 14연대 반란 진압을 양민학살로 몰고 간 영화 「애기섬」 제작에 군 장비가 지원된 과정」, 『월간조선』 10월호 ; 장현필, 2002, 「여순반란 반론－'국군 지휘부의 자해 행위' 제하의 기사와 관련, 장현필 감독의 반론문」, 『월간조선』 3월호 ; 편집부, 2004, 「정정 보도문: 영화 「애기섬」에 대한 보도에 관하여」, 『월간조선』 1월호를 참고.

사건의 의미와 종합적 평가도 금기시했다. 여순사건은 한국 현대사의 변동, 특히 대한민국 성립 초기 역사에서 매우 중요한 위치를 차지한다. 역사적으로 영향이 큰 사건일수록 사건의 원인과 배경 그리고 전개 과정을 꼼꼼히 따져보는 것이 매우 중요하다. 그럼에도 여순사건은 역사적 사실 규명이 미흡한 채, 편향적 해석만이 생산되고 유통된 대표적 예이다.

그렇다면 여순사건의 의미와 역사적 의의는 무엇인가? 여순사건은 분단정부수립과 국가 건설 과정의 중요한 성격을 드러내주는 감춰진 기반이자 반공체제를 탄생시킨 한국 현대사의 핵심적 사건이다. 따라서 여순사건의 의미에 대한 성찰은 한국의 '국가 건설' 과정과 성격에 대한 이해, 한국 민주주의와 '정치'에 대한 이해, 한국 사회에 그 동안 존재했고 지금도 존재하는 '폭력'과 그 구조에 대한 이해를 궁극적인 목표로 하는 것이다. 무엇보다도 여순사건의 역사적 의미에 대한 분석은 대한민국의 기원인 1945~50년 시기를 뼈아프게 되돌아보는 작업이다.

그러나 지금의 상황은 어떠한가? 여순사건의 역사적 의미들과 그것을 둘러싼 해석의 한계와 갈등은 한국 현대사 서술을 둘러싼 최근의 논란 속에서 고스란히 드러난다.

뉴라이트 계열의 학자들은 최근 몇 년간 "부정적이고 편향적인 현대사 이해를 넘어 긍정적이고 자랑스러운 건국 신화"를 만들겠다는 모토를 내걸고 현대사를 재서술하려 하고 있다. 이러한 움직임은 수십 년간 갖고 있던 역사 해석의 독점권을 다시 회복하고, 역사 속에 존재한 정치적 갈등과 사실을 외면한 채 이를 환상으로 대체하려는 퇴행적인 시도이다.

역사 해석을 독점하고 환상을 제시하려는 보수 진영의 퇴행적 역사쓰기의 결과는 우려스럽다. 이들의 대응은 결과적으로 역사 해석을 둘러싼 적대적 이분법을 재생산함으로써 풍부한 역사 해석의 가능성을 극복할 수 없는 정치적 적대라는 좁은 틀에 가두어 버렸다. 그리고 그것은 사회 내부의 뿌리 깊은 갈등의 원인을 탐색하고 반성을 통해 극복하려는 방향이 아니라, 단순히 그 적대만을 반복적으로 재확인하는 부작용을 낳았다.

이는 역사의 정치화를 통한 탈정치화라고 부를만한 사태이다. 역사 속의 정치를 면밀히 분석하는 것이 아니라, 정치적 신화쓰기에 역사를 '활용'함으로써 대중들이 역사의 진정한 정치적 성격을 외면하게 하는 탈정치화를 초래한 것이다. 역사 해석은 진실을 향한 반성적 성찰의 영역에서 다시 이전투구의 정치 영역으로 휩쓸려 들어가고 있다. 이른바 '냉전적 역사인식'의 핵심적 특성은 바로 이런 것이다. 냉전적 역사 인식이란 모든 불안과 파국의 유일한 원인으로 '폭력적 좌파 세력'을 제시하여 과거의 역사를 왜곡하고 현재의 역사를 (탈)정치화하는 것이다.

여순사건이 대중저항운동으로 확산되었다는 사실, 정부가 이에 대해 국가폭력과 사회 통제로 대응했다는 사실이 드러나는 것을 원하지 않는 보수 세력은 여순사건 진압으로 무수히 학살된 민간인 피해에 대한 진상규명이 진행되고 있다는 사실을 목도하면서 다시 냉전적 역사인식을 불러낸다.[6] 여순사건의 의미를 분석하고 진실에 접근하려는 작업들이 건국 신화를 이루는 핵심 서사들의 실체를 드러나게 하기 때문이다. 그들은 숭고한 건국 신화의 이면에 존재하는 적나라한 국가폭력과 피로 얼룩진 진실이 드러나는 것을 두려워한다. 뿐만 아니라 여순사건을 활용해 구축한 반공체제와 그들이 보편적 이념으로 격상시킨 반공주의가 실제로는 국민의 지지를 받지 못하는 정권의 정당성 부재를 해결하고, 소수 지배 계층들의 권력 획득과 이해 관계를 정당화하기 위한 기반 구축과정이자 이데올로기였다는 점이 드러나는 것이 두려운 것이다.

이들이 그 동안 억압된 여순사건의 진실이 드러나는 것에 신경질적인 반응을 보인다면, 일부 진보진영이 여순사건의 진실에 대해 보이는 불편

6) 이러한 태도는 진실·화해를 위한 과거사정리위원회가 '순천 지역 여순사건 진실규명'을 발표했을 때, 보수 우익 세력의 입장을 표방하는 인터넷 매체 데일리안(http://www.dailian.co.kr/)의 태도에서 나타난다. 데일리안은 남로당 지시로 촉발된 여순사건은 명백한 '반란'이며 첫날부터 피바람이 몰아쳤다는 기존의 공식적 역사 해석을 반복하면서 '민주화'라는 이름으로 역사를 왜곡, 선동하지 말라고 주장했다.

함과 침묵 역시 이 사건의 역사적 의미를 온전히 파악하는 데 걸림돌이 되고 있다.

진보세력이 보이는 불편함의 대상은 여순사건이 무계획적인 '때늦은 군인 반란'으로 시작되어 '실패'했고, 대중저항으로 확산되면서 우익 세력에 대한 적나라한 폭력이 표출되었고 대중들이 당시 조선민주주의인민공화국을 지지했다는 점이다.

먼저 14연대의 군인봉기가 계획적 봉기가 아니며, 숙군에 따른 체포 위험과 제주도 진압 명령에 대한 반발로부터 시작되었다는 점을 이해할 필요가 있다. 군대를 혁명을 실현시키기 위한 핵심적 폭력 기구로 보기 이전에, 하사관 세력들이 봉기를 일으켰던 객관적 상황에 대한 파악이 필요한 것이다. 역사상 어떤 대중봉기도 혁명가의 계획적 구도에 따라 진행되지 않았다. 따라서 여순봉기를 주도했던 군인들의 계획성에 초점을 맞추어 평가하는 것은 폭력을 단순히 궁극적 목적을 향한 정치적 과정의 일부로 보는 도구적인 이해 방식이다. 그리고 이것은 폭력을 대중적 저항을 진압하기 위한 도구로 보는 공식 역사의 시선과 공명하면서 서로의 관점을 강화시키고 '승리'한 폭력, '성공'한 폭력만을 정당화한다. 결국 이러한 이해는 폭력이 맺고 있는 정치·사회적 성격과 우발성을 보지 못한다. 중요한 것은 국가 건설과정에서 폭력이 사용되는 정치적 과정과 폭력 그 자체의 성격, 그리고 폭력을 통해 구축된 새로운 정치 질서의 성격을 복합적으로 파악하는 것이다.

물론 비폭력의 관점에서 폭력 일반을 비판할 수도 있을 것이다. 그러나 근대 정치의 현실에서 폭력과 정치는 깊은 관련을 맺어 왔다. 문제는 근대 사회에서 폭력과 정치가 맺는 일반적 관계 속에서 정치를 다시 사고할 필요성이다. 따라서 폭력 비판은 정치 과정에 대한 비판적 접근과 동일한 맥락에서 이루어져야 한다.

그리고 여순사건에서 대중들이 북한을 우호적으로 보았던 것은 오늘날의 고립된 김정일 세습체제를 인정하는 것과는 전혀 성격이 달랐다. 여순사건이 대중저항으로 확산된 것은 해방 이후 수 년 간의 정치과정이 민족의 분단으로 귀결되고 식민잔재 청산과 민주적 개혁이 좌절된 것에 대한 저항이 폭발했기 때문이다. 여순사건에서 대중저항은 경찰로 대표되는 친일세력의 폭력과 탄압, 분단정권에 대한 불인정, 숙군의 위험, 그리고 사회를 통제하려는 반민주적 정권에 대한 저항 등 다양한 이유와 맥락들이 결합된 것이었다.

이 연구는 이처럼 여순사건에 대한 공식 역사의 왜곡과 편향, 그리고 역사적 진실과 의의에 접근하길 꺼려하는 태도를 넘어서 여순사건의 다층적 진실을 규명하는 것을 목적으로 하고 있다. 이를 위해 이 연구가 주목하는 것은 여순사건 이후 진압 과정에서 '빨갱이'라는 이미지가 만들어지는 과정과 적나라한 국가폭력을 통해 반공체제가 수립되는 국가 건설과 국민 형성 과정이다.

한국 사회는 언제부터 반공을 제일의 국시(國是)로 삼고, 반공을 애국이라 생각하게 되었을까? 공산주의자의 정치적 이념에 대한 비판은 언제라도 있을 수 있고 어떤 형태로건 있을 수 있지만, 공산주의자가 모든 사회 혼란의 원인으로 여겨져 멸시되고, 심지어 죽여도 되는 비인간, 절멸시켜야 하는 악마적 '종자'로 비약해 사회로부터 근본적으로 배제되는 것은 도대체 어떻게 가능했을까? 말하자면 이 연구는 '빨갱이는 어떻게 탄생했는가?'라는 원초적인 질문을 던지는 것이다.

그 동안 한국 사회의 반공주의에 대한 연구와 비판은 충분히 이루어진 것으로 인식하기 쉽지만 사실은 그렇지 않다. 한국 사회에서 어떤 역사적 과정을 거쳐 공산주의자를 멸시하고 심지어는 죽일 수 있는 대상으로 바라보게 되었는가라는 질문에 대한 역사 연구의 답변은 충분치 않았다.

결론부터 말하자면, 경멸적이고 죽여도 될 존재로서의 '빨갱이'는 여순사건을 통해 탄생했다. '빨갱이'는 여순사건이라는 기념비적이고 유혈적인 사건 속에서 태어났다. 여순사건을 거치면서 공산주의자는 양민을 학살하는 살인마, 비인간, 악마로 간주되었고, 같은 하늘 아래에서 살지 못하는 존재가 되었다. 도덕적, 윤리적으로 인간 이하의 존재가 된 공산주의자는 이제 '빨갱이'로 불리어졌다. 공산주의자라는 낱말이 정치적 지향을 일컫는 것에 반하여, '빨갱이'는 공산주의자를 비인간적 존재로 멸시하는 용어였다. 그들은 같은 민족이 아니고 인간이 아니었기 때문에 인간적인 동정조차 필요 없었다.

여순사건을 거치면서 '빨갱이'는 인간의 기본적 위엄과 권리를 박탈당한 '죽여도 되는' 존재, '죽여야만 하는' 존재가 되었다. 이후에는 '빨갱이'를 죽이는 것 자체가 애국하는 일이고 민족을 위하는 일이며 민주주의 체제를 수호하는 일로 생각되었다. '공산주의자'로부터 '빨갱이'로의 전환, 빨갱이를 비인간적인 악마로 형상화한 계기는 다름 아닌 여순사건이었다.

그리고 이것은 정부가 여순사건을 반성과 예방, 치유와 설득의 태도로 정치를 통해 해결해야할 사태가 아니라 진압해야 할 폭력, 더 큰 폭력으로 맞서서 제거해야 할 사건으로 규정했기 때문이었다. 여순사건에서 모든 정치적인 맥락이 제거되고 '국가를 공격하는 악의적 폭력'으로만 규정되는 순간, 더 크고 전능한 국가폭력이 유일한 해결책으로 제시되었고, 제거되어야 할 폭력의 상징으로서 '빨갱이'가 탄생했던 것이다.

여순사건을 통해 전면적으로 등장한 국가폭력은 '빨갱이'를 없애기는커녕 끊임없이 '빨갱이'를 만들어냈다. 국가폭력이 작동하기 시작한 순간 그 앞에선 주체들은 모두 잠재적인 '빨갱이'로 간주되었고, 폭력의 대상이 된 자가 '빨갱이'로 규정되어야만 그 폭력을 정당화 할 수 있기 때문이었다.

군대와 경찰의 폭력은 자국 국민의 생명권을 빼앗았음에도 불구하고 빨갱이 척결이라는 명분 앞에서 애국으로 포장되었다. 여순사건은 정부수립 이후 국민을 대상으로 전면적인 국가폭력이 사용된 최초의 사례였다. 하지만 그 이후로 군·경 역사에서 국민을 상대로 한 노골적 폭력은 단 한 번도 제대로 반성되지 못하였다. 여순사건 진압에서 보여준 이승만 정권의 민간인 학살은 한국전쟁 직후 발생한 학살의 전주곡이었고, 1980년 광주민중항쟁의 유혈사태로 재발되었다.

국가폭력의 전면적 사용은 이후 국가 건설과 국민 형성의 시초가 되었다. 결국 ‘빨갱이’의 탄생은 여순사건을 통해 국가 건설기에 나타난 전면적인 국가폭력과 폭력을 통한 국민 형성의 기본 모델을 제공했다.

이승만 정부는 여순사건을 대한민국 국민의 자격 조건을 심사하는 계기로 활용했다. 여순사건에 대한 초토화 작전과 봉기 협력자 색출은 곧 누가 대한민국의 국민이 될 수 있는지를 심판하는 과정이었다. 협력자 색출 과정에서 적발된 혐의자는 대량학살 되었다. 이승만 정부가 실시한 협력자 색출은 국민으로 인정받는 관문이었고, 많은 주민들은 그 관문 앞에서 폭력과 죽음을 경험했다. 여수와 순천 주민이 삶을 유지하고 ‘빨갱이’가 아닌 ‘국민’으로 인정받기 위해서는 공포와 죽음의 문을 통과해야만 했던 것이다. 우리 사회는 그 경험의 고통을 직시해야 한다.

대한민국의 국민은 폭력의 세례 속에서 탄생되었다. 이승만 정부의 국민 형성 방식은 ‘적’과 ‘아’를 극명하게 구별하고 이를 근거로 상대방에 대한 전멸을 시도한 전장의 논리에 기반한 것이었다.

이승만 정부는 여기서 멈추지 않았다. 정부는 여순 지역을 진압한 후 남한 사회 전체를 반공체제로 재편했다. 국가폭력과 법제적 장치, 이념적·사회적 기제는 함께 어우러지면서 반공체제를 형성해갔다. 여순사건 때 내려진 불법적 계엄의 효과는 국가보안법 제정으로 계속 유지되었다. 군대, 경찰, 청년단, 교육계, 언론계가 재편되었고, 사회 각 영역에서는 ‘빨갱이’ 축출이 이루어졌다. 그리고 반공체제 구축을 통해 형성된 반공사회의 유산들은 여전히 극복되지 않고 있다.

결국 이 연구는 여순사건을 대한민국을 반공사회로 형성한 결정적인 계기로 파악하고 그것의 실체와 의미를 탐구하려 한다. 1948년 여순사건을 경험한 한국 사회의 모습은 그 이전과 달랐다. 1948년 이후의 한국 사회는 여순사건의 경험을 반추하였다. 한국전쟁 과정에서 나타난 반공사회의 양상은 1948년의 여순사건에서 이미 자신의 모습을 나타냈다.

이 연구는 여순사건을 전면적 국가폭력으로 국가 건설이 시작되었음을 보여주는 계기이자 반공주의의 성격과 위상을 파악할 수 있는 매개로 검토할 것이다. 여순 사건의 진압을 통해 공산주의자가 절멸해야 할 비인간적 대상인 '빨갱이'로 낙인찍히는 과정과 정치적 심사와 감시 숙청을 통해 국민을 만들어가는 국민 형성 과정을 확인할 것이다. 나아가 여순사건과 진압과정에서 사회의 정치적 갈등과 저항에 대응하는 방식으로 전면적인 국가폭력을 사용하고 적대의 논리를 강요하는 것, 그리고 그것을 숭고한 애국신화로 정당화하는 작업으로 전개된 것을 검토할 것이다.

지금까지 지속되어온 반공사회의 역사적 전통에서 여순사건은 공산주의자 난동을 성공적으로 진압하고, 대한민국의 초석을 쌓은 획기적 경험으로 간주되었다.

그러나 이념적 잣대로만 역사의 전진을 판단하는 이러한 역사 인식과 서술은 외눈박이 인식이 아닐 수 없다. 뿐만 아니라 이러한 인식은 이 과정에서 고통 받거나 숨져간 수많은 국민의 삶을 외면한다는 점에서 무책임하다.

또한 과거에 대한 철저한 성찰을 통해 이 사회의 역사적 탄생과정과 구조적 기반들을 이해하지 못한다면, 쓰라린 고통의 재발을 예방하지 못한다는 점에서 매우 위험하다.

수십 년 간 한국 사회는 민주주의 발전이라는 측면에서 괄목할만한 성장을 계속해 왔다. 하지만, 여순사건의 사실과 의미를 온전히 대면하고 정확한 인식을 통해 그것을 극복하지 못한다면 한국 사회는 여전히 여순사건의 공식화된 기억을 지우지 못한 반공사회로 남을 것이다.

2. '반란'과 '항쟁' 그리고 '사건'

1948년 10월 19일 여수에서 발생한 사건을 일컫는 명칭은 많다. 사건 당시에는 '여순반란'[7] '전남반란사건'[8]이라는 용어가 주로 사용되었고, 이밖에도 '여순반란사건', '여순 14연대반란사건', '여순병란', '여순봉기', '여순사건', '여순군민항쟁', '여순항쟁' 등 여러 명칭으로 불리고 있다.

반란(叛亂, 反亂, revolt)은 당시에 가장 많이 사용된 용어이다. 이승만 정부는 여순사건의 배경이나 원인에 주목하기보다는 14연대의 봉기와 이에 합류한 지역 좌익 세력의 행위가 정부의 존립을 위태롭게 하고 북한과 연계되어 있다는 인식을 강하게 가지고 있었다.

이에 따라 '여순반란(麗順叛亂)'이라는 명칭은 대단히 부정적인 함의를 가지게 되었다. 이승만 정권 이래 수십 년 간 '여순반란'이라는 명칭을 통해 부각된 것은 비인간적이고 폭력적인 공산주의자들의 폭동이라는 이미지였다. 사건을 지칭하는 용어가 사전적인 의미 이외에도 특정한 사회성과 역사성을 갖는다고 할 때, '여순반란'이라는 명칭에는 반공주의 이데올로기가 강하게 반영되어 있다.

'여순병란(麗順兵亂)'이라는 명칭은 봉기 지역과 주체를 함께 가리키고 있다.[9] 북한의 연구들은 군인폭동에 초점을 맞추어 여순사건을 '려수군인폭동', '국군폭동사건', '여수폭동사건'[10]이라고 부르고 있다. '여순병란'이라는 명칭은 여순사건이 제14연대의 봉기로 시작된 점에 초점을 맞춘다. 하지만 이 용어는 하루 이틀 사이에 여수와 순천 시민이 봉기에 합류함으로써 군인과 시민의 항쟁으로 급속하게 번져 나갔다는 점을 소홀히 취급하고 있다. 결국 '병란'이라는 용어는 봉기 주체를 군인에게만 한정시키는 약점이 있다. '여수 14연대 반란사건', '경비대 반란(the constabulary mutiny)'[11]

---

7) 『동광신문』 호외, 1948. 10. 21.

8) 『국민신문』, 1948. 10. 2.

9) 이태, 1994, 『실록소설 여순병란』(상 · 하), 청산. 나중에 빨치산 투쟁을 전개했던 14연대 군인들은 '여순병란'으로 부르고 있다(「려수병란 3주년 기념좌담회」, 『승리의 길』, 한림대학교 아시아문화연구소학교, 1996, 『빨치산 자료집』 7, 42쪽).

10) 정종균, 1982, 「려수군인폭동의 영향 밑에 일어난 남조선괴뢰군내 애국적 군인들의 투쟁, 『력사과학』 3호 ; 「려수군인폭동」, 『백과사전』, 418쪽 ; 박창옥, 1949, 「최근의 남북조선의 정치정세」, 『근로자』 제1호 ; 『조선중앙연감』 1950년판.

11) HQ. USAFIK, *G-2 Weekly Summary*(한림대학교 아시아문화연구소, 『주한미군 주

도 그 명칭은 약간씩 다르지만, 봉기 주체를 군인으로 한정하는 '여순병란'과 동일한 맥락에 있다.

'여순봉기(麗順蜂起)'라는 명칭은 이 사건이 일어난 지역과 사건 양상을 설명하는 용어라고 할 수 있다. 그렇기 때문에 당시 이승만 정부도 자주 사용하지는 않았지만, 봉기(uprising)라는 표현을 쓰기도 했다.

이에 반해 '여순항쟁'이라는 명칭은 이 사건을 일으킨 주체를 군인과 지역민으로 보며, 제주도파병반대라는 봉기 이유에 대해 정당성을 부여한다. '여순군민항쟁(麗順軍民抗爭)' 또한 이런 함의를 갖는다.[12] 이 명칭은 봉기 주체의 의도와 사건이 일어난 여러 가지 사회적 상황에 주목하고 있다.

위에서 언급한 이러한 명칭들은 동일한 사건을 지칭하지만, 사건에 대한 특정한 성격 규정을 포함한다. 사건의 발단에 주목하자면, 이 사건은 군인이 주동이 된 '병란(兵亂)'이었다. 또한 사건의 양상에 주목해서 보면, 이 사건은 특정한 목적을 가지고 한꺼번에 벌떼처럼 들고 일어난 '봉기(蜂起)'였다. 또 이 사건은 이승만 정부에 저항하는 봉기군과 지역 좌익 세력이 일으킨 '반란(叛亂, 反亂)'이자, 친일파·단독정부를 수립한 이승만 정권에 저항하며 주권자가 국민임을 확인하고자 했던 '항쟁(抗爭)'이기도 하였다.

현재 역사 교과서에서 사용되는 '여수·순천 10·19사건'은 이전에 교과서에서 사용되던 '여순반란사건'이라는 명칭을 현지 주민들이 바꾸어 줄 것을 요구하여 변경된 명칭이다. 지역민들은 '14연대가 이 사건을 일으켰음에도 마치 여순 주민들이 반란을 일으켰다는 오해'를 불러일으켜 고장의 명예가 실추됐다며, 이 명칭을 고쳐줄 것을 요구했다.[13] 여순사건이 불

간정보요약』), No. 162, 1948. 10. 22. mutiny란 보통 군대 내부에서 일어난 반란을 가리킨다.

12) 강정구, 2000c, 「한국전쟁과 양민학살」, 『현장에서 미래를』 58.

13) 김계유, 1991, 「1948년 여순봉기」, 『역사비평』 겨울호, 298쪽. 1994년에 여수문화원은 사건 명칭을 '14연대 반란사건' '10·20사건' '여수주둔 군인반란사건' 중 하나로 고쳐줄 것을 정부에 요구했다(「여수 순천 반란사건 명칭에 여수 시민단체들 반발」, 『중앙일보』, 1994. 9. 8).

명예스런 사건으로 인식되는 상황에서 지역민들은 명칭에 군인을 명시하는 한편 지역명은 빼 줄 것을 원했던 것이다. 그 결과 '반란'이라는 용어는 삭제되었고, 사건 발생 일자가 새로 삽입되었다. 이와 같이 '여수 · 순천 10 · 19사건'라는 명칭은 역사 연구와 사회적 합의를 통한 합리적 선택이 아니라 지역민들의 민원에 따라 조정되었다. '여수 · 순천 10 · 19사건'이라는 명칭은 이 사건이 여수 · 순천에 한정된 것이 아니라 전남 동부 수 개 군에 영향을 미쳤고, 기간도 비교적 장기간 지속되었다는 점에서 적당하다고는 보기 힘들다.

여순사건에 대한 명칭이 다양한 것은 여순사건에 대한 사실적 연구와 평가가 아직은 만족할 만한 수준에 이르지 못했기 때문이며, 사건을 바라보는 관점의 차이가 있기 때문이다. 하지만 역사적 사건을 바라보는 입장의 차이가 있다하더라도 그것은 역사적 사실에 대한 구체적인 확인과 검증으로부터 출발하여야 한다.

'여순반란(麗順叛亂)'이라는 명칭은 사건 당시에 가장 많이 사용되었지만, 이승만 정권의 정치적 목적이 반영된 용어였다. '여순반란(麗順叛亂)'은 역사적 사실에 대한 축적과 이에 대한 검증 과정을 통해 부여된 명칭은 아니었기 때문에, 사실이 과장, 왜곡되거나 중요한 사실이 누락되었다. 공산주의자들의 잔혹함을 폭로하고 공산주의에 대한 도덕적, 윤리적 우월성을 선전하기 위해 여순사건이 활용되면서 여순사건의 풍부한 사실은 증발되었다. 반공주의의 유용성이라는 기준에 맞추어 사실은 재단되었고, 유용하게 남아 있는 사실들은 검증 없이 확대생산되었다.

여순사건은 군인과 주민들의 '봉기' 국면과 정부군의 '진압'과 '학살'이라는 두 국면으로 나누어 볼 수 있다. '봉기' 국면이 10월 19일 밤부터 10월 27일까지 불과 며칠에 불과했던 반면, 정부군의 '진압 작전'은 짧게는 몇 개월 길게는 한국전쟁 전까지 지속되었다.

'봉기'와 '진압' 국면은 서로 연결되어 있으므로, 여순사건에서 이 두 개의 국면은 종합적으로 다루어져야 한다. '반란', '봉기', '항쟁' 등의 명칭은 여순사건의 특정한 국면과 그 성격에 주목하지만, 전체적인 여순사건을 조망하지 못하는 한계를 가진다. 특히 여순사건의 역사적 의미를 평가하기 위해서는 반공을 제일의 가치로 삼고, 공산주의자를 국민의 범주에서 배제시키는 반공체제 형성과정에 주목할 필요가 있다. 이런 측면에서 이 연구는 '여순사건(麗順事件)'이라는 명칭을 사용하고자 한다.

여순사건에서 가장 많이 언급되는 부분이 '양민학살'이다. 최근 '진실·화해를 위한 과거사정리위원회'는 여순사건 당시의 민간인 희생에 대한 조사를 실시하여 구례와 순천 지역 진상조사를 끝낸 바 있다.

'양민학살'이라는 용어는 국가가 경찰이나 군대 등의 폭력적인 국가 기구를 사용하여 아무 죄 없는 순진한 백성의 생명을 빼앗았다는 의미로 사용되고 있다. 이 용어는 합법적 폭력을 배타적으로 소유하고 있는 국가의 폭력 사용과 순진한 양민을 대비시킴으로써 국가폭력의 부도덕성과 불법성을 부각시키고 있다.

한쪽 편에 순진한 국민인 '양민(良民)'을 상정한다는 것은 다른 한편에 '좌익분자,' '빨갱이', '통비분자(通匪分子)' 등의 불순한 국민을 상정하는 것이다. 이러한 구분은 사상적으로 순결한 인민은 보호받아야 하지만, 그렇지 않은 불순분자 또는 좌익은 '죽여(어)도 좋다'라는 점을 전제하고 있다. 이는 국민을 '보호받아야 할 대상'과 '척결되어야 하는 대상'으로 구분하여 국민 외부의 존재를 인정하지 않는 반공주의의 논리를 재생산한다.[14)]

또한 '양민'이라는 용어는 국가로부터 보호받아야 하는 약자, 국가로부터 폭력을 당한 피해자라는 수동적 존재를 염두에 둘 뿐이어서, 정치적 주

---

14) 4·19가 일어난 뒤 국회에서는 한국전쟁 전후의 학살사건을 조사했다. 국회의원들은 조사 보고서에서 "양민을 규정함에 있어서도 당시 공산괴뢰에 협력한 민간인으로서 군 작전상 부득이 살해한 자는 양민에서 제외되어야 할 것"이라고 밝혔다. 이같이 '양민' 개념에는 좌익 세력에 협력한 사람은 '죽여도 된다'는 논리가 스며있다. 또한 이 보고서는 당시 좌익에 협력했던 많은 사람들이 사상적 이유에서가 아니라 삶을 유지하기 위해 불가피하게 협력했다는 점을 전혀 고려하지 않고 있다. 양민학살사건진상조사특별위원회, 「양민학살사건 진상조사보고서」, 『제4대 국회속기록』 제35회 제42호 부록(1960. 6. 21), 1~13쪽.

체로 나가는 능동적 존재를 사고할 수 없는 한계를 가진다. '양민'이라는 용어는 국가가 내부 성원의 생명을 빼앗는 '살인'을 자행했음에도 불구하고, 살아남은 자들이 국민 범주 밖의 존재로 규정되어 버리는 공포에 사로잡혀 학살 사실을 알고도 눈감아 버리게 하고, 가장 중요한 인간 권리인 생명권조차 제기하지 못하게 하는 역할을 했던 것이다.[15]

'부역(附逆)'이란 용어는 독립적으로 정치적 판단을 내릴 수 있는 근대 정치 주체로서 개인을 인정하지 않는다. '부역'이란 용어 속에는 '적'과 '아'의 구별이 내재되어 있다. 그가 어느 편에 서 있는가 하는 것이 존재의 정치적 정당성을 판단하는 유일한 기준이 되는 것이다.

이 같은 문제 의식 아래, 이 연구에서는 당시 상황을 알려주는 1차 자료를 인용할 때나 문맥상 필요한 경우를 제외하고는 '양민', '부역자', '반란' 등의 용어는 사용하지 않고, '민간인(civilians)', '협력자(協力者, collaborator)' 등을 사용하도록 하겠다. 또한 10월 19일에 봉기한 14연대 군인들은 정부의 '진압군'과 구별하기 위해 '봉기군'이라 부르겠다.

3. 연구사 검토 – '군'에서 '대중'으로

여순사건의 발발은 제주4 · 3항쟁(1948년)에 대한 진압 명령을 거부하면서 시작되었고, 진압의 양상 또한 제주항쟁과 비슷한 정치적 맥락에서 진행되었다. 제주항쟁에 대해서는 그 동안 많은 연구 논문이 생산되었고 언론 매체의 보도 등을 통해 사건의 진상과 의미가 상당 부분 소개되었다. 학문적 연구의 축적과 제주 도민의 진상규명 의지는 2000년 진상규명을 위한 특별법 통과로 그 결실을 보게 되었고, 최근에는 제주4 · 3사건 진상보

---

15) 김동춘, 「민간인 학살문제 왜, 어떻게 해결되어야 하나」, 『전쟁과 인권–학살의 세기를 넘어서』, 한국전쟁전후 민간인 학살 심포지움 발표문, 2000. 6. 21.

고서를 발간하는 데까지 이르렀다.[16)]

여순사건은 대한민국 정부 수립 초기에 발생한 중요한 사건이었고, 이승만 반공체제 형성의 주요한 계기가 되었다는 점 때문에 해방 이후 현대사를 다루는 대부분의 개설서에는 빠짐없이 등장하고 있다. 하지만 기존의 공식적 언설에 대한 사실 검증이 미처 이루어지지 못했기 때문에, 부정확한 내용이 반복적으로 재등장한다. 제주4·3사건보다 더 일찍 전남 동부 지역에서 수많은 민간인이 학살되었지만, 이러한 사실을 제대로 알고 있는 사람은 많지 않다.

여순사건에 대한 최초의 연구는 히구찌 유우이찌(樋口雄一)에 위해 이루어졌다.[17)] 그는 '여수·순천 봉기'(樋口雄一의 용어)가 거의 알려져 있지 않았던 상황에서 이 사건이 어떻게 진행되었는지를 소개하는 한편 여순봉기가 미군에 반대했던 봉기였다는 점에 주목했다. 그는 반제국주의 투쟁의 성격을 가진 여순사건이 국민당을 지원했던 미국과 싸운 중국 인민의 투쟁 그리고 프랑스 제국주의와 싸운 베트남 독립해방투쟁과 동일한 맥락에 있다고 평가했다.[18)] 히구찌 유우이찌가 여순사건에 주목한 이유 중 하나는 여순 진압작전에 참여한 군인들이 이후에 박정희 정권의 지배층을 구성했다는 사실에 있었다. 여순사건을 진압한 군인들이 남한 사회를 주도하는 지배층으로 활약하고 있다는 사실은 그만큼 한국 민주주의가 정체되었다는 것을 의미했다.

그는 해방 후의 광범위한 정치적, 경제적 개혁 요구와 이승만 정권에 대한 불만이 여순사건을 발생시킨 배경이라고 이해했다. 여순사건의 실상이 거의 알려져 있지 않은 때에 생산된 그의 논문은 여순사건을 본격적으로

16) 제주4·3사건진상규명및희생자명예회복위원회, 2001~2003, 『제주4·3사건자료집』; 제주4·3사건진상규명및희생자명예회복위원회, 2003, 『제주4·3사건진상조사보고서』.

17) 樋口雄一, 1967, 「麗水·順天蜂起」, 『朝鮮研究』 62; 樋口雄一, 1976, 「麗水·順天における軍隊蜂起と民衆」, 『海峡』 4, 社會評論社.

18) 樋口雄一, 1967, 위의 글, 37~38쪽.

다룬 최초의 선구적 논문이었다. 하지만 구할 수 있는 사료가 한정되었기 때문에 사실의 정확성이 떨어지고 사건의 성격을 분명하게 규정하지는 못했다.

국내에서 본격적인 '여순사건' 연구는 황남준에 의해 이루어졌다.[19] 그는 특히 여순사건이 일어난 전남 동부 지역의 정치적, 경제적 배경에 주목했고, 여순사건을 당시의 사회경제적 조건과 정치적 조건의 산물인 동시에 전남정치와 직접적으로 맞물려 나타났던 역사적 산물로 이해했다. 이러한 접근 방법 때문에 그는 여순사건 연구를 군(軍)의 움직임에 한정하지 않고, 사건에 동참한 전남 동부 지역의 좌익에도 초점을 맞출 수 있었다. 그는 14연대 하사관들이 독자적으로 일으킨 여순사건이 쿠데타라기보다는 무장폭동(봉기)에 가까운 것이었고, 그 파급과정에서 남조선노동당(남로당)이 가담함으로써 반란적 성격을 띠게 되었다고 평가했다. 그러나 여순사건이 이승만 정권의 반공체제 형성과정에서 어떤 의미가 있었는지는 충분히 분석하지 못했다.

한국전쟁으로 폭발한 한반도 내전과정에 주목한 메릴(John Merrill)은 '여순반란'(메릴의 표현)을 가장 소상히 서술하였다.[20] 그는 '여순반란'을 제주파병 명령이 내려진 뒤 일어난 시기상조의 반란으로 평가하면서, 이 반란이 지역적으로 확산되는 과정과 진압군의 움직임을 구체적으로 서술했다. 메릴이 사용한 자료는 주로 미군 자료였기 때문에 사실 파악과 평가에서 미군쪽 시각이 강하게 투영되었다. 또한 그는 기본적으로 이 사건을 군 내부의 반란에 초점을 맞추어 서술하고 있고, 사건에 참여한 대중에 대한 분석은 상대적으로 소홀하다. 그는 진압군은 일반 대중들을 아주 심하

---

19) 황남준, 1987, 「전남지방정치와 여순사건」, 『해방전후사의 인식』 3, 한길사 ; 황남준, 1987, 「여순항쟁과 반공 국가의 수립」, 『연세』 제25호.

20) John Merrill, 1989, *Korea : The Peninsular Origins of the War*, Associated University Presses, Inc. 이 책은 한국에서 두 번 번역되었다. 존 R. 메릴, 신성환(역), 1988, 『침략인가 해방전쟁인가』, 과학과 사상사 ; 존 메릴, 이종찬 · 김충남(공역), 2004, 『한국전쟁의 기원과 진실』, 두산동아.

게 다루었다고는 언급했지만, 진압군의 민간인 학살에 대해서는 언급하지 않았다.

브루스 커밍스(Bruce Cumings)는 '여수반란'을 어떤 목적을 지속적으로 추구하기 위한 하나의 운동이라기보다는 자연발생적이고 무계획적으로 일어난 폭동으로 보았다. 그 결과 '여수반란'은 이승만이 자신의 지배를 강화시키는 데 잘 이용했던 '찻잔 속의 태풍'에 불과했다는 것이다. 그는 '여수반란'은 해방 후 '좌절된 정치'에 기인한 막판의 저항이었고, 그 저항이 패배함으로써 이승만 정권의 탄압정책만을 강화해주었다고 평가했다. 커밍스는 여순사건이 한국 정치에 끼친 영향에 주목하긴 했지만, 제14연대 하사관 그룹에 의해 '엉터리'로 '때 이르게' 시작된 여수반란을 왜 비중 있게 다루는지를 잘 이해할 수 없다고 말하였다.[21]

주로 미군 자료를 활용한 커밍스의 이 같은 평가는 사건의 주체를 14연대 군인으로만 한정시켜 여순사건을 군부 쿠데타로 파악한 것과 관련이 있다. 여순사건의 주요한 한 주체였던 봉기 참여대중의 활동을 충분히 고려하고 있지 못한 것이다. 주도 세력 변화는 이 사건의 성격에도 일정한 변화를 가져와, 군인 '봉기'는 대중의 '항쟁'으로 전화했다. 커밍스가 주목하지 못한 점은 대중항쟁으로서의 여순사건이었다. 대구항쟁, 제주4·3항쟁, 여순사건은 해방 후부터 한국전쟁 전까지 발생한 3대 대중투쟁이었다. 특히 마지막 대중투쟁이었던 여순사건은 대중운동의 한계를 보여준 사건이었다는 점에서 중요하게 분석되어야만 할 것이다.

한편, 북한 연구들은 여순사건을 '미제의 식민지 예속화 정책과 리승만 괴뢰도당의 반인민적 파쑈 테러 통치'에 반발하여 일어난 '애국적 군인들과 남조선인민들의 투쟁'으로 평가하고 있다.[22] 북한의 연구는 남쪽 인민

---

21) Bruce Cumings, 1990, *The Origins of the Korean War Vol.* 2, Princeton Univ. Press, pp.259~267 ; 「커밍스 인터뷰」, MBC '이제는 말할 수 있다' 제작팀, 1999, 「MBC 여순사건 증언록」(미간행 녹취록).

22) 정종균, 1982, 「려수군인폭동의 영향 밑에 일어난 남조선괴뢰군내 애국적 군인

들이 '김일성 만세!' '조선민주주의인민공화국 만세!'를 외치며, '공화국 정부의 정강을 남조선에도 실현시키기 위하여 적극적이고 희생적인 투쟁을 전개'했다는 점을 특히 강조하고 있다. 북측의 시각으로 보면, 여순사건은 인민공화국 체제의 우월성을 입증하는 사례이다.[23] 북한은 여순사건 실패의 원인을 정부의 탄압과 남조선노동당의 종파적 태도에 돌리고 있다. 북한은 '박헌영 · 이승엽 도당'이 '테러는 테러라는 파괴적 구호 아래에서 애국적 인민들을 희생'시킨 계획적인 봉기로 여순사건을 평가하고 있다.[24] 북한의 논문들은 사실의 측면에서 부정확한 것이 눈에 띠지만, 봉기를 주도했던 세력의 목적과 의도를 중심에 놓고 서술했기 때문에 봉기세력들의 활동을 분명하게 드러내고 있다.

여순사건이 본격적인 연구 대상으로 등장하기 전부터 문학 분야에서는 여순사건을 소재로 한 작품들이 생산되었다. 전병순의 소설 『절망 뒤에 오는 것』, 조정래의 『태백산맥』(1~10), 이태의 『실록소설 여순병란』은 여순사건을 다루고 있는 대표적인 작품들이다.[25] 전병순은 여순사건 진압 직후의 상황을 묘사하고, 여순사건이 진압된 뒤부터 시작되는 조정래의 소설은 전남 동부 지역의 정치적 과정을 실감 있게 묘사하였다. 이태의 『실록소설 여순병란』은 제목에서 나타나듯, 순수한 픽션이라기보다는 증언을 토대로 한 논픽션에 가깝다.

들의 투쟁」, 『력사과학』 3호, 24쪽.

23) 김광일, 1949, 「조선민주주의인민공화국 기치를 높이 들고 구국투쟁에 총궐기한 남조선인민들의 영웅적 투쟁」, 『근로자』 제2호, 29쪽.

24) 사회과학원 역사연구소, 1989(1958년판), 『조선통사』(하), 오월, 377~379쪽.

25) 여순사건을 소재로 한 소설로는 전병순, 1987, 『절망 뒤에 오는 것』, 중앙일보사 ; 조정래, 1989, 『태백산맥』 1~10, 한길사 ; 이태, 1994, 『실록소설 여순병란』(상 · 하) 청산이 있다. 이에 대한 논평으로는 전흥남, 2000, 「'절망 뒤에 오는 것'에 나타난 '여순사건'의 수용양상과 의미」, 국어국문학회, 『국어국문학』 제127호 ; 전흥남, 2000, 「『여순병란』에 나타난 '여순사건'의 수용양상과 의미」, 『한려대논문집』 4 ; 최원식, 1987, 「역사적 진실과 문학적 진실」, 『창작과 비평』 통권 85호를 참조할 수 있다.

최근 여순사건과 민간인 학살에 대한 관심이 높아짐에 따라 여순사건을 소재로 한 학위 논문들이 발표되었다.[26] 이 논문들은 봉기세력들의 참가자들을 구체적으로 분석하거나, 증언을 토대로 여순사건의 발생 배경과 피해 실태에 대한 지역민들의 인식을 추적하고 있다.

이밖에도 폭력의 대상이 되었던 지역 주민들의 증언을 통해, 공식 역사에서 취급하지 않았던 체험과 사회적 고통에 주목한 박정석의 논문과 대한민국 정부가 어떤 방식으로 여순사건을 재현하면서 국가와 민족의 주재자로 등장했는지를 담론 수준에서 분석한 임종명의 논문은 주목할 만하다.[27]

최근의 연구들은 증언을 적극적으로 활용하는 경향을 보이고 있다. 이전에도 증언을 기초로 하여 중요한 성과물이 생산되기도 하였지만,[28] 최근 지역의 시민 연구단체들이 구술 자료를 꾸준히 수집함에 따라 증언을 활용한 연구는 더욱 늘어날 전망이다.

여수지역사회연구소(여수)나 동부지역사회연구소(순천) 등에서는 여순사건의 연구 현황을 점검하는 한편 자료집을 펴내기도 하고, 관계자들의 증언을 청취하여 자료집으로 발간하였다.[29] 지역 연구소 차원의 증언 청

---

26) 이효춘, 1996, 「여순군란연구－그 배경과 전개과정을 중심으로」, 고려대학교 교육대학원 석사논문 ; 손태희, 2003, 「여순사건 참가계층의 제유형」, 순천대학교 교육대학원 ; 선휘성, 2004, 「여순사건의 발생배경과 피해실태에 대한 인식」, 순천대학교 교육대학원.

27) 박정석, 2003, 「전쟁과 고통: 여순사건에 대한 기억」, 『역사비평』 가을호(통권64호) ; 임종명, 2003, 「여순 '반란' 재현을 통한 대한민국의 형상화」, 『역사비평』 가을호(통권64호) ; 임종명, 2005, 「여순사건의 재현과 폭력」, 『한국근현대사연구』 제32집 ; 임종명, 2005, 「여순사건의 재현과 공간」, 『한국사학보』 제19집.

28) 증언 또는 증언에 기초한 기록물로서는 김석학 · 임종명, 1975, 『광복 30년』 제2권(여순반란편), 전남일보사 ; 김계유, 1991, 「1948년 여순봉기」, 『역사비평』 겨울호 ; 전남일보 광주전남현대사 기획위원회, 1991, 『광주전남현대사』 2, 실천문학사 ; 반충남, 1993, 「여수 14연대반란과 송욱교장」, 『월간 말』 6월호 ; 반충남, 1998, 「여순반란사건, 인민재판은 없었다」, 『월간 말』 11월호를 참고할 수 있다.

29) 여순사건에 대한 연구현황을 정리한 글로는 정청주, 1998, 「여순사건 연구의 현황과 과제」, 『여수대학교 논문집』 제13집 1권 ; 홍영기, 1999, 「여순사건에 관한 자료의 성격과 연구현황」, 전남 동부 지역사회연구소(편), 『지역과 전망』, 일월서

취는 문헌 자료가 별로 남아 있지 않은 상황에서 매우 가치 있는 작업이라고 할 수 있다. 또한 여순사건을 겪은 사람들을 대상으로 한 증언 청취는 그 동안 억눌리고 숨죽여 왔던 사람들의 입을 열게 함으로써 기억의 멍에로부터 벗어나게 하는 단초로 작용할 수 있을 것이다.

최근 여순사건 연구의 주제와 소재는 확대되어 다양한 각도에서 조명이 이루어지고 있다. 그러나 14연대 군인들의 구체적 활동, 여수·순천 등의 지역 정치, 진압군의 작전 등 여순사건 자체에 대한 면밀한 연구는 아직도 부족한 편이다.

4. 연구의 구성과 자료

연구의 구성

이 연구는 시간적·논리적 순서에 따라 모두 3부 7장으로 구성하였다. 먼저 제1부에서는 여순사건의 봉기 과정을 주체별로 나누어 살펴보았다. 제1장은 제14연대 군인의 봉기를 다루며, 제2장은 군인봉기에 지역 좌익세력과 주민이 참여하면서 여순사건이 대중봉기로 전화하는 과정과 인민위원회의 활동을 다룬다.

기존의 여순사건 서술처럼 군인봉기가 북한이나 남로당 중앙과 관련이 있었는지, 군인봉기가 어떤 과정을 거쳐 여수와 순천을 순식간에 점령할 수 있는지를 살펴본다. 여순사건이 우발적인 성격을 강하게 띠고 있었음에도 불구하고, 그것이 장기적으로 지속될 수 있었던 이유를 검토한다. 또

각이 있다. 자료집으로는 여수지역사회연구소, 1998, 『여순사건 실태조사 보고서』 1집 ; 여수지역사회연구소, 1999, 『여순사건 자료집』 2 ; 여수지역사회연구소, 2000, 『여순사건 실태조사보고서』 제3집 ; 전남 동부 지역사회연구소, 1990, 『지역과 전망』 1~4집 ; 홍영기 책임편집, 2001, 『여순사건자료집 I 』, 선인 등이 발간되었다.

한 14연대 봉기군의 점령 이후 여수와 순천에서 만들어졌던 인민위원회가 어떤 활동을 했는지를 문헌과 증언에 기초하여 재구성하였다.

다음으로 제2부 제3장에서는 이승만 정부가 여순사건에 대해 어떻게 인식했고, 어떤 대응을 했는가를 분석한다. 이승만 정부는 처음에 김구 세력이 여순사건의 배후라고 지목하였다가 나중에는 북한과 연계되었다고 발표하였다. 이와 같이 이승만 정부의 초기 대응은 혼란스러워 보이지만 한편으로는 정치적 의도를 강하게 내비쳤다. 여순사건이 일어나자 북한은 이승만 정권의 폭압적 진압과 '남조선 인민들의 인민공화국 지지'에 초점을 맞추어 보도했다. 하지만 북한 정권은 여순사건을 지원하기 위해 어떤 군사적 조치를 취하지는 않았다.

제4장에서는 정부군의 진압작전을 서술하였다. 정부는 사건 발발 직후 미군의 주도하에 토벌사령부를 설치하고, 진압군을 긴급 편성하여 순천과 여수 공략에 나섰다. 진압군 지휘관들은 진압에 참가한 군인들이 봉기군에 합류하는 것을 항상 염려해야만 했고, 전투 경험이 없었기 때문에 순조로운 작전을 펼치기 어려웠다. 더욱이 봉기군은 진압군의 예봉을 피해 지리산, 백운산 등지로 도피하여 장기적인 산악 투쟁을 준비하였다. 이로 인해 여순사건의 여파는 순천, 여수 점령 이후에도 계속 되었다.

제5장에서는 정부 진압군에 의해 이루어진 민간인 협력자 색출 과정과 대량학살을 다룬다. 군대 · 경찰 · 우익청년단으로 이루어진 진압 부대는 각 지역을 점령한 후, 제일 먼저 주민들을 운동장 등에 집합시켜 봉기군에 협조한 사람들을 색출했다. 진압작전과 협력자 색출 과정에서 수많은 민간인이 죽음을 당하였다. 14연대 봉기군이 여순을 점령했을 때 우익 세력에 대한 학살이 행해졌지만, 진압군의 여순 점령 후에는 이보다 훨씬 더 많은 민간인들이 학살당했다. 봉기세력은 숙청의 대상을 극우세력에게 한정했다. 반면에 진압군에 의한 학살은 일반 시민을 적군으로 간주하는 초토화 작전의 산물이자, '적'과 '아'를 명확하게 분리하는 국민 심사 과정이었다. 이런 점에서 여순사건 때 일어난 민간인 학살은 군인봉기와 지방민의

합세에 대한 지배 권력의 응징이자 보복이었고, 이승만 반공체제를 굳건하게 하는 밑거름이었다.

여순사건에서 벌어진 민간인 학살은 대한민국 정부 수립 후 군경에 의해 저질러진 최초의 대규모 학살이었다는 점에서 중요하다. 여순사건에서 나타난 대량학살 논리는 몇 달 뒤 제주도에서 다시 나타났고, 한국전쟁 직후 전국 각지에서 국민보도연맹원 학살, 형무소 학살 등으로 재생되었다.

마지막으로 제3부는 공산주의자에 대한 이미지 구축과정과 이를 기초로 한 반공체제의 성립과정을 추적하였다. 제6장에서는 일제시기와 해방직후의 공산주의자의 이미지가 여순사건을 거치면서 어떻게 비인간, 짐승, 악마로 변하였는지를 추적한다. 여순사건 후 공산주의자는 '빨갱이'로 지칭되었다. 언론은 보도 기사와 사진을 통해 좌익 세력이 얼마나 비인간적인지, 얼마나 비도덕적인지를 선전했고, 문인, 종교인들은 시찰 보고서를 통해 공산주의자의 도덕적 파탄과 비인간성을 질타했다. 이와 같은 과정을 통해 탄생한 '빨갱이'란 용어는 국민과 민족의 범주에서 이들의 존재를 완전히 배제하게 하였다. 이제 빨갱이는 대한민국에서 '죽여도 되는 존재'가 되었고 죽어도 항변하지 못하는 존재가 되었다.

제7장에서는 이승만 반공체제의 구축과정을 국가 조직, 법제, 사회통제 그리고 '적의 창출'이라는 정치 공학적 측면에서 살펴보았다. 여순사건은 군대와 경찰이 양적으로 팽창하고 반공주의를 기반으로 형성되는 주요한 계기였다. 특히 군대는 대대적인 숙군을 통해 반공군대로 재생했고, 다수의 우익 청년단은 대한청년단으로 단일하게 재편되었다. 교육계에도 숙청의 바람이 몰아쳐 좌익 혐의를 받은 교사와 학생들이 축출되었고 군대식으로 편제된 학도호국단이 만들어졌다.

반공체제를 세우고 안정화시킨 것은 계엄법, 국가보안법 등의 법제였다. 계엄법은 1949년에 제정되었기 때문에 여순사건 당시 내려졌던 계엄은 위헌이었다. 계엄은 지역사령관이 자의적으로 공포한 경우가 많았고, 계엄 선포 사실을 부정한 경우도 있었다. 그럼에도 불구하고 계엄은 군인이 마음대로 민간인을 즉결처분할 수 있는 '살인 면허장'으로 인식되어 수많은 민간인이 처형당했다. 여순사건이 끝난 뒤 한 달 만에 제정된 국가보안법은 계엄의 비상사태를 평상시에 적용한 법이라고 할 수 있었다.

계엄법과 국가보안법은 군대와 경찰력의 사용을 합법화 해주었다. 위험한 사상을 가졌다는 이유만으로 처벌이 가능하게 한 국가보안법이 수많은 정치범을 양산한 결과 전국 형무소는 국가보안법 위반 사범으로 가득 찼다. 반공체제하에서 법은 사실상 폭력의 다른 이름이었다.

반공체제가 지속될 수 있었던 동력은 강압적인 폭력과 법의 힘만이 아니었다. 국민의 일상생활을 감시하고 통제하며 조직하는 체계가 뒤따랐다. 이념적으로는 반공에 동의하지 않아도 신체를 구속하는 것을 통해 국민은 반공체제의 부속물로 기능할 수 있었다.

여순사건의 경험—빨갱이 이미지 창출, 대량학살, 국가조직의 정비와 이를 통한 반공 국민의 창출—은 대한민국 건국 신화에서 대단히 중요한 '자산'이 되었다. 이런 이유로 여순사건은 반공사회 재생산에서 항상 언급될만한 가치가 있는 역사적 자원이 되었으며, 여순사건에 대한 문제 제기는 대한민국의 기원을 부정하는 행위로 간주되었다.

연구 자료

지금까지 여순사건에 대한 연구가 어려웠던 이유는 반공주의라는 장벽으로 인한 자기 검열과 금기 이외에도 자료 부족이 큰 몫을 차지하고 있었다. 여순사건 연구에서 가장 중요한 자료는 신문, 잡지라고 할 수 있는데, 이 같은 1차 자료를 활용하는 것이 쉽지 않다.

1차 자료인 신문은 가장 많이 이용되고 신뢰성이 있다고 여겨지는 자료이다. 하지만 여순사건의 경우 정부의 기사를 그대로 받아쓴 기사가 많고, 뜬소문을 기사로 내놓은 것도 많아 내용이 부정확하다. 심지어는 의도적이고 악의적인 왜곡 기사도 눈에 띈다. 따라서 객관적인 사실을 검증하기 위해서는 다른 자료와의 상호 교차 검토가 반드시 필요하다.

그럼에도 신문은 당시 상황을 가장 실감 있고 폭넓게 접할 수 있는 자료로 매우 유용하다. 본 연구에서는 당시 발행된 『서울신문』, 『평화일보』, 『국제신문』 등의 중앙지와 『동광신문』, 『호남일보』 등의 전남 지방 일간지를 비롯한 타도(他道)의 지방지 그리고 *New York Times* 등의 미국 신문을 검토했다. 신문은 기사뿐만 아니라 사진, 사설 등을 통해 여순사건을 보도했는데, 신문 기사들은 당시 정부나 언론이 여순사건을 인식하고 대응한 방법을 가장 잘 보여준다.

여순사건의 새로운 사실을 규명하고 미군의 역할을 밝히는 데는 주로 미군 보고서를 이용했다. 여순 진압작전에 참가한 미 임시군사고문단원들은 대부분 자신의 보고서를 남겼다. 풀러(H. E. Fuller), 하우스만(James H. Hausman), 리드(John P. Reed), 대로우(Howard W. Darrow) 등이 그런 예이다. 이 보고서들은 사건의 추이를 서술하고 군사적 관점에서 작전의 성과와 한계를 짚어나가고 있다. 따라서 이 자료들은 여순 진압작전을 재구성하는 데 필수적이다. 이 밖에도 아주 상세한 사실까지 기록하고 있는 제6사단 작전보고서, 정보참모부(G-2) 보고서, 작전참모부(G-3) 보고서, 동경 극동군 정보 보고서 등을 이용했다.

진압군의 작전 상황을 파악하는 데 군이 생산한 자료는 필수적이다. 그러나 한국전쟁을 겪으면서 한국군 초기의 군 자료가 많이 남아 있지 않고, 자료에 대한 접근도 쉽지 않기 때문에 사실을 재구성하는 것이 쉽지 않다. 본 연구에서는 국방부가 간행한 공간사와 함께 육군본부 작전교육국이 당시 작전 상황을 정리하여 펴낸 『전투상보』(육군 20-15)를 활용했다. 『전투상보』에는 진압군의 작전명령서와 작전상황 보고가 들어 있어, 군의 이동과 진압작전의 전개 상황을 소상히 파악할 수 있다.

여순사건 당시에 일어난 사실 하나 하나를 정확하게 확정하는 것은 거의 불가능하다. 봉기가 몇 시에 일어났으며, 참가자 수는 몇 명인지조차 기록마다 각각 다르기 때문이다. 이런 예는 기존의 공간된 신문, 증언, 다큐멘터리에서 수없이 발견된다. 이 논문에서는 최대한 사실 규명에 힘쓰되, 서로 엇갈려 확정할 수 없는 사실은 상이한 사실 자체를 그대로 정리했다.

최근 여 · 순 지역사회에서는 여순사건에 대한 증언 채록 작업을 활발히 벌이고 있다. 생존자의 구술 증언은 공식 역사가 기록하지 않은 개인(집단)의 감정과 인식을 보여주며, 문헌 자료가 말하지 않는 사실을 드러냄으로써 새로운 사실 규명의 단초가 될 수 있다. 많은 분량의 증언이 공식 간행되지 못했지만, 여수지역사회연구소, 동부 지역사회연구소, 문화방송 등이 채록한 증언들은 여순사건 사실 규명에 매우 가치 있는 증언들이라고 할 수 있다.[30]

30) 여수지역사회연구소, 1998, 『여순사건 실태조사보고서』 1 ; 여수지역사회연구소, 2000, 『여순사건 실태조사보고서』 3 ; MBC '이제는 말할 수 있다' 제작팀, 1999, 「MBC 여순사건 증언록」(미간행 녹취록). 문화방송 녹취록은 테이프로는 82개 분량이며, 원고지로는 약 4,260매 분량이다.

제1부

여순사건의 발발과 대중봉기로의 전화

우리는 조선 인민의 아들들이다. 우리는 노동자와 농민의 아들들이다.……

모든 애국 동포들이여! 조선 인민의 아들인 우리는 우리 형제를 죽이는 것을 거부하고 제주도 파병을 거부한다. 우리는 조선 인민의 이익과 행복을 위해 싸우는 진정한 인민의 군대가 되려고 봉기했다.……

다음이 우리의 두 가지 강령이다.

1. 동족상잔 결사반대 2. 미군 즉시 철퇴

―제주토벌출동거부병사위원회의 성명서, 「애국 인민에게 호소함」

첫째, 친일파 · 모리간상배를 비롯하여 이승만 도당들이 단선단정을 추진하는 데 앞장섰던 경찰 · 서북청년회 · 한민당 · 독립촉성국민회 · 대동청년단 · 민족청년단 등을 반동단체로 규정하고 악질적인 간부들을 징치하되 반드시 보안서의 엄정한 조사를 거쳐 사형 · 징역 · 취체 · 석방의 네 등급으로 구분하여 처리할 것입니다.

둘째, 친일파 · 모리 간상배들이 인민의 고혈을 빨아 모은 은행예금을 동결시키고 그들의 재산을 몰수할 것입니다.

셋째, 적산가옥과 아무런 연고도 없는 자가 관권을 이용하여 억지로 빼앗은 집들을 재조사해서 정당한 연고권자에게 되돌려 줄 것입니다.

넷째, 매판 자본가들이 세운 사업장의 운영권을 종업원들에게 넘겨줄 것입니다.

다섯째, 식량영단의 문을 열어 굶주리는 우리 인민대중에게 쌀을 배급해 줄 것입니다.

여섯째, 금융기관의 문을 열어 무산대중에게도 은행돈을 빌려줄 것입니다.

―이용기 여수인민위원회 위원장이 취임사에서 밝힌 정책

제1장 제14연대 군인봉기

1. 여수 제14연대의 봉기

1948년 10월 19일 저녁, 여수에 주둔하고 있던 국군 제14연대가 봉기를 일으켰다.[1)]

14연대 봉기세력이 제주도 파병 소식을 입수하고, 10월 19일 저녁 봉기를 결행하기까지의 시간은 불과 5일 정도였다. 봉기세력이 처음부터 여수 주둔지에서 반란을 일으킬 계획은 아니었지만, 10월 중순 며칠간의 상황이 급박하게 돌아가면서 14연대에 조직되어 있었던 남조선노동당(이하 남로

1) 보통 제14연대를 '국방경비대'라고 부르지만, 이는 잘못된 명칭이다. 미군정은 1946년 1월 14일 '남조선국방경비대'(국방경비대)를 창설했다가, 1946년 6월 15일 군정법령 제86호를 통해 '조선경비대'와 '조선해안경비대'로 명칭을 변경했다.
대한민국 정부가 수립된 후, '조선경비대'는 육군으로 개칭(1948. 9. 5)되었고, '조선경비대'와 '조선해안경비대'는 국군으로 편입되었다.
여순사건이 발발할 당시 제14연대는 '국군' 소속이었다. 국군이 정식으로 조직된 것은 국군조직법(법률 제9호, 1949. 11. 30)을 통해서이다. 제14연대는 조선경비대 시기에 창설되었고 이후에는 육군으로 개칭되었기 때문에 '조선경비대' 또는 '육군'으로 불러야 하며, '국방경비대'라고 부르는 것은 사실과 맞지 않다.
정리하자면, 군의 역사는 '남조선국방경비대'(국방경비대)→조선경비대→국군으로 이어진 것이지만 시기적으로 변화된 명칭을 일일이 구분하여 사용할 경우 매우 혼란스럽다. 이 책에서는 시기에 따라 '남조선국방경비대'(국방경비대), '조선경비대'를 사용하지만, 양자의 시기를 모두 통괄하여 지칭할 때는 '경비대'로 한다. 경비대의 변천에 대해서는 이 책의 〈자료 1 경비대의 조직 변화〉를 참조.

당으로 줄임) 좌익 세포는 신월리에서 봉기하기로 결정하게 된다. 여기에서는 하사관층이 주도세력이 된 14연대 봉기과정을 살펴보면서, 여수봉기가 갖는 우발적인 성격을 여러 측면에서 살펴보고자 한다.

1948년 10월 15~16일경, 육군 총사령부는 제14연대장 박승훈(朴勝勳) 중령에게 제주도 파병을 위해 1개 대대를 편성하라는 작전 명령을 내렸다.[2] 이에 따라 연대장은 김일영(金日永) 대위로 하여금 출동부대인 제1대대를 지휘하게 했다.

그런데 육군본부에서 출동명령이 정식으로 내려오기도 전인 10월 초에 제14연대의 장교들과 병사들은 제주도 소요사태를 진압하기 위해 파병된다는 사실을 이미 알고 있었다.[3] 부대원들이 파병을 알게 된 시점이 언제인지는 확실하지 않지만, 한 증언자는 오동기가 체포된 뒤에 부연대장이 육군본부에 올라가 작전명령을 받았으며 이 사실을 연대 내 남로당 세포조직이 알게 되었다고 말하고 있다.[4] 부대 편성 작업은 비밀리에 이루어지고

---

2) 佐佐木春隆(사사키 하루다카), 1977, 『한국전 비사－건군과 시련』 상권, 병학사, 298쪽. 제주도 파병 명령이 내려온 정확한 날짜는 분명하지 않다. 이태는 10월 15일로 보고 있는 반면, 정종균은 14연대가 제주도 출동 명령을 받은 날짜를 10월 16일로 보고 있다(이태, 1994, 『실록소설 여순병란』(상), 청산, 157쪽 ; 정종균, 1982, 「미제와 리승만 괴뢰도당을 반대하여 일어난 려수군인폭동」, 『력사과학』 1호, 24쪽).

한편 佐佐木春隆는 제주도경비사령부가 10월 11일에 설치되었고, 제2차 증원부대로 발령된 경위로 보아 제주도 출동명령이 15~16일쯤 내려왔을 것이라고 추정하고 있다.

3) 정운창(구례 남로당원)·대담자 홍영기, 1997, 「여순사건 증언채록」 1·2, 한국정신문화연구원 소장 ; 김영만을 비롯한 14연대 출신 군인들의 증언, MBC '이제는 말할 수 있다' 제작팀, 1999, 「MBC 여순사건 증언록」(미간행 녹취록).

4) 정운창, 1997, 「여순사건 증언채록」 1, 한국정신문화연구원 소장. 한 문헌은 육군본부의 작전국장 강문봉 중령과 정보국장 백선엽 중령 두 사람이 10월 초 여수에 내려와 부연대장 이희권 소령에게 제주도에 출병할 1개 대대를 편성하라는 지시를 하고 올라갔다고 밝히고 있다. 이에 따라 부연대장은 1주일 내에 우수한 사병을 선발하여 편성을 완료했고, 육군본부 작전국장이 다시 내려와 검열을 끝마치고 상경했다. 제14연대 제7중대장이었던 김정덕은 15일 내지 20일 전에 사전 명령을 받았다고 증언하고 있다(유관종, 1989, 「여수 제14연대반란사건」

〈그림 1-1〉 여수 신월리에 주둔한 제14연대의 정문
14연대 병사들은 제주도 진압 반대를 외치며 봉기하여 다음날 여수와 순천을 점령했다. 이 사진은 반란군 진압이 완료된 직후에 촬영된 것으로 보인다(전국문화단체총동맹, 『반란과 민족의 각오』, 문진문화사, 1949, 26쪽)

있었지만, 연대본부의 인사담당 선임하사관이었던 지창수(池昌洙) 상사는 이런 상황 전개를 연대 내 세포를 통해 자세하게 파악하고 있었다.[5]

14연대 남로당 세포원들이 봉기를 결정한 가장 큰 요인은 제주도 파병 명령이었다. 세포원들은 단독선거를 거부하고 봉기한 제주도 인민들의 봉기를 진압하러 제주도로 파병될 수는 없다고 생각했다. 제주도가 도(道)로 승격되어 별도의 행정구역이 되었지만, 많은 수의 장병들은 제주도를 전남지역과 같은 지역권으로 생각하고 있었다.[6]

(상), 『현대공론』 2월호, 427 · 431쪽).

5) 정운창 증언, 앞의 글.

6) 제주도가 도(道)로 승격된 것은 1946년 8월 1일이다. 이전에는 전라남도 제주도

또 다른 주요한 이유는 숙군에 대한 두려움이었다. 10월 초에 체포된 연대장 오동기는 김구를 따르는 한국독립당(한독당) 계열의 우익인물이었고 반공주의자여서 남로당 세포와는 이념적으로 공유되는 바가 거의 없었지만, 오동기 체포 이후 숙군 바람은 14연대 남로당 세포들에게도 미쳤다. 14연대 남로당 세포원이었던 김영만은 고봉규라는 사람의 밀고로 10월 11일 체포되었는데, 고봉규는 자신이 알고 있는 연대 내 세포를 모두 불었다고 한다. 김영만은 지창수, 홍순석, 정낙현 등과 함께 어울려 활동했던 사람이었기 때문에, 김영만의 체포는 연대내 세포원들에게 큰 위기감을 갖게 했다. 14연대 남로당 당부 소속의 하사관들이 숙군의 그림자가 언제 자신들을 덮칠지 모른다는 두려움을 느끼고 있던 시점에 전해진 제주도 파병 소식은 이런 불안감을 더욱 커지게 만들었다.[7]

제주도 파병소식이 알려지자 10월 16일 지창수가 주도하는 14연대 세포들은 회의를 갖고, 앞으로의 대책을 숙의 했다. 이 회의에서는 세 가지 방법이 논의되었다.[8]

첫째는 일단 제주도로 파병된 다음, 반란을 도모한다는 것이었다. 하지만 제주도가 섬이라 투쟁 자체가 불리하고, 14연대 외에 다른 부대로 봉기가 확산되는 것도 기약할 수 없기 때문에 병력의 자멸을 초래하기 쉽다는 의견이 제시되었다.

둘째로, 제주도 출병을 거부하고 연대 내에서 반란을 일으키는 것이었다. 하지만 14연대 봉기는 매우 중대한 문제이기 때문에 연대 내 당부가 홀로 결정할 사안은 아니었다. 이 경우 남로당 상부조직의 지지와 협조가 뒤따라야만 했다.

(濟州島)였다. 도로 승격되었어도 전라남도 사람들은 제주도를 같은 지역으로 생각하고 있었다(14연대 군인 임태황의 증언, MBC '이제는 말할 수 있다' 제작팀, 앞의 글).

7) 윤기남 증언, 1997, 순천시사편찬위원회, 『순천시사』, 800쪽 ; 김영만 증언, MBC '이제는 말할 수 있다' 제작팀, 1999, 「MBC 여순사건 증언록」(미간행 녹취록).

8) 이태, 1994, 『실록소설 여순병란』(상), 청산, 158~159쪽.

셋째로 제주도로 향하는 함정 안에서 선상반란을 일으킨 뒤 월북하자는 안이었다. 선상반란은 성공할 가능성이 컸지만, 탈출구를 찾아 단순히 도피한다는 의미 이상을 찾기는 힘들었다. 하지만 신변에 위협을 느끼고 있던 세포원들은 이 방안을 지지했다.[9)]

당시 상황에서 14연대 남로당 세포들이 선상반란을 통해 북으로 향한다는 결정은 어느 정도 합리적인 판단이었다. 연대 내 봉기의 경우는 이것이 하루아침에 결정하여 이루어질 수 있는 것도 아니었고, 연대 차원에서 단행할 수 있는 것도 아니었다. 또 군사력을 갖추고 있는 연대 병력이 봉기한다면 이것은 전국적 봉기가 되어야만 했다. 하지만 이는 14연대 세포의 판단을 넘어서는 문제였다. 이에 반해 선상반란을 통한 월북은 14연대 세포원들이 당면한 문제점(제주도 파병반대와 신변 위험)을 해결해 줄 수 있는 돌파구가 될 수 있었다.

군인들이 함정을 이용하여 월북하는 경우는 14연대 봉기 이전과 이후에도 계속 발생했다. 1948년 5월 7일에는 소해정인 통천정(通川艇)에 타고 있던 29명이 월북했고, 며칠 뒤인 12일에는 강화정(江華艇)이, 6월 7일에는 고원정(高原艇) 29명이 이미 월북한 바 있었다.[10)]

결국 14연대 남로당 세포는 선상반란을 일으켜 북으로 향한다는 결정을 내리고, 이 결정을 14연대를 지휘하는 군사 오르그인 '조동무'를 통해 전남도당에 전달하기로 했다. 이에 따라 군사 오르그는 10월 17일 전남 도당의 결정을 문의하기 위해 14연대를 떠나 광주로 향했다.[11)]

---

9) 김영만 증언, MBC '이제는 말할 수 있다' 제작팀, 앞의 글.

10) 이 해 6월에는 대전정(301)의 월북기도가 사전에 발각되기도 했다. 국방부 전사편찬위원회, 1984, 『국방사』, 311~312쪽 ; 「소위 국방군 내 장병들의 의거 입북사건」, 『旬刊通信』 No.37, 1949년 10월 하순호, 39~40쪽 ; 대한민국 국방부 전사편찬위원회, 1967, 『한국전쟁사1－해방과 건군』, 564쪽.

11) 윤기남, 앞의 책, 801~802쪽 ; 정운창, 앞의 글. '조동무'는 이름이 알려져 있지 않다. 남로당 세포원들도 조동무라는 것 밖에는 아무 것도 몰랐다고 한다. 그는 14연대를 지도하는 군사 오르그였는데, 14연대의 선상반란 결정을 전달하러 간 이후 연락이 두절되었다. 그는 이후 14연대 봉기의 오류에 책임을 지고 처형되었

그런데 10월 18일 아침 10시, 지창수는 정보과 소속인 세포원으로부터 "오늘 저녁에 지창수 이하 좌익 세포원들을 체포할 것"이라는 정보를 입수했다. 이 정보는 선상반란을 의도했던 기존 계획을 전면적으로 수정하게 했다. 하지만 아직도 도당과의 연락은 이루어지지 않은 상태였다. 세포원들에 대한 체포가 임박했다는 소식을 듣고 갑자기 소집된 당부 회의는 결국 기존의 선상반란 계획을 포기하고, 연대 내에서 무장 봉기하기로 결정했다.[12] 이렇게 14연대 봉기계획은 전남도당이 구체적인 계획을 갖고 있지 못하고 연락이 닿지 않은 상태에서 결정되었고, 어떤 구체적인 목표에 따라 체계적으로 이루어진 것은 아니었다.[13]

14연대의 지창수 그룹에게는 두 가지 선택이 있었다. 하나는 좌익혐의로 체포되어 14연대 세포조직이 와해되는 것이었고 또 다른 하나는 연대 내에서 반란을 일으켜 숙군의 칼날에 정면으로 맞서는 것이었다. 결국 14연대 남로당 세력은 양자택일의 갈림길에서 봉기의 길을 선택한 것이다.[14]

이에 따라 봉기를 위한 조직 작업이 진행되었다. 봉기의 정당성을 홍보하기 위한 선전해설반, 연대내 중요 부서를 공격할 공격조, 통신망과 연락처를 접속하는 공격조, 악질 장교를 처단 체포하는 분조, 무기고를 점령하는 또 하나의 분조, 중요 교통 요소요소의 매복조, 여수 시내 공격조 등을 만들었고, 이 조들에 속하지 않은 병사들은 연병장에 모이기로 했다.[15]

10월 19일 아침 7시, 14연대에는 육군본부로부터 "LST[전차양륙정]는 10월 19일 20:00시에 출항하라. 제주경비사령관 김상겸 대령에게 통보필"이라는

다고 알려져 있다.

12) 정운창, 앞의 글, 21쪽.

13) 한 연구는 오동기가 체포된 것이 좌익에게 '절호의 기회'를 제공했다고 했지만, 왜 김구의 추종세력인 오동기를 체포한 것이 좌익 병사들의 봉기에 기회를 제공했는지에 대한 이유는 밝히지 않고 있다(Allan R. Millett, 김광수(역), 2000, 「하우스만 대위와 한국군 창설(1945~1950)」, 『군사』 40호, 256~257쪽).

14) 존 R. 메릴, 1988, 『침략인가 해방전쟁인가』, 과학과 사상사, 198쪽.

15) 「려수병란 3주년 기념 좌담회」, 『승리의 길』, 한림대학교 아시아문화연구소학교, 1996, 『빨치산 자료집』 7, 42쪽.

내용의 일반 전보가 여수우체국을 거쳐 연대장에게 전달되었다.[16] 당시에는 육군본부와 연대 간에는 직접 무선통신을 할 수 없었고, 무선통신은 본부와 산하 여단 간 그리고 여단과 산하 연대 간에만 할 수 있었다.[17]

비밀리에 전달되어야 할 작전명령이 우체국 일반전보로 전달되자, 박승훈 연대장은 비밀이 새어나갔을 것을 염려하여 출항시간을 두 시간 늦춘 저녁 10시로 정했다.[18]

1948년 10월 19일, 여수 제14연대는 제주도 출병을 위한 준비로 하루 종일 분주했다. 개인장비를 제외한 출동부대의 보급품, 탄약 등의 선적 작업이 진행되고 있었고, 제주도로 떠나갈 제1대대원들은 6시까지 저녁 식사를 마친 뒤 군장을 꾸려 출발을 하기 위해 내무반에서 휴식하고 있었다. 여수에 잔류하는 제2대대는 출동부대의 뒤처리와 함께 가지고 갈 도시락을 준비했다.

---

16) 10월 18일 오후에 작전명령이 지급전보로 하달되었다는 주장도 있다(유관종, 앞의 글, 427쪽). LST(戰車揚陸艇, Landing Ship for Tanks)는 전차와 보병을 실어 나르는 함정을 말한다.

17) 육군본부와 여단간 그리고 여단과 연대간 설치된 무선통신망은 여순사건이 발생하기 한 달 전에 설치되었다(RG 319 Box 726, Records of the Office of the Chief of Military History, Records of the Historical Services Division, Publications, Unpublished Manuscripts and Supporting Records, 1943~47, History of the Korean Army, 1 July 1948 to 15 October 1948).

18) 『한국전쟁사1』(국방부 전사편찬위원회, 1967), 452쪽에는 "출항시간을 변경하자고 논의 끝에 2시간을 연장하여 24:00시에 출항하기로 결정했다"고 적혀 있다. 그러나 24:00시는 22:00시의 오식(誤植)으로 보인다. 이 책에서는 원래 출동지시를 받은 시각이 20:00시였으나, 이를 두 시간 연장했다고 하면서도 이를 24:00시로 잘못 적고 있으며, 더욱이 하단에는 "본래 부대 출동시간은 21:00시로 예정되고 있었다"고 하여 시간의 서술이 뒤죽박죽 되어있다. 이에 대해 『한국전쟁사』 집필에 참여했던 유관종은 「여수, 제14연대반란사건」이라는 글에서 부대 출발, 봉기시간 등은 충분한 증언을 듣지 못한 상황에서 어림잡아 표시한 것이라고 말하면서, 봉기시각은 19:00시라고 정정했다.

몇몇 문헌에는 출항시간을 늦춘 이유 가운데 하나는 제주도 근해에 소련 선박이 출현한다는 풍문이 떠돌고 있어서 만일의 사태를 고려한 것이라고 지적하고 있다. 소련잠수함 출몰이 사실이라 하더라도 *佐佐木春隆*가 지적한 것처럼, 출발시간을 두 시간 늦추었다 해서 소련 잠수함 공격을 받지 않으리라는 보장은 없다(佐佐木春隆, 앞의 책, 298쪽).

봉기세력들이 계획을 세우는 동안 장교들은 7시경에 장교식당에서 출동부대의 환송을 겸한 회식을 마친 뒤, 연대장 이하 부연대장과 참모들은 부두의 승선 상황을 점검하기 위해 여수항으로 다시 나가 있는 상태였다.[19] 부대 내에는 3개 대대장과 연대참모, 1·2·3·7중대장과 근무 중대장이 있었다.[20]

이 과정에서 중심적인 역할을 맡은 것은 지창수를 중심으로 하는 하사관 그룹이었다. 주로 사병들로 조직되어 있었던 14연대 당 세포는 도당이 관리하고 있었다. 14연대 당부의 유일한 장교 당원이었던 홍순석(洪淳錫) 중위는 순천으로 파견 나가 있었다. 이 때문에 하사관인 지창수 상사가 봉기 과정을 주도하게 되었다. 한편 중앙당에서 관리하고 있던 장교인 김지회(金智會)는 14연대의 봉기 결행을 전혀 알지 못했고, 지창수 그룹도 김지회가 남로당원임을 알지 못하고 있었다.[21]

지창수는 먼저 예광탄 3발을 신호로 반란을 시작하기로 하고, 예광탄이 오르면 즉시 병기고와 탄약고를 점령하기로 했다.[22] 14연대의 무기고에는 제주도 진압을 위해 지급 받은 미군의 신식무기인 M-1소총과 60㎜박격포, 탄약 폭탄이 보관되어 있었다.[23] 또 무기고에는 아직 반납하지 않은 일제 99식 소총 등 3천여 정의 무기가 정렬된 채 그대로 남아 있었다. 이 무기들은 장병들과 여순 시민들을 무장시키는 데 사용하기로 했다.

---

19) 국방부 전사편찬위원회, 1967, 앞의 책, 452쪽 ; 佐佐木春隆, 앞의 책, 299쪽.

20) 유관종, 1989, 앞의 글, 432쪽.

21) 이태, 1994, 『여순병란』(상), 청산, 171~174쪽 등. 김계유는 장교그룹과 하사관 그룹 간에 봉기의 역할분담이 있었다고 주장하고 있지만, 지창수는 김지회가 남로당 계열의 인물이라는 것조차 알지 못했다. 김지회는 병외에 거주하고 있었다(김계유, 1991, 「1948년 여순봉기」, 『역사비평』 겨울호를 참조).

22) 예광탄을 쏘기로 한 시각은 19:00시였다고 한다(유관종, 1989, 앞의 글, 430쪽).

23) HQ. USAFIK, *G-2 Periodic Report*, 1948. 4. 1. 佐佐木春隆는 제주도 진압작전을 위해 14연대에 미국 무기가 특별히 지급됐다고 말하고 있다(佐佐木春隆, 앞의 책, 298쪽). 하지만 미국 무기가 14연대에게 처음 제공된 것은 아니다. 대구에는 4월에 지급되었고, 마산 15연대에도 M1 소총이 지급되었기 때문이다(김석학·임종명, 1975, 『광복 30년』 제2권(여순반란편), 전남일보사, 265쪽).

7시 50분 비상나팔 소리가 울리자 연병장에는 출동부대와 잔류 부대원 2,700여 명의 장병들이 집결했다.[24] 여수 출항시간은 저녁 10시였고, 주둔지인 신월리를 떠나 함정이 정박하고 있는 여수 신항까지는 도보로 1시간 정도가 소요될 예정이었기 때문에 나팔 소리는 1시간이나 빠른 것이었다.

〈표 1-1〉 각 문헌에 나타난 제14연대 봉기시간

출전	제주도 파병 지시일	봉기 시간	출발예정시간(ETP)
유관종		19일 19시	
『한국전쟁사』		19일 20시	
『한국전비사』	15~16일	19일 20시	22:00시 출항예정시각
『육사졸업생』		19일 20시	21:00시에 연병장집합예정 22:00시 출항
황남준		19일 20시	21시
리드(Reed) 보고서		19일 20시	
곽상국		19일 21시경	새벽 2시에 출발
미군 정보참모부 보고서		19일 21시부터 20일 02시 사이	
정종균	16일	20일 새벽 01시	

〈출전〉
· 국방부 전사편찬위원회, 1967, 『한국전쟁사1－해방과 건군』
· 유관종, 1989, 「여수 제14연대반란사건」(상 · 2회), 『현대공론』 2 · 3월호
· HQ. USAFIK, *G-2 Periodic Report*(한림대학교 아시아문화연구소, 『주한미군 정보일지』)
· 정종균, 1982, 「미제와 리승만 괴뢰도당을 반대하여 일어난 려수군인폭동」, 『력사과학』 1호
· 곽상국 증언, 1999, MBC '이제는 말할 수 있다' 제작팀, 「MBC 여순사건 증언록」(미간행 녹취록)
· 佐佐木春隆, 1977, 『한국전 비사－건군과 시련』 상권, 병학사
· 장창국, 1984, 『육사졸업생』, 중앙일보사
· 황남준, 1987, 「전남지방정치와 여순사건」, 『해방전후사의 인식』 3, 한길사
· John P. Reed, *The Truth about the Yosu Incident*

24) 『한국전쟁사1』에는 비상나팔이 울린 시각이 20:00시라고 나와 있다(국방부 전사편찬위원회, 1967, 『한국전쟁사1』, 452쪽). 미군은 봉기가 일어난 시각을 19일 21시부터 다음날 2시 사이로 파악하고 있다(HQ. USAFIK, *G-2 Periodic Report*(한림대학교 아시아문화연구소, 『주한미군 정보일지』 6, 531쪽).

하지만 출동부대 사병들은 출발 예정시간이 앞당겨졌다고 생각하고 의심 없이 서둘러 군장을 꾸려 연병장에 집합했다. 탄약고는 지창수의 계획에 따라 좌익계 하사관들이 점령했고, 실탄은 군인들에게 지급되었다.

부대원들이 연병장에 모이자 지창수는 연단으로 뛰어 올라가 "지금 경찰이 쳐들어온다. 경찰을 타도하자. 우리는 동족상잔의 제주도 출동을 반대한다. 우리는 조국의 염원인 남북통일을 원한다. 지금 조선인민군이 남조선해방을 위해 38선을 넘어 남진 중에 있다. 우리는 북상하는 인민해방군으로서 행동한다"는 요지의 연설을 했다.[25] 지창수가 연설을 마치자, 미리 봉기 계획을 논의했던 남로당 세포원들과[26] 대부분의 사병들은 "옳소" 하고 찬성을 표시를 했고, 이를 반대한 하사관 3명은 그 자리에서 즉시 사살 당했다. 봉기한 사병들을 제지하려던 장교들은 사살되거나 피신해야만 했다.

봉기 주도자는 불과 수십 명에 지나지 않는 소수이었는데도 2천여 명에 가까운 연대 병력이 일순간에 봉기에 합류할 수 있었던 것은 무엇 때문이었을까?

먼저 지창수의 연설이 경찰을 대상으로 하여 이들을 응징해야 한다는

---

25) 『한국전쟁사1』(국방부 전사편찬위원회, 1967), 453쪽에는 지창수가 "미 제국주의의 앞잡이 장교들을 모조리 죽여라"고 했다고 기술했는데, 당시 14연대는 미군에 큰 적대감을 보이지 않았다. 이는 순천 지역에서 체포된 미 고문단원 두 명을 살려준 데서도 확인된다.

26) 미군과 정부는 봉기 초기부터 14연대 봉기의 주체로 '핵심 세포원 40명'을 지목하고 있다. 40명의 존재는 봉기 초기 미군 정보보고서에서 언급하고 있는 내용일 뿐만 아니라(HQ. USAFIK, *G-2 Periodic Report*, 1948. 10. 21. ; HQ. USAFIK, *G-2 Weekly Summary*, 1948. 10. 29) 그 이후의 거의 모든 여순사건을 언급한 미국 문헌에서 등장한다. 그리고 미군 쪽 정보를 기초로 하여 발표된 이범석 국방부장관 담화(『서울신문』, 1948. 10. 22) 또한 40명을 언급하고 있다. 미군이 어떤 이유로 맨 처음 봉기부터 40명의 존재를 언급하고 있는지는 아직도 의문이다. 미국 자료를 통해 보면, 미군은 이전부터 14연대 좌익 세포원들의 수를 40명으로 파악하고 있지 않나 하는 생각이 든다. 북한의 한 연구는 40여 명을 19일 봉기 초기에 활동한 '무기고 습격조'로 보고 있다(정종균, 1982, 「미제와 리승만 괴뢰도당을 반대하여 일어난 려수군인폭동」, 『력사과학』 1, 25쪽).

데 초점을 맞추고 있는 데 주의를 기울일 필요가 있다. 지창수의 연설은 14연대에 광범위하게 퍼져 있었던 반경찰 감정에 불을 지피는 것이었다. 무엇보다도 경찰에 대한 원한이 깊이 사무쳐 있던 14연대 장병들에게 지창수의 연설은 직접 감정에 호소하는 것이었고, 제주도 인민을 진압하러 가는 14연대 출동을 동족상잔이라며 민족 감정에 호소했다. 북한의 인민군이 남진하고 있고, 14연대는 인민군과 같이 행동한다고 하는 것은 사실과는 다른 점이었지만 이것도 장병들의 사기를 높이는 선동적 내용이었다.

두 번째로 14연대 봉기가 일어난 직후 많은 장교가 사살되었다는 점이 하사관이 주도한 봉기를 성공시킨 요인으로 작용했다. 봉기 사실을 알고 이에 저항한 14연대 장교들은 거의 다 사살 당했다. 연대장 박승훈은 봉기 사실을 알고 이를 진압하러 연대로 달려갔으나, 봉기를 진압하기에는 역부족이었다.[27] 연대장을 비롯한 살아남은 14연대 지휘장교들은 봉기 소식을 듣고도 이를 제지할 마땅한 대책이 없었다. 이미 14연대 전체 병사들이 무장한 채 봉기에 참여하고 있었기 때문이다. 14연대 장교들은 사살 당하거나 박승훈 연대장처럼 숨어 지내다 탈출하거나 할 수밖에는 없었다. 김현빈(金炫賓) 소위가 제주도 파병을 위해 여수항에 대기 중이던 해군 LST 1척을 부산항까지 대피시킨 것이 유일한 성과라고 할 수 있었다.[28]

세 번째가 봉기의 가장 중요한 요인인데, 그것은 연대 내 대부분의 병사들이 제주도 파병을 거부했다는 점이다. 이것이 하사관 그룹이 봉기 계획을 세울 때 가장 중요한 요소였으며, 다른 병사들도 여기에 호응함으로써

---

27) 기록에 의해 파악될 수 있는 14연대의 지휘관들은 다음과 같다. 14연대 연대장 박승훈 중령, 부연대장 이희권 소령, 제1대대장 김일영 대위(제1중대 제3소대장 박일재 선임하사), 제2대대장 김순철 대위(제5중대장 박윤민 중대장 대리), 제3대대장 이봉규 대위 (제7중대장 김정덕, 제9중대장 홍순석 중위), 정보주임 김래수 중위, 작전주임 강성윤 대위, 김지회 대전차포 중대장.

28) 장창국, 1984, 『육사졸업생』, 중앙일보사, 154쪽. 부산으로 갔던 이 LST를 타고 나중에 '백두산 호랑이'라고 불리는 김종원과 그의 부대가 여수로 파견되게 된다. 김현빈 소위는 LST를 구했음에도 불구하고, 그 후 반란을 진압하지 못했다는 이유로 군법회의에 회부돼 파면 처분을 받았다.

봉기가 성공할 수 있었다.

봉기군이 여수를 점령한 뒤, 여수인민위원회는 10월 24일자로 『여수인민보』를 발간했다.[29] 이 신문에는 '제주토벌출동거부병사위원회'가 작성한 「애국 인민에게 호소함」이라는 제목의 성명서가 있다. 이 글은 14연대 군인들이 봉기한 이유를 그들 스스로가 가장 명확히 표현하고 있는 지금까지 남아 있는 유일한 문헌이다. 따라서 이 성명서를 통해 우리는 봉기 세력의 생각에 가장 가깝게 접근할 수 있다. 그 내용은 다음과 같다.[30]

> 우리는 조선 인민의 아들들이다. 우리는 노동자와 농민의 아들들이다. 우리의 목적은 외국 제국주의의 침략으로부터 조국을 지키고 인민의 이익과 권리를 위해 목숨을 바치는 것이다.
>
> 그럼에도 미국에 굴종하는 이승만 괴뢰, 김성수, 이범석과 도당들은 미 제국주의에 빌붙기 위해 우리 조국을 팔아먹으려 하고 드디어는 조국을 파는 것과 마찬가지인 분단정권을 만들었다.
>
> 그들은 미국인을 위해 우리 조국을 분단시키고 남조선을 식민지화하려 하고 있으며, 미국 노예처럼 우리 인민과 조국을 미국에게 팔아먹고 있다. 이런 식으로 한일협정보다 더 수치스러운 소위 한미협정을 맺었다.
>
> 친애하는 동포들이여! 만약 당신이 진정 조선인이라면, 어떻게 이런 반동분자들이 저지른 이런 행동에 대한 분노를 참을 수 있겠는가? 모든 조선인은 일어나 이런 행동에 대해 싸워야 한다. 제주도 인민은 4월에 이런 행위에 대해 싸우기 시작했다. 그러나 미국과 붙어 있는 이승만, 이범석 같은 인민의 적들은 우리를 제주도로 보내어, 조국독립을 위해 싸우고 또한 미국인과 모든 애국 인민들을 죽이려는 사악한 집단과 싸우기 위해 자신의 목숨을 바치는 애국적 인민과 싸우도록 우리에게 강요했다.

---

29) 『여수인민보』는 구멍이 숭숭 뚫린 선화지에 2면으로 발행되었다(박찬식, 1948, 「7일간의 여수」, 『새한민보』 11월 하순호).

30) 이 성명서는 John Muccio, *Review of and Observation on the Yosu Rebellion*(1948. 11. 4), RG 319, ID File No. 506892에 전문이 영역되어 실려 있다. 본문의 내용은 이 문헌에 나와 있는 영문을 다시 한국어로 번역한 것이다. 고영환, 1949, 「여순잡감」, 전국문화단체총동맹, 『반란과 민족의 각오』, 문진문화사, 107쪽에는 성명서의 일부분이 실려 있다.

> 모든 애국 동포들이여! 조선 인민의 아들인 우리는 우리 형제를 죽이는 것을 거부하고 제주도 파병을 거부한다. 우리는 조선 인민의 이익과 행복을 위해 싸우는 진정한 인민의 군대가 되려고 봉기했다.
>
> 친애하는 동포여! 우리는 조선 인민의 복리와 진정한 독립을 위해 싸울 것을 약속한다. 애국자들이여! 진실과 정의를 얻기 위한 애국적 봉기에 동참하라. 그리고 우리 인민과 독립을 위해 끝까지 싸우자.
>
> 다음이 우리의 두 가지 강령이다.
>
> 1. 동족상잔 결사반대
> 2. 미군 즉시 철퇴
>
> 위대한 인민군의 영웅적 투쟁에 최고의 영광을!

분단정권을 거부하고 독립된 통일조국을 위해 투쟁에 나선 제주도민을 죽이러 가는 파병을 거부한다는 주장은 봉기에 정당성을 부여했다. 연대 대부분의 병사들은 "대한민국 국방군은 침공하는 외국 군대에 싸우는 것이 본래의 사명이지, 동족 농민과 청년 · 부녀자들에게 총을 쏘고, 죽이기 위해 국방군에 들어온 것은 아니다"[31]라고 생각하고 있었기 때문에 제주도 출병을 동족상잔의 비극으로 간주했다. 여수봉기 뒤에 탈출한 박승훈 연대장조차 기자회견에서 14연대 병사들 대부분은 제주도 출병을 희망하지 않았다고 말했다.[32] 또한 제주도를 전남과 같은 지역권으로 생각하고 있는 정서도 제주도 파병을 거부하는 주요한 이유 중의 하나였다. 성명서에는 쌀 수집이나 토지개혁 같은 사회경제적 요구는 나타나고 있지 않은 반면, 강력한 반미 · 반제국주의 의식을 표출하면서 동족상잔의 전쟁에 반대한다는 점을 분명히 하고 있다. 병사위원회의 성명서만으로 볼 때, 14연대 군인들의 봉기는 전반적인 사회개혁을 염두에 둔 것이라기보다는 당면한 제주도파병을 반대하는 것에 초점이 두어져 있다는 것을 알 수 있다.

봉기군의 무장이 갖추어지자 지창수는 연대장에 취임하고 대대장, 중대

---

31) 林英樹, 1967, 「內側から見た朝鮮戰爭」, 民族問題硏究會 編, 『朝鮮戰爭史』, コリア評論社, 15쪽.

32) 「朴 제14연대장, 기자단과 회견」, 『경향신문』, 1948. 10. 29.

장, 소대장, 분대장을 임명하여 봉기군의 조직을 정비했다.

박승훈 연대장이 봉기 사실을 안 것은 출항예정 시간이 훨씬 지난 뒤였다. 수송장교를 통해 반란소식을 전해들은 이희권 부연대장은 오덕준 5여단 참모장에게 이 사실을 보고하러 그가 머물고 있는 여관으로 갔다.[33] 이희권은 김래수 정보주임과 함께 연대로 가서 병사들을 설득하려 했지만 실패했다. 다시 시내로 들어온 그는 헌병파견대를 통해 순천에 주둔하고 있는 선임 중대장 홍순석에게 전화로 출동을 명령했다. 홍순석 중위는 순천 주둔 14연대의 2개 중대를 지휘하고 있었다. 하지만 홍순석은 봉기 사실을 듣고도 별로 놀라지 않았으며, 출동하지 못하겠다고 응답했다.[34] 그 뒤 홍순석 중대는 봉기군이 순천에 들어가자 즉시 봉기군에 합류했다.

한편 봉기를 서술하고 있는 몇몇 문헌들은 14연대 봉기 초기에 연대 내에서 합류한 민간인들이 있었다고 서술하고 있다. 이들 민간인들은 '남로당 여수지구 인민위원회 간부 23명'으로 나타나기도 하고,[35] '이미 연락을 받고 14연대 부근에 잠복해 있던 수산학교 학생 23명', 또는 '구봉산에 집결 대기하고 있다가 반란이 성공하면 합세'하려는 세력으로 나타나기도 한다.[36] 이 사실을 언급하고 있는 연구들은 다음과 같이 서술하고 있다.

> "반란이 성공했다고 본 남로당 여수지구 인민위원회 간부 23명은 영내로 들어가 합류하여 무장했다. 아마도 이들 중에는 여수 여자중학교 교장 송욱이 끼어 있었을 것이다. 이 자가 여순반란의 민간인 총지휘자였다. 그러므로 적어도 지창수 상사와 이른바 여수지구인민위원회 사이에는 사전에 연락이 유지되어

---

33) 佐佐木春隆는 연대장이 봉기 소식을 안 것은 봉기가 일어난 지 3시간이 지난 11시경이었는데, 병력이 오지 않았음에도 연대장이 별 다른 조치를 취하지 않은 것은 의아하다고 지적하고 있다. 더욱이 출항을 감독하러 나왔던 오덕준도 예정 시간이 1시간이나 지난 때까지 여관에 머물고 있다는 점도 이해하기 힘들며, 봉기 사실을 빨리 상급부대에 보고하지 않은 점도 납득하기 어렵다고 하여 당시 군 인사들의 불성실과 근무 해이를 지적하고 있다(佐佐木春隆, 앞의 책, 303쪽).

34) 국방부 전사편찬위원회, 1967, 앞의 책, 453쪽.

35) 佐佐木春隆, 앞의 책, 305쪽.

36) 순천시사편찬위원회, 1997, 『순천시사』, 757쪽 ; 유관종, 앞의 글, 430쪽.

있었다고 보아야 한다."[37]

"연대 내에서 반란이 성공하자 연대 부근에서 야합하기 위하여 대기 중에 있던 여수지구 남로당의 주축분자 23명이 영내로 들어와 합세하고 이들도 무장을 갖추었다."[38]

송욱은 인민위원회의 간부로 간주돼 진압군에 체포된 사람이었지만, 사실은 여순사건에 전혀 참여하지 않았다. 또한 여수 지역의 남로당원은 봉기 사실을 사전에 전혀 알고 있지 못했다. 이 같은 사실적인 오류도 문제이지만, 흥미로운 것은 이들 민간인들이 과연 누구였는지조차 분명하지 않은데도 '23명'이라는 숫자가 문헌에서 일치한다는 것이다.[39] 처음에 등장한 이래 반복된 인용을 통해 굳혀진 것으로 보이는 이들의 존재는 14연대 봉기가 미리 계획적으로 이루어졌다는 것을 주장하는 증거로 언급되고 있고, 이들의 역할은 군인들이 여수로 진격해 들어갈 때 길 안내를 맡은 것으로 되어 있다.

당시 정부는 봉기과정에 대해 정확하게 파악하고 있지 못했다. 그럼에도 당시 신문에는 진압 뒤 여순사건을 보도하면서 이 봉기가 사전에 계획적으로 이루어졌다는 증거의 하나로서 이들 '23명'을 거론하곤 했다.

언뜻 사소하게 보이는 이 문제는 여수봉기를 파악하는 데 있어 중요한 문제와 연결되어 있다. 즉 여수봉기는 처음부터 계획적으로 진행된 것인가 아니면 제주도출병을 앞둔 시급한 상황에서 우발적으로 일어난 사건인가? 아니면 계획적인 측면과 우발적인 측면이 상호결합 된 것인가? 또 이

---

37) 佐佐木春隆, 앞의 책, 305쪽.

38) 국방부 전사편찬위원회, 1967, 앞의 책, 455쪽.

39) 23명의 존재는 김남식, 1984, 『남로당연구』, 돌베개, 382쪽 ; 이태, 앞의 책, 165쪽에도 언급되어 있다. 이태는 이들이 신월리에 하숙하고 있었던 수산학교 민주학생동맹(민학)계 학생들이었는데, 나중에 남로당원으로 오해 받았다고 적고 있다. 김계유의 글에는 지창수가 미리 연락을 받고 영내에 들어와 있던 서종현을 비롯한 23명의 안내를 받아 여수로 진격했다고 쓰고 있다.

것과 관련될 수밖에 없는 문제는 봉기의 조직적 관련성인데, 과연 여수봉기는 남로당 중앙당 또는 도당 차원에서 지령을 내려 발발했는가? 만약에 지령이 없었다면 여수군당과는 사전에 연락을 취하고 봉기를 일으켰는가의 문제이다. 이 부분에 대한 해명은 사실의 문제일 뿐만 아니라 여수봉기를 바라보는 시각과 관점을 내포하는 주요한 문제일 수밖에 없다.

기존 연구는 크게 남로당의 지령하에 계획적으로 봉기가 발발했다는 '반란계획설'과 숙군의 위협과 갑작스런 제주도파병 명령으로 미처 준비되지 못한 상황에서 봉기가 발생했다는 '상황폭발설'로 나눌 수 있다.[40]

반란이 미리부터 계획되어 있었다는 지적은 여수봉기 당시부터 제기되었는데, 그 가운데 하나는 남로당이 지령을 내려 제주도의 투쟁을 도와주기 위해 봉기를 일으키라고 지시했다고 보는 '제2전선 형성설'이다. 이는 국방부나 반공적 시각을 가진 연구들에서 지적되고 있다. 국방부에서 출간한 책에는 "지하남로당에서는 동 연대의 조직책인 지창수 상사에게 출동하기 직전의 기회를 포착하여 반란을 일으킬 것을 지령했고, 이리하여 육지에서 제2전선이(을) 형성하게 되면 제주도의 투쟁은 용이하게 달성할 수 있다고 판단하는 동시에 여수연대가 반란에 성공하면 전군(全軍) 각 연대의 그들 조직에게 역시 지령하여 대한민국을 일거에 전복하려고 한 것이다"라고 기술하고 있다.[41]

여수봉기를 사전에 계획된 일련의 봉기계획의 하나로 보는 입장 중의

---

40) 여수봉기의 계획성 유무와 남로당 개입 유무에 대한 문제는 여수봉기의 주체세력이 누구인가라는 문제와는 약간 차원을 달리하는 문제이다. 주체세력에 대해서는 이미 당시부터 제기된 극우와 극좌세력의 연합이라는 주장이 있고, 남로당 지령하에서 지방좌익과 14연대가 주체가 되었다는 주장 그리고 14연대가 주체가 되었다는 주장(하사관그룹설, 하사관-장교그룹설) 등으로 나누어 볼 수 있다. 여기서는 주체문제를 다루는 것이 아니라 이 봉기가 남로당과 어떤 관계를 가지는가에 초점을 맞추려 한다. 극우와 극좌세력의 연합이라는 당시 정부 발표에 대한 비판은 이 책의 4장 1절을 참고.

41) 국방부 전사편찬위원회, 1967, 앞의 책, 452쪽 ; 육본정보참모부, 1971, 『공비연혁』, 202 · 218쪽도 이와 유사하다.

또 하나는, 미국의 개입정도를 시험하고 대한민국 정부의 정통성을 뒤흔들려는 계획의 하나로서 발발했다고 보는 것인데, 이는 봉기의 배후에 소련이 있다는 의심과 관련이 있다.

10월 17일자 소련신문 『이스베스챠』와 『프라우다』는 대구에서 경비대의 무장봉기가 일어났다는 평양방송의 보도를 타스통신발로 실었다. 이 보도에 대해 미군 관리들은 대구에서 봉기가 발생했다는 것은 '근거가 없는 것(no basis)'이라 하여 타스통신의 보도가 사실이 아님을 밝혔다.[42] 17일에 대구에서 군인봉기가 일어난 것은 분명 사실이 아니었지만, 소련 국영 통신사가 이를 보도했다는 것은 마치 남한 내 군대 봉기를 소련이 사주하고 있다는 인상을 주었다.[43] 이는 남한 내 갈등과 소요를 국제공산주의운동의 맥락에서 상습적으로 해석해왔던 반공주의자들의 시각과 맥을 통하고 있었다. 이 시각은 조그마한 국내 갈등 양상에 대해서도 아주 조직적이고 계획적인 소련 또는 북한정권의 플랜을 상정하고 있을 뿐만 아니라, 국제공산주의운동이 추진하는 '세계 적화운동'의 일환으로 위치시킨다는 특징을 갖고 있었다. 대구의 '17일 봉기 기사'는 미군 관리들에게 즉시 거부되었지만, 여수봉기가 소련 또는 북한의 사주하에 일어날 수도 있었다는 미묘한 여운을 미군 측에게 남기고 있었다.[44]

한편 미군은 남로당이 무장봉기 계획을 준비하고 있었다고 파악하면서도 여수봉기는 준비되지 않은 우발적인 폭발이라고 보았다. 이러한 '의도치 않은 사전결행설'은 당시 진압작전에 참여했던 미 임시군사고문단원들

---

42) *Stars and Stripes*, 1948. 10. 19.

43) 「蘇十月革命과 한국문제, 의문의 타스통신, 여수반란을 3일전에 보도」, 『경향신문』, 1948. 10. 29.

44) '17일 대구봉기'가 미군 측의 여수봉기를 바라보는 시각에 영향을 끼치고 있다는 점은 미군이 여순사건을 정리하고 있는 문건에 이 보도를 부록으로 첨부하고 있는 데에서도 드러난다. G-3 Section, ⅡⅣ Corps, *History of the Rebellion of the 14th Regiment and the 6th Regiment of the Korean Constabulary*, 10 November 1948의 부록을 참조.

이 가지고 있던 생각이었다. 이 시각은 남로당이 1948년 연말을 기해 군부 반란을 추진했었지만, 그러던 중 갑작스런 14연대의 제주도출병을 계기로 미처 준비가 갖추어지기 전에 봉기를 결행한 것이라고 보고 있다. 여수 진압작전에 미 임시군사고문단 정보참모로 참가했던 리드(John P. Reed)는 남로당이 전군(全軍)에서 동시에 일어나는 봉기로 정권을 타도할 계획을 갖고 있었지만, 여수봉기는 갑작스런 제주도 출동 지시 때문에 시기상조로 단행된 것이라고 주장하고 있다.[45)]

이 같은 주장을 수용한 메릴(John Merrill)은 여순사건이 일어날 당시 38선 이남지역의 좌익 세력은 대규모 봉기를 수행할만한 충분한 역량을 준비하지 못했으며, 남로당의 투쟁전술은 정치선전과 파업을 행하고 우익인사와 경찰관들을 개별적으로 공격하는 선 이상을 넘지 않는 것이었다고 평가했다. 북한 또한 여수봉기가 일어난 뒤 즉각적인 반응을 보이지 않았으며, 한 달이 지난 다음에야 유격대를 38선 이남으로 침투시켰을 따름이라고 주장했다. 메릴은 북한에서 소련군 철수가 이루어진 이러한 시점에서는 '그 누구도 38선 이남에서 봉기를 일으켜야 한다고는 생각하지 않았을 것'이라고 주장하고 있는데,[46)] 결론적으로 메릴은 여수봉기가 남로당의 계획적 봉기라는 점을 부정하고 있다고 볼 수 있다.

여순사건이 계획적으로 일어났고 그 배후에는 남로당 또는 북한과 소련이 있다는 점은 사건 당시와 현재까지 정부나 군이 취하고 있는 기본적 시각이다. 하지만 당시에도 정부나 군은 봉기군과 일반 시민들이 힘을 합

---

45) John P. Reed, *The Truth about the Yosu Incident*, RG319 Box726. 그리피쓰(Griffith, Bennie W.)도 메릴과의 대담에서 남로당은 소련군이 철수한 뒤에 경비대 내에서 일어나는 봉기와 연대하여 투쟁해 나갈 단계적인 계획을 갖고 있다고 말했다(존 R. 메릴, 1988, 앞의 책, 253쪽).

46) 당시 진압작전에 정보참모로 참가했던 존 리드 그리고 그리피스 2세의 주장을 수용하여 이런 입장을 이어받은 미국인 연구자로서는 로버트 소여와 존 메릴이 있다. 이에 대해서는 R. K. Sawyer, 1962, *Military Advisors in Korea: KMAG in Peace and War*, Washington, D.C., Office of the Chief of Military History, Department of the Army, p.39 ; 존 R. 메릴, 위의 책, 189~193쪽을 참고.

쳐 조직적으로 봉기를 준비했다는 사실에 대해서는 직접적인 증거를 제시할 수 없었다. 봉기가 조직적으로 계획되었다는 주장은 대부분 정부 발표문이거나 군 보도 자료에서 나왔다. 군 보도 자료도 일관된 것은 아니었다. 봉기가 진압된 뒤, 군 보도부는 왜 이 봉기가 일어났는가에 대한 나름대로의 관측을 제공했는데, 이 관측에 따르면 군경간의 갈등이 봉기 요인에 가장 중요한 지점이었고 “반란병과 지방 좌익 계열과 근본적으로 어떠한 계통적 연락”은 없었다는 것이다.[47] 이같이 당시의 군에서도 조직적 연관 사실을 밝힐만한 확고한 물증을 제시할 수 없었고, 상반되는 주장이 제기되기도 했던 것이다. 오히려 시일이 지나면서 봉기군과 시민들간의 연계가 마치 하나의 사실처럼 굳어져 가버린 측면이 많다.

하지만 폭넓은 정보를 수집하고 이 같은 정보를 분석했던 미군은 여수봉기를 우발적인 사건으로 보았다. 맥아더(Douglas McArthur) 주일 극동군사령관은 개스코인(Gascoigne) 주일본 연락관이 여수봉기가 북의 공산주의자들의 후원으로 일어났다고 보느냐는 질문에 부정적으로 대답했다. 맥아더는 이 사건을 14연대라는 ‘혼란의 저수지(troubled waters)’에서 낚을 수 있었던(fish) 반란으로 파악하고 있었다. 맥아더는 14연대에 포진하고 있었던 공산주의 세포가 다수였으며, 이들이 제주도 파병을 계기로 봉기했다고 생각하고 있었다.[48]

봉기 당시와는 달리, 논문이나 증언들의 많은 수가 남로당 중앙은 말할 것도 없고 여순 등 지방 군당조차 개입되지 않은 14연대만의 봉기로 인식한다는 점은 매우 시사적이다.

여순 진압작전에 참여한 김점곤도 남로당 지령설을 부정한다. 그는 “이 시기 남로당은 아직 전면적인 무장투쟁 단계로 그 노선을 설정하지 않았던 시기”이기 때문에, “군에 있어서도 아직껏 ‘반란봉기’의 성숙기에 도달

---

47) 『세계일보』, 1948. 11. 7. ; 『평화일보』, 1948. 11. 10.

48) 국사편찬위원회, 1994, 『대한민국사 자료집17 :한국관계 영국 외무성문서10(1948. 9~1948. 12)』, 286쪽.

하지 못한 시점"이며 여수봉기는 제주 4·3과 더불어 남로당의 전략에도 예정되어 있지 않은 '일종의 돌기물(突起物)'이었다고 평가하고 있다.[49] 해방 후 사회운동에 참여했던 재일(在日) 연구자도 남로당의 당면 군사노선은 "이승만과 북조선으로부터 도망해온 복수주의자들의 북벌의도를 차단하고 이러한 책동을 파탄 내는 것에 전적으로 중점이 두어졌"으며 여수 14연대의 반란은 "남조선노동당의 계획적 지령에 의해 일어난 것은 아니었"고 남로당에게는 봉기 사실이 청천벽력이었다고 주장했다.[50]

여수봉기가 남로당 지시에 의한 계획적인 봉기가 아니었다는 점은 당시에 좌익활동을 했던 경험자들의 증언에서도 확인된다.

봉기 당시 순천군당 조직부 간부로 일하고 있었던 윤기남은 남로당의 노선이 유엔을 통한 총선거라는 평화노선이었기 때문에 총선에 대비한 인적확보를 위해 조직배가운동을 전개했다고 밝히고 있다. 이렇게 "당세가 굉장히 커버린 상황에서 무장폭동을 일으킬만한 상황이 절대로 아니었다"는 것이 그의 증언이다. 그는 낙안에 있다가 봉기가 일어났으니 급히 오라는 순천군당의 연락을 받고 동부6군 블록 책임자회의에 참가했는데, 여기에서는 지하당이 합류할 것인가 안 할 것인가를 놓고 격론을 벌여 자연발생적 폭동을 당이 적극 가담해서 혁명투쟁으로 옳게 이끌어야 한다는 원칙적인 의견을 통과시켰다고 한다.[51] 당시 여수군당 위원장이었던 유목윤도 도당의 지시를 전혀 받지 못한 상태였고, 숨어있던 집에서 새벽 총소리를 듣고서야 뭔가 일이 터진 것을 알았다. 봉기가 일어난 다음에도 전

---

49) 김점곤, 1983, 『한국전쟁과 남로당전략』, 박영사, 189쪽.

50) 林英樹, 앞의 책, 17·28~29쪽.

51) 순천시사편찬위원회, 1997, 『순천시사』, 798~806쪽. 당시 남로당 노선이 유엔을 통한 총선거라는 증언은 검토의 필요성이 있다. 5·10선거 전후 남로당 투쟁은 이미 비합법적 투쟁 방식이 사용되는 '배합투쟁'(박일원, 1984, 『남로당의 조직과 전술』, 세계, 111쪽)으로 전환했기 때문이다. 북에서 인민공화국이 수립되었다는 사실은 유엔을 통한 총선거라는 방식이 이제 큰 유효성을 갖기 힘들어졌다는 것을 의미한다.

남도당에서도 사건의 전후맥락을 이해하지 못하는 상황이었다. 도당에서는 "도대체 어떻게 된 일이냐, 사태를 파악하여 빨리 보고하라"는 지시를 내렸다고 하는데, 이는 도당조차 14연대의 봉기 사실에 대해 전혀 무지했었다는 점을 보여주는 증언이다.[52)]

사회운동을 목적 의식적인 운동으로 서술하는 경향이 있는 북한의 연구도 여수봉기에 시민들이 참가하게 된 것은 병사들이 일어선 것을 알게 된 다음이었다고 서술하고 있다.[53)]

이러한 상황을 검토해볼 때 여수봉기는 남로당이 전면적인 무장투쟁을 의도하지 않은 시점에서 발생했고, 전남 도당은 물론 여수나 순천군당 당원들조차 미처 연락도 받지 못한 상태에서 발생한 일종의 '돌출물'이었다고 볼 수 있다.[54)] 하지만 지역 당원들은 사후적으로나마 14연대 봉기를 기정사실로 인정하고 당 조직을 노출시키지 않는 선에서 소극적으로 참여하기로 결정했다.[55)]

여수봉기는 남로당의 조직 역량에 한계가 있음을 드러내는 예라고 할 수 있다. 해방 직후 대중적 봉기가 남로당(조선공산당)의 조직적 지도에 따라 계획적으로 발생한 경우가 한 번도 없었다는 점은 시사적이다. 1946년 대구항쟁이나 4·3항쟁 때에도 남로당은 사후적으로 봉기 사실을 승인하고 지원하는 데 그쳤던 것이다. 봉기는 '서울지도부'에서 멀리 떨어진 지역일수록 통제되기 어려웠고, 모험주의적 경향이 표출되기 쉬웠던 것이다.[56)]

---

52) 윤기남, 1997, 「내가 겪은 여순사건①」, 순천시사편찬위원회, 『순천시사』, 813쪽.

53) 김광일, 1949, 「조선민주주의인민공화국 기치를 높이 들고 구국투쟁에 총궐기한 남조선인민들의 영웅적 투쟁」, 『근로자』 제2호, 31쪽.

54) 이 같은 측면에서 단선단정 반대투쟁과정에서 발생한 제주도에서의 4·3항쟁 또한 중앙에서 계획되고 통제되지 않은 일종의 '돌출물'이었다고 할 수 있다(하성수(엮음), 1986, 『남로당사』, 세계, 223·227쪽).

55) 박갑동은 여순사건을 인정한 남로당 도당부는 전남도당뿐이었고, 중앙당에서는 제멋대로 봉기를 일으킨 세력을 인정할 수도 비난할 수도 없는 처지에 빠졌다고 증언했다(박갑동, 1991, 『통곡의 언덕에서』, 서당, 285쪽).

56) 황남준, 1987, 「전남지방정치와 여순사건」, 『해방전후사의 인식』 3, 한길사, 422쪽.

14연대의 봉기는 사전에 치밀하게 준비된 것이라기보다는 소수의 하사관들에 의해 주도되었다. 봉기를 초기에 주도한 지창수 등의 인물 등은 어느 정도 좌익 사상에 공감하고 군부 내 남로당 활동을 했다고 보여진다. 하지만 봉기에 참여한 대부분의 병사들은 봉기의 목적에 대해서 충분히 알고 있지 못했다. 경찰에 대한 반감을 가지고 있던 어떤 병사들은 자신들의 봉기가 경찰들이 군인을 향해 일으킨 '봉기'를 진압하러 간다고 생각했고, 어떤 병사들은 수많은 동료들이 총을 쏘며 분위기를 조성하자 군중 심리에 따라 참여한 사람들이었다. 어떤 병사는 군인들이 정부에 대항해 봉기를 일으킨 사실에 찬동하지 않으면서도 죽음이 두려워 어쩔 수 없이 참여한 사람도 있었다.[57)]

이와 같이 14연대의 봉기는 제주도 파병반대와 더불어 반경(反警) 감정 등 여러 가지 요소가 내재되어 있었다. 이데올로기적으로 통일되어 있지 않았기 때문에 사병들은 여수 읍내로 진입할 때부터 시내로 도망가거나 14연대 병영 뒤의 산으로 도망간 사람들도 생겨났다.[58)]

원래 1개 연대 병력은 약 3천 명 정도였지만 대부분의 육군 연대들은 아직 정원을 채우지 못한 실정이었다. 14연대의 경우에는 순천에 2개 중대가 파견 나가있어서 신월리에는 약 2,200명 정도가 주둔하고 있었다.[59)] 그중 제주도로 갈 병력을 수송 준비 중이던 LST에 승선한 300명은 연대장 지휘 아래 있었다.[60)] 또 14연대가 신월리 주둔지를 떠나 여수역으로 갈 때 장병 200명이 이탈했고, 500명은 14연대에 계속 남았다.[61)] 따라서 14연대

---

57) From John J. Muccio to the Secretary of State, *Review of and Observation on the Yosu Rebellion*(1948. 11. 4), RG 319, ID File No. 506892(「여수반란의 개요와 관찰」), p.1.

58) 곽상국 증언, MBC '이제는 말할 수 있다' 제작팀, 앞의 글.

59) 곽상국은 14연대 총수를 약 2,000명으로 기억하고 있다(곽상국 증언, 위의 글).

60) *Chronological Journal of Events 18 October 1948 to 21 November 48*, p.3.

61) 「유창남 인터뷰」, RG 338 Entry 11071 Box 2, Yosu Rebellion. 하지만 봉기에 참여하지 않은 병사들도 나중에는 단지 14연대원이라는 이유로 정부군 진압과정에서 대부분 죽임을 당했다.

가 여수 시내로 들어올 당시에는 약 1,200명 정도가 봉기에 참여했다고 추정할 수 있다.[62]

14연대 군인들이 여수경찰서에 이른 시각은 20일 새벽 1시경이었다. 여순사건이 나기 일주일 전인 10월 13일 새벽에 14연대는 두 개의 부대로 나뉘어 '여수 시가전 예행연습'을 실시한 적이 있었기 때문에 인근 주민들은 총소리에 놀라 잠자리에서 깨어나 군인들이 시가전 연습을 하는 것으로 생각했다.[63]

여수경찰서는 14연대 헌병대로부터 반란이 일어났다는 통고를 받고 서원들에게 비상소집을 발령했다.[64] 봉기군은 10월 20일 새벽 1시부터 종고산 꼭대기로부터 시내 쪽을 향해서 총을 쏘고 내려왔다. 새벽 1시 20분경 여수 읍내로 진입하기 시작한 봉기군은 교동(校洞)에서 경찰, 군기대 헌병 그리고 부두에 파견 나와 있던 14연대 군인들로 이루어진 총 70여 명의 저항에 부딪혔다. 하지만 소수의 군기대 병력으로는 봉기군의 병력과 화력을 막아낼 수 없었고, 사상자가 속출하면서 방어선은 금세 무너졌다.[65]

봉기군은 새벽 3시경 여수경찰서를 점령했다.[66] 경찰서는 검은 연기를

---

62) 봉기에 참여한 14연대 봉기세력의 숫자를 정확히 알기는 어렵다. 무쵸는 순천에 들어갈 때 14연대 병력의 수를 400~1,000명 정도로 보고 있다(From John J. Muccio to the Secretary of State, *Review of and Observation on the Yosu Rebellion* (1948. 11. 4), RG 319, ID File No. 506892(「여수반란의 개요와 관찰」)). 한 문헌은 순천에서 합류한 2개 중대 병력을 합하여 봉기군 병력을 약 2,300여 명 정도로 보고 있고(전남일보 광주전남현대사 기획위원회, 1991, 『광주전남현대사』 2, 실천문학사, 134쪽), 미군 보고서는 14연대가 순천에 들어간 10월 20일 현재 병력을 약 2,400명으로 추정했다(HQ. USAFIK, *G-2 Periodic Report*, p.533). 이와는 달리 여수 시내에 들어갈 때의 병력을 3,000명으로 보는 문헌도 있다(佐佐木春隆, 앞의 책, 305쪽 ; 국방부 전사편찬위원회, 1967, 앞의 책, 455쪽).

63) 김낙원, 1962, 『여수향토사』, 여수문화원, 66쪽 ; 김석학 · 임종명, 앞의 책, 47쪽 ; 곽상국(당시 14연대 군인), 1999, MBC '이제는 말할 수 있다' 제작팀, 앞의 글 ; 이중근, 1997, 「14연대 사건과 나」, 『여수문화 제12집 14연대반란 50년 결산집』, 여수문화원, 160쪽.

64) 유관종, 앞의 글, 426쪽.

65) 헌병사편찬위원회, 1952(4285), 『한국헌병사 : 창설 · 발전편』, 헌병사령부, 14쪽.

내뿜으면서 훨훨 타올랐다. 비상소집으로 대치중이던 100여 명의 경찰은 도망치거나 전투 과정에서 죽었고, 여수경찰서를 점령한 봉기군은 50여 명의 죄수들을 석방했다. 곧이어 봉기군은 새벽 5시경에 시내 중요기관을 점령하고 인공기를 내걸었다.

봉기가 시작된 후 몇 시간 만에 경찰서를 접수한 14연대는 여수 경찰을 무력화시킨 다음, 곧바로 순천으로 올라가기로 했다. 봉기군은 일단 여수와 순천을 장악한 다음 전라남도 도청 소재지인 광주와 호남지역을 장악하고 세력을 확대하여 서울로 진격하려는 계획을 갖고 있었다. 만약 정세가 불리하게 되고 힘이 미약할 경우에는 지리산 산악지대로 들어가 유격투쟁을 전개할 계획이었다.[67]

10월 20일 오전에 여수를 장악한 14연대는 병력을 두 부분으로 나누었다. 김지회가 지휘하는 2개 대대병력은 순천으로 북진하기로 했다. 지창수가 지휘하는 1개 대대는 여수에 남기로 했다. 이로써 여수 시내 도심지와 근교 농촌 지역 치안은 14연대의 잔류 병력과 현지 주민에 의해 유지되었다.[68]

봉기한 14연대 군인들의 숫자는 약 1,200여 명 정도였는데, 이들은 순천으로 가는 8시 22분 발 통근 열차 5량에 나눠 타고 여수를 출발했다.[69] 나

---

66) 「여순반란사건에 관한 보고」, 『대한민국 국회속기록』 제89호(1948. 10. 27), 649~651쪽.

67) 정종균, 1982, 「미제와 리승만 괴뢰도당을 반대하여 일어난 려수군인폭동」, 『력사과학』 1호, 25쪽.

68) 정홍수, 1990, 「내가 겪은 여순사건」, 전남 동부 지역사회연구소, 『지역과 전망』 1집, 90쪽. 여수에 잔류한 병력은 약 500명 정도 였다(김광일, 1949, 「조선민주주의인민공화국 기치를 높이 들고 구국투쟁에 총궐기한 남조선인민들의 영웅적 투쟁」, 『근로자』 제2호, 32쪽).

69) 14연대가 여수역을 떠난 시각에 대해서는 기록이 따라 약간씩 차이가 있다. 한 증언자는 여수에서 조금 떨어진 미평역을 기차 지붕 위까지 군인들이 탄 채로 6~7시 사이에 통과했다고 말한다(정홍수, 1990, 「내가 겪은 여순사건」, 전남 동부 지역사회연구소, 『지역과 전망』 1집, 89쪽). 『호남신문』 10월 29일에는 4시 30분 열차로 되어 있다. 한 증언은 열차 7대에 1,500명이 나눠 타고 순천을 갔다고 말

머지 군인들은 자동차를 타거나 걸어서 순천을 향하여 진격했다. 자동차와 도보로 행군한 부대는 도중에서 경찰지서를 습격했다.[70] 열차는 군인들로 빽빽이 들어찼고 지붕 위에도 올라탔다. 군인들은 경찰을 타도하고 봉기를 일으켰다는 생각에 상당히 고양되어 있었다. 하지만 자신들이 봉기를 일으켰기 때문에 만약 여수에 남아 있으면 살아남지 못할 것이라고도 생각했다. 어떤 사람은 총을 쏘고, 어떤 사람들은 공포로 침묵하고 있었으나, 대부분의 병사들은 노래를 불렀다. 가는 도중에는 흥분한 분위기 때문에 총기 오발로 군인이 죽는 일까지 벌어졌다.[71] 군인들은 중간지점인 율촌에서 잠시 정차하여 동태를 정찰했으나, 아무 이상이 없음을 확인하고는 기차를 타고 계속 순천으로 향했다.

14연대 주력은 9시 30분경 순천역에 도착했다.[72] 역에 있던 순천 경찰은 이미 도망간 다음이었기 때문에 어떤 저항도 받지 않았다.[73] 여수에서 온 14연대 병력이 순천역에 도착하자, 순천에 파견 나와 있던 홍순석이 지휘하는 2개 중대가 즉시 봉기군에 합류했다.[74] 순천 주둔 병사들이 합류

하고 있다. 한편 미군이 접수한 다른 보고는 열차 5대에 800~1,200명이 탑승했다고 기록하고 있다(「유창남 인터뷰」).

70) 정종균, 1982, 「미제와 리승만 괴뢰도당을 반대하여 일어난 려수군인폭동」, 『력사과학』 1호, 26쪽. 주력은 서울행 211열차를 타고 순천으로 향했고 적고 있다.

71) 「유창남 인터뷰」, RG 338 Entry 11071 Box 2, Yosu Rebellion.

72) HQ. USMAGIK, *G-2 Periodic Report*(한림대학교 아시아문화연구소, 『주한미군 정보일지』 6), p.533. 일부 신문에는 14연대가 여수 4시발 통근열차를 이용하여 9시 2분경 순천역에 도착했다고 보도했다(「사건발생 4일 후의 순천 현지보고」, 『대동신문』, 1948. 10. 28) 국회보고에서는 오전 6시경 열차를 징발하여 순천으로 진출했다고 보고했다(「여순반란사건에 관한 보고」, 『대한민국 국회속기록』 제89호(1948. 10. 27), 649~651쪽).

73) 미국 보고서는 순천에 처음으로 들어온 14연대 병력을 약 300~400명 정도로 기록하고 있다(HQ. USAFIK, *G-2 Periodic Report*(한림대학교 아시아문화연구소, 『주한미군 정보일지』 6), p.531.

74) 봉기군의 주요한 지도자로 활약한 홍순석(중위, 25세)은 강릉 출신으로 일제시기에는 초등학교 교사를 지냈다. 광주 4연대에 있을 때는 보급장교였고, 축구부에서 활동했다고 한다. 1947년 7월, 4연대 1대대로 왔는데, 1대대는 47년 12월 순천으로 왔다. 1948년 7월에 1대대는 14연대로 합류했다. 홍순석은 이때 K중대

하여 기세가 높아진 봉기군은 순천 철도사무소에 인민군사령부를 설치하고 순천을 포위 공격하기 시작했다.[75]

순천경찰서에 여수봉기에 대한 소식이 알려진 것은 10월 20일 새벽 1시경이었는데, 여수 철도경찰서의 교환수가 통보했다고 한다.[76] 전남 도경에서도 반란 소식이 들어오자 대책을 논의하게 되었다.[77]

여수봉기 사실을 연락 받은 순천경찰서는 사정을 정확히 파악할 수는 없었으나, 일단 모든 지서원을 비상소집 했다. 제8관구경찰청(현재 전남경찰청) 또한 순천 관내인 주암지서에 전투지휘소를 설치하는 한편 벌교·보성·광양·구례·곡성 등의 부근 지역에서 230명의 경찰관을 급히 동원했다.[78] 벌교경찰서의 경우, 새벽 4시에 비상소집이 하달되어 30여 명이 6시 30분경 순천 장대다리(순천교)에 도착했다. 순천 경찰과 인근지역에서 지원 나온 경찰 그리고 순천 지역의 우익 청년단체원(전국학생총연맹)을 포함한 400여 명은 시내 요소 요소에 배치되어 수비를 시작했다.[79] 순천에 있던 기마대를 개편한 기동대 병력은 전날 이미 여수상황을 보고 받았으므로 밤중에 이미 동천을 중심으로 주민들을 동원하여 가마니로 진지를 구축하고 응전 채비를 갖추고 있었다.[80]

광주에 있는 제5여단 사령부(Camp Sykes)는 10월 20일 새벽 1시 30분경

중대장의 임무를 맡고 있었다. 1948년 10월 순천으로 파견되어 파견대장을 맡았다(「유창남 인터뷰」, RG 338 Entry 11071 Box 2, Yosu Rebellion).

75) 「민족 비극의 점철」, 『호남신문』, 1948. 10. 29.

76) 佐佐木春隆, 앞의 책, 321쪽.

77) 국방부 전사편찬위원회, 1967, 앞의 책, 455쪽.

78) 육군본부, 1954, 『공비토벌사』, 14쪽. 한편 다음 문헌들에는 약 400여 명의 경찰이 동원됐다고 나와 있다. 「사건발생 4일 후의 순천 현지보고」, 『대동신문』, 1948. 10. 28. ; 「민족 비극의 점철」, 『호남신문』, 1948. 10. 29. ; 김석학·임종명, 1975, 『광복 30년』 제2권(여순반란편), 전남일보사, 287쪽 ; 보성군사편찬위원회, 1995, 『보성군사』, 409쪽.

79) 정종균, 1982, 「미제와 리승만 괴뢰도당을 반대하여 일어난 려수군인폭동」, 『력사과학』 1호, 26쪽.

80) 윤기남, 앞의 글, 813쪽.

전남경찰청으로부터 여수 봉기의 소식을 연락 받았다.[81] 광주에 남아있던 최고위급 장교는 제4연대 부연대장 박기병 소령이었다. 그는 즉각 총사령부와 미군 고문관에 보고하는 한편 장병들에게 비상소집을 발령했다. 순천경찰서가 군대 파견을 요청하자,[82] 박기병은 아침 7시에 김동희가 지휘하는 4연대 2중대를 현지에 파견했다. 이 부대에는 두 명의 미 임시군사고문단원이 동행했다.[83] 순천에 10시경에 도착한 4연대 2중대는 순천교에서 역까지 이르는 도로와, 시청에서 남국민학교에 걸쳐 병력을 배치했다.[84] 그러나 이들은 순천 경찰에 전혀 연락을 취하지 않았고 협조하려 하지 않았다.

봉기군은 10시 30분경 세 방면에서 순천을 공격하기 시작했다. 순천 광양삼거리에 배치되었던 경찰 병력은 일순간에 분쇄되어 100여 명이 전사했다. 순천교 뚝에 배치됐던 순천경찰의 주력부대는 봉기군에게 밀리자 광주에서 지원 나온 4연대에 응원을 요청했으나, 4연대는 이를 무시하고 봉기군에 합류했다. 경찰은 순천역 동쪽 고지를 점거하여 봉기군을 저지하고자 했다. 그러나 각 지역에서 응원 나온 경찰관들은 봉기군의 화력과 병력을 당해낼 수 없어 대부분 섬멸 당했고, 일부는 자신의 목숨을 지키기

---

81) 佐佐木春隆, 앞의 책, 323쪽. 미군 6사단 보고서에는 광주 제5여단이 20일 8시 22분에 14연대로부터 봉기가 일어났다는 메시지를 받았다고 기록되어 있다(6th Division, *Chronological Journal of Events 18 October 1948 to 21 November 48*(일명 *Flash Reports*, p.4).

佐佐木春隆의 한국어 번역본에는 01시경이라고 되어있으나 일본어판에는 01시 30분으로 되어 있다(佐佐木春隆, 1976, 『朝鮮戰爭/韓國篇(上): 建軍と戰爭の勃發前まで』, 東京, 原書房, 273쪽). 강창구의 번역본은 많은 곳에서 오자가 발견된다. 정확한 사실을 확인하기 위해서는 일본어판과의 대조가 필요하다. 많은 오류가 있음에도 일본어판이 아니라 번역본을 이용한 것은 많은 연구자들이 쉽게 볼 수 있는 판본이기 때문이다.

82) From John J. Muccio to the Secretary of State, *Review of and Observation on the Yosu Rebellion*(1948. 11. 4), RG 319, ID File No. 506892(「여수반란의 개요와 관찰」), p.2.

83) 6th Division, op.cit. p.4.

84) 보성군사편찬위원회, 1995, 『보성군사』, 409쪽에는 4연대 9중대로 나와 있다.

위해 뿔뿔이 흩어졌다. 이 전투에서 오직 70여 명의 경찰관만이 후퇴할 수 있었다.

400여 명의 병력을 지휘한 4연대 2중대의 중대장은 순천 낙안 출신의 김동희였다. 그는 같은 군인끼리 싸운다는 것에 회의를 느끼고 있었고, 여수에서 온 봉기군과 순천 경찰 간에 전투가 벌어지자 기관총을 점령하여 경찰의 배후를 공격했다.[85] 진압하러 왔던 4연대 2중대가 오히려 봉기에 합류함으로써 봉기군은 원군을 얻었고 그 결과 순천의 기마대와 인근 지역에서 증원 나왔던 경찰은 봉기군의 군사력 앞에 맥없이 무너져 버려 오후 3시경에는 순천을 완전히 점령할 수 있었다.

14연대의 봉기군에 다른 부대가 가담하면서 봉기군의 사기는 높아져 갔고, 세력을 더욱 확대할 수 있었다. 여순봉기 기간 동안 다른 부대가 봉기군에 가담하거나 동조한 경우는 모두 다섯 번 발생했다. 첫 번째는 14연대가 순천에 진입하면서 순천에 파견돼 있던 홍순석의 2개 중대가 봉기에 합류했고, 두 번째는 20일 순천에 진압하러 갔던 4연대 선발 2중대가 순천에 도착하여 합류했다. 순천이 손쉽게 점령될 수 있었던 것은 이 두 부대의 합류에 힘입은 바 컸다. 세 번째는 같은 날 순천에 진압군이 들이닥쳤을 때 12연대 제2대대 제5중대장이 진압명령에 태업하여 후송된 경우이다. 네 번째는 22일 14연대 소속으로 새재터널 경비를 위해 파견된 1개 분대가 합류한 경우이며, 마지막으로 다섯 번째의 봉기 합류는 학구에서 광양으로 이동하던 4연대 1개 중대 병력 중 1개 소대병력이 이탈한 경우였다. 이와 같이 다른 부대가 봉기군에 합류한 것은 22일이 마지막이었고, 홍순석과 4연대 선발 중대를 제외하면 봉기에 합류한 병력은 그리 많지 않았다. 진압군에서 이탈하여 봉기군에 가담한 부대는 주로 4연대와 14연대에서 발생했으며, 이외의 다른 연대에서 가담한 경우는 없었다.

---

85) 윤기남, 1997, 「내가 겪은 여순사건①」, 순천시사편찬위원회, 『순천시사』, 807쪽.

여수를 점령한지 몇 시간 만에 순천까지 장악한 14연대 봉기군은 밤사이에 세 그룹으로 군대를 재편했다. 홍순석은 그를 보조하는 두 명의 민간인 지도자와 함께 이 작업을 했다. 3개 편대 중 첫 번째 부대는 벌교방면(서쪽), 두 번째 부대는 학구방면(북쪽 방향), 세 번째 부대는 광양방면(동쪽)으로 진출했다.[86)]

이날 봉기군은 순천관내 별량지서와 벌교의 조성지서를 휩쓸고, 창성지서에서는 저항하는 경찰관 30여 명을 사살하고 점령했다. 21일에는 벌교경찰서와 광양경찰서가 봉기군의 수중에 들어갔다. 그 결과 22일까지 봉기군은 전남 동부 지역의 6개 군을 장악할 수 있었다. 순천에서 세 방면으로 봉기군이 이동한 것은 꽤 신속한 것이었다.

이러한 작전은 14연대 병력이 먼저 일정 지역을 확보한다면, 전개되는 정세를 보아서 학구편대는 구례-남원-전주 방면(북쪽)으로 진격하고, 벌교방면 편대는 보성-화순-광주방면(서쪽)으로, 광양방면 편대는 하동-전주 방면(동쪽)으로 진출한다는 구상이었다.

봉기군의 원래 목적은 구례와 남원을 거쳐 지리산으로 안전하게 들어가는 것이었다.[87)] 순천군당 오르그였던 윤기남은 14연대는 원래 순천을 그냥 지나쳐 지리산으로 들어가려고 했는데, 순천 경찰이 14연대 군인들에게 발포하는 바람에 전투가 벌어져 순천을 점령하게 되었던 것이라고 증언했다.[88)] 광양과 보성으로 진출한 것은 동서 양쪽의 보호막이었다. 한편 동쪽 광양방면은 백운산을 거쳐서 지리산으로 들어갈 수 있는 지리적 이점도 있었다.

물론 봉기군이 진압군을 물리치고 다른 연대가 봉기에 합류할 경우에는 광주나 전주 등 다른 방면으로 그 세력을 확대할 수도 있었다. 이러한 판단에는 연쇄 봉기에 대한 낙관적인 전망도 깔려 있었다. 홍순석은 14연대

---

86) 「유창남 인터뷰」, RG 338 Entry 11071 Box 2, Yosu Rebellion.

87) 존 R. 메릴, 1988, 『침략인가 해방전쟁인가』, 과학과 사상사, 206쪽.

88) 윤기남, 1997, 「내가 겪은 여순사건①」, 순천시사편찬위원회, 『순천시사』, 806쪽.

가 봉기했다는 것이 다른 연대에 알려지면 각 연대 내에서는 연쇄적인 봉기가 일어나리라고 생각하고 있었고, 그렇다면 14연대는 진격을 멈추지 않고 계속해서 점령지역을 확대해야 한다고 생각했던 것이다. 하지만 그 후 진행과정에서 드러나듯이 진압군의 병력 집중은 분산되어 있는 봉기군을 누르기에 충분했고, 봉기에 합류한 부대도 전체 진압군의 수에 비하면 일부분에 불과했다.[89]

10월 21일 홍순석 등의 봉기군 약 1개 대대의 지휘부는 동순천역에 머무르고 있었다. 이미 이날 진압군 4연대는 순천으로 진격 중이었다. 하지만 진압군이 접근하고 있다는 보고를 받고도 봉기 지휘부는 4연대라면 봉기군 쪽에 합세할 가능성이 많다고 낙관하고 있는 형편이었다. 다른 연대 병력이 호응하지 않을 경우, 14연대 봉기군의 힘만으로 점령지역을 넓힌다는 것은 무모한 일이었고, 각 지역을 확실하게 장악하기도 벅찼다. 더구나 진압군의 공격이 곧 시작되리라는 것도 명약관화한 일이었다.

이러한 상황에서 14연대 봉기군은 세 방향으로 진출을 모색했던 산개 확대작전을 일단 포기하고 산악지대로 이동하여 장기전을 모색하게 된다.

봉기군 내부에서도 변화가 일어났다. 14연대 봉기를 처음부터 주도한 봉기군의 지휘관은 지창수였으나, 어느새 김지회 중위로 바뀌어 있었다. 하사관 출신인 지창수로서는 반란이 확대되면서 작전과 통솔 능력에서 한계를 가질 수밖에 없었다. 봉기군에는 남로당 좌익세포 뿐만 아니라 다수의 비이념적인 연대 병력이 포함되어 있었기 때문에 그들을 통솔하고 장악하는 데는 하사관인 지창수보다는 장교인 김지회가 적임자였다고 할 수 있다.[90] 봉기군을 이끌고 순천으로 간 것은 김지회였고, 지창수는 여수에 남아 있었다. 김지회는 순천에 도착하여 홍순석의 2개 중대와 합류했다.

---

89) 물론 다른 부대의 호응이 전혀 없는 것은 아니었다. 14연대가 순천에 진입할 때 이미 홍순석 자신의 2개 중대와 김동휘가 지휘하는 4연대 제2중대가 봉기군에 합류하여 순천을 손쉽게 점령할 수 있었다.

90) 장창국, 1984, 『육사졸업생』, 중앙일보사, 174쪽.

봉기군의 지도자가 지창수에서 김지회로 바뀌고 봉기군의 전략이 확대산개작전에서 산악지대로의 입산으로 바뀐 것은 어떤 과정을 통해서였을까?

이에 대해 정운창 등의 증언과 한 연구는 10월 21일 이현상의 동순천역 출현 사실에 주목하고 있다.[91] 이 설명에 따르면 이현상은 10월 21일 촌로 행색을 한 남원 출신의 연락원과 함께 와 자신을 노상명이라 밝히고,[92] 동순천역에 있던 홍순석, 지창수 등의 14연대 봉기군 지휘부와 만나 현 상황과 앞으로의 행로를 모색했다는 것이다.[93] 이때 이현상은 봉기는 정당하지만 중앙권력을 무너뜨릴 만큼 위력적인 것은 아니며, 다른 연대의 호응봉기 움직임도 없는 만큼 산악지대로 들어가 유격전을 개시할 것을 지시했다고 한다. 또한 남로당 장교들의 이름이 적힌 메모를 갖고 일일이 장교들의 생사유무를 확인한 다음 김지회가 남로당 조직원임을 확인해 주었다는 것이다.[94]

---

91) 정운창(구례 남로당원) · 대담자 홍영기, 1997, 「여순사건 증언채록」 1 · 2, 한국정신문화연구원 소장 ; 이태, 1990, 『남부군 비극의 사령관 이현상』, 학원사 ; 이태, 1994, 『실록소설 여순병란』(상 · 하), 청산 ; 이효춘, 1996, 「여순군란연구－그 배경과 전개과정을 중심으로」, 고려대학교 교육대학원 등이 여기에 해당한다.

92) 이현상은 보통 '노동무'라 불리거나 노명선이라는 가명을 사용하고 있었다. 남조선노동당의 주요한 인물 중의 한 명인 이현상은 간부부장직을 맡고 있다가 1948년 2월 남로당 핵심당원 20여 명과 함께 소련 유학을 위해 월북하여 평양에서 소련어를 배우고 있었다. 하지만 김일성 빨치산세력과의 갈등 때문에 소련 유학은 취소되었고 그 후 3개월 동안 강동학원에서 군사교육을 받은 뒤 1948년 7월 서울로 내려 왔다. 그 뒤 이현상의 행적은 아직 분명히 밝혀진 바가 없다.

93) 동일한 필자이지만, 이태의 『이현상』과 『여순병란』 간에는 다음과 같은 차이점이 있다. 첫째, 이현상이 순천에 나타난 때를 전자는 21일, 후자는 22일이라고 적고 있다. 둘째로, 전자는 이현상이 순천을 떠난 후 바로 구례 문수골로 들어가 유격투쟁을 수행한 것으로 되어 있지만, 후자는 이 사실에 대해서는 언급하지 않고 이현상이 '표현히 어디론가 사라졌'고 얼마 뒤 함양군 휴천면 문정골에 있는 경남 서부지구당 아지트에 나타났다고 적고 있다. 셋째, 14연대의 집합장소를 전자는 지리산 문수골이라 했지만, 후자는 광양 봉강면의 봉당이라는 동네라고 밝히고 있다(이태, 1990, 『남부군 비극의 사령관 이현상』, 학원사, 209 · 213~214쪽 ; 이태, 1994, 『실록소설 여순병란』(상), 청산, 240 · 260~261쪽).

이 지시에 따라 14연대 병력은 백운산을 거쳐 지리산 방면으로 입산하게 되고, 이현상은 김지회를 사령관, 홍순석을 부사령관에 임명하고 지창수는 여수와 광양방면의 병력을 수습하여 김지회의 선발대를 따라오도록 지시했다고 한다.

이현상의 순천 출현에 관한 설명은 이태와 정운창의 증언에 의해 제기되었다.[95] 이현상의 순천역 등장은 14연대의 상황과 이후 행방을 이해할 수 있게 하는 주요한 설명이 된다. 아직까지 이러한 변화의 과정을 설명해줄 수 있는 기록이나 증언이 없는 상황에서, 이현상의 순천 출현은 14연대가 순천에 대한 진압군의 공격 이후에 이전의 작전을 수정하여 산악지대로 돌입하게 되는 전략 수정과 김지회 · 홍순석 · 지창수 등 지도부의 위상 변화로 대표되는 조직개편의 중요한 계기로 설명되고 있다. 당시의 상황을 재구성하기는 매우 힘들지만, 이들 증언에서는 몇 가지 석연치 않은 점과 오류가 발견된다.

첫째, 과연 이현상은 어떻게 순천까지 올 수 있었는가 하는 점이다. 이 설명에 따르면 남로당 지도부는 10월 20일 정오에 서울중앙방송을 통해 봉기 사실을 알았다고 설명하고 있지만, 이때는 보도 통제가 실시되던 상황이라 서울에서는 14연대 봉기를 전혀 알 수 없었다. 여수봉기가 일반인에게 알려진 것은 10월 21일 이범석 국무총리의 발표를 통해서였다. 또한 일반인이 이용할 수 있는 교통수단은 기차였지만, 14연대 봉기 때문에 20일 오후부터는 전주 이남의 기차 노선은 정부군이 징발했기 때문에 일체 통행이 금지된 상태였다. 뿐만 아니라 정부군의 진압작전으로 인해 순천 일대는 물론 전남 동부 지역에는 삼엄한 경계가 처져 있었고 특히 여수, 순천을 중심으로 한 지역에서는 민간인 차량도 일체 통행금지가 실시되고

---

94) 이 설명에 따르면 김지회가 남로당원으로 밝혀진 것은 이현상의 등장 때문이다. 이전까지 김지회는 신원이 판명되지 않은 채 감금되어 있었다고 한다.

95) 정운창은 입산한 뒤 빨치산 투쟁과정에서 14연대 군인들에게 여수봉기에 대한 얘기를 들었다.

있었던 때라는 것을 생각해 볼 때,[96] 이현상이 순천에 오려는 것은 매우 위험을 무릅쓰는 행동이었다는 것을 알 수 있다.

둘째, 이현상이 남로당 조직원의 명단이 적힌 메모지를 꺼내 장교들의 생사를 확인했다는 점도 의문이다. 이현상이 아무리 남로당의 주요한 간부라지만 14연대에 조직되어 있는 남로당 소속의 장교명단을 사전에 가지고 있을 리는 없을 터이고, 명단을 가지고 있지 않다면 남로당 중앙에 선을 대어, 명단을 구해 왔다고 보아야 하는 데 그러기에는 너무 시간이 짧았다.

셋째, 이현상이 순천에 와서 김지회의 신원을 확인해주었다고 하지만, 김지회가 남로당원이라는 것이 밝혀진 것은 순천이 아니라 그 전날인 20일 여수에서라고 봐야 할 것이다. 20일 여수에서는 인민대회가 열렸고, 지창수는 대회에서 14연대 군인들을 대표하여 연설했다. 지창수가 지휘하는 병력은 여수에 남고, 김지회가 지휘하는 주력은 순천으로 북상하기로 결정했다는 것은 순천으로 떠나기 전에 이미 김지회가 남로당원이라는 것이 확인되었으며 개략적이나마 앞으로의 작전 진행에 대한 논의가 이루어졌다는 것을 의미한다. 강동정치학원에 관계했던 한 사람은 이현상이 남한에 내려 온 것은 1949년 4월말이었다고 증언하고 있다.

이 같은 점을 종합적으로 고려해 볼 때, 이현상이 순천에 내려왔다는 증언은 사실적인 신빙성이 약하다. 이현상의 출현에 대한 증언은 증언자가 이현상이 지리산 부근에서 빨치산 투쟁을 한 나중의 경험과 혼동한 것일 수도 있다. 이현상은 1949년부터 빨치산 투쟁의 신화적 존재였기 때문에, 후일의 활발한 전과가 전 시기로 투사되어 기억을 창조했다고도 볼 수 있을 것이다.[97]

---

96) 김석학 · 임종명, 1975, 『광복 30년』 제2권(여순반란편), 전남일보사, 168쪽.
97) 윤기남, 1996, 「여순을 말한다」, 『끝나지 않은 여정』, 대동, 250~251쪽.

2. 제14연대 봉기의 배경과 원인

1) 경비대의 성격

1945년 9월에 남한에 진주한 미 제24군단은 남한 각 지역에 미군을 파견하여 군정을 실시했다. 미군정은 그 자체가 전투 병력을 갖추고 있는 조직이었지만, 이후에 정부가 수립될 것에 대비하여 초기부터 남한의 군대를 만들고자 시도했다.

미군정은 각 도에 1개 연대씩을 만든다는 군 창설계획(이른바 'Bamboo Plan')에 따라 1946년 1월 15일 제1연대 창설을 기점으로 '남조선국방경비대(이하 국방경비대로 줄임)'를 조직했다.[98] 국방경비대는 대내외적으로는 독자적인 군대가 아니라 '경찰예비조직(police constabulary)'을 표방했다. 미국과 소련이 자신의 점령지역에서 독자적인 군대를 창설한다는 것은 상호 협의를 포기하고 독자적인 정부를 세우겠다는 의지로 간주되었기 때문에 미군정은 남한에서 군대라는 이름의 조직을 만들 수는 없었다. 이런 이유로 미군정은 명목상으로는 치안을 담당하는 경찰 조직을 표방하여 군대를 만들었던 것이다.

하지만 여기에 몸담은 군인들은 국방경비대를 국가 최고의 물리적 조직으로서 생각하고 있었고, 자신을 경찰 보조기구의 구성원으로는 생각하지 않았다.[99] 경찰 역량을 보조하려면 경찰의 수를 증가시키는 것으로 충분했

---

98) 'Bamboo Plan'은 하지 중장의 명령에 따라 참페니(Arthur S. Champeny) 대령이 작성하여 국방성의 인가를 받은 25,000명의 경찰예비대 창설 계획이다. 이 계획은 일정한 주둔지를 기준으로 경찰과 같은 예비대를 만든다는 것으로서 그 임무는 경찰지원 및 국가비상시에 사용하도록 되어 있다. 미군에서는 먼저 각 도에 8개 중대를 만들고 이를 연대병력으로 증강시키고자 했다. 각 중대에는 부대편성과 교육훈련을 위해 미군 장교와 사병을 파견했다(국방부 전사편찬위원회, 1967, 『한국전쟁사1－해방과 건군』, 261쪽).

99) 이한림, 1994, 『세기의 격랑』, 팔복원, 72쪽. 초대 육군 참모총장을 지낸 채병덕은 경비대 출발 당시부터 '이것은 장차 국군의 모체'라는 관념이 철저했다고 회

기 때문에, 국방경비대는 사실상 군대를 지향하고 있었다. 결국 국방경비대는 대외적으로는 경찰예비조직을 표방했지만 실질적으로 독립적인 성격을 지니는 물리력이었던 셈이다.[100)]

국방경비대에는 일제시기에 일본군·만주군·중국군·학병과 해방 후 사설 군사단체 등에서 경력을 쌓았던 다양한 인물들이 입대했지만, 장교들 대다수는 일본군 출신이었다. 일본군과 만주군에서 활동했던 인물들은 대거 입교했지만, 광복군 출신들은 국방경비대 장교를 배출한 군사영어학교의 입교를 거부했다. 여순 진압작전에 참가한 백선엽(白善燁)과 정일권(丁一權) 등은 군사영어학교 출신자였다. 미군도 광복군 출신보다는 일본군 출신들을 훨씬 높게 평가했다.[101)] 그 결과 군사영어학교 출신 110명 중 2명을 제외하고는 모두 일본군·만주군 출신이었고 일제에 저항하여 독립운동을 경험한 사람은 단 한 명도 없었다.[102)]

군사영어학교가 폐교된 후, 기간 간부를 육성하는 역할은 조선국방경비사관학교에 맡겨졌다. 미군정은 후보생을 선발할 때, 임관에 필요한 기본적인 신체 조건만을 고려했을 뿐 정치적 신념은 고려하지 않았다. 그 결과 1946년 9월에 입교한 2기생부터는 정치적 성향을 띤 장교들이 배출되었다.[103)] 이런 성향은 기수가 더해갈수록 더욱 강화되었다. 일본군 출신들이 많았던 1기생들과는 달리 3기생과 4기생들의 80%가 넘는 인원이 대부분 사병이나 민간인 출신들이었다. 이들은 반이승만 성향을 띠고 있었기 때문

고했다(『연합신문』, 1949. 5. 26).

100) 박명림, 1991, 「쿠데타와 한국군부①: 한국군의 형성과 성격(1945~1948)」, 『역사비평』 여름호, 194~195쪽.

101) 「주한미군사고문단장이 워싱턴 육군성 기획작전국장 찰스 볼트에게」, 제주4·3연구소(편), 2000, 『제주4·3자료집: 미군정보고서』, 제주도의회, 360~361쪽. 미군은 중국군 출신들이 과거의 계급보다 더 높은 계급을 얻어 체면만 세우려고 한다고 비난했다.

102) Allan R. Millett, 2000, 앞의 책, 241쪽; 한용원, 1984, 『창군』, 박영사, 218~219쪽; 박명림, 앞의 글, 201쪽.

103) 제2기생 가운데는 박정희, 김재규 등이 포함되어 있었다.

에, 미국과 이승만의 눈에는 ‘빨갱이 그룹’이 형성되는 것으로 비추어졌다.[104] 여순사건의 주동자였던 김지회와 홍순석은 3기생이었다.

이런 경향을 우려한 미군과 군 수뇌부는 북한으로부터 남하한 피난민들을 인적 자원으로 적극 활용하여 군대 내에 반공적 장교들을 키우려고 시도했다. 1947년 10월에 모집된 5기생들 중에는 일본군 출신들과 반공주의자들이 대거 포함되었다. 이들은 대개 기독교인들이었고 $\frac{2}{3}$가 넘는 숫자가 북한 지역 출신이었다. 각 연대에 배치된 5기생들은 누구보다 앞장서 반공투쟁을 벌였다.[105]

장교들 간의 이질감은 출신 기수(期數)에 따라 뚜렷해지게 되어, 일본군에 근무한 경험이 있는 인물들을 중심으로 한 반공주의적 경향과 해방 후 새롭게 군사경험을 시작한 좌익적 경향의 장교들이 혼재되었다.

한편 남조선국방경비대는 1946년 6월에 조선경비대로 개칭되었고, 조선경비대의 사병은 각 지역에서 주로 모집을 통해 충원되었다. 조선경비대는 1946년 말까지 약 7천여 명밖에 충원하지 못했다. 장비도 좋지 않았고 대우도 형편없었기 때문에 모병에 응하는 사람들이 많지 않았고, 탈영도 반복되었다. 모병은 홍보활동, 가두모집, 행정관서와의 협조 또는 사설 군사단체 출신자나 연고자 파견 등의 방법으로 활발히 전개되었지만 “경비대는 경찰의 보조기관이며, 정식 군대는 나중에 모집할 것이다”라는 인식 때문에 많은 어려움이 따랐다.[106] 이런 사정 때문에 연대를 창설하기까지는 많은 시간이 걸렸다.

조선경비대가 내용적으로는 군대이지만 형식적으로는 경찰을 보조하는

---

104) 民族問題研究會 編, 1967, 『朝鮮戰爭史』, 東京, コリア評論社, 11쪽.

105) 이경남, 1989, 『분단시대의 청년운동』 상, 삼성문화개발, 124~125쪽. 북한에서 남하한 청년들로 구성된 서북청년회는 군부 내 좌익 세력을 진압하기 위해 5기로 대거 입교했다. 6기생은 현역 하사관과 사병 중에서 우수한 사람들을 선발하기로 했기 때문에 서북청년회 회원들은 다음 기수인 다시 7기에 들어왔다.

106) 국방부 전사편찬위원회, 1967, 앞의 책, 289쪽 ; 한용원, 1984, 『창군』, 박영사, 91~93쪽.

하부 조직으로 창설된 것은 미국과 소련이 남북을 점령하면서 각각 군대를 창설할 수 없었다는 사정에 기인한 것이었지만, 이는 정부수립 후 국군으로 발전하는 조선경비대의 성격을 규정하게 되었다.

첫째로 조선경비대가 전국적인 군대조직이 아니라 향토연대의 성격을 가졌다는 점이다. 조선경비대는 각 도청 소재지를 중심으로 향토연대로 구성되었는데, 이는 각 도를 하부 단위로 하는 중앙집권적인 조직 체계를 갖고 있었던 남한의 경찰 조직과 유사한 것이었다. 미군정은 경비대 육성의 원칙으로 '비이념적 불편부당'을 모토로 삼아 군사기술을 강조하며, 20~30대의 젊은 층을 선발하는 데 역점을 두었다.[107] 하지만 해방 직후 치안대 같은 사설 군사단체 경험을 가진 사람들이나 사회운동의 경험을 가진 인물들이 속속 경비대에 입대하면서부터 경비대는 친일파 경찰을 중심으로 구성되었던 경찰과는 성격을 달리하기 시작했다. 특히 해당 지역에서 모병을 했기 때문에, 사회운동으로 수배되어 경찰을 피해 다니던 인물들이 이미 군대에 들어와 있던 인맥을 통해 경비대에 입대할 수 있게 되면서, 각 연대는 인적 구성으로 보아 상당한 정도로 지방색을 띠게 되었다.

둘째로 조선경비대는 경찰의 보조 조직을 표방하여 본격적인 무장은 하지 않았기 때문에 장비나 인력면에서 경찰에 뒤질 수밖에 없었다. 통위부는 기본훈련과 국내 치안 훈련만을 시켰을 뿐 개인 화기 이외의 다른 무기 훈련을 금지시켰다.[108] 하지만 경찰은 일제시기에 사용하던 장비 외에도 미군 군용차량, 대검, 기관총, 독자적인 전화와 무선통신망까지 갖추고 있었다.[109] 경비대는 일본 군복을 입었고, 계급장은 별도로 만들지 않은 채 경찰 모자의 귀 단추로 쓰이는 무궁화를 계급장으로 사용했기 때문에

---

107) 한용원, 위의 책, 68~98쪽.

108) R. K. Sawyer, 1962, *Military Advisors in Korea: KMAG in Peace and War*, Washington, D.C., Office of the Chief of Military History, Department of the Army, p.24.

109) 안진, 1988, 「미군정 경찰의 형성과정과 그 성격에 관한 고찰」, 『해방직후의 민족문제와 사회운동』, 문학과지성사, 21~213쪽.

조선경비대원들은 경찰관에게 심한 열등감을 느꼈다.[110)]

셋째, 조선경비대의 주요 활동 목표는 외부로부터의 침입을 방어하는 데 있기보다는 폭동진압이나 치안유지 같이 남한에서 발생한 정치적 동요를 진정시키는 데 두어졌다.[111)] 미군정은 해방 후 지방 지방인민위원회 활동에서 나타난 남한 민중의 변혁적 열기에 매우 놀랐고 '화약고' 같은 남한의 정치정세를 우려했다. 미군정의 통치에 반발한 대구 10월항쟁과 제주4 · 3항쟁을 진압하는 데 나선 것은 군대였다. 10월항쟁에는 미군이 직접 계엄을 선포한 상태에서 진압에 나섰고, 제주도의 경우에도 미군 장교들이 조선경비대를 지휘했다. 특히 제주항쟁과 타 지역에서 발생할지도 모르는 폭동에 대한 우려는 경비대가 군대로 전환하는 과정을 가속화시켰다.[112)]

미군정은 1947년 말 미소공동위원회가 실패하고 미소의 대립이 격화되면서 남북분단정권의 수립이 분명해지자, 선거를 대비한 치안확보와 다가올 정부수립에 대비한 국군 창설의 목적을 가지고 조선경비대를 국군으로 변화시키는 조치들을 취했다.[113)]

우선 조선경비대의 조직이 확대 재편되었다. 1946년 1월부터 창설된 남조선국방경비대는 춘천에 제8연대를 창설함으로써 기본적인 연대 구성을 완료한 바 있었는데,[114)] 1947년 말부터 1948년 초까지 제1여단부터 제5여단을 창설했다.[115)] 제10연대부터 제15연대까지의 6개 연대는 1948년 5월 1일부터 4일 사이의 짧은 기간에 모두 창설되었다(〈표 1-2〉를 참조). 이는 경

---

110) 이한림, 1994, 『세기의 격랑』, 팔복원, 72쪽. 1946년 2월 1일 계급장은 미군 계급장을 따라 따로 제정하게 됐다.

111) Allan R. Millett, 앞의 글, 237쪽.

112) Allan R. Millett, 위의 글, 252쪽.

113) 노영기, 2000, 「여순사건과 군－육군을 중심으로」, 『여순사건 제52주년 기념학술회의 : 여순사건의 진상규명과 명예회복을 위한 새로운 해법』, 29쪽.

114) 대부분의 연대는 1947년도까지 편성을 마쳤으나, 제6연대(대구)만은 1948년 6월이 되어서야 연대 편성을 완료할 수 있었다.

115) 이승만 정부는 제6여단도 창설하고 싶어 했지만, 더 이상의 장비를 공급할 수 없다는 미국의 경고를 받았다(R. K. Sawyer, 앞의 책, 38쪽).

비대가 생긴 이래 가장 큰 규모의 조직 확대였다.

이에 따라 경비대의 병력수도 급격히 팽창했다. 1948년 5월 3일만 해도 경찰은 3만 4,000명, 군은 2만 8,000명으로 경찰의 수가 경비대보다 6,000명 정도 많았다. 그러던 것이 5월 28일에는 경찰이 3만 4,900명인 데 비하여, 군은 41,265명으로 역전되었던 것이다.

〈표 1-2〉 각 연대 · 여단의 창설 상황

연대명	창설일 · 주둔지		부대 편성
제1연대	1946. 1. 15	태능	1946. 9. 18 (완료일)
제2연대	1946. 2. 28	대전	1946. 12. 25(〃)
제3연대	1946. 2. 26	이리	1946. 12. 25(〃)
제4연대	1946. 2. 15	광주	1947. 12월 말(〃)
제5연대	1946. 1. 29	부산	1947. 1. 1 (〃)
제6연대	1946. 2. 18	대구	1948. 6. 15 (〃)
제7연대	1946. 2. 7	청주	1947. 1. 15.(〃)
제8연대	1946. 4. 1	춘천	1946. 12. 7 (〃)
제9연대	1946. 11. 16	제주	1947. 3. 20(대대편성완료)
제10연대	1948. 5. 1	강릉	8연대 3대대가 기간 병력
제11연대	1948. 5. 1	수원	2~6연대에서 1개 대대씩 차출
제12연대	1948. 5. 1	군산	3연대 2대대가 기간 병력
제13연대	1948. 5. 4	온양	2연대 일부 병력이 기간 병력
제14연대	1948. 5. 4	여수	4연대 1개대대가 기간 병력
제15연대	1948. 5. 4	마산	5연대 1개 대대병력이 기간 병력

여단명	창설일 · 주둔지		부대 편성
제1여단	1947. 12. 1	서울	1 · 7 · 8 연대로 편성
제2여단	1947. 12. 1	대전	2 · 3 · 4 연대로 편성
제3여단	1947. 12. 1	부산	5 · 6 · 9 연대로 편성
제4여단	1948. 4. 29	수색	7 · 8 · 10 연대로 편성
제5여단	1948. 4. 29	광주	3 · 4 · 9 연대로 편성
제6여단	1948. 11. 20	청주	제4여단을 개편
제7여단	1949. 1. 7	마산	1 · 9 · 17 · 19 연대로 편성

〈출전〉
· 한용원, 1984, 『창군』, 박영사, 95~96쪽.
· 국방부 전사편찬위원회, 1967, 『한국전쟁사1 – 해방과 건군』, 276~303 · 325~327쪽.

여수 14연대의 모군(母軍)이 되었던 전남 광산군 극락면에 주둔한 제4연대는 경찰과 군청의 협조를 받아 모병사업을 펼쳐 1946년 8월까지 제1대대를 편성했다. 하지만 정원을 확보하기 힘들었고 입대 뒤에도 사병의 $\frac{1}{3}$이 도망가는 형편이어서 편성 병력은 정원의 60~70%에 불과했다.

제4연대에는 여수봉기에서 주요한 역할을 하는 경비사관학교 제3기 출신인 김지회, 홍순석이 들어와 있었다. 이들이 좌익성향을 갖고 있다는 점은 부대 내에 어느 정도 알려져 있었지만, 당시는 경비대 내에서 이념적 성향을 크게 문제 삼지 않는 분위기였고, 사상적 검토나 배후 관계 등을 조사한다는 것도 상상하기 힘든 시기였다.[116] 제4연대는 1947년 말에 3개 대대의 편성을 완료했다.[117] 서울에서 창설한 제1연대가 1946년 9월, 대전의 제2연대가 1946년 말, 부산의 제5연대가 1947년 초에 이미 연대 편성을 끝낸 것과 비교해보면, 다른 연대보다 적어도 1년 가까이 뒤진 것을 알 수 있다. 제4연대는 1948년 5월 1일 경기도에서 전남 광주로 옮겨온 제5여단에 예속되었고, 며칠 뒤에 4연대 가운데 제1대대를 기본으로 하여 제14연대가 1948년 5월 4일 여수 신월리(新月里)에서 창설되었다.

제14연대는 제헌국회의원 선거를 불과 며칠 앞둔 상황에서 수원 제11연대, 마산 제15연대와 같은 날짜에 창설되었던 것이다. 신월리는 일제 말기에 일본 해군의 항공기지가 있던 곳이었다. 여수 구봉산 허리와 바다를 끼고 도는 외길 안쪽에 위치한 신월리 기지는 여수반도의 남단에 위치하고 있다.[118] 미군은 이곳을 앤더슨기지(Camp Anderson)로 명명하고, 14연

---

116) 이한림, 앞의 책, 91 · 95쪽 ; 국방부 전사편찬위원회, 1967, 앞의 책, 290~291쪽.

117) 국방부 전사편찬위원회, 1967, 위의 책, 291쪽.

118) 신월리 기지는 원래 270여 호의 농민의 토지였으나 일제가 1942년 8월 14일 헐값에 강제로 매입했다. 기지 앞쪽이 바다이기 때문에 지리적으로 항공기지로 적합하여, 일제는 중학생들을 강제로 동원하여 기지를 건설했다. 바다 쪽으로는 비행장 활주로를 만들었고, 산 쪽에는 병사와 무기창고를 만들었다. 14연대는 이 시설을 그대로 이어 받았다. 14연대가 자리잡으면서 일반인 통행은 금지되었다(김석학 · 임종명, 1975, 『광복 30년』 제2권(여순반란편), 전남일보사, 17쪽). 현재는 한국화약 공장이 있고, 무기고와 굴뚝 등의 흔적이 아직까지 남

대의 주둔지로 사용했다.

창설 요원으로는 광주 4연대에서 안영길(安永吉) 대위 이하 제1대대가 차출되었고, 초대 연대장은 일본 해군 중위 출신인 이영순(李永純)이 맡았다. 광주 4연대에서 차출된 1개 대대의 성원들 중에는 김지회, 홍순석 등 좌익계 장교들과 지창수 등의 하사관이 포함되어 있었다. 경비사관학교 3기생인 김지회와 홍순석은 군기대(軍紀隊)의 주목을 받고 있었지만,[119] 그렇다고 해서 좌익 성향의 인물들만을 따로 뽑아 14연대로 보낸 것은 아니었다.[120] 기간 병사들은 광주에 주둔한 4연대로부터 차출되었는데, 이 병력에는 여수봉기를 주도한 인물들이 많이 속해 있었다. 14연대가 4연대로부터 출발했기 때문에 두 부대는 강한 유대감을 갖고 있어서, 14연대가 봉기를 일으켰을 때 4연대가 합류하기도 했다.

14연대는 기간병력이 도착하자마자 가두에서 신병 모집을 시작했다. 약 2천명의 신병을 모집해 모두 3개 대대를 편성하는 것이 목표였다. 모병을 할 때에는 편성 시일도 촉박했기 때문에 장교들에게는 출장비를 주어 전남 일대의 도서지방까지 순회시켜 모병을 했고, 인원도 책임제로 할당했다고 한다. 모병이 이루어질 때는 5·10선거가 이루어진 직후였는데, 단선단정 반대운동에 앞장섰던 청년들이 신상에 불안을 느끼고 안전하다고 생각한 군대에 들어가기 위해 모병에 응했다. 14연대 입장에서도 정원을 채우는 일이 중요했기 때문에 응모한 사병의 성향을 고려할 여유가 없었다.[121]

이 과정에서 14연대 내의 좌익 세포들은 모병의 허술한 점을 이용하여

아 있다.

119) 김지회는 1947년 6월 맹장수술을 받기 위해 광주도립병원(전남의대부속병원)에 입원했는데, 이때 병원 간호사로 일하던 조경순(趙庚順)을 알게 되었다. 그는 군기대가 뚜렷한 단서를 잡지 못하여 별 다른 조치가 없을 때 14연대로 발령되어 1대대 1중대장을 맡았다. 오동기 연대장이 부임한 뒤에는 작전주임 보좌관에서 대전차포 중대장으로 전보 조치되었다.

120) 김남식, 앞의 책, 382쪽.

121) 유관종, 1989, 「여수 제14연대반란사건」(상), 『현대공론』 2월호, 432쪽 ; 김석학·임종명, 앞의 책, 18쪽.

반이승만 경향을 가지고 있거나 사회운동을 하다가 수배 받은 사람들을 적극적으로 모집했다. 14연대 사병이었던 김영만은 수배 받은 사람들의 명단을 작성해 가지고 경찰서장에게 가서 "군대에 가면 사상운동 하는 것이 아니고 군사훈련에 열중하는 것이니까 그런 것은 염려 말고 [입대] 도장 찍어라"고 해서 20~30명 씩 입대시켰다고 한다.[122] 경찰이 좌익을 추적하다보면 어느새 14연대에 입대해버렸다는 것을 알게 되어 체포하지 못하는 경우도 있었다.

경찰은 조선경비대가 좌익의 근거지가 되고 있으며 반공 사상이 투철하지 못한 집단이라고 여겼다. 조선경비대도 경찰을 친일 집단이라고 생각했기 때문에 군경 충돌이 자주 벌어졌다. 조선경비대 제1연대 연대장 배로스(Russel D. Barros) 중령은 경비대와 경찰의 충돌이 일주일에 한번 꼴로 발생한다고[123] 말한 바와 같이 경비대와 경찰 사이의 충돌은 거의 모든 지역에서 자주 발생하고 있었다. 이럴 때마다 경비대원들은 도처에서 경찰에게 모욕을 당하는가 하면 얻어맞고 경찰서 유치장으로 끌려가는 것이 상례였다. 따라서 경비대 내에서는 언젠가 기회가 오면 경찰에게 한번 뜨거운 맛을 보여주려 기회를 기다리는 분위기였다.

제4연대에서는 경찰과의 충돌이 빈번히 일어났다. 군인이 외출하기만 하면 경찰에게 얻어맞고 돌아오자 제2중대장이었던 최홍희 참위는 대원들에게 신변 보호의 방법으로 태권도를 가르치기 시작했다.[124] 그는 외출하여 얻어맞고 귀대하는 대원은 제대시킬 정도로 "군대는 전투나 개인이나 무조건 이겨야 하고, 진다면 군인으로서의 자격이 없다"고 생각한 군 우월주의자였다.

---

122) 김영만 증언, MBC '이제는 말할 수 있다' 제작팀, 1999, 「MBC 여순사건 증언록」.

123) United States Army Forces, Korea Counter Intelligence Corps Seoul District Offices APO 235, *Korea Constabulary, Conflict Between Korea Police and Summary of Information*, 7 Jan, 1947(노영기, 앞의 글, 29쪽에서 재인용).

124) 최홍희, 1997, 『태권도와 나』 1, 사람다움, 183~185쪽. 최홍희는 가라데를 기본으로 하여 현재 통용되는 태권도를 만든 인물이다.

조선경비대와 경찰 간의 충돌은 좌익 세력이 강한 지역, 그리고 남북분단이 기정사실화 되고 경비대가 팽창하면서 점점 심화되어 갔다. 1947년 4월에 광주 4연대에서는 병사들이 순천경찰서를 습격한 사건이 일어났다. 연대 내 좌익성향의 어떤 병사의 형이 소요사건의 주모자로 지목되어 순천경찰서에 수감되었는데, 그 일을 전해들은 4연대 사병들은 광주에서 30㎞ 이상 떨어진 순천까지 원정하여 경찰서를 습격했던 것이다.[125]

그리고 순천경찰서 습격사건이 수습되기도 전에 영암사건이 터졌다. 사건은 1947년 6월 1일 고향에 가있던 한 명의 4연대 하사가 귀대하려고 경찰차에 편승하면서 일어났다. 경찰이 군인의 모표를 소재로 삼아 경비대를 조롱했고, 이에 대응하는 하사를 폭행 현행범으로 연행해 버렸다. 제1대대 부관이 사정을 알아보러 영암경찰서로 갔지만, 경찰은 "경비대는 경찰의 보조기관이고 위법행위를 취체하는 것이 경찰의 임무다"라고 주장했다. 그런데 부대로 돌아오던 일행이 지서에 이르렀을 때 보조 순경이 공포를 발사했다. 이에 격분한 헌병이 순경을 구타하자, 경찰은 헌병을 연행하는 한편 미고문관에게 경비대 폭행으로 경찰관 8명이 부상했다는 허위보고를 올렸다. 한편 4연대에 사건 경위가 알려지자 병사들 300여 명은 잠자리에서 일어나 총과 실탄을 휴대한 채 '경찰 타도'를 외치며 영암으로 질주했다.[126]

6월 2일 새벽, 영암경찰은 망루에 기관총을 장치해 놓고 사병들에게 사격을 퍼부었다. 경비대는 기껏해야 일제 99식이나 38식 소총을 가지고 있을 뿐이어서 화력에서는 상대가 되질 못했다. 이때 부대를 수습하려고 급히 출동한 연대장 이한림 소령이 2~3명의 호위병을 데리고 협상을 위해 경찰에 다가갔으나, 경찰이 수류탄을 투척하여 사상자가 발생했다. 가까스로 경찰서에 뛰어 들어간 연대장은 사격중지를 경찰에 요구했지만 그 또한 체포되었다. 무력충돌은 미군 경찰고문과 경비대 고문이 와서야 진정

---

125) 국방부 전사편찬위원회, 1967, 앞의 책, 291쪽 ; 장창국, 앞의 책, 167쪽.

126) 김영남(14연대 군인) 증언, MBC '이제는 말할 수 있다' 제작팀, 1999, 「MBC 여순사건 증언록」.

될 수 있었다.[127]

영암사건은 군과 경찰이 물리적으로 충돌하여 4연대 병사 6명이 사망했고, 십여 명의 부상자가 발생할 정도로 큰 사건이었다. 하지만 경찰은 우세한 화력을 갖고 있어서 단 한 명의 희생자도 나오지 않았다. 4연대에서는 이 사건 관련자들이 전출되거나 면직되었지만, 경찰에서는 오히려 이 사건에서 공을 세웠다 하여 진급한 자도 있었다. 사건 뒤에도 경찰은 군대에 정보수집 하러 와서 군인들을 붙잡아 폭력을 행사했다.[128] 영암사건은 경찰과 군의 적대적인 감정이 총격전이라는 물리적 충돌로 표출된 사건이었다.

여순사건이 일어나기 약 한 달 전인 9월 24일에는 구례에서 군경 충돌이 다시 발생했다. 사건의 발단은 사소했다. 구례경찰서 수사계장인 김정림(金正淋) 경사가 술에 취해 강봉식(姜奉植)의 이발소를 지날 때 이발사가 의자에 앉은 채 인사를 하자 태도가 마음에 들지 않는다고 다짜고짜 이발사를 구타했다. 휴가를 나왔다가 이발소에서 쉬고 있던 14연대 소속 사병 한 명이 보기가 딱하여 이를 말리려다 김경사와 사병간의 싸움으로 번져버렸던 것이다. 이때 같이 읍내에 휴가 나와 있던 동료 사병 8명은 이 소문을 듣고 달려와 김경사를 두들겨 팼다. 그러자 그날 밤 김 경사는 전 서원을 비상소집 하여 자고 있던 휴가병들을 모조리 경찰서에 끌고 가 구타했다.[129] 이 소식을 들은 사병들은 구례로 달려가 본때를 보여 주자며 흥분했고, 일부 장교들까지 동조했다. 이 사건이 영암사건의 재판이 될 것을 염려한 5여단장 오덕준이 직접 구례로 달려가서야 사건은 진정될 수 있었다. 하지만 군경 간의 생긴 적대적인 감정은 쉽게 가라앉지 않았다.[130]

---

127) 영암사건에 대해서는 이한림, 1994, 『세기의 격랑』, 팔복원, 73~75 · 90쪽 ; 국방부 전사편찬위원회, 1967, 앞의 책, 408~412쪽을 참고.

128) 김영만 증언, 앞의 글.

129) 『세계일보』, 1948. 11. 7. ; 이태, 앞의 책, 149쪽.

130) 이 사건이 일어난 지 며칠 뒤에는 14연대 군인들이 부식을 사러 트럭을 타고 구례로 나갔는데, 구례경찰은 도경에 "1개 중대의 무장대가 경찰서를 습격하러

전남 동부 지역인 순천, 영암, 구례에서 일어난 세 가지 군경 충돌 사건을 통해 14연대 사병들은 경찰과 무력충돌을 경험했고, 경찰에 대한 적대감을 키워갔다. 14연대 군인들이 여수에서 봉기할 때, 지창수는 경찰을 응징하자고 병사들을 선동했는데, 이러한 주장에 공감한 많은 병사들은 봉기에 자연스럽게 참여하게 되었다.

군경 충돌이 빈번하게 발생했던 것은 여러 가지 이유가 있었다. 경비대는 무기지급, 계급장, 복장, 급식문제 등 거의 모든 면에서 경찰에 비해 열악한 처지에 있었고, 무엇보다도 경찰예비대라는 위상 때문에 열등감을 느끼고 있었다.[131] 하지만 경비대 간부 대부분은 일본군이나 관동군 출신이어서 군 우위라는 의식을 강하게 가지고 있었고 오히려 경찰을 무시하는 성향이 있었다.[132]

이런 이유가 겹쳐져 장교와 사병들은 경찰을 좋지 않게 생각했다. 반면에 경찰 측에서는 경비대를 경찰 조직의 하부 기관쯤으로 보아 무시했고, 사상적으로는 불순하고 향토적 색채를 띠는 오합지졸로 인식했다. 한편 조선경비대 사병들은 과거 '일제의 주구'로서 활동했던 경찰들이 자신들보다 높은 대우를 받으며 자신들을 멸시하는 데 분노를 느끼고 있었다. 하지만 군경 갈등은 단지 국가 내부에 존재하는 경찰과 군대간의 조직적 갈등만은 아니었다.

당시 경찰은 친일파 세력이 강력하게 포진한 반공 조직이었다. 경찰의 이러한 성격은 미군정이 일제 총독기구의 온존과 함께 일제하에서 관리와

오고 있다"고 허위 급전을 쳐서 비상이 걸리기도 했다.

131) 경비대는 제복과 계급장 등에서 경찰에 열등감을 가지고 있었다. 경비대 제복은 일본군 복장을 개조해서 사용하다가, 1947년 와서야 미군복이 지급되었다. 그러나 미군복은 몸에 맞지도 않았고, 내의도 지급되지 않았다. 또 경비대 장교의 계급장 표식은 경찰 간부의 계급장을 사용하다가 1946년에 미군 계급장을 모방하여 부착했다. 이런 점 때문에 경찰은 경비대를 무시했다(한용원, 앞의 책, 98쪽).

132) 국방부 전사편찬위원회, 1967, 앞의 책, 408쪽 ; 佐佐木春隆, 앞의 책, 161쪽.

경찰로 일했던 인물들을 유임시켰기 때문이었다. 미군정은 경찰에 칼빈, M-1 등의 미국제 신식무기와 교통 · 통신수단을 지급하여 좌파 세력의 움직임에 신속하게 대응하려고 했다.[133)]

경찰 수뇌부인 경무국장 조병옥[134)]과 수도경찰청장 장택상은 철저한 반공주의자였고, 경찰의 하부조직은 일제시기에 지방 경찰에서 일하던 친일파로 채워졌다. '친일파의 온상'이었던 경찰 조직에 월남한 반공주의 성향의 인물들도 대거 들어오면서 경찰은 반공주의를 내건 '민족의 선봉'이자 '순교자'가 되었다.[135)] 또한 경찰은 미군정이 실시한 미곡 공출정책을 각 지방에서 수행하는 핵심적 조직으로 기능했다. 민중들은 미곡수집을 일제시기의 실시되었던 공출과 똑같은 농민 수탈로 인식하고 있었다. 경찰은 미곡수집을 독려하는 한편 성과를 추궁하고 수집량을 채우기 위해 폭력을 행사했기 때문에, 경찰에 대한 민중의 원망이 상당히 높았다.[136)]

경찰은 수뇌부나 말단이나 거의 대부분이 친일 경력자로 구성되었기 때문에 일제시기 경험을 공유하고 있었고, 친일잔재 청산에 저항해야만 하

---

133) 미군정하에서 경찰 병력은 계속 증가했다. 해방 직전 1만 명이던 것이 3개월만에 15,000명으로 증가했고, 대구 10월항쟁을 거친 뒤인 1946년 말에는 25,000명으로 급증했다. 대한민국 정부수립 직전에는 45,000명에 이르게 되었다.

134) 조병옥은 군정에 재직하고 있는 친일경찰관들은 친일파(pro-Jap)가 아니라 자기의 가족과 생명을 보호하기 위한 연명책으로 일정(日政) 경찰을 직업적으로 한 것(pro-job)이라고 변명했다(조병옥, 1959, 『나의 회고록』, 민교사, 173~174쪽).

135) 브루스 커밍스, 1983, 『한국전쟁의 기원』 상, 청사, 272쪽.

136) 민중의 경찰에 대한 반감은 1946년 대구10월항쟁에서 확인할 수 있다. 대구10월항쟁의 발발 원인 중 하나는 군정 경찰의 반민족적이고 억압적인 성격 때문이었다. 10월항쟁이 끝난 뒤 미군정은 조미공동회담을 개최했는데, 이 회담 결과로 나온 핵심적인 내용은 친일 경찰의 처벌이었다. 이 회담에서 최능진은 "매일같이 많은 사람들이 증거도 없이 경찰의 편파적인 생각에 따라 체포되었다. 어떤 경찰관은 '저 놈은 맘에 안드니 데려다가 두들겨 패고 감옥에 처넣자'고 말했다.……경찰은 부패했으며 인민의 적이다. 이런 상태가 지속된다면 인민의 80%는 공산주의로 돌아설 것이다"라고 말하면서 조병옥을 공격했다(*Minutes of the Korea-American Conference*, November 20 and 25, 1946, in XXIV Corps Historical File(브루스 커밍스, 1983, 『한국전쟁의 기원』 상, 청사, 280쪽에서 재인용).

는 공동의 이해 관계를 갖고 있었다. 이 같은 공동의 기반하에 경찰은 미군정의 정책을 충실히 수행하면서 조직의 내적인 동질성과 응집력을 더욱 높여 갈 수 있었던 것이다.

이에 비해 조선경비대는 좌익 인물들이 쉽게 입대할 수 있었다. 병사 충원이 급선무였기 때문에, 입대과정에서는 사상이 큰 문제가 될 수 없었다. 그 결과 조선경비대 장교들 중에는 친일 경력이나 반공주의적 사상을 가지고 있는 사람들도 있었지만, 남로당의 좌익 세포로 활동하고 있는 인물도 꽤 포진되어 있었다.

조선경비대 일부 '장교'들은 군이 경찰에 압도적 지위를 갖고 있어야 한다는 군국주의적 생각을 가지고 있었기 때문에 경찰과 갈등을 빚었고,[137] 좌익 장교들과 하층 농촌 출신인 사병들은 경찰의 친일적 행각과 미군정 정책의 하수인과 반공 전선의 선봉으로 활동하는 것에 대해 불만을 갖고 있었다.

순천, 구례, 영암에서 일어난 군경 충돌은 반민중적인 경찰에 대한 사병들의 비판 의식을 자연스럽게 고양시켰고, 언젠가는 한번 경찰을 응징해야겠다는 생각을 갖게 했다. 병사들은 경찰에 대한 투쟁을 통해 일정하게 정치적으로 각성되고 스스로의 결속력을 다져갔던 것이다.

여순봉기의 주동자였던 지창수는 부대원들에게 "경찰들이 쳐들어온다. 응징하러 가자"라고 말했고, 이런 외침에 대부분의 부대원들은 동조했다. '친일파' 경찰을 타도해야 한다는 슬로건은 사병들에게 큰 호소력을 가질 수 있었던 것이다. 14연대는 여수와 순천에 진입하여 제일 먼저 경찰관과 우익인사를 처단했다.

결국 군경 충돌은 국가 형성 과정에서 이루어져야 했던 친일파 숙청 과제가 미처 해결되지 못하고, 국가 물리력의 주요 부분인 경찰에서 친일파

---

137) 경비대가 경찰에게 맞으면 이유 여하를 막론하고 철저하게 보복하겠다는 방침에는 군이 경찰보다 우위라는 사고가 깔려 있었다(국방부 전사편찬위원회, 1967, 앞의 책, 409쪽).

가 확대 재생산되는 것에 대한 반발을 의미하는 것이었다. 일사불란한 반공조직으로서의 경찰과 서로 다른 경향이 혼재되어 있는 조선경비대와의 차이야말로 군경 충돌의 배경이었다. 그리고 그 내용은 친일파 숙청과 미군정 정책에 대한 반발에 있었던 것이다.

따라서 군경 갈등은 경찰과 군대의 우호적인 교류행사와 거리 행진으로 해결될 수 있는 문제가 아니었다. 여순사건 뒤 본격적으로 전개된 숙군으로 군대 내에 존재했던 좌익 세력이 완전히 제거됨으로써 국군은 진정한 반공군대로서 태어났고, 이런 기초 위에서 군경 연대는 가능하게 되었던 것이다.

2) 남로당의 군부 침투

조선공산당은 국방경비대 창설 초기에는 군대 공작에 큰 주의를 기울이지 않았다. 남로당은 당 조직을 확충하고 대중조직을 움직이는 데에 힘을 쏟았기 때문에 프랙션(fraction) 공작을 할 여력이 없었다. 남로당의 군부 침투는 제2차 미소공위가 실패하고 단독정부 수립이 기정사실화 되면서 본격화했다.

남로당은 경비대가 국군으로 변화할 것이며, 그럴 경우 군대를 최소한 중립화하고 미군과 우익 세력의 선봉으로 나서는 것을 저지할 필요가 있다고 생각했다. 남로당이 목표로 하는 제1의 당면임무는 이승만의 북진통일정책이 군부 내 우익 세력에 의해 내전이라는 군사행동으로 나아가지 못하게 하는 것이었다.[138] 물론 이러한 기본적인 목표 외에도 결정적인 계기가 올 경우에는 남로당과 연결하여 무장봉기를 시도하는 것도 예상할 수 있지만, 남로당의 군부침투는 이런 수준으로까지는 나가지 못했고 봉기에 알맞은 정치정세도 형성되지 못했다.

---

138) 林英樹, 앞의 책, 28쪽.

군대의 지도부가 거의 대부분 일본군과 만주군 출신으로 이루어져 친일파가 많았음에도 남로당은 조선경비대에 대해 한번도 비난을 하지 않았다. 한편 이승만, 채병덕(蔡秉德) 같은 군의 상층부 인사들은 좌파 세력을 반민족적인 세력으로 규정하고 적대시했지만, 일반 장병들은 남로당을 역적이라거나 쏴서 죽여야 할 악당이라고는 생각하지 않았다.[139]

조선경비대 장교들 중에는 일본군과 만주군에서 근무했던 친일파도 있었지만, 좌파 세력도 침투되어 있었다. 또한 사병 입대자의 대부분은 노동자·농민·빈민 등 빈곤한 가정 출신이 많아 친일파 척결 등에 동조하는 경향이 강했다. 이런 이유로 남로당은 군인들을 혁명의 기본 세력으로 인정했고, '국방군 내의 애국장병 동지들이여'라는 친근감 있는 말로 부르곤 했다.[140]

단선반대 시기를 거치면서 탄압이 심해지자 각 군에서는 단선반대 투쟁과정에서 무력을 사용하는 야산대가 만들어졌고, 이에 따라 남로당은 당의 일부를 무장시키기 시작했다. 남로당은 1947년 7월 7일 당 중앙에 군사부를 설치하여 프랙션 공작을 본격적으로 개시했다.[141] 군사부는 군대에 있는 남로당의 조직을 관리했는데, 전남도당위원회도 도당에 군사부를 설치하고 군대 내의 프랙션 조직과 초보적인 무장조직인 야산대를 관리하고 있었다.[142]

이때 지방에서 만들어진 야산대는 본격적인 무장투쟁을 수행한 조직은 아니었다. 무장도 아주 초보적인 수준이었고 구성원도 불과 20~30명에 불과했다. 이때 남로당의 노선은 단선단정반대투쟁과 인공수립이라는 정치적인 목적을 달성하기 위해 비폭력적인 당 정치활동이 주가 되었기 때문에 야산대는 당 활동을 원만히 보장하기 위한 보조 수단으로 이용됐을 뿐

139) 林英樹, 위의 글, 27쪽.
140) 林英樹, 위의 글, 27쪽.
141) 하성수(엮음), 1986, 『남로당사』, 세계, 207쪽.
142) 김남식, 앞의 책, 380쪽 ; 김점곤, 앞의 책, 179~182쪽.

이었다. 그러던 것이 유격투쟁이 본격화하면서 군사부(특수부)는 무장투쟁의 체계를 더욱 확고히 수립하고 무장력도 갖추게 된다.[143)]

남로당은 장교와 사병을 구분하여 군 공작을 진행했다. 장교에 대한 공작은 중앙당에서, 사병 공작은 각 도당에서 맡았다. 장교 선발과 교육배치 등의 모든 인사권은 중앙집권적으로 일원화되어 있었고, 장교들은 근무지 이동이 빈발했기 때문에 지방당에서는 장교에 대한 공작을 할 수 없었다. 그리고 포섭된 장교를 되도록 노출시키지 않고 집중적으로 관리하려 한 점도 중앙당 차원에서 공작을 진행한 이유가 되었다. 반면 사병들은 각 도당 위원회에서 직접 관리했는데 이는 연대의 모병 단위가 각 도였고, 다른 부대로의 전출 또한 거의 없었기 때문이다.[144)] 장교와 사병 조직은 상호 관련이 없었고 두 수준을 매개하는 조직도 없었다. 또한 두 조직 간에는 성격 차이가 뚜렷했고, 같은 연대 내에 있으면서도 지도선이 다른 상황은 혼란을 일으키기도 했다. 지창수 등 하사관이 주도한 여수봉기 때 남로당 세포 장교들이 초기에 희생된 것은 누가 남로당원인지를 정확히 몰랐기 때문이다. 장교 조직은 당 노선을 비교적 잘 이해하고 스스로를 규제하는 편이었으나, 사병조직은 여수봉기에서 나타난 것처럼 당 노선과 상반되는 충동적이고 도전적인 면을 표출했다.

당시 남로당 전남도당 위원회는 도당부에 군사부를 설치하고 군사 야산대 공작을 관할하고 있었다. 도당 군사부에서 광주·목포를 비롯한 각 시·군당 군사부에 사병 추천지시를 하달하면 다시 면·리까지 지시가 내려갔고, 면·리에서는 입대자 명단을 받아 도당 군사부에 제출했다. 도당에서는 이 명단을 연대공작을 담당하는 오르그에 주었다. 오르그는 연대 인사계에 지시하여 대대, 중대, 소대로 배치했다.[145)]

여수봉기를 일으킨 지창수는 남로당의 14연대 세포조직책임자였는데,

---

143) 김남식, 위의 책, 393~394·399쪽.

144) 김남식, 위의 책, 380쪽.

145) 하성수(엮음), 앞의 책, 207~208쪽 ; 김남식, 위의 책, 380~381쪽.

그가 연대 인사계를 담당하고 있었다는 점은 남로당의 군 공작을 원활하게 하는 좋은 조건이었다. 조선경비대는 향토 연대라는 특성으로 인해 현지에서 사병을 충원했기 때문에 인사계의 권한이 컸고, 장교의 빈번한 교체로 인해 실질적인 업무는 장교가 아닌 하사관이 좌우하고 있었다.[146] 지창수는 인사업무를 맡으면서 14연대원들의 보직 이동상황과 성향을 꿰뚫어 볼 수 있는 유리한 지위에 있었던 것이다.

14연대가 창설되었을 때, 광주 4연대에서 파견된 70명의 기간 요원들 가운데에는 정보기관에서 의심을 받는 하사관들과 사병들이 다수 끼어 있었다. 14연대 하사관그룹 중에서 지창수, 정낙현, 최철기, 김근배, 김정길 등은 남로당과 연결된 사람들이었다. 이들은 서로의 정체를 알고 있지 못했지만 이승만 정부에 반대하는 성향을 갖고 있는 동질적 인물들이었다.[147]

장교 그룹에서는 김지회, 홍순석 등이 대표적이었고, 이 밖에도 다수의 장교가 중앙당과 연결되어 있었다. 장교그룹은 하사관·사병그룹과는 전혀 연결되어 있지 않았다. 장교그룹 가운데 홍순석은 지창수에게 포섭되어 장교 중에는 유일하게 14연대 당부에 소속되어 있던 인물이었다.

14연대의 당 조직(당부)은 도당과 연결을 갖고 있었으므로 군당과 같은 수준의 단위로 취급되었다. 따라서 주둔지인 여수군당과는 횡적인 연관을 전혀 갖지 못했고, 오직 도당과의 연락선만을 갖고 있는 셈이었다. 전남도당의 방침을 교육하고 지시하며 연대 상황을 보고하는 일을 맡는 조직지도 오르그는 조동무라고 하는 키가 큰 사람이었다고 관련자들은 증언하고 있는데, 한 연구는 그의 본명이 박태남(朴泰男)이라고 밝히고 있다.[148]

지창수, 홍순석, 정낙현, 김영만, 이영회 등 14연대의 세포 책임자들은 연대 내에서 계속 모임을 갖고 단선단정반대운동의 필요성 등 일반적인 정치정세와 사업방향을 토의하곤 했다.[149] 홍순석 중위는 순천에 파견된 2개

146) 한용원, 앞의 책, 98쪽.
147) 순천시사편찬위원회, 1997, 『순천시사』, 752쪽.
148) 김남식, 앞의 책, 381쪽.

중대를 지휘하는 선임장교였고, 지창수는 정낙현과 함께 4연대 1기생 출신이었다. 지창수는 김형렬이라는 연대 인사계 선임하사관이 사관학교로 가면서 연대 인사계에 임명된 인사처 선임하사였다. 정낙현은 정보계 선임하사관이었다.

한편 김지회의 경우는 중앙당이 관리하고 있었기 때문에 당원이라는 것을 다른 남로당 세포들이 전혀 알지 못했지만, 4연대 때부터 진보적인 행동을 간간이 표출했기 때문에 남로당계열 사람들과는 암묵적으로 정치의식을 공유하고 있었고, 의사 소통이 되는 사람에겐 '동무'라고 호칭하기도 했다.[150]

여수 14연대의 좌익 세력이 얼마였는가에 대해서는 증언에 따라 엇갈리고 있다. 여수 14연대 부대원의 약 반수가 남로당원이어서 '붉은 군대'라 불렸다는 주장은,[151] 14연대가 "언제든지 동기나 명분이 있으면 반란을 감행할 수 있는 충분한 요소가 있었다"라는 근거로 언급된다.[152]

하지만 구례지역에서 남로당 활동에 참가했던 정운창은 대구 6연대, 15연대, 12연대, 3연대, 4연대는 당 조직이 강했지만 14연대는 제일 약한 편이었다고 증언했다.[153] 직접 14연대에서 당세포 활동을 했던 김영만도 14연대에 당원들은 많지 않았고 사병들이 봉기에 합류한 것은 군중심리 때문이었다고 평가했다.[154] 14연대는 다른 연대에 비해서도 좌익 세력이 약한 곳 중의 하나였다는 것이다. 당시 14연대 제7중대장이었던 김정덕도 "실질적으로는 14연대의 반란은 내부에 빨갱이가 많아서 일어났다고는 보지 않는다"며, 그 이유는 봉기 주동자가 하사관들이었고, 병사들은 봉기에

149) 김영만 증언, 앞의 글.
150) 김영만 증언, 위의 글.
151) 당시 전남도당 조직부 과장 박춘석의 증언, 김남식, 앞의 책, 381쪽 ; 林英樹, 앞의 책, 27쪽.
152) 김남식, 앞의 책, 382쪽.
153) 정운창 · 대담자 홍영기, 1997, 「여순사건 증언채록」 1, 한국정신문화연구원 소장.
154) 김영만 증언, 앞의 글.

적극적으로 참가한 것이라기보다는 주동세력에게 이끌려 피동적으로 참가했기 때문이라고 지적하고 있다.[155)]

14연대 모병과정에서 김지회는 "이승만에 대해 어떻게 생각하느냐? 김일성을 아느냐?" 등의 질문을 통해 이승만에 비판적인 경향이 있는 사람들을 적극적으로 입대시켰다. 또 지방에서 활동하다 쫓겨난 사람들 가운데는 14연대에서 사람을 모집한다니까 모병에 응한 사람들도 많았다.[156)]

이와 같이 김지회는 14연대 모병과정에서 의식적으로 반이승만 경향의 인물들을 입대시키기는 했지만, 이들이 모두 공산주의적 사상을 가지고 있다거나 남로당원이었다고는 보기 어려울 것이다. 입대한 사병들 대부분은 농민출신이었고 사상적인 학습을 받은 것도 아니었다.[157)]

한편 14연대 장병들이 당원이거나 공산주의자는 아니다 하더라도, 병사들 사이에서 경찰에 대한 반감만큼은 드셌다. 병사들이 오락회를 할 때 어떤 병사가 "나는 지서를 습격하다 왔다, 나는 순경과 싸우다 왔다"라고 말하면, 이 말을 들은 부대원들은 "와~" 하고 호응했을 만큼 군대는 경찰과 상극이었다. 휴가 갔던 군인들이 경찰한테 맞고 들어왔다고 하면 부대가 출동해서 경찰을 멸살하려는 마음까지 갖고 있었다.[158)]

제5여단에서는 여수 14연대 군인봉기가 일어나기 전부터 남로당 계열로 의심되는 인물에 대한 사찰뿐만 아니라 반이승만 계열에 대한 사찰 또한 진행시키고 있었다. 숙군은 군대 내에 있는 공산주의자뿐만 아니라 이승만 세력에 반대하는 인물과 세력 더 나아가 당시 군부에서 주도권을 잡고 있었던 일군·만군 인맥에 포함되지 않은 폭넓은 범위를 대상으로 이루어지고 있었다.

---

155) 유관종, 1989, 「여수 제14연대반란사건」(상), 『현대공론』 2월호, 432~433쪽.

156) 당시 여수경찰서 사찰과장은 좌익 청년을 쫓다보면 군에 입대한 경우가 많았다고 증언하였다(김석학·임종명, 앞의 책, 25쪽).

157) 김영만 증언, 앞의 글.

158) 곽상국(당시 14연대 군인) 증언.

연대장 오동기가 혁명의용군 사건으로 구속된 뒤에도 14연대에 대한 '숙군' 작업은 계속되었다. 14연대를 지휘하고 있던 광주 제5여단의 정보참모 김창선(金昌善) 대위는 이미 14연대로 전출한 김지회, 홍순석이 좌익 인물임을 알고 있었다. 또 4연대에서 좌익활동을 하다 변절한 인물인 고봉규가 밀고한 정보를 통해 추가로 연대 내의 좌익 인물도 파악했다.

김창선은 10월 13일 경에 14연대 좌익분자들을 연행하고자 정보부 선임하사관 최석준 1등 상사 그리고 서북청년회 출신 이등병 한 명을 데리고 14연대로 갔다. 김 대위는 당시 연대장 대리였던 이희권 소령에게 좌익 혐의자 40명의 명단을 제시한 다음, 사병들은 영창에 입창시키고 장교들은 광주로 데리고 가 조사하겠다고 말했다. 하지만 이희권은 지금은 연대장도 부임하지 않았고 죄도 없는 장교를 어떻게 구속하여 조사하느냐고 하면서, 제주도 출동 때까지만 참아달라고 사정했다. 이에 따라 김창선은 신임 연대장 박승훈이 부임할 때까지 연행조사를 미루기로 결정했다.[159]

박승훈 연대장이 부임하던 날인 10월 14일, 신임 연대장 환영회가 열린 뒤 김창선은 박승훈 신임 연대장에게 좌익분자들의 동태를 설명하고, 며칠 후에 여단의 헌병을 보내 좌익분자들을 연행하겠다고 통고했다. 이를 들은 연대장은 깜짝 놀라서 연대내의 상황을 파악할 때까지만 시간여유를 달라고 하여 김창선도 이를 양해했다.

이렇게 14연대 내의 숙군 작업은 하루 이틀을 다투고 있었다. 시간적으로는 이보다 이르지만, 14연대에서는 보급중대의 세포로 있던 남로당 세포 김영만이 10월 11일에 체포되었다. 그는 지창수, 홍순석 등의 모임에 계속 참가하고 있던 14연대의 세포 조직원이었다. 그러나 밀고자인 고봉규가 제공한 정보는 연대내 전체 조직원의 정보가 아니었고, 밀고자는 자기가 관여한 세포 정도 밖에는 제공하지 못했다. 이때 김영만은 자신이 체포될 것을 미리 알고 있었으나, 조직을 희생할 수 없다는 판단에 따라 그

159) 유관종, 1989, 「여수 제14연대반란사건」(상), 『현대공론』 2월호, 426쪽.

대로 체포되었다.[160)]

숙군은 좌익 세력뿐만 아니라 경비대 내에서 김구를 추종하는 우파 세력(오동기) 등, 숙군을 주도하고 있는 세력을 제외한 모든 파벌에 대해 전방위적으로 이루어지고 있었다. 오동기가 체포되었다 하더라도 14연대 남로당 세포가 받은 피해는 없었다. 중요한 것은 우익 장교를 체포할 만큼 숙군이 광범위하게 진행되고 있다는 것이고, 이 바람이 언젠가는 남로당 세포 적발로까지 이어지리라는 것이었다.

송호성(宋虎聲) 육군 총사령관과 미 임시군사고문단장 윌리엄 로버츠(William L. Roberts) 준장은 조선경비대 내에 존재한 좌익 세포를 척결하는 임무를 제임스 하우스만(James H. Hausman)에게 맡겼다. 한국 군 내부의 사정에 정통했던 제임스 하우스만은 육군 내의 5개 연대, 즉 춘천 8연대, 대구 6연대, 마산 15연대, 제주 9연대 그리고 여수 14연대 내에 공산당 세포가 있다는 점을 알고 있었다.[161)] 하우스만은 정보참모부에 있던 리드 대위와 논의하여 백선엽을 정보 담당자로 전속시켜 이 일을 맡게 했다.[162)] 백선엽은 만주 간도특설대에 있을 때 공산세력을 토벌한 경험이 있었고 극도의 반공주의적 태도를 갖고 있었기 때문에 공산당 세포를 적발하는 데 적합한 인물이었다. 백선엽은 조용히 공산주의자들의 활동에 대한 정보를 수집했고, 1948년 여름쯤에는 경비대 내의 공산당 하부조직에 대한 정보를 어느 정도 확보했다.

백선엽은 여수 14연대를 국군 내에서 가장 위험한 세력으로 간주했다. 하지만 백선엽이 지목한 반란세력은 단지 공산주의자들만을 의미하는 것은 아니었다. 백선엽의 정보활동에 따라 체포된 오동기 전 14연대 연대장은 김구를 추종하는 인물이었지, 공산주의자는 아니었기 때문이다. 제14연대의 선임 고문관인 핀리(Joe W. Finley) 중위와 미군 방첩대(CIC) 요원

---

160) 김영만 증언, 앞의 글.
161) Allan R. Millett, 앞의 글, 251쪽.
162) Allan R. Millett, 위의 글, 255~256쪽.

또한 여수 14연대의 반정부적 흐름을 의심했지만, 하우스만은 이것을 공산주의자들의 활동으로 파악하지는 않았다.[163]

이러한 상황에서 14연대가 제주도에 파병될 날이 점점 가까워지고 있었다. 제주도에 군대가 증원될 것이라는 소식이 알려지자, 9월 초부터 각 정당과 단체에서는 살육극이 예상되는 무력 토벌전을 즉각 중지하고 평화적인 해결책을 모색하라는 내용의 성명을 발표했다.

『새한민보』는 "제주도사건은 우리 민족 전체의 일대 비극이다. 민주통일독립을 지향하는 우리 동포들로서 가장 피해야 할 동족상잔이란 가슴 아픈 일이기 때문이다. 그렇기 때문에 전 인민들은 어디까지나 평화적으로 해결해 달라고 목메어 부르짖어 왔던 것이다"라고 주장했지만,[164] 1948년 10월 11일에 본격적인 토벌작전을 위한 제주도경비사령부가 설치되었다.[165] 사령관에는 광주 제5여단장 김상겸(金相謙) 대령이 겸직 발령되었다. 제주도경비사령부는 각 부대를 지휘할 뿐만 아니라 제주도 경찰을 산하에 배치하여 통합 관리하였다.

10월 초순에 다시 시작된 유격대의 공격을 진압하기 위해 제주도에는 제주도 9연대뿐만 아니라 6연대 1개 대대, 부산 5연대의 1개 대대와 해군 함정이 증원될 예정이었다. 여기에 여수에 주둔하고 있는 14연대의 1개 대대까지 증원하여 미군과 국군은 본격적인 토벌작전을 준비했다.

10월 17일 제9연대장 송요찬 소령은 '해안선으로부터 5㎞ 이외의 지점 및 산악지대의 무허가 통행금지'를 선포했다.[166] 중산간 마을에 대한 본격적 초토화 작전의 시작이었다. 이제 14연대는 제주도민을 상대로 진압작전을 수행해야만 하는 처지에 빠졌다.

---

163) Allan R. Millett, 위의 글, 256쪽.
164) 『새한민보』, 1948. 10월 중순호.
165) 국방부 전사편찬위원회, 1967, 앞의 책, 443쪽.
166) 『동아일보』·『조선일보』, 1948. 10. 20.

제2장 대중봉기로의 전화

1. 전남 동부 지역으로의 봉기 확산

여수를 장악하고 연이어 순천까지 순식간에 장악한 봉기군은 10월 20일, 동 · 서 · 북쪽 방면으로 진출하기 위해 세 부대로 나뉘어 움직였다. 봉기군은 순천을 근거지로 하여 전남 동부 지역을 장악하려 했던 것이다.

약 1,000여 명의 봉기군이 북쪽으로 진격하던 사이, 진압군 제4연대(부연대장 박기병 소령이 지휘하는 1개 대대병력)도 남진하고 있었다. 미 임시군사고문단이 광주에서 급히 편성하여 파견시킨 제4연대의 1개 대대는 10월 21일 11시 30분 순천 북방에 있는 서면 학구리에서 봉기군과 처음으로 만났다.[1)]

학구리 전투는 봉기지역을 최대한 넓히려 의도했던 14연대 봉기군과 이를 빠르게 진압하고자 했던 4연대 진압군이 처음으로 맞붙은 싸움이었다. 지금까지 봉기군은 별다른 저항 없이 순식간에 여수와 순천을 장악할 수 있었다. 그러나 학구에서 14연대는 이전과는 달리 4연대를 봉기에 합류하도록 설득하는 데 실패했다.

---

1) HQ. USMAGIK, *G-2 Periodic Report*, 1948. 10. 21(한림대학교 아시아문화연구소, 『주한미군 정보일지』 6), p.533. 미 임시군사고문관은 제4연대 임시 1개 대대를 급조하여 학구리에 파견하였다.

결국 약 470명으로 이루어진 진압군 4연대 병력은 봉기군의 북상을 저지했고, 진압군의 병력이 증강됨에 따라 봉기군은 목표로 했던 북상을 완전히 차단당했다. 4연대 병력 외에도 12연대 2개 대대(白仁燁 지휘)와 제5여단(金白一 지휘) 3연대가 합세하여 약 3개 대대 병력으로 수적으로 불어난 진압군은 봉기군을 압도할 수 있었다.[2] 이 전투에서 패한 봉기군 일부는 투항했고, 일부는 순천으로 일부는 광양 백운산 방면으로 후퇴했다. 봉기군이 학구리 전투에서 최초로 패배함에 따라, 봉기군의 기세는 약해져 갔다.[3]

하지만 봉기군은 동쪽의 광양 방면에서나 서쪽의 보성 방면에서는 거의 저항을 받지 않았다.[4] 10월 21일 봉기군은 별량면, 벌교, 조성, 낙안의 4개 경찰서를 접수했고, 서쪽으로는 10월 21일에 광양을 큰 어려움 없이 접수했다.[5]

이렇게 봉기군의 점령지역이 급속하게 팽창한 이유는 순천 방어를 위해 인근 각 지역의 경찰병력이 동원되어 지역을 방어할 만한 병력이 없었고, 토착 좌익 세력이 봉기군이 진입하기 전에 경찰 지서 등을 습격했기 때문이었다.

구례에서는 봉기군이 도착하기 전, 이미 지방 좌익 세력에 의해 경찰들이 피살되고 경찰서가 점령당했다. 보성에서는 순천에 지원 나갔던 보성 경찰이 풍비박산이 나자, 김홍권 경찰서장이 부하들에게 후퇴를 명령했다.

---

2) 佐佐木春隆, 1977, 『한국전 비사－건군과 시련』 상권, 병학사, 340~342쪽.

3) HQ. USMAGIK, *G-2 Periodic Report*, 1948. 10. 22. 정종균은 학구리 전투에서 봉기군이 후퇴한 것을 정면충돌을 피하려는 봉기군의 전술로 보았다(정종균, 1982, 「미제와 리승만 괴뢰도당을 반대하여 일어난 려수군인폭동」, 『력사과학』 1호, 27쪽). 하지만 학구리는 봉기지역을 북쪽으로 확대하기 위해서 거쳐야 할 필수적인 요충지였다. 봉기군이 후퇴한 것은 진압군의 압도적 우세에 밀린 결과였으며, 이후에도 봉기군은 국부적 전투에서는 승리한 적이 있으나 대규모 전투에서는 이기지 못했다.

4) G-3 Section, ⅡⅣ Corps, *History of the Rebellion of the 14th Regiment and the 6th Regiment of the Korean Constabulary*, 10 November 1948.

5) HQ. USMAGIK, *G-2 Periodic Report*, 1948. 10. 22.

경찰이 빠져나가자 읍장 등의 관리들과 우익청년단장 등도 곧이어 보성 읍내를 탈출했다.[6] 이런 상황에서 봉기군은 별다른 저항을 받지 않고 보성을 점령할 수 있었다.

봉기군의 점령지역이 최대한으로 확대되었던 때는 10월 21일 정오 무렵이었다. 봉기군이 장악했던 범위는 〈표 2-2〉, 〈표 2-3〉과 같다. 이 지역 중 여수·순천·보성·광양지역은 거의 전 지역을 봉기군과 토착 좌익 세력이 장악했으며, 하동·남원·구례·곡성지역은 일부 지역만을 장악했다.

〈표 2-1〉 전군(全郡)이 완전히 점령된 지역

	지 역	제14연대 점령 기간	출 전
1	여수군	10월 20일~27일	·『자유신문』, 『서울신문』, 『경향신문』, 『동아일보』 ·김석학·임종명, 1975, 『광복 30년』 제2권(여순반란편), 전남일보사 ·佐佐木春隆, 1977, 『한국전 비사—건군과 시련』 상권 ·HQ. USMAGIK, *G-2 Periodic Report* 등
2	순천군	10월 20일~23일	
3	광양군	10월 21일~24일	
4	보성군	10월 22일~24일	

〈표 2-2〉 군(郡)의 일부가 점령된 지역

	지 역		제14연대 점령 기간	출 전
1	구례군	전남	10월 21일, 26일	
2	고흥군	전남	10월 21일~25일	
3	곡성군	전남	10월 22일	
4	하동군	경남	10월 25일	『자유신문』, 1948. 11. 1 『서울신문』, 1948. 10. 30
5	장흥군	전남	10월 26일	『조선일보』, 1948. 10. 27 『경향신문』, 1948. 10. 27
6	화순군	전남	10월 26일	『자유신문』, 1948. 10. 27
7	함양군	경남	10월 27일	『서울신문』, 1948. 10. 30

〈출전〉
·정종균, 1982, 「미제와 리승만 괴뢰도당을 반대하여 일어난 려수군인폭동」, 『력사과학』 1호
·황남준, 1987, 「전남지방정치와 여순사건」, 『해방전후사의 인식』 3, 한길사, 456쪽.
·국회사무처, 1948, 『제헌국회 속기록』, 649~650쪽 등

[6] 보성군사편찬위원회, 1995, 『보성군사』, 411~412쪽.

여수진압 전에 이미 전남 동부 지역은 진압군이 점령했다. 이에 따라 보성에서는 24일 오후 2시, 벌교는 25일 오전 10시, 광양은 26일 오후 7시, 구례는 27일 오후 2시에 경찰은 업무를 재개했다.[7)]

여수에서 시작된 봉기가 전남 동부 지역으로 확산되는 과정은 주로 군대의 물리력에 의지했다. 벌교나 구례 같은 곳에서는 봉기군이 들어오기 전에 지방 좌익 세력들이 경찰서 등을 점령해 무혈입성한 경우도 있었고, 진압군에 의해 다시 점령되었다 하더라도 계속 좌익이 지배력을 갖고 있던 지역도 있었다.

하지만 봉기 확산에서 결정적이었던 것은 군대였다. 무장 세력은 한 지역을 방어하면서 그 안의 인민위원회 활동을 보위할 수 있었다. 하지만 봉기군이 물러나면서 인민위원회도 동시에 무너졌다. 봉기군의 짧은 점령 기간 때문에 인민위원회는 구체적인 정책을 펴지 못했고, 지역의 경찰이나 우익인사들을 처단하는 데 대부분의 시간을 보냈다. 이 같은 '반동세력'의 처단은 곧이어 진압군이 들어오면서 피의 악순환을 불러 일으켰다. 벌교의 경우에서 보듯, 진압군은 우익 세력이 죽음을 당한 것에 대한 보복으로 같은 장소에서 좌익 혐의자를 죽였던 것이다.

진압군의 점령 뒤 별다른 저항이 없었던 여수·순천과는 달리 그 이외의 지역에서는 산발적인 봉기군 활동이 계속되었다. 특히 산악지대를 끼고 있었던 구례는 한국전쟁 때까지도 빨치산과 정부군간의 전투가 계속 이어졌다.

그러면, 각 지역별로 여순사건이 확산되는 과정과 진압군의 작전을 살펴보자.

광양

광양에 진출한 봉기군은 아무런 장애 없이 10월 21일에 광양읍을 점령했다.[8)] 광양 경찰서장 최학년(崔鶴年)은 하동방면으로 도망갔고, 휘하의

7) 국회사무처, 1948, 『제1회 국회속기록』, 743~745쪽.

경찰들도 봉기군이 온다는 소식을 듣고는 모두 도망가 경찰 행정은 완전히 진공상태였다.[9)]

광양 동쪽에서부터 봉기군을 진압하라는 명령을 받은 마산 15연대는 10월 21일 아침 제1대대를 이끌고 하동에 도착했다. 다음날 광양을 향해 출발한 15연대는 옥곡면 옥곡역 못 미쳐 1.5㎞ 지점에서 봉기군의 사격을 받았다. 이때 연대장이었던 최남근은 앞으로 전진했다가 봉기군에 생포되었다.[10)] 최남근은 일부러 생포되었다고 군 지휘부로부터 의심받았다. 연대장을 잃어버리자 15연대 주력부대는 일단 하동까지 철수했다가, 다시 광양으로 진격했다. 하지만 10월 22일 순천을 거쳐 광양으로 진격한 백선엽이 지휘하는 12연대를 봉기군으로 오인하여 10여 명의 희생자를 발생시켰다.[11)]

10월 23일 2시 00분 순천전투사령부는 제4연대장 이정일에게 2개 중대를 지휘하여 학구-광양 간 도로로 전진하여 이날 아침까지 광양을 확보하라는 명령을 내렸다.[12)] 진압 임무를 띤 제4연대 문중섭(文重燮) 소위가 10월 22일에 순천을 떠나,[13)] 다음 날 새벽에 광양 읍내로 갔을 때는 이미 각 기관에 인공기가 게양되어 있었고, 지방 좌익 세력들로 보이는 15명에서 30명으로 이루어진 그룹들이 마을에서 발견되었다.[14)]

---

8) 정종균, 1982, 「미제와 리승만 괴뢰도당을 반대하여 일어난 려수군인폭동」, 『력사과학』 1호 ; HQ. USMAGIK, *G-2 Periodic Report*, 1948. 10. 22, p.27. 하지만 일부 군인들은 다시 순천으로 돌아갔다(Special Agent 9016의 보고, 유창남 인터뷰, 28 October, 1948).

9) 『제헌국회 속기록』 제1회 제89호(1948. 10. 27), 652쪽.

10) 육군본부 작전국, 1949, 『전투상보－여수 · 순천 · 지리산 지구』, 41쪽.

11) HQ. USMAGIK, *G-2 Periodic Report*, 1948. 10. 23.

12) 「五旅作命 제8호의2 작전명령」, 육군본부 작전국, 앞의 책, 32쪽.

13) 광양으로 이동한 이 부대는 원래 승주의 학구 철도터널을 경비하고 있던 4연대 2개 소대였다. 책임자는 1소대장 문중섭 소위였다. 하지만 부대가 목적지에 도달했을 때 4명의 행방을 알 수 없었고, 옆에서 전진하던 소대에는 4명만이 남아 있었다.

14) HQ. USMAGIK, *G-2 Periodic Report*, 1948. 10. 23.

진압군이 들어가자 일부 지역 좌익 세력은 창과 죽창을 들고 대항했지만, 중과부적이었다. 진압군은 읍민들을 모두 경찰서 뒤 논으로 집결하라고 명령했다. 진압군이 자신들을 인민해방군이라고 소개하자 마을 사람들은 진압군을 봉기군으로 오인하여 인민공화국 만세를 부르며 나왔다. 진압군은 광양지구의 책임자 회의를 열 것이라고 속여 앞으로 나온 10여 명을 그 자리에서 사살했다.[15] 그 다음 진압군은 지역 유지들과 목사, 학련 위원장 등의 우익 진영을 규합하여 좌익 세력을 체포했다.

하지만 광양을 완전히 진압군이 장악한 것은 아니었다. 일부 읍내를 진압군이 장악하긴 했지만, 전체적으로 광양은 아직도 봉기군의 손에 있었다.[16] 진압군은 순천에서 퇴각한 봉기군 500여 명의 포위를 받고 악전고투하고 있었다.[17] 이에 따라 김백일 전투사령관은 원래 순천·여수 진압작전에 참가하고 있던 제12연대 2개 대대를 광양방면에 급파했다.

10월 23일 오후, 진압군은 증강을 서둘러 12연대 제2대대(김희준 대위)를 순천에서 광양으로 파견했다. 다음날 오후 진압군은 광양을 공격했는데, 미 임시군사고문단원은 ‘아군이 광양을 공격했고 봉기군은 이미 백운산 근방의 산으로 후퇴’했다고 보고했다.[18]

광양이 어느 정도 진압되자 문소위가 이끄는 4연대와 김희준 대위가 지휘하는 12연대 그리고 박기병 소령이 지휘하는 4여단은 10월 25일, 여수작전을 위해 다시 순천으로 갔다. 10월 29일부터 광양은 이정일 연대장이 지휘하는 제4연대 약 2개 중대 병력이 방어했다.[19]

광양에서는 인민위원회가 그다지 활발한 활동을 전개하지 못했다. 봉기군과 진압군이 번갈아 장악했던 1주일의 짧은 기간은 인민행정을 펼칠 수

---

15) 국방부 전사편찬위원회, 1967, 『한국전쟁사1－해방과 건군』, 465쪽 ; 백선엽, 1992, 『실록 지리산』, 176쪽.

16) HQ. USMAGIK, *G-2 Periodic Report*, 1948. 10. 25.

17) 육군본부 작전국, 앞의 책, 30쪽.

18) HQ. USMAGIK, *G-2 Periodic Report*, 1948. 10. 25.

19) 「五旅作命 제18호 작전명령」(1948. 10. 29), 육군본부 작전국, 앞의 책, 102쪽.

있는 조건이 되지 못했던 것이다. 봉기군은 광양에서 많이 체포되었다. 여수와 순천에 있던 봉기군 주력부대는 광양 백운산을 거쳐 지리산으로 들어갔는데, 이 과정에서 많은 봉기군이 체포당했던 것이다.[20)]

벌교, 보성

10월 20일 새벽 4시, 벌교 경찰서에는 비상소집 명령이 하달되었다. 벌교 경찰서장은 순천 경찰서로부터 출동해 달라는 연락을 받고 30명의 경찰관을 순천에 급파했다. 하지만 벌교 경찰은 순천에서 14연대 봉기군의 집중공격을 받아 25명이 전사하고 단 5명만이 탈출할 수 있었다.

진압군이 순천을 공격하던 10월 22일, 14연대 봉기군 1개 중대 병력은 경찰병력이 와해된 벌교 방면으로 이동했다. 봉기군은 먼저 정찰을 하고 공포도 쏘아 봤지만 아무런 반응이 없자 읍내로 진입했다. 이때 이홍곤(李興坤) 서장은 후퇴 명령을 내리고 자신은 고흥 방면으로 피신했고,[21)] 서장뿐만 아니라 행정기관 종사자들과 우익인사들도 모두 피신한 상태였다. 벌교 청년단원들은 보성과 벌교 중간 지점인 조성(새재)을 지키고 있던 봉기 군인들에게 조성 경찰서 앞에서 체포되었다.[22)]

14연대 군인들이 벌교에 들어온 뒤에는 인민위원회가 결성되어 김용현이 위원장이 되었다. 율어에서는 이기화가 인민위원장으로 선출됐다. 이들은 항일경험이 있었던 인텔리였다.

---

20) 설국환, 1948, 「반란지구 답사기」, 『신천지』 11월호, 153쪽.

21) 이홍곤 서장은 고흥군 점암면 팔영산까지 피신하여 어선을 타고 섬으로 피신했다. 진압 뒤에 이 서장은 경찰서를 끝까지 지키지 않았다는 문책을 받아 인천경찰서로 좌천발령 됐다(보성군사편찬위원회, 1995, 『보성군사』, 412쪽). 『보성군사』는 이홍곤 서장을 김흥권(金興權) 또는 김흥식(金興植)이라고 표기하고 있는데, 여기서는 내무부 치안국, 1973, 『한국경찰사(1948. 8~1961. 5) Ⅱ』, 383쪽을 따랐다.

22) 보성군사편찬위원회, 앞의 책, 413~414쪽. 조성지서에는 14연대 1개 분대 병사들이 터널경비를 맡고 있었는데, 이들은 14연대가 봉기를 일으켰다는 소식을 듣고 조성지서를 점령했던 것이다.

봉기지역의 확산에 결정적인 요건은 지방 좌익 세력보다는 군대였다. 무장세력은 한 지역을 방어하면서 그 안의 인민위원회 활동을 보위할 수 있었다. 하지만 봉기군이 물러나면서 인민위원회도 동시에 무너졌다. 봉기군의 짧은 점령 기간 때문에 인민위원회는 구체적인 정책을 펴지 못했고, 대부분 지역의 경찰이나 우익인사들을 처단하는 데 대부분의 시간을 보냈다.

벌교와 율어에서는 인민위원회가 반란군의 무분별한 살상 행위를 제재하여 희생을 줄이는 데 많은 노력을 했지만,[23] 벌교지역에서는 인명피해가 많이 발생했다.

경찰서를 점령해 본부로 삼은 봉기군은 제일 먼저 경찰과 청년단장을 체포하여 벌교 경찰서로 연행하고 우익인사들을 감금했다. 10월 23일 봉기군은 부용교(소화다리)에서 우익인사와 청년단원들을 총살했다. 벌교 우체국 앞에서 열린 인민재판은 부용교에서 이루어졌던 즉결처분의 형식을 바꾼 것이었다. 재판에는 벌교경찰서 김화봉 순경, 고흥에서 끌려온 고흥군 동강지서 박모 순경이 나왔는데, 봉기군에 침을 뱉고 대한민국 만세를 외친 악질이라고 하여 일본도로 처형했다고 한다. 벌교 경찰서 초대서장이자 당시 낙안면장인 박준평의 아들 박현석은 아버지가 부재하다는 이유로 대신 총살당했고, 얼마 뒤에는 박준평도 사살되었다.[24]

봉기군이 주둔하던 2~3일 사이에 1백여 명의 우익인사가 사살되었다. 진압군이 돌아온 뒤에는 가해 주체가 바뀐 채 다시 부용교에서 학살이 재연되게 되었다.

벌교에서 인명피해가 컸던 이유는 대지주와 소작인이 많아, 소작료 문제로 갈등이 심했던 곳이었기 때문이다. 이 지역에서는 남로당이 주장한 무상몰수·무상분배 슬로건이 농민들의 광범한 지지를 얻고 있었다.

---

23) 보성군사편찬위원회, 위의 책, 414쪽.

24) 김석학·임종명, 1975, 『광복 30년』 제2권(여순반란편), 전남일보사, 298쪽.

〈그림 2-1〉 좌우익 간에 학살이 벌어진 벌교의 부용교

특히 좌익세가 강했던 곳은 율어면과 문덕면이었다. 이곳은 조계산 등을 끼고 있어서 5·10선거 때도 야산대의 활동이 활발했던 지역이었다. 율어면의 경우, 소작인이 많아 좌익분위기가 셌으며 김용구(한국전쟁 때 전남 의용군부사령관으로 활동) 등의 열성적인 좌익 활동가들의 고향이어서 '보성의 모스크바'로 불렸다고 한다. 율어·겸백·문덕 지역은 여수봉기 이전부터 초보적인 무기로 무장한 상태였다. 면 소재지를 제외하고는 좌익세력이 리 단위를 모두 장악하여 경찰도 제대로 활동할 수 없을 정도였다.

한편 10월 22일에 봉기군은 벌교와 가까운 보성도 점령했다. 10월 22일, 벌교읍에 있던 봉기군은 일부는 잔류하고 다른 부대는 두 갈래로 나뉘어 이동했는데, 한 부대는 고흥읍으로, 다른 한 부대는 보성읍으로 각각 진출했던 것이다.[25)]

보성 점령에는 14연대 군인들뿐만 아니라 보성에 주둔하고 있던 4연대 1개 중대 병력도 가담했다. 이들은 벌교-조성-예당을 거쳐 보성읍으로 향한 14연대 봉기군과 합세했고, 합쳐진 봉기군들은 오전 10시께 보성 읍내로 진입했다. 4연대 1개 중대는 득량발전소와 그럭재(雁峙) 및 예재터널 등 3개소의 경비업무를 맡고 있던 병력이었다.

배일범(裵一範) 보성 경찰서장이 지휘하는 경찰은 수적으로 봉기군을 당해낼 수 없게 되자, 읍내를 빠져 나와 화순방면으로 후퇴했다. 보성읍에 진입한 봉기군은 군청과 경찰서를 점령했고 지방 좌익 세력은 인민공화국 만세를 부르며 봉기군을 환영했다.

경찰서 유치장에 갇혀 있었던 최창순(崔昌淳)은 감옥에서 나와 곧바로 인민위원회를 조직했다. 그는 일제시기 항일투사였고 해방 후에는 좌파운동을 했던 사람이었다.[26] 보성에서도 우익과 경찰에 대한 처형이 벌어졌다. 미처 피신하지 못한 보성경찰서 소속 순경과 청년단원들은 경찰서 앞에서 총살되었다.[27]

보성·벌교에 대한 진압작전은 일찍부터 시작되었다. 10월 21일 제5여단장 김백일로부터 보성군에 진출한 반란군을 진압하라는 명령을 받은 오덕준 중령은 먼저 출발한 제4연대 제1대대(최훈섭 대위)를 뒤쫓아 갔다. 그런데 최훈섭이 지휘하는 제1대대는 보성 북쪽 4㎞ 지점에서 반란군의 매복기습을 받고 와해된 상태였다.[28] 오덕준 중령은 부대를 수습한 후, 보성을 공격했다. 오덕준이 지휘하는 광주 제4연대 2개 중대는 1시간에 걸친 교전

---

25) 정종균, 1982, 「미제와 리승만 괴뢰도당을 반대하여 일어난 려수군인폭동」, 『력사과학』 1호, 27쪽 ; 보성군사편찬위원회, 1995, 앞의 책, 413쪽.

26) 최창순은 제4연대 병력이 보성으로 진입할 때 14연대 군인들과 함께 산으로 피신했다. 그는 월북한 뒤 한국전쟁 전에 병사했다고 한다. 그는 우익진영에 대한 보복에 회의적이었다. 그래서 보성을 탈출할 때도 우익 인사들이 눈감아 주었다는 얘기가 있다.

27) 보성군사편찬위원회, 앞의 책, 416쪽.

28) *佐佐木春隆*, 앞의 책, 339쪽.

끝에 읍내에 진입했고,[29] 보성은 제4연대와 수도경찰부대에 의해 10월 24일 정오 무렵에 탈환되었다.[30]

순천에 설치된 제5여단 전투사령부는 작전명령 제11호(10. 24)를 통해, 김종갑 중령이 지휘하는 제6연대가 벌교, 고흥방면을 공격하라고 명령했다. 장갑차 2대가 배속된 제6연대 2중대는 낙안을 거쳐 온 제3연대 3중대, 수색대와 함께 벌교를 공격했다. 진압군은 벌교에 약 200명의 반란군이 있다고 판단하고, 24일 11시 벌교 동북방 1㎞ 구릉에 도착하여 주력으로 시가지를 포위했다. 일부 장갑차 부대로 시내를 소탕하는 것이 유리하다고 판단한 진압군은 11시 10분 공격을 개시하였고 소수 반란군의 저항을 받았지만, 정오에 벌교를 완전히 점령하는 데 성공했다.[31] 전투에 패한 반란군은 보성과 고흥으로 각각 도주하였다. 다음날 아침, 진압군은 벌교에 치안 행정을 확보하는 한편 고흥을 공격하기 위해 부대를 이동하여, 26일에는 사천리 방면에서, 27일에는 순천 봉림리에서, 28일은 대서면에서 반란군을 진압했다.

하지만 벌교는 좌익 세력의 역량이 강하여 유격대가 계속 출현하였고, 11월 초에는 읍내까지 진출했다. 이 전투로 제4연대 지정계 소위를 비롯한 7명의 군인이 사망하기도 했다.[32] 11월 6일에는 전북경찰 지원부대 3,000여 명이 지원 나와 복내 · 겸백 · 율어 · 회천 · 조성면의 경찰지서에 분산배치됐으나, 80여 명의 유격대가 복내와 겸백지서를 공격하여 경찰관 7명이 숨지고 1명이 납치되는 피해를 입었다.[33]

---

29) HQ. USMAGIK, *G-2 Periodic Report*, 1948. 10. 25.

30) RG 338 Records of United States Army in Korea, Lt. General John R, Hodge Official Files 1944~1948, Entry 11070, Box 68, G-3 Section, ⅡⅣ Corps, *History of the Rebellion of the 14th Regiment and the 6th Regiment of the Korean Constabulary* (제24군단 작전참모부, 「조선경비대 제14연대 · 제6연대 반란사」), 10 November 1948, p.7.

31) 육군본부 작전국, 앞의 책, 49쪽.

32) 지정계 소위는 지청천의 아들이다. 11월 6일 오전 9시 광주공업고등학교에서는 원용덕 · 김백일 · 박기병 등이 참석한 가운데 합동영결식이 거행되었다.

벌교 지역은 여순 진압작전이 끝난 뒤에도 40여 일 동안 좌익이 부분적으로 영향력을 갖고 있었다. 유격대의 계속되는 공격으로 벌교 인근 지역에 대한 진압작전은 12월까지 계속되었다.

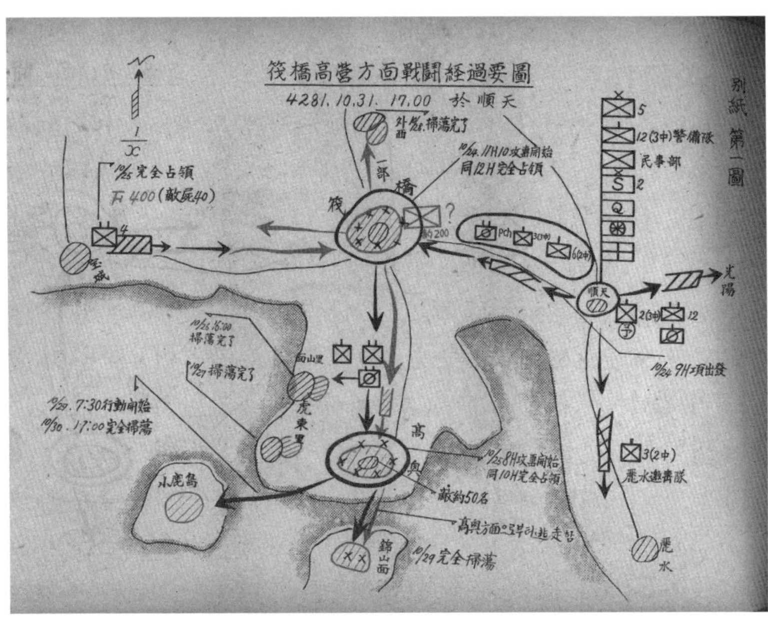

〈그림 2-2〉 벌교 · 고흥방면 전투 경과 요도
육군본부 작전교육국, 1949, 『전투상보』(육군 20-15), 52~53쪽

고흥

봉기군은 10월 22일 고흥에 진입했다. 벌교에서 나누어진 부대 중, 한 부대가 고흥으로 진입한 것이다.

고흥 지역은 반도이고 산악전을 전개할만한 높은 지대도 없어서 봉기군

33) 보성군사편찬위원회, 앞의 책, 419쪽.

이 전투를 치르기에는 적당하지 않은 지리적 조건이었다. 만약 봉기군이 진압군에 맞서 유격전을 전개할 것을 생각했다면, 지리산 방면으로 이동하거나 어느 정도 병력을 유지한 채 다른 지역으로 이동했어야만 했다. 고흥에 들어온 봉기군은 작전 과정에서 흩어져서 자신들의 연고지를 찾아간 부대라고 생각된다. 이는 10월 24일 진압군이 '약간의 반란병'이 잔재하고 있다고 보고한 데서도 유추할 수 있다.[34] 봉기군은 10월 25일까지 고흥을 점령했는데, 이 기간에 고흥에서는 인민위원회가 만들어졌다.[35]

10월 25일 오전 8시, 벌교에 있던 진압군(제3연대 1개 중대, 제6연대 1개 중대)은 남쪽으로 내려가 고흥 공격을 시작했다. 고흥에는 약 50여 명의 봉기군이 있을 뿐이었는데, 진압군을 아군으로 오해하여 환영 준비를 하기도 했다. 진압군은 2시간 만에 고흥을 점령했다. 26일과 27일에 진압군은 호동리를 비롯한 고흥면 주변 지역을 점령하였다. 진압군에 맞서 싸울 만큼의 전력을 갖추고 있지 못했던 봉기군은 팔영산, 소록도, 금산면 등으로 도주했고, 진압군은 이들을 뒤쫓아 갔다.

10월 29일 진압군은 도서 지역인 금산면을 점령했고, 소록도에 진입했다. 소록도에 30여 명의 적이 있다는 정보를 입수한 진압군은 이 지역을 10월 30일 오후 5시에 점령하였다.[36]

고흥 지역에는 다수의 봉기군이 들어간 것은 아니어서, 진압군의 점령 작전은 비교적 쉽게 이루어질 수 있었다.

구례(곡성)

봉기군은 10월 22일 오전에 곡성을 장악했다.[37] 봉기군은 다른 지역과

---

34) 육군본부 작전국, 앞의 책, 41쪽.

35) HQ. USMAGIK, *G-2 Periodic Report*, 1948. 10. 26.

36) 육군본부 작전국, 앞의 책, 49쪽.

37) 『대한민국 국회속기록』 제89호(1948. 10. 27), 649~651쪽.

똑같은 방식으로, 우선 경찰과 우익진영 인사들을 색출한 다음 오후에 지리산으로 입산했다. 곡성 경찰의 대응 방식도 다른 지역과 비슷했다. 서장을 비롯한 모든 곡성 경찰서원들은 사복으로 갈아입고 가족을 피신시켰다. 경찰들은 총기를 휴대하고 있었지만, 지휘계통을 상실하여 어찌할 바를 모른 채 연명에만 급급할 따름이었다. 전북 경찰이 곡성지역을 회복한 다음에도 곡성 경찰은 신변의 위험을 느껴 사복을 입은 채로 활동했다.[38)]

지리산에 인접한 구례는 봉기군이 들어오기 전에 좌익 세력이 미리 점령한 지역 중의 하나였다. 10월 21일, 구례 경찰서는 좌익 세력에게 점령당했고,[39)] 구례구 경찰지서는 봉기군이 도착하기 전 이미 수 명의 경찰관이 지역 좌익 세력에게 피살되었다. 당시 구례군 인민위원회 위원장은 이준홍(李準洪)이 맡았는데,[40)] 인민위원회는 각 면 단위까지 조직되었다.

이런 상황이었기 때문에 제4연대 부연대장 박기병 소령이 지휘하는 1개 중대가 3연대와 연락하기 위해 구례 경찰서를 지나갈 때, 주민들은 "인민군 만세!"를 부르며 군인들을 반겼다. 주민들은 진압군을 14연대 봉기군으로 오인한 것이었다. 남로당 구례군당과 각 면당은 봉기군을 대대적으로 환영했고, 구례 시가지에는 여기저기에 인공기가 나부꼈다.[41)]

봉기군이 구례에 처음 들어 온 것은 10월 23일이었다. 김지회와 홍순석이 이끄는 14연대 봉기군 약 2,000명은 순천 삽재와 백운산을 넘어 구례로 들어온 다음, 구례군 간전면과 토지면 문수리를 거쳐 지리산으로 들어갔다. 그리고 이 중 500여 명은 24일 새벽에 구례 경찰서를 습격하여 읍을 점령했다.[42)]

봉기군의 시내 점령은 오래 지속되지 않았다. 봉기군의 목적은 지리산

---

38) 『대한민국 국회속기록』 제89호(1948. 10. 27), 652쪽.
39) 『대한민국 국회속기록』 제89호(1948. 10. 27), 649~651쪽.
40) 『동광신문』, 1948. 11. 7.
41) 김석학 · 임종명, 1975, 『광복 30년』 제2권(여순반란편), 전남일보사, 150~152쪽.
42) 구례군사 편찬위원회, 1987, 『구례군사』, 200쪽.

에 입산하여 장기적인 무장투쟁을 전개하는 것에 있었기 때문이다. 봉기군은 10월 26일, 두 부대로 나누어 지리산에 입산했다. 한 부대는 화엄사를 통해 지리산으로, 다른 부대는 구례읍내에서 문수리를 거쳐 입산했다.[43]

이날부터 진압군의 구례 진압작전이 서서히 시작되었다. 조재미 대위가 지휘하는 제3연대 2개 중대 병력이 구례로 진입했다. 진압군이 여수를 완전히 점령한 10월 27일, 진압군 제3연대는 구례를 탈환한 다음 지리산으로 들어간 봉기군을 추적했다. 이제 여순 진압작전은 구례를 중심으로 한 빨치산 작전으로 변하였다.

작전에 나선 것은 12연대 부연대장 백인엽(白仁燁) 소령이 이끄는 2개 대대병력이었다. 이들은 10월 28일 구례에 집결하여 지리산 토벌에 나섰다. 10월 28일 문수골에서 지리산으로 입산하려는 봉기군과 진압군의 전투가 벌어졌다. 진압군은 봉기군에게 밀려 물러났다. 백인엽과 교대한 제12연대장 백인기(白仁基) 중령은 군산에 있던 제1대대와 하사관 교육대를 이끌고 작전에 나섰다. 제12연대는 구례역과 토지면 파도리에 병력을 주둔시키고 수색작전을 펼쳤지만, 봉기군을 제압하는 데 큰 성과는 거두지 못했다.[44]

여수가 진압되면서 이제 반란군 진압의 중심은 구례지역으로 바뀌었다. 진압군은 산악지대로 도피한 봉기군을 소탕하기 위해 10월 30일 호남지구전투사령부(호전사)를 설치했다. 호전사 남부지구 사령관은 김백일 제5여단장이 맡았고, 북부지구사령관은 원용덕 제2여단장이 맡았다. 그리고 11월 1일 계엄지역을 여수·순천 지역에서 전남북지역으로 확대하였다. 지리산지역에 대한 본격적인 진압작전 준비가 완료된 것이다.

이러는 가운데 진압군이 크게 습격당하는 사건들이 벌어졌다. 11월 11일

---

43) 노영기, 2005, 「여순사건과 구례」, 『사회와 역사』 제68권, 43쪽. 이 글은 구례지역의 군사작전을 가장 상세하게 분석하고 있다.

44) 권경안, 2000, 『큰 산 아래 사람들(구례의 역사와 문화)』, 향지사, 91쪽.

부터 13일 아침까지 구례지역에서만 6개 경찰지서가 습격당했다.[45] 11월 12일에는 간전면 간문국민학교에서는 주민들로부터 음식과 술을 대접 받았던 12연대 하사관교육대 대원 100여 명이 습격당하는 사건이 벌어졌다. 봉기군은 이날 23시경 지서를 습격하고 학교에서 잠자고 있던 교육대원을 생포해 버렸다.[46] 봉기군은 생포됐던 1개 중대 병력의 하사관 교육대원들을 사살하지 않고, 실탄과 짐을 운반하는 노역을 시켰다. 교육대원들은 봉기군 지휘관인 김지회로부터 이들에게 "각자 고향에 들어가 해방 사업에 몰두하라"는 말을 듣고 여비를 받은 채 풀려났다.

상황을 보고 받은 백인기 연대장이 연대본부에서 부대재편을 하고 있던 2대대를 14일 구례에 투입했지만 봉기군 주력을 발견하지 못했다.

하사관 교육대 생포 소식을 들은 호전사 북부지구전투사령관 원용덕 대령은 각 부대의 지휘관을 남원의 사령부로 소집했다. 소집 명령을 받은 백인기 연대장은 헌병 1개 분대와 함께 남원으로 향했다. 그러나 백인기 중령 일행은 산동지서에서 약 150m 떨어진 곳에 매복하고 있던 봉기군에 습격을 당해 헌병 6명이 숨지고, 백인기 자신은 11월 14일 산동면 시상리 시랑마을 대밭에 들어가 권총으로 자결했다. 이 소식을 들은 구례 12연대 본부는 1개 중대병력으로 봉기군을 수색했으나 다음날 백인기 중령의 시신만을 수습할 수 있었다. 수색에 나섰던 2대대 5중대는 산동면에서 기습을 받아 다시 40여 명이 죽고 50여 명이 부상당했다.

하사관 교육대가 습격을 받고, 백인기 중령이 자살한 사건으로 진압군의 사기는 땅에 떨어졌다. 피해가 발생하자 군인들은 인근 주민이 반군에게 협력하고 있다고 의심했다. 이는 구례지역 민간인을 대량 학살하는 하나의 요인이 되었다.

백인기 연대장이 자살한 뒤, 백인엽 소령이 연대장 대리로 부임했다. 백

45) 『동광신문』, 1948. 11. 17.

46) 「지리산방면 전투상보 제1의1」, 육군본부 작전교육국, 1949, 『전투상보』(육군 20-15).

인엽은 군산의 연대본부에서 부대 재편 중이던 3대대와 함께 구례로 들어와 이미 구례에 있던 1, 2대대와 함께 구례 중앙국민학교에 주둔하면서 봉기군의 습격에 대비했다.

1948년 11월 19일에는 빨치산 세력이 마산면 지서를 습격하여 청사를 모두 소각하고 12연대 주둔지인 구례 중앙국민학교를 습격하는 사건이 발생했다. 이 사건으로 12연대 군인은 3명이 죽었지만, 반군 203명이 사살되고 450명의 남로당 관계자들이 체포되었다. 봉기군의 공격이 실패하고 진압군이 성과를 올린 것은 명백했지만, 수백 명에 이르는 반군 사살과 체포라는 작전의 결과는 모호하다. 이 전투의 엄청난 성과에도 불구하고 한국 공식 전사에는 이 전투가 전혀 서술되고 있지 않다. 연구자들은 이날 전투 직후에 구례경찰서 수감자들과 마산면 청내면, 마산면 황전리 마을 주민들이 대량 학살된 것에 주목하여 전과의 상당 부분은 민간인 학살의 결과라고 해석하고 있다.[47)]

11월 19일 전투가 진압군의 대대적인 승리로 보고된 다음 날인 11월 20일, 백인엽 부연대장은 제17연대장으로 승진했고, 11월 26일에는 송석하 중령이 제12연대장에 임명되었다.

구례에서는 지리산에 입산한 봉기군과 이를 추적해 섬멸하려는 진압군 간의 전투가 계속 벌어졌다. 구례는 지리산으로 들어가는 입구였고, 산악지대에 은거한 봉기군이 식량 등을 보급할 수 있는 후배지로서 역할 했기 때문에 봉기군과 진압군의 빈번한 전투가 계속 이어졌다. 구례지역이 국군과 빨치산 세력의 각축장이 되자 국군은 빨치산과 주민들 간의 연관을 끊기 위해 마을을 불태우고 주민을 이주시키는 소개 작전을 폈다. 구례가 빨치산 토벌작전지역으로 변하자, 이 지역에서 거주하던 지역민들은 좌우익을 가릴 것 없이 진압군에 의한 학살의 대상이 되었다.

---

47) 존 R. 메릴, 1988, 『침략인가 해방전쟁인가』, 과학과 사상사, 236~237쪽 ; 노영기, 앞의 글, 59~60쪽.

2. 인민위원회의 활동

여수인민대회

여수 시민들은 10월 20일 새벽 1시부터 들려오는 난데없는 요란한 총소리에 잠에서 깨었지만, 설마 이것이 군인들이 일으킨 봉기라고는 생각하지 않았다.[48] 이전에도 그랬듯이 일반 시민뿐만 아니라 지하에서 숨죽여 지내던 남로당 조직원들도 14연대의 시가전 연습이려니 하고 단순히 생각했을 뿐이었다.

사전에 전혀 봉기 사실을 알지 못했던 여수, 순천 지역의 남로당 세포들은 갑작스런 14연대의 봉기 사실에 당황할 수밖에 없었다. 순천의 남로당원들은 14연대가 여수를 거쳐 왔기 때문에 세포회의를 열어 대응책을 논의할 수 있는 시간적인 여유가 있었지만, 여수 남로당원들은 새벽에 14연대가 경찰서를 습격하고 갑작스럽게 시내를 점령했기 때문에 당황할 수밖에 없었다. 몇 시간 뒤 여수인민위원회 위원장으로 뽑힌 남로당원 이용기도 다른 당원들과 마찬가지로 갑작스런 소란의 정체를 알지 못했다. 하지만 사태를 파악한 뒤부터, 그 동안 숨죽여 왔던 좌익단체 인물들은 전면에 부상하여 인민위원회를 만들고, 시민들을 조직하기 시작했다.

순천군당도 마찬가지였다. 순천군당은 봉기 소식을 접하자마자 긴급 회의를 소집했다. 이 자리에서는 당의 기본 노선이 전면적 무장봉기가 아니라는 점을 확인했지만, 이미 봉기가 일어났으므로 합세해야 한다고 결정했다. 하지만 당의 지하 조직을 그대로 노출시켜서는 안되며, 14연대의 봉기군만 행동하도록 했다. 군내(郡內)에 있는 지하 조직이 봉기군과 합세하여 대대적인 폭동을 일으키는 것은 금지되었다. 만약 14연대가 산악지대로 들어가 유격대 활동을 했다면 순천군당의 지시는 지켜질 수 있었을 것

48) 순천문화원, 1975, 『순천승주향토지』, 309쪽.

이다. 하지만 봉기군은 곧바로 산악지대로 들어가지 않고, 순천으로 진입하여 각 지역에서 긴급 파견된 경찰들과 전투를 벌였다. 14연대가 순천에 머무르게 되자 순천군당은 자연스럽게 봉기군과 합류하게 되었다. 제14연대의 봉기가 계획적으로 일어난 것이 아닌 것처럼, 여수와 순천군당의 참여도 계획적인 것은 아니었다.

한편 봉기가 일어나자 남로당 전남도당에서는 긴급 간부회의를 소집하고 이 사건에 어떻게 대처할 것인가를 논의했다. 14연대의 여수봉기는 당시 남로당이 취하고 있던 투쟁방침과는 어긋나는 점이 많았지만, 도당 지도부는 이미 봉기가 전개되고 있었기 때문에 이를 기정사실로 인정했다. 봉기가 당의 전략 방침에 따라 계획성 있게 이루어지지는 않았지만, 봉기의 발발과 확산 과정으로 볼 때 민중의 지지를 받고 있다고 판단한 것이다. 이에 따라 전남도당은 여수봉기를 일단 '당의 거사'로 받아들이기로 결정했다.

여수봉기를 여전히 부정적인 것으로 보았던 도당은 그 전망에 대해서도 낙관하지 못했다. 이에 따라 도당은 당의 기본조직은 노출시키지 않고, 대중단체 같은 외곽조직이 봉기에 호응하도록 하는 신중한 결정을 내렸다. 한편 남로당 중앙위원회 군사부에서는 반란이 일어났다는 보고를 듣고 즉시 그 원인 조사와 현지 지도를 위해 군사지도위원을 현지에 급파했지만, 광주로부터 여순 지역으로 가는 철도와 차량 통행이 차단되어 진압군 이외에는 이동이 자유롭지 못하여 현지에 이르지 못했다.[49]

14연대는 여수를 점령한 뒤 제일 먼저 인민위원회를 읍사무소에 설치했다. 아침부터 여수의 도심지인 중앙동 근처에는 '제주토벌출동거부병사위원회 성명서', '여수 인민에게 고함', '여수인민위원회 성명서' 등과 인민대회를 알리는 벽보가 붙었고, "미군철수" "토지는 농민에게"라는 구호도 나붙었다.

---

49) 民族問題硏究會 編, 1967,『朝鮮戰爭史』, コリア評論社, 28쪽.

오후 3시에 여수 중앙동 로터리에서는 인민대회가 열렸다. 인민대회는 여수 시민 1,000여 명이 모인 가운데 시작되었다.[50] 대회에는 이용기(李容起), 이창수(李昌洙), 박창래(朴昌來), 주원석(朱元錫), 유목윤(兪穆允), 김상열(金相烈), 김현수(金炫洙), 강대훈(姜大勳), 박채영(朴采永), 문성휘(文聖輝), 김귀영(金貴永) 등 여수 좌익계의 이름 있는 거두들이 모두 나왔다.[51] 그 동안 지하에서 활동하고 있던 민주애국청년동맹(민애청), 민주여성동맹(여맹), 전국노동조합평의회(전평), 교원노동조합협의회(교협), 민주학생동맹(민학) 등은 단체별로 모여 인민대회에 참여했다.[52] 모인 사람들 사이에서 박수가 터져 나오는 가운데 인민대회가 시작되었다. 먼저 남로당 여수지구 위원장 이용기의 개식사에 이어, 유목윤의 격려사가 있었다.

세 번째로 등단한 인물은 지창수였다. 그는 단상에서 자신을 인민해방군 사령관으로 소개하며, 14연대가 “제주도 파병을 거부하고 우리 인민의 적인 경찰을 쳐부수고 여수 인민을 해방시켰다”고 연설했다. 그는 “남한 내의 모든 국방군들도 인민군과 합류하기 위해 전국에서 일제히 일어났”으며 “혁명에는 사정(私情)이 있어서는 안된다”고 주장했다. 그는 “애국하는 마음으로 이런 반동분자들을 철저히 색출하여 혁명과업 완수에 앞장서 달라”고 호소하면서, 여수는 14연대 인민해방군이 조국 통일의 첫 북을 울린 영광스런 땅으로 우리 민족사에 영원히 기록될 것이라는 말로 연설을 끝마쳤다.[53] 지창수의 연설이 끝나자 우뢰 같은 박수가 계속되었다.

이어 박기암이 여수 인민을 대표해서 14연대 인민해방군에게 드리는 메시지를 채택했다. 인민위원회 의장단에는 이용기, 유목윤, 박채영, 문성휘,

---

50) 김계유, 1991, 「1948년 여순봉기」, 『역사비평』 겨울호, 258쪽. 당시 『조선일보』(1948. 11. 2) 등에는 당시에 모인 사람이 약 4만 명이라고 보도되었지만, 이는 상당히 과장된 숫자이다. 당시 여수읍의 인구는 약 5만 7천 명 정도였고, 중앙동 로타리는 4만 명이 운집하기에는 너무 좁은 공간이다.

51) 김계유, 위의 글, 258쪽.

52) 이태, 1994, 『실록소설 여순병란』(상), 청산, 209쪽.

53) 지창수의 연설에 대해서는 김계유, 앞의 글, 259쪽을 참조.

김귀영 등 5명이 뽑혔고, 의장에는 이용기, 보안서장에는 유목윤이 선출되었다. 인민위원회의 부서 구성은 의장단에 일임되었다. 인민위원회 의장단 선출이 끝나자 혁명과업 6개항이 채택되었다. 채택된 혁명과업 6개항의 내용은 다음과 같다.

1. 오늘부터 인민위원회는 여수지구 행정기관을 접수한다
2. 우리는 유일하며 통일된 민족적 정부인 조선인민공화국을 보위하고 충성할 것을 맹세한다
3. 우리는 조국을 미 제국주의에 통채로 팔아먹으려 하는 이승만 분단정권의 분쇄를 맹세한다
4. 무상몰수 · 무상분배에 의한 민주적인 토지개혁을 실시한다
5. 미 제국주의를 위해 한국을 식민화 하려는 현존하는 비민주적인 법령을 철폐한다
6. 모든 친일 민족 반역자와 악질 경찰관등을 철저히 처단한다[54)]

여수 인민대회는 미국을 제국주의로, 이승만 정권을 친일파 · 매국정권으로 규정하는 한편 친일파, 반동 인물을 처단하고 경제적으로는 토지를 분배할 것을 혁명 과업으로 내걸었다. 여수 인민대회는 이승만 정권이 무효가 되었음을 여수 주민들에게 공개적으로 선포하는 자리였다. 14연대 봉기군과 지방 좌익 세력을 중심으로 한 여수 주민들은 인민대회에서 공포된 혁명과업 6개항을 통해 그것을 실감할 수 있었다.

6개항이 하나씩 낭독되고 각각의 조항은 "옳소" 하는 장내 소리와 함께 통과되었다. 6개항이 통과된 뒤, 이용기 인민위원장의 취임사가 이어졌다. 이용기는 취임사에서 인민위원회가 앞으로 실행할 모두 6개항의 사항들을 제시했는데, 인민대회에서 6개항의 인민위원회 실행 사항을 읽고 나자 손수건을 꺼내 눈물을 닦는 사람들도 있었다.[55)]

---

54) From John J. Muccio to the Secretary of State, *Review of and Observation on the Yosu Rebellion*(1948. 11. 4), RG 319, ID File No. 506892(「여수반란의 개요와 관찰」), Enclosure pp.2~3.

이어 문성환 남로당 여수군위원회 대표, 홍기환(洪基煥) 전국노동조합평의회 전라남도 여수지구평의회 의장, 김인옥(金仁玉) 민주학생연맹 여수군 대표, 정기순 민주여성동맹 대표들이 14연대 봉기를 환영하는 짤막한 축사를 했다.[56] 인민대회가 끝난 뒤에는 가두시위가 있었다. 광장을 출발한 대열은 플래카드를 앞세우며 어시장을 지나 고소동을 거쳐 경찰서 앞까지 행진했다.[57]

14연대 군인들은 시민들에게 해방군으로서 환영을 받았다. 군인이 여수 시내로 나가면 주변에 있는 상인들과 시민들은 일어나서 환영했다.[58] 여수를 봉기군이 점령하자 남조선노동당 여수군위원회, 여수군 인민위원회를 비롯하여 전평 여수지방평의회, 여수농민위원회, 민애청 여수군위원회, 여맹 여수위원회, 철도종업원 여수평의회, 협동노조여수위원회 등이 공개적으로 활동했다. 당시 남로당 여수군 지구당 위원장은 유목윤이 맡고 있었다.[59]

여수 인민대회가 끝나자 그 동안 지하에 숨어있던 민애청, 민학, 여맹, 합동노조, 교원노조, 철도노조 등 좌익청년 600여 명은 자발적으로 인민의용군을 조직하여 무기를 들고 경찰과 우익진영 인사들을 체포하는 한편 재산 몰수에 나섰다. 민애청과 전평의 청년들 그리고 민학계의 학생들 600여 명은 '혁명의용군'을 조직하여 경찰에서 압수한 200여 정의 총과 14연대에

---

55) 김계유, 앞의 글, 262쪽.

56) From John J. Muccio to the Secretary of State, *Review of and Observation on the Yosu Rebellion*(1948. 11. 4), RG 319, ID File No. 506892(「여수반란의 개요와 관찰」), Enclosure p.2 ; 박찬식, 1948, 「7일간의 여수」, 『새한민보』 11월 하순호. 인민대회 축사에 대한 두 자료의 내용은 약간 다르다.

57) 『자유신문』, 1948. 10. 29.

58) 군인들은 시민들에게 음식을 제공받기도 하고 심지어는 군복을 입었다는 이유로 아무 곳에나 가, '이거 내 거다'라고 해도 될 정도로 군인이 대우받는 세상이 되어 버렸다(곽상국, MBC '이제는 말할 수 있다' 제작팀, 앞의 글).

59) 정종균, 1982, 「미제와 리승만 괴뢰도당을 반대하여 일어난 려수군인폭동」, 『력사과학』 1호, 27쪽 ; 김광일, 1949, 「조선민주주의인민공화국 기치를 높이 들고 구국투쟁에 총궐기한 남조선인민들의 영웅적 투쟁」, 『근로자』 제2호, 32쪽.

서 트럭 3대로 실어온 99식 소총으로 무장했다.[60] 여수 시내에서는 학생들과 시민들이 집총한 상태로 거리를 행진했다.[61] 청년 학생들이 소총으로 무장하기 시작한 것은 군인들의 봉기를 확산시키는 주요한 계기가 되었다.

순천에서도 14연대 군인들이 시내를 점령한 10월 20일 밤, 여맹과 민애청이 지하에서 나와 간판을 걸었고 인민위원회도 재건되었다. 순천에서는 이날 밤, 인민군 사령부와 순천군내 민주주의적 정당, 사회단체 대표들의 연합회의가 소집되었다. 이 회의에서는 노동자, 농민을 비롯한 각계각층의 대표로 순천군 인민위원회를 복구하기로 결정했다.[62] 학생들은 민애청의 지도 아래 조직되었다.[63] 21일 오전 10시에는 14연대 봉기 군인들의 무력시위가 순천재판소 앞 광장에서 있었다. 이 시위에는 순천 시민들도 합세했다. 14연대 군인들이 트럭을 타고 앞장섰고, 중간에는 머리에 흰 수건을 동여맨 중학생들과 청년들이 위치했다. 대열 마지막에는 14연대 군인들이 행진했다. 이들의 수는 약 1천여 명 정도였다.[64] 치안대(보안대)도 다시 결성되어 치안서장은 서준필(徐俊弼), 부서장은 김홍연(金洪淵)이 맡았다.[65] 당시 보안서장 김칠성은 철도 노조원 등을 무장시켜 치안을 맡게 했다.[66]

---

60) 이태, 앞의 책, 210쪽. 북한의 한 연구는 인민무장대가 18세부터 35세까지의 애국청년들로 구성되었고, 여수에서는 1만 명의 남녀청년들이 참가했다고 밝히고 있다(정종균, 1982, 「미제와 리승만 괴뢰도당을 반대하여 일어난 려수군인폭동」, 『력사과학』 1호, 28쪽).

61) 정홍수, 1990, 「내가 겪은 여순사건」, 전남 동부 지역사회연구소, 『지역과 전망』 1집, 90쪽.

62) 정종균, 앞의 글, 27쪽.

63) 「남행록(完): 박종화」, 『동아일보』, 1948. 11. 21. ; 정종균, 위의 글.

64) 『경향신문』, 1948. 10. 26.

65) 이 두 명은 진압군이 순천을 점령한 23일에 즉시 체포되어 총살당했다(『자유신문』, 1948. 10. 29).

66) 김칠성은 순천 조곡동 태생으로 순천철도노조원 출신이었다. 김칠성은 가명이고, '서모'라고 불리었다. 1950년경에는 유격대 사령부 군사지도위원을 지냈다.

결국 순천군당이 처음에 마련한 방침과는 달리 좌익 세력들은 남김없이 자신을 드러내 놓고 공개적으로 활동하게 되었다. 남로당 순천군당의 조직 장악 능력의 한계를 넘어서서 도저히 조절할 수 없는 봉기적 상황이 벌어졌던 것이다. 순천군당은 14연대 군인들을 통제해야 했고, 하부 조직의 좌익 활동가들도 지도해야만 했다. 하지만 순천군당은 양 그룹 모두를 통제하지 못했고, 이 때문에 상황은 더욱 가파르게 흘러갔다.

상황이 이렇게 급진전된 것은 당시 분위기가 완전한 '해방감'을 느끼도록 했기 때문이다. '일생 당하고 산 것, 이때 복수라도 한번 해보자 하는 식'이었고, 무력을 갖춘 군인들이 지역을 장악한 상황에서 지방 좌익들의 활동은 급속하게 활기를 띠기 시작했다.[67]

해방 직후 남한 지역의 지방인민위원회는 미군정의 탄압으로 잠시 동안의 활동에 그쳤고, 여수나 순천 지역의 인민위원회는 강한 행정력을 행사한 것은 아니었지만, 자연발생적인 민중의 의지를 대변했던 조직으로서의 영향력은 아직도 지워지지 않고 있었다. 14연대의 무력점령 후 지방인민위원회가 다시금 복구될 수 있었던 것은 해방 직후 인민위원회 활동에 대한 일반인들의 믿음이 존재하기도 했지만, 북한의 공화국 정권이 각 지방의 인민위원회를 기초로 성립되었다는 사실에도 영향을 받고 있었다. 여순봉기 당시의 인민위원회는 북한에서 이루어졌던 인민위원회를 그대로 본받은 것은 아니었다. 해방 후 인민위원회에서 일했던 인물들은 다시 모습을 드러내고 인민위원회 활동에 참여했다. 이런 측면에서 여순사건 당시 여수와 순천에서 조직되었던 인민위원회는 해방 직후 만들어졌던 지방인민위원회의 재건이었다.

여수인민위원회 위원장인 이용기는 취임사에서 다음과 같은 여섯 항목의 정책을 발표했다.[68]

---

67) 윤기남, 앞의 글.
68) 김계유, 1991, 앞의 글, 262쪽.

첫째, 친일파 · 모리간상배를 비롯하여 이승만 도당들이 단선단정을 추진하는 데 앞장섰던 경찰 · 서북청년회 · 한민당 · 독립촉성국민회 · 대동청년단 · 민족청년단 등을 반동단체로 규정하고 악질적인 간부들을 징치하되 반드시 보안서의 엄정한 조사를 거쳐 사형, 징역, 취체, 석방의 네 등급으로 구분하여 처리할 것입니다.

둘째, 친일파 · 모리 간상배들이 인민의 고혈을 빨아 모은 은행예금을 동결시키고 그들의 재산을 몰수할 것입니다.

셋째, 적산가옥과 아무런 연고도 없는 자가 관권을 이용하여 억지로 빼앗은 집들을 재조사해서 정당한 연고권자에게 되돌려 줄 것입니다.

넷째, 매판자본가들이 세운 사업장의 운영권을 종업원들에게 넘겨줄 것입니다.

다섯째, 식량영단의 문을 열어 굶주리는 우리 인민대중에게 쌀을 배급해 줄 것입니다.

여섯째, 금융기관의 문을 열어 무산대중에게도 은행돈을 빌려줄 것입니다.

여수인민위원회가 발표한 이 같은 정치 · 경제적 조치들은 해방 후 민족국가의 수립과정에서 아직도 해결되지 못한 채 쌓여왔던 모순들을 풀어나가고자 하는 시도였기 때문에, 대중들의 폭넓은 지지를 받았다.

인민위원회는 10월 20일 읍내의 모든 행정기관을 접수했다. 군청 업무는 10월 22일 오전 10시에 인민위원회에 정식으로 인계되었지만, 이미 21일부터 인민위원회 간부가 군청에 나와 사무인계서 작성 요령을 설명하는 등의 작업이 이루어지고 있었다. 인민위원회 본부는 읍사무소에 마련되었다.[69]

여수 읍사무소와 백두회관 앞에는 14연대에서 가지고 온 총과 탄약을 쌓아두고 청년 학생들에게 배급했다. 그리고 인민위원회에서는 정부가 방송하는 뉴스 청취를 금지했다.[70] 인민위원회는 『여수일보』를 접수하여 박채영 편집인 명의로 『여수인민보』를 발행했다.

---

69) 『조선일보』, 1948. 11. 2.

70) 순천문화원, 1975, 『순천승주향토지』, 310~311쪽. 여수읍사무소는 인민위원회와 보안서에서 공동으로 사용했고, 중앙동에 있던 백두회관과 화신 건물은 14연대의 본부가 되었다.

인민위원회의 활동

여수인민위원회 활동의 목표는 이용기 위원장이 밝힌 6개 조항의 정책에 잘 나타나 있다. 여기에서는 6개 조항을 중심으로 여순사건 당시의 인민위원회 활동을 살펴보고자 한다.

6개 조항의 첫 번째로 여수인민위원회는 반동단체의 악질적 간부들을 색출하여 보안서의 엄정한 조사를 거쳐 사형, 징역, 취체, 석방의 네 등급으로 구분하여 처리하겠다고 밝혔다. 반동적인 우익 인물을 체포하고 처벌하는 일은 인민위원회가 제일 먼저 실시한 사업이기도 했고, 가장 비중을 두어 시행한 일이기도 했다. 봉기를 성공시키기 위해서는 이를 반대하는 세력들을 무장해제 시키고, 무력화하는 것이 제일 중요한 일이었기 때문에 반동분자 색출의 제1차적 대상은 경찰이었다.

여수에서는 이미 10월 20일 12시까지 여수 경찰관 50명이 잡혀오고 우익 인사도 200명 정도가 잡혀왔는데, 보안서는 이들을 일일이 조사한 뒤 대부분의 사람들을 석방했다. 하지만 봉기 세력이 전 지역을 완전히 통제하지 못한 상태에서, 그 동안 일방적으로 우익 세력에 억눌려 왔던 좌익의 분노가 폭발하여 경찰과 우익진영에 대한 복수가 이루어졌다. 예를 들면 10월 20일 오전에 여수 경찰서 정형채 형사가 부산-여수간 정기여객선 태완호에서 하선한 후 검문에 걸려 경찰서에서 살해된 것을 비롯하여, 정복을 입은 경찰관들 역시 발견되는 대로 죽음을 당했다. 20일 밤에는 여수 외촌동에서 좌익 청년들이 반동분자로 지목한 유지 3인을 처형했다.

이 같은 유혈적 복수는 인민위원회가 결성되면서 어느 정도 제재를 받게 되었다. 이용기 인민위원회 위원장은 봉기 소식을 들은 '일부 몰지각한 과격분자'들이 주민들의 지탄을 받아온 사람들을 사사로운 보복으로 살해하고 불을 지르는 행위를 했다고 경고했다. 물론 죽은 사람들은 청년단 등에 가입했거나 경찰의 밀정으로 활동했기 때문에 마땅히 처벌을 받아야만 했지만, 사사로운 보복행위 또한 도저히 용서될 수 없는 것이라는 입장을 공개적으로 밝힌 것이다.[71] 이에 따라 여수인민위원회는 사안의 경중을 따져 하나하나 처리해 나가기로 했다.[72]

인민위원회 보안서는 눈에 띄는 경찰들을 제일 먼저 체포하는 한편 한국민주당, 대한독립촉성국민회, 대동청년단, 민족청년단, 서북청년회 등의 우익 정당과 단체원들을 검거했다. 10월 21일에 인민위원회는 고연수 여수경찰서장 이하 10명을 공식 처형했다. 김영준[73] 천일고무사 사장은 한민당 위원장이었음에도 불구하고 사형을 모면했다. 김영준은 모진 가난 속에서 자라 자수성가한 입지전적 인물로서 여수에서는 가장 성공한 실업가였다.

보안서는 10월 23일에 우익인사들에 대한 조사를 계속 진행하여 거의 대부분을 석방했고, 우익인사 41명과 경찰관 30여 명 등 모두 71명을 구금하고 있었다. 이날 10시, 인민위원장실에서는 숙청 방향에 대한 회의가 개최되었다.[74] 우익인사에 대한 처리 문제를 놓고 인민위원회 내부에서는 강경파와 온건파가 대립했다. 인민위원회뿐만 아니라 의장단 내에서도 의견 차이가 벌어져, 더 이상의 인명 피해를 내지 말고 개과천선 시킨다는 의미에서 징역을 살게 하자는 이용기 등의 온건파와 조사 결과

---

71) 오림동 남기선, 여서동 정치명, 둔덕동 이백윤 등 지방유지 세 사람이 살해되었고, 미평동 강진영, 여서동 김경옥, 박종인, 박종학 네 사람 집은 방화로 불에 탔다. 김계유, 1991,「여순봉기」,『역사비평』겨울호, 267쪽.

10월 20일 경찰과 우익인사들을 석방시킨 것은 반동 처리의 원칙이 정해지지 않은 상태에서 이루어진 체포에 대한 경각심 때문에 이루어진 것으로 보인다. 하지만 다음 날 우익 인사들은 다시 체포되었다(김종오, 1992,『소설 태백산맥, 그 현장을 찾아서』, 도서출판 종소리, 250쪽).

72) 이태, 앞의 책, 208쪽.

73) 김영준은 조선인 소자본가들과 함께 1932년 천일고무공장을 설립했다. 천일고무공장은 일본의 독점자본인 미쓰이(三井)가 조선의 고무공장을 장악하고자 했을 때, 조선인 자본으로는 유일하게 독자적인 생산과 판매를 기획했다. 김영준은 조선고무공업연맹회 부회장, 남선고무동업조합장, 여수상공회의소 회장, 도평의원을 지냈으며, 태평양전쟁 시기에는 비행기(전남호)를 헌납했다.

74) 김계유, 1991,「1948년 여순봉기」,『역사비평』겨울호, 269쪽.

뚜렷한 죄상이 밝혀진 요처단 인사(경찰 2명과 우익진영 인사 10명)는 처단해야 한다는 유목윤 등의 보안서 강경파들 간에 의견 차이가 드러났다. 소장파들은 강경론을 내세웠지만 의장단은 신중론을 견지했다. 한편 행동대장 서종현(徐鍾鉉) 등은 경찰관은 무조건 다 잡아 처단하고 우익진영도 요처단 인사뿐만 아니라 거물급 5명을 더 처단해야 한다고 주장했다.[75] 그러자 14연대 봉기군 측에서는 이용기, 서종현, 이창수, 문성휘, 유목윤, 박채영, 김귀영 등 강·온·중간파를 섞어 최고심사위원회를 구성하도록 중재했다.[76]

이들이 반동분자 처단에서 이견을 보인 것은, 14연대 봉기가 과연 앞으로 안정적으로 지속될 수 있을 것인가 그리고 봉기 후에는 어떤 일을 해야 하는가에 대한 시각 차이가 있었기 때문이다. 서종현 등의 강경파는 '지금은 혁명 상황이기 때문에 인정사정을 볼 수 없다'라고 하면서 혁명에는 피가 따른다고 주장했다. 서종현은 14연대 봉기의 주요한 원인이 경찰을 응징하자는 것이었으므로 경찰은 확실히 처단해야 한다고 주장했다. 토론 끝에 투표를 했으나, 결과는 가3, 부3, 기권1이 나와, 격론이 다시 시작되어야만 했다. 이런 와중에 진압군의 것으로 보이는 정찰 비행기가 여수 상공을 선회하자, 봉기군은 소총으로 비행기를 향해 사격했다. 이때 보안서에 갇혀 있던 연창희, 박귀환 두 사람은 비행기 엔진소리를 듣고 정부군이 왔다고 생각하여 탈출을 시도했으나, 보초에 붙잡혀 사살되었다.[77]

비행기가 읍내 상공을 가까이 날자 정부군이 진압할지 모른다는 위기감이 인민위원회 내부에서 높아지고 우익 인사들이 탈출을 시도하게 되자 분위기는 급속히 냉각되었다. 결국 오후 2시, 보안서의 강경한 주장에 따

---

75) 김계유, 위의 글, 270쪽. 서종현은 '유달산 호랑이' 'OB암살대장'이라는 별명을 갖은 깡패 두목이었다고 알려져 있다. 여순사건 때는 강경파의 일원으로 활동했다.

76) 순천도 그랬지만, 이 에피소드는 14연대 병력이 주도권을 쥐고 인민위원회의 중요한 사안 결정에 참여했다는 것을 확인할 수 있다.

77) *Chronological Journal of Events 18 October 1948 to 21 November 48*(일명 *Flash Reports*), p.18·20.

라 경찰관 2명과 김영준을 비롯한 우익 인사 8명이 사살되었고, 정흥수 보안과장을 비롯한 양심적인 경찰관들은 석방되었다.[78)]

여수에서 경찰이 가장 많이 희생된 때는 14연대 봉기군 주력과 당 지도부가 진압군을 피해 여수를 빠져나가려 한 10월 24일 밤이었다. 서종현 등 소장 강경파들은 경찰서 유치장에 가득 차 있던 경찰관 약 50여 명에게 총격을 가해 집단학살했다.[79)] 서종현 등은 단선반대투쟁에서 경찰에 잡혀 고문 받았던 경험으로 경찰에 대한 적개심이 높았고, 체포한 경찰들을 풀어주면 다시 해를 끼칠 것이라는 생각을 갖고 있었다. 이날 밤에 벌어진 집단학살은 이전에 인민위원회가 주도한 숙청과는 그 성격을 달리하는 것이었다.

이전의 숙청은 조사와 선별 과정이 있었고, 죄가 가볍다고 생각되거나 양심적인 경찰로 판단된 인물들은 석방했다. 하지만 서종현이 이날 여수경찰서에서 벌인 일은 이러한 과정이 전혀 없는 상태에서 자의적 판단과 적개심으로 이루어진 학살이었다.

10월 24일의 경찰에 대한 학살의 결과, 여수에서 희생당한 인명 피해는 모두 88명에 이르렀다. 이 가운데 민간인은 16명이었고, 경찰관은 72명이었다.[80)] 여수에서의 우익 세력 처단은 주로 친일파와 한민당에 초점이 맞추어져 있었고, 단독선거를 반대한 김구의 한독당 계열은 숙청대상에서 제외되었다.[81)]

여수에서도 봉기군이 처음 들어온 20일에는 각 지역에서 우익인사들에

---

78) 김계유, 1991, 「1948년 여순봉기」, 『역사비평』 겨울호, 271쪽.

79) 김계유, 위의 글, 277~279쪽.

80) 김계유, 위의 글, 280쪽. 학살당한 여수경찰관들의 명단은 여수지역사회연구소, 1998, 『여순사건 실태조사보고서』 제1집, 46~48쪽을 참조할 수 있다. 개별적인 경찰관들에 대한 인적 사항과 학살 경위는 국방부, 1996~1998, 『호국전몰용사공훈록』 제1권~제7권을 참조할 수 있다. 하지만 이 책에서는 사실의 부정확함과 오류가 많이 발견된다.

81) 이태, 1994, 『실록소설 여순병란』(상), 청산, 211쪽. 여수 지역은 한독당 세력이 강한 지역이기도 했다.

〈표 2-3〉 14연대의 여수 점령 시 피살자 명단(10월 20~23일)

이름	경력	날짜	경위	가해자
남기선	오림동 거주	10월 20일	14연대 봉기 직후 살해	외촌동 좌익청년
정치명	여서동 거주	〃	〃	〃
이백윤	둔덕동 거주	〃	〃	〃
고인수 등 10명	고인수 여수경찰서 서장을 비롯한 경찰관	10월 21일	심사 후 처형	보안서원
연창휘	39세. 광주사범 졸업. 교원생활. 경찰후원회장, 5·10선거에 여수 갑구에서 출마하여 낙선	10월 23일	도주하다 체포되어 사살	〃
박귀환	대한노총 여수지부 위원장. 대동청년단 단장	〃	〃	〃
박귀남	여수경찰서 사찰계 형사	〃	심사 후 처형이 보류되다 사살	〃
박창업	여수경찰서 사찰계 형사	〃	〃	〃
김영준	49세. 천일고무공장 사장, 일제시기에 도평의회 의원, 비행기 헌납. 한민당 여수지부장	〃	〃	〃
차활언	42세. 한민당 활동. 독립촉성국민회 여수지부장, 5·10선거에 여수 을구에서 출마하여 낙선	〃	〃	〃
김창업	36세. 메구로(目黑)음악학교 입학. 대한노총 여수지부 부지부장, 전국항만노조 조직위원	〃	〃	〃
이광선	미 방첩대(CIC) 여수 주재 요원	〃	〃	〃
최인태	미 CIC요원	〃	〃	〃
김수곤	미 CIC요원	〃	〃	〃
김본동	사업가	〃	〃	〃
서종형	사업가	〃	〃	〃
총계	25 명			

〈출전〉
· 김계유, 1991, 「1948년 여순봉기」, 『역사비평』 겨울호.
· 여수지역사회연구소, 1998, 『여순사건 실태조사보고서』 1, 45~49 · 81~85쪽.
· 중앙선거관리위원회, 1963, 『역대국회의원선거상황』, 48~49쪽.

대한 테러가 개별적으로 진행되었는데, 순천에서도 이러한 테러가 각 지역에서 일어났다. 특히 우익 인물에 대한 묵은 감정의 덩어리가 폭발한 농촌지역은 시내와는 달리 개인감정을 풀려는 응징의 성격이 강했다.[82]

순천에서는 양계원 순천 경찰서장을 비롯한 경찰관 48명이 학살되었다.[83] 지방 좌익 세력은 사형집행 전에 양계원을 시내에 끌고 나와 '나는 순천군민의 고혈을 빠는 서장이요'라고 외치게 했고, 만일 계속해서 외치지 않을 때에는 청년학생들이 주위에서 죽창으로 찔렀다고 한다.[84]

여수나 순천에서 봉기가 일어난 뒤 가장 먼저 이루어졌던 일이 반동분자 색출이었고, 이때 우익인사들이 많이 희생당했기 때문에 당시 신문들은 이 사실을 크게 보도했다. 당시 신문과 정부는 '인민재판'이 여수와 순천 등지에서 열렸다고 했지만, 인민재판이 열린 장소에 대한 주장도 각각 달랐다. 순천의 경우에는 순천 지방재판소를 인민재판소로 개칭하거나 순천회관, 군청 또는 경찰서 또는 금강호텔 등에서 반동분자들을 재판했다고 보도했다.[85]

봉기 지역에서 인민재판이 열리고 있다는 사실이 처음 알려진 것은 10월 21일이었다. 광주에 본사를 두고 있는 『동광신문』은 호외를 발행했는데,

---

82) 정홍수, 1990, 「내가 겪은 여순사건」, 전남 동부 지역사회연구소, 『지역과 전망』 1집, 90~91쪽.

83) 국방부, 1996~1998, 『호국전몰용사공훈록』 제1권~제7권.

84) 『대동신문』·『세계일보』, 1948. 10. 28.

85) 『국회속기록』 89호(1948. 10. 27)와 『동광신문』(「김백일사령관 발표」, 1948. 10. 27)은 인민재판이 이루어진 장소로 순천지방재판소를 지목하고 있고, 『서울신문』(1948. 10. 22)은 순천회관을, 『대동신문』(1948. 10. 28)과 『세계일보』(1948. 10. 28)는 군청과 경찰서 두 곳 모두에서 인민재판이 열렸다고 보도했다. 『대동신문』과 『세계일보』 보도는 내용이 같은 것으로 보아, 통신사로부터 받은 동일 기사로 보인다. 한편 미군은 전주경찰서 정보를 인용하여 "순천의 금강호텔이 인민재판소로 지정되어, 포로가 된 경찰관들은 재판을 받고 법정에서 처형되었고, 전해진 바에 의하면 비슷한 법정이 여수에서도 열렸다"고 했다(6th Division, *Chronological Journal of Events 18 October 1948 to 21 November 48*(일명 *Flash Reports*, p.9).

여기에는 이범석 국무총리의 여순사건 발표문이 그대로 실렸다. 이범석 국방부장관은 순천 시내에 '인민재판소'가 설치됐으며, 여수에서도 학살과 살상이 벌어졌다고 발표했다.[86] 봉기군이 여수와 순천에 진입하면서 군인과 경찰이 살상된 것은 사실이었지만, 순천에 인민재판소가 설치되었다는 것은 사실이 아니었다.

그 뒤 윤치영 내무부장관은 국회에서 순천의 박찬길 검사가 인민재판의 배석판사로 참가했고, 순천 재판소를 인민재판소로 개칭했다고 보고했다. 인민재판은 학살과 함께 여수봉기의 유혈적 이미지와 좌익 활동을 대표하는 상징으로 부각되었다.

봉기군이 순천을 점령하는 상황에서 현직 검사가 갑자기 태도를 돌변하여 인민재판에 참여했다는 사실은 매우 놀라운 일이었는데, 여기에 덧붙여 순천 출신 국회의원인 황두연도 인민재판에 참여했다는 『평화일보』의 보도가 나가자 일반인들은 인민재판을 기정사실화 했다. 인민재판에 대한 정확한 사실 확인은 사라진 채, 인민재판에 참가한 것으로 간주된 박찬길, 황두연은 반역자가 되었다. 하지만 인민재판에 참가했다는 박찬길, 황두연에게 씌여진 죄목은 사실이 아닌 허구였다. 이런 정황에 비추어보면, 과연 당시의 정부 발표에 나와 있는 것과 같이 여수와 순천에서 인민재판이 실재했었는지에 대한 의구심이 든다.

신문 기자들은 여순봉기가 진압된 다음 이 지역에 들어가 취재원들로부터 들은 봉기 당시의 여수와 순천 상황을 속속 보도했다. 어떤 기사는 통신사가 전해준 내용을 그대로 보도한 것도 있었고, 어떤 기사는 파견된 기자가 떠도는 얘기만을 듣고 기사화한 것도 있었다. 특파된 기자들은 봉기 당시에 현장에 있지는 않았으므로, 당시 상황에 대한 얘기를 듣고 보도 기사를 작성할 수밖에 없었다. 대부분의 신문은 여수에서의 인민재판은 별로 언급하지 않았지만 순천에서 열린 인민재판은 자주 언급했다. 이는 순

86) 『동광신문』 호외, 1948. 10. 21.

천 지역 출신 국회의원인 황두연과 검사인 박찬길 두 명이 인민재판에 참가했다고 알려졌기 때문이다.

하지만 신문은 인민재판의 내용이나 방법, 절차 등에 대해서 구체적으로 언급하지 않았다. 단지 순천 시내에서 인민재판이 있었다는 정도의 보도였다. 이 가운데 가장 자세히 인민재판을 보도한 『민국일보』의 특파원 기사는 다음과 같다.

> "인민재판 : 이른바 인민재판의 광경을 장황히 상술할 수는 없으나 반군폭도들에게 사형선고를 받고 집행 전 1일의 차(差), 혹은 몇 시간 몇 분의 유예로 요행히 국군에게 구출 당한 사람의 진술을 종합하여 일반에게 알려지지 않은 것만을 적기(摘記)해 보면, 인민재판이란 허울이라도 뒤집어쓰고 죽은 사람은 이번 피해지방 전역을 통해 불과 100여 명 내외이고 그 밖의 2천여 피살자는 전부 각기 생살무탈의 권한을 지닌 반군폭도들에 의하여 개별적으로 혹은 집단적으로 학살당했던 것이다. 여수나 순천의 집집마다 혹은 거리거리에서 시체가 산란했던 것은 이 때문인데 이른바 인민재판이란 것도 어린애 장난 같은 절차로써 간단히 집행되었던 것이다. 소위 인위(人委) 치안대에서는 여하한 인물의 취사(取捨)에 있어서든 거두절미하고 피고의 주소, 병명, 직업만을 청취한 다음 사형언도를 내리고 즉시 처결했다는 것이다. 치안대 취조위원에는 중등학교 교원들이 대활약을 하여 자기 제자뿐만 아니라 일반 양민들도 자의적으로 단죄했으며 한편 순천경찰서 수사계 주임과 경관도 재판에 가담하여 우익 지도자들을 단두대에 몰아넣었던 것이라 한다."[87]

인민재판을 가장 상세히 보도한 기사가 이 정도였고, 나머지 보도는 단지 인민재판이 '있었다'는 정도였다. 봉기군이 사람들이 보는 앞에서 반동 우익 거두들을 죽였다는 인민재판 소식은 일반인들에게 충격과 두려움을 주었다. 그럼에도 신문 기사는 인민재판을 충분히 보도하기 보다는 '인민재판이 열렸다', '별다른 절차도 없이 많은 양민들이 죽었다'라는 사실만을 연거푸 전했다.

---

87) 조진흠, 「여순 순천 등 피난 지구 답사기」, 『민국일보』, 1948. 11. 26.

앞에서 언급했듯이 인민재판은 국회의원 황두연과 검사 박찬길의 봉기군 협력 사실과 연결되면서 무분별한 좌익 세력의 살상을 대표하는 주요한 문제로 등장했다. 황두연의 죄목은 여러 가지였지만 그 가운데 가장 큰 죄목은 인민재판 판사를 지냈다는 것이었고, 박찬길의 경우에는 인민재판에 참여했다는 것이 유일한 죄였다. 하지만 나중에 밝혀진 바와 같이 황두연과 박찬길은 봉기 당시 피신해 있었고, 따라서 인민재판과는 전혀 상관이 없었다. 황두연과 박찬길의 억울한 죄는 국회에서 밝혀졌지만, 해명되기 전까지 신문과 정부는 두 사람의 죄상을 연거푸 주장했으므로 정보로부터 차단되어 있는 일반인들은 신문 보도와 장관의 주장을 그냥 믿을 수밖에 없었다. 이 같이 봉기군 점령하의 여순 지역에서 벌어진 일들 중에 무엇이 사실이고 무엇이 사실이 아닌지가 불분명했다. 그러나 인민재판 소식은 '피비린내 나는 좌익'의 이미지를 더욱 더 굳어지게 하면서 사실로 자리 잡아 갔다. 다음의 증언은 인민재판이 어떻게 인식되고, 사실로 되었는지에 대한 하나의 사례를 보여준다.

답 : "그 인민재판 같은 거는 오죽 징하게 해"
문 : "봤습니까?"
답 : "못 봤어"
문 : "(인민재판을) 했습니까?"
답 : "했단 말 있지. 그건 동네 사람들이 했지"
문 : "인민재판이 잔인한 지는 어떻게 아십니까?"
답 : "아, 그럼 죽일 때…… 죽이는 건데, 그리고 뭐, 그것도 동네마다 한 곳이 있고, 안 한 곳이 있고, 그랬다고 그래"
문 : "어떤 식으로 했습니까?"
답 : "대창으로 찌른다든지, 때려 죽인다든지. 내 눈으로는 못 봤지만 그런 이야기가 있어"[88]

---

88) 김관수(당시 순천 농고 교사), MBC '이제는 말할 수 있다' 제작팀, 1999, 「MBC 여순사건 증언록」(미간행 녹취록).

이른바 '인민재판'이라는 것은 반동세력에 가담하여 적극적으로 활동한 우익 인물들을 많은 대중들이 모인 공개적인 자리에서 재판함으로써 반동의 죄를 세상에 밝혀 대중들의 계급투쟁 의식을 높여 당 노선의 정당성을 확인하는 공산주의적 법률행위라 할 수 있다.

'인민재판'에는 여러 가지 역사적 유형이 있으나 민중의 손으로 재판을 진행하는 것이 인민재판의 핵심 내용이다. 인민재판은 대중을 배심원으로 하여 심리하고, 직업적·관료적인 법관이 아닌 인민 중에서 선출된 자가 법관이 되어 인민 앞에서 행해진다.

당시 여수와 순천에서 전개된 '인민 행정'의 수준을 고려해볼 때, 이와 같은 우익 인사나 경찰에 대한 처단이 제대로 된 '인민재판'의 형식을 갖추고 이루어졌다고 보기는 어렵다. 인민재판을 하기 위해서는 어느 정도의 행정력과 재판 형식이 갖추어져야 했지만, 봉기군의 시내 점령이 이틀에 불과했던 순천의 경우에는 여수에서 이루어졌던 초보적인 인민행정조차 실시되지 못했기 때문에 '인민재판' 형식을 갖춘 반동우익과 경찰에 대한 처단은 매우 힘들었다.

대부분의 경우, 지방민들의 분노가 즉각적으로 표출되어 학살은 봉기군이 해당 지역을 점령한 직후에 즉시 이루어졌다. 우익 세력에 대한 학살은 '인민재판'이라는 형식을 갖추면서 계획적으로 진행된 것이 아니라 무계획적인 분노의 표출과 보복으로 진행되었다.

통제되지 않은 학살은 남로당에 소속되어 있는 지방 좌익인물들에 의해 이루어진 것이 아니라, 봉기에 부화뇌동하여 가담했던 일부 사람들에 의해 '인민재판의 형식을 빌려' 일어났다.[89] 순천 철도국에서는 국장급들에 대해 열차 사무소 앞에서 대중들의 가부를 물어 처형했는데, 개인적인 관계

89) 김정효(당시 순천 열차사무소 차장) 증언, MBC '이제는 말할 수 있다' 제작팀, 1999, 「MBC 여순사건 증언록」(미간행 녹취록). 김정효는 인민재판을 누가 했느냐는 질문에 대해 "그것은 좌익도 아니죠. 우리가 볼 때는. 물론 그 중에는 물이 든 사람들도 있었지만 대부분 보면 무식한 사람들이에요. 주로 자기 이름도 쓸 줄 모르고, 아주 형편없는 사람들이에요."라고 대답했다.

에 따라 처형을 받았던 사람도 있었다.

여수에서는 여수읍 사무소와 중앙동 로터리에서 인민재판이 열렸다고 알려져 있다.[90] 그런데 여수 중앙동 로터리에서 매일 같이 열렸다는 이 재판을 자기 눈으로 직접 목격한 사람은 아직까지 없다. "틀림없이 인민재판이 있었다"고 단언하는 사람도 결국은 "그때 그런 말을 들었다" 또는 "책에 그렇게 써있다"라고 말할 뿐, 직접 자기 눈으로 목격하지는 못했던 것이다.[91]

여수 중앙동 로터리에서 10월 20일에 '인민대회'가 열린 것은 사실이었지만, 인민재판은 열리지 않았다. 인민대회는 14연대의 봉기 군인들을 환영하고 여수인민위원회를 구성한 자리였기 때문에 인민재판을 진행할만한 정황도 아니었고, 실제로도 재판은 열리지 않았다. 인민대회에서 구성된 인민위원회 의장단 이름까지 상세히 거명했던『조선일보』기사에서도 인민재판이 개최되었다는 내용은 없다.

또 다른 사례는 10월 23일 여수 중앙동 로터리에서 김영준 천일고무 사장에 대한 인민재판이다.[92] 그러나 이 인민재판도 실재 있지 않았던 것으로 보인다. 당시 여수수산학교 교사였던 정갑식은 "공개적인 인민재판은 없었던 것으로 기억하고 있는데, 어떻게 그런 말이 실려 있는지 영문을 모르겠다"고 밝혔다.[93] 그런데 김영준의 재판 광경은 아주 실감나게 묘사되어 있다. 사실이 없기 때문에 그 자리를 실감나는 픽션이 메우고 들어선 대표적인 예일 것이다.

또 한 가지 인민재판의 예는 여수군청에서 40~50명이 참가한 가운데 군청의 내무 · 산업과장을 재판했다는 증언이다. 그런데 김계유(당시 군청

---

90)『동광신문』, 1948. 11. 2.

91) 반충남, 1998,「여순반란사건, 인민재판은 없었다」,『월간 말』11월호, 110~111쪽.

92) 전남일보 광주전남현대사 기획위원회, 1991,『광주전남현대사』2, 실천문학사, 137~138쪽.

93) 반충남, 위의 글, 111쪽.

근무)에 의하면, 일반 군청 직원들은 숙청 대상이 아니었고 인민위원회가 들어선 다음에는 대부분 계속 근무했다고 한다. 그리고 과장·계장급은 선별적으로 추려서 업무를 계속 보지 못하게 했다고 한다. 김계유의 글에는 당시 인민위원회가 군청을 접수한 상황이 상세히 묘사되어 있는데, 그의 글에는 군청직원이 재판으로 처형됐다는 얘기는 나오지 않는다.[94]

여수에서는 약 일주일간이나 초보적인 인민행정이 실시되었기 때문에 반동우익인사들의 처형은 어느 정도의 기준을 세워 실시되었다. 물론 여수에서도 진압이 가까워지자 처단의 기준조차 강경파에 의해 무너졌지만, 인민재판은 실시되지 않았다.

여수에서 반동 우익인사를 관리한 것은 보안서였다. 보안서는 체포한 사람들을 일일이 조사하여 사형부터 무죄까지 4단계로 구분했다. 처형은 보안서가 관할하여 실시했고, 일반 대중 앞에서 인민재판을 열어 처형한 것은 아니었다.[95] 순천 지역에서 인민재판이라고 알려진 것은 지방 좌익세력에 의한 것이 아니라 진압군이 들어오기 직전, 두려움을 느낀 봉기 가담 인물들이 사감(私感)에 의해 처단한 것이었다.

결국 여수·순천 양 지역에서 인민위원회는 하나의 정책으로서 인민재판을 주도적으로 실시하지는 않았고, 인민재판이라고 보도되었던 것은 일부 봉기 가담자들이 돌출적으로 시도한 행위였던 것이다.

벌교에서는 군인들에 의해 인민재판이 실시되었다. 벌교 우체국 앞에서 열린 인민재판은 부용교에서 이루어졌던 즉결처분의 형식을 바꾼 것이었다. 재판에는 벌교 경찰서 김화봉 순경, 고흥에서 끌려온 고흥군 동강지서 박모 순경이 나왔는데, 봉기군에 침을 뱉고 대한민국 만세를 외친 악질이라고 하여 일본도로 처형했다고 한다. 벌교경찰서 초대서장이자 당시 낙안면장인 박준평의 아들 박현석은 아버지가 부재하다는 이유로 대신 총살

---

94) 김계유, 1991, 「1948년 여순봉기」, 『역사비평』 겨울호를 참조.

95) 김계유, MBC '이제는 말할 수 있다' 제작팀, 1999, 「MBC 여순사건 증언록」(미간행 녹취록). 김창업 등이 처형당한 것은 이런 경우였다.

당했고, 얼마 뒤에는 박준평도 사살되었다.[96]

순천에서는 경찰관과 우익인사들의 피해가 여수보다 많았다. 특히 10월 20일 오전에 벌어진 봉기군과 경찰의 전투과정에서 대다수의 경찰이 전사했다. 인근 지역으로부터 급히 지원된 경찰관들의 증원에도 불구하고 경찰은 봉기군과의 첫 전투에서 수백 명이 죽는 희생을 당했다. 경찰 방어선이 급속히 무너지고 순천이 봉기군의 장악하에 들어가면서 미처 피하지 못했던 다른 지역 경찰관들도 봉기 군인들에게 발견되어 사살 당했다.

순천에서 우익인사의 살해는 남로당원이나 민애청원들보다는 경찰서 유치장에서 풀려난 100명가량의 좌익 혐의자와 민학계 학생이 주도했다. 순천은 해방 직후에 한민당의 지방 조직이 전국에서 최초로 만들어질 만큼 우익진영이 강한 곳이었고, 학생조직도 순천이 전남 동부 6군 전학련의 중심지였을 만큼 우익 세력이 강했다. 하지만 1948년도 초반에 좌익 세력의 역량이 커나가면서 격렬한 좌우대립이 발생했다. 특히 순천을 봉기군이 점령할 당시에 다른 지역으로부터 증원까지 받아 강력하게 봉기군을 저지하고자 시도한 경찰은 반동세력 처단에서 제일 첫 번째 목표가 되었다. 봉기군들에게 체포됐던 경찰관들은 무조건 총살되었으며 나중에 체포된 70여 명의 경찰관들은 순천 경찰서 앞마당에서 군중들이 모여 있는 상태에서 집단학살을 당했다. 순천 경찰서장 양계원 총경은 체포되어 수갑을 찬 채로 시내를 끌려 다니다가 10월 23일 저녁에 총살되었다. 순천 도립병원 앞뜰에서는 순천 경찰서 배갑신 순경과 우익계 인사 성대포 등에 대한 인민재판을 진행하려 했으나, 미처 사형이 확정되기도 전에 주민들이 일어나 돌과 몽둥이로 때려 현장에서 숨지게 한 일도 있었다.[97] 순천에서 경찰이 잔인하게 죽음을 당했던 이유는 경찰에 대한 민중의 적개심 때문이기도 했지만 순천 경찰이 적극적으로 봉기군을 진압하러 출동했던

---

96) 보성군사편찬위원회, 1995, 『보성군사』, 413쪽.

97) 순천문화원, 1975, 『순천승주향토지』, 108쪽.

것에 대한 응징이기도 했다.

여수인민위원회가 무분별한 살상을 제재하는 조치를 취한 것에 비해, 순천군당이 이러한 자연발생적인 사살을 제어했다는 증거는 아직 나타나지 않고 있다. 순천군당은 여수에서처럼 인민위원회가 주도권을 잡고 상황을 제어하지 못한 것으로 보인다. 그 결과 인민위원회는 군인들을 통제할 수 없었고, 일부에서는 살상행위가 발생했던 것이다.[98]

전남도당에서 파견된 순천군당 조직책이었던 윤기남은 당성이나 정치성이 부족한 세포 요원들이 앞장서서 10월 20일 14연대 군인들의 순천점령 때부터 22일 아침까지 무분별한 살상을 저질렀다고 회고했다. 그는 살상의 주된 표적은 공무원, 경찰과 그의 가족, 서북청년회 등이었지만, 민간인에 대한 살상도 있었다고 증언했다. 윤기남은 살상에 직접 나선 이들은 군인들이었지만, 당은 그 책임을 져야 한다고 회고했는데,[99] 그는 경험이 적은 세포원들과 분위기에 휩쓸린 청년들이 민간인들까지 살상하여 결국에는 민심을 이반시켰고 이것은 '해당행위'라고 비판했다.

하지만 무분별하게 진행된 우익 세력에 대한 학살의 책임을 당성이나 정치성이 부족한 당원들의 탓으로만 돌릴 수는 없다. 10월 24일 여수에서 일어난 경찰관 대량 학살은 좌익 활동을 충직하게 해왔던 젊은 소장층에 의해 이루어졌다. 서종현 등을 비롯한 소장층은 보안서 활동에 종사한 인민위원회의 일원이었다. 이들의 학살은 그 규모에서는 엄청난 차이가 나지만, 방법과 절차의 측면에서 보면 진압군이 여순 시민들을 대상으로 행한 대량의 민간인 학살과 큰 차이가 없었다.

두 번째로 여수인민위원회는 "친일파 · 모리 간상배들이 인민의 고혈을 빨아 모은 은행예금을 동결시키고 그들의 재산을 몰수"하며 "적산가옥과 아무런 연고도 없는 자가 관권을 이용하여 억지로 빼앗은 집들을 재조사

---

98) 윤기남, 1996, 「여순을 말한다」, 『끝나지 않은 여정』, 대동, 248쪽.
99) 윤기남, 위의 글, 814쪽.

해서 정당한 연고권자에게 되돌려 줄 것"이라고 공표했다. 이 같은 인민위원회의 정책은 반동 우익인물들의 경제적 기초를 박탈하는 것과 동시에 인민위원회의 재정적 기초를 마련하겠다는 의도로 시행된 것으로 보인다.

10월 22일 여수인민위원회는 오후부터 친일파와 모리배들의 은행 예금고를 조사하기 위해 3조로 나뉘어 은행, 등기소, 관재소로 나갔지만, 자세히 조사가 이루어진 것은 아니었다. 어수선한 분위기에서 장부를 점검하는 일이 손에 잡히지 않았기 때문이었다.

민주개혁은 각 지역의 좌파 역량에 따라 많은 차이를 보였다. 여수군 돌산면과 삼일면, 구례군 토지면과 마산면의 경우에는 무상몰수·무상분배의 원칙에 따라 토지개혁이 적극 추진되었다. 공장, 기업소 등은 인민의 소유로 선포되고 노동자와 사무원의 자치조직인 '종업원자치위원회'에 의해 운영되었다.[100)]

어떤 경우에는 인민위원회가 경찰과 우익 정당·단체 부호들의 재산을 몰수하여 인근 주민에게 분배하여 주었다고 하는데,[101)] 이것이 조직적으로 행해진 것 같지는 않다.

여수의 유수한 기업인 천일고무사의 사장 김영준은 인민위원회에 체포되었는데, 그는 자신의 모든 재산을 헌납하겠다는 뜻을 밝히기도 했다.[102)] 인민위원회는 천일고무 공장에서 생산한 찌까다비(地下足袋, 일할 때 신는 일본식 운동화)를 일반인들에게 무료로 분배하기도 했지만, 재산 몰수가 광범위하게 이루어진 것 같지는 않고 또 그럴만한 시간적 여유도 없었다.

한편 인민위원회는 "매판 자본가들이 세운 사업장의 운영권을 종업원들에게 넘겨줄 것"이라고 공포했는데, 각 사업장에서는 조합원들이 직장자치

---

100) 정종균, 1982, 「미제와 리승만 괴뢰도당을 반대하여 일어난 려수군인폭동」, 『력사과학』 1호, 28쪽.

101) 「사건발생 4일 후의 순천 현지보고」, 『대동신문』, 1948. 10. 28.

102) 여수여천문화원, 1975, 『여수여천향토지』, 324쪽.

위원회를 조직하여 업주들을 뒷전으로 밀어내고 직원들이 자치적으로 운영하려 했다. 민족반역자들의 소유 공장과 적산 가옥들은 종업원 자치위원회가 조직되어 노동자의 손으로 운영되기 시작했다.[103] 여기에서는 직장위원회에 관한 두 가지 예를 통해 직장 자치위원회 구성 과정을 살펴보고자 한다. 하나의 예는 여수 군청이고 다른 하나는 순천 농림학교이다.

14연대가 여수를 장악한 것은 10월 20일이었는데, 다음 날 여수 군청 직원들에게는 모두 모이라는 회람이 돌았다. 거기에는 22일 10시에 사무인계를 할 것이니 사무 인계서를 작성하라는 내용도 포함되어 있었다. 사무실에는 120명의 군청직원들 중에 약 70명이 출근했다. 5 · 10단선반대투쟁 때 활동한 경력이 있었던 직원들은 과장급 이상 직원은 몰라도 평직원들은 별 이상이 없을 테니 걱정하지 말라고 안심을 시켰고, 14연대 군인 한 사람이 현재의 봉기상황을 설명했다.

다음날인 22일에는 사무인계가 있었는데, 이용기 인민위원회 위원장이 앞에 나와 "혁명과업에는 일손이 필요하니 과업수행에 동참"해주기를 바라며 "여러분들을 다 포섭해서 썼으면 좋겠습니다만, 대외적인 체면 관계도 있으니 호명하는 동무들은 잠깐 쉬어달라"고 당부했다. 직원들은 관공리였다고 처벌받지 않을까 불안했는데 직장이 보장된다니 마음을 놓았다. 과장과 계장급 등은 선별하여 해직되었다. 직원들은 곧이어 사무 인계서를 작성해서 위원장실로 넘겼고, 오후부터는 은행 등기소 등에 나가 예금과 적산가옥 상태를 파악했다.[104]

다음은 순천농림학교의 사례를 살펴보자.[105] 순천이 14연대에게 점령당한 다음날인 10월 21일, 농림학교 교장은 오전 9시에 정인채 교사로부터

---

103) 김광일, 1949, 「조선민주주의인민공화국 기치를 높이 들고 구국투쟁에 총궐기한 남조선인민들의 영웅적 투쟁」, 『근로자』 제2호, 33쪽.

104) 김계유, 1991, 「1948년 여순봉기」, 『역사비평』 겨울호. 김계유의 글로는 다음과 같은 것이 더 있으나 대동소이 하다. 김계유, 1990, 「내가 겪은 여순사건」, 『여수문화』 제5집 ; 김계유, 1991, 「내가 겪은 '여순사건'」, 『월간예향』 1월호.

105) 「남행록(完) : 박종화」, 『동아일보』 1948. 11. 21.

인민위원회 지시로 직장위원회를 조직하게 되었다는 말을 들었다. 직장위원회는 전 직원이 모여 정인채 교사의 사회로 진행되었는데, 정세보고에 이어 직장위원회 위원과 상임위원을 결정했고 위원장의 인사 뒤에 파업을 선언했다. 학교와 똑같이 다른 직장들도 파업을 했는데, 이는 군청 같은 행정기관 이외에 다른 직장에서는 위원회 조직을 구성하는 것을 빼고는 특별한 활동을 하기 어려웠고, 직장위원회를 주동적으로 구성한 인물들은 인민위원회 활동 같은 것에 더욱 더 신경을 써야 했기 때문으로 보인다.

직장위원회는 교장뿐만 아니라 농부, 소사(小使), 급사까지 전원 참가했다. 봉기군이 상황을 장악한 만큼 직장위원회를 구성하는 데는 별다른 이의가 없었다. 이런 분위기였기 때문에 상임위원 선거도 사회자의 발표에 대해 찬부를 묻는 방식으로 진행되었다. 처음에는 학교장이 위원장이 되었으나 나중에 인민위원회의 지시로 윤상현 부위원장이 위원장직을 맡았다.

각 상임위원이 구성된 뒤, 정인채는 교장 직인은 위원장인 교장이 보관하되 인민위원회의 지시 이외에는 사용하지 못하며, 보관중인 금고 열쇠는 총무로 인계하고 인민위원회 지시에 대비하여 회계장부를 정리하며 현금, 예금 등 잔액을 조사하여 인계에 차질이 없도록 지시했다.

10월 22일 오전 인민위원회는 회계 등의 사무를 30분 이내에 인계 준비를 하라고 윤상현 위원장이 지시하여 각 사무책임자는 인계서를 작성했다고 한다. 하지만 23일 순천이 진압군에게 완전히 점령당함으로써 순천 농림학교 직장위원회는 별다른 활동을 하지 못했다.

직장위원회를 만드는 데 주도적으로 활동했던 사람들은 진압군이 들어올 때 대부분 후퇴하여 입산했다. 두 가지 사례를 보면, 점령 직후부터 조직되었던 직장위원회는 일들을 실질적으로 순조롭게 진행시키지는 못했다는 것을 알 수 있다. 인민위원회로 전환되어 가장 활발히 움직였던 군청도 상황이 너무나 유동적이었기 때문에 사업이 잘 진행되지 않았던 것이다.

여수인민위원회가 내건 세 번째부터 여섯 번째까지의 조항은 민중의 경제적인 생활과 관련된 문제였다. 특히 "식량영단의 문을 열어 굶주리는 우리 인민대중에게 쌀을 배급해 줄 것"이라는 인민위원회의 혁명과업은 쌀 문제로 고통 받고 있는 민중들에게는 반가운 소식이었다.

쌀 문제는 민중 생활에서 가장 심각한 문제였다. 미군정이 초기의 자유시장 정책에서 미곡수집정책으로 쌀 수급정책을 바꾼 이후, 농민들은 만성적인 기아에 시달려야 했다. 미곡수집제도는 소작료인 미곡을 전량 공출하도록 규정하고, 수집량은 지주 · 소작인의 자진 신고에 근거해서 구 · 읍 · 면장 등 주로 지주와 친분이 두터운 지방의 말단관리에게 할당을 맡겼다. 그 결과 소작농이나 빈농에게 미곡 수집은 절대적으로 불리했고, 실적을 올리기 위해 경찰과 관리들은 농민들에게 폭력을 행사했다. 경찰은 미곡 수집대를 만들어 가혹하게 미곡 수집을 강행했다. 미곡수집에 불응하는 농민은 수갑을 채운 채 경찰서로 끌고 가 투옥했다.[106)]

1948년 미곡수집 연도에 미군정은 97.1%라는 괄목할만한 실적을 올렸는데, 이 해는 미곡수집이 절정을 이룬 때였다. 농민들은 시가의 10분의 1 정도만을 받고 미군정에 쌀을 팔아야만했다. 이에 따라 일제시대의 공출이 미군정시대에 미곡수집으로 이어졌다는 원성이 늘어났고, 1948년 봄, 춘궁기에는 심각한 식량문제가 야기되었다. 1948년 3월 현재 절량(絕糧) 농가는 최소한 40%에 달하고 있었다. 농민들은 식량문제를 해결하기 위해 지주에게 고율로 쌀을 빌리거나, 고율의 사채를 얻거나 아니면 가축을 팔아 생계를 유지했고 그렇지 않으면 들이나 산에서 식량채집을 해야만 했다. 식량문제가 심각해지자 좌익 세력이 강한 곳에서는 농민들이 항의 시위를 하거나 쌀 창고를 습격하여 수집미를 탈취하는 사례가 빈번하게 발생했다.

여수읍 인민위원회는 10월 23일 각 동별로 극빈자를 조사하여 인민증을

---

106) 브루스 커밍스, 1986, 『한국전쟁의 기원』 상, 청사, 344~345쪽.

끊어주고 인민증을 가지고 있는 사람들에게 1인당 쌀 3홉씩을 배급하기 시작했다. 22일에는 식량영단의 창고를 열어 1인당 3홉씩을 배급하고, 찌까다비 등의 생활용품도 배급했다.[107] 이전에도 미군정이 쌀을 배급하긴 했지만, 양이 적고 배급 시기가 불규칙적이어서 생활 자체가 어려운 실정이었다. 인민위원회는 민중들의 이런 불만을 해소하기 위해 창고에 쌓여 있던 미곡을 풀어 배급을 실시한 것이었지만, 이런 정책은 오래 지속하기는 어려운 것이었다. 쌀 부족 문제는 일부 지역에 한정된 것도 아니었고, 미군정의 미곡수집정책으로 인해 파생된 것이기 때문에 전 지역에 걸쳐 있는 문제였다. 또한 인민위원회가 확보할 수 있는 미곡의 양도 제한되어 있었다.

한편 인민위원회는 금융기관의 문을 열어 무산대중에게도 은행돈을 빌려줄 것이라고 약속했다. 실제로 인민위원회는 각 금융기관을 접수하여 봉기 전에 이미 대출 수속을 밟은 사람들에게 대출을 해주었고, 새로운 신청서도 받았는데 금융대출을 받으려는 사람이 쇄도했다.

여수 지역에 14연대 군인들이 들어오고, 인민위원회가 만들어지자 여학생들과 여성들도 봉기에 참여하거나 일을 도왔다. 여학생들은 시민군에 동원되거나 또는 자진해서 취사, 세탁, 급식 등의 잔심부름을 했다. 젊은 여성들도 봉기군을 돕는 원호사업을 하거나, 질서를 유지하는 일에 참가하거나 간호사 등으로 활약하기도 했다.[108]

진압군이 여수공략을 위해 제2차 작전을 펴던 10월 24일 미평전투에서 탄약을 운반하던 정기덕(18세) 학생이 사망했다. 정기덕은 순천사범학교 1학년에 재학 중이던 여학생이었는데, 진압군이 쏜 2발의 총알이 몸을 관통하여 죽었다. 여수인민위원회는 정기덕을 열렬 학생으로 칭송하는 한편 인

---

107) 이태, 앞의 책, 212쪽.

108) 정종균, 1982, 「미제와 리승만 괴뢰도당을 반대하여 일어난 려수군인폭동」, 『력사과학』 1호, 28쪽. 이 글에는 여성들이 직접 인민무장대원으로 참여하기도 했다고 서술하고 있다.

민장으로 장례를 치렀다.[109)]

여성들은 봉기에 보조적인 도움을 주었을 뿐이고, 직접 봉기군에 참여한 경우는 드물었다. 하지만 진압군은 여수, 순천 지역을 점령하자 이들 여학생들을 모두 천인공노할 부역자로 몰았다. 인민위원회하에서 학교에서는 이른바 교육의 민주화가 선포되어 정권이나 우익들에 의해 퇴직 당했던 교직원들과 학생들이 복직되었고 학교 내의 '반동 우익교원'들은 축출되었다.[110)]

여수와 순천 지역의 인민위원회 활동은 봉기군의 점령 기간이 다름에 따라 그 내용도 약간 달랐다. 여수는 14연대의 점령기간이 길었기 때문에 순천에 비해 상대적으로 안정적인 인민위원회 행정을 펼칠 수 있었다. 여수에서는 순천에서와는 달리 은행까지도 운영했고 학교도 개편하여 학생을 등교시켰다. 하지만 인민위원회 활동은 14연대의 무력 점령으로 넓혀진 공간에 전적으로 의지할 수밖에 없었고, 해방된 상황을 미리 준비한 것도 아니었기 때문에 전면적으로 실시될 수는 없었다. 순천은 우익진영 인사들에 대한 처벌은 많이 일어났지만, 인민행정을 차근차근하게 진행한 기색은 보이지 않았다.[111)]

이와 같은 차이에도 불구하고 여수와 순천의 인민위원회 활동은 인민 스스로가 자치 행정기구를 구성했다는 면에서 해방 초기에 등장한 인민위원회 전통을 복원하는 것이었다. 하지만 해방초기 인민위원회가 일제가 물러간 권력의 공백 상태에서 만들어졌던 것에 비하여, 1948년의 여수·순

---

109) 정기덕의 언니인 정기순(여수인민대회에서 민주여성동맹 대표로 연설)의 증언에 의하면, 정기덕은 좌익활동을 열심히 한 인물은 아니었으며, 당시는 몸이 안 좋아 여수에 내려와 있었다고 한다(김득중, 2004, 「분명한 과거와 모호한 현재의 계속되는 싸움: 여수 여맹위원장 정기순의 삶」, 『역사 속의 미래, 사회주의』, 도서출판 현장에서 미래를, 340쪽).

110) 정종균, 1982, 「미제와 리승만 괴뢰도당을 반대하여 일어난 려수군인폭동」, 『력사과학』 1호, 28쪽.

111) 설국환, 1948, 「반란 국토를 보고 와서, 반란지구 답사기」, 『신천지』 11월호, 154쪽.

천 인민위원회는 대한민국이 수립된 다음 봉기를 통해 재구성되었기 때문에 이승만 정권에 대해서 분명한 적대성을 갖고 있었다. 이승만 정부가 수립된 지 두 달이 약간 지난 뒤에 신생 공화국에 정면으로 저항하면서 탄생한 여수·순천 등지의 인민위원회는 이승만 정권의 정책을 정면으로 부정했고, 이런 까닭에 해방 직후 인민위원회를 모체로 탄생한 조선민주주의인민공화국을 지지하는 노선을 밟았다. 물론 인민위원회가 북한의 노선과 유사하다고 해서, 인민위원회가 북한을 완전히 추종한다거나 봉기 자체가 북한의 지령 아래 계획적으로 일어났다는 사실을 의미하는 것은 아니다.

여수와 순천 인민위원회가 실시했던 정책과 활동은 전면적으로 실행되기 어려웠는데, 가장 중요한 요인은 봉기 상황이라는 특수한 정세 속에서 정책을 실현할 만큼의 넉넉한 시간이 주어지지 않았기 때문이었다. 여수·순천 지역의 인민위원회 활동은 길게는 일주일, 짧게는 하루 이틀의 '초보적 인민행정'에 그쳤다. 인민위원회는 이승만 정권이 계속 미루고 있었던 친일파 처단을 실시하는 한편 가장 심각한 생활고였던 식량배급을 늘리는 등 민중 생활의 복리 향상을 꾀했다는 점에서 중요한 의미가 있었다.[112]

한편 여순사건 당시의 인민위원회 활동에서 가장 중요한 것이 우익인사 숙청이었던 것에서 드러나듯, 분단정권의 수립이 기정사실화 된 상태에서 좌우익 간의 투쟁은 이제 폭력과 테러의 유혈적 단계로 들어서고 있었다. 이런 정치상황이야말로 우익 세력에 대한 학살이 이루어질 수 있는 배경이 되었다. 여수인민위원회의 경우 보안서가 대상인물을 선별하여 처벌하기는 했지만, 대부분의 경우는 우익인사와 경찰에 대한 무분별한 학살이었다. 이런 측면에서 여순사건 당시의 좌익 세력들은 이승만 정권에 대한 반발과 함께 좌익운동이 지향하는 정책적 대안들을 보여주기는 했지만, 기

112) 한 문헌은 여순 지역에서 인민위원회가 구성되어 통치를 펼쳤던 것을 '여수꼬뮌'이라 불렀다(장창국, 1984, 『육사졸업생』, 중앙일보사, 160쪽).

존의 우익 세력의 정치와는 근본적으로 차별화된 좌파 정치의 비전을 분명히 하지는 못했다.

3. 해방 전후 전남 동부 지역의 사회운동[113)]

여순사건 당시 각 지역에서 행정 기능을 행사했던 인민위원회를 이해하기 위해, 일제시기부터 여순사건에 이르기까지의 사회운동을 여수·순천 지역을 중심으로 살펴보고자 한다. 이 지역의 인물과 조직 운동의 역사를 검토하는 것은 여순사건에서 주도적 역할을 한 지방 좌익 세력의 역사적 배경을 추적하여, 여순사건 당시의 인민행정을 이해할 수 있는 토대를 구축하는 것이다.[114)] 일제시기에 노동·농민운동·야학·독서회 등을 경험한 사회운동 활동가들은 해방 후에 대부분 인민위원회에 관여하였다. 그리고

113) '전남 동부 지역'의 범위를 어떻게 설정할 것인가는 연구자에 따라 약간의 차이가 있다. 황남준은 여수·순천·광양·구례·곡성 등 5개 군을 전남 동부 지역에 포함시키고 있다. 남로당 순천군당 조직부 부부장과 도당 오르그 활동을 했던 윤기남은 여수·순천·광양·구례·보성·고흥 등 6개 군을 포함시키고 있다. 당시 윤기남은 동부 6군을 하나의 단위('블록')로 하여 조직 활동을 했다. 한편 이효춘은 산(조계산)과 강(섬진강)에 따른 생활권역을 기준으로 하여 여수·순천·광양·구례·곡성·보성·고흥 등 7개 군을 동부 지역으로 설정하고 있다(황남준, 1987, 「전남지방정치와 여순사건」, 『해방전후사의 인식』 3, 한길사 ; 순천시사편찬위원회, 1997, 『순천시사』 ; 이효춘, 1996, 「여순군란연구－그 배경과 전개과정을 중심으로」, 고려대학교 교육대학원).

여기서는 14연대 봉기군이 진출하고 지방 주민들이 어느 정도 합세한 전라남도 6개 군(여수·순천·광양·구례·보성·고흥) 지역을 '전남 동부 지역'으로 통칭하고, 이들 군을 중심으로 여순사건을 살펴보고자 한다.

114) 일제시기부터 여수·순천 지역에서는 많은 사회운동이 일어났지만, 여기에서 주로 여순사건의 주체 세력과 관련된 사회운동에 대해서 주목하고자 한다. 일제시기에 이 지역에서 일어났던 사회운동에 대해서는 다음을 참고할 수 있다. 김인덕, 1991, 「식민지시대 여수 지역 민족해방운동에 대한 일고찰」, 『성대사림』 ; 전라남도도지편찬위원회, 1993, 『전라남도지』 제8권 ; 이철우, 1989, 「1920년대 전라남도 순천 지역의 농민항쟁과 법(상)」, 한국법사학회, 『법사학연구』 제10호.

여순사건이 발발하자 인민위원회는 다시 재건되게 된다.

여수 지역의 사회운동

여순사건에 합류했던 여수 지역의 좌익 인물들은 대부분 일제시대부터 독서회나 노동조합 또는 조선공산당에서 활동했던 사람들이었다. 이들은 독서회나 조선공산당 활동을 통해 좌파 이론을 흡수했고, 노동조합 활동을 통해서 대중운동의 경험을 쌓았다. 일제시기부터 독립운동과 사상운동을 해왔던 인물들은 해방 후 건국준비위원회나 지방 인민위원회 활동에 적극적으로 참가했다.

여순사건에 관련된 인물의 이름이 일제시기 사회운동사에서 맨 처음 등장하는 것은 광주학생운동 관련자인 여도현(呂道鉉)이 1929년 8월 경 여수에서 청년 4~5명을 모아 만든 독서회부터이다. 여도현이 체포된 뒤 김영균[115]은 김용환(金龍煥)·여운종(呂運鍾)·장평완(張平完)·박채영(朴采永)·김인식(金仁植) 등을 규합하여 다시 독서회를 조직했는데, 이 가운데 박채영은 여순사건 때 인민위원회 의장단의 일원이었다. 한편 여수수산학교의 윤경현(尹炅鉉)·이용기(李容起)[116] 등 14명의 학생들은 맑스주의를 공부하는 독서회[117]를 조직하여 오다가 1930년 9월에 발각되어, 다음 해 8월에

115) 김영균은 1929년에 소련원동대학을 졸업하여 1930년 3월 여수에 돌아와 독서회를 조직했다.

116) 이용기는 1907년에 가난한 농가의 아들로 태어났다. 여수공립수산학교에 다닐 때는 가정이 어려웠으나, 학업성적은 우수했다. 그는 빈곤한 환경 때문에 빈부격차의 모순을 느낄 수 있었고, 평등한 공산주의 사회에 대한 꿈을 가질 수 있었다. 1930년 3월 윤경현과 함께 독서회를 조직한 그는 민족차별 철폐를 내걸고 동맹휴학을 주도했다. 이로 인해 이용기는 징역 2년형을 받았다. 경성일보와 동아일보 지국장을 지냈으며, 지방에서는 양식 있는 인물로 존경받았다. 여순사건 때는 여수인민위원회 위원장을 맡았다. 여수가 진압된 뒤에 자살했다고 전해진다.

117) 윤경현, 이용기 이외에도 이 사건의 관련자들은 오걸포(吳걸甫), 정학조(鄭學朝), 곽재석(郭在石), 김봉칠(金奉七), 진자미(秦者味), 김량호(金량浩), 백인렬

순천지원에서 재판을 받았다. 청년 위주의 독서회는 청년을 교양시키고 훈련하며 조직하는 데 목적을 두고 있었다.[118] 독서회 중심의 운동은 1931년에 들어와 여수 시내 각 학교에 삐라를 뿌리는 활동으로 범위를 넓히지만, 여수수산학교에서 일으킨 11월 동맹휴학으로 학생들이 체포되면서 독서회 활동은 수그러들게 된다.

여수 지역의 사회운동은 동아일보 순천분국장을 지내고,[119] '제2차 조선공산당' 사건으로 복역하다 출옥한 이창수(李昌洙)가 적색노동조합을 조직하면서 다시 전개된다. 여수적색노동조합 책임비서는 정충조(鄭忠朝)가 맡았고, 박채영은 식산(해산) 노동부를, 여운종은 점원노동부를, 송원석은 정미노동부를, 이창수는 토목건축노동부를 맡아 활동했다. 이들은 여수운수노동조합, 천일고무공장, 정미소 등에서 활동하면서, 노동자 · 농민의 성금으로 운영비를 마련했다. 이에 대해 일본 당국은 "여수 적화운동이야말로 급격하게 빨리 발전하였다"고 평가했다.[120] 그러나 정충조 등 조직원들이 1933~1934년경에 모두 체포되면서 적색노조는 와해되었다. 한편 여수 지역 사회운동에서 주요한 인물이었던 김수평의 활동도 이즈음부터 시작된다. 그는 1935년 일본 유학 도중 잠시 귀국하여 여수 청년들과 함께 지하독서회를 조직했지만 다음 해에 구속되었다.[121]

이와 같이 일제시기에 여수 지역에서 벌어진 사회주의 운동은 청년 · 학생들의 독서회와 적색노동조합 운동을 중심으로 전개되었다. 일제시기에 여수 지역의 사회운동에 참가한 인물 중 이용기, 박채영, 이창수, 김수

(白仁烈), 정보한(鄭輔漢), 정병호(鄭炳浩), 박창래(朴昌來), 김재곤(金載坤), 차용헌(車用憲) 등이었다. 이 가운데 백인렬은 여수 지역의 좌익운동에 큰 영향을 끼쳤다.

118) 광주일보, 1990, 『월간 예향』 12월호, 112~123쪽.

119) 『동아일보』, 1920. 8. 22.

120) 이기하, 1976, 『한국공산주의운동사 I 』, 국토통일원조사연구실, 1354~1357쪽.

121) 이재의, 1994, 「호남 인물사(12) 여수초대 경찰서장 김수평」, 『월간예향』 1월호, 192쪽.

평, 정충조[122] 등은 해방 후에도 여수 지역에서 적극적인 정치활동을 이어갔다.

1945년 8월 15일, 해방이 되자 여수에서는 문성휘, 정기만, 서종현 등 여수 지역 청년 33명이 해방청년동맹을 결성했다. 문성휘를 중심으로 한 해방청년동맹은 검은 제복을 입고 엄격한 상명하복의 규율 아래 행동대를 두고, 치안유지 활동을 벌였다.[123]

여수의 건국준비위원회(이하 건준)는 8월 20일에 만들어졌는데, 건준 위원장은 정재완(鄭在浣)이었고 부위원장은 이우헌(李于憲)이 맡았다. 이밖에 총무부장은 김성택, 민생부장은 연창희(延昌熙), 노동부장은 이창수, 치안부장은 김수평이 맡았다.[124]

건준 위원장을 맡았던 정재완(46세)은 만주에서 독립운동을 했고, 해방 직전에는 천일고무공장에서 관리직으로 근무하고 있었다. 미군정이 임명한 여수 초대 군수(1945. 12. 15)를 지낸 그는 한국독립당 여수지구 위원장이었다.[125] 여순사건 이후에는 여수 지역의 피해를 복구하고자 만들어진 여수 지역부흥회를 주도했으며, 제2대부터 5대까지 국회의원을 지냈다.[126] 이우헌(1902년생)은 여수에서 큰 정미소를 경영하고 있는 재산가로서 초대 여수읍장을 지냈다. 그는 이후 민주공화당 소속으로 제6·7대 국회의원을 지냈다.[127] 연창희는 광주사범을 졸업하고 국민학교 교사를 하다가 천일공업 사장인 김영준과 관계를 맺어 여수화신백화점을 경영하고 있었다. 그는 나중에 제헌국회의원 선거에 입후보했지만 낙선했다.[128]

---

122) 정충조는 해방 후 순천 지역 노동조합과 건국준비위원회의 치안대 활동을 하다가 월북했다.

123) 안종철, 1988, 『광주전남지방 현대사연구』, 한울, 94~95쪽.

124) 안종철, 위의 책, 95쪽.

125) 전남일보 광주전남현대사 기획위원회, 1991, 『광주전남현대사』 2, 실천문학사, 85쪽.

126) 대한민국 국회사무처, 1977, 『역대국회의원총람』(제헌국회~제9대 국회), 101쪽 ; 황남준, 1987, 「전남지방정치와 여순사건」, 『해방전후사의 인식』 3, 한길사, 434쪽.

127) 대한민국 국회사무처, 위의 책, 246쪽.

노동부장 이창수는 일제 말부터 적색노동조합 운동에 헌신했던 사회주의 활동가였다. 치안부장 김수평은 그의 아버지가 유명한 여수 지주 가문의 서자 출신이었는데, 이런 가정환경 때문에 젊은 시절부터 신분과 계급의 불평등을 일찌감치 경험했고 진보적인 사상을 흡수하게 되었다.[129] 김수평은 건준이 조직되던 날, 100여 명을 이끌고 여수 경찰서를 접수했다.[130]

건준에 참여한 인물 중 정재완, 이우헌, 연창희 등이 우익 성향의 인물이었다면, 이창수나 김수평은 상대적으로 좌파적 경향을 띤 인물이었다.[131] 이와 같이 여수 건준은 지주계층이 중심이 된 우익 세력이 주도권을 행사하고 좌파적 성향의 인물들은 소수였기 때문에 다른 지역보다 미군의 견제를 덜 받았다. 특히 치안대를 이끌던 김수평은 여수 읍민뿐만 아니라 미군정 장교들도 상당한 호감을 갖고 있어서 다른 지역에서는 치안부장이 구속되고 치안대가 해체되었음에도 여수 경찰서장에 임명되었고 치안대 활동을 했던 청년들도 경찰 요원으로 임명되었다.[132] 치안대는 친일파 관료와 경찰들의 집을 점찍어 두었다가 밤이면 몰래 습격하여, 경찰서에 끌고 와 응징했다.[133] 여수 건준은 경찰서를 접수했지만, 군청은 접수하지 않은 채

---

128) 대한민국 국회 민의원 사무처, 1959, 『역대국회의원선거상황』, 183쪽.

129) 김수평은 해주에서 열린 인민대표자대회에 참석하여 월북했기 때문에 여순사건 당시에는 남한에 있지 않았다. 그는 한국전쟁 때 여수인민위원회 위원장을 맡았다. 김수평에 대해서는 이재의, 1994, 「호남 인물사(12) 여수초대 경찰서장 김수평」, 『월간예향』 1월호 ; 김득중, 2004, 「분명한 과거와 모호한 현재의 계속되는 싸움: 여수 여맹위원장 정기순의 삶」, 『역사 속의 미래, 사회주의』, 도서출판 현장에서 미래를, 344~347쪽을 참조.

130) 전남일보 광주전남현대사 기획위원회, 앞의 책, 85쪽.

131) 이들은 건준 시절에 같은 활동을 했지만 여순사건은 이들을 확연히 나누어 버렸다. 좌파적 인물들은 모두 인민위원회에 참여했고, 연창희는 극우세력으로 간주되어 좌익 세력에게 죽음을 당했다. 정재완은 여수 진압이 끝난 뒤 여수부흥기성회를 이끌게 된다.

132) 김계유, 1988, 『여수 · 여천 향토지』, 반도문화사, 300~301쪽.

133) 전남일보 광주전남현대사 기획위원회, 앞의 책, 85쪽.

진남관(鎭南館)에 본부를 두고 업무를 수행했다. 여수 군청에서는 한국인 직원들이 계속 행정 업무를 수행했기 때문에, 두 개의 권력이 공존하고 있던 셈이었다.

서울에서 인민공화국이 세워지고 각 지방에서 인민위원회가 만들어지자, 여수에서도 인민위원회가 결성되었다. 여수인민위원회는 우파 세력이 우세한 건준을 그대로 둔 상태에서 별도로 구성되었다.[134] 여수인민위원회에는 김수평 · 김정평 · 이용기 · 이창수 · 여도현 · 유목윤 · 박채영 · 주원석 · 이윤구 등이 참여했다.[135] 이들 가운데 여도현은 경찰과 면장을 거쳐 제헌 국회의원 선거에 출마했고, 김정평 · 김문평은 여수 대지주의 후손으로서 지방 유력자층에 속하는 인물들이었지만,[136] 김수평이나 이용기 · 이창수 · 유목윤 · 박채영 등은 좌파적 인물이었다.

해방 직후에 만들어진 여수인민위원회는 미군정의 탄압으로 와해되었지만, 여기서 활동했던 인물들은 여순사건 때 다시 인민위원회를 재건했다. 여순사건 직후 재건되었던 여수인민위원회 의장단 다섯 사람 가운데 세 사람(이용기, 유목윤, 박채영)은 해방 직후의 인민위원회에서 활동했던 인물들이었다.

당시 여수는 우익 세력이 우세한 형편이어서 인민위원회는 활발한 활동을 펼치지는 못했다. 그러나 김수평이 이끄는 치안대는 문성휘가 이끄는 청년단의 도움을 받아 여수의 치안 유지에 강한 힘을 행사하고 있었다.[137] 여수인민위원회는 선전활동에 주력하여 토지분배 문제를 다룬 러시아 연극 「카츄사」를 상연했고, 1946년 4월에는 '혁명 연극 조합'이 3 · 1 만세 운동 상황을 그린 "번지 없는 마을"을 상연하려고 하다가 취소된 적도 있었다. 이러한 활동에 대해 미군은 "전남지역은 여전히 공산당 선전의 전파지

---

134) 전남일보 광주전남현대사 기획위원회, 앞의 책, 84~85쪽.

135) 안종철, 앞의 책, 156쪽.

136) 대한민국 국회 민의원 사무처, 앞의 책, 183쪽.

137) 안종철, 앞의 책, 156쪽.

로 환영"[138] 받고 있다고 평가했다.

여수에서는 치안 유지 활동과 함께 청년운동도 활발하게 전개되었다. 이 지역에서 활동했던 여수청년동맹, 공산청년동맹, 민주청년동맹은 이용기를 장(長)으로 하는 여수군 민주청년동맹으로 통합되었는데, 회원수는 약 2,000명에 이르렀다고 한다.[139]

여수에서 좌익 활동이 수그러들지 않자 우익 세력이 우세했던 벌교·순천·보성의 한국민주당(한민당)과 우익 청년단 소속의 우익청년 120명은 김수평이 이끄는 여수 경찰서를 해체시키려 했지만 미군정에 의해 체포당했다.[140] 김수평은 여수의 미군정관과 전술사령관에게 신뢰를 받고 있었지만,[141] 광주의 미군 당국에서는 그의 파면을 종용했고, 우익단체들도 가만히 있지 않았다. 이를 거부하지 못한 전남도 미군정이 1946년 5월에 김수평을 제주 경찰서로 발령하자,[142] 그는 이 발령을 거부하고 퇴직했다.[143] 온건하고 합리적이라는 평을 들었던 김수평이 여수 경찰력을 장악하고 있는 동안에는 좌·우익간의 물리적 충돌이 예방될 수 있었지만, 그의 퇴진과 함께 기존 치안대 세력이 새로운 경찰력으로 교체되면서 여수에서도 좌·우익 대립이 간헐적으로 발생하였다.

이상에서 알 수 있듯이 여수는 전반적으로 우익 세력이 우세한 속에서도 1946년 5월까지는 좌익 활동이 상당히 활발하게 전개되었고, 좌우가 큰

---

138) HQ. USAFIK, *G-2 Periodic Report*, 1946. 4. 30.

139) 전남일보사, 『광주전남 현대사』, 86~87쪽 ; HQ. USAFIK, *G-2 Periodic Report*, 1946. 4. 22.

140) HQ. USAFIK, *G-2 Periodic Report*, 1946. 3. 10. 인근지역 우익청년단은 트럭을 타고 원정하여 우익 청년단체를 만들려다 여수 읍민과 집회로 인해 좌절된 경우가 있었다(국사편찬위원회, 앞의 책, 28쪽).

141) E. Grant Meade, 1951, *American Military Government in Korea*, King's Brown Press, Columbia Univ. p.184.

142) 미드는 이를 두고 "여수는 1946년 5월에 (전남에서) 마지막으로 경찰서가 재건된 지역이었는데, 그 전까지는 치안대가 치안유지를 하였다"고 쓰고 있다.

143) 전남일보 광주전남현대사 기획위원회, 앞의 책, 86쪽.

마찰 없이 공존하고 있었음을 알 수 있다.

순천 지역의 사회운동

다음으로 순천 지역을 살펴보자. 일제하에서 순천 지역의 사회운동은 3·1 운동에 1,500여 명이 참여할 정도로 활발했고, 1920년대에 시작된 소작쟁의 운동은 전국에서 주목받을 만큼 활발히 전개되었다. 순천 지역에는 조선인 지주뿐만 아니라 일본인 지주들도 진출하여, 소작농 비율이 높았기 때문에 농민운동이 활발히 일어날 수 있는 사회적·경제적 조건이 갖추어져 있었다.

1922년 12월 순천군 서면에서는 소작농 1,600여 명이 4작 소작료 관철, 지세의 지주부담을 주장하면서 투쟁하기 시작했다. 이른바 '서면민요(西面民擾)'라 불리는 이 투쟁은 모든 면으로 확산되었고, 광양과 여수에까지 번져나갔다. 서면민요의 경험을 밑바탕으로 1923년 2월, 이영민, 박병두, 이창수 등이 주도한 순천농민대회연합회가 결성되었다. 연합회는 더 나아가 광양, 여수, 보성 등의 대표들이 모여 남선농민연맹을 조직했고, 1924년에는 전남노농연맹으로 발전시켰다.[144] 순천농민대회연합회는 암태도 소작쟁의를 지원하는 등의 활동을 펼치다가 이창수, 박병두, 김기수 등이 검거되면서 활동력이 약해지게 되었다.[145] 그 후 김기수, 이창수, 박병두, 이영민 등은 제2차 조선공산당에 가입했고, 1926년에는 이들 네 명이 순천 야체이카를 조직했다.[146]

순천 지역의 농민운동은 일제하 농민운동사에서 상당한 비중을 갖고 있

---

144) 전라남도도지편찬위원회, 1993, 『전라남도지』 제8권, 236~246쪽.

145) 이철우, 1989, 「1920년대 전라남도 순천 지역의 농민항쟁과 법(상)」, 한국법사학회, 『법사학연구』 제10호, 86~92쪽.

146) 경성지방법원(1928.2.3), 「제1차·제2차 조선공산당사건 판결」, 한국사료연구소(편), 『한국통치사료』 6(이철우, 앞의 글, 92쪽에서 재인용).

었다. 순천 지역의 농민 운동에서 큰 역할을 한 활동가로는 김기수,[147] 박병두, 이창수, 이영민,[148] 정충조, 박만고[149] 등이었다.

해방 후 순천에서 제일 먼저 만들어진 조직은 건국준비위원회였는데, 다른 지역과는 달리 좌익 세력이 완전히 배제된 상태에서 김양수를 중심으로 우익 인사들이 1945년 8월 17일에 전격적으로 결성했다.[150] 김양수는 조선어학회 사건으로 수감되었다가 해방 직전에 예비검속으로 순천경찰서 유치장에 수감되어 있던 대지주 출신의 지방 유지였다.

우익 세력을 중심으로 건준이 만들어지자, 순천 · 승주에서 소작쟁의를 주도했던 정충조 · 손남삼 · 오만봉 · 김기수 · 박만고 등은 '노동조합'을 조직하는 한편, 일본인 사찰이었던 순광사(順光寺)에 사무실을 두고 독자적인 치안 활동을 펼치면서 건준 우익 세력들에게 건준 개편을 요구했다.[151]

미 전술군이 순천에 진주하자 우익 세력은 9월 25일에 한민당 순천지부를 결성하여 건준에서 이탈했다. 순천은 미군 69중대의 본부가 있는 곳이었고, 한민당 지부 결성은 지방에서는 전국에서 첫 번째였을 정도로 순천 우익 세력의 결집력은 강한 편이었다.[152]

---

147) 김기수는 순천 소작쟁의를 주도했고, 전남노농연맹 위원이었다. 해방 직후 순천군 인민위원회 위원장이었고, 여순사건에 가담했다가 월북했다.

148) 이영민은 순천농민연합회 집행위원이자 순천 민전 회장이었다.

149) 박만고는 여순사건 때 활발하게 활동하여 '3일 군수'라는 별칭을 얻었다. 그와 부인 오경심은 진압군의 순천점령 뒤에 체포되어 군법회의에서 실형을 선고받았다.

150) 미국 콜럼비아 대학을 졸업한 김양수는 독립운동의 경험과 풍부한 재정적 능력 덕분에 해방 후 순천 지역 우익 세력의 지도자로 부상했다. 그는 초대 한민당 순천 지부장을 지냈고, 제헌국회의원 선거에도 출마했으나 황두연에게 패했다. 황두연은 여순사건 때 인민재판에 참석했다는 모함을 받아 죽을 고비를 넘긴 적이 있었다. 정치적으로 타격을 받은 황두연과 제2대 국회의원 선거에서 맞붙은 김양수는 황두연을 누르고 당선되었다. 중앙선거관리위원회, 1963, 『역대국회의원선거상황』, 131쪽.

151) 안종철, 앞의 책, 93~94쪽.

152) 순천은 전남 보수주의의 중심 지역이었다. 군수인 김양수는 한민당의 책임자였고, 면장들도 대부분 한민당원이었다(Meade, 앞의 책, 183쪽).

건준 조직에 참가하지 못한 좌익 세력은 9월말에 김기수 위원장과 정충조 부위원장을 중심으로 순천인민위원회를 조직했다. 여기에는 오만봉, 손남삼, 박만고, 이석모, 김성봉, 장남현, 오경심, 정영한, 이영민 등이 참가했다.[153] 학도대, 노동조합, 농민조합 등의 단체들은 인민위원회를 지원했는데, 특히 학도대는 지방 우익 세력의 거두인 김양수에게 한민당 간판을 떼라고 요구할 만큼 강한 행동력을 과시했다.[154]

미군 진주 후 한민당과 인민위원회가 조직적으로 대립하는 양상을 보이는 가운데, 미군정의 후원을 받는 우익 인사들은 인민위원회와 산하 단체들을 탄압하기 시작했다. 3·7제를 주장하던 농민조합 대표는 체포되었고, 1946년 1월 20일에는 한민당과 연결되어 있던 이정열이 순천청년연맹 회관을 습격하여 청년연맹의 정보부장 김일백을 살해하고 광복군 18명과 같이 체포되는 사건이 일어났다.[155] 이는 한민당과 인민위원회로 대표되는 정치세력간의 대립이 유혈투쟁으로 폭발한 최초의 사건이었다. 1946년 3월에는 순천 경찰이 좌익 세력 검거에 나서 인민위원회와 조선공산당의 간판을 박탈하고, 조선공산당 순천대표 정충조, 민전 사무국장 박남현(朴南鉉), 인민당 부위원장 한태선(韓泰善), 백광해(白光海) 등을 검거했다.[156]

순천은 우익 세력의 힘이 컸지만, 좌익 세력의 역량도 작지는 않았다. 당시 순천중학교 1학년생이던 조명훈이 작성한 「순천의 경제상황」(1946. 1. 10)에는 순천에서 활동하고 있는 각 정치단체들이 표로 정리되어 있다. 이를 보면, 우익 세력으로 분류할 수 있는 단체는 한국민주당 순천지부, 순천청년추진동맹 2개 단체 뿐이었고, 조선소년군 동부대군연합본부는 중도적 성향의 단체라고 볼 수 있었다. 이에 비해 순천농민위원회, 조선인민당

---

153) 안종철, 앞의 책, 155쪽.

154) 전남일보 광주전남현대사 기획위원회, 앞의 책, 87쪽.

155) HQ. USAFIK, *G-2 Periodic Report*, 1946. 1. 23~1. 28 ; 국사편찬위원회, 앞의 책, 28쪽. 다른 지역과는 달리 순천에서는 한민당과 광복군이 연계되어 있었다.

156) 전남일보 광주전남현대사 기획위원회, 앞의 책, 89쪽.

순천지부, 순천산업별노동조합연합, 순천군노농청년동맹, 순천프로예술동맹, 조선공산당 순천위원회, 조선학도대 순천지부, 순천청년추진동맹, 애국당 등은 순천군 인민위원회를 지지하고 있었다. 1946년 초기까지만 하더라도 우익단체보다는 인민위원회를 중심으로 하는 좌익단체의 수가 훨씬 더 많았다는 것을 확인할 수 있다.[157]

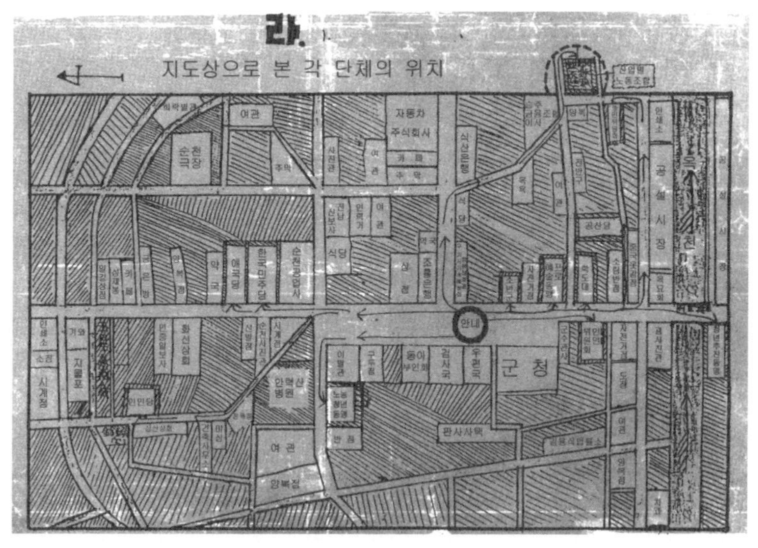

〈그림 2-3〉 순천 시내에 소재한 각 단체의 위치

(조명훈, 2007, 『순천의 경제상황』, 순천시민의신문, 55쪽)

157) 조명훈, 2007, 『순천의 경제상황』, 순천시민의신문, 52~55쪽. 이 보고서는 중학교 1학년생이 작성했다고는 믿기 어려울 정도로 자세한 통계자료와 도표를 사용하여 해방 직후 순천의 경제, 문화 상황을 요약하고 있다. 여순사건 당시 순천중학교에 재학하고 있던 조명훈(1931~2006)은 1949년 3월 여순사건 관련자로 제적당하고, 목포중학교에 편입하였다. 그 후 그는 서울대 정치학과에 입학하였고, 미국, 프랑스, 독일 등지에서 수학했다. 독일에서 정치학 박사학위를 취득한 조명훈은 독일에서 아시아문제 전문가로 활동하다가 2006년 함부르크에서 급서했다. 저서로는 『북녘일기』(산하, 1988), 『민간외교의 과정과 분석』(삼성출판사, 1989), 『통일일기』(이웃, 1990) 등이 있다.

해방 직후 순천에서는 한민당을 중심으로 한 우익 세력이 일찍부터 결집하기 시작했다. 순천에는 미군이 직접 주둔했기 때문에 우익 세력은 이를 기반으로 영향력을 넓혀갈 수 있었다. 하지만 좌익 세력 또한 결집력이 높았기 때문에 좌우익 세력은 상호 갈등의 소지를 가지고 있었다.

기타 지역의 사회운동

여수와 순천을 제외한 다른 지역을 살펴보자. 먼저 광양은 일제 때부터의 사회운동 전통이 지속되어 좌익세가 강한 지역이었다. 광양 건준은 경찰서를 접수하여 치안을 담당하면서 지배적인 영향력을 행사했다. 우익의 경우 한국독립당의 이은상을 중심으로 결집했지만, 좌익 세력과는 큰 마찰이 발생하지 않았다.[158] 광양은 전남지역에서 마지막까지 인민위원회가 활동한 지역이었다.

구례 지역은 대체로 우익 세력이 강했다. 우익 명명가 중심의 구례 건준은 인민위원회로 개편되었는데, 미군정에 협조적이었다. 좌익 세력은 군 단위보다는 면 단위 이하에서 노동조합이나 농민조합을 통해 활동을 했다.[159]

곡성은 대체적으로 우익 세력이 우세한 편이어서 미군이 진주하자 건준은 자진 해산했다. 이에 반발한 좌익 세력은 인민위원회를 구성했지만 눈에 띄는 활동을 전개하지는 못했다.[160]

이와 같이 광양, 구례, 곡성 지역은 공통적으로 좌우익이 커다란 갈등 없이 공존하고 있었던 상황이었다.[161]

보성은 전남의 어떤 지역보다 좌우익의 정치적 활동이 활발하여 그 충

158) 황남준, 앞의 글, 435쪽 ; 안종철, 앞의 책, 88~91쪽.
159) 안종철, 위의 책, 97~99 · 148~149쪽.
160) 안종철, 위의 책, 102~103 · 160~161쪽.
161) 안종철, 위의 책, 116~121 · 183~189쪽.

돌 또한 심했다. 이는 인민위원회를 주도한 인물들이 미 61군정중대 및 경찰의 통치에 강하게 저항했기 때문이었다.[162] 좌우익 연합으로 결성되었던 건준은 인민위원회로 개편되면서 좌익 세력의 영향력이 커져갔다. 보성인민위원회는 군청을 접수하고 실질적인 통치 기능을 행사했으며, 치안대도 경찰서를 접수하여 군내 치안 업무를 수행했다.[163] 그러나 1946년 말부터 미군정과 경찰을 앞세운 우익 진영의 영향력이 커짐에 따라 좌익 활동은 침체되어 갔다.

해방 직후 세워진 전라남도 지역의 각 인민위원회는 미군정단이 도착하기 전까지 미 전술군이 주둔한 몇 곳을 제외하고는 질서유지, 세금징수, 적산관리, 학교운영 등 전반적인 행정을 이끌어 나갔다.[164] 그러나 1945년 10월 23일 101군정단이 광주에 진주하여 자신을 유일한 권력기관으로 자임하면서 지방의 인민위원회는 철저히 부정되었다. 미군은 인민위원회에 대적할 수 있는 정치세력으로서 일제하 경찰과 친일 지주세력을 내세우는 한편, 도 · 군 인민위원회를 약화시켰다. 그 결과 1946년 6월경이 되면 전남 동부 각 지역의 인민위원회는 거의 와해되고, 우익 세력이 지배세력으로서의 위치를 점하게 되지만 군 단위의 인민위원회는 1946년 10월까지는 농민조합 · 노동조합 · 학생단체 · 청년단체 · 부녀단체 등의 대중단체를 통해 면 · 리 수준에서 여전히 중요한 정치적 영향력을 행사하고 있었다.

미군정의 인민위원회 탄압과 식량공출에 대한 민중들의 반발은 1946년 대구를 시발로 하는 10월항쟁으로 폭발하게 된다. 1946년 대구지역에서 시작된 10월항쟁은 미군정이 남한에 진주한 이래 가장 광범한 대중적 운동이었다.[165] 10월항쟁은 대구에서 시작하여 경북 · 경남 지역으로 번져갔고, 전

162) 보성군사편찬위원회, 1995, 『보성군사』, 395 · 402~406쪽.

163) 안종철, 앞의 책, 91~92 · 152~153쪽.

164) 제69군정중대는 10월 29일 순천에 도착하여 사령부를 설치했다. 69군정중대가 관할하는 지역은 순천, 여수, 광양, 구례, 곡성이었다(RG 94 Box 21887, MGGP-101st-0.1 History-101st MG Group(국사편찬위원회, 『미군정기 군정단 · 군정중대 문서5』, 15쪽).

라도 지역에서도 항쟁이 일어났다.[166] 전남 서부 지역에서는 경찰 · 지방관리 · 지주에 대한 습격이 빈발했지만 전남 동부 지역(여수 · 순천 · 광양 · 구례 · 곡성)에서는 이러한 투쟁들이 거의 나타나지 않았다.[167] 이는 상당히 특색 있는 점이다.

기존 연구에서는 이 지역에서 10월항쟁이 일어나지 않은 이유로 (1) 좌익과 우익 세력이 긴장 · 대립관계 속에서도 공존할 수 있었던 전남 동부 지역의 정치적 상황 (2) 이 지역에 주둔한 제69군정중대의 자유방임적 통치정책 그리고 (3) 광주로부터 떨어져 조계산 · 섬진강으로 에워싸인 고립적인 지리 조건 등을 지적하고 있다.[168]

전남 동부 지역을 점령하고 있었던 제69군정중대의 점령 방식은 세부적인 지방적 문제에는 깊이 개입하지 않고, 군 차원에서 감독하는 역할[감독통치]에 머물렀다고 평가되고 있다.[169] 다른 군정단과는 달리 주로 해군장교로 구성되어 있던 제69군정중대는 요원들이 2, 3개월만 있으면 본국으로 귀환했기 때문에[170] 일관되고 강력한 정책을 수행하는 데 어느 정도 한계를 가지고 있었다는 것이다.

하지만 제69군정단 구성원의 잦은 교체라는 내부적 문제가 군정단의 정책을 '중립적'으로 만든 것은 아니었다. 남한에 진주한 미군정의 기본적인

---

165) 10월항쟁에 대한 가장 종합적 연구로는 정해구, 1988, 『10월 인민항쟁 연구』, 열음사가 있다.

166) 전라남도 지역의 10월항쟁 상황에 대해서는 손형부, 1992, 「해방직후 전남지역의 농민운동」, 『전남사회운동사연구』, 한울 아카데미, 189쪽을 참조.

167) 1946년 10월부터 12월까지의 미군정 보고서를 보면, 보성을 좌측 경계선으로 한 전남 동부 지역에서는 서부지역과는 달리 소요사건이 거의 나타나지 않았음을 알 수 있다. 보성은 미군정중대의 점령 경계선이다.

168) 황남준, 1987, 「전남지방정치와 여순사건」, 『해방전후사의 인식』 3, 한길사, 431~444쪽 ; 이효춘, 1996, 「여순군란연구－그 배경과 전개과정을 중심으로」, 고려대학교 교육대학원 석사논문, 20~21쪽.

169) 황남준, 위의 글, 433 · 436쪽.

170) E. Grant Meade, 1951, *American Military Government in Korea, King's Brown Press*, Columbia Univ. p.183.

정책 방향은 밑으로부터 구성된 자치 권력인 지방 인민위원회를 인정하지 않는 것이었으며,[171] 한민당을 가장 합리적인 정치세력으로 파악하고 있었다. 따라서 지방을 책임지고 있는 제69군정중대는 미군정의 전반적인 점령정책의 범위 안에서 활동할 수 있었다. 제69군정중대는 기본적으로 반(反) 인민위원회 입장을 갖고 있었다.[172]

이 지역의 인민위원회는 그리 급진적인 성향을 띠고 있지 않았기 때문에 제69군정중대는 점령기간 동안 '커다란 어려움을 겪지 않았'으며, 다른 지방에서처럼 광주 기동타격부대에 의한 치안대의 해산도 없었다. 여수에서는 중요한 경찰력조차 1946년 5월이 되어서야 치안대 세력을 쫓아내고 재조직되었다. 역설적이게도 인민위원회 권력이 크지 않았기 때문에 이 기간 동안 전남 동부 지역의 좌익 세력은 다른 지방에서와 같이 미군정과 경찰로부터 심한 탄압을 받지 않았으며, 인민위원회의 명맥은 다른 지방에 비해 온전한 채로 남아 있었던 것이다.[173]

순천에 주둔한 제69군정중대는 자신들의 보고서에서 관할지역에 있는 정치단체들이 중앙과는 별 관련이 없는 '지방 조직'이라는 평가를 누차 강조하면서, 한민당이야말로 전국적인 영향력을 갖고 있는 유일한 결사단체라고 평가했다. 이에 비해 인민위원회에 대해서는 이 이름이 모든 마을에 있는 어떤 분파를 의미하는 것으로 사용되고 있다고 하면서, 여기에 참가하는 인물들이나 그 영향력이 매우 다양하고, 군 단위에서는 인민위원회가 급진적인 청년 부대나 난폭한 경향을 대표한다고 표현하여 한민당과 인민위원회의 성격과 영향력에 대해 상반된 평가를 내리고 있었다.[174] 즉 제69군정중대는 인민위원회를 긍정적으로 보지 않았지만, 인민위원회 세

---

171) 안종철, 앞의 책, 172쪽.

172) E. Grant Meade, 앞의 책, 183 · 185쪽.

173) B. Cumings, 앞의 책, 302~303쪽.

174) RG 94 Box 21887, MGGP-101st-0.1 History-101st MG Group(국사편찬위원회, 『미군정기 군정단 · 군정중대문서5』, 16쪽).

력이 미군정에 위협적이지 않기 때문에 별다른 조치가 필요하지 않다고 판단했던 것이다.

또한 기존 연구는 10월항쟁이 일어나지 않은 요인 가운데 하나로서 광주로부터 멀리 떨어져 있다는 지리적 특수성을 지적했다. 즉 서쪽(순천)으로는 조계산 줄기가, 동쪽(광양)으로는 백운산과 섬진강이, 북쪽(구례, 곡성)으로는 지리산이 막혀 있어서 다른 지역과 고립됨으로써 이 지역은 광주지역과도 구별되는 독자적인 경제, 문화권을 형성하고 있으며, 교통·통신 수단이 매우 열악했던 상황에서 광주로부터 멀리 떨어져 있다는 점이 정치 상황에 밀접한 영향을 끼쳤다는 것이다.[175]

그러나 이 견해는 10월항쟁이 중앙정치와 연결된 어느 정도 조직적이고 계획적인 투쟁이었다는 평가를 전제로 하고 있다. 즉 전남 동부 지역이 교통·통신 시설이 미흡하고 지리적 요인 때문에 위로부터의 정치적 지도를 받지 못하여 10월항쟁이 일어나지 못했다는 논리이다. 하지만 10월항쟁에 관한 선행 연구에서 밝혀진 바와 같이, 10월항쟁은 당의 계획적이고 조직적인 움직임 속에서 일어난 항쟁이라기보다는 미곡수집과 인플레 때문에 자연발생적으로 일어난 사건이었다.[176]

10월항쟁이 발생한 지역은 농민의 지지를 받는 인민위원회 세력이 강력한 영향력을 행사한 지역이었고, 이에 반해 항쟁이 발생하지 않은 지역은 대부분 우익 세력이 지배적인 정치력을 행사했던 지역이었다.[177] 10월항쟁이 남부지방을 휩쓸 때조차도 전남 동부 지역에서 투쟁이 점화되지 않았던 가장 중요한 이유는 이 지역이 대체로 우익 세력이 강했던 반면에 인민위원회를 장악하고 있었던 세력은 아직 우익 세력과 공존하면서 급진적 경향

175) 황남준, 앞의 글, 436쪽.

176) 브루스 커밍스, 1983, 『한국전쟁의 기원』 하, 청사, 228쪽 ; 정해구, 1988, 『10월인민항쟁연구』, 열음사.

177) 안종철, 앞의 책, 215쪽 ; 안종철, 1992, 「미군정기 지역사회의 정치지형과 갈등구조」, 『전남 사회운동사 연구』, 한울 아카데미, 114쪽.

을 띠고 있지 않았기 때문이었다. 중앙 정계가 1946년 이후 좌우익의 대립이 격화되고 격렬해지는 것에 비하여 전남 동부 지역의 좌우익은 비교적 공존하고 있었으며, 경찰 및 지방행정과의 관계에서도 큰 마찰이 없었다.[178]

이런 이유 때문에 전남 동부지방에서는 보성을 제외하고는 10월항쟁이 발생하지 않았다. 10월항쟁 기간동안 전남 도내의 다른 좌익 세력은 치명적인 타격을 입었다. 그러나 전남 동부 지역의 좌익 세력은 조직적 손실 없이 그대로 보존되었고, 이러한 조직 역량은 그대로 응축되어 있다가 여순사건 때 인민위원회 재건 등으로 자기 모습을 드러내게 되었다.

해방 직후 전남 동부지방의 정치 상황을 정리하면 다음과 같다.

첫째로, 해방 후 여수, 순천 지역의 건준이나 인민위원회에서 주도적으로 활동하면서 사회운동을 주도했던 사람들은 일제시기부터 독서회나 농·노조활동을 통해 일제에 대항한 지식인들이었다.

둘째로, 전남 동부 지역의 인민위원회는 조직이 구성되기는 했지만 군(郡) 전체에 걸쳐 지배력을 행사한 것은 아니었고, 전남의 다른 지역에 비교해 볼 때 세력이 강한 편이 아니었다. 전반적으로 우익이 우세한 속에서 좌우익간의 공존 관계가 지속되었다고 볼 수 있을 것이다. 이는 점령군이었던 제69군정단이 이 지역을 점령하는 기간 동안 "커다란 어려움을 겪지 않았다"는 자평(自評)에서도 나타난다. 미군정의 탄압에 반발한 다른 지역에서는 인민위원회 조직이 와해되어 버린 것에 비해, 전남 동부 지역의 인민위원회는 대중단체를 통해 계속 그 명맥을 유지할 수 있었던 것이다.

셋째로, 여수·순천의 경우에는 인민위원회가 통치능력을 행사하지 못했더라도 좌파 세력은 해방청년동맹이나 치안대 같이 물리력을 구비한 조직을 갖고 치안 유지 활동을 했다는 점을 주의 깊게 살펴볼 필요가 있다.

---

178) 안종철, 1985, 『조선건국준비위원회의 성격에 관한 연구』, 서울대 대학원 정치학과 석사학위논문, 63~66쪽 ; 여수여천향토지 편찬위원회, 1982, 『여수·여천향토지』, 300~301쪽.

여수의 경우에는 김수평이 이끄는 치안대가 약 7개월간 경찰 역할을 하면서 청년층을 조직화했다. 순천에서도 치안대가 활동했는데, 학도대 등의 행동단체가 치안대를 둘러싸고 있었다. 치안대에서 주요한 역할을 담당했던 것은 청년 · 학생층이었다. 이 점은 여순사건 당시에 청년 · 학생층이 적극적으로 나서서 활동한 것에 일정한 영향을 미쳤다고 볼 수 있다.

단선반대투쟁의 전개와 전남 동부 지역 사회운동의 급진화

1947년 말 제2차 미소공동위원회가 실패하고 미국이 한국문제를 유엔에 상정하기로 방침을 세우면서 남한의 이승만 · 한민당 등 우익 세력은 단독정부수립을 추진했다. 이에 대해 남로당과 민전 등의 좌파 세력은 전국적인 파업과 선거사무소 습격, 시위, 동맹휴학 등의 투쟁방법을 사용하여 남한만의 단독선거를 반대하는 투쟁을 벌이기 시작했다. 이 과정에서 좌익 세력은 무력적인 투쟁 방식을 도입했다.

남로당은 정상적인 당 조직과는 별도로 중앙당의 지시를 받는 선전선행대(宣傳先行隊)를 조직하는 한편 지방당에는 도당의 지시를 받는 '유격대', '백골단', '인민청년군'과 같이 여러 가지 이름으로 불려진 특수 조직을 편성했다. 이는 단독선거를 대비하여 경찰과 우익 청년단세력이 각 지방에 조직한 향보단(鄕保團)에 맞대응하는 것이기도 했다. 남로당은 5월 7일을 전후해 전국에서 파업, 파괴, 맹휴, 시위, 삐라 살포, 경찰서 습격, 투표소 습격, 우익 요인 및 청년단 테러 등을 통해 선거를 저지하고자 했지만, 결국 두 개의 분단 정권이 출범하게 되었다.

전남 동부 지역에서도 좌우익의 관계는 1948년 초부터 점차 변화하기 시작하여, 단선단정반대투쟁과 인민공화국을 지지하는 투쟁과정에서 무력충돌이 빈발하는 등 새로운 양상을 띠기 시작했다. 1948년의 전남 동부지방의 정치적 상황을 여수 · 순천을 중심으로 살펴보면 다음과 같다.

민전과 남로당이 주도한 '2 · 7구국투쟁' 때, 여수에서는 철도 및 항만 노

조 5,000여 명이 참가한 총파업 투쟁이 전개되었지만 유혈 충돌은 발생하지 않았다.[179)]

하지만 5·10 선거가 다가오자 종고산, 구봉산, 마래산, 예암산 등 여수 일원의 산에서는 매일 밤 단독선거를 반대하는 봉화가 올랐고, 선거 직전에는 선거에 출마한 자나 그 가족을 위협하고, 투표를 방해하는 벽보를 게시하기도 했으며 삐라가 뿌려졌다.[180)] 그리고 각 기관에는 선거 불참 호소문이 우송되었고, 선거 사무에 종사하는 사람들에게는 협박장이 보내지기도 했다.

한편 전남 지방에서는 13개 학교가 단독선거를 반대하는 동맹휴학에 들어갔는데, 여수에서는 여수중학교·여수농업학교·여수여중 등 3개의 중학교가 맹휴에 참여했다. 여수는 전남지방에서 가장 조직적이고 광범위한 학생들의 참여가 나타난 지역이었다.[181)] 선거 당일인 5월 10일에는 돌산면 죽포리에서 수십 명의 군중들이 투표소를 습격하여 방화하는 사건이 발생하여 30명이 경찰에 체포되었고, 이 때문에 2차 투표까지 치러야 했다.[182)] 5·10 선거가 끝난 뒤인 9월 24일에는 여수 읍내 군청 및 학교에 인공기가 게양되었으며, 전신주 등에도 작은 인공기가 게양되었다.[183)]

1948년 초 여수에서는 단선단정을 반대하는 선거 방해 활동이 활발하게 일어났다. 총파업에 5,000여 명이라는 대규모의 노동자가 참여하는 양상 등에서 볼 수 있듯이 좌익과 그 동조 세력이 광범위하게 존재했으며, 농민보다는 철도와 항만 노조 세력의 활동이 활발했다는 것을 알 수 있다. 또한 9월 이후 타 지역에 비해 인공기가 상당히 많이 게양되었던 것으로 보

179) 김남식, 1984, 『남로당연구』, 돌베개, 306쪽.

180) 김계유, 1991, 「여순봉기」, 『역사비평』 겨울호, 278쪽.

181) 『서울신문』, 1948. 5. 18.

182) 『동광신문』, 1948. 5. 19. ; 정홍수, 1990, 「내가 겪은 여순사건」, 전남 동부 지역 사회연구소, 『지역과 전망』 1집, 89쪽.

183) 『호남신문』, 1948. 9. 26. ; 김계유, 1991, 「1948년 여순봉기」, 『역사비평』 겨울호, 264쪽.

아 당시 여수 지역의 남로당 활동이 활발했음을 알 수 있다.

여수에서 단선단정반대투쟁에 직접 나섰던 사람들은 젊은 청년과 학생들이었다.[184] 이들은 지역의 지도자급 운동가들처럼 일제하 사회운동의 경험을 가지고 있지는 못했지만, 해방 후 급격히 열려진 자유로운 정치적 공간에서 좌파 운동의 경험을 쌓은 청년들이었다. 5·10단선반대투쟁의 과정에서 선두에 나서 싸운 청년학생들은 여순사건 때 결성된 인민위원회 내부에서도 발언권을 확보하면서 강경파로 대두했다.

제주4·3항쟁의 경우에서도 무장투쟁의 결행과정에서 강·온건파간의 대립이 나타났는데, 이 대립은 운동경험에서 오는 세대 차이에서 기인하는 것이었다. 여순사건의 경우에도 제주4·3의 경우와 비슷했다. 다만 무장봉기의 여부를 둘러싸고 나타났던 강·온건파 대립이 여수에서는 인민위원회가 재건된 뒤 우익 반동인물의 숙청 범위를 둘러싼 논쟁으로 표출되었다는 차이가 있을 뿐이었다.

한편 순천에서는 1948년 3·1절을 맞아 큰 시위가 발생했다. 기념행사를 마친 학생들은 거리로 쏟아져 나와 '단독선거반대' 구호를 외치며 이를 막은 학련 학생들과 대치했다. 농민, 노동자들이 학련 학생들을 포위하자 경찰은 군중을 향해 발포하여 남로당원 2명을 사살했다.[185] 이전까지만 해도 순천의 폭력은 낮은 정도에 머무르고 있었지만,[186] 이 사건을 계기로 순천에서는 유혈 충돌이 잦아졌다.

5월 8일에는 전력 태업, 철도 전선 두절, 전신주 파손 등의 선거반대투쟁이 벌어졌다.[187] 그러나 선거가 끝난 후부터는 습격 및 테러 사건이 빈번하게 나타났다. 5월 19일에는 순천군 상사면에서는 연합청년단원의 집을 습격하고 살해한 사건이 일어났고, 별량면에서는 면장 집이 불타고 살

---

184) 김계유, 앞의 글, 278쪽.

185) 김석학·임종명, 1975, 『광복 30년』 제2권(여순반란편), 전남일보사, 20~21쪽.

186) 황남준, 앞의 글, 440쪽.

187) HQ. USAFIK, *G-2 Periodic Report*, 1948. 5. 8.

해당했으며 향보단원 집도 불탔다.[188] 선거가 끝난 뒤에도 투쟁은 계속 이어져 6월 21일에는 순천군 서면 대구리에서 일본도로 무장한 7명의 군중이 주민 집을 습격하여 주민과 아들이 타살되었고, 26일에는 순천군 송광면에서 군중이 전직 경관을 습격하여 살해했다.[189]

당시 순천군당 조직부 지도원이었던 윤기남의 증언에 따르면, 순천 지역의 당세는 다른 지역에 비해서 센 편에 속했다고 한다. 순천에는 철도사무소가 있어 철도노동자들의 힘이 강했고, 철도당부는 군당(郡黨)격의 지위를 갖고 있어서 독자적인 조직을 꾸리고 있었다.[190]

순천군당은 대부분 학력이 높아 인텔리당으로 이름이 높았다. 순천군당은 여수·광양·보성·구례·고흥과 함께 동부 6군으로 묶여 도당으로부터 지도를 받았다. 도당의 방침을 동부 블록에 전달하는 역할을 하는 도당 오르그(orgnizer, 조직책)는 윤기남이 맡고 있었다. 14연대 봉기가 일어나자 순천을 비롯한 동부 6군 블록 책임자들은 함께 모여 이에 대한 대책을 논의하게 된다. 이때 블록 책임자는 이주차였다.[191] 이때는 순천군당의 세

---

188) HQ. USAFIK, *G-2 Periodic Report*, 1948. 5. 24.

189) HQ. USAFIK, *G-2 Periodic Report*, 1948. 6. 29.

190) 윤기남, 1997, 「내가 겪은 여순사건①」, 순천시사편찬위원회, 『순천시사』, 796~797·806쪽.

여순사건 직전의 순천 지역의 남로당 조직에 대한 증언들은 약간 내용이 다르다. 윤기남은 순천군당 위원장은 지윤섭이었고, 조직부장은 염동석, 선전부장은 김기선이 맡고 있었다고 증언하고 있다. 이밖에도 황전면 당위원장은 서정섭이, 주암면 당위원장은 김정길이 맡고 있었고, 농맹은 서윤종이, 민청(민주청년동맹)은 김성봉이, 노조위원장은 지유섭이 담당했다고 한다.

이와는 다른 증언도 있다. 이 증언에 따르면 순천군당 위원장은 정남현, 조직부장은 지유섭, 선전부장은 정기주 였다고 한다(심명섭(가명), 1990, 「내가 겪은 여순사건②」, 위의 책, 814쪽 ; 심명섭, 1990, 「내가 겪은 여순사건」, 전남 동부 지역사회연구소, 『지역과 전망』 4집, 29쪽). 정기주는 항일운동을 하여 청진 형무소에 수감되었다가 만주 봉천으로 건너가 노동자 생활을 했다. 해방 직후 순천으로 귀향하여 민청 활동을 했다. 그는 순천 진압 뒤에 체포되어 고문으로 죽었다 한다. 그의 동생인 정기태도 체포되어 수감되었다(김○○, 1990, 「내가 겪은 여순사건③」, 위의 책, 817~819쪽).

191) 윤기남, 앞의 글, 804쪽.

력이 강하지 않았을 때였기 때문에 윤기남은 순천군당에 파견되어 조직부 간부로 일하기도 했다. 한편 인민위원장은 이석기가 맡고 있었다.

단선단정반대투쟁은 북한에 세워질 인민공화국 수립을 지지하는 투쟁으로 곧 이어졌다. 인민공화국을 지지하기 위한 '8·25 지하연판장 선거'는 경찰의 눈을 피해 지하에서 은밀히 진행되었다. 윤기남은 8·25 비밀선거를 할 때 순천에서는 60%가 넘게 투표에 참여했다고 증언하고 있다.[192]

지하투표는 세 단계로 진행되었다. 첫 번째 단계에서는 먼저 당 조직원들이 비합법적으로 선거를 치루었고, 두 번째 단계에서는 남로당원들이 마을에 가서 집단적으로 선거의 정당성에 대한 해설을 한 다음 주민들을 투표에 참여시켰다. 마지막에는 면장과 면 서기도 지하선거에 강제로 참여시켰다. 비밀선거가 끝난 뒤인 10월에는 주암면에서 남로당원이 주암 지서원과 총격전을 벌이고, 동순천역 전구(電溝) 감시 초소 위에 인공기를 내거는 등의 활동도 전개되었다.[193]

지하연판장 선거를 거치면서, 순천군 당세는 상당히 늘어났다. 증언에 의하면 당원으로 정식 가입한 사람의 숫자만 해도 5,700에서 6,000명 가까이 되었다고 한다.[194] 순천군당의 세력에 대해서는 다음의 증언을 참고할 수 있다.

> "당시만 해도 경찰서가 우리에게 포위되어 있는 셈이었어요. 포위망 속에서 움직이고 있는 것처럼 매일매일 경찰서 동향보고가 다 들어옵니다. 이쪽은 5,000명 조직세력이니까요. 겉으로는 자기들이 통치하고 있어도 내적으로는 우리가 다 면사무소고 지서 어디고 우리 조직원이 안 박힌 데가 없었습니다. 경찰서 안에 누가 잡혀가서 취조를 당하고 있고, 조직은 뭘 불었고, 전부 다 그때 그때 일일보고가 들어올 정도 였어요"[195]

---

192) 윤기남, 앞의 글, 793~794쪽.

193) 『호남신문』, 1948. 10. 3, 10. 4~8.

194) 여순사건이 일어날 무렵에는 그 조직원수가 1만 명에 가까웠다는 증언도 있다 (심명섭(가명), 앞의 글, 813쪽).

그러나 당시의 순천군 인구를 고려해 볼 때, 당원의 숫자가 적게는 4~6천 명에서 많게는 1만 명에 이르렀다는 증언은 과장일 수 있다. 비밀리에 이루어진 지하연판장 선거는 본인 대신에 다른 사람의 무인을 찍는 경우도 많았기 때문에 윤기남의 증언대로 유권자의 60%가 투표했다는 것은 신빙성이 적다. 또한 당원의 수에 비례하여 당의 역량이 커져 가는 것도 아니다. 당의 역량은 당원 수에도 좌우되지만, 조직원의 이념적 교육정도나 헌신성에 기반하기 때문이다.

이상에서 살펴본 것을 정리해 보면, 순천 지역은 5·10선거 이후 좌우의 폭력 대립이 심했지만 남로당 등의 좌익 조직은 여순사건이 일어나기 직전까지 큰 손실 없이 조직 역량을 보존하면서 역량을 키워나갔다는 점을 알 수 있다.

다음은 여수·순천 지역을 제외한 전남 동부 지역의 상황을 살펴보자. 광양의 경우, 5·10선거를 전후해 20여 명의 군중이 지서를 습격하여 경찰 두 명을 부상시킨 뒤 무기를 탈취하여 도주했고, 또 옥룡면과 봉강면에서는 폭동이 발생했다.[196] 1947년까지 좌우 대립이 거의 없었던 이곳에서도 5·10선거를 전후해 폭력적 대결 양상이 나타나고 있다.

구례의 경우, 3월 1일에 지서 습격 2건, 테러 3건이 발생하여 대동청년단원 4명이 부상하고, 군중 12명이 사망했다. 3월 14일에는 산동면에서 50명의 군중이 10명의 경찰과 대립하여 경찰의 발포로 지도자 1명이 사망했다.[197] 또 4월 28일에는 간전면에서 우익과 지방 관리가 살해되고, 토지면에서도 지방 우익 지도자가 살해됐으며, 광의면에서는 대동청년단 지부장이 테러를 당했다. 1947년 상황과는 달리 구례에서도 1948년에 들어와 3·1

195) 윤기남, 앞의 글, 797쪽. 전남은 전국에서 남로당세가 가장 센 편에 속했다. 그 중에서도 나주지역이 가장 강했다고 한다. 구례, 보성, 해남은 당세가 센 편에 속했고, 보성, 여수, 순천, 장흥, 영암은 중간 수준이었으며, 곡성, 광양은 남로당 세가 약한 곳이었다. 당세가 가장 약한 곳은 담양, 함평, 무안 등이었다.

196) 김석학·임종명, 앞의 책, 21쪽.

197) HQ. USAFIK, *G-2 Periodic Report*, 1948. 3. p.17·22.

절 기념행사 이후 유혈충돌이 나타나고 이 같은 양상은 5·10선거를 전후해서 더 심해졌다.

고흥의 경우, 1948년 3월 2일에 경찰서가 습격되고 3월 29일에는 대서면 지서를 안재정·고흥남 등 3인이 습격하는 사건이 발생했다. 4월 21일에는 북남면에서 50명의 군중이 경찰 지서를 습격했다.[198]

보성의 경우를 보면, 1947년 5월 이후에 주춤했던 좌우 대립이 1948년 3월부터는 폭력적 대립으로 나타났다. 3월 22일에는 지주집이 습격당했고, 4월 13일에는 남로당원이 총살되는 일이 발생했다. 선거 방해투쟁은 주로 전신 절단, 교량 파괴, 선거사무소 습격, 동력선 차단 등으로 이루어졌으나 큰 충돌은 없었다. 하지만 5·10선거 후에는 청년단원, 면장, 향보단원 등 우익 인물에 대한 테러, 방화, 습격 등이 자주 나타났으며, 지서나 경찰을 습격하는 일도 발생하기 시작했다. 9월에는 벌교와 인근 지역 30여 곳에서 인공기가 게양되었고, 문덕면에서는 무장한 좌익 세력 32명이 면장을 체포하는 일까지 발생했다.[199] 이런 대담한 공격이 이루어질 수 있었던 것은 무장력을 갖춘 조직이 있었기 때문이었다. '행동대'라 불린 유격대는 선발한 핵심 대원들을 중심으로 '호대(虎隊)'를 조직했다. 벌교, 보성 등지의 호대는 30여 명 정도였고, 그 중에서도 벌교가 가장 강한 편이었다고 한다. 이들은 5·10선거 때와 여순사건 때 주력으로 활동하게 된다.

1947년부터 1948년 중후반까지 전남 동부 지역 좌익 세력의 활동을 정리해 보면 다음과 같다.

첫째, 해방 직후 전남 동부지방의 정치 상황은 상대적으로 좌우의 정치적 갈등이 적었지만, 단독선거가 본격화되고 분단국가가 수립되는 과정에서는 좌익에 의한 경찰 및 우익 관련 인사에 대한 공격이 빈번해지기 시

---

198) HQ. USAFIK, *G-2 Periodic Report* 1948. 3. 29·4. 23. ; 『호남신문』, 1948. 9. 3.

199) 이효춘, 1996, 「여순군란연구－그 배경과 전개과정을 중심으로」, 고려대학교 교육대학원, 26쪽.

작했다. '2 · 7구국투쟁' 때에는 구례 · 순천 2개 군에서만 나타났던 투쟁이 5 · 10투쟁 때에는 구례 · 순천 · 광양 · 여수 등지로 확대되었다. 순천의 경우에는 우익 세력을 테러하는 데까지 발전하고 있었고, 그 동안 큰 움직임을 보이지 않던 광양과 여수에서도 각각 경찰지서와 투표소를 습격하는 투쟁이 전개되었다.

또한 8 · 25 비밀선거, 인공기 게양 같은 북한정권의 정통성을 선전하기 위한 활동도 과감하게 진행되었다. 이는 당시 이 지역의 남로당세가 전국적으로도 상당히 높은 수준이었고, 남로당 조직 내에 무장력을 갖춘 '행동대[虎隊]' 같은 유격대가 존재했기 때문에 가능했다.

둘째, 남로당의 단선단정반대투쟁을 통해 수많은 조직원의 확충으로 이어졌다는 점은 이 지역의 매우 특기할만한 사항이다. 남로당은 1946년 말에 3당 합당을 거쳐 대중당으로서 조직적인 변화를 시도한 이후 당원배가운동을 지속적으로 전개한 바 있었다. 당원을 대거 받아들임으로써 대중적인 정당의 모습을 갖추겠다는 뜻이었다. 주로 1947년에 전국적으로 이루어진 당원배가운동이 순천 지역에서는 1948년의 지하 연판장선거를 통해 더욱 더 열기를 더해갔던 것으로 보인다.

셋째, 단선단정반대투쟁과 인민공화국 지지투쟁으로 이어지는 흐름에 앞장서 투쟁했던 세력은 젊은 청년과 학생들이었다. 이는 여수 지역의 투쟁과정에서 잘 드러난다. 이러한 투쟁의 경험은 여순사건 때 젊은 층이 강한 발언권을 행사할 수 있었던 근거가 되었다. 남북 분단정권 수립이 눈앞에 다가오고 이를 저지하기 위한 남로당 투쟁이 급진화, 폭력화되면서, 투쟁은 대중적 형태보다는 몇몇 소수 분자의 헌신적인 투쟁으로 국한되어 갔다. 합법적인 활동 영역이 축소되어 대중적 운동의 형태가 현실적으로 불가능해지자 헌신적인 폭력 투쟁을 감당할 수 있는 청년 학생층은 남로당 투쟁 역량의 주요한 부분이 되어 갔다.

제2부

진압과 학살

금반 전남폭동은 민족적 양심을 몰각한 공산도당의 조직과 명령을 통하여 세계적 지지와 대한민족의 지상명령으로 수립된 대한민국정부를 파괴함으로써 소련제국주의의 태평양 진출 정책을 대행하려는 공산당 괴뢰정권의 음모이다.……

놈들이 조출(造出)한 죄악상을 보라. 그들은 여수 · 순천 · 보성 등 일대에서 3~4천 명의 동포를 학살하였다. 그 살인방법의 잔인무도함을 보라. 천진난만한 아이도, 무고선량한 가정 부녀도 학살하였다!

이것이 백일청천 하에 폭로된 그들의 목적이요 노선이요 정체였다.

이들 공산주의 열광자를 철저히 근절시켜야만 여러분이 희망하는 행복한 번영이 올 것이요, 만일 그렇지 않으면 암흑과 전제(專制)와 재화와 불행이 있을 뿐이다. 또한 이것은 자기의 신명(身命)을 자멸할 뿐만 아니라 국가민족에게 해독을 주는 것이다.

－국방부, 「전국동포에게 고함」(1948. 11. 3)

여수공격 명령

10월 25일 8시 00분, 미평리 말단.

1. 적은 1,000 내외의 병력으로써 여수 주변 봉산 · 장군산 · 종고산 급(及) 시내 요처에 진지를 점령하고 있음.
2. 보병 제5연대는……수색대의 시내 소탕의 위력을 이용하여 여수지구의 적을 해안선에 압박섬멸하려 함.
3. 수색대는……여수에 진입, 적진을 위력 수색함과 동시에 반복 시내 소탕을 실시하라.
4. 보병 제2연대 현석주 부대(1중缺)는……적을 해안선에 압박 봉산을 탈취하라.
5. 제3연대는……여수의 적을 좌로부터 포위, 차(此)를 해안선에 섬멸하라.

－「제5여단 전투상보 제4호의 1」, 육군본부 작전교육국, 1949, 『전투상보』, 57쪽

생존 경찰관을 선두로 우익진영 요인들과 진압군 병사로 이루어진 5~6명의 심사요원들이 시민들을 줄줄이 앉혀 놓고 사람들의 얼굴을 쑥 훑고 다니다가 '저 사람'하고 손가락질만 하면 바로 그 자리에서 교사 뒤에 파놓은 구덩이 앞으로 끌려가 불문곡직하고 즉결처분(총살)되어 버렸다. 그 자리에는 일체 말이 필요 없었다. 모든 것이 무언(無言)인 가운데 이루어졌다. 사람을 잘못 봤더라도 한번 찍혀버리면 모든 것이 끝장이었다.

－김계유, 1991, 「1948년 여순봉기」, 『역사비평』 겨울호, 283~284쪽

"거기는 아주 지옥이었어. 갔더니 사람이 많이 모여 있었어요. 칼빈으로 막 쏴 죽이더라고. 끌려온 사람한테 앉아 있는 사람 중 반란군 협조자를 골라내라고 그러더니 지목당한 사람을 옆으로 끌고 가서 쏴 죽였어요. 손가락질 지목을 당한 사람은 가차 없이 사람들 있는 앞에서 칼빈 총으로 쏴버렸어요.

내 눈으로 그걸 봤어요. 군인도 있고 경찰도 있었어요. 한 열 대명 죽은 거 봤어요. 취백나무 부근에서 쏴 죽여서 그 나무 아래로 밀어 넣더라고. (…) 옆으로 지나가면서 이 사람이라고 하면 항의고 뭐고 없이 죽여 버리니까. 내가 얼굴이 안 알려져서 살아남은 거겠지요."

－당시 순천사범학교 4학년이었던 정영호가 목격한 순천북국민학교의 상황

제3장 정부의 위기 인식과 대응

제3장에서는 대한민국 정부수립 직후 이승만 대통령을 수반으로 한 정부와 다른 정치세력들이 여순사건을 어떻게 인식했으며, 어떤 방식으로 대응하고자 했는지를 살펴보고자 한다.

이승만 정부는 여수 14연대 반란사건이 발생했을 때, 진상을 파악하고 이를 바탕으로 한 사건 수습에 나서기보다는 이 사건을 즉각 김구 세력을 탄압하는 데 이용하려 했고 군대를 지휘하는 정부의 책임을 결코 인정하려 하지 않았다. 정부의 이러한 정치적 이해를 앞세운 태도는 정부 각료의 사실 은폐와 거짓말 그리고 여수 주민에 대한 강경한 진압작전으로 나타나게 된다.

1. 김구 세력에 대한 견제

1948년 5·10총선거와 제헌헌법 제정을 통하여 수립된 제1공화국은 남한만의 단독정권 수립을 추진한 이승만 세력과 한민당이라는 양 세력의 연대로써 성립할 수 있었다.

그러나 각료 배정에서 소외된 한민당은 이승만을 멀리하게 되고, 점점 정부에 비판적이 되어 갔다. 한민당은 지지할 것은 지지하지만 비판할 것은 비판한다는 이른바 '시시비비주의(是是非非主義)'를 내세우며 야당을 자임했다. 한편 외국군 철수와 반민족행위자 처벌 등을 강하게 주장하며 왕성한 활동을 펴나가고 있던 국회 소장파 세력은 제도권 내에서 가장 비판적인 반이승만 세력이었다. 그러나 제일 큰 우환은 역시 남한 단독정권을 반대하며 남북협상을 이끌었고 결국에는 남한 단독선거를 거부했던 한독당의 김구였다. 그는 대한민국 정부가 공식 수립된 뒤에도 이를 인정하지 않은 채 제도권 바깥에 머무르고 있었지만, 국민으로부터는 민족주의의 상징으로서 신망을 받았고 무소속 소장파 국회의원 등으로부터는 반이승만 세력의 잠재적인 구심점으로 자리 잡으면서 가장 강력한 정적(政敵)으로 존재하고 있었던 것이다.

여순사건은 이런 정치적 역학관계에서 발생했기 때문에 이 사건이 가진 본래적인 성격과는 상관없이 정부의 시각에 따라 사건의 성격을 규정하게 했을 뿐만 아니라 정부가 사건을 진압하는 방식 그리고 사후처리에 큰 영향을 미치게 되었다.

14연대는 여수나 순천 시가지에 들어가는 즉시 제일 먼저 경찰서를 습격했기 때문에, 봉기 소식은 경찰의 보고 계통을 따라 상부에 보고되었을 것이다.[1] 또 여순사건을 진압하기 위해 10월 20일 9시경에는 미 임시군사고문단원과 국방부장관 등이 참가한 회의가 개최되었고, 이날 오후에는 전남 광주에 반란군토벌전투사령부가 설치되어 본격적인 진압작전이 세워지고 광주 4연대를 봉기 지역에 급파했다.

이런 분주한 움직임과는 달리, 정부는 여순 지역에서 14연대가 봉기했다는 사실을 즉시 공표하지는 않았다.

이승만 대통령은 여순봉기가 일어나던 10월 19일 아침, 맥아더 극동사

---

1) 미 임시군사고문단 보고서는 내무부가 10월 20일 아침 9시 30분경 경찰을 통해 이 사건을 보고 받았다고 적고 있으나, 이미 20일 보성 같은 순천 인근 지역의 경찰이 순천 경찰을 지원하기 위해 순천으로 떠났다. 이런 상황을 미루어 짐작해볼 때, 내무부는 이보다 훨씬 이전에 14연대의 봉기 사실을 알았을 것이다(RG 338, Entry 11070, Box 68, From Chief, PMAG to CG, USAFIK, 20 October 1948).

령관을 만나기 위해 일본으로 갔기 때문에 봉기가 발생하던 날에는 서울에 있지 않았다. 이승만은 남한 내에서 자신에 반대하는 봉기가 일어나리라고는 생각하지 못했던 것 같다. 그는 기자회견에서 런던 뉴스 특파원이 소련군은 이미 철군을 시작했다고 말하자, "러시아가 그렇게 하는 것은 옳은 일이다. 그렇게 옳은 일을 하기만 하면 우리는 협조할 것이다"라고 말하면서 "소련이 북한에서 모든 군대를 철수하기만 하면, 우리는 내전(civil war) 같은 우리 자신의 문제를 스스로 풀 수 있다고 생각한다"고 말했다.[2] 따라서 정부 수립 2개월만에 봉기가 발생했다는 점, 그것도 국가를 보위할 군대 내에서 발생했다는 사실은 정부를 당황하게 만들었다.

정부가 여순사건이 발생했다는 것을 일반인에게 공포한 것은 사건 발생 이틀이 지난 10월 21일 오전 11시가 되어서였다. 이범석 국무총리는 기자회견 석상에서 여순사건의 발생 과정을 일반 국민에게 공개했다.[3]

이범석은 국군이 일으킨 반란을 '공산주의자가 극우의 정객들과 결탁'한 '반국가적 반란'이며, 그 주모자는 여수 14연대 연대장이었던 오동기(吳東起)라고 밝혔다.[4] 오동기가 국내외 극우 진영의 정치가들과 연락하여 러시아 10월혁명과 비슷한 전국적인 반란을 일으키려 했다는 것이었다. 정부를 떠받치고 있는 핵심 조직인 군 내부에서 반란이 일어났다는 것도 놀라웠지만, 이 사건에 공산주의자뿐만 아니라 '국가, 민족을 표방하는 극우

---

2) 국사편찬위원회, 1994, 『대한민국사 자료집17 ; 한국관계 영국 외무성문서10(1948. 9~1948. 12)』, 333쪽. 주일 영국 연락단은 이승만이 여순봉기가 일어났다는 사실도 모르고, 기자회견에서 이런 말을 자신 있게 할 수 있었던 이유는 두 가지라고 언급했다. 첫째, 자신의 조국에 대한 상황을 알 수 있는 정보가 부족했을 경우이고, 둘째로는 극동사령부 관리인 시볼드(Sebald)의 평가처럼 지난 1년 동안 이승만이 상당히 늙어 버려 비록 그가 정신적으로 정력적이지만 날카로운 정신은 어느 정도 사라져 버렸기 때문이다.

3) 이날 수도경찰청장 김태선은 서울 시내에 특별 비상경계령을 내렸다(*Times*, 국사편찬위원회, 1994, 『대한민국사 자료집17 :한국관계 영국 외무성문서10(1948. 9~1948. 12)』, 380쪽).

4) 『서울신문』, 1948. 10. 22.

파가 가담'했다는 국무총리의 발표는 일반인을 더욱 놀라게 했다.

이범석 국무총리는 22일 「반란군에 고한다」는 포고문에서도 봉기군이 "일부 그릇된 공산주의자와 음모정치가의 모략적 이상물"이 되었다고 언급했는데[5], 국무총리가 지목한 '극우정객'과 '음모 정치가'가 누구를 말하는 것인지는 이날 각 신문에 일제히 보도된 김태선 수도경찰청장의 혁명의용군 사건 발표를 통해 분명해졌다. 김수도청장은 혁명의용군 사건의 주모자가 최능진(崔能鎭), 오동기(吳東起), 서세충(徐世忠), 김진섭(金鎭燮) 등이며 이들은 남로당과 결탁하여 대한민국 정부를 무력혁명으로 전복하려 했다고 발표했다.[6] 이들의 죄목은 '김일성 일파와 합작하여 자기들 몇 사람이 숭배하는 정객(政客)을 수령으로 공산정부를 수립하려고 공모'했다는 것인데, 최능진과 오동기는 이미 10월 1일에 혁명의용군 사건의 주모자 혐의로 8연대 소속의 5명, 민간인 4명과 함께 수도경찰청에 체포되어 있었다.[7] 정부발표에 의하면, 여순사건은 이들 주모자가 체포된 뒤에도 아직 남아있던 말단 세포가 일으킨 것이었다.

14연대장을 지냈던 오동기는 해방 뒤 중국에서 귀국하여 광복청년회 총무부장과 기획부장을 역임하다가 경비사관학교 3기로 입교하여 군인의 길로 들어선 사람이었다. 오동기는 고향 친구 소개로 김규진을 알게 되었는데, 김규진은 자기가 아는 사람 4명을 경비사관학교에 추천해달라고 부탁했다. 그런데 이 사람들은 최능진과 가까운 사이였고, 최능진이 문제가 되자 오동기는 신원보증을 서주었다는 이유로 체포되었던 것이다. 더욱이 이들은 오동기의 사주를 받았다고 진술했기 때문에 오동기는 졸지에 혁명의용군의 책임자가 된 것이었다. 1948년 7월 15일에 14연대 연대장으로 부

---

5) 『서울신문』, 1948. 10. 24.

6) 『서울신문』, 1948. 10. 23(국사편찬위원회, 1998, 『자료대한민국사』 8권, 821~822쪽). 김진섭과 오동기는 군 내부에서 동지를 규합하는 역할을 맡았고, 최능진은 자금조달과 정치문제를 담당했다고 한다. 최능진은 9월에 김진섭에게 두 차례에 걸쳐 현금 15만 원을 건네주었다고 발표되었다(『서울신문』, 1948. 11. 3).

7) *Joint Weeka*, 1948. 10. 10, p.185.

임한 오동기는 혁명의용군이란 이름조차 몰랐고, 최능진과는 어떤 연관도 갖고 있지 않던 상태였다.

혁명의용군은 정부 전복과 공산정부 수립을 목표로 했다고 발표되었지만 최능진 등이 사건을 일으키기 전에 토의했다는 구체적인 혁명 방법을 살펴보면 상식적으로는 쉽게 이해될 수 없는 허무맹랑한 것이 많았다. 수사결과 밝혀진 이른바 혁명 세칙의 두 번째 항은 '경무대와 중앙청을 점령하여 각 국무의원을 처치할 것'이었고 세 번째는 '국회를 점령하고 국회에 대하여 자기들이 기도하는 정체(政體)와 정강(政綱)을 결의발표'하게 한다는 것이었는데,[8] 행정부와 입법부를 일거에 점령하는 혁명을 일으킨다는 계획은 당시 최능진과 그 주모자들의 규모로 보아서는 도저히 생각할 수 없는 무모한 것이었다. 또 혁명의용군의 계획에는 중앙방송국과 수도경찰청을 점령한 다음에 남북통일을 위해 혁명을 일으켰다는 호소문을 방송한다는 계획도 들어 있었다. 그러나 남아있던 나머지 세포분자들이 수도 서울에서 400㎞나 떨어진 남해안 여수에서 반란을 일으켜 서울의 주요 기관을 점거한다는 것도 이치에 맞지 않는 점이었다.[9] 이른바 '혁명의용군'은 조직적 실체도 없는 허상의 군대였다.[10]

혁명의용군에 대한 발표 내용이 이렇게 빈약했기 때문에, 국회의원들은 여순사건에 대한 정부의 발표에 이의를 제기했다. 이정래 의원은 '극

---

8) 『서울신문』, 1948. 10. 23(국사편찬위원회, 1998, 『자료대한민국사』 8권, 821~822쪽).

9) 미군은 여순사건의 발발과 진압을 볼 때, 군대 안에 공산주의자가 있다 하더라도 그들은 대한민국 정부를 협박할 만큼의 충분한 추종자는 얻지 못했다고 평가했다(*Joint Weeka*, 1948. 10. 31, p.250).

10) 한 신문은 혁명의용군 사건 관련자가 최능진을 비롯하여 현역군인 오동기 등 무려 2천여 명에 달한다고 보도했지만 근거가 없는 것이었다(『국민신문』, 1948. 10. 23). 최능진은 재판과정에서 "나는 이 사건을 혁명이라고 하지 않는다. 또한 혁명이라는 말조차 하지 않았다. 다만 민족통일을 위함이라고 말하였을 뿐"이라며 경찰이 민족통일이란 말을 혁명이라는 말로 곡해하고 있다고 비난했다. 또한 자신은 동족상잔을 결코 원하지 않는 사람이라는 것을 강조하면서, 여수순천반란사건의 동기를 자신에게 전가하는 것은 천만부당이라고 주장했다(『연합신문』, 1949. 2. 9).

우진영의 반민족적 음모'를 사건 발생 20일 전에 이미 알았다는 국방장관 발표에 대해, 그 사실을 이틀 전에만 알았다 하더라도 예방할 수가 있는데 20일 전에 알았는 데도 미리 예방하지 못한 이유가 무엇인지를 추궁했고,[11] 정광호 의원도 국방부가 극우세력이 참가했다는 발표를 하는 바람에 인심이 대단히 나빠졌다며, 정정 발표를 해야 한다고 요구했다. 하지만 윤치영 내무부장관은 극우가 참가한 것만은 사실이라고 계속 주장할 뿐이었다.[12]

여순사건의 주모자를 혁명의용군으로 지목한 정부의 주장은 내무부의 국회보고에서 다시 드러났다.[13] 국군이 여수에 보이지도 않던 10월 21일 여수 경찰서를 탈환하고 계속 상륙 중이라는 허위보고 내용도 들어있던 내무부 보고는 여순사건의 원인과 배후관계에 대해서는 오동기가 장병을 사주하고 선동하던 중 최능진이 혁명의용군에 관련하여 체포되자 연대내의 과격분자 약 40명이 주동이 되어 사건을 일으킨 것이라고 보고했다. 결론적으로 사건 배후는 '최능진, 오동기 등이 수모(首謀)로 된 혁명의용군과 좌익계열의 선동에 관련됨이 확실'하다는 것이 내무부의 입장이었다.

항간에서는 '극우정객'이 과연 누구를 가리키는 것인가에 대한 의문이 제기되었다. 10월 29일 대통령 기자회견이 열렸을 때, 전남지구 반란사건 배후가 극우진영과 좌익계열의 합작이라는 이국무총리의 발표가 어느 정도 사실인가라고 기자들이 질문하자, 이승만은 "이번 반란사건에 있어서 국무총리로부터 일부 극우분자와 좌익계열의 합작이라고 말한 데 대해서는 좌익계열이라고 한 것은 말할 것도 없고 일부 극우분자라고 한 데 대해서는 국무총리로부터 이에 대한 해명이 있을 줄로 믿는다"라고 말하여 자신이 직접 확인하지 않고 책임을 국무총리로 떠넘기면서도 좌우의 합작

11) 이정래의원 발언, 『국회속기록』 제1회 제94호, 752쪽.

12) 국회사무처, 『대한민국 제1회 국회속기록』 제90호, 678~679쪽(이하 『국회속기록』으로 약칭함).

13) 『국회속기록』 제1회 제89호, 649~650쪽.

을 부정하지 않았다.[14]

만약 최능진에게 죄가 있다면 그것은 1948년 제헌국회의원 선거에 동대문 갑구에서 출마하여 '국부' 이승만에 대항한 일이었다. 정부는 최능진이 유엔감시하의 남한 정부 수립을 방해하고, 남북협상이 실패한 후에는 마지막 수단으로 경비대를 이용하여 무력혁명을 감행하려고 했다고 발표했다. 하지만 그는 남북협상에 나서려는 김구 · 김규식을 '공산주의자'니 '크레믈린의 신자'니 하고 비난하는 남한 우익진영에 대항하지 못하는 남한 청년들은 다 썩었다고 분개한 민족주의자였다.[15] 단독정부 수립반대 · 남북협상 등의 정치적 입장은 당시 김구와 한독당 세력이 취했던 노선이었다. 이 점에서 최능진의 정치적 견해는 김구의 정치 노선과 상당한 친화력을 갖고 있었다.

'국부 이승만'과 감히 경쟁하려 했던 최능진을 한번 손봐주려 했던 경찰의 수사는 선거운동원으로 참가했던 군인을 신원보증했던 오동기로 이어졌다.[16] 마침 여순사건이 오동기가 근무했던 14연대에서 일어나게 되자 뜻하지 않게 그는 무력혁명의 죄까지 뒤집어쓰게 되었다.

'극우정객'이란 통일정부 수립을 도모하고 남북협상에 참여했던 세력 즉 김구 등의 한독당 세력을 가리키는 것이었다.[17] 극우정객의 당사자로 지목된 김구는 10월 27일 중앙사 특파원과의 회견에서 극우 세력이 관련되었다는 정부 발표를 바로 부정했다. 김구는 "극우분자가 금번 반란에 참여했다는 말을 이해할 수 없다. 그들은 극우라는 용어에 관하여 다른 해석을 내리는 자신만의 사전을 가지고 있는 것으로 보인다"라며 자신에 대한

14) 『한성일보』, 1948. 10. 30.

15) 『연합신문』, 1949. 2. 9.

16) 오동기가 구속된 것은 그가 소개하여 입대한 두 사람이 최능진의 선거운동을 도와줬기 때문이었다. 하지만 오동기는 최능진과 만난 적도 없었다. 국방부 전사편찬위원회, 1967, 『한국전쟁사1－해방과 건군』, 485~486쪽을 참고.

17) 서중석, 1995, 「정부수립 후 반공체제 확립과정에 대한 연구」, 『한국사연구』 90호, 434쪽.

모략선전을 적극 부인했다.[18]

여순사건 관련 의혹에서 벗어나려는 듯, 김구는 여순에서 순진한 청년들이 '용서할 수 없는 죄'를 범했으며 당국 발표에 의하면 '반도들의 목적은 북한정권을 남한에 연장시키려는 것'으로 보인다고 하여 공산주의 세력의 확장을 우려했다. 10월 30일 여순사건에 대한 담화에서도 여수·순천 등지의 반란을 '집단테러활동'이라고 표현하고 "부녀, 유아까지 참살했다는 보도를 들을 때에 그 야만적 소행에 몸서리처지지 않을 수 없다"라고 했다. 김구는 이 담화에서 국민들에게 감정을 억제하고 동족상잔에서 동족상애의 길로 매진할 것을 호소하는 한편 사건이 빨리 종식되기를 바란다고 했다. 하지만 김구는 여수와 순천에서 공산주의자들에 의해 수많은 살상이 무자비하게 이루어지고 있다는 정부 발표를 아무런 의심 없이 받아들였고, 공산주의자들의 난동이 문제라는 인식을 갖고 있었다. 이러한 맥락에서 김구의 여순사건에 대한 인식은 이 사건을 공산주의자들의 난동으로 인식한 정부의 맥락과 크게 다르지 않았다.[19]

그러면 당시 군대를 주둔시키고 있었으며 여순사건이 일어나던 당시에도 군을 지휘하고 있었던 미군은 여순사건의 주동자를 어떻게 파악하고 있었을까?

미군은 기본적으로 이승만 정권의 안정에 깊은 관심을 갖고 있었고, 김구의 한독당 세력과 국회 소장파 세력을 이승만 정권을 위협하는 불안요소의 하나로 보고 있었다.[20] 미 임시군사고문단원은 한국의 미래는 이승만 정권이 얼마나 '반대파'들을 빠르고 확실하게 장악할 수 있는가에 있다

18) 『한성일보』, 1948. 10. 28.

19) 『서울신문』, 1948. 10. 31(국사편찬위원회, 1998, 『자료 대한민국사』 8, 896쪽). 김구가 자신의 정치적 입장을 정리하여 발표한 『자유신문』, 1948. 11. 1(국사편찬위원회, 위의 책 9권, 2쪽)도 참고.

20) 제1공화국 부통령 선거 때, 김구는 제1차 투표와 최종 투표에서 60여 표를 넘는 지지를 받았다. 이에 대해 미군은 김구의 영향력이 상당히 지속되고 있는 것으로 파악했다(HQ. USAFIK, *G-2 Perodic Report* No. 890, 1948. 7. 21).

고 느끼고 있었다.[21] 분명하게 밝히지는 않았지만 미군은 반란이 김구 세력과 관련이 있을 가능성이 있다거나 김구의 쿠데타설이 나돈다는 식으로 김구의 혐의를 계속 주목하고 있었던 것은 사실이다.[22] 이런 기본적인 시각에도 불구하고 미군은 여순사건을 김구 세력이 일으켰다고는 언급하지 않았다.

여순사건의 경위에 대한 10월 23일 주한미군사령관 쿨터(John B. Coulter) 소장의 발표에서는 반란을 일으킨 주동자가 제주도로 떠나기 위해 대기 중이던 장교와 경비대원이라는 언급만을 하여 정부 발표와는 대조를 이루었다. 대한민국 정부 측을 인용하여 말한 대목에서조차 "이번 반란은 반란을 구실로 제주도에 출전했던 경비대원 중 사상을 달리하는 자들에 의한 것이고 그 혼란을 신속히 이용하는 민간 공산주의자들의 가담에 기인한 것으로 사태는 곧 진압할 수 있다 한다"고 하여 반란의 주모자를 일부 군인들로 국한시키고 있었고 극우정객이나 혁명의용군 등 정부가 반란의 핵심 분자로 지목한 인물들에 대해서는 아무런 언급도 하지 않았다.[23]

한편 순천이 진압된 뒤인 24일에 이곳을 방문했던 서울주재 미 외교관은 반란지의 실정을 국무성에 보고했다. 이 보고를 기초로 하여 27일 미 국무성 맥더모트(McDermot) 대변인은 여순사건에서 남로당이 활동했다고 발표했다.[24] 이 같은 미국 측의 파악은 반란 원인, 주체 세력 등의 내용에서 볼 때, 극우정객 결탁을 운운하는 당시 정부의 공식 발표와는 꽤 큰 차이가 있었다.

또한 당시 언론은 김태선 수도청장의 발표 자체는 크게 보도했지만, 이후 기사에서는 봉기에 우익 정치인이 관련됐다는 식으로 보도하지는 않았

---

21) R. K. Sawyer, 1962, *Military Advisors in Korea: KMAG in Peace and War*, Washington, D.C., Office of the Chief of Military History, Department of the Army), p.39.

22) 이에 대해서는 서중석, 1997, 『한국현대민족운동연구』 2, 역사비평사, 178~180쪽을 참고.

23) 『세계일보』, 1948. 10. 24.

24) 『조선일보』, 1948. 10. 28.

다. 봉기가 일어난 지 8일이 지난 10월 27일 『서울신문』은 사설에서 '북한과 통보하거나 좌익분자의 사주를 받아서' 반란을 일으킨 병력을 대개 20대의 청소년으로 파악하면서 질서가 회복되고 이들이 속히 귀순할 것을 당부했지만 봉기군을 부추긴 책임이 일부 우익 정치인들에게 있다는 식의 비난은 없었다.[25)]

『동아일보』는 "이번 반란사건은 현 정부를 반대하는 좌익분자와 극우분자의 합작"이라는 정부 측 발표를 인용했지만 우익 정치인에 대해서는 언급하지 않은 채 사설의 실내용에 있어서는 "확실히 이번 전남사태가 일어나게 된 원인은 국련 결의를 거부하는 피방 좌익에 있는 것은 말할 것도 없거니와 그러나 이 사태수습에 대한 우리의 책임을 저버릴 수 없을 것이다"라고 하여 반란의 주동을 군인으로 파악하되 반란의 구조적 원인과 책임은 이승만 정권에게 돌리고 있었다.

생면부지의 사람이 모여서 혁명의용군을 조직하고 국가전복이라는 엄청난, 그러나 실제 내용은 허술하기 짝이 없는 엉성한 계획을 꾸몄다는 혐의로 기소된 혁명의용군 사건의 재판 과정은 정부 발표가 허구적이라는 것을 반증했다. 재판에서 최능진은 1심에서 3년이라는 가벼운 형량을 받았고, 서세충은 나이가 많다는 이유로 석방되었다. 하지만 최능진은 김구 암살 직후 옥중에서 단식투쟁을 했다는 이유 때문에 2심에서는 징역 5년으로 형량이 늘어났다.[26)] 오동기는 1948년 10월 1일 구속되어 남로당으로부터 전향한 수도경찰청 사찰과 정보주임 박일원으로부터 혁명의용군 사건의 내용과 배후를 고백하라는 혹독한 고문을 당했고, 1950년 2월 19일 군법회

25) 『서울신문』, 1948. 10. 27.

26) 1949년 5월 31일 개정된 1심 공판에서는 세 명에게 미군정법령 19호와 형법 60조가 적용되었고, 김진섭은 징역 3년 6개월을 받았다(『평화일보』·『연합신문』, 1949. 6. 1). 전쟁이 일어나자 서대문형무소에서 풀려났던 최능진은 1950년 11월 다시 김창룡에게 체포되었다. 1951년 1월 20일 사형을 언고받은 최능진은 2월 11일 경북 달성면 가창리에서 가족들도 전혀 모르는 가운데 총살되었다(안진, 1996, 『미군정기 억압기구 연구』, 새길, 245~269).

의에서 검사로부터 무기징역을 구형받았으나 재판에서 10년을 선고받았다.[27] 혁명의용군 사건은 이후 재판과정에서 무력공산혁명 혐의가 인정되지 않음으로써 이 사건이 조작되었다는 점을 증명했다.[28] 이후에 쓰여진 국방부 기록에서도 오동기가 생면부지인 최능진과 결탁하고 14연대의 김지회와 반란을 음모하기에는 14연대장 시절부터 한국전쟁 동안 일체 좌익에 협력하지 않는 등 행동거지가 너무나 명백하다고 밝히면서 그가 '무고하게 역적의 죄인'이 되었다고 적고 있다.[29]

반란의 진원지로서 김구 세력을 지목하고 이를 통해 공격을 취하고자 했던 이승만 정부의 의도는 김구가 관련설을 부정하고 일반 여론도 동조하지 않음으로써 효과를 발휘하지 못했다. 이는 김구가 가지고 있던 정치력과 신망이 혁명의용군 사건이라는 조작된 사건으로는 무너뜨리기 어렵다는 점, 아무리 눈엣가시라 할지라도 정치의 장에서 김구를 사라지게 하기에는 아직도 김구의 영향력이 건재하다는 사실을 말해주는 것이었다.

그러나 정부는 반이승만 정치세력에 대한 공격을 멈추지 않았다. 윤치영 내무장관은 29일 국회본회의에서 '의원의 자격'으로 반란사건에 관련된 정보를 비공식으로 발표했다. 윤치영은 28일 오후 기관총 2정을 휴대한 무장 폭도 약 40명이 강화도에 상륙했고 북측으로 향하는 것 같아서 이에 대응하기 위해 300명의 병력이 파견되었다고 말했다.[30] 또한 서울 시내에서 남로당원이 열 아홉 살 아이를 포함해 가족 네 사람을 찔러 죽인 사건이 있었으며 동대문 밖에서는 민애청원이 수류탄을 잘못 던져 자신이 죽은 사건이 있다고 발언했다. 그러나 이 사건들은 윤치영의 발언 이외에 다른 자료에 근거하여 보도되지 못했다. 즉 윤치영의 언급 이외에 다른

27) 국방부 전사편찬위원회, 1967, 앞의 책, 485~486쪽.

28) 유건호, 1982, 「여순반란사건」, 『전환기의 내막』, 조선일보사, 163~164쪽.

29) 국방부 전사편찬위원회, 1967, 앞의 책, 488쪽. 청렴한 우익으로 지낸 오동기의 14연대장 시절과 전쟁 직후의 일화에 대해서는 같은 책, 486~488쪽을 참고.

30) 『서울신문』, 1948. 10. 30.

증빙자료를 댈 수 없었던 것이다. 그의 발언 중 압권이었던 것은 국회의원들 6, 7명을 3일 간격을 두고 사형처분하려는 음모가 있다는 사실을 밝힌 것이다. 국회의원과 내무부장관을 겸임하고 있으면서 이승만을 열렬히 추종하던 윤치영은 마치 험악한 사태가 국회의원들에게 곧 닥쳐올 것처럼 떠들면서 정부의 여순사건 대응 방식에 비판적인 국회의원들을 위협했던 것이다.[31] 국회의원들의 신분이 위험한 상태에 있다면 그것은 국내 치안을 책임지고 있는 내무부장관이 적극적으로 나서서 처리해야 할 일이었다. 하지만 윤치영은 국회의원 암살음모를 국회에서 언급함으로써 의원들을 협박하고 공포 분위기를 연출하려고 했던 것이다.

윤치영의 이러한 발언은 국회 내에 있는 이승만 비판 세력을 위협하려는 의도에서 나왔다. 이승만 정권의 주요한 공격 대상은 국회에서는 소장파 세력, 원외에서는 김구 등의 한독당 세력이었다. 결국 정부는 여순사건을 이들 세력의 활동을 제어 · 제거하는 계기로 이용하려고 애를 썼던 것이다.

여순사건이 14연대의 봉기와 이에 따른 지방 좌익 세력 참여로 발발했음에도 불구하고 여순사건 직후의 정부 대응은 정치적 반대 세력인 김구를 고사시키려는 의도를 분명히 보여준 것이었다. 비록 김구와 한독당 세력이 5 · 10단독선거를 거부하여 제도권 내로 진입하지는 못했지만, 남북협상을 통한 국토통일 · 민족통일의 노선은 광범한 민중의 지지를 받고 있었다. 한편 국회 내 소장파는 주한미군 철수나 반민족특별법 제정을 통해 민족주의적인 노선을 적극 표명했고, 이후 농지개혁법 제정 과정에서는 농민의 이익을 옹호했다. 이 같은 국회 내 소장파의 노선은 김구의 그것과 똑같다고는 말할 수 없으나, 반이승만 세력의 결집이라는 측면에서 김구와 국회 소장파의 결합은 충분히 예상할 수 있는 것이었다.

한민당이 스스로 야당의 역할을 자임하고 김구의 한독당과 국회 내 소

31) 『국회속기록』 제1회 제91호, 686~687쪽.

장파가 반이승만 세력으로 결집될 가능성이 높아지고 있는 상황에서 이승만 정권은 여순사건을 활용하여 우익 지배층의 역학관계를 재편하고 이승만의 의지가 관철될 수 있는 안정적인 정치지형을 만들고자 의도했던 것이다. 정부는 여순사건을 정부의 실정에서 비롯된 밑으로부터의 저항이 아니라 일부 우익 세력에 의한 쿠데타적 행동으로 국민에게 선전함으로써 이를 계기로 정치세력을 재편하는 데 활용하려고 했다. 그러나 여순사건을 이용하여 정적을 압살하려던 이승만 정부의 시도는 성공하지 못했다. 그것은 이듬해 김구 암살과 국회프락치사건으로 이루어진다.[32]

2. 공산당 음모로서의 여순사건

김구가 여순사건 관련을 분명하게 부인하고 일반 여론도 호의적이지 않자, 권력에서 소외된 극우정객과 공산주의자들이 합동으로 반란사건을 일으켰다는 정부의 발표는 민간 공산주의자들의 행동으로 그 범위가 점차 변화하게 된다. 이 같은 정부의 입장 변화는 여수에 대한 초기 진압작전이 실패하면서 여순사건에 대한 불안감이 체제 위기로까지 확산될 조짐을 보이자 취해졌다. 반체제세력에 대한 적극적인 대응을 통하여 위기를 돌파하려는 이승만 정부의 책략은 여순사건의 주체를 소련과 북한을 포함하는 좌익 반체제 세력으로 설정하게 했다.

김형원 공보처 차장은 일반인들은 여수 14연대가 반란을 일으키고 민중

---

32) 안두희는 김구를 암살하는 날, 김구를 만난 자리에서 그의 정치노선을 반박했다고 재판정에서 밝혔는데, 그 중 첫 번째는 '왜 여순사건을 일으켰느냐'는 것이었고, 다른 한 가지는 왜 공산당과 손을 잡으려는가였다. 김구가 여순사건의 배후조종자라는 안두희의 인식은 여순사건 발생 직후 이승만 정부가 발표한 내용과 동일한 것이다. 여순사건과 김구를 연계시키려는 이승만 정부의 의도는 안두희의 발언처럼 김구를 공산주의자와 연결시킴으로써 그에 대한 반감과 거부를 불러일으키는 것으로 이용되었다(『국도신문』, 1949. 8. 3 ; 『경향신문』, 1949. 8. 6).

이 여기에 호응한 것으로 생각하고 있으나 사실은 '전남 현지에 있는 좌익 분자들이 계획적 조직적으로 소련의 10월혁명 기념일을 계기로 일대 혼란을 야기시키려는 음모를 획책하고 그들이 일부 군대를 선동하여 일으킨 것이다'라고 했다. 공보처 차장은 그 증거로 여수에서 사건이 시작되는 시각에 연락원이 병사로 뛰어 들어와 인민공화국 만세를 큰 소리로 외쳤고 600명의 군중이 삽시간에 모여 시위를 벌였으며, 봉기군이 순천을 점령하자 이미 조직되어 있던 인민위원회가 활동했고, 보성에서는 시민들이 환영하여 무혈 진주했다는 것을 들었다. 즉 반란의 주체는 14연대 장병이 아니라 계획적으로 조직된 민간 좌익들이라는 것이 발표의 요지였다.[33]

여기서 '연락원'이 누구를 지칭하는지는 확실하지 않다. 또한 600명의 군중이 시위를 벌였다는 점도 사실과 다르다. 봉기군이 순천, 보성 등지에 들어가기도 전에 먼저 민간인들이 호응한 것은 여순사건이 확산되는 과정에서 발생한 자연발생적인 양상일 따름이었다. 즉 여수가 봉기군에 무력으로 점령되고 그 세력이 커지면서, 14연대가 마을에 진입하기도 전에 이미 그 지역에서 지하 활동을 벌이고 있던 토착 좌익 세력이 기초적인 무장을 갖추어 경찰서 등을 점령하는 일들이 일어나곤 했던 것이다.[34]

공보처의 발표는 정부 조직의 한 부분인 국군 내부로부터 반란이 처음 일어났다는 점을 애써 외면함으로써 반란의 초기 주체가 국군임을 부정하고 그 책임을 민간인에게 떠넘기려는 의도에서 나온 것이었다. 또한 이 발표는 우익과 공산주의자들의 연합으로 사건이 발생했다는 정부의 초기 발표를 사실상 수정하고 사건의 주체를 민간 공산주의자로, 14연대 군인은 이에 종속되는 지위로 파악한 것이었다. 봉기를 일으킨 14연대의 연대장이었던 박승훈(朴勝勳) 중령도 여수에서 도망쳐 나와 가진 중앙청 기자단과의 회견에서 여순사건은 '적색분자들의 계획적인 행동'이고 반란에 가

33) 『서울신문』, 1948. 10. 29.

34) 황남준, 1987, 「전남지방정치와 여순사건」, 『해방전후사의 인식』 3, 한길사, 448~449쪽.

담한 군인은 일개 대대의 병사 500명이었다고 밝혔는데,[35] 이는 정부의 입장과 동일한 것이었다.

정부가 여순사건을 공산주의자들의 폭동으로 선전하기 시작하면서 이제 불똥은 북한 공산주의 세력으로 튀었다.

진압군이 순천과 여수를 완전히 점령한 뒤인 11월 3일 국방부는 '전국 동포에게 고함'이라는 벽보를 각지에 살포했다. 이 벽보에는 먼저 여순사건을 '민족적 양심을 몰각한 공산도당의 조직과 명령을 통하여……대한민국 정부를 파괴'하는 것이라 비난하는 한편 '소련제국주의의 태평양 진출정책을 대행하려는 공산당 괴뢰정권의 음모'라고 규정했다. 이제 여순사건은 반도 남쪽의 한 지방에서 이승만의 실정에 반항하여 일어난 사건이 아니라 한반도에서 소련 지배권을 확대하려는 국제 공산주의 운동의 한 부분으로 인식되었고 선전되었다.[36]

여순사건의 주체에 대한 규정은 이런 식의 냉전적 설정으로 이동했다. 실제 사실은 그리 중요하지 않았다. 또한 분명히 확인되지도 않는 것이었다. 중요한 것은 이런 뒤바뀜을 통해 내부 갈등의 책임을 밖의 확인되지 않은 실체에게 떠넘김으로써 지배층의 실정을 은폐하는 효과를 거둘 수 있었다는 점이다. 또한 이 사건이 기본적으로 내부 갈등 때문에 일어났음에도 불구하고 외부의 사주로 몰아감으로써 사건 주체의 정당성을 박탈해 버리는 효과도 가져올 수 있었다.

남북통일을 위한 평화협상 세력과의 투쟁을 통해 정권을 획득한 이승만 정권은 이러한 적대 관계의 심화를 통해서 자신의 정권을 공고히 할 수 있었다. 따라서 적에 대한 대응 또한 분명하게 취할 필요가 있었다. 이승

---

35) 『서울신문』, 1948. 10. 29. 박승훈 중령은 옷을 갈아입은 후 몇 명의 호위병과 함께 22일 밤 목선을 타고 목포로 탈출했다. 박중령보다 더 높은 지위에 있던 채병덕이나 정일권의 기자회견이 보통 지방 현지에서 이루어진 것에 비해 박중령의 기자회견이 중앙청 기자단과 이루어졌다는 점은 특이하다.

36) 『평화일보』, 1948. 11. 5.

만 세력이 여순사건의 진상을 실제로 어떻게 인식했건 간에 국민을 향한 이 같은 발표는 이승만이 앞으로 취할 태도와 대응 방향을 규정했다. 적을 창조하는 작업은 적에 대한 대응을 동반하게 된다. 대한민국 정부가 수립된 지 두 달이 조금 지난 뒤에 발생한 이 사건의 처리야말로 정부의 통치 능력을 대내외에 보일 수 있는 리트머스 시험지나 다름없었다. 정부 발표대로 남한 정부를 와해시키기 위해 북한과 연계된 남한의 좌익들이 여순사건을 일으켰다면, 이에 대해서는 당연히 철저한 진압이 필요한 것이었다. 이와 같이 정부 발표에는 이승만 정권이 취할 대응 방안이 전제되어 있었다.

실제 사실과는 달랐지만, 이승만 정부가 체득하고 있는 냉전논리하에서 이 같은 연결은 자연스럽고 당연한 것이었다. 그리고 이러한 논리적 연결고리는 다시 전 국민에게 주입되면서 기정사실로 되어갔다. 여순사건이 북한 '공산당 괴뢰정권의 음모'에서 비롯된 것이라는 정부의 과장 선전은 여순 지역에 대한 군경의 강경 진압에 면죄부를 주었다. 그리고 여·순 지역민들은 진압과정에서 발생한 생명과 재산 피해를 어디에도 하소연하지 못한 채 그 고통을 고스란히 감내해야만 했다.

이승만 대통령의 11월 4일 담화는 이러한 시각 속에서 나온 강경한 입장 표명이었다. 이 담화에서 이승만은 "모든 지도자 이하로 남녀아동까지라도 일일이 조사해서 불순분자는 다 제거하고 조직을 엄밀히 해서 반역적 사상이 만연되지 못하게 하며 앞으로 어떠한 법령이 혹 발포되더라도 전 민중이 절대 복종해서 이런 비행이 다시는 없도록 방위해야 될 것"이라고 말했다.[37] 불순분자 제거를 위해서는 어린아이까지 일일이 조사해야 한다는 강도 높은 발언은 대통령의 직위에 맞지 않는 고압적이고 격한 내용으로 채워져 있었다.[38]

---

37) 『국제신문』·『수산경제신문』, 1948. 11. 5.

38) 이승만은 여순사건이 발생한지 12년이 지난 1960년 4월 15일, 4월혁명이 있기 며칠 전 다시 여순사건을 언급했다. 그는 격렬해지는 마산시위의 배후에는 공산당

국회의원에 대한 암살계획이 있다고 위협했던 윤치영 내무부장관은 이제 국회 차원을 넘어 국민과 전 사회를 향해서 발언하기 시작했다. 11월 8일 윤치영은 북한의 최소한 8개 도시에서 공산지배에 반대하는 광범한 폭동이 1주일 전부터 일어났다고 발표했다. 그는 "평양, 신의주, 원산, 함흥 기타 4개 도시는 폭동에 휩쓸려 들어갔으며 원산의 6천 명의 반도 전부는 학살된 것으로 보인다"라고 했다.[39] 폭동이 일어난 원인은 '소련 지구'의 배고픔, 빈곤, 압박 때문이며 이 폭동은 비조직적이어서 실패했다고 말했다. 또한 이름을 밝히지 않은 정부 각료 중 한 사람은 "폭동은 4일 전에 발생했으며 19만 명이 이에 참가했다. 함흥시의 1만 2천 명의 폭도는 북한인민군 기관총 지점을 점령하고 기관총으로 말살하려는 인민군의 기도를 물리친 다음 시를 돌격 점령했다"라고 하여 윤치영이 밝힌 것보다 더 큰 규모의 폭동이 일어났음을 시사했다.

남한의 남안(南岸)에서 군 반란이 터진지 며칠도 되지 않아 북한에서 폭동이 일어났다는 소식은 큰 뉴스였다.[40] 더욱이 소련군 철군이 있을 때에 19만 명의 인민이 폭동을 일으켰다면 여수·순천의 전 인구를 합한 것보다도 많은 대단한 규모였고, 8개 도시라면 북한의 주요 도시는 거의 포함된 셈이었다.

윤치영은 북한 지역의 폭동을 남한지역에서 발생한 반란과 연관시켰다.

이 있는데, 이들이 어린 아이들을 선동하고 있다며 "과거 전남 여수에서 공산당이 일어나서 수류탄을 가지고 저희 부모들에게까지 던지는 이런 불상사는 공산당이 아니고는 있을 수 없는 것"이라는 내용의 담화를 발표했다(『서울신문』, 1960. 4. 15. 석간). 여수에서 어린아이가 자기의 부모에게 수류탄을 던졌다는 사실이 언급된 것은 이승만의 이 담화가 처음인데, 이렇게 이승만은 자기 입맛에 맞는 역사를 창조했다.

39) 『경향신문』, 1948. 11. 10.

40) 북한폭동에 관한 기사는 AP－합동발과 고려－중앙발 두 기사로 공급되었다. 남한의 거의 모든 일간지는 일제히 1면 또는 사회면을 통해 이 두 가지 기사를 크게 보도했다. 『서울신문』·『한성일보』·『민주일보』·『독립신문』·『평화일보』·『대한일보』, 1948. 11. 10 ; 『호남신문』·『동광신문』, 1948. 11. 11.

그는 청진 · 함흥 · 원산 · 해주 · 평양 등지로 확대되는 북한의 대소동은 순천 · 여수 반란사건으로 인한 남한 공산화를 우려한 민중들이 각지에서 호응하여 일으킨 것이라고 자신의 원망(願望)을 섞어 자의적으로 해석했다.[41] 윤치영은 이 보도의 출처를 말할 수 없다고 하면서 정보를 독점했지만,[42] 더욱 더 중요한 문제는 북한에서는 이러한 폭동이 일어난 사실이 없다는 점이다. 이 시기 북한에서는 어떠한 폭동도 발생하지 않았다. 사실상 북한에서는 아무런 상황도 발생하지 않은 채 조용하게 시간은 지나가고 있었던 것이다.

그럼에도 11일 공보처는 북한 폭동설을 다시 한번 주장했다. 그러나 이 발표에서는 북한의 8개 도시 폭동은 전혀 언급도 되지 않은 채 단지 청진에서 폭동이 일어났다는 말을 김관영이라는 사람이 '들었다'고만 발표했다.[43] 북한 폭동설의 진위에 대한 의심은 처음 보도 때부터 흘러나왔다. 윤치영의 발표를 보도하면서 통신사는 이 소식을 '다른 소식통으로부터 확인을 할 수 없다'거나 '월남민은 이에 관해 아무 것도 모른다'는 식으로 언

---

41) 북한 폭동 소식에 대해 한독당은 "이 사건에 대하여 아직 무어라고 말할 수 없다. 그러나 그런 사건은 발발할 수 있는 것이다"라고 하면서 덧붙이기를 "우리 한독당의 당세는 남한보다 북한에서 더 강력하다는 것만은 밝힐 수 있다"라고 하여 암시적으로 북한에서의 폭동을 한독당의 위세와 관련시켜 해석하기를 요구했다. 조민당 선전부장도 "이런 사건이 있음직도 하고 앞으로 계속하여 발발할 수 있을 것이다"라고 하여 정부 발표를 인정하는 태도를 취했다(『경향신문』, 1948. 11. 10).

42) 윤치영은 북한 폭동이 '근거있는 사실'이라고 계속 강조했다(『경향신문』, 1948. 11. 10).

43) 『대동신문』, 1948. 11. 12. 이 발표를 통해 한국 정부가 어떻게 북한 폭동설을 입수했는지 밝혀졌다. 이 소식을 알린 사람은 평북 의주군에 거주하는 김관영인데, 그는 11월 1일 신의주를 출발하여 원산을 거쳐 5일 서울로 왔다는 것이었다. 그의 경로나 처지로 볼 때 그 정보는 대단히 신뢰하기 어려웠다. 실제로 공보처 발표문에서도 주요한 내용은 북한 폭동이 아니었다. 그것은 쏙 빠져버린 채, 소련군의 철군이 민중생활의 어려움을 가중시키고 있다는 점들이 나열되었다. 이 발표를 통해 정부가 말하고자 하는 핵심은 북쪽은 강제적으로 질서가 잡힌 것에 비해 "남(南)은 한계 없는 자유로 국가를 좀먹는 도배(徒輩)가 없지 않은 것은 비통한 일이다"라는 발표문 마지막 부분에 있었다.

급하고 있었다. 하지만 이는 단편적 지적이었을 뿐이었다. 그러던 중 38선 경계를 책임지고 있어 이북으로부터의 소식을 민감하게 점검하고 있던 제1관구경찰청의 사찰과는 10일 '이북 폭동에 대하여 하등의 정보가 입수되지 않았다'고 하여 사실상 윤치영의 발표를 부정했다.[44]

미군도 내부의 정보보고서에서 윤치영의 발표 내용은 확인되지 않은 것이라며, 그의 발표는 이전에 작성된 미국의 북한정보 보고서와 같은 내용일 것이라고 추측했다.[45] 2주 전 작성된 미군 보고서는 북한에서 발생한 10여 명 학생들의 체포 소식과 10월 19일 고등학생과 대학생이 참가한 폭동 소식 두 건을 전하고 있었다. 미군은 이런 종류의 보고가 최근 11건이 접수됐지만 북한에 조직된 저항이 있다는 것은 의심스럽고 북한인들이 잠재적으로는 적대적일지라도 감옥으로 가게 되거나 노예노동 같은 이송 그리고 식량배급증 박탈이 두려워 자제하고 있다고 논평했다.[46]

최소 8개 도시, 6천 명 사망이라는 윤치영의 북한 폭동설 발표는 내무부장관으로서 엄청난 거짓말을 한 셈이었다. 윤치영의 이와 같은 허황된 발표에 대해 미군은 '남한에서 광범한 폭동이 일어났다는 북한 주장에 대한 보복수단'이라고 평가했지만, 실제 이 발표의 수신인은 북한이 아니라 남한 민중이었다. 즉 윤치영은 남한의 여순사건이 가져올 신생정부의 위약성과 정통성 부재를 외부의 북한정권에 대항한 더 큰 규모의 반란에 관심을 돌리게 함으로써 문제를 회피하려 했던 것이다. 북한에서 공산정권과 소련군의 학정에 반대하는 수만 명의 봉기가 일어나는 판에 남한에서 공산주의적 색채를 띤 반란은 용납될 수 없다는 근거도 이 발표는 제공하고 있었다.

비록 정보에 대한 사실 파악은 달랐을지언정 정부가 북한의 침략성을

---

44) 『세계일보』, 1948. 11. 12.

45) HQ. USAFIK, *Intelligence Summary North Korea*, #165, p.30.

46) HQ. USAFIK, *Intelligence Summary North Korea*, #163, p.33. 미군은 이 두 가지 정보에 대해서 F-6, F-4라는 낮은 등급의 신빙성을 부여했다.

강조함으로써 내부 갈등을 봉합하고 적을 단일화시켰던 전략은 미국 측의 한국 상황에 대한 대처 방안과 동일한 것이라는 점에 주의를 기울일 필요가 있다. 주한특별대표부 무쵸는 국무장관에게 보내는 11월 19일자 전문에서 쿨터 장군과 무쵸 자신은 한국의 대통령, 국무총리, 내무장관에게 "오늘날 가장 필요한 것은 냉정한 자신감과 정부 내외의 비공산주의자들에게 공산주의자들이야말로 진짜 적이라는 것을 끊임없이 상기시켜주는 것이라고 지적"했던 것이다.[47] 미국의 이 같은 대한(對韓) 전략의 구상은 사실상 수십 년간 한국의 정치를 규정했다고 해도 과언은 아닐 것이다. 그러나 이승만 정부에게서 '냉정한 자신감'은 실재하지도 않은 극우·극좌 세력의 혁명의용군 사건과 북한폭동설이라는 '냉혹한 거짓말'로 나타났고, '적에 대한 끊임없는 상기'는 진짜 적(공산주의자)에 반대하지 않는 사람은 적과 동일한 목적을 가지기 때문에 곧 나의 적이 된다는 편협한 유아독존의 생존 논리와 '끝없는 대적 의식'으로 나타나게 되었던 것이다.

이승만 정부의 각료들이 거짓말과 허위 보고를 남발한 데는 신생정부의 근간인 군 내부에서 반란이 터져 나왔다는 사실 자체가 정부 통치력에 결정적 흠이 될 수 있었기 때문이었다. 또한 이 사건에 민간인까지 가담했다는 것은 이승만 정부의 실정에 따른 민간인의 광범한 이탈이 있다는 것을 의미했다.[48] 따라서 이승만 정부는 유엔의 한국 승인을 앞두고 있는 마당에 국민의 지지를 획득하지 못한 허약한 정부라는 것이 드러나는 것을 결코 인정할 수 없었고 이를 은폐시키려는 시도가 필요했던 것이다.

이승만 정부의 거짓말은 여순사건의 진압과정에서도 나타났다. 10월

---

47) *Foreign Relations of the United States 1948*, pp.1332~1333.

48) 여순사건 발생에 대해 서울 AP특파원은 "이 반란사건은 지난 8월 15일에 겨우 수립된 대한민국에 대한 최초의 큰 시련이었다"라고 논평했고 미국의 포스트지는 "이승만박사의 정부가 반란에 대하여 확고한 태도로서 처리할 수 있느냐 없느냐는 즉 안전과 독립을 요구하는 대한정부의 시금석이 될 것이다. 그리고 동 반란사건은 한국문제가 토의를 기다리고 있는 유엔총회의 행동에 필경 영향을 주게 될 것이다"라고 보도했다(『경향신문』, 1948. 11. 3).

22일에 여수와 순천이 이미 탈환되었다고 한 공보처장의 23일 발표나 이를 그대로 반복한 대통령 기자회견은 허약한 정부라는 인식에서 벗어나려는 거짓 발표였다.[49] 순천은 23일, 여수는 27일이 되어서야 진압군이 장악할 수 있었다.

이승만 정부의 여순사건 주체 세력에 대한 규정이 이동된 것을 정리해보면 맨 처음에는 ① 우익과 공산주의자의 연합이라는 초기 발표에서 ② 민간인 공산주의자가 주동이 되고 군인 일부가 일으킨 것으로 변화되었으며 마지막에는 북한으로 그 화살을 돌려 ③ 소련-북한-남한의 공산주의자들로 바꾸어 발표했다. 김구 세력을 공격하려는 이승만 정부의 초기 시도가 실패한 것이 분명해지자 공산주의자들로 그 방향을 바꾸었던 것이지만, 사건의 진상을 비껴가면서 정부 책임을 회피하려 한 점은 정부의 변함없는 일관된 의도였다고 볼 수 있다.

북한 정권의 여순사건 인식

이승만 정권이 여순사건을 인식하는 시각과 틀은 북한정권과 비슷한 점이 있었다. 북한은 10월 22일부터 평양 조선중앙통신발로 「소위 국방군 여수 14연대, 단정을 반대하여 무장폭동」이라는 제목으로 여순사건을 처음 보도했다. 총 4면으로 발행되던 『투사신문』의 1면은 항상 남한 소식을 보도하는 면으로 고정되어 있었는데, 여순사건이 발발하자 약간의 시간 지체가 있었지만 남한의 통신사와 AP 통신사 등의 기사를 상세히 소개했다. 이 신문은 10월 22일 여순사건이 보도된 이래 거의 매일 현지의 전투상황과 이승만 정부의 대응을 소개했다.

북한 정권은 봉기를 일으킨 사람들이 북한정권을 지지했다는 사실을 크게 부각시켰다. 10월 29일 『투사신문』은 봉기군이 "조선민주주의인민공화

[49] 『동광신문』, 1948. 10. 24.

국"을 절대 지지한다는 주장을 보도했다. 이러한 보도 태도는 이후에 더욱 강화되었다. 남한정부를 '괴뢰정부'라고 일관되게 지칭하던 북한은 진압군의 여수 함락을 보도하면서 "인민공화국 국기를 사수하면서 끝까지 과감하게 반격을 가하여 적에게 큰 타격을 주었다"라고 보도하였다. 북한의 보도는 남한의 봉기가 얼마나 북조선을 지지하였는지, 이승만 정부는 얼마나 인민을 학살하고 있는지에 대한 폭로에 맞추어져 있었다.

여순사건을 바라보는 이와 같은 태도는 여순사건에 대한 역사적 평가에 그대로 이어졌다. 북한의 연구들은 여순사건을 '미제의 식민지 예속화 정책과 리승만 괴뢰도당의 반인민적 파쑈 테러 통치'에 반발하여 일어난 '애국적 군인들과 남조선인민들의 투쟁'으로 평가하면서,[50] 남쪽 인민들이 '김일성 만세!' '조선민주주의인민공화국 만세!'를 외치며, '공화국 정부의 정강을 남조선에도 실현시키기 위하여 적극적이고 희생적인 투쟁을 전개'했다는 점을 강조하고 있다.[51] 북측의 시각으로 보면, 여순사건은 북의 인민공화국의 체제의 우월성을 입증하는 사례라고 볼 수 있다.

북한의 백과사전 '려수군인폭동' 항목은 봉기 주체와 사건의 성격에 대해 '남조선 괴뢰군 제14련대 군인들이 미제의 식민지 파쑈통치를 반대하고 민주주의와 조국의 통일 독립을 지향하여 일으킨 대중적 무장폭동'으로 서술하고 있다.[52] 북한은 여순사건이 군인뿐만 아니라 지방 좌익 세력들이 참여했다는 것을 부정하지는 않지만, 중심은 군인에 두어져 있다.

그리고 봉기 세력의 주장은 주로 북한 정권을 지지하는 내용으로 채워져 있다. 예를 들면, 백과사전은 "폭동군인들과 인민들은 '김일성 장군 만세!', '조선민주주의인민공화국만세!', '남조선단독정부를 반대한다!' 등의 구

---

50) 정종균, 1982, 「려수군인폭동의 영향 밑에 일어난 남조선괴뢰군내 애국적 군인들의 투쟁」, 『력사과학』 3호, 24쪽.

51) 김광일, 1949, 「조선민주주의인민공화국 기치를 높이 들고 구국투쟁에 총궐기한 남조선인민들의 영웅적 투쟁」, 『근로자』 제2호, 29쪽.

52) 백과사전출판사, 1998(주체87), 『조선대백과사전』 7, 384쪽.

호를 웨치면서 괴뢰 정부의 통치기관들을 까부시고 려수, 순천을 비롯한 여러 지방을 해방하였다"고 서술하고 있다,

봉기 실패의 원인은 폭압적 탄압과 종파주의적 지도부에게 돌려지고 있다. '봉기한 애국적 인민들과 군인들의 영웅적 항쟁'에도 불구하고 폭동은 "미제와 그 주구들의 야만적인 탄압과 박헌영 간첩 도당의 잔악한 파괴, 와해 책동으로 말미암아 결정적인 승리를 이룩하지 못하였다"고 했는데, 이는 북한이 해방 후 남한에서 벌어진 대부분의 대중운동을 평가하는 방식이기도 하다.[53]

여순사건의 성격에 대한 남한 정부와 북한 정부의 규정은 정치적 목적은 다르면서도, 봉기 세력이 인민공화국을 지지했다는 점을 매우 강조한다는 점에서는 동일하다. 물론 인민위원회의 경우, 이승만 정부를 부정하고 인민공화국을 지지했으나 여순사건 전체의 흐름이 일관된 공산주의 이데올로기에 의해 진행된 것은 아니었다. 거기에는 공산주의적 색채와 함께 경제적 실정과 경찰 같은 통치기구에 대한 반감, 즉 반이승만 정부적 경향 등이 융합되어 있었던 것이다. 하지만 이승만 정부는 다양한 흐름 가운데 오직 하나의 흐름만을 부각시켜 이를 사건의 성격으로 규정해 버렸다. 정부가 여순사건을 북한의 조종을 받는 공산주의자의 난동으로 여순사건을 규정해버리면서, 이승만 정부의 실정을 비판하며 저항했던 비판적인 목소리는 역사에서 사라져 버렸다. 북한 또한 여순사건의 다양한 경향을 오직 하나의 언어('인민공화국 지지')로 구성하려고 시도했다. 이러한 관견(管見, 대롱이로 보는 좁은 시각)의 유사성은 적의 창출(making enemy)을 통해 상대방의 정당성을 박탈하고 자기 쪽 체제의 안정성과 우월성을 입증하는 논리 구조 속에서 탄생된 것이었다.

53) 백과사전출판사, 위의 책, 384쪽.

제4장 국군의 초토화 진압작전

1. 정부군의 진압작전

1) 초기 대응과 순천탈환작전

진압작전의 준비와 혼란(10. 20~10. 21)

여수항에서 제주도 파병 작업을 준비하고 있던 14연대 연대장 박승훈 중령이 봉기가 발생한 것을 안 것은 10월 19일 저녁 11시경이었다.[1] 이 소식은 다음날 새벽 1시가 넘어서야 상급부대인 광주 5여단(Camp Sykes)에 알려졌다. 들어온 소식에 따르면 여수 경찰서가 14연대의 기습을 받아 점령되었고 경찰관들의 행방도 알 수 없다는 것이었다. 광주 5여단과 같은 곳에 주둔하고 있던 4연대의 부연대장이었던 박기병은 상관의 공석으로 사실상 지휘 책임을 맡고 있었다.[2] 그는 일단 부대에 비상을 거는 한편 위

---

1) 佐佐木春隆, 1977,『한국전 비사－건군과 시련』상권, 병학사, 303쪽.

2) 佐佐木春隆, 위의 책, 321~323쪽. 박기병 소령은 새벽 1시 30분경 전남도경찰청간부로터 여수봉기 소식을 들었다. 이는 여수철도경찰국 교환수가 1시에 순천경찰서에 통보한 소식이 광주경찰서로 다시 전해진 것으로 보인다. 광주 제5여단장인 김상겸 대령은 제주도경비사령관에 임명되어 제주도에 가 있었고, 참모장인 오덕준은 제주에 파병될 14연대의 환송을 위해 여수에 있었다. 또 광주 주

병소와 무기고 · 탄약고 · 통신시설을 장교가 장악하도록 조치하고,[3] 즉각 서울에 있는 육군 총사령부와 미 임시군사고문단에 보고한 뒤 연대병력을 비상소집 했다.[4]

그 뒤 여수경찰서가 습격을 받고 궤멸했다는 소식이 전해지자, 4연대의 1개 중대가 순천 북쪽에 위치한 학구를 경유하여 순천으로 진입하기 위해 광주를 떠났고, 남은 병력은 출동을 준비했다. 1개 중대 병력은 봉기군에 맞서기에 충분한 숫자는 아니었지만, 순천에는 홍순석 중대가 주둔하고 있었기 때문에 이를 진압에 활용할 수 있다고 생각한 것이다. 하지만 이미 홍순석 부대는 봉기군에 합류한 상태였다.[5]

한편 10월 20일 아침, 전남 도청에서는 도내 각 기관장과 유지들이 긴급 회의를 열고 경찰국장의 상황 설명을 들은 뒤 대책을 논의했다. 전남도 경찰청은 최천(崔天) 부청장을 순천 방면으로 보내 경찰 병력을 지휘하도록 지시했다.[6]

여수봉기 소식은 서울에도 바로 전해졌다. 여순 진압작전의 전말을 정리한 미군 작전참모부(G-3) 보고서에는 미군 정보참모부(G-2)가 14연대의 봉기를 처음 알게 된 것이 봉기 다음날인 10월 20일 오전 9시이고 주한 미 사령관이 폭동을 확인하는 메시지를 접수한 것은 1시 30분이라고 했지만,[7] 미군은 이미 19일 심야부터 이상한 조짐들을 보고 받을 수 있었다.[8]

둔 제4연대장 이성가는 서울에 출장 중이어서 당시에 광주에 남아있던 최상급 장교는 4연대 부연대장인 박기병 소령이었다.

3) 장창국, 1984, 『육사졸업생』, 중앙일보사, 168쪽.

4) 국방부 전사편찬위원회, 1967, 『한국전쟁사1－해방과 건군』, 458쪽.

5) 백선엽, 1992, 『실록 지리산』, 고려원, 167~168쪽.

6) 장창국, 앞의 책, 168쪽.

7) G-3 Section, ⅡⅣ Corps, *History of the Rebellion of the 14th Regiment and the 6th Regiment of the Korean Constabulary*, 10 November 1948, p.2.

8) 10월 20일 오전 8시에 작성된 미군 정보참모부 보고서는 10월 19일 21시부터 20일 02시 사이에 여수에 있는 경비대원 40명이 반란을 일으켰고, 여수 시민들도 폭동을 일으켰다고 기록하고 있다(HQ, USAFIK, *G-2 Periodic Report*, 1948. 10. 20).

더욱이 봉기소식을 들은 4연대의 박기병 소령이 미 임시군사고문단에 보고했기 때문에 미군은 20일 새벽녘에는 사건의 개요를 파악할 수 있었다. 국방경비대 시절부터 고문단으로 일하면서 한국군의 창설에 중요한 역할을 했던 제임스 하우스만도 자신의 회고록에서 미군이 14연대 봉기 사실을 처음 보고 받은 것은 10월 19일이었다고 말하고 있다.[9)]

봉기 소식을 들은 서울의 미 임시군사고문단 수뇌부는 10월 20일 오전에 관계자 회의를 열어 대책을 논의했다. 이때는 이미 여수경찰서가 불타고 경찰이 숨졌다는 보고를 입수한 뒤였기 때문에 사건이 사소한 군경 충돌의 수준이 아니라는 것이 분명해졌을 때였다. 미 임시군사고문단장 로버츠(William H. S. Roberts)가 소집한 이 회의에는 미군 측에서 경비대 고문 하우스만(James H. Hausman), G-2 소속의 존 리드(John P. Reed), 전 5여단 고문인 트레드웰(J. H. W. Treadwell) 대위, 현 5여단 고문 프라이(Robert F. Frey) 대위가 참석했고, 육군에서는 채병덕 참모총장, 정일권 육군본부 작전참모부장, 백선엽 정보국장, 고정훈 정보장교가 참석했다. 이 자리에서는 여수 진압 작전을 지휘하기 위해 일단 광주에 반란군토벌전투사령부를 만들기로 결정했다.[10)]

이 회의를 주도한 것은 미 임시군사고문단이었다. 미군은 진압작전을 펼칠 때에는 미국인 군사고문단 장교를 대동하도록 했다. 하우스만은 미 임시군사고문단을 대표하는 작전 책임자로, 그리고 송호성 총사령관의 고문자격으로 반란군토벌전투사령부에 배속됐다.

반란군토벌전투사령부를 설치하기로 결정됨에 따라 채병덕 국방부 참모총장과 정일권 작전참모부장, 백선엽 정보국장은 미군 수송기를 이용하여

---

9) 짐 하우스만, 정일화(역), 1995, 『한국 대통령을 움직인 미군대위』, 한국문원, 171쪽.

10) G-3 Section, ⅡⅣ Corps, op.cit., p.3 ; 짐 하우스만, 위의 책, 171~172쪽 ; 백선엽, 앞의 책, 164쪽 ; HQ, Korean Military Advisory Group, Special Orders, 23 August, 1848 ; 3 January, 1949 ; 7 May, 1949, Arno P. Mowitz Jr. Papers, 미 육군군사연구소(USAMH, United States Army Military History Institute) 소장.

오후 3시 반에 광주에 도착했다.[11] 채병덕은 이날 오후 늦게 귀경하고 반란군토벌전투사령부를 지휘했던 정일권은 다음 날 귀경했기 때문에, 현지 진압작전 지휘는 백선엽 정보국장이 주로 맡게 되었다.[12] 실제로 반란군토벌전투사령부의 한국군 측 업무는 백선엽과 김점곤 두 사람이 통할했다.[13] 백선엽 정보국장은 반란군토벌전투사령부에서 참모장을, 김점곤 정보 과장은 작전·정보·병참 업무를 담당했다.[14] 박정희는 김점곤을 보좌하는 일을 맡았다.[15] 총사령관 송호성 준장 옆에는 미 군사고문관 하우스만 대위와 2명의 미 고문관이 작전을 도왔고, 나중에 다시 5여단 고문인 모어(Gordon D. Mohr)와 14연대 고문인 그린봄(Stewart Greenbaum)을 비롯한 5명의 미군 고문관이 보강되었다. 결국 반란군토벌전투사령부에는 미 임시군사고문단원 8명이 활동하게 된 셈이었다.[16]

구체적인 진압작전은 10월 20일 오후, 서울에서 군 지휘부가 광주에 도착한 후에 수립되기 시작했다.[17] 육군총사령부는 10월 21일 반란군토벌전투사령부를 광주 제5여단 사령부에 설치하고 총사령관에 송호성 준장을 임명하는 한편 진압작전에는 서울과 대북 경계를 담당하고 있는 병력 그리고 제주도항쟁을 진압하는 데 투여된 병력을 제외한 모든 병력을 동원하기로 결정되었다.[18]

---

11) G-3 Section, Ⅱ Ⅳ Corps, op.cit., p.3.

12) 佐佐木春隆, 앞의 책, 329쪽 ; 백선엽, 앞의 책, 165쪽. 정일권은 서울로 돌아가기 전, 박기병에게 4연대 지휘권을 위임했다(국방부 전사편찬위원회, 1967, 앞의 책, 458쪽).

13) 佐佐木春隆, 위의 책, 335쪽 ; G-3 Section, Ⅱ Ⅳ Corps, op.cit., p.4.

14) 佐佐木春隆, 위의 책, 335쪽.

15) 조갑제, 1998, 『내 무덤에 침을 뱉어라』 2, 조선일보사, 213쪽 ; 백선엽, 앞의 책, 165~166쪽. 박정희 이외에도 심흥선, 이수영, 한신, 이상국 등이 송호성을 수행하기 위해 광주로 내려왔다.

16) R. K. Sawyer, 1962, *Military Advisors in Korea: KMAG in Peace and War*, Washington, D.C., Office of the Chief of Military History, Department of the Army, 39쪽.

17) 존 R. 메릴, 1988, 『침략인가 해방전쟁인가』, 과학과 사상사, 208쪽.

이에 따라 대전(제2연대), 전주(제3연대), 광주(제4연대), 부산(제5연대), 대구(제6연대), 군산(제12연대), 마산(제15연대)에 주둔하고 있는 병력 가운데 총 11개 대대가 진압에 투입되었다. 이들 병력 중 제2연대는 원용덕이 지휘하는 제2여단으로 소속되었고, 제3, 4, 12연대는 김백일이 지휘하는 제5여단에 소속되었다. 제6, 15연대는 송호성 준장이 직접 지휘했다. 부산의 5연대는 해안경비대와 함께 여수 앞 바다에서 해상작전을 전개했다. (〈표 4-2〉를 참고)

한국 정부가 세워진 뒤 2개월 만에 군대에서 봉기가 일어난 초유의 사태에 접하여 군 수뇌부는 일단 상황을 파악할 필요가 있었다. 먼저 봉기군이 몇 명이나 되고, 이들이 어디로 움직이고 있는가를 파악해야만 했다. 이에 따라 진압 작전의 방향도 정해질 수 있었기 때문이다.

군 수뇌부는 14연대의 봉기가 다른 부대로 파급되는 것을 가장 우려했다.[19] 14연대에서 봉기가 일어났기 때문에 그 모체였던 광주 4연대의 동향도 예의주시해야만 했다. 봉기에 다른 연대가 추가로 가담할 수 있다는 우려는 미군보다 육군 지휘부가 더욱 강했다.

14연대의 진압을 위해 4연대 병력을 사용할 것인가, 그렇지 않을 것인가는 진압작전 초기에 쟁점이 되었다. 육군은 제4연대가 14연대 창설의 모체가 된 부대였으므로 봉기군에 동료의식을 갖고 있다고 판단했다. 그리고 4연대 선발 중대가 순천에서 봉기군에 합류한 사실은 이 점을 증명하는 것이었다. 이 같은 이유로 육군은 4연대를 진압작전에 동원하기를 꺼려했다.

18) 국방부 전사편찬위원회, 1967, 앞의 책, 459~460쪽 ; 육군본부, 1954, 『공비토벌사』, 15~16쪽 ; 존 R. 메릴, 앞의 책, 209쪽.

19) 佐佐木春隆, 앞의 책, 333쪽.

〈표 4-1〉 반란군토벌전투사령부의 지휘체계(1948. 10. 20~10. 30)

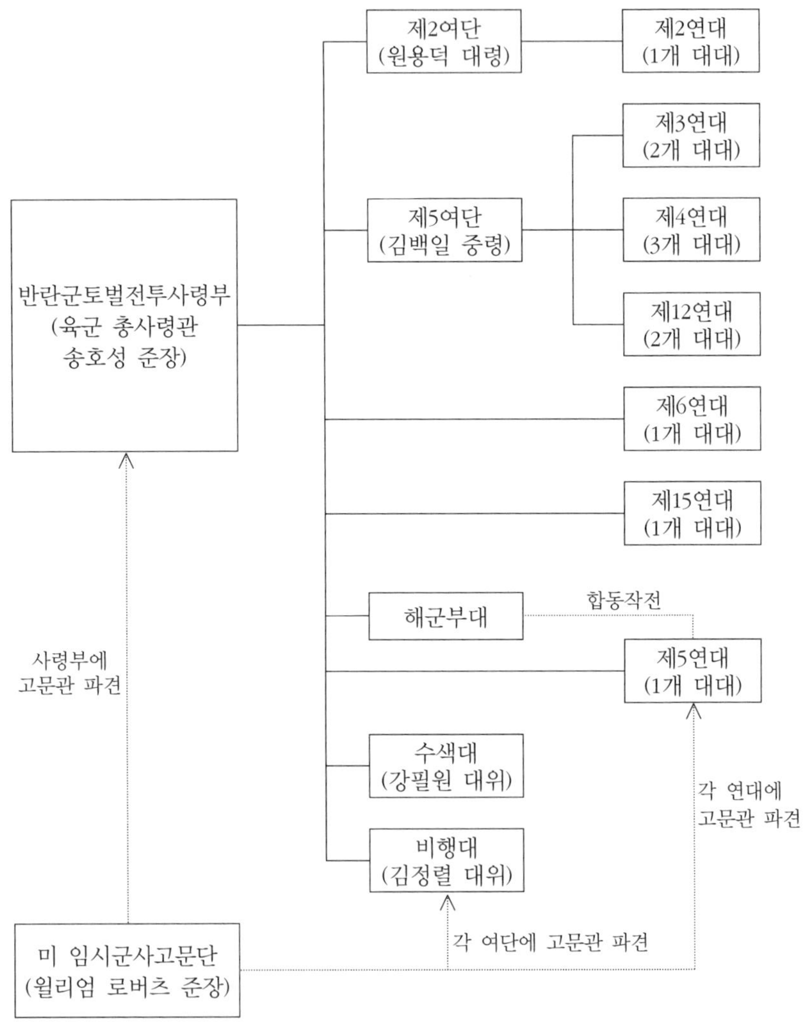

〈표 4-2〉 반란군토벌전투사령부의 구성

<table>
<tr><td rowspan="13">반란군토벌전투사령부</td><th>여단</th><th>여단장</th><th>연 대</th><th>연대장</th><th>상 황</th><th>출동 병력</th><th>지휘관</th><th>작전지역</th><th>봉기군</th></tr>
<tr><td>제2여단 (대전)</td><td>元容德</td><td>제2연대 (대전)</td><td>李明載</td><td>2개 대대 병력</td><td>1개 대대</td><td>崔鍾侖</td><td>학구→순천</td><td></td></tr>
<tr><td rowspan="4">제5여단 (광주)</td><td rowspan="4">金相謙 → 金白一 (10.21)</td><td>제3연대 (전주, 이리)</td><td>咸俊鎬</td><td>3개 대대 병력</td><td>2개 대대 +12연대하사관교육대</td><td>宋錫夏</td><td>전주→남원→학구→순천</td><td></td></tr>
<tr><td>제4연대 (광주, 나주)</td><td>李成佳</td><td>3개 대대 병력</td><td>3개 대대</td><td>朴基丙 (李成佳)
吳德俊</td><td>학구→순천(주력)
일부는 학구에 잔류→광양 보성</td><td>· 10월 20일, 1개 대대 순천에서 합류
· 광양 이동 중 4소대 이탈</td></tr>
<tr><td>제12연대 (군산)</td><td>白仁基</td><td>2개 대대 병력</td><td>2개 대대</td><td>白仁燁→ 白仁基→ 白仁燁</td><td>군산→광주→ 학구→순천 광양→백운산 추적</td><td>· 순천에서 제5중대(김응록) 봉기 합류</td></tr>
<tr><td>제14연대 (여수, 순천)</td><td>朴勝勳</td><td>지창수 등의 하사관 세력 주도로 봉기</td><td></td><td></td><td></td><td>· 10월 19일에 봉기</td></tr>
<tr><td rowspan="2">사령부 직속</td><td rowspan="2">사령부 직접 지휘</td><td>제6연대 (대구)</td><td>金鍾甲</td><td>1개 대대 제주도에 파병 중</td><td>1개 대대</td><td></td><td>보성</td><td></td></tr>
<tr><td>제15연대 (마산)</td><td>崔楠根</td><td></td><td>1개 대대</td><td>崔楠根→ 申尙澈</td><td>→하동→광양</td><td></td></tr>
<tr><td>수색대 (김포)</td><td></td><td></td><td></td><td></td><td>M-8형 장갑차 27량</td><td>姜必遠</td><td>순천, 여수 진압작전 참가</td><td></td></tr>
<tr><td>비행대 (김포)</td><td></td><td></td><td></td><td>일본으로부터 항공기 정찰</td><td>L-4형 연락기 10기</td><td>金貞烈</td><td>전남 동부지역에서 정찰, 연락업무</td><td></td></tr>
<tr><td rowspan="2">해안 경비대 + 제5연대</td><td rowspan="2"></td><td>제5연대 (부산)</td><td>張都暎</td><td>1개 대대 제주도에 파병 중</td><td>1개 대대 (21일 이후)</td><td>金宗元</td><td>부산→여수 해안</td><td></td></tr>
<tr><td></td><td>이상규 → 신현준</td><td>충무공정, 강계정, 태백산정, 김해정, 두만강정, 공주정, 구룡정, 천안호 (LST)</td><td></td><td></td><td>여수 해안 지역을 경비 및 상륙작전 담당</td><td></td></tr>
<tr><td colspan="5">반란군토벌전투사령부의 구성 : 송호성 사령관, 참모장 백선엽 육본 정보국장, 작전·정보·병참업무는 김점곤 정보과장이 담당. 박정희는 작전참모로 활동.</td><td>사령부는 제2여단과 제5여단을 지휘</td><td></td><td>이동 상황 : 광주 제5여단 사령부→주암 →순천에 설치</td><td></td></tr>
</table>

〈출전〉
- 佐佐木春隆, 1977, 『한국전 비사－건군과 시련』 상권, 병학사, 330~332쪽.
- 한용원, 1984, 『창군』, 박영사
- 국방부 전사편찬위원회, 1967, 『한국전쟁사1－해방과 건군』

* 검은 음영 부분은 봉기군을 표시한 것이다.

* 군대 이동은 관한 정확한 기록은 거의 남아 있지 않다. 이 표는 기존 문헌을 참조하여 참고용으로 작성하였다.

〈표 4-3〉 진압군의 날짜별 이동 상황

연대＼날짜	10월 20일	21일	22일	23일	24일	25일	26일	27일
제2연대	대전→남원			순천			1중대 여수	1중대 여수
제3연대	제1대대 전주	학구	학구					
	제2대대 구례 向	학구	학구	순천	광양	여수	여수	여수
	제3대대 학구	학구	보성	벌교	벌교	고흥	고흥	고흥
							1개 대대는 여수, 1개 대대는 구례로	
제4연대	2중대 광주→주암 向		보성	보성	광양	광양	순천 여수	일부는 나주
	1대대						구례, 지리산	구례, 지리산
	학구 (2개 대대)	학구	학구	순천				
				4연대 전반 순천	1대대는 보성으로	보성주둔	1중대는 여수	1중대는 여수
제5연대	부산		제1대대 부산→여수 해안	여수해안	여수해안	여수해안	여수해안	여수상륙
제6연대	대구 1대대 남원		지리산 북부 도로 차단. 남원	벌교	벌교	고흥	고흥	고흥
제12연대	제2대대 군산→광주→이리→학구	학구→순천	순천	순천→광양			여수	
	제3대대 군산→광주→이리→학구	학구→순천	순천	순천				
					여수에 연대급으로 참가, 구례도	여수공략, 대대급 지리산 (구례)	중대병력은 곡성에서 활동	
제15연대	제1대대 마산→하동	하동	하동	광양	광양→구례	구례	구례	구례
수색연대	서울→남원	순천	순천	순천	여수	여수	여수	여수

비행부대	전주 ; L5 5대 광주 ; L5 4대	여수·순천·광양 등 작전지역 비행정찰		광주: LN 9대	여수·순천·광양 등 작전지역 비행정찰			
제2여단					순천 주둔	순천주둔		
제5여단	광주		일부 병력 학구	순천	순천주둔	순천주둔	순천주둔	순천주둔
사령부		광주에 설치	광주	주암	주암	순천	순천	순천

〈출전〉

· 佐佐木春隆, 1977, 『한국전 비사－건군과 시련』 상권, 병학사, 330~332쪽.

· 한용원, 1984, 『창군』, 박영사

· 국방부 전사편찬위원회, 1967, 『한국전쟁사1－해방과 건군』

· G-3 Section, ⅡⅣ Corps, *History of the Rebellion of the 14th Regiment and the 6th Regiment of the Korean Constabulary*, 10 November 1948

· 6th Division, *Chronological Journal of Events 18 October 1948 to 21 November 48*

하지만 미국 고문단원들은 생각이 달랐다. 그들은 봉기가 빨치산 유격투쟁으로 전화하여 계속 말썽거리로 남게 되는 것을 가장 염려하여 시급한 봉기 진압을 주장했다. 하우스만은 14연대 봉기의 주도자는 40명에 불과하며, 봉기군 전체가 공산주의자이거나 공산주의 동조자로 볼 수는 없다고 주장했다. 하우스만은 만약 4연대가 봉기군에 합세하는 상황이 벌어진다면 다른 군대도 마찬가지일 것이고, 어느 정도 공산조직이 침투하지 않은 부대는 없으므로 4연대를 투입해야 한다고 주장했다. 그는 봉기 진압에서는 첫 조우가 매우 중요하며 이들에게 일차 공격을 가해 봉기군의 자만심을 꺾을 필요가 있다고 주장했다. 다른 부대가 봉기에 합류할 가능성이 있다하더라도 이를 제어할 마땅한 제재 방법이 있는 것은 아니었고 미 임시군사고문단의 영향력이 컸기 때문에, 하우스만의 주장은 관철되었다.[20]

여수봉기에 북한이 어떤 반응을 보일지도 염려되었다. 만약 이 봉기가 계획적이고 조직적으로 일어났다면 다른 연대뿐만 아니라 북한 인민군도 움직일 수 있기 때문이었다. 하지만 북한군은 별다른 움직임을 보이지 않

20) 짐 하우스만, 앞의 책, 175~176쪽 ; 존 R. 메릴, 앞의 책, 208쪽.

고 있었다. 따라서 문제는 봉기군이 현재 어떻게 움직이고 있는가를 파악하여 시급히 진압병력을 편제한 다음 작전을 시작하는 것이었다.

학구 전투

반란군토벌전투사령부에서 4연대의 병력 사용에 대해 고민하기 전, 4연대 일부 병력은 이미 작전에 투입되고 있었다. 제4연대 제2대대(박기병 소령 지휘) 병력 470명은 순천 북쪽에 위치한 교통 교차점인 학구리(鶴口里, 현재 순천시 서면)로 출발했다. 학구는 구례-남원 방면과 승주-화순-광주 방면으로 갈라지는 삼거리로서 순천에서부터 북상하는 봉기군으로서는 반드시 통과해야만 하는 요충지였다. 박기병이 지휘하는 대대가 10월 21일 학구 방면으로 갔을 때, 그곳에는 이미 최천(崔天) 부청장이 지휘하는 전남8관구경찰청 소속의 경찰관 200여 명이 있었다. 경찰과 4연대는 10월 20일 진압하러 먼저 떠난 4연대 병사들이 순천에서 봉기군에 합류했다는 사실을 알고 있었기 때문에 사기가 높지 않았다. 더욱 문제가 되었던 것은 진압작전에 나선 장병들이 반란군에 대한 적대 의식이 분명하지 않아서 작전 참여를 기피하는 장병들도 나타나고 있다는 사실이었다. 이러한 점 때문에 작전 초기에 지휘관들은 진압군 내부에서 사병들 관리에 신경을 쓰지 않을 수 없었다. 박기병 부연대장은 진압군 철모에 백색 띠를 두르도록 지시하였다. 봉기군과 진압군을 서로 분명하게 구별하기 위해서였다.[21)]

봉기군이 북상하려는 기미가 보였기 때문에 학구는 봉기군을 저지해야

---

21) 그러나 백색 띠를 두른 선견 중대가 14연대 봉기군에 합류하면서, 봉기군도 진압군과 똑같이 백색 띠를 두르게 되었다. 봉기를 진압하는 군인들의 백색 띠는 52년이 지난 뒤에 광주에서 다시 한 번 나타났다. 1980년 5월 광주에서 전두환의 등장과 계엄 확대를 반대하는 학생과 민중들의 봉기가 일어났을 때, 이를 진압하러 투입된 군인들의 철모에는 흰 띠가 둘러져 있었다. '빨갱이 반란'을 진압하고 국가를 지키는 상징으로서 흰 띠가 다시 사용된 것이다.

만 하는 중요한 장소였다. 봉기군과 진압군의 첫 전투는 10월 21일에 벌어졌다. 정오경에 열차로 학구리 남쪽 비월리에 도착한 600여 명의 반란군은 오후 1시부터 동쪽 고지를 점령하고 있던 진압군을 공격하여 이를 지키고 있던 4연대를 후퇴시켰다. 이후 소규모 전투가 지속되는 가운데 반란군이 보강되자 진압은 더 어려워졌다.

저녁때까지 진압군의 사상자가 속출하고 상황이 불리하게 전개되자, 박기병은 제3연대에 병력 지원을 요청하기 위해 떠나고, 이성가 제4연대 연대장이 지휘를 맡았다.[22] 박기병은 3연대 본부가 있는 전주로 가서 병력을 요청했고, 그 결과 3연대 2개 대대 병력이 남원을 거쳐 학구로 파견되었다.[23] 패퇴한 4연대로부터 상황을 보고받은 주암의 5여단 지휘부는 22일 새벽에 주암에 도착한 12연대 제2대대를 학구 쪽으로 향하는 월계리에 진출시켰다. 지휘부는 학구리에 병력을 집중시킴으로써 반란군의 북상을 저지하고자 했던 것이다. 백인엽이 지휘하는 제2대대(김희준 대위), 제3대대(이우성 대위)가 합류하자 병력의 우위가 확실해졌다. 21일에 진압군의 서쪽 방면(쌍암리)에 진출하여 진압군을 괴롭히기도 했던 반란군은 23일 오전 8시 돌연 학구에서 퇴각하여 남하하기 시작하였다.

학구에서 증원된 진압군의 공격을 받아 후퇴한 봉기군 중 일부는 순천과 광양방면으로 퇴각해 갔고 또 일부 병력은 투항했다.[24] 봉기군이 학구에서 퇴각하자 김백일 제5여단장은 제12연대(백인엽)와 제3연대 제2대대(조재미)를 지휘하여 곧바로 순천 공격에 나섰고, 학구에는 제4연대(1개 대대)와 여단 하사관 교육대를 남겼다. 제4연대가 반란에 합류할 가능성이 있다고 우려했기 때문이었다.

---

22) 국방부 전사편찬위원회, 1967, 앞의 책, 459쪽.

23) 국방부 전사편찬위원회, 1967, 위의 책, 459쪽.

24) HQ, USAFIK, *G-2 Weekly Summary*(한림대학교 아시아문화연구소, 『주한미군 주간정보요약』), No. 163(1948. 10. 22~10. 28).

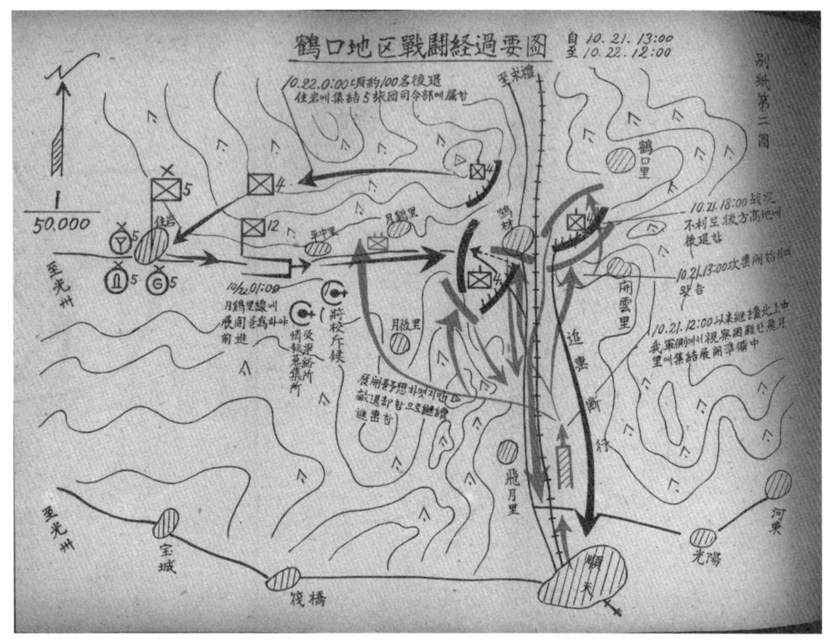

〈그림 4-1〉 학구지구의 전투 상황(1948. 10. 21~22)

학구 전투는 다음과 같은 중요한 의미를 가진다.

첫째, 학구 전투는 진압군과 봉기군이 본격적으로 맞붙은 첫 번째 전투였을 뿐만 아니라, 어제의 동료였던 봉기군에게 총을 겨눌 수 있는지를 시험하는 무대였다. 진압군 보고에도 나와 있지만, 진압군의 전투 의지는 매우 약했기 때문에 지휘관은 전투에서의 승리뿐만 아니라 이탈자나 반란 합류자가 생기지 않을지에 무척 신경을 써야만 했다. 만약 진압군이 자신의 동료였던 봉기군에 합류한다면 진압작전은 순조로이 이루어질 수 없었고, 그것은 또한 갓 태어난 이승만 정권의 체제에 재앙을 의미했다. 이에 비해 반란군의 사기는 매우 높았다. 진압하러 출동했던 정부군이 반란군 편으로 속속 넘어왔기 때문에 반란군은 학구에서도 사병들을 설득하여 자기편에 합류시키려고 시도했다. 하지만 더 이상의 합류는 발생하지 않았다. 학구 전투에 참가한 진압군의 사병들과 장교들은 반란군의 회유 노력에도 불구하고 반란에 참여하지 않았고, 병력 집중을 통해 전투력을 강화시킴으로써 반란군을 패퇴시킬 수 있었다. 학구 전투는 이 점을 확인시켜준 전투였다.

두 번째로, 진압군과 반란군은 똑같은 정규군이었지만, 반란군은 전투에서 승리하는 데 필수적인 기동력, 통신, 가용 병력 수에서 열세일 수밖에 없었다. 이런 측면에서 반란군의 군사적 패배는 예상할 수 있는 것이었다. 10월 22일 각각 병력을 증원하면서 팽팽하게 맞섰던 양측은, 정부군의 병력이 속속 보강되면서 우열이 확연히 드러났다.

병력을 집중시킨 진압군이 학구에서 승리를 거두고 포로까지 잡아 봉기에 관한 정보를 파악함으로써 진압군은 승기를 잡을 수 있었다. 순천으로 들어가는 학구에서 승리한 진압군은 뒤이어 순천 공략을 준비했지만, 이에 반해 학구를 거쳐 북진하려던 봉기군은 난관에 부딪혔던 것이다.[25)]

학구에서 반란군은 전투에서의 패배 때문에 후퇴하였던 것이라기보다는 병력의 열세를 감지하고 자진하여 '돌연'히 퇴각하였던 것으로 보인다. 학구 전투에서 진압군은 봉기군 1개 중대를 포로로 잡았다는[26)] 기록이 있지만, 당시 정부군의 「전투상보」는 학구 전투에서 반란군 포로가 16명, 사상자가 10명에 불과하다고 보고하고 있기 때문이다.[27)] 학구리에 집중된 양쪽 병력수가 1,000여 명이 훨씬 넘었음에도 불구하고 사상자수는 그리 많지 않았던 것이다.

학구에서 나타난 이러한 반란군의 전투 양상은 순천과 여수에서 반복되었다. 진압군은 병력을 앞세워 대규모 공격을 감행했고, 반란군은 시민들과 같이 일정 부분을 방어하고 퇴각하는 과정이 반복되었던 것이다. 더 이

25) G-3 Section, Ⅱ Ⅳ Corps, op.cit., p.4.

26) 국방부 전사편찬위원회, 1967, 앞의 책, 458~459쪽.

27) 「제5여단 순려(順麗) 전투부대 전투상보 제1호」, 육군본부 작전교육국, 1949, 『전투상보』, 12쪽.

상 봉기에 합류하는 세력이 없는 상황에서 벌어질 수밖에 없는 반복된 패턴이었다.

세 번째로, 이 전투에서 반란군이 패퇴함으로써 정부군은 승기를 잡고 순천-여수 공략에 대한 전략을 세울 수 있게 되었다. 이에 반해 반란군은 순천-여수 지역으로 내몰리는 상황이 되었다. 순천을 점령한 반란군은 학구, 보성, 광양 방면으로 진출을 시도했는데, 학구는 구례를 통해 지리산으로 입산하는 길이기도 했지만 화순을 거쳐 광주로 진입할 수 있는 갈림길이기도 했다. 만약 학구 전투에서 반란군이 승리했다면 광주방면으로 반란을 확산시킬 수 있는 계기가 되었을 수도 있었을 것이다. 하지만 학구 전투의 패배로 이제는 더 이상 봉기를 공간적으로 확대하는 것은 불가능하게 되었다.

학구 전투가 벌어지고 있는 동안 광주 반란군토벌전투사령부의 지시에 따라 각 지역에 주둔하고 있던 연대들도 움직이기 시작했다. 마산에 주둔하고 있던 15연대 1개 대대는 하동 방면으로 출동했고, 기갑연대의 장갑중대도 20일에 출동했다.

그런데 학구 전투를 전체적으로 지휘한 것은 제5여단장 김백일이었다. 김백일 대령이 제5여단장에 급히 보직된 것은 제5여단장인 김상겸이 제주도지구전투사령관으로 나가 공석인 이유도 있었지만, 일제시기에 만주에서 독립군을 토벌한 경험을 갖고 있어서 진압에는 적격이라고 판단되었고, 적극적이고 과감한 성격이어서 적임자라고 보았기 때문이다.[28)]

급히 여단장을 맡은 김백일은 자신의 휘하 부대도 아닌 제12연대까지 지휘하며 진압작전을 이끌었다. 제12연대는 제2여단의 예하부대였기 때문에 김백일은 명령할 권한을 갖고 있지 않았지만 채병덕 준장은 군의관 출신인 원용덕 대령의 전투지휘 능력을 의심하여 진압부대 지휘를 김백일 대령에게 맡겼다.[29)]

---

28) 佐佐木春隆, 앞의 책, 334쪽.

학구 전투 이후의 진압작전은 순천 탈환에 초점이 맞추어졌다. 순천을 탈환하는 것은 전체적인 정세를 결정짓는 중요한 계기였다. 만약 순천을 진압하는 데 성공한다면 여수공략의 교두보를 마련하는 셈이었다. 하지만 진압이 제대로 이루어지지 않는다면 봉기군의 기세가 커져 버려 다른 연대에 있는 '불평분자들'이 기회를 이용하여 봉기할 가능성도 있었기 때문에, 봉기군의 태세가 정비되지 않았을 때 정부에 충성스러운 병력을 총집중하여 공격해야만 했다.

순천작전은 세 방면에서 포위공격하기로 결정되었다. 순천을 점령한 뒤에는 봉기군을 여수로 몰아넣고 포위 섬멸할 작정이었다. 북쪽의 주요 공격에는 제3, 4, 12연대를 배치했다. 보조공격은 동쪽에서 최남근이 이끄는 15연대 제1대대가 광양을 경유하여 순천을 향하기로 하고, 서쪽에서는 오덕준이 이끄는 4연대 제1대대 병력이 보성을 거쳐 순천을 향하기로 했다. 하지만 오덕준의 4연대 제1대대 병력 중 먼저 출발했던 제1대대 2개 중대 병력이 보성 북쪽 4㎞ 지점에서 매복공격을 받고 와해되어 버림으로써 순천 공격을 맡고 있던 서쪽은 공격을 시작도 하기 전에 무너져 버렸다.[30] 또한 최남근의 15연대는 21일 아침 광양 옥곡면에서 매복하고 있던 봉기군에게 기습공격을 받아, 최남근 연대장과 제1중대장이 생포되고 대대장이 전사하는 참패를 당했다.

결국 주력을 도와 동쪽과 서쪽에서 공격하기로 했던 진압군 병력이 무너져 버림으로써 순천을 공격하는 부대는 주공(主攻) 세력만이 남은 꼴이 되었다.

이 무렵 광주의 송호성 사령관은 진압군 병력을 집중한 다음에 순천을 공격해야 한다는 의견을 갖고 있었으나, 김백일과 백선엽은 전화 연락을 통해 이를 무시한 채 즉각 공격하기로 했다. 이에 따라 진압군의 순천 공

29) 백선엽, 1992, 앞의 책, 173쪽. 백인엽도 원용덕 대령이 봉기 진압이라는 큰 일을 할 수 없다고 생각했다고 한다.

30) 佐佐木春隆, 앞의 책, 338~339쪽.

격은 10월 21일 오후부터 시작되었다.

10월 20일부터 순천 작전이 시작되는 10월 21일까지 진압군의 작전 과정에서는 기존에 있던 군 지휘 계통이 무너지면서 만주군 출신의 지휘관들이 부상했다.

군대는 가장 지휘계통이 확실한 조직이지만, 여순 초기 진압작전에서는 기존에 있던 지휘관이 교체된 경우가 발생했다. 예를 들면, 원래 제3연대장은 함준호 중령이었고, 제12연대장은 백인기 중령이었다. 하지만 두 연대의 상급부대인 제2여단의 원용덕 여단장은 부연대장이었던 송석하(3연대 부연대장), 백인엽(12연대 부연대장)을 각각 연대장에 임명하여 작전을 수행하도록 했다. 원용덕은 이전의 만주군 경험으로 미루어 부연대장 송석하와 백인엽의 작전 능력을 믿을 수 있다고 생각했다. 송석하는 원용덕과 함께 만군 출신의 군인이었고, 백인엽은 반란군토벌전투사령부에서 근무하고 있었던 만군 출신인 백선엽의 동생이었다.[31] 하지만 원용덕 자신도 군대조직의 명령 체계에서 배제되었다. 원용덕 제2여단장은 원래 산하에 있는 제2, 12연대를 지휘할 수 있었다. 따라서 김백일 제5여단장은 제2여단의 예하부대인 제12연대에는 명령할 수 있는 권한이 없었다. 하지만 채병덕 참모총장은 제2여단장 원용덕 대령이 군의관 출신이라는 이유로 그를 지휘선상에서 제외시켰고, 이에 따라 12연대는 김백일의 지휘를 받게 되었다.

직책이나 계급에 따른 원래의 지휘 명령계통을 무시한 경우는 원용덕 휘하 부대에서 많이 발생했다. 제12연대는 원용덕(제2여단장)의 지휘를 받게 되어 있었으나, 제5여단장 김백일 휘하에 들어가 작전을 전개했고, 제2연대도 마찬가지로 이미 순천에 투입되었다. 원용덕이 광주에 도착한 것

---

31) 장창국, 앞의 책, 169쪽 ; 백선엽, 1992, 앞의 책, 172쪽 ; 佐佐木春隆, 위의 책, 532 · 535 · 546쪽. 원용덕은 만주군 군의(軍醫) 중령 출신이다. 송석하는 만주봉천군관학교를 5기로 졸업했다. 백인엽은 명치대학 경제학부에서 공부하던 중 학도병으로 출진하여 일본항공병 소위를 지냈다.

은 10월 21일이었는데, 지휘관으로서 휘하 부대에 아무런 명령도 내려 보지 못한 채 속수무책으로 있었던 셈이었다. 원용덕은 "부대를 내 지휘 하에 돌려주고 호남지구전투사령관에 임명해 주기 바란다"는 뜻을 전달했지만, 백선엽은 "지금 상황에서는 어렵다. 또 나에게 그런 권한이 없다. 전투가 일단 끝나면 당신의 뜻을 상신 하겠다"라고 대답했다고 한다.[32]

송호성 반란군토벌전투사령부 사령관도 휘하에 제2, 5여단을 지휘하여 병력을 운용하도록 되어 있었으나, 실제로 이 병력을 움직인 것은 5여단장 김백일 대령과 백선엽 정보국장 두 사람이었다. 상황이 이렇게 된 이유에 대해 한 연구는 봉기의 "절박한 상황과 통솔의 가능성"에서 두 사람이 임무를 맡게 되었다고 하여, 김백일과 백선엽 개인의 군사적 기량에 초점을 맞추어 서술하고 있다.[33] 이 두 사람의 군사적 능력이란 다름 아닌 만주군에서의 토벌 경력이었다. 만주군 출신들은 정규전 훈련보다는 반란진압이나 공비소탕 등의 전술을 주로 교육받아 여순 진압에 적격이었다. 또한 일본인 고문관 제도가 있었던 만주군에서의 경험은 미 임시군사고문단 제도에도 잘 적응 할 수 있는 밑바탕이었다.[34]

김백일,[35] 백선엽, 송석하 등은 관동군과 만주국이 1939년에 만든 간도특설대에서 활동한 경험을 공유하고 있었다. 간도특설대는 관동군이 반일·공산 세력에 대한 토벌을 위해 이이제이(以夷制夷)의 차원에서 소수민족들로 구성한 부대였는데, 소수민족 군대 중에서도 토벌 공적이 가장 돋보이는 부대였다.[36] 이들 간도특설대 출신들은 여순봉기군에 대해서 강

---

32) 佐佐木春隆, 위의 책, 350쪽.

33) 佐佐木春隆, 위의 책, 350쪽.

34) 한용원, 1984, 『창군』, 박영사, 50쪽.

35) 김백일의 본명은 金燦圭이다. 그는 서울보성중학교를 졸업한 뒤, 만주봉천군관학교에 5기생으로 입학했다. 정일권과 동기이며, 만주군 대위로 주로 공비토벌에 종사했다(佐佐木春隆, 앞의 책, 508~509쪽).

백선엽은 1941년 만주군관학교를 9기로 졸업한 다음, 간도특설대에서 공산주의자 토벌에 종사했다(佐佐木春隆, 앞의 책, 529쪽 ; 신주백, 2002, 「만주국군 속의 조선인 장교와 한국군」, 『역사문제연구』, 111쪽).

경한 진압을 주장했다. 이와는 대조적으로 일제시기에 토벌 경력이 없어 진압작전에 부적당하리라 예상되는 인물(원용덕)이나 여수봉기에 대한 상황판단을 유보(이성가)하거나[37] 봉기군에 온정적인 태도를 지니고 있던 인물(송호성)은 일선에서 활동하지 못했다.

김백일, 백선엽, 송석하 등 진압작전에서 무공을 세운 만주군 출신의 군 지휘관들의 대부분은 강경한 진압을 주장했다. 이런 측면에서 봉기를 진압해야 할 임무를 맡은 반란군토벌전투사령부 사령관 송호성의 입지는 매우 좁았다.

송호성은 군번(10156)은 늦었지만 조선경비대를 총괄했다. 광복군에서 같이 활동했던 유동렬 통위부장은 광복군을 모체로 국군을 육성해야 한다는 명분을 감안하여 송호성을 조선경비대 총사령관에 임명했다.[38] 송호성은 초창기부터 조선경비대를 육성했지만, 조선경비대 내에서는 소수파였다. 조선경비대 내에서 가장 큰 파벌은 일본군에서 교육을 받았던 세력이었고 이들은 대체적으로 반공적 성향을 띠고 있었다. 하지만 광복군에 있던 송호성은 반공노선에 불철저한 인물로 평가받았다.[39] 또한 일본군이나 만주군 출신들이 일본 군국주의하에서 배우고 익힌 구타나 기합 같은 병사 훈련의 방법을 조선경비대에서도 그대로 사용했던 것에 비해, 송호성은 부하를 다루는 데나 업무를 수행하는 데 상당히 민주적인 성향을 보였다.[40]

1946년 말부터 조선경비대 총사령관으로 있었던 송호성은 여순사건이

---

36) 간도특설대에 대해서는 신주백, 위의 글을 참고.

37) 국방부 전사편찬위원회, 1967, 앞의 책, 458쪽.

38) 한용원, 2000, 「한국군 형성과정에서 일본군 출신의 리더십 장악과 그 영향」, 『한국 근현대사와 친일파문제』, 아세아문화사, 277쪽.

39) 『새한민보』, 1947년 10월 하순호(『한국현대사자료총서』 7권, 502~503쪽) ; KBS, James Hausman Interview(Austin, Texas), 1992. 11. 15, 18쪽. 하우스만은 송호성이 보안대 대장이었던 1946년에 "누가 공산당을 처벌하라고 명령했느냐"고 고함을 질렀다고 회고했다.

40) 짐 하우스만, 앞의 책, 141쪽.

발발했을 당시 육군을 총지휘하는 위치에 있었다. 이범석 국방부장관은 조선경비대를 총괄했던 송호성이 반란의 책임을 져야한다고 질타했고, 송호성은 이에 따라 반란군토벌전투사령부 사령관에 임명되었다. 하지만 국방부 내에서는 진압작전의 방향을 둘러싸고 의견 차이가 나타났다. 송호성은 만주군 출신의 다른 지휘관들과는 달리 진압작전에 적극적이지 않았다. 일본에서 나온 한 연구는 여수에 진입할 때 송호성이 취한 행동을 다음과 같이 서술하고 있다.

> 국방경비대를 기른 아버지 송호성 등은 가능하면 희생을 작게 하여 은밀하게 사태를 수습하려고 했다. 송호성은 확성기를 가지고 반란군의 총탄이 쏟아지는 최전선에 나가 "나의 사랑하는 조국의 청년 애국장병들이여! 총을 버려라! 국방군끼리 싸울 때는 아니다. 지금이라도 늦지 않다. 나의 생명을 걸고 제군의 죄는 묻지 않겠다"라고 울면서 반란 장병들에게 호소했다.
>
> 이에 대해 반란군은 "선생! 벌써 때는 늦었습니다. 우리들은 죽음으로써 이승만의 인민학살에 반항 했습니다"라고 울면서 총을 쏘았다. 송호성은 이 선무공작으로 목이 쉬어 벙어리가 되었고, 귀는 총성으로 귀머거리가 되어, 실의에 빠진 채 반 죽은 사람이 되어 보람 없이 서울로 돌아왔다.[41]

송호성은 국군 내부에서 일어난 14연대 봉기를 진압하기 위해 전투가 확산되는 것을 염려하여 봉기를 온건한 방법으로 수습하려 했던 것으로 보인다.

송호성은 여수를 진압한 뒤인 10월 29일 서울로 돌아와 다음날 기자회견을 가졌다. 그는 다른 군 지휘관들과는 달리 "이번 사건에서 얻은 것은 오직 눈물밖에 없습니다"라고 진압작전에 참가했던 자신의 심정을 토로했다.[42] 송호성이 부정적으로 평가된 것은 여순봉기 때 취한 이 같은 그의

41) 林英樹, 1967, 「內側から見た朝鮮戰爭」, 民族問題硏究會 編, 『朝鮮戰爭史』, コリア評論社, 16~17쪽.

42) 『동아일보』·『경향신문』, 1948. 10. 31.

태도 때문이었다. 그렇다고 송호성이 반란군과 동일한 인식을 가졌던 것은 아니었다.

대부분의 군 지휘관들이 봉기군들의 잔혹함을 강조하고 진압작전의 정당함과 국군의 용맹을 자랑했던 것에 비추어 볼 때, 송호성의 이런 태도는 여순사건 진압을 이끌었던 군 내부의 전투적 분위기와는 사뭇 다른 것이었다.[43)]

만주군 출신들은 전 시민을 적군으로 여기는 초토화 진압을 구사했고, 여수와 순천을 시급히 탈환해야 한다는 이승만과 미군 지휘부의 질책은 강경 진압방침을 더욱 부채질했다. 당시 강경한 진압작전을 주장하고 실행한 인물들은 이승만-이범석-채병덕-김백일-백선엽·백인엽·송석하로 이어지는 강경파 세력이었다.[44)] 광복군 출신인 송호성은 강경한 진압작전을 주도한 만주군 인맥과는 이력에서부터 차이가 있었고, 이범석 국방부장관과도 광복군 시절에 관계가 좋지 않았다.[45)] 사방이 만주군 인맥으로 포위되고, 강경 진압방침이 득세하면서 반란군토벌전투사령부 사령관이었던 송호성이 자신의 입지를 찾기는 쉽지 않았다.

미군도 능력과 용맹성 면에서 송호성은 문제가 있다고 판단했다. 하우스만은 로버츠 준장에게 보내는 서한에서 말하기를 여순사건 진압작전에서 사태를 파악하는 그의 능력은 최고가 아니었으며, 스태미너도 좋지 않았다고 평가했다. 그러면서 하우스만은 송호성이 전투를 지휘하는 사령관 임무를 다시는 맡지 말아야 한다고 보고했다.[46)]

---

43) 송호성은 1948년 제주도 4·3봉기가 일어난 직후 김익렬 전 9연대장으로부터 진압 상황을 보고 받고는 "제주도 사람들은 이제 다 죽었구나" 하면서, 제주도민의 생명을 걱정했다(제민일보 4·3취재반, 1994, 『4·3은 말한다』 2, 전예원, 346~347쪽).

44) 林英樹, 앞의 글, 17쪽.

45) 하우스만, 앞의 책, 141쪽.

46) James Hausman이 Roberts 준장에게 보내는 서한(1948.11.12), RG 338, KMAG, Adjutant General, Decimal File, 1948~1953, Box 4.

여순사건이 끝나자 이승만 대통령은 국군 조직을 개편하는 동시에 육군 총사령관 송호성을 경질하고,[47] 이응준을 육군 초대 총참모장에 임명했다. 기존에 간행된 군사 문헌들에서는 송호성을 무척 비판적으로 평가하고 있다. 예를 들어, 그가 "2년간이나 (총사령관) 자리를 지킬 수가 있었다는 것은 유동열 통위부장의 비호가 있었기 때문이다"라거나, 송호성이 "현대적 군대를 통솔하기에는 너무나 학식과 군사지식이 없"었고 총사령관 때는 "개인감정으로 인사를 좌우함으로써 통수계통의 문란을 초래"했다고 공식 전사(戰史)는 평가하고 있다.[48] 심한 경우에는 "국가나 사상 개념 없이 단지 출세를 위하여 독립운동에 참여한 것으로 보인다"는 평가까지 받고 있다.[49]

여순 진압작전 때의 송호성은 "아래에서 올라온 작전을 그저 승인"했을 정도로 무능력한 인물로 묘사되고 있다.[50] 송호성은 진압작전이 끝난 뒤에는 호국군사령관, 제2사단장, 청년방위대 고문 등의 한직을 전전했다.[51] 더욱이 한국전쟁 때 북한 인민군에 가담했다는 사실[52]은 송호성의 군사적 능력과 충성도를 깎아 내리는 데 주요한 영향을 미쳤다.

송호성에 대한 이런 낮은 평가와는 달리 김백일이나 박기병 등 진압작전에서 맹활약했던 지휘관들은 높은 평가를 받고 있다. 백선엽은 4연대 부연대장인 박기병을 "결과적으로 실패하긴 했지만 박기병의 신속한 정보판

---

47) 林英樹, 앞의 책, 15쪽.

48) 국방부 전사편찬위원회, 1967, 앞의 책, 270~382쪽.

49) 佐佐木春隆, 앞의 책, 316쪽.

50) 백선엽, 1992, 앞의 책, 166쪽.

51) 佐佐木春隆, 앞의 책, 537~538쪽.

52) 송호성은 한국전쟁 때 서울에 남았다가 인민군 소장에 임명되었고, 전선사령부 고문으로 낙동강 전선에 출동했다. 나중에는 한국군 포로로 구성된 해방사단 사단장이 되었다고 한다(From Chief, PMAG to CG, USAFIK, 23 November 1948 ; RG 338 Entry 11070, Box 68, Lt. General John R. Hodge Official File 1944~48). 1954년에 그는 의거자학교 교장으로 있다가, 1956년 재북평화통일촉진협의회 중앙집행위원을 지냈다. 1959년 3월 24일 사망하여, 평양시 신미리 재북평화통일촉진협의회 특설묘지에 묻혔다.

단과 대응은 특기할 만한 것"이라고 칭찬하고 있고,[53] 강문봉은 김백일이 전략적인 측면에서는 문제가 있었지만, 결단력과 실행력은 출중했으며 전기(戰機)를 포착하는 눈은 발군이었다고 말하고 있다.[54]

여순 진압작전에서 전공을 세우며 부상한 만주군 출신의 지휘관들은 토벌이라는 과거의 군사적 실무 경력을 배경으로 진압작전의 선두에 서면서, 반공주의 노선을 강화해 갔다.

초기에 나타났던 군 명령계통의 혼란이 정리되는 과정은 결국 만주군 출신의 강경파가 진압작전에서 헤게모니를 잡아나가는 과정이었고, 이는 곧 군 내부에서 반공주의 노선이 강화되는 과정이기도 했다.

진압군 내부에서 반공주의 노선이 강화되는 과정은 미군의 의도와도 부합하는 것이었다. 4연대를 진압군으로 파견하느냐의 문제를 놓고 육군과 미 임시군사고문단 간에도 시각 차이가 나타났을 때, 결국에는 미 임시군사고문단의 입장이 관철된 것에서 잘 드러나듯 진압작전은 완전히 미군의 통제하에 있었다. 여수봉기를 군대 내의 공산주의 세포가 일으킨 반란으로 간주한 미군은 이를 시급히 진압하지 못하면 이승만 정권이 위험한 상황에 놓일 수 있다고 판단하고 있었다. 강력한 반공주의 노선을 갖고 있었던 만주군 출신 지휘관들의 활약은 과연 육군이 봉기군을 성공적으로 진압할 수 있을 것인가에 대한 우려를 불식시킬 수 있었고, 이러한 이유 때문에 인사권을 장악한 미군은 지휘 체계가 변화하는 것을 묵인했던 것이다.

---

53) 백선엽, 1992, 앞의 책, 167쪽.
54) 佐佐木春隆, 앞의 책, 334쪽.

〈그림 4-2〉 미군 7사단 본부에서 기념촬영한 송호성, 참모들 그리고 미군(1948. 12. 12)

앞줄 맨 왼쪽부터 미 임시군사고문단장 로버츠 준장, 송호성, 에드윈 피번 7사단장. 뒷줄 오른쪽으로부터 두 번째가 백선엽.

〈그림 4-3〉 트럭에 탄 채 전남 주암 광천리를 통과하고 있는 진압군 병력

순천 탈환 작전(10. 21~10. 23)

10월 21일 미 임시군사고문단장 로버츠 준장은 반란군토벌전투사령부의 송호성 사령관을 만나 봉기군을 맹공격 할 것을 촉구하고 다음과 같이 지시했다. "정치적, 전략적 중요성 때문에 순천과 여수를 조속 탈환하는 것이 중요하며, 반란세력으로부터 이 곳을 해방시키는 것은 선전상 중대한 가치를 갖는 도덕적 · 정치적 승리가 될 것이다."[55] 미군 지휘부는 봉기군이 빨치산 세력으로 전환되는 것보다 여수와 순천이 아직도 봉기군 수중에 장악되었다는 점을 더욱 우려했고, 이에 따라 조속한 여순 탈환을 요구했다.

이승만 대통령도 내외신 기자회견에서 정부의 태도를 분명히 했다. 그는 "정부를 해치려는 사람은 결국 이 나라에는 살지 못하게 될 것이다"라고 말하여 강경한 탄압이 있을 것임을 예고했다.[56]

10월 21일 오후 4시경 순천 교외에서는 백인엽 부대와 봉기군 사이에 전투가 발생했다. 백인엽이 지휘하는 12연대 2개 대대병력은 주요 도로에 배치되었다. 한편 순천에 있던 약 2개 대대 병력 정도의 봉기군은 이 부대도 순천에서 봉기에 합류한 4연대 일부 병력처럼 자신들에게 합류할 것이라고 낙관하고 있었다. 봉기군은 이 진압군을 4연대라고 생각하고 있었던 것이다.[57] 그러나 12연대는 공격을 개시하여 봉기군을 순천교와 동순천역 방향으로 몰아갔고, 새로 지급받은 81㎜ 박격포로 봉기군이 모여 있던 국민학교와 경찰서 부근에 포격을 가했다.[58]

---

55) Bruce Cumings, 1990, *The Origins of the Korean War Vol. 2*, Princeton Univ. Press, p.264.

56) 『국제신문』, 1948. 10. 23.

57) 국방부 전사편찬위원회, 1967, 앞의 책, 462쪽.

58) 진압군은 사전에 박격포 사용법을 교육받지 못하여, 새로 지급받은 80㎜ 박격포를 제대로 사용할 수 없었다. 순천작전에서는 안전핀도 빼지 않은 채 사격하여 폭발하지도 않은 해프닝이 벌어졌다. 또 박격포에는 조준경이 달려 있지 않아서 사거리와 사격방향을 어림짐작으로 잰 다음 사격할 수밖에 없었다. 그 결과 순천 시내 민가를 포격하는 사태도 벌어졌을 것이라 생각된다.

양측은 서로 "항복하라", "우리 쪽에 합세하라"는 등의 말을 주고받기도 했으나, 협상은 이루어질 수 없었다. 이러한 작전이 진행되고 있는 와중에서 진압명령을 어긴 사례가 또다시 발생했다. 제12연대 제2대대 제5중대장 김응록 중위가 작전 명령을 거부했던 것이다.[59] 진압작전의 승패를 가늠하게 될 순천 공략에서 동쪽의 15연대, 서쪽의 4연대 병력이 와해된 데다가 결국 일부 군 장교들이 우려했던 대로 진압군 부대가 봉기군에 참여한 것이다.

이날 진압군은 순천시내에 진출하여 시가지를 점령했으나, 완전히 점령한 것은 아니었다. 저녁이 되자 진압군은 외곽지대에 주둔하여 주변의 방어선을 굳히고 다음날의 공격을 준비했다.[60] 이날 밤 대전의 2연대 제1대대(崔鍾崙 대위)와 강필원 대위가 지휘하는 수색대의 기갑부대가 증원됐다. 남원을 거쳐 순천에 도착한 기갑부대는 10월 22일 작전에 참가할 수 있었다.

10월 22일 이범석 국방부장관은 봉기군에 투항을 권고하는 삐라를 현지에 살포했다. 이 삐라에서 이범석은 봉기군이 실로 천인공노할 범죄를 이미 범했기 때문에 "죄상은 국법에 의하여 도저히 용서치 못할 것이고" "추호의 용서도 없을 것이지만", "최후로 한 번 제군이 총살당하지 않는 여유를 주는 것이니", 반란 지도자를 사살하고 귀순하라고 촉구했다.[61]

이날 김백일 제5여단장은 오후 7시부터 다음날 아침 7시까지 통행을 금지하고, 반도를 은닉하거나 반도와 밀통 하는 자는 사형에 처한다는 엄격한 계엄을 선포했다. 하지만 이 계엄이 어느 지역에 해당하는지는 전혀 규정하지 않았기 때문에 진압군이 활동하는 지역에서 자의적으로 사용될 수 있는 여지를 남겨 놓았다. 계엄 발포는 민간인을 통제하는 용이한 수단으

---

59) 국방부 전사편찬위원회, 1967, 앞의 책, 463쪽.

60) 佐佐木春隆, 앞의 책, 349쪽.

61) 이 삐라가 살포되자 '인민군이 내려온다', '전국의 국방군이 모두 다 봉기했다'는 봉기군의 선전이 사실이 아닌 것으로 판명되었고, 이에 여수 시민들은 강한 충격을 받았다(김계유, 1991, 「1948년 여순봉기」, 『역사비평』 겨울호, 268쪽).

로 활용되는 한편, 군이 압도적 지위를 가지고 진압작전을 수행하려는 법적인 포석이었다.

봉기 지역에 계엄을 선포하고, 삐라 살포를 통한 선무공작을 진행하면서 군과 경찰당국은 순천관내 주암지서에 반란군토벌전투사령부를 설치하여 순천작전을 본격적으로 시작했다.[62]

진압군은 본격적인 작전이 시작되기 전, 순천 외곽의 봉기군 보초를 생포하여 암호를 알아내는 한편 진압군을 우편 병사로 변장해서 순천군당의 중앙부까지 침투시켰다. 진압군은 먼저 당의 핵심간부를 은밀히 체포하고 살해 공작을 시도했다.[63] 김백일 여단장이 지휘하는 진압부대는 장갑차 부대를 앞세우고 순천으로 진격했다. 제3, 4, 12연대의 병력은 박격포 사격을 해대며 순천 공격을 재개했다. 이날 전투는 순천 시내로 들어오는 입구인 매곡동 근처에서 치열하게 벌어졌고,[64] 주화기의 무차별 사격으로 시내에는 주검들이 싸여 갔다.[65] 날이 어두워지자 진압군은 공격을 멈추었다. 12연대를 주력으로 하는 진압군은 저항세력의 움직임을 파악한 L-4 연락기의 정보를 적절히 활용하여 10월 23일 오전에 순천 작전을 펼쳤다. 진압군의 길을 인도한 것은 순천 지역에서 강한 조직을 유지하고 있었던 전국학생총연맹의 간부들이었다.[66]

순천 탈환작전은 봉기를 일으킨 14연대 군인들을 대상으로 한 전투는 아니었다. 10월 21일 진압군이 순천 진입을 시도하자, 병력의 열세를 절감한 봉기군 주력은 이날 밤 시내를 탈출하여 본부를 광양으로 이동시켰다.[67]

---

62) 주암에는 전북경찰서에서 파견된 응원대가 파견되었다(『제헌국회 속기록』 제1회 89호(1948. 10. 27), 651쪽).

63) 윤기남, 1997, 「내가 겪은 여순사건①」, 순천시사편찬위원회, 『순천시사』, 814쪽.

64) 정종균, 1982, 「미제와 리승만 괴뢰도당을 반대하여 일어난 려수군인폭동」, 『력사과학』 1호, 28쪽.

65) 윤기남, 앞의 글, 814쪽.

66) 이철승, 1976, 『전국학련』, 중앙일보 · 동양방송, 345쪽.

67) 「유창남 인터뷰」, RG 338 Entry 11071 Box 2, Yosu Rebellion. 봉기군 주력은 오후 4시에 광양에 도착했다. 진압군이 추격해오자 봉기군은 22일~23일 밤 사이에 광

봉기군은 진압군과의 직접적인 전투를 피해 지리산 쪽으로 이동하여 병력을 보존할 수 있었지만, 시민들은 철수한 사실을 미처 몰라 진압군을 봉기군으로 오인하기도 했다. 순천에서 진압군에 저항한 세력은 잔류했던 14연대 봉기군과 순천 여러 중학생들로 이루어진 시민 무장대 그리고 순천군 각 면에서 올라온 무장대들이었다. 시민들과 학생들은 죽창과 경찰무기로 무장하고 있었다.[68]

진압군이 순천에서 맞서 싸운 것은 봉기군의 주력이 아니었다. 순천에서는 봉기 군인들이 아니라 지방좌익 세력과 학생들이 진압군에 맞서 '무모한 저항'을 했던 것이다. 화력과 병력에서 압도적으로 우세한 진압군의 공격으로 저항세력은 명목상의 방어만을 했을 뿐 금세 무너졌다. 진압군이 순천을 쉽게 점령할 수 있었던 이유는 14연대 봉기군이 없었기 때문이었고 진압군의 훌륭한 작전 덕택은 아니었다.

순천 진압작전을 주도했던 김백일은 반군 외에도 무기를 소지한 치안대, 학생, 민애청원들이 대항했기 때문에 이들을 적발하기 위해 가가호호를 수색했다.[69]

순천이 점령되자 송호성 준장은 각 여단장과 지휘관을 순천에 모아, 여수탈환작전과 각 방면으로 분산한 봉기군 추격작전을 논의했다. 봉기군 동향에 대한 정확한 정보가 없었으므로, 일단 광양과 여수를 작전 지역으로 정했다. 그러나 백선엽 정보국장은 순천에서 퇴각한 봉기군이 광양 북쪽의 백운산을 이용하여 지리산으로 도주할 것으로 판단하고 즉시 추격하여

양을 떠나 하동으로 본부를 다시 이동했다. 봉기군이 순천에서 빠져 나올 때 일부 봉기군은 남아있었던 것 같다. 광양에서 후퇴할 때에도 약 60명이 광양에 잔류했으며, 지휘는 민간인이 맡았다.

68) 정종균, 1982, 「미제와 리승만 괴뢰도당을 반대하여 일어난 려수군인폭동」, 『력사과학』 1호, 28쪽.

69) 『동광신문』, 1948. 10. 27. 정부가 간행한 『한국전쟁사』에는 순천에서 저항했던 이들이 "오장이 적색사상으로 감염되었기 때문에 총부리 앞에 쓰러지면서 인민공화국만세를 불렀"기 때문에, 소탕전에서 대부분 총살했다고 적고 있다(국방부 전사편찬위원회, 1967, 앞의 책, 464쪽).

토벌할 것을 주장했다. 하지만 진압부대는 순천작전으로 이미 지쳐있는 상태였고, 봉기군이 어디서 다시 반격해올지 모르는 위험을 느끼고 있었기 때문에 백선엽의 주장대로 할 수 있는 상황은 아니었다.

김백일은 순천 남국민학교에 여단사령부를 설치하고 각 부대에게는 경비구역을 정해 주었다. 진압작전이 이루어지면서 순천 시내는 진압 군인들로 꽉 찼다. 선제공격부대인 12연대(2개 대대), 3연대(1개 대대), 2연대(1개 대대), 4연대(1개 대대)의 5개 대대와 장갑부대, 전투사령부가 있었고, 여기에 서울 등지에서 파견된 경찰부대까지 들어와 삼엄한 분위기를 자아냈다.

여순 진압작전에는 지상군과 해안경비대뿐만 아니라 항공부대도 큰 역할을 했다.[70] 당시 항공부대가 소유하고 있는 비행기는 9월 4일 미군으로부터 인수받은 L-4 연락기 10대 뿐이었다.

여순 진압작전에는 이 연락기 L-4 10대 모두가 참가하여 지상군 작전을 지원했다. 10월 20일 정오 출동명령을 받은 비행대장 김정렬 대위 이하 9명의 조종사와 10명의 정비사는 L-4 연락기 10대를 조종하여 오후 6시에 광주비행장에 도착했다. L-4는 항속거리가 짧아 서울에서 광주까지 직행하지 못하고 전주에서 급유를 받아야만 했다. L-4연락기는 광주와 전주에 각각 5대씩 배치하여 10월 23일부터 31일까지 작전을 지원했는데, 광주에서 여수를 왕복할 수 없자 미군에 항속거리가 더욱 긴 L-5를 요구했다. 미군은 L-5 10대를 지원하기로 결정하고 여순 진압작전이 수행되는 도중에 2대를 먼저 제공했다. 8대는 한달 안에 인도되었다.[71] 결국 여순 진압작전에는 L-4 10대와 L-5 2대가 사용된 셈이다.

이들 비행기는 14연대 봉기군이 지나간 흔적을 일일이 추적하여 봉기군의 이동상황을 속속 지상군에 제공했다. 비행기 정찰은 주로 군대 이동상황과 그 지역의 적성(敵性) 유무를 판단하기 위한 것이었고 긴급연락, 지

---

70) 조선경비대가 육군으로 개편될 때 항공기지부대는 육군항공기지부대로 바뀌었는데, 그 후 다시 육군항공군사령부로 개칭되었다.

71) 국방부 전사편찬위원회, 1967, 앞의 책, 596~598쪽.

휘관 수송, 삐라살포 등의 임무에도 사용되었다. 비행기 정찰 보고는 주로 어느 지역에 몇 명의 군인이 이동하고 있으며, 건물에는 인공기가 휘날리고 있다는 식의 초보적인 보고가 대부분이었다.

L-4 연락기는 지상군과 통신할 방법이 없어 통신통에 문서를 넣어 공중에서 투하하기도 했고, 정비사를 뒤에 태워 수류탄을 공중에서 직접 투하하는 것도 시도했다.[72] 이렇게 저급한 방식이 사용되었지만, 항공정찰은 지상군이 작전을 수행하는 데 큰 도움을 주었다. 봉기군의 이동 상황을 공중에서 한 눈에 파악할 수 있었기 때문이었다. 순천 진압작전에서는 연락기에 타고 있던 백선엽이 봉기군이 후퇴하고 있다는 사실을 그의 동생 백인엽에게 신속히 알려주어 시내를 점령하는 데 도움을 주었다.[73] 하지만 연락기는 항속거리가 짧았고, 무기를 장착한 것도 아니었기 때문에 광범한 역할을 수행하기에는 한계가 있었다.

순천을 진압하는 데는 이철승이 대표로 있던 전국학생총연맹(學聯) 등의 우익 청년단체도 일익을 담당했다. 학련은 대책위원회를 조직하는 한편 몇 차례에 걸쳐 부대를 편성하여 현지로 파견했다. 광주에 있던 학련 조직도 봉기 소식을 듣고는 결사대를 조직하여 보성, 순천, 여수로 내려갔다.[74] 순천 지역의 전국학련은 1947년 1월 초에 결성되었는데, 여수, 구례, 광양지구 학련을 관장할 만큼 순천은 비교적 우익 학생 청년단체의 활동이 활발한 지역이었다.[75] 그런 이유로 봉기가 일어났을 때 순천 우익학생들은 도망을 갔고, 그렇지 못한 우익단체원들은 붙잡혀 고초를 당하기도 했다.

진압군이 순천에 들어오자, 광주에서 파견된 학련 학생들도 같이 들어왔다. 순천에서 고초를 겪은 학련 학생들은 광주에서 파견된 학생들과 힘

72) 공군본부, 1991, 『공군사 제1집 증보판』(1949~1953), 53쪽.
73) 佐佐木春隆, 앞의 책, 346~347쪽.
74) 김석학 · 임종명, 1975, 『광복 30년』 제2권(여순반란편), 전남일보사, 169~171쪽.
75) 순천 전국학련은 순천중학 · 순천농업 · 순천사범 · 순천여중 · 매산중학교 학생들이 주동이 되어 결성했는데, 이 중에서도 순천중학 학생들이 가장 많았다. 순천지구 연맹 위원장은 순천중학 출신인 성동욱(成東昱)이 맡고 있었다.

을 합쳐 경찰, 국군과 행동을 함께 했다. 이들은 좌익 혐의자의 성분과 행적을 조사하는 한편 군경에게 정보를 제공하거나 실탄을 운반하는 것을 도왔다.

살아남은 학련원들은 목포와 광주에서 긴급 파견된 학련원들과 합세하여 적극적인 활동을 전개했다. 목포 학련원들은 10월 26일, 150명의 특공결사대를 편성하여 순천에 도착했고, 광주학련은 중앙 본부의 적극적인 지원을 받으며 순천·여수지구 학련원들과 함께 구례, 곡성 지역의 선무공작에 참여했다. 또 각 학교별로 방호단을 조직하여 주야로 철저한 경비를 섰고, 공비토벌작전에는 광주지역 학련원 전부가 참가했다.[76)]

순천을 점령한 뒤에 진압군이 할 일은 광양 방면의 봉기군 주력을 섬멸하는 것과 빨리 여수를 탈환하는 것이었다. 순천에서 물러난 봉기군 주력은 광양을 거쳐 지리산으로 입산하고 일부 병력은 벌교방면으로 분산했다. 특히 광양은 백운산을 거쳐 지리산으로 들어가는 길목이었기 때문에 진압군에게 광양은 봉기군이 빨치산으로 전화하는 것을 막을 수 있는 주요한 지역이었다.

진압군은 여수에 14연대 병력이 별로 많이 남아있지 않아, 장갑차로 증원된 1개 대대로 공격한다면 용이하게 여수를 탈환할 수 있을 것이라고 생각했다. 이를 위해 진압군은 각각 지리산 일대, 광양, 순천 그리고 여수 공격을 준비하는 임무를 맡았다. 제3, 6연대는 남원, 구례, 거창을 맡아 봉기군의 북상을 경계하기로 했고, 12연대 2개 대대와 하동에서 재편성한 15연대 2개 대대는 광양방면의 봉기군을 추격하기로 했다. 순천에서 협력자를 색출하고, 봉기군의 재공격에 대비하는 임무는 제2연대, 제4연대의 1개 대대가 맡았다. 마지막으로 제3연대 1개 대대와 12연대 일부 병력 그리고 장갑차부대는 여수탈환작전을 준비했다.

광양지역의 봉기군을 토벌하기 위해 10월 22일, 4연대의 2개 소대가 파

---

76) 한국반탁반공학생운동기념사업회, 1986, 『한국학생건국운동사』, 415·420쪽.

견되었고 다음 날에는 12연대 제2대대 병력이 들어왔다. 하지만 봉기군은 섬진강을 건너 지리산으로 들어간 뒤였다.[77] 그런데 10월 23일에는 15연대 2개 대대병력도 하동에서 광양으로 이동했다. 15연대는 백인엽 소령이 지휘하는 12연대와 만났으나 서로 봉기군으로 오인하고 총격전을 벌여, 15연대 부대원 수 명이 사망하기도 했다.[78] 광양지역으로 진출했던 부대들은 봉기군이 백운산으로 입산했을 것이라 판단하고 섬진강 지역을 경계했다. 10월 24일에는 4연대 박기병이 광양으로 가서 2개 중대를 지휘했으나, 26일에 다시 순천으로 복귀했다.

이처럼 진압군은 지리산과 백운산으로 입산하려는 봉기군을 차단하기 위해 그 길목인 광양에 여러 번 진압군을 배치시켜 봉기군을 쫓으려 했으나, 이미 봉기군이 광양을 지나간 다음이었기 때문에 광양 지방좌익 세력만을 상대로 작전을 전개했다.

한편 순천 서쪽인 보성방면에 대한 작전도 진행되었다. 10월 22일 오후에 광주 제5여단 참모장 오덕준 중령이 4연대 제1대대를 이끌고 보성에 도착했다.[79] 이때는 봉기군이 보성을 점령한 상황이어서, 할 수 없이 보성읍 외곽에서 하루를 야영했다.

다음 날 새벽 화순방면으로부터 출동한 4연대 2개 중대병력(최훈섭 대위 지휘)은 오덕준 부대와 합세하여 보성읍으로 들어갔다. 약 1시간 정도의 총격전 끝에, 봉기군은 복내 방면으로 후퇴했다. 오전 10시경에 보성을 완전히 탈환한 진압군은 먼저 봉기군에 협조한 협력자를 색출했다. 그러나 봉기군이 보성에서 완전히 격퇴된 것은 아니어서 진압군에 대한 산발적인 공격이 이루어졌다.[80]

---

77) 백선엽, 1992, 앞의 책, 184쪽. 그 뒤 12연대는 다시 순천으로 복귀했다.

78) 신상철은 수 명의 부상자만 났다고 증언했다(백선엽, 1992, 앞의 책, 184쪽).

79) 보성군사편찬위원회, 1995, 『보성군사』, 417쪽. 그는 여수에서 탈출하여 광주에 있다가 5여단장 김백일 대령으로부터 보성방면 봉기군을 진압하라는 명령을 받고 출동했다.

80) 보성군사편찬위원회, 위의 책, 417~418쪽.

〈그림 4-4〉 시가전을 전개하는 진압군

진압군은 봉기군과 구별하기 위해 팔에는 '국군'이라고 쓴 흰 완장을 찼고 헬멧에는 흰 띠를 둘렀다. 또 소총에는 태극기를 매달았다.

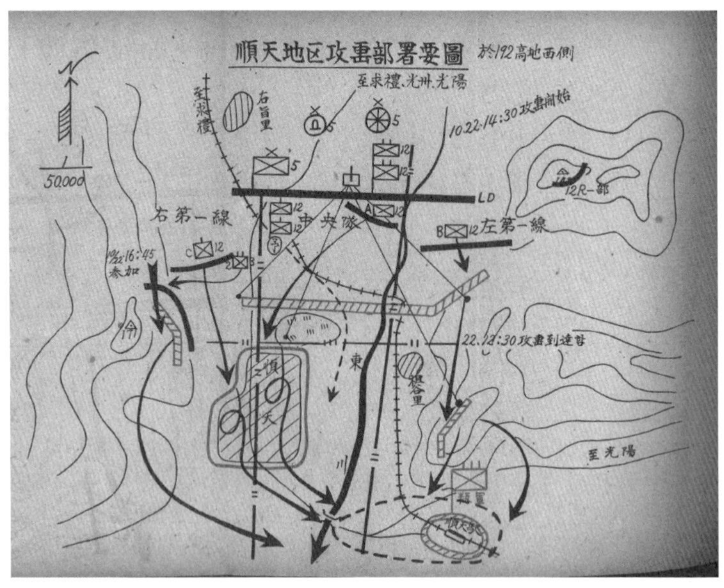

〈그림 4-5〉 진압군의 순천 공격 계획

2) 여수 삼군 합동 진압작전

여수초토화 작전(10. 23~10. 27)

여수봉기가 일어나기 전인 10월 18일 여수항에는 맥아더선을 침범한 일본 어선 두 척을 여수세관에서 인수하기 위해 해안경비대의 통영정(302), 두만강정(305), 공주정(516)이 여수항에 정박 중이었다.[81]

통영정 정장(艇長) 공정식은 10월 19일 저녁, 여수 시내에서 지인을 만나 술을 먹다가 봉기 사실을 알게 되었다. 공정식은 봉기군에 붙들려 기합까지 받았으나, 이전에 만난 적이 있는 병사가 풀어주어 무사히 함정으로 귀환할 수 있었다.[82] 통영정과 공주정은 여수 부두를 떠나면서 기관총 사격을 받았다.[83] 통영정 정장은 여수봉기 사실을 10월 20일 오전 3시에 서울에 있는 해안경비대 총사령부에 무전으로 보고했다.[84]

보고를 받은 총사령부는 일단 일본 어선을 부산기지에 인계하도록 지시

---

81) 6th Division, *Chronological Journal of Events 18 October 1948 to 21 November 48* (일명 *Flash Reports*), p.1. ; 국방부 전사편찬위원회, 1967, 앞의 책, 567쪽. 통영정과 두만강정은 일본군이 사용하던 철제로 된 기뢰부설함이고, 공주정은 미 해군이 사용하던 소해정이었다.

82) 해군본부 정훈감실, 1964, 『해군일화집』, 55~58쪽.

83) 6th Division, op.cit., p.2. 이 보고서에는 19일 02:00시라고 기록되어 있지만, 20:00의 오기로 보인다. 한편 무쵸는 그의 보고서에서 여수 앞 바다에는 2대의 소정(小艇)이 정박 중이었고, 육지에서의 사격으로 인명 피해는 없었지만, 전조등이 부수어 졌다고 말하고 있다(From John J. Muccio to the Secretary of State, *Review of and Observation on the Yosu Rebellion*(1948. 11. 4), RG 319, ID File No. 506892(「여수반란의 개요와 관찰」)).

84) 국방부 전사편찬위원회, 1967, 앞의 책, 567쪽. 통영정이 보고한 전문은 다음과 같았다. "일본 어선 2척 인수 완료하고 20일 출항예정 이었던 바, 20일 01:00시 육군 제14연대에서 계획적인 반란이 일어나 현재 여수읍은 폭도에 점령당함. 경찰서는 방화로 인하여 소연 중이고 육군의 무기와 탄약은 반도에게 점령당한 모양. 정보에 의하면 반도는 약 400명. 본정은 현재 항외(港外)에 투묘(投錨) 중. 여수읍은 현재 총성으로 충만함".

했다. 그리고 통영정은 14연대 제주도 파병 장병이 승선할 전차양륙정(LST)에 타고 있던 미 고문관 오르(John H. Orr) 대령과 여수 시내에 있던 5여단 참모장 오덕준 중령을 구출하여, 20일 오후 6시 여수를 출발, 부산으로 귀항했다.[85)]

여수봉기 사실을 접한 서울의 해안경비대 본부는 진압작전을 위해 10월 22일 임시정대(臨時艇隊)를 편성했다. 진해에서는 충무공정(PG-313), 강계정(소해정 510), 태백산정(소해정 304)이 여수로 출발했고, 목포에서는 김해정(소해정, 505)이 출항했다. 이들 함정들은 이미 여수에 정박해 있던 두만강정(305), 공주정(516)과 함께 여수작전을 개시하도록 명령받았다. 그 후에는 구룡정(九龍艇, 유조선)도 참가했다. 임시정대 사령관에는 이상규(李相奎) 소령이 임명되었다.[86)]

임시정대는 여수 앞 바다에 머물면서 봉기군이 다른 섬으로 도망가는 것을 막는 한편 육군부대와 협조하여 상륙작전을 수행하는 역할을 맡았다. 일단 해군 함정들이 여수 앞 바다에 떠있었기 때문에, 봉기군은 밖으로 탈출하기가 쉽지 않았다. 10월 22일, 해안경비정은 오동도 앞 바다에서 왔다 갔다 하면서 여수 시내를 향해 소총 사격을 하기도 했고, 이 때문에 학생들은 뒷산을 넘어 연등동쪽으로 피해야만 했다.[87)]

부산에 주둔하고 있다가 천안호(LST)를 타고 온 부대는 김종원이 지휘하는 5연대 1대대였다. 김종원 부대는 10월 22일 오후 11시 30분 부산에서 출발하여 다음날 오전 3시 30분에 여수에 도착했다.[88)] 새벽에 도착한 김종원 부대는 도착한지 몇 시간도 안된 9시 40분 곧바로 여수 상륙을 시도했다. 이 공격은 여수에 대한 진압군의 제1차 공격이었다.

---

85) 해군본부 정훈감실, 앞의 책, 58쪽.

86) 임시정대 사령관은 여수 소탕전이 전개되는 10월 27일에 신현준(申鉉俊) 중령으로 교체되었다. 국방부 전사편찬위원회, 1967, 앞의 책, 567~568쪽.

87) 이중근, 1997, 「14연대 사건과 나」, 『여수문화 제12집 14연대반란 50년 결산집』, 여수문화원, 162쪽.

88) HQ. USMAGIK, *G-2 Periodic Report*, 1948. 10. 23.

상륙작전을 지도하기 위해 파견된 미 임시군사고문단원 대로우(Howard W. Darrow) 대위와 무어(Raymond T. Moore) 중위는 여수로 이동하면서 상륙작전에 적합한 다섯 군데의 장소를 선정하고 있었다. 적합한 상륙지점으로 선정된 두 곳은 여수 북방 2마일 지점이었고, 다른 세 곳은 14연대 주둔지인 앤더슨기지, 여수 1마일 북방, 여수항구였는데, 이 가운데 고문단원들은 여수 북방 2마일 지점이 가장 적지라고 판단했다.

그런데 사전에 정찰도 이루어지지 않았고, 적이 발포한 것도 아닌 데도 김종원이 이끄는 5연대 병사들은 육지를 향해 '맹목적으로 난폭하게' 목표 없는 사격을 감행한 다음 여수 항구 쪽으로 상륙을 시도했다. 미 임시군사고문단원들의 표현에 따르면 결과는 재앙이었다. 일단 수적으로도 진압군은 봉기군에 열세였다. 봉기군은 기관총을 쏘아대며 강력히 저항했다.[89] 또한 다른 해안경비대 선박과는 아무런 협조도 없는 상태에서 상륙이 시도되었기 때문에, 적에게 아군을 노출하고 탄약만 써버리는 '용서할 수 없는 낭비'를 저지른 결과가 되었다.[90] 결국 김종원은 전투사령부 본부로부터 상륙하지 말 것을 지시 받았다.[91]

한편 10월 23일 육지에서는 진압군의 공격이 시작되지 않았다.[92] 그럼에도 이날 김동성 공보처장은 "여수시는 23일 상오 8시 30분에, 순천은 동

89) HQ, USMAGIK, *G-2 Periodic Report*, 1948. 10. 25 ; HQ, USAFIK, *G-2 Weekly Summary*(한림대학교 아시아문화연구소, 『주한미군 주간정보요약』), No. 163(1948. 10. 22~10. 28).

90) Captain Howard W. Darrow, *The Yosu Rebellion, Amphibious Phase*, RG 338 Entry 11071 Box 2, Yosu Rebellion, pp.2~3(이후 대로우 대위, 「여수반란, 상륙 국면」으로 줄임). 이 보고는 대로우 대위가 작전 중의 기록을 참고하여 한국군 훈련에 도움이 될만한 점을 요약하고 평가한 것인데, 김종원 부대의 행적을 비판적으로 언급하고 있다.

91) G-3 Section, ⅡⅣ Corps, op.cit., p.6. 김종원부대는 10월 27일에야 여수에 들어올 수 있었다.

92) 그런데 한 증언은 이날 오후 조그만 탱크와 장갑차가 충무동까지 진출하는 것을 보았다고 말했다(이중근, 1997, 「14연대 사건과 나」, 『여수문화 제12집 14연대반란 50년 결산집』, 여수문화원, 163쪽).

6시 30분에 각각 완전히 탈환되었다"고 발표했다. 이날 해안으로부터의 공격이 오전 9시 30분경 시작되었으므로, 이날 아침 8시 여수에는 진압군의 그림자도 보이지 않던 시간이었다. 이승만 정부는 아직 작전이 시작되기도 전에 여수가 탈환되었다는 허위 발표를 할 만큼 쫓기고 있었다.

이날 여수 상공에서는 두 개의 엔진을 단 미국 비행기가 목격되었다. 이 비행기는 여수 해안에 정박 중인 함정에 타고 있던 미 임시군사고문단원에 의해 아침에 발견되었는데, 비행기를 발견한 미군 장교조차도 이 비행기의 정체를 확실히 알지 못했다. 그는 "A-26으로 보이는 미국 국적을 표시한 두개의 엔진을 가진 비행기가 여수 상공을 날아다니고 있다"라고 보고했는데, 이날 브라운 대위는 아침에 목격된 비행기가 일본으로부터 날아온 A-26임을 확인했다.[93]

A-26은 제2차 세계대전 때인 1943년에 생산되어 유럽에 배치된 적이 있는 비행기인데, 수평폭격이 가능하고 기관총으로 지상 기총 소사를 할 수 있었으며 로켓 공격도 가능한 비행기였다.[94] 일본 미군기지로부터 폭격이 가능한 비행기가 발진했다는 것은 여순봉기가 확대될 경우에는 재일 미군 병력까지도 사용될 수 있다는 점을 보여준 것이라 할 수 있다.

한편 여순 진압작전에는 군대뿐만 아니라 전국의 우익 청년단체들도 총동원되었다. 10월 23일 경, 이승만 대통령은 중앙청에서 서북청년회 · 대동청년단 · 전국학생총연맹 등 각 청년단체 대표자들을 불러 모았다. 이범석 국무총리와 내무부장관, 문교부장관도 참가한 이 자리에서 이승만 대통령은 여수에서 일어난 반란을 언급하면서 청년단체가 나서줄 것을 부탁했다. 이에 따라 각 청년단체는 '구국연맹'을 결성하여 반란진압에 나서기로

---

93) 6th Division, *Flash Reports*, p.18 · 20.

94) http://en.wikipedia.org/wiki/A-26_Invader 참조. 이 비행기는 3명의 승무원을 태우고 약 2,240㎞를 비행할 수 있었기 때문에, 당시 경비대가 소유한 L-4 연락기와는 작전 능력면에서 상대가 되지 않았다. 이 비행기는 한국전쟁 때는 B-26으로 개조되어 인민군의 보급선을 끊는 데 큰 역할을 했다.

했다.[95] 경남 서북청년회가 "매국적이며 멸족적(滅族的)인 적구(赤狗) 악마들에게 무자비한 투쟁을 전개할 것을 선포"[96]한 바와 같이, 중앙의 지시가 없었더라도, 우익청년단은 강한 반공주의 신념과 좌익 세력에 대한 적대감을 가지고 있었기 때문에 나서지 않을 수 없는 입장이었다.

서북청년회(西靑)에 소속된 건장한 지원자 600여 명은 수도경찰로부터 단 12일의 짧은 훈련을 받고 여수에 배치되었다. 서북청년회 회원들은 정규 경찰의 지위를 부여받아 경찰복을 착용하고 활동했다. 서청 단원들은 파견된 지역에 오래 있지는 않았다. 서청원들은 1개월 동안의 활동 뒤에는 서울로 귀환하도록 되어 있었고, 이들이 돌아오면 다시 교대 병력이 서울에서 파견될 예정이었다.[97]

서북청년회 같이 대부분의 우익 청년단체원들은 주로 경찰과 호흡을 맞춰가며 진압작전에 참가했다. 특히 여수나 순천 등지의 현지에 이미 조직되어 있던 청년단체원들은 이미 봉기 당시에도 경찰과 협력하여 봉기군에 맞서 싸운 적이 있었는데, 군경이 진압작전을 펼칠 때는 길을 안내하거나 봉기 협조자를 지목하는 일에 앞장서기도 했다.

반란군토벌전투사령부 송호성 준장은 10월 24일 오후 3시, 처음으로 진압작전의 선두에 나섰다.[98] 공격부대는 송석하 부연대장이 지휘하는 3연대 1개 대대와 장갑차부대였고, 제5연대 병력을 비롯한 해안경비대 함정들은 여전히 여수만을 포위하고 있었다.[99]

송호성은 봉기군을 설득하려고 확성기를 통해 봉기군 청년장병들에게

---

95) 이철승, 1976, 『전국학련』, 중앙일보 · 동양방송, 341~343쪽.

96) 서북청년회 경상남도 지부 위원장 최영욱의 성명서, 『부산신문』, 1948. 11. 3.

97) 주한미육군사령부 방첩대(제971방첩대 지대), 『월간정보보고서』(No.7, 1948. 11. 16~12. 15)(제주4 · 3연구소(편), 2000, 『제주4 · 3자료집 : 미군정보고서』, 제주도의회, 317쪽).

98) 김낙원, 1962, 『여수향토사』, 여수문화원, 69쪽.

99) 장창국, 앞의 책, 171쪽 ; 국방부 전사편찬위원회, 1967, 앞의 책, 466~469쪽 ; 존 R. 메릴, 앞의 책, 211쪽.

호소했으나 대화가 쉽지 않았다. 송호성이 여수 초입인 미평면 오림리(일명 윈구부, 잉구부)에 이르자, 이 일대에 매복하고 있던 봉기군은 기습을 감행했다. 이 공격으로 송호성은 고막이 찢어지고, 종군기자로 참가했던 AP통신의 크린튼이 전사했다.[100] 송호성은 봉기군의 반격에 놀라 긴급히 후퇴했다.

상륙작전도 육지와 똑같이 실패했다. 24일 오전 8시경, 여수 동쪽 해안에서는 일부 함정이 여수 신항에 상륙하려다 철수했고, 3척은 봉기군이 사격하는 소총탄을 무릅쓰고 구항을 통과하여 신월리 앞 바다에 한 시간쯤 멈추었다가 다시 회항했다. 함정들은 해안 주위에서 봉기군에게 항복을 권고하기도 했다.[101] 해안경비대와 협조가 이루어지지 않은 상태에서는 어떤 상륙작전도 시도하지 말라는 명령에도 불구하고 사전 정찰이 없는 무모한 소총 사격은 계속 시도되었다. 이날 함정에서는 여수와 돌산도를 향해 사격을 했으나 성과가 있는 것은 아니었다. 대로우는 기본적인 군사 작전의 원칙조차 망각한 채 상륙에 안달이 나서 사격하는 군인들을 보고 '방아쇠를 당기는 데 즐거움을 느끼는 군인(trigger-happy soldier)'이라고 표현할 정도였다.[102] 하지만 후일 국군은 이러한 행동을 함포도 없는 미비한 상태에서 소총으로 싸운 '영웅작전'이라고 평가했다.[103]

육지와 해안을 통한 여수 2차 공격도 실패로 돌아가자 군의 진압능력이 의심스럽게 되었다. 이승만은 "반란 일주일이 지나도록 여수를 탈환하지 못하다니 이게 무슨 창피냐"면서 진압군을 질책했다.[104] 여수가 탈환되지 못하자 이승만 정권의 위기 대처 능력이 도마에 올랐다. 미군은 수립된 지 2개월밖에 안된 이승만 정부가 과연 이 봉기를 진압할 수 있을까 의심했다.

---

100) 장창국, 앞의 책, 171쪽.
101) 김낙원, 1962, 『여수향토사』, 여수문화원, 68~69쪽.
102) 대로우 대위, 「여수반란, 상륙 국면」, 4~6쪽.
103) 손원일 해군총참모장의 발언, 『연합신문』, 1949. 5. 26.
104) 백선엽, 1992, 앞의 책, 185쪽.

여수탈환이 이승만 정권의 건재를 증명할 수 있는 리트머스 시험지가 됨에 따라 여수탈환 작전은 지리산 방면으로 퇴각하는 봉기군 추격보다 더욱 시급한 문제로 등장했다. 결국 진압군은 광양 쪽의 입산을 막으러 갔던 병력까지 불러들여 주요 전투력을 여수에 집중하기로 결정했다. 이에 따라 백운산방면으로 봉기군을 추격 중이던 광양방면의 제12연대 2개 대대를 선발부대로 삼아 여수탈환작전에 투입하기로 하는 한편, 순천을 경비하던 제2연대 일부병력도 여수로 투입하고 부산 5연대 1개 대대병력(김종원)을 여수 해안에서 육지로 상륙시키기로 했다. 여수의 지리적 특성을 이용하여 바다와 육지에서 동시에 공격하기로 한 것이다.[105] 미 임시군사고문단장 로버츠 준장은 이때 풀러(H. E. Fuller) 대령을 여수에 파견하여, 여수 진압작전의 책임을 부여했다.[106]

하지만 하우스만과 백선엽 등은 봉기군을 추격할 것을 주장했다. 하우스만은 여수를 탈환하는 데 병력을 집중해서는 안 되며 백운산 지역에 대한 작전을 수행해야 한다고 주장했다. 하우스만의 가장 큰 걱정은 남은 봉기군이 지리산지역으로 이동하여 유격대 기지를 건설하는 것이었다.[107] 백선엽도 이와 같은 시각이었다. 하지만 미 임시군사고문단장 로버츠는 이런 시각에는 동의하지 않았다. 여수탈환으로 이승만 정부의 건재함을 보여야만 했기 때문이다.

병력을 집중하여 여수를 공략하려는 작전계획이 수립되는 동안 여수에 있던 봉기군은 섬진강을 거쳐 지리산으로 잠입했다. 10월 24일에 진압군을 비록 격퇴하기는 했지만 여수를 향해 국군 병력이 총동원될 것이라는 점을 예상하기는 어렵지 않았다. 바다는 해안경비대 함정이 봉쇄하고 있었기

---

105) 국방부 전사편찬위원회, 1967, 앞의 책, 469쪽. 12연대는 10월 25일 순천으로 왔고, 26일 아침에 여수작전에 투입되었다.

106) R. Sawyer, op.cit., p.40.

107) 존 R. 메릴, 앞의 책, 213쪽 ; 짐 하우스만, 1995, 『한국 대통령을 움직인 미군대위』, 한국문원, 185쪽.

때문에, 해상탈출은 불가능했다. 이날 밤 남아 있던 지창수 지휘하의 14연대 군인들은 본격적인 진압을 예감하고 백운산과 벌교방면으로 이동했다.[108] 해안에 비해 육상 루트는 어느 정도 열려 있었다. 진압군의 허점을 이용해 여수를 탈출한 봉기군과 이미 지리산으로 들어간 부대들은 산악지대를 이용하여 장기적이고 지구적인 게릴라전을 전개할 수 있었다. 이제 여수에는 인민위원회가 지휘하는 300명 미만의 시민부대가 남아 있을 뿐이었고, 그 결과 여수 시가지 전투는 '반란진압작전'으로부터 '봉기시민소탕전'으로 변화했다.[109]

10월 25일 육해 양면을 통한 제3차 진압작전이 재개되었다. 육지의 김백일 부대와 협조하라는 미 고문관의 지시를 무시한 김종원은 상륙작전을 시도했지만, 또 다시 실패했다.[110]

하지만 육지에서의 공격은 어느 정도 성과를 볼 수 있었다. 이날 오전, 진압부대는 봉기군과 혼동되는 것을 방지하기 위해 철모에 하얀 띠를 두르고 장갑차를 앞세워 여수에 대한 공격을 시도했다. 진압군은 별다른 저항을 받지 않고 오후 3시경 여수읍 외곽고지를 장악한 다음 시가지에 박격포공격을 가했다. 밤이 되자 진압군은 공격을 중지하고 외곽 고지로부터 철수했다.[111] 철수한 이유는 아직 진압군 병력 증강이 여수 시내를 장악할 만큼 완전히 이루어지지 않았고, 미평에서 봉기군의 매복에 걸린 경험 때문이기도 했다. 하지만 진압군은 다음 날 야산을 점령하는 데 다시 한 번 시간을 써야만 했다.

---

108) 전남일보 광주전남현대사 기획위원회, 1991, 『광주전남현대사』 2, 실천문학사, 153쪽 ; 김계유, 1991, 「1948년 여순봉기」, 『역사비평』 겨울호, 277쪽. 이들은 지리산에서 합류하여 게릴라투쟁을 전개하게 된다.

109) 『세계일보』, 1948. 10. 31. 여수에 남아 있는 시민군의 수를 1,000명으로 기록한 문헌도 있다(국방부 전사편찬위원회, 1967, 앞의 책, 469쪽 ; 여수여천문화원, 1975, 『여수여천향토지』, 313쪽 ; 존 R. 메릴, 앞의 책, 214~215쪽).

110) Allan R. Millett, 김광수(역), 2000, 「하우스만 대위와 한국군 창설(1945~1950)」, 『군사』 40호, 261쪽.

111) 국방부 전사편찬위원회, 1967, 앞의 책, 469쪽 ; 존 R. 메릴, 앞의 책, 215쪽.

이날 함정에서 시내를 향해 무차별적으로 쏘아대는 박격포 사격에 공포를 느낀 일부 여수 시민들은 피난길에 나섰다. 이미 23일 오전부터 산으로 달아나는 사람들이 생기기 시작했고, 다음 날에도 피난하는 사람들이 있었다.[112] 25일에는 가재도구는 챙길 겨를도 없이 간단한 옷가지만을 챙긴 채 시민들은 한재와 미평가도를 통해 피난길을 재촉했다.[113] 피난 행렬로 시내에 잔류한 시민의 수는 줄어들었고 극소수의 군인, 민간협력자 그리고 학생들로 이루어진 봉기 세력들이 다가올 진압군의 공세를 기다리고 있었다.[114]

10월 26일 정오가 지나서 진압부대는 여수에 대한 제4차 최종 공세를 폈다. 장갑차, LST의 박격포사격의 지원을 받은 12연대 2개 대대, 순천에 있던 4연대 일부 병력, 3연대 1개 대대와 2연대의 일부 병력, LST에 승선 중이던 5연대 1개 대대, 장갑차부대, 경찰지원부대가 여수로 진격했고, L-4 항공기 등과 해안경비대 경비정이 여수반도를 포위한 채 공중과 해상에서 진압작전을 도왔다.

주공인 12연대는 시가지 공격에서 동쪽을 담당하여 마래산으로부터 장갑차를 앞세우고 시내로 들어갔다. 3연대는 종고산 쪽에서 시내 쪽으로 진입했다. 한편 2여단 군수참모 함병선 소령이 지휘하는 2연대 제1대대는 예비대로서 해안선을 따라 신항 쪽에서 시내로 들어왔다.[115] 함병선의 예비부대는 상륙 지점을 확보하기 위해 부두로 향했으나 부두 부근에서 저항 세력과 충돌했다.

이미 14연대 병력이 퇴각한 뒤였기 때문에 여수 초입인 미평은 쉽게 통과했고, 오후 3시경에는 구봉산, 종고산, 장군산 등의 고지를 점령할 수 있

---

112) 6th Division, *Chronological Journal of Events 18 October 1948 to 21 November 48* (일명 *Flash Reports*), p.18 ; 이중근, 1997, 「14연대 사건과 나」, 『여수문화 제12집 14연대반란 50년 결산집』, 여수문화원, 163쪽.

113) 김계유, 1991, 앞의 글, 281쪽.

114) 김낙원, 앞의 책, 69쪽.

115) 김계유, 1991, 앞의 글, 282쪽.

었다. 3시경 외곽고지를 점령한 진압군은 곧이어 시가지에 대한 박격포 사격을 고지와 바다에서 전개했다.[116] 박격포 사격이 어느 정도 이루어진 뒤, 각 연대는 시내로 돌입하여 민가를 가가호호 수색했다.

광양에 있던 4연대 제2대대도 시내 수색작업에 참가했다. 4연대 병력을 이끄는 박기병 소령은 여수지구계엄사령관에 임명되었고, 진압사령부는 여수군청에 설치되었다.[117]

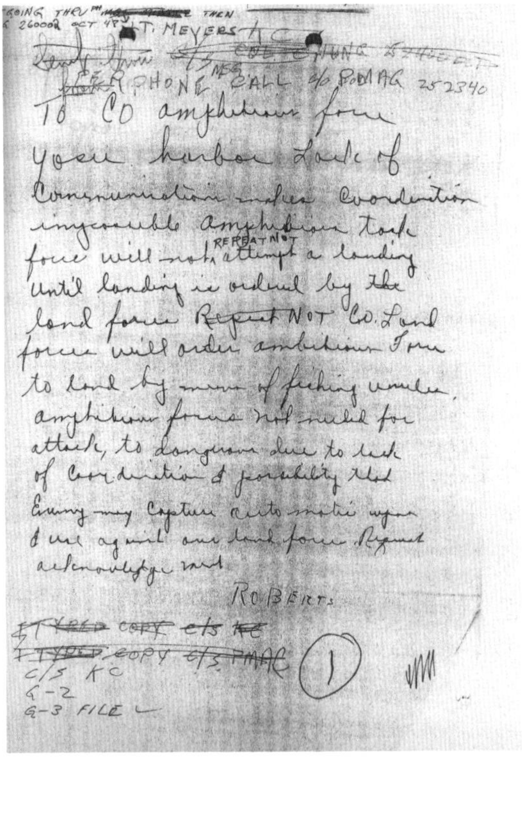
GOING THRU THEN
260002 OCT 48 LT. MEYERS
PER PHONE CALL 252340
TO CO amphibious force
your harbor Lack of
Communication makes coordination
impossible Amphibious task
force will REPEAT NOT attempt a landing
until landing is ordered by the
land force Repeat NOT Co. Land
forces will order amphibious force
to land by means of fishing vessels.
amphibious forces not needed for
attack, to dangerous due to lack
of coordination & possibility that
Enemy may capture automatic weapons
& use against our land force Request
acknowledgement
ROBERTS
C/S KC
G-2
G-3 FILE

〈그림 4-6〉
윌리엄 로버츠(William L. Roberts) 미 임시군사고문단장의 지시문

[출전: RG 338, U.S. Army Forces in Korea(USAFIK); 1945-49, Entry 11071, Box 16]

116) 순천시사편찬위원회, 1997, 『순천시사』, 772쪽.
117) 장창국, 앞의 책, 172쪽.

장갑차를 타고 시내로 돌진한 12연대와 작전에 참가한 각 대대는 담당 구역을 할당하여 시민들을 진남관이나 서국민학교 운동장 등에 모이게 했다. 진압군은 밤이 되자 소탕전을 중지하고 본부를 서국민학교에 둔 다음 산발적인 저항세력의 공격에 대비하여 경계에 들어갔는데, 이때 여수 좌익 지도자들은 미평 쪽으로 후퇴했다.

10월 27일 새벽부터 여수에 대한 초토화 소탕작전이 시작되었다. 진압군은 장갑차 12대를 앞세우고 여수로 진입했다. 여수공격에는 12연대, 3연대, 2연대, 5연대(해안경비대)가 참가했다. 송석하 소령이 지휘하는 3연대 1개 대대는 종고산 방면에서, 백인엽 소령이 지휘하는 12연대와 장갑부대는 신월리에 있는 14연대 주둔지에서 소탕전에 나섰다. 남아 있던 저항세력들은 진압군에 밀려 후퇴했고, 여수 시내는 3시 30분경 점령되었으며, 저녁 6시 소탕전은 완료되었다. 다른 부대가 여수를 거의 점령했을 때 도착한 박기병의 4연대는 이 다른 부대와 함께 봉기 혐의자 색출을 시작했다.

이상규 소령이 지휘하는 충무공정을 기함으로 하고 6척의 해안경비대 선박과 김종원이 지휘하는 전차양륙정(LST)의 5연대 병사들도 해안에서 작전을 개시했다.[118] 5연대원들은 81mm 박격포 사격을 하며 상륙하려 했으나,[119] 함정의 반동으로 포가 튀어 탄착점을 포착할 수 없었다. 미군 고문

---

118) 『부산일보』, 1948. 10. 30.

119) 당시 신문 보도나 나중의 증언들은 함정에서 함포 사격이 있었다고 기록하거나 증언하고 있다(『조선일보』, 1948. 10. 28. ; 『부산일보』, 1948. 10. 30. ; 김계유, 1990, 「내가 겪은 여순사건」, 『여수문화』 제5집 ; 이경모, 1993, 「사선 넘으며 촬영한 동족상잔의 비극」, 조선일보사 · 월간조선(엮음), 『한국현대사 119대사건』, 조선일보사, 50~51쪽 ; 해군본부 정훈감실, 1964, 『해군일화집』, 59쪽).

하지만 여수 앞 바다에 떠 있던 LST에서 발사된 것은 '함포'가 아니라 '박격포'였다. 당시 해안경비대는 제대로 된 함정 하나 갖고 있지 못한 상태였다. 군사적 지식과 경비대 장비 상황에 대한 전문적 지식이 없었던 기자나 공포에 질린 주민들은 포탄의 굉음을 듣고 이를 함포사격이라 생각했던 것 같다.

해군의 기록에도 '함포'라는 표현을 사용하고 있다. 『해군 일화집』에는 "302정[통영정]은 해군에서는 처음으로 37mm 대전차포를 미군에서 받아 갑판 상에 설치하고 적에게 함포사격을 가했던 것이다. 그 위력은 대단치 않았으나 그래

관은 완충 자재를 깔아 그 위에 포를 거치하고 목측(目測)으로 탄착점을 형성하라고 조언했다. 이에 따라 수십 발을 사격한 후에야 겨우 탄착점을 형성할 수 있었지만, 이 포격으로 12연대 5중대장과 병사 2명이 전사했고 시가지 도처에서는 불이 났다.[120] 이에 백인엽은 쓸데없는 사격과 상륙작전 중지를 요구했다. 결국 5연대는 진압이 끝난 뒤에야 상륙할 수 있었다. 8시 45분경 여수상륙이 본격적으로 시작되었지만, 봉기군이 펼칠지도 모르는 매복이나 속임수, 저격 위험 등 안전에 대한 고려는 전혀 없었다. 상륙군은 해안가 건물에 대한 수색도 없이 모든 방향으로 목표 없는 사격만을 맹목적으로 해댔다. 공격을 시작한지 2시간만인 10시 40분경, 5연대는 여수에 상륙하여 부두 뒷편의 야산을 점령했다. 여수에서 봉기군을 완전히 격퇴한 오후 1시 20분, 해안경비대는 "여수는 우리 수중에 있다(Yosu is ours). 포로는 헤아릴 수 없이 많고 우군(友軍)과의 연락은 좋다…"라는 짧은 말로 본부에 여수 점령 사실을 보고했다.[121]

여수 진압작전이 끝남에 따라 송호성과 그의 참모들은 반란군토벌전투사령부의 지휘권을 원용덕에게 넘기고 서울로 돌아갔다. 여수는 김백일 5여단장의 지휘로 법과 질서가 복구되었다고 미군 보고서는 기록하고 있지만,[122] 그 질서는 강요된 침묵과 죽음의 질서였다.

도 우리 해군으로서는 처음으로 실시된 일이라 자못 의의 깊고 큰 수확을 얻었다"라고 적고 있기 때문이다. 그러나 한국전쟁이 발발한 때에도 3인치 이상의 포를 장착한 전투함정은 1949년에 도입한 백두산함이 유일했다. 나머지 함정들은 육군 37㎜ 對전차포를 설치한 정도였다(이근미, 2004, 「비록 백두산함의 생애」, 『월간조선』 4월호).

어찌보면 그리 중요하게 보이지 않는 이 문제는, 여순사건을 소재로 하여 제작된 「애기섬」이라는 영화를 둘러싼 논쟁에서 하나의 쟁점으로 떠올랐다. 『월간 조선』은 여순사건에 대한 「애기섬」 제작진의 시각을 비난했는데, 그 중의 하나가 함포사격 문제였다. 『월간조선』은 당시 함포 사격이 없었는데도, 영화에서는 함포사격이 민간인에게 큰 피해를 끼친 것 같이 표현했다고 주장했던 것이다.

120) 국방부 전사편찬위원회, 1967, 앞의 책, 470쪽.

121) 『한성일보』, 1948. 11. 6.

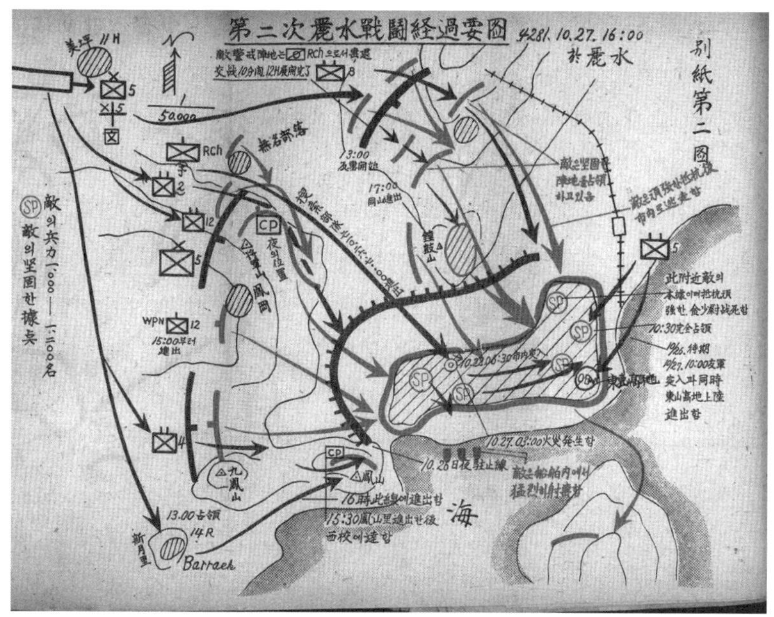

〈그림 4-7〉 진압군의 여수 공격 상황(1948. 10. 27)

여수탈환은 성공했지만, 이 같은 작전 진행을 매우 걱정스럽게 지켜보았던 미 고문단원인 대로우 대위는 기술적인 측면에서 이 작전은 졸작이었다고 평가했다. 사실 여수를 탈환하는 데 주요한 역할을 했던 것은 육지에서의 진압군이었고, 5연대는 지상군에 의해 여수가 완전히 평정된 뒤에야 상륙할 수 있었다.

해안경비대는 상륙작전이 만족스럽게 수행되지 못한 가장 큰 원인을 장비 부족으로 돌렸다. 물론 당시 여순 진압작전에 참가했던 함정들의 장비는 매우 열악한 상황이었다. 함포와 수뢰(水雷) 그리고 항해장비와 통신시설을 제대로 구비한 함정은 하나도 없었고, 대부분의 소해정은 낡은 소해기구와 함께 항해장비로서는 측심의(測深儀)를 비치하고 있었으나 대개는

122) G-3 Section, Ⅱ Ⅳ Corps, op.cit., p.9.

고장이 나서 수측에 의지하고 있는 형편이었다.[123] 전투함을 갖고 있지 못한 해안경비대는 경비함에 인천기지에서 입수해온 37㎜포를 필요할 때마다 2문씩 임시 장착하여 활용해 왔을 뿐 기타 무기와 장비 등을 제대로 구비하고 있지 못했다.[124]

전투에 필요한 함상 장비가 매우 부족한 것을 깨달은 임시정대 지휘관 이상규 소령은 여순작전 결과 보고서에서 무기가 빈약한 점을 지적하는 한편 육전대 창설을 제기했다.[125] 여순작전 당시 해안경비대는 여수 해안을 봉쇄했으나, 상륙작전은 부산에서 파견된 5연대가 전적으로 맡아 수행했다. 결과적으로 해안경비대는 경비만 선 꼴이 되었고, 이 같은 경험에 따라 상륙작전을 독자적으로 수행할 수 있는 육전대 창설을 제기했던 것이다. 해군본부 수뇌부에서는 과거 일본 해군육전대 같은 상륙군 부대를 해군 내에 창설하자는 문제를 신중히 검토한 끝에 통제부 참모장 신현준 중령에게 구체안을 연구하도록 지시했고, 이 건의는 나중에 해병대가 창설(1949. 4. 15)되는 것으로 귀결되었다.[126]

---

123) 국방부 전사편찬위원회, 1984, 『국방사』, 367쪽.

124) 여순사건 당시 해안경비대에는 전투함을 갖고 있지 못했다. 최초의 전투함은 미국에서 구입한 백두산호인데, 1950년이 되어서야 한국에 들어올 수 있었다(홍은혜(엮음), 1990, 『손원일 제독 회고록－우리들은 이 바다 위해』, 가인기획, 148~150쪽).

125) 건의 내용은 다음과 같다. 첫째, 함정무기의 불충분으로 접근 교전에서 불리한 점을 면하지 못하였음. 둘째 공격 무기가 빈약하여 적을 철저히 제압할 수 없었음. 셋째, 총사령부, 기지 및 함정 간 통신파장이 동일하여 통신운영에 지장이 많았음 넷째 해군은 해상 전투가 주목적이나 육전대의 필요성을 절감하였음(『대한민국 해군사(행정편)』, 53~54쪽 ; 국방부정훈국, 1949, 『국방』 5월호, 32~37쪽(국방부 전사편찬위원회, 1984, 『국방사』, 366쪽에서 재인용)).

126) 신현준 중령은 법무관 강대성 대위와 민용식 소위와 함께 육군본부에서 해병대 창설을 준비했다. 신현준 중령이 보고한 내용은 국방부 전사편찬위원회, 1984, 『국방사』, 370~371쪽을 참고.

상륙전 부대의 필요성 여부에 관해서는 많은 논란이 있었지만, 결국 1개 대대 규모의 부대 편성을 목표로 하는 해병대 창설안이 승인되었다. 하지만 이 부대는 상륙전을 목표로 하는 것이 아니라 해군기지 경비를 주임무로 하도록 했다. 해군본부는 1949년 2월 1일자로 신현준 중령을 해병대사령관으로, 김성은 중령을 참모장으로 각각 임명하고 예하 부대에서 대원을 선발하여 해병대를 하지만 여수상륙작전에서 더 큰 문제로 드러난 것은 무기 문제라기보다는 작전의 개념조차 없는 지휘관들의 무능력이었다. 대로우는 상륙을 담당한 5연대가 해안경비대를 불신하여 전혀 협력하지 않았고, 상륙작전의 기본적인 원칙도 무시했다고 지적했다. 제5연대원들은 적도 없는 곳에 아무 때나 총을 쏴 댔고, 고문단원들과 상관의 명령도 무시했으며, 막상 상륙작전 때에는 여수에 진입하는 것에만 정신이 팔려 봉기군이 어떻게 대응할 것인지, 부대원들의 안전을 어떻게 확보할 것인지를 전혀 고려하지 않았다고 비판했다. 특히 상륙작전을 맡았던 김종원에 대해서는 총알만 낭비하는 무차별적인 사격을 한 그는 군사재판을 받아야 마땅한 야만적인 인물이라고 평가했다.[127] 해안경비대도 비슷했다. 함정 대원들은 봉기군으로부터 사격을 받고 대원들이 죽어나가자, 어찌할 바를 몰라 우왕좌왕했고 아무나 명령을 내리기도 했다.[128]

각 지방에서의 모병을 토대로 만들어진 국군은 연합작전의 경험이 없었기 때문에 진압작전 과정에서 병력 이동과 통신 연락 등에서 많은 문제점을 드러내었다. 심지어는 같은 진압군끼리 전투가 벌어져 사상자가 발생한 적도 몇 번 있었다. 광양에서는 12연대와 15연대가 전투를 벌였고, 여수상륙작전에서는 함정에서 쏜 박격포 사격에 12연대 진압군이 죽기도 했다.[129] 이 같은 군사작전의 오류와 시행착오는 작전 과정에서 각 부대간에 제대로 연락을 취하지 않거나 지휘 장교들이 무능하여 발생했다.

여순진압에서는 군 역사상 최초로 육·해·공군 합동작전이 실시되었고, 육군 부대들은 처음으로 연합작전을 경험했다. 군 지휘부는 여수·순천에서의 실제 전투 경험을 군 전투력을 높이는 계기로 인식했다.

창설하도록 지시했다(국방부 전사편찬위원회, 1967, 앞의 책, 568쪽).

127) 대로우 대위, 「여수반란, 상륙 국면」.

128) 이러한 지휘 계통의 혼란은 리영희의 회고록에서 잘 표현되어 있다. 리영희는 국립해양대학 실습생으로 천안호에 탑승하고 있었다(리영희, 1988, 『역정－나의 청년시대』, 창작과비평사, 119~122쪽).

129) 국방부 전사편찬위원회, 1967, 앞의 책, 470쪽.

정부 진압군은 여수를 점령한 후, 반란군토벌전투사령부를 '호남방면전투사령부'로 개편했다. 10월 30일 호남방면전투사령부가 만들어졌고, 다음 날 호남방면전투사령부는 하동－순천－학구－주암－광주를 연결하는 경계선을 기준으로 남 · 북 양 전투 지구로 구분되었다. 이에 따라 북지구는 제2여단이 맡고 남지구는 제5여단이 맡았다.[130)]

원용덕은 호남방면전투사령부 사령관 겸 제5여단장을 맡았고, 제2여단장과 북지구사령관은 김백일 중령이 맡았다.[131)] 원래 김백일은 5여단 사령관이었고, 원용덕은 제2여단 사령관을 맡았었는데, 이례적으로 여단과 사령관이 거꾸로 배치된 것이다.

초기의 호남방면전투사령부 지휘 체계는 연대별 구분이 무시된 채 지휘관 위주로 조직되었다. 이는 각 지구전투사령부의 편제를 살펴보면 알 수 있다. 11월 1일부터 지리산 방면의 전투를 본격적으로 수행했던 북지구는 신상철 부대(제15연대 4중대), 백인엽 부대(제12연대 4중대), 이명재 부대(제2연대 4중대), 함준호 부대(제3연대 5중대), 백인기 부대(제12연대 2중대, 제6연대 2중대)로 구성되었다. 백인기 부대의 경우에는 12연대와 6연대를 혼성하여 지휘하고 있었던 것에서 나타나듯, 호남방면전투사령부는 기존 군대 편제보다는 지휘관 중심으로 편제하여 운영하였다.

이에 따라 호남방면전투사령부는 11월 4일 국방부 전령(電令)에 따라 해체되고, 원용덕은 제2여단장으로, 김백일은 제5여단장으로 원상 복귀했다. 북지구전투사령부도 같은 날 호남방면전투사령부의 전령에 의해 해체되었다.[132)]

하지만 제14연대 봉기군을 추적하려는 진압군의 작전은 계속 이어졌다.

---

130) 2旅特作命 제1 · 2호 북전구 작전명령(1948. 10. 31), 『전투상보』, 105~109쪽.

131) 호남방면전투사령부 사령관을 송호성으로 기록하고 있는 군사(軍史)도 있으나, 이는 오류로 보인다. 다음을 참고. 육본정보참모부, 『공비연혁』, 1971, 238쪽 ; 국방부 군사편찬연구소, 2004, 『6 · 25전쟁사1－전쟁의 배경과 원인』, 466쪽.

132) 2旅特作命 제4호의1 북전구 작전명령(1948. 11. 4), 『전투상보』, 114쪽.

제1연대는 노고단 반야봉 지역의 적을 추적했고, 제3연대는 남원군 · 함양군을, 제12연대는 구례를, 제15연대는 산청군을 담당했다.

제2여단 소속 제2 · 3 · 12연대는 11월 15일부터 11월 25일까지 원동, 구례, 백운산 일대에서 작전을 전개했고, 26일부터는 2차 지리산 작전을 개시했다. 호남방면전투사령부는 11월 4일자로 일시 해체되었던 것으로 보이나, 섬진강-구례구-압록-삼지면-옥과-담양-고창을 통과하는 선을 기준으로 전투지역을 남북으로 나누어 지구별 전투는 계속 이어진 것으로 보인다.[133]

호남방면사령부는 1949년 3월 1일자로 '호남지구전투사령부'와 '지리산지구전투사령부'로 개편 · 강화되었다.[134] '호남지구전투사령부'는 광주에 자리잡았고, '지리산지구전투사령부'는 남원에 사령부를 두었다. 정일권 지리산지구전투사령부 사령관은 제3 · 5 · 9 · 19연대와 독립유격대대를 배속하여 지리산 일대의 빨치산 '소탕' 작전에 나섰다.

지리산지구전투사령부는 1949년 3월부터 전남, 경남 일대에 대한 몇 차례의 '춘계토벌'을 단행했다. 동 사령부는 예하 대대를 구례, 남원, 화개장, 하동, 진주, 산청, 함양 등지에 배치하여 토벌지역을 할당하고, 각 지역에 있는 반란군을 지리산으로 모는 작전을 펼쳤다.[135]

한편 반란군을 이끌던 김지회와 홍순석은 3월 중순 경 지리산에 은거하던 게릴라 500여 명을 이끌고 덕유산으로 이동하였다. 이에 지리산지구전투사령부는 전 병력과 경찰력을 동원하여 포위 작전을 전개했다. 국군은 이 작전에서 수십 명의 반란군을 사살하는 데는 성공했지만, 김지회 등은 소규모 병력을 이끌고 지리산으로 다시 이동했다.

지리산전투사령부가 14연대 봉기군 주력을 포착한 것은 4월이었다. 반

---

133) 육군본부 총작명甲 제70호 작전명령(1948. 11. 22), 6쪽. 11월 4일 이후 호남방면전투사령부가 어떻게 조직되었는지에 대한 확실한 자료는 아직 발굴되지 못했다.

134) 국방부 군사편찬연구소, 2004, 『6 · 25전쟁사1－전쟁의 배경과 원인』, 469쪽.

135) 佐佐木春隆, 앞의 책, 388~390쪽.

란군을 추격하던 제3연대 제3대대는 4월 9일 드디어 홍순석을 비롯한 17명을 사살하였다. 김지회는 공격을 받고 부상하여 도주하다가 반선리 부근에서 시체로 발견되었다. 14연대 봉기를 이끌었던 김지회 · 홍순석이 사살 당함으로써 봉기군은 큰 손실을 입었다.

1949년 4월 18일 지리산지구전투사령부 정일권 준장은 서울로 복귀하였고, 3연대장 함준호 대령이 지구사령관을 이어 받았다가 1949년 9월 28일 김백일 대령이 지휘권을 인수하여 전투를 수행했다. 지리산전투사령부는 1950년 1월 25일 해체되었고, 2월 5일에는 호남 일대에 선포되었던 계엄도 해제되었다.[136]

지리산전투사령부가 해체된 이후에도 지리산 일대에서는 소규모 부대의 빨치산 활동이 이어지고 있었지만, 이전처럼 큰 영향력을 가지고 있지 못했다. 지리산 빨치산 부대의 활동은 김지회, 홍순석의 죽음 이후 세력이 약해졌고, 1949년 지리산전투사령부의 동계토벌은 빨치산 활동을 불가능하게 하였다.

여순 진압작전에서 무공을 세운 군인들은 이승만 정부로부터 훈장을 받거나 특진되었다. 기갑연대의 수색단 장갑중대는 출동장병 전원이 1계급 특진되었고,[137] 순천 탈환작전을 성공으로 이끈 12연대 장병 전원도 1계급 특진됐다.[138]

1949년도에 제정된 건국공로장의 서훈 자격을 보면, "민국정부 수립에 탁월한 공적이 유(有)한 자" 뿐만 아니라 "금차(今次) 반란진압의 공로자 순직자 급 그 유가족"도 포함되어 있었다. 이로써 여순 진압작전에 참가한 공훈자는 이 조항의 적용을 받아 훈장을 받을 수 있었다.[139] 진압군은 반공 국가 건설의 공을 충분히 인정받았던 것이고, 군인들에게 여순사건은

---

136) 국방부 군사편찬연구소, 2004, 『6 · 25전쟁사 1－전쟁의 배경과 원인』, 475쪽.
137) 국방부 전사편찬위원회, 1967, 앞의 책, 324쪽.
138) 장창국, 앞의 책, 170쪽.
139) 『경향신문』, 1949. 2. 2.

스스로의 애국심을 고양시키고 확인하는 계기가 되었다.

진압작전에 참가한 미군도 미국 정부로부터 훈장을 수여 받았다. 미 국방부는 1949년 1월 10일 여순작전에서 핵심적인 역할을 수행한 하우스만에게 미 공로훈장(Legion of Merit)을 주었다.[140] 반란군토벌전투사령부에 포함되어 미군과 한국군의 통역을 담당했던 정보참모부의 고정훈도 여순사건 뒤에 공을 인정받아 대위로 특진했다.

여순사건이 발발한 7개월 뒤, 신문사가 주최한 좌담회에서 국군 지휘관들은 여순사건을 주로 군사·기술적인 측면에서 평가했다. 정일권 육군참모부장은 여순사건과 그 뒤의 빨치산 소탕작전은 국군에게 "하나의 작전이라기에는 너무나 미약한 것이며 전초전의 성격도 못되는 한 개의 큰 훈련"이라고 말했고, 강문봉 작전국장은 "여순 훈련의 귀중한 경험은 가까운 장래의 돌발 사태에 낙관할 수 있는 그 무엇을 제공했다고 볼 수 있다"고 했다.[141] 군 수뇌부에게 여순사건 진압 경험은 하나의 좋은 훈련에 불과했던 것이다.

그러나 국군이 경험한 최초의 전투가 주로 민간인을 대상으로 이루어졌다는 점, 그리고 이 작전에 민간인에 대한 거친 대우, 무법적인 처벌, 학살이 포함되어 있다는 점에 주의를 기울이는 군 지휘관은 없었다. 숱한 민간인이 작전 과정에서 죽었지만, 민간인이 겪었을 고통에 주목한 군인들은 거의 없었다. 타인의 고통에 대한 무감각과 민간인 희생을 반성적으로 사고할 수 없는 무능력은 어떻게 군사적 효율성을 높일 것인가라는 군 지휘관들의 문제의식과 비례되는 것이었다. 군사적 효율성에 가득 찬 평가야말로 한국전쟁—이것이 강문봉이 말하는 '가까운 장래의 돌발사태'였다—이 발발했을 때, 군대가 또 다시 민간인 학살에 나설 수 있었던 기초가 되었다.

---

140) *Chronology*, James H. Hausman Autography(하우스만 회고록).

141) 『연합신문』, 1949. 5. 26.

2. 미군의 개입

한국에서 출간된 군 관계 문헌과 회고록 등은 한국군 창설과 여순봉기 진압에서 미군이 어떤 활동을 했던가에 대해서는 침묵하고 있다. 국방부에서 발간한 『한국전쟁사』는 30여 쪽에 걸쳐 여순반란을 사실적으로 설명하면서도 미군의 개입 사실에 대해서는 단 한 줄도 서술하고 있지 않다.[142] 여순 진압작전에 참여했고 한국전쟁 시기에는 미군의 도움으로 많은 전공을 세운 바 있는 백선엽의 회고록에서도 미군 개입에 대한 서술은 거의 없다.[143] 또 광주에 설치된 반란군토벌전투사령부에서 활동했던 김점곤도 미군의 개입을 부정하고 있다. 그는 여순 진압작전 때 "미군에게 통신 수단을 지원해달라고 요청했으나 미군은 일체 거기에 개입하지 않았"고, 물자 지원도 전혀 받지 않았으며, 지리산 토벌 작전 때에도 미군은 일체 관여하지 않았다고 하면서 미군에게서 도움 받은 것이라고는 지도밖에 없었다고 주장했다.[144]

백선엽, 김점곤 같이 진압작전에서 미군의 도움을 받았던 한국군 장교들이 미군의 개입 사실을 애써 인정하지 않거나 언급을 극도로 꺼리는 이유는 미군이 작전에서 차지하는 비중이 너무나 크고 개입 영역이 폭넓었기 때문에, 미군의 개입 사실을 인정한다면 결과적으로 자신의 역할이나 위치가 대단히 축소될 것이기 때문이다.

---

142) 국방부 전사편찬위원회, 1967, 앞의 책, 451~488쪽.

143) 백선엽, 1992, 『실록 지리산』, 고려원, 149~194쪽. 이 책에서 유일하게 미군 개입을 기술하고 있는 부분은 하우스만의 활약에 대한 것이다. 백선엽은 책에서 "하우스만과 나는 밤을 세워가며 전황을 점검하고 작전계획을 짰다. 하우스만의 열의는 대단한 것이었는데, 그가 나중에 한국 전문가로 인정받는 계기도 이때 마련된 것이었다"(166쪽)라고 언급하고 있다.

144) 「김점곤 인터뷰」, MBC '이제는 말할 수 있다' 제작팀, 1999, 「MBC 여순사건 증언록」(미간행 녹취록). 지도가 없다면 작전은 불가능하다. 적의 이동을 체크하고 아군을 이동시키는 군사 작전에서 지도는 결정적으로 중요하다. 당시 미군은 남한 지도를 갖고 있었지만, 국군은 가지고 있지 못했다.

사건 당시 주한미군 또한 이 사건에 개입하지 않았다고 주장했다. 미 임시군사고문단은 외신 기자들에게 미군이 사건에 연관되지 않았다고 밝혔는데, 『뉴욕타임즈』나 『크리스천 사이언스 모니터』 같은 미국 신문들은 이를 그대로 보도했다.[145] 반란군토벌전투사령부에서 송호성 사령관을 보좌했던 미 임시군사고문단원 제임스 하우스만도 봉기 진압에서 미군의 역할은 병기 사용법을 가르쳐준 것에 불과했다고 말했지만, 이러한 언급은 그 자신이 발설한 수많은 미군 활동에 대한 증언과도 매우 모순된다.[146]

현재까지 남아있는 미군의 공식 기록들과 증언들은 당시 미군이 여순 진압작전을 주도하고 실행했다는 점을 보여준다.

미군이 남한 봉기에 개입하게 된 배경은 국군의 작전통제권을 주한미군 사령관이 갖고 있었기 때문이다. 비록 이승만 정부가 세워졌다 하더라도 1948년 8월 24일 이승만-하지 간에 체결된 협정에 따라 군대의 작전권은 여전히 미군의 수중에 있었던 것이다. 1948년 8월 24일 체결된 이 조약의 정식 명칭은 「대한민국 대통령과 주한 미군사령관 간에 체결된 과도기에 시행될 잠정적 군사안전에 관한 행정 협정」인데, 이 협정 제2조에는 "미군 철수의 완료 시까지 주한미군 사령관은……대한민국 국방군(국방경비대, 해안경비대 및 비상지역에 주둔하는 국립경찰 파견대를 포함)에 대한 전면적인 작전상의 통제(over-all operational control)를 행사하는 권한을 보유할 것"이라고 되어 있다.[147]

또한 9월 11일 체결된 「재정 및 재산에 관한 최초협정」은 주한 미군정청이 보존하고 있는 재산, 물건, 현금, 예금, 설비 및 군수물자 등에 관한

---

145) *Christian Science Monitor*·*New York Times*, 1948. 10. 21.

146) KBS의 하우스만 인터뷰, 16쪽.

147) 이 협정의 내용에 대해서는 국방부 전사편찬위원회, 1981, 『국방조약집』 제1집 (1945~1980), 34~39쪽을 참조. 다음의 연구와 증언도 국군의 작전권은 미국에 있었다고 밝히고 있다. R. K. Sawyer, 1962, *Military Advisors in Korea: KMAG in Peace and War*, Washington, D.C., Office of the Chief of Military History, Department of the Army, p.34 ; 짐 하우스만, 앞의 책, 171쪽.

모든 권리, 권한 및 이익을 양도한다고 규정되어 있는데, 이는 국군 창설에 필요한 모든 장비와 시설 및 군수물자와 지휘권이 미군의 장악하에 있었음을 보여준다.[148)]

군사협정에 따라 미국 정부는 8월 26일 주한미군고문사절단을 설치하고, 그 산하에 임시군사고문단(PMAG, Provisional Military Advisory Group)을 두었다. 사절단장에 무쵸(John J. Muccio) 미 대통령 특사가 임명되었고,[149)] 고문단장에는 로버츠(William L. Roberts) 준장이 각각 임명되었다. 임시군사고문단이 설치되면서 고문단원수는 100명에서 248명으로 증가했다.[150)] 미국의 군사적 개입은 위와 같은 두 가지 협정과 임시군사고문단이라는 제도적 배경하에서 가능한 것이었다.

극동아시아의 군사적 상황을 통할하고 있던 맥아더 극동사령관도 남한 방어에 강한 의욕을 보였다. 여순사건이 일어난 날 도쿄에서 이승만 대통령을 만난 맥아더 극동사령관은 "나는 한국을 방어할 것이다. 마치 내가 나의 조국을—캘리포니아를— 방어했듯이"라고 말했다. 이 언급은 국내외 신문에 그대로 보도되었다. 맥아더가 이 말을 한 바로 그날 여순사건이 발생했다.[151)]

맥아더의 말에 고무되었던 이승만 대통령은 군인들이 봉기를 일으키자 같은 국군을 동원하여 진압하기 어렵다고 생각하고, 미군이 직접 진압에 나설 것을 요청했다. 하지만 미군은 이승만 대통령의 요청을 거절했다.[152)]

그렇지만 미군이 뒤로 물러서서 마냥 수수방관한 것은 아니었다. 미군 당국은 국군을 제치고 직접 여순사건 진압에 나선다면 공산 측의 선전에

---

148) 林英樹, 1967, 앞의 글, 22쪽.

149) 미국이 대한민국정부를 승인하기 전이었기 때문에, 나중에 주한 미 대사로 임명된 무쵸는 대통령 특사 자격을 유지하고 있었다.

150) Allan R. Millett, 앞의 글, 253쪽.

151) From One Source, *Time*, 1948. 11. 1.

152) *Mutiny by Korean Police at Yosu*, 국사편찬위원회, 1994, 『대한민국사 자료집17 :한국관계 영국 외무성문서10(1948. 9~1948. 12)』, 244~255 · 406쪽.

이용될 수 있다는 생각에서 미군 병력을 직접 현장에 투입하는 것을 꺼렸지만, 그렇다고 소련과 적대하고 있는 '미국의 영역(U. S. Zone)'[153]에서 일어난 이 봉기를 묵과할 수는 없었다.

미 임시군사고문단의 목표 중 하나는 '남한 내 전복 세력들 억제와 제거(Suppression and extermination of subversive elements in South Korea)'였다. 이런 측면에서 임시군사고문단의 진압 작전 참여는 당연한 임무 중의 하나였을 뿐이다.

10월 20일 아침, 로버츠 미 임시군사고문단장과 이범석 국무총리 겸 국방부장관이 참석한 긴급회의가 열렸다. 군대 지휘권은 1948년 8월 24일 이승만-하지 간에 체결된 협정에 따라 여전히 미군의 수중에 있었기 때문에 이 회의를 주도한 것은 미 임시군사고문단이었다.[154] 긴급 회의에서는 광주에 반란군토벌전투사령부를 설치하기로 결정했다.

그리고 미 24군단의 정보참모부(G-2)와 작전참모부(G-3)는 10월 20일 오후 5시부터 24시간 경계태세에 들어갔다.[155]

반란군토벌전투사령부 사령관에는 송호성이 임명되었다. 송호성을 임명한 것은 미군이었다. 미 임시군사고문단장 로버츠는 10월 21일 여순사건에 대한 작전을 전개할 것을 지시했다. 로버츠 준장은 첫 번째로 지시하기를 "당신의 임무는 압도적인 병력으로 반군을 공격하여 궤멸시키는 것이다. 반군이 작은 그룹으로 나뉘어 산악지역을 점령할 경우에는 가차 없이 추적하여 파괴"시키라고 지시했다.[156] 처음부터 반란군에 대해 강하게

---

153) "Korea units seal insurgents in south peninsula mountains", Christian Science Monitor, 1948. 10. 21.

154) R. K. Sawyer, 1962, *Military Advisors in Korea: KMAG in Peace and War*, Washington, D.C., Office of the Chief of Military History, Department of the Army, p.34 ; 짐 하우스만, 앞의 책, 171쪽.

155) G-3 Section, ⅡⅣ Corps, *History of the Rebellion of the 14th Regiment and the 6th Regiment of the Korean Constabulary, 10 November 1948*, p.3.

156) W. L. Roberts, *Memorandum from Roberts to Song Ho Seung : Letter of Instruction* (1948. 10. 21), RG 338, KMAG, Adjutant General, Decimal File, 1948~1953, Box 4,

압박하라는 명령(instruction)이었다.

송호성을 보좌하는 군사고문으로 제임스 하우스만(James H. Hausman)이 파견되었다. 하우스만은 미 임시군사고문단을 대표하는 작전책임자로, 그리고 송호성 총사령관의 고문자격으로 반란군토벌전투사령부에 배속되었지만, 단순한 고문관 이상이었다. 하우스만의 증언대로 그는 송호성의 명령에 반하는 '명령'을 내릴 수 있는 고문관의 역할을 했다.[157]

하우스만은 한 사람의 미군 대위에 불과했지만, 그의 영향력은 실로 막대한 것이었다. 그는 국방경비대 창설에 초석을 놓았고, 광범한 한국인 인맥을 기반으로 1980년대까지 한국군에 깊은 영향을 끼쳤다. 나중에 '한국군의 아버지'라는 별명을 얻은 하우스만은 특히 미군정시기와 이승만 정권 초기에 강한 영향력을 발휘했다. 그는 장관들만이 참석할 수 있는 국무회의에 국방부장관의 고문관 자격으로 참석할 수 있는 유일한 미국인이었다.[158]

미군 당국은 진압작전에 직접 전투 병력을 출동시키지는 않았으나, 국군 각 부대에 배치되어 있는 미군 고문단원을 활용하여 진압작전을 통제하고 조언한다는 원칙을 세워놓고 있었다. 광주에 파견된 미 고문단원들

Files: Brig. General W. L. Roberts (Personnel Correspondence).

157) KBS의 하우스만 인터뷰, 19~20쪽.

158) 그는 한때 경무대에 들어가 살기도 했는데, 그 이유는 시간에 구애됨이 없이 대통령이 부르면 언제나 응대하기 위해서였다고 한다(KBS의 하우스만 인터뷰, 85쪽). 하우스만을 '국군의 아버지'라고 자타가 인정한 것은 다음의 일화에서 잘 드러난다. 이승만 대통령의 75회 생일축하 분열식이 열릴 때, 이승만은 하우스만을 돌아보며 "당신의 군대가 자랑스럽겠군요"라고 말했다. 이에 하우스만이 "이 군대는 대한민국과 대통령의 군대입니다"라고 의례적으로 말하자, 이승만은 "아니요, 이것은 당신의 군대요"라고 했다고 한다.

하우스만에 관한 글은 다음을 참고 할 수 있다. Allan R. Millett, 2000, 「하우스만 대위와 한국군 창설(1945~1950)」, 『군사』 40호 ; Donald N. Clark, 2001, *Jim Hausman, Soldier of Freedom*, Michigan University 발표문 ; 김득중, 2001, 「여순사건과 제임스 하우스만」, 『여순사건 53주년 기념 학술세미나－여순사건의 진상과 국가 테러리즘』.

중 가장 계급이 높았던 풀러(Hurley E. Fuller) 대령은 이 사건은 순전히 한국의 문제이고, 만약 미군이 개입할 경우에는 북한의 선전에 말리는 것이기 때문에 미군이 개입해서는 안된다고 생각했다.[159)]

미군의 한 작전 지침에 나와 있는 미군 개입에 대한 방침도 이와 유사한 것이었다.

> 1. (미군은) 미국인과 미국 재산의 안전을 위협하지 않는 한, 경찰과 국군이 상황을 다룰 수 있는 한, (한국의) 지방 정부가 미국 전술군의 도움을 요청하지 않는 한, 직접 개입하지 않는다.
> 2. 군대나 무장한 개인이 공적으로 나서는 일은 필요한 안전과 연관되어 절대로 최소화할 것.[160)]

이 같은 원칙에 따라 여수작전에 참가하는 고문관들은 상부로부터 지도(lead)하지 말고 조언(advise)하라는 지시를 받았다.[161)] 고문단원의 활용은 미군을 직접 투입할 경우 발생하는 희생을 최대한 줄일 수 있을 뿐만 아니라, 작전을 완전히 통제함으로써 원하는 대로 병력을 운용할 수 있는 장점이 있었다.

미 임시군사고문단원의 파견은 두 가지 층위에서 이루어졌다. 하나는 각 연대에 이미 배치되어 있는 고문을 연대의 진압작전에 참여시키는 것이었고, 다른 한 가지는 광주에 세워진 반란군토벌전투사령부에 작전과 정보, 군수 등의 업무를 지원할 고문을 배치하는 일이었다.

이미 국군 각 부대에는 미 임시군사고문단원이 파견되어 있었다. 국군 부대에 이미 배속되어 있던 모든 미 고문단원들은 담당 부대들이 여순작

---

159) Economic Cooperation Administration, Technological Division, *Inspection Trip to Yosu Rebellion Area with Korean Committee, 12 November 1948*.

160) From CG, USAFIK (1948. 8. 7).

161) Captain Howard W. Darrow, *The Yosu Rebellion, Amphibious Phase*, RG 338 Records of United States Army in Korea, Lt. General John R, Hodge Official Files 1944~1948, Entry 11070, Box 68.

전에 투입되면서 자동적으로 작전에 참여했다. 그러므로 추가로 필요한 것은 반란군토벌전투사령부에 필요한 고문단을 몇 명 더 배치하는 일 뿐이었다.

하우스만과 정보참모부(G-2)의 리드(John P. Reed) 대위는 처음부터 반란군토벌전투사령부에 참여하여 작전을 주도한 고문단원들이었다. 이들 외에 반란군토벌전투사령부에 참가한 고문단원은 윌슨(Marvin G. Wilson) 중위와 그리피스(Arthur G. Griffith)가 있었다. 윌슨은 군수참모부(G-4) 고문관으로서 작전에 필요한 군수품을 조달하는 역할을 맡았고, 그리피스 중위는 연락 비행기를 타고 봉기군과 정부군의 움직임을 정찰하는 일을 담당했다.[162] 순천이 진압군에 의해 탈환된 뒤, 그 동안 선교사 집에 숨어 지내던 모어 중위와 그린봄 중위도 반란군토벌전투사령부에 참여했다.[163] 반란군토벌전투사령부에 10월 22일에 합류하게 된 풀러 대령은 고문관 중 가장 계급이 높은 선임 장교였다. 풀러 대령이 파견된 이유는 작전지역이 여수나 순천을 벗어나 전남 동부 지역으로 넓어지고 그에 따라 시급한 진압 필요성이 제기되어 새로운 고문관이 요구되었기 때문이었다. 하지만 하우스만은 계급과 상관없이 여수가 완전히 점령될 때까지 작전의 총책임자였다. 여수진압이 완전히 끝난 뒤에야 풀러는 선임야전 고문관 역할을 할 수 있었다.[164]

---

162) 반란군토벌전투사령부에 참여한 미 임시군사고문단원의 수는 문헌마다 약간의 차이가 있다. 밀레는 초기에 4명의 고문단원이 내려갔다고 밝히고 있지만, 소여는 초기에 3명이 내려갔고, 나중에 5명이 덧붙여져 총 8명이 반란군토벌전투사령부에서 일했다고 밝히고 있다(Allan R. Millett, 앞의 글, 259쪽 ; R. K. Sawyer, 1962, *Military Advisors in Korea: KMAG in Peace and War*, Washington, D.C., Office of the Chief of Military History, Department of the Army, p.39).

163) 광주에 설치된 반란군토벌전투사령부에 참여한 미 임시군사고문단원들이 가장 많이 걱정한 것은 순천에서 행방불명된 모어와 그린봄의 신상이었다(Hurley E. Fuller, 앞의 글, 1쪽).

164) H. E. Fuller, *Report of Military Operations against the Communist Revolt in South Korea*, 9 November 1948, p.1 ; Allan R. Millett, 앞의 글, 262쪽. 풀러는 10월 21일 점심때 작전참모부(G-3)로부터 봉기 소식을 들었다. 그는 로버츠 미 임시군사

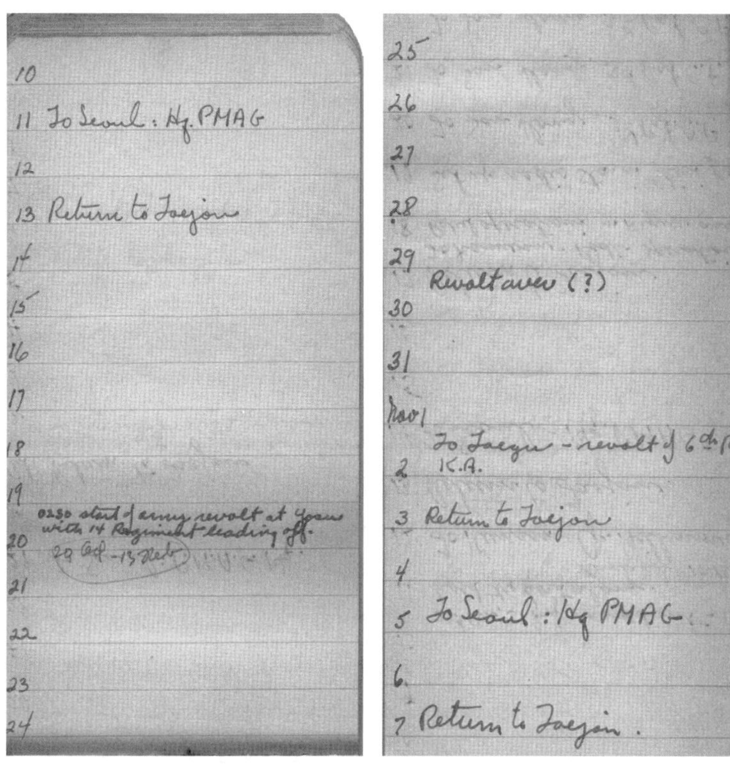
10
11 To Seoul: Hq. PMAG
12
13 Return to Taejon
14
15
16
17
18
19
0230 start of army revolt at Yosu with 14 Regiment leading off.
20
21
22
23
24
25
26
27
28
29 Revolt over (?)
30
31
Nov 1 To Taegu - revolt of 6th
2 K.A.
3 Return to Taejon
4
5 To Seoul: Hq PMAG
6
7 Return to Taejon.

〈그림 4-8〉 여순사건 발발을 표시한 모우이츠(Arno P. Mowitz)의 일지
"10월 20일 02:30분 14연대 장교 주도로 여수에서 군 봉기가 시작"이라는 메모가 보인다.

전반적인 작전계획은 반란군토벌전투사령부가 광주에 설치된 10월 20일 오후에 수립되었다.[165] 하우스만과 리드는 백선엽과 협의하여 작전계획을 수립했다. 로버츠 준장은 하우스만을 광주에 내려보내면서 그에게 네 가지 명령을 내렸다고 하는데, 그 내용은 다음과 같다.

고문단장으로부터 송호성을 보좌하라는 명령을 받고 22일 아침에 광주로 내려가, 반란군토벌전투사령부에 합류했다.

165) J. Merrill, 앞의 책, 225쪽.

첫째, 한국군 사령부가 전투에 실패하거나 부적절한 전투를 할 경우, 작전통제권을 관장할 것.
둘째, 반란군토벌전투사령부를 설치하고 작전의 효율성과 부드러움을 위해 적절한 감독행위를 할 것.
셋째, 현 상황을 미 임시군사고문단장에 보고할 것.
넷째, 종합적인 작전계획을 세우고 그 계획을 실행하여 성공적인 결과를 거둘 것.[166]

한국군 사령부가 전투에 부적절하게 대처하면 즉각 작전통제권을 미군이 장악한다는 내용은 여순사건 진압 과정에 되도록 미군을 투입하지 않으려는 내심을 보여준다. 사실상 한국군은 미국의 통제권 아래에서 움직이고 있었지만, 특별히 '한국군이 작전에 실패한다면' 이라는 조건을 붙여 작전통제권을 언급한 것은 미군 장병이 직접 진압에 투입되는 것을 조심스러워 했다는 점을 알려준다.

당시 국군은 봉기군 세력을 진압할만한 교통·통신장비나 작전 경험이 없었기 때문에 독자적인 작전은 불가능한 상황이었다. 미 임시군사고문단도 여순봉기가 터졌을 때 무기, 군수, 훈련이 부족한 한국군이 과연 이를 효과적으로 대응할 수 있을까 하는 강한 의구심을 가지고 있었다.[167]

따라서 미군의 역할은 미군 병력을 직접 투입하여 반란을 진압하는 것이 아니라, 군 작전을 옆에서 지켜보면서 작전을 조언해주고 지시하는 것이었다. 모든 면에서 미군의 지원은 절대적이었다. 하우스만은 그의 회고록에서 자신이 받은 임무에는 토벌사령부의 조직과 작전을 지원하고 감독

166) James H. Hausman Autography(하우스만 회고록), p.7 ; 짐 하우스만, 앞의 책, 172쪽. 한국어판 번역은 원문과 다르다. 여기서는 원문을 번역했다.

167) 순천 진압작전 때 백선엽이 무전기가 없는 상태에서 자신의 동생인 백인엽 12연대장에게 '반란군은 동요하여 동순천으로 이동중이다. 신속히 순천에 돌입하여 지시하는 방향으로 추적하라. 정보국장 백 중령'이라고 쓴 통신문을 전투복의 주머니에 넣어 비행기에서 떨어뜨렸다는 '형제의 일화'는 당시 군의 장비가 얼마나 미비했는가를 단적으로 보여준다(佐佐木春隆, 앞의 책, 346~347쪽).

하는 일을 전적으로 책임지게 돼있었다고 증언했다.[168)]

하우스만이 언급한 작전이란 전투 목표가 달성되기까지 필요한 일련의 군사 행동을 말한다. 작전은 인사이동, 전략, 전술, 군대이동, 훈련뿐만 아니라 인원·장비에 대한 보급, 환자의 후송 등의 근무지원이 포함되는 매우 폭넓은 개념이라고 할 수 있다.

미 임시군사고문단원은 여수 진압작전에서 인사를 포함한 모든 분야의 권한을 장악하고 있었다. 반란군토벌전투사령부에 배치된 미 임시군사고문단원들은 초기부터 진압군을 지휘할 국군 지휘관들을 선정했다. 하우스만은 김백일 중령을 제5여단장으로 임명하도록 송호성을 설득했고, 송호성은 이에 동의하지 않을 수 없었다. 송호성은 반란군토벌전투사령부 사령관이었지만, 사실상 권한 없는 사령관이었다. 정일권이 서울로 귀경한 다음, 송호성은 자신이 직접 진압군을 지휘하려고 했지만, 로버츠 군사고문단장은 풀러로 하여금 이를 저지시키려 했다.[169)]

미 임시군사고문단은 반란군토벌전투사령부를 구성하기로 결정한 다음 제일 먼저 국군에 부족한 장비와 물자를 현지로 가져갔다. 하우스만은 광주로 내려가면서 화차 2량에 무기·화약·식량 등을 싣고 갔다. 당시 국군은 대부분 일본식 38식, 99식 소총으로 무장하고 있었고, 일부 병사들에게만 미군이 가지고 있는 M-1 소총이 지급된 형편이었다. 하지만 14연대 봉기군은 제주도 진압을 위해 지급된 M-1 소총으로 무장하고 있었으므로 미군은 미 24군단 탄약고로부터 지원된 M-1 소총으로 진압군을 무장시키고 실탄을 지급했다. 이 밖에도 81㎜ 박격포와 실탄, 60㎜ 박격포와 실탄 LMG(경기관총) 등이 미 24군단 탄약고로부터 지원되었다.

국군은 제대로 된 수송기 한 대조차 없었기 때문에 미군에게 수송을 의지할 수밖에 없었다. 미군의 C-47 수송기는 하루 한 번씩 서울-광주간을

---

168) 짐 하우스만, 앞의 책, 30쪽.
169) Allan R. Millett, 앞의 글, 260쪽.

오갔다. 이 수송기에는 광주에서 서울로 올리는 1일 작전 보고와 서울에서 내려오는 1일 작전 명령이 실렸다. 수송기는 탄약 · 무기 · 식량 등도 수없이 실어 날랐는데, 어느 하루는 한국 쌀 6톤, 미국 육류 20박스를 싣기도 했고, 진압군에게 공급할 미군 비상식량(C-Ration)도 날랐다. 무쵸 미 대사는 국무장관에게 "지난 10월에는 여수, 순천 지역에 대한민국 사람들, 탄약, 통신장비를 수송하느라 미국 수송기가 러시를 이루었다"는 전문을 타전했을 정도였다.[170)]

10대의 L4 경비행기도 지원되었다. 5대는 광주에 배치되었고, 5대는 전주에 배치했는데, 이 비행기는 부대 간의 연락용으로 쓰이거나, 여수 · 순천을 공중 정찰하는 데 사용되었다.[171)] 미24군단 탄약고로부터는 M8이라는 반트럭 정찰차 9대도 지원되었다.[172)]

진압 작전이 전남 동부 지역에서 폭넓게 이루어졌기 때문에, 각 부대 간의 상황을 파악할 수 있는 통신은 매우 중요했다. 하지만 국군은 무선통신 수단을 갖고 있지 못했고 부대 간의 연락은 인편으로 직접 했기 때문에 더디고 어려움이 많았다.

이런 상황에서 미군이 통신 기기를 제공한 것은 작전 수행에 큰 도움을 주었다. 미군은 광주에 주둔한 미20연대가 갖고 있는 최신 무전기 M208을 진압군에 보급했고, 로버츠 준장은 통신에 사용되는 암호문을 내려 보내 진압군에게 통신 체계를 갖추게 했다.

최근 발견된 암호문을 보면, 제4연대는 DAVID, 제12연대 MOCK, 제14연

---

170) 「주한 미대사가 국무장관에게 보내는 전문」(1949. 5. 3.), *Foreign Relations of the United States*, pp.1005~1006.

171) 미군의 정보참모부(G-2), 작전참모부(G-3) 보고서나 Chronological Journal of Events에는 여수 · 순천 지역뿐만 아니라 인근 지역에 대한 공중 정찰 보고가 꽤 많이 나오는데, 이것들은 모두 미군의 비행기에 의한 것이었다.

172) 이 정찰차는 2차대전 때 상용된 정찰차로서 새클튼 중위가 지휘했다. 모양은 탱크와 비슷하지만 덮개가 없는 고무바퀴로 움직였다. 이 차는 병력을 신속하게 이동시킬 때 주로 사용되었다. 송호성은 제1호 정찰차를 타고 순천에 진입하다가 봉기군의 저항에 부딪쳐 고막이 터지는 부상을 입고 후퇴했다.

대는 NICK, 미 임시군사고문단은 SMOG라는 암호로 불렸다는 것을 알 수 있다. 또 반란군은 BREAD, 아군은 LAMP, 수송기로 사용되던 C-47 비행기는 BUTTERFLY로 불렀다. 전화 통화는 도청될 우려가 높았으므로 지명, 인명, 주요 단어, 단위 부대 지칭 용어도 모두 암호를 사용했다. 여수는 Z2였고, 순천은 Z3이었으며 서울은 Z16이라 불렀다. 송호성 반란군 진압 사령관을 지칭할 때는 SQUASH라 했고, 미군 선임 고문단은 BEET라 불렀다.[173)]

하지만 군인들은 처음 접한 SCR 610 무전기를 사용할 줄 몰랐기 때문에,[174)] 실제로는 각 경찰서에 비치돼 있는 경비 전화가 주로 사용되었다. 가끔 봉기군이 경찰의 전화선 껍질을 벗기고 도청기로 통화내용을 도청했기 때문에, 반란군토벌전투사령부에 있던 백선엽 대령과 제5여단장인 김백일 대령은 봉기군이 듣지 못하도록 중국어로 작전을 논의했다. 두 사람은 만주군에서 공산 게릴라를 토벌하던 경험을 갖고 있었기 때문에, 이런 식의 방법을 활용할 수 있었다.

이렇게 미군은 작전에 소요되는 모든 무기와 탄약 그리고 통신 등 군수품을 초기부터 제공했다.[175)] 그럼에도 불구하고 초기에는 진압군이 봉기군에 합류하는 현상까지 나타나고 있었다. 사태가 위급해지자 이승만 대통령과 로버츠 군사고문단장은 봉기의 진원지인 여수와 순천을 빨리 탈환하라고 지시했다. 로버츠 준장은 10월 21일부터 여수와 순천에 대한 빠른 점령은 매우 핵심적인 사항이며, 정치적, 전략적으로 중요하다고 강조했다.[176)]

---

173) *PMAG Code Number 1*(10.25), James H. Hausman Papers, 하버드 옌칭 도서관 소장. 대부분의 여순사건 관련 문서들은 타이핑되어 있으나, 작전 중 연락을 위해 작성했던 문서들은 대부분 암호로 쓰여 있기 때문에 암호문이 없으면 해독이 불가능하다.

174) H. E. Fuller, *Deficiencies Noted in Operations 9 November 1948,* p.1.

175) CIA, *ORE 44-48 Prospects for the Survival of the Republic of Korea*(1948. 10. 28), p.13.

176) W. L. Roberts, *Memorandum from Roberts to Song Ho Seung : Letter of Instruction* (1948. 10. 21).

주한미군 사령관 쿨터 소장도 "이승만 정부가 곧 전복 당할 처지에 있다. 여수는 어떤 값을 치루더라도 진압해야 한다"고 진압군을 재촉했다.[177]

그러나 현지에서 작전 계획을 수립하고 지휘하고 있던 하우스만은 이와는 다른 생각을 가지고 있었다. 그는 순천에서 부대의 진격을 멈추고 전선을 구축하는 것이 필요하며, 이 전선에는 가능한 한 소규모 부대만을 남겨 놓고 대부분의 부대를 북쪽으로 보내 지리산을 공격하는 것이 상책이라고 생각했다.[178]

하우스만이 이런 결정을 내리게 된 것은 여순사건에 대한 그의 판단 때문이었다. 그는 여수 14연대의 최초 봉기에 가담한 골수분자는 불과 40명에 불과하며, 전투에서는 첫 조우가 중요하기 때문에 이들에게 일차 공격을 가해 봉기군의 자만심을 꺾을 필요가 있다고 주장했다. 그리고 반란을 일으킨 지창수를 비롯한 공산주의자들의 목적은 북한과 호응하여 남한에 항상적인 소요를 일으킬 빨치산 유격투쟁을 조직적으로 준비하는 것이라고 파악했다. 하우스만은 여순봉기를 북한과 연관지어 사고했고, 그렇기 때문에 지리산 입산을 극구 저지하려 했던 것이다.[179] 하우스만에게 중요한 것은 여수·순천의 신속한 탈환만이 아니라 봉기군이 산악 게릴라로 침투할 것이 확실해 보이는 백운산, 지리산 등의 퇴로를 우회적으로 차단하는 것이었다.

하지만 여순봉기는 조직적이거나 계획적으로 일어난 것이 아니었고, 북한과의 연관을 갖고 발생하지도 않았다. 여순사건이 확산되었던 결정적 이유는 군인과 지방좌익 세력의 합세였다. 하지만 하우스만은 이렇게 사건을 번지게 한 요인에는 큰 신경을 쓰지 않았다.

177) 「하우스만 인터뷰」, KBS, 20쪽.
178) 「하우스만 인터뷰」, KBS, 108쪽.
179) 짐 하우스만, 앞의 책, 185쪽 ; Allan R. Millett, 앞의 글, 262쪽.

〈그림 4-9〉 제임스 하우스만(James H. Hausman)과 정일권

결과적으로 보면 하우스만의 판단이 옳았다. 14연대 봉기군들은 지리산 등에 입산했고 장기 게릴라 투쟁을 시작했기 때문이다. 하지만 하우스만이 판단을 내리게 된 근거는 그릇된 것이었다. 여순사건 이후에 본격화되는 게릴라투쟁은 북한과 사전에 계획된 것이라기보다는 상황에 이끌려 벌어진 측면이 강하기 때문이다.

남한 정부와 무쵸 특사, 로버츠 단장 등은 여수·순천을 탈환하는 것에 최우선 순위를 두고 하우스만의 건의를 채택하지 않았다. 수뇌부의 채근에 따라 순천이 탈환된 뒤 여수탈환작전이 눈앞에 다가오자 하우스만은 10월 23일 광주의 본부를 떠나 김백일의 사령부에 합류하여 여수로 진입했다. 하지만 그는 군 수뇌부의 명령에 기분이 상해, 하잘 것 없는 통신에만 매달리며 시간을 보냈다.[180]

비록 하우스만의 작전 구상이 모두 관철되지 않았다 하더라도, 그는 여

180) Allan R. Millett, 앞의 글, 262~263쪽.

순봉기의 진압에 가장 큰 영향력을 행사한 미국 군인이었다. 미국 군사가(軍史家)들은 만약 하우스만이 없었다면 봉기는 더욱 심각해졌을 것이라며, 여순 진압작전에서 그의 역할은 '일급(first rate)'이었다고 평가했다.[181)]

10월 23일 순천이 함락되자 풀러 대령은 송호성 사령관에게 광주에 있는 지휘소를 순천으로 옮기게 했다. 이미 순천에는 진압군을 따라온 트레드웰(James H. W. Treadwell) 대위, 켈소(Minor L. Kelso), 캘드웰(John E. Caldwell Jr.)이 도착해 있었다.[182)]

사실 미군이 진주하고 있는 동안 여순봉기 같은 지역적 봉기가 승리할 수 있는 가능성은 거의 없었고[183)] '찻잔 속의 태풍으로 끝날 운명'을 가지고 있었다. 미군이 제공한 화력 덕분으로 10월 27일에 여수가 완전히 제압됨으로써 여수진압 작전은 일단락되었다.

순천과 여수에 대한 진압작전은 14연대 봉기군만을 대상으로 한 전투가 아니었다. 진압군의 작전은 전 시민을 봉기군으로 간주하고 이들을 모두 적으로 간주하는 무차별적인 공격이었다. 순천이나 여수에 진압군이 진입할 때, 봉기군은 이미 산악지대로 탈출한 뒤였기 때문에 진압군 공격은 무수히 많은 민간인을 향했던 것이다.

몇몇의 미군 고문관들은 순천과 여수에서 벌어진 민간인 처형을 매우 놀라운 일로 받아들였던 것 같지만, 대부분의 고문단원들은 민간인 학살을 아예 외면하고 있었다.

하우스만은 순천이 진압군에 점령된 후 벌어진 경찰관들에 의한 처형에 매우 놀라, 송호성에게 계엄사령관의 지위를 부여하고 여수에서도 이런 일이 일어났는지를 조사해보도록 지시했다고 한다.[184)] 하우스만이 작성한

---

181) Allan R. Millett, 위의 글, 262쪽 ; R. K. Sawyer, 1962, *Military Advisors in Korea: KMAG in Peace and War*, Washington, D.C., Office of the Chief of Military History, Department of the Army, p.40.

182) Hurley E. Fuller, 앞의 글, 2쪽.

183) 국사편찬위원회, 1994, 『대한민국사 자료집17 :한국관계 영국 외무성문서10(1948. 9~1948. 12)』, 406쪽.

별도의 보고서는 찾을 수 없지만, 그가 당시에 휘갈겨 쓴 작전 메모는 현재까지도 미 국립기록관리청(NARA)의 작전참모부(G-3) 저널에 그대로 남아 있다. 하지만 수많은 이 메모에서도 여순 진압 당시의 민간인 처형에 대해서는 한 마디도 언급하고 있지 않다. 고문단원 중 가장 계급이 높은 풀러는 사건이 종결된 후 장문의 보고서를 작성했는데, 이 건조한 보고서에는 각종 군사 작전의 평가와 각 부문의 한계를 구체적으로 지적하고 있다. 하지만 당시 여순에서 벌어졌던 민간인 학살은 구체적으로 언급하지 않은채, 단지 미 고문단원들이 개입하여 학살을 방지했다고 언급하고 있다.[185] 정보참모부에 근무했던 리드의 보고서에도 민간인 처형은 언급되어 있지 않다.[186]

이와 같이 진압작전에 참가했던 대부분의 미 임시군사고문단원들의 보고서에는 진압군과 경찰이 민간인을 어떻게 처리했는가를 거의 언급하지 않고 있다.

유일한 예외는 여수상륙전을 위해 여수 앞 바다에 진출해 있던 해안경비대 함정에 승선했던 대로우 대위의 보고서일 것이다.[187] 그는 여수상륙작전에 참가한 김종원의 무차별적인 살상에 대해 매우 분노했다. 그는 이런 비인간적인 만행이 수없이 일어났지만 이것을 구구절절이 언급하기는 싫다고 보고서에 썼다. 하지만 그는 도저히 묵과할 수 없었던지 보고서 곳곳에서 김종원의 만행을 다시 지적하고 있다.

미군은 민간인에 대한 마구잡이 처형의 책임을 철저히 경찰과 국군에 돌리고 있다. 예를 들어, 순천에서는 '미 고문관들이 통제권을 확보 할 때까지' 소규모의 죄수집단들을 즉결 처분했다고 하여 마치 고문단들이 개

---

184) Allan R. Millett, 앞의 글, 263쪽.

185) Hurley E. Fuller, *Report of Military Operations against the Communist Revolt in South Korea, 9 November 1948.*

186) John P. Reed, *The Truth about the Yosu Incident.*

187) Captain Howard W. Darrow, *The Yosu Rebellion, Amphibious Phase.*

입한 이후에는 무분별한 학살이 제어되거나 그친 것처럼 말하고 있다.[188] 하지만 민간인에 대한 학살은 미군 고문관이 '통제권을 확보'하기 이전에도 일어났고, 그 이후에도 계속되었다. 물론 미 고문관들이 국군 장교를 모두 통제할 수 있었던 것은 아니었다. 때때로 한국군은 미군의 통제를 거부하거나 무시했다. 하지만 미군은 작전의 세부적인 사항까지 모두 점검하고 있었기 때문에 수많은 민간인 학살을 미군이 전혀 알지 못한 것은 아니었다.

여순사건 당시의 상황을 담은 사진 중 유명한 사진이 한 장 있다. 그것은 자식을 잃은 어머니의 오열하는 모습 뒤에서 뒷짐 지고 우뚝 서있는 특수부대 고문관 랠프 블리스(Ralph P. Bliss)의 모습이다.[189] 이승만 반공체제의 배후에는 미국이 있었던 것이다. 이 사진이 우리들의 기억에 남을 수 있었던 것은 쭈그려 오열하는 어머니와 뒤에 우뚝 선 미군 군사고문단원의 모습으로 남한과 미군과의 관계를 상징적으로 표현해주었기 때문일 것이다.

미군에게 여순 진압작전의 효과는 무엇이었나? 미 임시군사고문단원들은 정부 진압부대의 전투능력 부족, 유능한 지휘관의 부재, 인접부대간의 상호협동작전의 부재, 광범위한 포위망 형성에 따른 통신 두절, 부대의 좌익 침투, 장교와 사병간의 일체감 부족 등의 취약성을 이구동성으로 지적하고 있다. 그리고 이 같은 허점을 메운 것은 미 임시군사고문단원에 의한 전반적인 작전계획수립, 병력집결지 선정, 작전지원 등이었다고 자평했다.

고문단원들은 여순 진압작전이 국군에 좋은 경험이 되었다고 평가했다. 이전에 국군은 다른 부대와 협력하여 대규모 작전을 경험하지 못했으나, 여순 진압작전에는 38선 경비임무를 맡은 부대를 제외한 남한의 많은 부

188) Allan R. Millett, 앞의 글, 262쪽.

189) 여순사건 당시에 찍은 유명한 사진 중의 하나인 이 사진은 라이프지에 실렸다 (*Life*, November 15, 1948, pp.56~57).

〈그림 4-10〉 봉기군에 의해 살해된 시신 앞에서 울부짖는 여인들
뒤에 보이는 인물은 미 임시군사고문단원 랠프 블리스 소령이다.

대가 참가함으로써, 국군은 처음으로 연합작전을 펴는 요령을 익혔다는 것이었다.[190] 결국 군 지휘관과 참모 그리고 국군 부대에게 여순 진압작전은 하나의 훌륭한 연습장(trainning ground)이었다.[191]

여순 진압작전에는 수많은 미 임시군사고문단원들이 진압부대와 같이 행동했지만 정작 전투현장에는 나서지 않았다. 미군은 작전 초기에 순천에 파견되어 있던 고문단원 두 사람의 신변을 우려했지만, 봉기군은 그들을 살려주었다. 이들은 다시 진압작전에 투입되었다. 임시군사고문단원의

---

190) CIA, *ORE 44-48 Prospects for the Survival of the Republic of Korea*(1948. 10. 28), p.6.

191) R. K. Sawyer, 1962, *Military Advisors in Korea: KMAG in Peace and War*, Office of the Chief of Military History, Department of the Army(Washington, D.C.), p.40.

인명 손실은 전혀 없었던 것이다.

그리고 그것은 미 임시군사고문단장 로버츠 준장이 솔직하고 단순하게 말했듯이 반공 전선을 지키려한 미군에게 가장 돈이 적게 든 사업이었다.

로버츠는 미 육군성 웨드마이어 중장에게 보내는 전문에서 현명한 작전에 의해 지리산 지역 게릴라들이 진압되었다면서, 남한은 미국의 산업적 이익을 보장해주는 지역이라는 점을 분명히 했다. 그는 전문에서 "거대 산업국가 미국이 할 수 있는 가장 저렴한 정책은 다른 국가 국민에게 우리 공장의 제품과 자원을 공급하여 우리를 위하여 제일 먼저 총을 쏘게 하는 것인데, 결과적으로 1~2억 달러 정도는 아주 적으며 우리가 마련할 수 있는 가장 최선의 방비책"이라고 주장했다.[192]

남한은 정말 저렴한 지출로 미국의 이익을 보장받을 수 있는 지역이었다. 로버츠는 한국전쟁이 치러지고 있던 때에도 "우리는 우리 군대 대신 원주민 군대를 사용할 것이다. 우리는 한 달에 5달러, 하루에 공기밥 한 그릇 정도만큼만 그들에게 지불한다. 우리 군대에게는 한 달에 75달러에서 80달러 또는 그 이상을 지불해야만 한다"라고 공공연히 말했다.[193]

미 임시군사고문단원이 양성한 경비대는 이후 숙군을 가속화하여 반공 군대로 거듭났고, 이에 따라 군이 확실한 우월적 지위를 가지게 되어 이전에 존재했던 경찰과의 갈등도 자연스럽게 해소되었다.

여순사건이 종결된 뒤 미 국방부는 '효율적이고 신속한 진압작전의 공로'를 인정해 1949년 1월 10일 하우스만에게 미 공로훈장(Legion of Merit)을 주었다. 이 훈장은 은성무공훈장 바로 아래의 4번째 서열에 해당하는 훈장이었고, 전시가 아닌 평시에 보충역 대위에게 이런 훈장이 주어진 것은 드문 일이었다. 미군은 당시 남한 상황을 전시로 파악하고 있었던 것이다.[194]

---

192) 「로버츠 준장이 미육군성 전투작전 기획처장 앨버트 웨드마이어 중장에게(1949. 5. 2)」, 『제주4·3사건 자료집–미국자료편②』, 140쪽.

193) *Los Angeles Times*, 1950. 9. 27.

미 임시군사고문단의 개입을 무엇보다 가치 있게 만든 것은 이승만 정권이 여순사건을 극복함으로써 반공 국가 형성에 박차를 가했다는 점일 것이다. 미국의 경제적·군사적 도움 없이는 생존이 불가능했던[195] 이승만 정권은 정권에 도전하는 반란을 진압하여 자신의 건재함을 세계에 과시할 수 있었다. 미 임시군사고문단의 도움으로 생존에 성공한 이승만 정권은 남한에 극단적인 반공산주의 국가를 건설했다. 이러한 것들이 미 임시군사고문단이 여순사건 진압에 개입하여 얻은 효과였다.

미군의 지원은 이승만 정부가 존립하고 반공체제를 수립하는 데 결정적인 역할을 했다. 이범석 총리는 여수를 진압한 바로 다음날, 로버츠 미 임시군사고문단장에게 그와 콜터 사령관의 노고에 감사하는 전문을 보냈다. 이범석 국무총리는 "당신(로버츠 준장)과 콜터 소장은 한국에 도착하자마자 국군 내부의 위험스러운 불순분자를 척결하는 데 당신들이 할 수 있는 모든 힘을 발휘해왔다"고 치하했다.[196]

미군의 역할은 정부 각료들뿐만 아니라, 국회의원도 인정하고 있었다. 미군의 진압 참가는 미군의 역할과 중요성을 다시 한 번 일깨워 주었던 것이다. 1948년 11월 20일, 총99명의 국회의원은 '미군 주둔에 관한 결의안'을 발의하였다. 왜 미군이 남한에 주둔해야 하느냐는 이문원 의원의 질문에 대해 이 결의안을 주도한 최윤동 의원은 다음과 같이 말했다. "미군은

194) 임시군사고문단은 1948년 11월 16일 하우스만에게 훈장을 줄 것을 상신했다(*Chronology*, James H. Hausman Autography(하우스만 회고록)). 육사 7기 특별반에서 훈련을 받다가 반란군토벌전투사령부에 포함되어 미군과 한국군의 통역을 담당했던 고정훈도 여순사건 뒤에 공을 인정받아 대위로 특진했다.

195) 1949~1950년 사이에 미 국무성과 주한 미대사관을 오고간 문서의 대부분은 한국 경제의 위험한 인플레이션 상황과 미국에 군수 물자를 요구하는 내용들로 채워져 있다.

196) 「이범석 국무총리가 로버츠 준장에게 보내는 편지」(1948. 10. 30). 원문은 다음과 같다. Since the arrival in Korea of both you and Major General J. B. Coulter, you both have done everything in your power to eliminate any dangerous disloyal elements in our Constabulary.

여수 · 순천 사건과 대구사건을 진압하는 데 큰 역할을 했고, 만약 미군이 없었더라면 국군은 전멸 당했을 것이다."[197]

197) 『제헌국회 속기록』 제1회 109차(1948. 11. 20), 1015~1016쪽.

제5장 민간인 협력자 색출과 학살

제주 4·3항쟁 때 벌어졌던 민간인 학살의 참혹함과 비인간성에 대해서는 이미 많은 보도와 연구로 널리 알려져 있다. 하지만 이제까지 여순사건은 지방 좌익 세력에 의해 저질러진 '빨갱이들의 난동'으로만 규정되었기 때문에, 공산주의자들의 파괴적이고 폭력적인 양상만이 널리 선전되었을 뿐 정부(진압군)에 의한 민간인 학살의 실상은 거의 알려져 있지 않다.

초기 진압작전의 실패는 이승만 정부를 궁지에 몰았다. 이에 진압군은 미군의 지휘를 받으면서 순천과 여수에 대해 육·해·공군을 동원한 본격적인 진압작전을 실시했고, 이 과정에서 민간인에 대한 대량 학살이 발생했다. 진압군은 14연대 봉기 군인과 민간인을 구별하지 않았고, 조금이라도 의심나면 사살했다. 이 때문에 14연대 봉기군이 점령했을 때보다 진압작전이 실시되었을 때 더욱 더 많은 사상자와 재산 피해가 발생했다.

여기에서는 진압군의 여순 점령 후에 발생한 협력자 색출과 군법회의 과정 등을 통해 여순사건 당시의 민간인 학살의 실상을 살펴보고자 한다.

1. 협력자 색출과 학살

여순 진압작전에서 진압군은 단지 군사적 작전의 경험만을 얻은 것은 아니었다. 진압작전의 대상이 14연대 봉기군에서 시민으로 변화했기 때문에, 진압군이 경험한 핵심적인 사항은 전투의 군사적이고 기술적인 문제보다 시민들을 어떻게 대우하고 처리하는가 하는 것이었다.

순천은 봉기군이 점령한 시간이 짧은 반면 진압군이 신속히 들어왔기 때문에 시민들의 이동이 많지 않았다. 하지만 여수에서는 수일 동안 진압군과 봉기군의 공방전이 벌어지면서 피난민이 발생했다. 진압군은 여수를 공격하면서부터 시민들의 피난 행렬을 방해했고,[1] 배로 피난하려는 시민들에게 사격을 가하기도 했다. 군인이건 시민이건 움직이는 모든 것에 사격한다는 진압군의 의지를 보여준 것이다.[2] 진압군이 여수에 진입하자 곳곳에 '반란진압 용사 환영'이라는 플래카드가 내걸렸으나,[3] 진압군은 전 시민을 봉기군에 협력한 혐의가 있는 적으로 의심하고 일일이 심사에 들어갔다.

순천 · 여수 시내에 들어갈 때 진압군은 박격포 사격으로 시가지를 폐허로 만들었다.[4] 순천 공격에서부터 사용된 박격포 사격은 적을 제압하는 데 매우 유용하다는 것이 입증되었고, 여수에서는 시가지를 폐허로 만들만큼 대대적으로 사용되었다.

진압군은 수색과정에서 기관총을 난사하며 잔여 세력의 저항을 제압하는 동시에 시민을 집밖으로 몰아내고 민가를 샅샅이 수색했다. 시내에서 벌어진 진압작전은 집집을 샅샅이 훑어 나가면서 이 잡듯이 뒤지는 철저한 소탕작전이었기 때문에 남아 있던 좌익 저항세력은 더 이상 도망갈 곳도 없었다. 시내로 압축해 들어온 진압군은 집집에 들이닥쳐 느닷없이 방문을 덜컥 열어젖히면서 "손 들엇" 하는 짤막한 외침소리와 함께 싸늘한 총구를

1) 김낙원, 1962, 『여수향토사』, 여수문화원, 68쪽.
2) 전남일보 광주전남현대사 기획위원회, 1991, 『광주전남현대사』 2, 실천문학사, 154쪽.
3) 리영희, 1988, 『역정-나의 청년시대』, 창작과비평사, 122쪽.
4) 국방부 전사편찬위원회, 1967, 『한국전쟁사1-해방과 건군』, 469~470쪽 ; 존 R. 메릴, 1988, 『침략인가 해방전쟁인가』, 과학사상사, 216~217쪽.

가슴에 들이댔다. 집안에 있으면 봉기군으로 여겨 무조건 쏴버린다고 경고하고는 주민들을 집밖으로 내몰았다. 진압군은 봉기군으로 의심되거나 조금의 저항이라도 보이면 사살했다. 나이 어린 한 학생의 손목을 잡고 냄새를 맡은 진압 군인은 화약냄새가 난다며 끌고 가서 죽이기도 했다.[5)]

순천과 여수를 점령한 진압군은 제일 먼저 전 시민을 국민학교 같은 넓은 공공장소에 모이도록 명령했다. 순천에서는 10월 23일 시민들을 북국민학교에 모이게 했다. 이곳에서 본격적인 '부역자 심사'가 시작되었다. 탈환된 순천을 취재하기 위해 내려간 『조선일보』 기자가 맨 처음 본 장면은 진압군의 협력자 색출이었다.

> 그곳은 순천 북국민학교 교정이었다. 23일 토벌부대가 순천을 탈환한 후 국군은 작전을 계속하고 경찰대가 순천읍민만을 이곳으로 모아 놓은 것이다. 남녀노소 가리지 않고 대부분 한데 모여 있는 데……(중략)
>
> 심사 중인 그들 앞에는 경찰관에게 끌려나온 사람이 충혈 된 눈으로 이 얼굴 저 얼굴을 번갈아 훑어보면서 누군가를 찾고 있고 웅크리고 앉아서 떨고 있는 사람들은 고개를 숙인 채 그 시선을 피하려고 무진 애를 쓰고 있다. 얼굴을 들었다가 그와 시선이 마주쳐서 '저놈이다' 손가락을 가리키기만 하면 끝장이 나는 것이다. 이것이 정확한 정황 파악도 제대로 못한 채 천신만고 사건 현장에 도착한 기자의 눈앞에 전개된 첫 광경이었다.
>
> 읍민들이 수용되어 있는 북국민학교 교정 남쪽에서 탕, 탕, 탕 카빈 총소리가 들렸다. 언제 파놓았던 것인지 구덩이가 패어져 있는 앞에 손을 뒤로 결박당한 청년 5명이 서 있고 약 10미터 떨어진 거리에서 5명의 경찰관이 총격을 가했다. 제2탄, 제3탄이 계속 발사되었다. 이 총살형은 계엄사령관의 명에 의한 것이라고 했고, 계속될 것이라고 했다. 벌거숭이들이 모두 일단 폭도로 인정된 자들이다.[6)]

이 글에서처럼 진압군과 경찰은 국민학교 운동장에 시민들을 수용하여

---

5) 전석영씨 증언, 전남일보 광주전남현대사 기획위원회, 앞의 책, 140쪽.
6) 유건호, 1982, 「여순반란사건」, 『전환기의 내막』, 조선일보사, 148~149쪽.

협력자를 적발하기 시작했다.[7] 그들은 노인과 부녀자들을 운동장 모퉁이로 가게 한 뒤, 20~40대 남자들에게는 옷을 벗고 팬티만 입게 했다. 순천을 점령한 군경은 이미 14연대에 가담한 혐의자 22명을 사형했다. 이 시신 옆에서는 5천여 명의 심문이 진행 중이었다. 한 신문은 일본군 철모를 쓴 경관 한 명이 혐의자를 취조하고 있으며, 학교 교정 담 뒤에서는 부녀자들이 매 맞는 것을 지켜보고 있었다고 보도했다.[8]

10월 24일 오후 4시 다른 기자가 찾아갔을 때에도 600여 시민이 남아 심사를 받고 있었다.[9] 라이프지 동경지국장으로 3년 이상 일본에 거주하면서 동아시아 각지를 취재했던 타임-라이프 기자 칼 마이던스(Carl Mydans)는 "순천을 탈환한 국군은 처음 몇 시간 동안 공산당이 한 만큼 야만적이었다"고 하면서 "순천농림학교 넓은 교정에 우리는 순천의 전 인구가 나와 있는 것을 보았다. 어린애들을 업은 부인네들이 그들의 남편과 아들이 곤봉과 총대와 쇠투구로 매 맞는 것을 바라보고 있었다. 그들은 24명의 남자가 가까운 소학교로 끌려가는 것을 보았고, 뒤이어 그들을 죽이는 라이플총의 일제사격 총성을 들었다"고 『타임』지에 기고했다.[10] 마이던스는 자신의 회고록에서 여순사건 당시의 협력자 색출 과정을 다음과 같이 자세히 묘사했다.

> 4일 후 내가 다른 3명의 특파원과 함께 시내에 들어갔을 때, 전 시민이 학교 운동장에 모여 앉혀 있었다. 이곳에서 반란을 진압했던 정부군이 반란자들의 잔학 행위와 똑같은 야수성과 정의를 무시한 태도로 보복을 하고 있었다. 운동장에 흩어진 작은 집단 속에서 군인과 경찰들은 총대와 곤봉으로, 무릎 꿇려진

---

7) 이날 북국민학교에 모인 순천 시민의 숫자가 5만 명에 이른다고 말한 사람도 있지만(김석학 · 임종명, 1975, 『해방 30년』 제2권(여순반란편), 전남일보사, 164쪽), 이는 과장일 것이다. 당시 순천시민 인구는 4만 5천 명 정도였고, 학교 운동장에 그렇게 많은 숫자가 모이기도 어려웠다.

8) 『세계일보』, 1948. 10. 28.

9) 설국환, 1948, 「반란지구 답사기」, 『신천지』 11월호, 149쪽.

10) 이 기사 내용은 『민주일보』, 1948. 11. 14를 참조.

사람들에게 자백을 끌어내려 하고 있었다.

살아남은 경찰관 중의 한 사람은 어깨에 총을 늘어뜨리고 일본군 헬멧을 쓴 채 희생자들의 주위를 돌며 환상적으로 왔다갔다 춤추며, 그 사내가 기진맥진하여 드디어 자백을 받아낼 때까지 그 사내의 얼굴을 개머리판으로 때렸다가, 또 동물과 같은 짓으로 헬멧 쓴 머리를 얼굴에 부딪치게 했다. 그러고 나자 그는 자백을 한 다른 전부와 마찬가지로 운동장 저쪽에 있는 호 속에 쳐 넣어지고 그곳에서 총살되었다. 이름도 죄명도, 누가 심문하고 누가 사형을 집행했는가도 기록되지 않고 그렇게 소멸되었다.[11]

이러한 상황은 여수에서도 똑같이 벌어졌다. 10월 26일 여수에서 진압군은 시민들에게 확성기로 국민학교에 모이라고 방송했다. 시민들은 나오지 않으면 봉기군으로 간주된다는 말을 듣고는 죽을 수도 있다는 공포를 느꼈고, 실제로 국군이 젊은 사람들에게 총을 쏘는 장면을 보았기 때문에 대부분 모이라는 장소에 나왔다.[12] 무장 군인들은 총을 들고 길거리에서 이탈자를 감시했다. 줄에서 이탈하면 봉기군으로 간주되었다. 진압군은 서국민학교에 본부를 설치하고 동정 공설운동장, 진남관, 중앙국민학교(현 종산초등학교), 동국민학교, 서국민학교 등 다섯 군데에 시민들을 모두 모았다.[13]

무슨 영문인지 모르고 끌려왔던 사람들은 곧 '심사'라는 것을 받게 되었다.

---

11) Carl Mydans, 1959, *More than Meets the Eye*, New York, Harper&Brothers, pp.292~293.

12) 전남일보 광주전남현대사 기획위원회, 앞의 책, 154쪽.

13) 김계유, 1991, 「1948년 여순봉기」, 『역사비평』 겨울호, 283쪽 ; 전남일보 광주전남현대사 기획위원회, 앞의 책, 154쪽. 여수 중심가에 위치한 진남관은 당시에 학교로 사용되고 있었다. 진남관, 중앙국민학교, 동정 공설운동장 등은 여수 중심가에 위치하고 있다. 동국민학교는 여수 중심가 북쪽에 위치하고 있고, 서국민학교는 서교동지역을 아우르는 여수 서쪽지역에 위치하고 있다. 따라서 이들 다섯 군데에 시민들을 모았다는 것은 인구 밀집지역인 중심가를 포함하여 여수 대부분의 지역을 망라했다는 것을 의미한다. 여수 가장 남쪽인 국동의 경우에는 국동 동사무소 공터에 주민들을 모두 모았다.

> 그제서야 여기 끌려온 이유를 알 수 있었다. 생존 경찰관을 선두로 우익진영 요인들과 진압군 병사로 이루어진 5~6명의 심사요원들이 시민들을 줄줄이 앉혀 놓고 사람들의 얼굴을 쑥 훑고 다니다가 '저 사람'하고 손가락질만 하면 바로 그 자리에서 교사 뒤에 파놓은 구덩이 앞으로 끌려가 불문곡직하고 즉결처분(총살)되어 버렸다. 그 자리에는 일체 말이 필요 없었다. 모든 것이 무언(無言)인 가운데 이루어졌다. 사람을 잘못 봤더라도 한번 찍혀버리면 모든 것이 끝장이었다. 임사호천(臨死呼天)이라고 사람이란 누구나 죽게 되면 하늘을 부른다고 했다. 그때 여수사람들의 심정이 바로 그랬다. 이런 공포분위기 속에서 정문에서는 간혹 소탕작전에서 잡혀오는 것으로 보이는 파리한 몰골의 앳된 젊은이들이 2~3명씩, 혹은 4~5명씩 묶여와 교사 뒤로 끌려가면 어김없이 탕 탕하는 기분 나쁜 총소리가 뒤따라 사람들의 가슴을 얼어붙게 했다.[14]

끌려온 시민들은 학교운동장에서 한발자국도 움직일 수 없었다. 학교 정문에는 담을 높이 쌓아올려 중기관총을 높이 걸어놓고 병사들이 시내 쪽을 향해 총을 겨누고 있었다. 많은 사람들이 끌려와 웅크리고 앉아 있는 운동장 주위에는 무장군인들이 뻥 둘러서서 삼엄한 경계를 폈다. 여수여자중학교 운동장에는 멸치를 뿌려 놓은 것처럼 수를 헤아릴 수 없이 많은 시체가 운동장을 덮고 있었다.[15] 운동장 울타리 옆에는 많은 사람들이 시체도 확인하지 못한 채 먼발치에서 통곡만 했다.

진압군은 먼저 모여 있는 사람들 중에 사건 가담자라고 판단되는 사람은 학교 건물 뒤편 등에 마련된 즉결처분장에서 개머리판, 참나무 몽둥이, 체인으로 죽이거나 곧바로 총살했다. '백두산 호랑이'로 악명 높던 김종원은 여러 차례 시도한 상륙작전이 실패한 것에 분풀이를 하듯, 중앙국민학교 버드나무 밑에서 일본도를 휘두르며 혐의자들을 즉결 참수했다.[16] 김

---

14) 김계유, 앞의 글, 283~284쪽. 다른 글에서는 색출 방법이 조금 다르게 되어있다. 즉 조그만 통로를 마련해 놓고 그 가운데로 수용된 시민들을 지나가게 하고, 줄의 좌우에는 우익청년단체 청년, 경찰 가족들이 서서 자신들이 목격한 좌익부역자들을 손가락으로 지적하거나 몰래 군경에게 말해주면 그들을 따로 가려냈다고 한다(전남일보 광주전남현대사 기획위원회, 앞의 책, 157쪽).

15) 리영희, 앞의 책, 122쪽.

〈그림 5-1〉 여수 서국민학교 운동장에 모인 주민들의 모습
진압군은 협력자들을 색출하기 위해 국민학교 운동장 같은 넓은 곳에 주민들을 모았다.

종원 부대는 10월 28일 여수 시내를 순찰·조사하는 임무를 수행했고, 5연대의 나머지 다른 부대는 돌산도에 있는 봉기군의 잔존 세력을 소탕하는 작전에 투입되었다.

이를 목격한 대로우는 그의 보고서에서 여수에서 진압군의 주요한 목표는 '약탈'(sacking)과 '강간'(raping)이었으며, "의심할 것도 없이 이 과정은 가장 난폭한 꿈이 이루어지듯이 진행"되었다고 적었다.[17]

여수에서 진압군은 다섯 군데에서 2~3일에 걸쳐 혐의자 색출을 진행했

16) 국방부 전사편찬위원회, 1967, 앞의 책, 471쪽 ; 김낙원, 앞의 책, 71쪽.

17) Captain Howard W. Darrow, *The Yosu Rebellion, Amphibious Phase*, RG 338 Entry 11071 Box 2, Yosu Rebellion, p.8(이하 「여수반란, 상륙 국면」으로 줄임).

다. 혐의가 없는 사람들은 풀어 주었지만, 더 조사할 필요가 있는 사람들은 중앙국민학교로 다시 모았다. 중앙국민학교에 모인 사람들은 재심사를 받거나 계엄군, 경찰에 넘겨져 심문과 재판을 받았다. 재심사와 추후에 체포된 혐의자에 대한 조사와 심사는 12월 초까지 계속 진행되었다.[18]

협력자를 지목하는 일은 반란에서 살아남은 그 지역의 경찰, 우익인사, 우익단체 청년들이 맡았다. 외부로부터 작전에 참가한 경찰관들은 지역 사정에 어두워 많은 수가 봉기세력에게 죽음을 당했는데, 살아남은 경찰관들도 며칠 밤을 새운 탓에 피로하고 과도한 긴장으로 흥분된 상태였다. 충혈된 눈으로 사나워진 경찰들은 순천에서 총살된 채 썩고 있는 동료들을 보고 나서는 감정이 더욱 복받쳤다. 이들이 가리킨 단 한 번의 손가락질이 시민들 한 사람, 한 사람의 생사를 갈랐다.

그러나 운동장에 모인 그 많은 혐의자 중 누가 과연 봉기군에 협조했는가를 적확하게 골라낼 수 있는 자격을 가진 사람은 사실상 없었다. 살아남은 경찰은 사건 당시에는 숨어 있었거나, 탈출했거나, 구사일생으로 목숨을 부지한 경우였으므로 민간인 협조자를 일일이 구별해낼 수 있는 증거를 가지고 있지 못했다. 물론 붙잡혔던 경찰 중에는 자신을 체포한 좌익인물들 정도는 알 수 있었겠지만 주요 좌익인물들은 14연대와 함께 이미 탈출한 뒤였다. 증거도 없이 심증만으로 이루어진 색출 때문에 시민들은 공포에 사로잡혔다. 협력 혐의가 없는 시민이라도 운수가 나쁘면 착각이나 개인 감정에 의해서 죽음의 손가락질을 받을 수도 있었다.

협력자 색출의 후유증은 사건이 종결된 뒤에도 계속해서 여수 시민들을 괴롭혔다. 누가, 어떻게 참여했는지에 대한 객관적으로 타당한 기준이나 자세한 조사도 이루어지지 않은 상태에서 색출작업이 계속 이루어졌기 때문이다.

---

18) 진남관에 집합했던 사람들 중 혐의자는 광주 군법회의로 바로 이송되었다고 한다.

DEAD REBELS, their bodies dotted with bullet holes, lie beside a school ground at Sunchon. Other rebels in army uniform (*below*) are hauled away tightly trussed in army trucks, after their capture by loyal army forces, for trial by a Korean military tribunal.

〈그림 5-2〉 순천에서 즉결처형된 시신들(*Life*, 1948. 11. 15)

당시 심사의 기준이 된 것은 교전중인 자, 총을 가지고 있는 자, 손바닥에 총을 쥔 흔적이 있는 자, 흰색 지까다비(じか足袋, 일할 때 신는 일본식 운동화)를 신은 자, 미군용 군용팬티를 입은 자, 머리를 짧게 깎은 자였다. 주민들 가운데 흰 고무신을 신고 있는 사람도 봉기군으로 간주되었다. 흰 고무신은 지방좌익 세력에게 처형당한 우익인사 김영준이 운영하는 천일고무공장에서 제조한 것이었는데, 봉기 기간에 인민위원회가 이를 배급했기 때문이었다. 또 국군이 입고 있던 군용 표시가 있는 속옷을 입고 있는 사람도 혐의대상이었다. 진압된 뒤 겉옷은 버릴 수 있지만 속옷은 갈아입지 못했을 것이라는 추측에서였다. 이 기준들은 원래 14연대 봉기군을 색출하기 위한 기준이었지만, 진압군은 이런 외모의 사람들 모두를 봉기군 협력자로 간주하는 절대적인 기준으로 사용했다.

군경은 가담자를 색출하기 위해 시민들로부터 투서도 받았다. 이 때문에 개인 감정 등에 따라 생사람을 잡는 허위투서가 난무하여, 무고한 민간인들이 수없이 희생당했다. 협력자를 가려내는 과정에서 무고한 노인이 모진 전기고문을 당하기도 했다.[19]

더욱이 협력자 색출이 정치적이나 사업상의 경제적 관계 등 개인적인 감정이 개재되어 이루어지면서 민심은 극도로 피폐해졌다. 민족청년단 지도자와 심한 언쟁을 한 적이 있는 한 사람은 협력자로 지목되어 경찰에 의해 오동도로 끌려갔다.[20]

우익인사라고 해서 모두 안전한 것만은 아니었다. 순천의 유명한 우익인사 한 사람은 톱밥 속에 숨어 묻혀 지내다가 국군이 들어온 뒤 이젠 살았다고 생각했지만, 봉기군 치하에서 '마차조합장'으로 협력했다고 경찰서로 끌려가 곡괭이 자루로 맞았다. 그를 취조한 사람들은 목포에서 온 경찰관이었다.[21]

---

19) 전남일보 광주전남현대사 기획위원회, 앞의 책, 140 · 149쪽.

20) 전남일보 광주전남현대사 기획위원회, 위의 책, 158쪽.

21) 전남일보 광주전남현대사 기획위원회, 위의 책, 148~149쪽. 그는 노총위원장의

이렇게 외모나 다른 사람의 고발, 개인적 감정에 의한 중상모략, 강요된 자백 등의 기준에 의해 심사가 이루어졌기 때문에 사람들이 억울하게 처벌받는 경우가 많았다. 단순히 당시 인민위원회에 출입했던 사람이나 밥을 얻어먹으러 좌익을 따라다닌 사람 등 14연대 봉기 군인이나 좌익과 인연이 있는 사람은 모두 혐의를 받았다. 당시 '호박잎 하나라도 반란군에 준 사람'은 모두 혐의자로 몰렸다.[22] 결국 진압군의 혐의에서 벗어나려면, 국군이 올 때까지 집 안에 완전히 숨어 있어야만 했다.[23]

봉기군이 여수를 일주일 동안이나 점령하고 있던 상황을 고려한다면, 상당한 시간이 걸릴지라도 시민과 학생에 대한 조사는 신중하고 면밀해야만 했다.[24] 하지만 '빨갱이'로 의심받는 시민과 학생들에겐 관용이란 없었다. 분위기에 휩쓸려 부화뇌동한 학생이거나 군인들에게 밥 한 끼 해주거나, 봉기군을 숨겨주거나 아니면 봉기군이 남기고 간 소지품이나 흔적을 갖고 있는 모든 사람이 봉기군에 협조한 사람으로 찍혀 억울하게 죽어갔다. 진압군과 그 후 진주한 경찰대는 여수 시민 대다수가 '빨갱이'로 봉기에 참가한 것이라고 속단하면서 '최대의 증오와 적대심'으로 시민을 상대했던 것이다.

혐의자 색출 과정에서는 우익 청년단체원들이 적극 나섰다. 청년단원들은 이미 봉기군이 순천에 진입할 때 봉기군에 맞서 저항한바 있었고, 여수와 순천에서 많은 희생자[25]를 냈기 때문에 강한 적개심을 가지고 있었다. 진압군이 순천과 여수에 진입할 때, 따라 들어온 청년단원들은 혐의자들을 색출하고 취조[26]하는 등 경찰과 군의 옆에서 거의 동일한 역할을 수행했다.

보증으로 풀려날 수 있었다.

22) 전남일보 광주전남현대사 기획위원회, 위의 책, 166쪽.

23) 홍한표, 1948, 「전남반란사건의 전모」, 『신천지』 11월호, 163쪽.

24) 김낙원, 앞의 책, 74쪽.

25) 『동광신문』, 1948. 11. 5. 대동청년단 전남도단부는 여순사건으로 약 70명의 희생자가 발생했다고 발표했다.

26) 『독립신문』, 1948. 11. 9.

반란에 협조했다는 혐의를 씌우는 것은 쉬웠으나 혐의자로 몰린 사람이 그렇지 않았음을 증명하는 것은 지극히 어려웠다. 하지만 그것은 생명을 건 방어였다.

여수와 순천에 14연대가 들어왔을 때, 경찰관과 우익요인들을 제외하고는 봉기에 연관되지 않은 사람은 거의 없었다. 그렇기 때문에 진압군과 경찰의 과도한 협력자 색출 앞에서 전 시민은 정도에 차이는 있을지언정 모두가 생명의 위험을 느끼며 공포에 떨어야만 했다.

진압군에게 정보를 제공하러 온 사람들도 군인들에게 구타를 당했다. 10월 24일 여수 앞 바다에 정박 중인 전차양륙정(LST)에는 여자, 어린이를 포함한 죄수, 어부들이 여수 상황에 대한 정보를 제공하러 왔다. 하지만 군인들은 이들을 죽창으로 찌르고 주먹으로 구타했다. 이 광경을 목격한 미 임시군사고문단원 대로우 대위는 그의 보고서에서 "이러한 비인간적인, 아니 그보다 심한 대우는 작전 중 계속"되었고 매일 목격할 수 있었다고 기록했다. 그는 군인들의 이러한 비인간적인 폭력 때문에 "사람들은 공산주의와 다른 주의와의 차이를 몰랐다"고 말하면서, 자신은 더 이상 이 같은 비인간적인 사안을 언급하지 않겠다고 말했다.[27]

우익 인사나 봉기군에 대한 정보를 제공하러 온 사람들조차 취조 당하고 구타당했다는 사실은 혐의자들이 봉기군에 협력했는가, 그렇지 않은가라는 문제는 그리 중요한 것이 아니었음을 알려준다.

전 시민을 적으로 간주하는 초토화 진압 작전은 사실 진압작전 초기부터 어느 정도 예고되었다. 10월 22일과 23일 양일간에 발표된 정부의 성명서는 철저한 보복이 실시될 것임을 밝혔기 때문이다. 그 성명서는 진압군이 계엄하에서 봉기군을 숨겨 주는 사람도 '사형'에 처할 것이며 반란에 협조하는 어떤 행위도 용서받을 수 없는 죄임을 분명히 공표 했다.

상부 권력으로 나온 이와 같은 엄격한 죄의 규정은 사실상 살인 허가나

---

27) 대로우 대위, 「여수반란, 상륙군면」, 8쪽.

다름이 없었다. 명령과 복종의 가치가 어느 것보다 중요시되는 군대 조직에서 상부의 지시나 명령 없는 행동은 있을 수 없다. 일본도로 혐의자의 목을 베는 끔찍한 처형이 수많은 장소에서 공공연히 행해질 수 있었던 것은 봉기 협력자와 공산주의자는 죽여도 좋다라는 상부의 허가 없이는 불가능한 것이었다. 이런 측면에서 민간인을 법도 없이 맘대로 살해하는 행위는 부끄러운 비인간적인 행위라기보다는 명령에 복종하는 애국적 군인들의 권위와 위엄을 한껏 뽐내는 일로 간주되었다. 또한 민간인 학살은 김종원, 백인엽 등 몇몇 군인들의 일탈된 행위가 아니었다. 김종원이 아무리 야만적으로 시민들을 구타하고 살해했다하더라도, 그러한 행위가 개인적인 일탈 행위로만 볼 수 없는 이유는 상부의 권위에 의해 인정되고 묵인되었기 때문이다.

여수 현지의 진압작전을 주도한 것은 만주군 출신들이었다. 백선엽, 김백일, 박기병, 백인엽 등 진압작전의 일등 공신들은 만주국에서 익힌 임진격살(臨陣擊殺)을 잊지 않았다. 임진격살이란 군과 경찰의 재량으로 적대하는 세력을 즉결처분할 수 있는 권한을 말한다.[28] 임진격살권은 만주국이 붕괴될 때까지도 지속되었는데, 만주군 출신들은 시민들을 상대로 임진격살이라는 즉결 처분을 실시했던 것이다. 즉결처분에 필요한 증거는 혐의로 충분했다.

진압군은 여수와 순천에서 시민들과 학생들의 저항이 강하여 진압이 매우 힘들었다고 주장하면서, 시민과 젊은 학생들을 봉기 협력자로 취급했다. 사실 봉기에 참여한 사람과 그렇지 않은 사람들을 구별하는 것은 진압군에게 중요하지 않았다. 만약 이러한 구별이 중요한 일이었다면 봉기 협력에 대한 철저한 조사와 검증이 있어야만 했지만, 군경은 우익인사들의 손가락 지목만으로 쉽게 협력 사실을 단정했다. 협력자 색출은 단지 그

---

28) 山室信一, 1993, 『キメラ－滿洲國の肖像』, 東京, 中央公論社, 295쪽 ; 滿洲國史編纂刊行會 編, 1970, 『滿洲國史總論』, 東京, 滿蒙同胞援護會, 329쪽(한홍구, 2002, 「대한민국에 미친 만주국의 유산」, 6쪽에서 재인용 http://www.historyfund.com/).

진위가 의심스러운 '혐의'만으로도 사람의 생명을 빼앗을 수 있다는 것을 분명히 보여주었다.[29)]

시민들에게 부역자니 공산주의자니 하는 딱지를 붙이는 것은 구타와 학살 뒤에 이루어지는 일이었다. 전 시민을 협력자(공산주의자)로 간주하고, 협력자를 구타와 학살로 처리하고, 학살의 명분과 이유로서 그들이 공산주의자였음을 주장하는 것이 진압군의 방식이었던 것이다. 결국 진압군의 작전은 봉기군을 색출하는 것보다 협력자를 찾아내는 데 온 힘을 쏟았다.

진압작전에서는 화력과 조직력에서 월등히 앞선 군대가 주도적 역할을 했지만, 경찰도 진압에 적극 나섰다. 여순 지역에 파견된 경찰은 인근지역에서 뿐만 아니라 서울에서 지원 파견되었다. 제8관구경찰청(전남경찰청)은 순천 경찰을 지원하기 위해 출동했던 보성 등지의 경찰관들이 봉기군에 완파 당하여 많은 경찰관이 사망하자 수도경찰청에 지원을 요청했다. 이에 따라 수도경찰청 소속의 1,000여 명이 11월 초에 광주를 거쳐 현지로 파견되었다.[30)] 수도경찰청 소속의 경찰이 각 지역에 들어간 시점은 여수·순천 등 주요 지역을 진압군이 어느 정도 군사적으로 압도한 뒤였다. 따라서 경찰은 미처 군대가 점검하지 못한 지역에 들어가 지방의 좌익 인물들을 색출하는 일을 주임무로 맡았다. 군인이 진주하지 않은 곳에는 경

---

29) 색출된 좌익과 부역자는 시민을 3등급으로 분류했다고 말하고 있다. 1급은 살인과 인민재판에 참여하는 등 적극적으로 참여한 자, 2급은 소극적인 참여자, 3급은 애매한 자이다(김석학·임종명, 앞의 책, 164~165쪽 ; 전남일보 광주전남현대사 기획위원회, 앞의 책, 148쪽).

한편 협력자 색출단계도 1단계는 학교나 공공시설에 수용해 적발하고, 2단계는 애매한 자나 이후 고발된 자를 대상으로 심사하여 협력자로 판명될 경우 즉살하거나 군경에 이첩 또는 석방하는 2단계로 구분하고 있다(황남준, 1987, 「전남지방정치와 여순사건」, 『해방전후사의 인식』 3, 한길사, 470쪽 ; 전남일보 광주전남현대사 기획위원회, 앞의 책, 159쪽).

30) 『서울신문』, 1948. 10. 29. 『한국경찰사 Ⅱ』는 10월 22일 당시 서울 경무부에서 238명, 제8관구경찰청에서 150여 명이 출동했으며, 제7관구경찰청(경남)은 섬진강 지역을 방어했다고 기록하고 있다(내무부 치안국, 1973, 『한국경찰사(1948. 8~1961. 5) Ⅱ』, 1297쪽).

찰이 들어갔고, 군대와 경찰이 같이 있었던 곳에서는 경찰의 역할이 축소되었다.[31]

순천지방법원에 본부를 두고 있던 작전사령부가 빨치산 토벌을 위해 11월 1일 구례로 이동하자, 수도경찰청 소속의 특경대가 순천 지역의 치안을 담당했다. 특경대는 순천 외곽 지역 인 별양, 해룡면 이외에도 광양 도사면(道沙面)과 여수 율촌 등지에서도 봉기군 색출을 실시했다.[32]

여수 지역의 경우, 진압군이 여수를 완전히 장악하자 박승관(朴勝琯)이 지휘하는 수도경찰특경대는 여수 외곽지역과 율촌면, 소라면, 화양면, 남면 등지에 진입했다. 박승관은 지방 좌익 세력을 분별할 수 있는 우익 인물 몇 사람을 데리고 다니면서 좌익 가담자를 뽑아내도록 했다.[33] 우익인물들은 손가락으로 좌익을 지목했다. 박승관은 인민위원장 같이 봉기에 적극가담한 사람이라고 생각하는 사람이 보이면 이들을 일본도로 즉결 처분한 다음, 공포에 질린 사람들을 무자비하게 몽둥이로 때려 다른 가담자를 밀고하도록 강요했다.[34] 좌익 활동가가 없을 경우엔 동생을 대신 처형

---

31) 여수지역사회연구소, 1998, 『여순사건 실태조사보고서』 제1집, 197쪽.

32) 『세계일보』, 1948. 11. 7. ; 『평화일보』, 1948. 11. 10.

33) 당시 박승관은 철도경찰청장이었다. 철도경찰은 교통수단으로 주요한 역할을 하던 철도시설을 보호하기 위해 1946년 운수부 소속으로 일반경찰과 분리된 특수경찰로 설립되었다. 정부수립 뒤에는 국립경찰로 편입되었는데, 철도경찰은 일반경찰과 별도의 조직을 갖고 있으면서, 사상범 체포나 치안활동 등 일반 경찰과 다를 바 없는 기능을 행사했다(내무부 치안국, 앞의 책, 83 · 614쪽).

34) 율촌에서 그 당시의 일을 기억하는 사람들은 '박승구'라는 이름을 잊지 않고 언급하고 있다. 박승구는 당시 철도경찰청장이었던 '박승관'의 이름을 잘못 기억한 것으로 보인다. 한 증언은 학살을 주도했던 박승관이 서울로 복귀하던 중 구례 부근에서 갑자기 고혈압으로 사망했다고 말하고 있다. 이 증언자는 "많은 사람이 이를 보고 천벌을 받았다고들 말하였다"고 덧붙였는데, 박승관에 대한 원망과 분노가 대단했다는 것을 알 수 있다(여수지역사회연구소, 1998, 『여순사건 실태조사보고서』 제1집). 사실 박승관은 이때 죽지는 않았고, 사건이 끝난 뒤 내무부 치안국 보안과장과 경무과장 등을 역임했다(안용식, 1995, 『대한민국 관료연구(Ⅰ)』, 연세대학교 사회과학연구소, 501쪽 ; 내무부 치안국, 1973, 위의 책, 1340~1342쪽).

하기도 했다.

이 색출 과정에서 좌익과는 아무런 관련이 없는 무고한 사람들의 희생이 많이 생겼다. 학교에 다니다가 집에 피난 온 학생이 갑자기 잡혀가는가 하면 날품팔이로 번 돈을 가슴에 차고 있다가 가담자 색출 때 돈을 빼앗기지 않겠다고 하다가 결국엔 죽고만 경우도 있었다.[35]

여수 율촌에서 벌어진 박승관의 무리한 가담자 처분과 우익 인사의 적극적인 좌익인사 색출 협조는 한국전쟁이 벌어지자 이번에는 위치를 바꾸어 다시 벌어졌다. 좌익이거나 좌익으로 몰렸던 사람들은 우익 인사들을 보복했고, 국군에 의해 수복이 되자 다시 좌익사범의 검거가 벌어졌다.

여수 외곽에 위치한 국동에서는 서울에서 내려온 특경대가 주민 4~5명에게 장작을 한 더미씩 운반하게 한 다음 산골짜기로 데려가 총살했다. 그리고는 주민들이 가져온 장작으로 시체를 불태워 버렸다.[36]

진압군이 여수 시내를 불바다로 만들었던 것처럼, 특경대는 한 마을을 불태우기도 했다. 11월 15일경 여수 오천동에 들어온 특경대원들은 가축을 사살한 다음 주민 50여 세대에게 이 마을은 ‘빨갱이 마을’이기 때문에 철거를 해야 한다며, 가재도구만 가지고 나오게 했다. 특경대는 좌익 인물들의 집을 불태우고 나환자가 살던 두 집도 불태워 버렸다. 집 다섯 채를 불태운 특경대는 나머지 집들도 헐어 버렸다. 졸지에 거처를 잃어버린 주민들은 살 곳을 찾아 흩어질 수밖에 없었다.[37]

협력 혐의를 받았던 사람들이 모두 봉기에 협조했거나 공산주의자는 아니었다. 협력자 색출 당시 사상이나 행동에서 좌익에 동조했던 사람들도 있었으나 이들은 극소수였다.[38] 며칠에 불과했지만, 14연대의 물리력을 배경

35) 여수지역사회연구소, 1998, 앞의 책, 96~98쪽.

36) 여수지역사회연구소, 1998, 위의 책, 272쪽.

37) 여수지역사회연구소, 1998, 위의 책, 284~285쪽.

38) 14연대에 협력했던 지방좌익 세력은 진압군이 작전을 시작하기 전에 이미 14연대 병사들을 따라 산으로 입산했다(전남일보 광주전남현대사 기획위원회, 앞의 책, 165쪽).

으로 지방 좌익 세력이 행정을 장악하고 통치하는 상황에서 일반 시민들은 봉기군과 좌익 세력에 협조할 수밖에 없었다. 좌익 세력이 내세운 정치적·경제적 주장들이 일정하게 시민들의 공감을 얻은 것은 사실이었지만, 그렇다고 해서 시민들 전체가 봉기에 가담한 혐의가 있다거나 공산주의자로 보기는 어려웠다.

여수의 한 시민은 "여순사건 당시 좌익에 진정으로 봉사했던 사람들은 극소수일 겁니다. 다만 그들의 주장이 심한 현실고에 시달리고 있는 시민들에게 많은 공감을 주었던 것은 어느 정도 사실이고, 모든 물자를 그들이 쥐고 있는 상황에서 생존을 위해 반란군에 봉사한 사람도 다수 있었죠"라고 증언하고 있다.[39] 그러나 진압군에게 비친 여수와 순천은 완전한 좌익 소굴이었다.

국민학교 등에 수용되었던 여수 시민들 중 40대 이상의 사람들은 이틀 밤을 꼬박 운동장에서 새운 뒤인 28일에 풀려났지만, 군경은 40세 미만의 사람들은 반란가담 의사가 있는 것으로 보고 젊은 남자들 600여 명을 따로 가려냈다. 혐의자는 오동도에 재수감 되거나 종산국민학교(현 중앙초등학교)로 끌려갔다.[40]

진압군의 협력자 색출 과정은 12월 중순까지 약 한 달 반 동안이나 계속 되었고, 이로 인해 시내는 공포 분위기가 조성되었다. 14연대가 여수를 장악했던 때에는 인민위원회가 이른바 '반동분자'로 간주된 경찰관, 우익 인사, 우익 청년단체원들을 지목하여 처벌했다. 이에 따라 처벌대상에서

39) 여수 신월동 거주의 김봉련 증언. 전남일보 광주전남현대사 기획위원회, 위의 책, 163~164쪽.

40) 김계유, 앞의 글, 289쪽. 발생 날짜가 분명하지 않은 한 기사는 종산국민학교 뜰 안과 교실에 문초 받을 사람들 천여 명이 서리가 내리는 밤에 뜰 안에 꿇어앉아 자기의 앞에 가로놓인 운명의 흑백에 불안한 밤을 새고 있으며, 오동도에는 학생 약 2백 명, 일반인 약 6백여 명이 수용되어 있다고 보도했다(『조선일보』, 1948. 11. 2). 다른 신문은 오동도에 수용된 인원이 1,063명이라고 보도했다(『경향신문』, 1948. 11. 2).

벗어나 있는 일반 시민들은 큰 우려를 하지 않았다.[41] 하지만 진압군은 전 시민을 혐의자로 의심했기 때문에 자신들이 처벌받을지도 모른다는 공포를 느껴야 했다.[42]

시민은 '보호의 대상'이 아니라 '진압의 대상'이었다. 무자비한 몽둥이 고문에 견디지 못한 사람들의 비명소리가 쉴 새 없이 흘러나왔다. 참수, 즉결총살 등으로 여수 시내 중심부의 시청과 경찰서 주변에는 시체가 아무렇게나 뒹굴고 있었고 경찰서 뒤뜰에는 시체가 대강 정렬돼 있거나 혹은 난잡하게 포개져 있어 그 처절함이 이루 말할 수 없었다. 또 만성리로 가는 터널 뒤쪽에는 집단 총살된 사람의 수가 이루 헤아릴 수 없었다.[43] 이같이 가담자 색출작업은 '같은 민족으로서는 도저히 하지 못할 일'이었다. 여수는 공포와 죽음의 도시가 되었다.

협력자 색출 과정은 자신의 결백을 증명할 수 있는 어떤 수단이나 방법이 주어지지 않은 상태에서 일방적으로 진행되었다. 계엄이 내려져 있던 상황이라도 군이나 경찰이 수많은 인명의 생사를 자의적으로는 결정할 수

---

41) 김계유, 1991, 「내가 겪은 '여순사건'」, 『월간 예향』 1월호, 175쪽. 김계유는 여수의 경우 14연대 봉기군이 들어왔을 때에는 각급 기관장이나 우익진영의 유력 인사를 빼곤 민간인들의 피해가 거의 없었으며, 주로 처형된 것은 원성을 사고 있던 경찰이었다고 밝히고 있다.

42) 한 기자는 순천·여수에 들어가기 전에는 봉기군이 방화, 강도질, 강간, 시체 파괴, 살해를 자행했다는 이야기를 많이 들었으나 막상 현지에서는 부녀자나 노인의 시체를 거의 볼 수 없었고, 시체에 손을 댄 흔적도 별로 보지 못했다고 했다(설국환, 1948, 「반란 국토를 보고 와서, 반란지구 답사기」, 『신천지』 11월호, 153쪽).

43) 김계유, 1991, 「1948년 여순봉기」, 『역사비평』 겨울호, 289쪽. 1998년 10월 12일 여수시 호명동 야산계곡에서는 주검 5구가 발굴됐다. 다섯 명의 두개골에는 총탄 흔적으로 보이는 구멍이 뚫려있었고, 손목시계도 발굴되었다. 여수지역사회연구소는 여순사건 당시 이 지역에는 70~100구의 주검이 집단매장 되어 있을 것이라고 추정했다(『한겨레신문』, 1998. 10. 13 ; 1998년 10월 12일 MBC 9시 뉴스데스크). 다음 해에도 발굴이 이루어졌다. 1999년 9월 14일~16일까지 3일 동안 봉계동 야산(장개골)에서 실시된 유골 발굴에서는 3구의 유골과 파편 등이 발견되었다(http://www.yosuicc.or.kr/).

없다. 전투과정에서 사상자가 나는 것은 어쩔 수 없지만, 전투가 아닌 협력자 색출 과정은 법의 기준에 입각해 처리하는 것이 당연하다고 할 수 있다. 그러나 여수와 순천에서는 자신의 생명을 지킬 수 있는 최소한의 기본 권리조차 무시되었다.

진압군에 의해 일방적으로 학살이 이루어질 수 있었던 것은 진압군 자신을 피해자로 인식하고 자신의 학살 행위를 정당한 방어로 합리화했기 때문이다.

당시의 군인이나 이후에 쓰여진 기록물들은 과도한 진압작전이 전개된 이유를 봉기군과 민간인 참가자들의 잔인한 행동에서 찾고 있다.[44] 당시 순천탈환전에 참가했던 어떤 작전참모의 말을 들어보자.

> 나는 상사의 명령으로 순천탈환전에 참가했을 때에도 솔직히 말하면 반군에게 아무런 증오감도 느끼지 않았다. 병사들도 모두 나와 꼭 같은 심정이었다. 더구나 14연대의 병사들은 내가 직접 가르친 부하들이요 전우였으므로 나는 그들을 살해할 의사는 조금도 없었다. 그러나 정작 순천시에 돌입하여 시가 대로상에 동지들의 시체가 늘비하게 널려 있는 것을 보고 나서는 병사들이나 나 자신이나 별안간에 불길 같은 증오감이 솟아올랐다. 하지만 순천을 완전 점령한 지금에도 나는 '점령'이라는 말을 결코 쓰려고 하지 않는다. 동족간에 자국 내에서 일어난 반란을 진압하는 데 점령이 무슨 점령이란 말인가? 나로서는 피눈물 나는 싸움이었다.[45]

이 군인은 같은 민족 내부에서 벌어진 참혹한 싸움을 직접 경험하면서 느꼈던 애타는 심정을 피력했지만 한편에서 솟아오르는 '증오감'을 숨기지 않았다.[46]

---

44) "반군들과 폭도들의 만행이 문자 그대로 천인이 공노할 참극을 초래했기 때문에 진압군의 감정 또한 격화되었다"는 기술도 이와 같은 맥락이다(국방부 전사편찬위원회, 1967, 앞의 책, 464쪽).

45) 「정비석 : 여 · 순낙수(2)」, 『조선일보』, 1948. 11. 21.

46) 백선엽, 1992, 『실록 지리산』, 고려원, 180쪽도 참고.

봉기가 진행되면서 지방의 좌익이 우익인사를 잔혹하게 죽인 경우가 있었지만, 입에서 입으로 소문이 옮겨지면서 과장된 경우도 많았다. 더욱이 이런 사실들은 확인될 수 없기 때문에 더욱 번져나갔다. 한 기자는 '믿을 만한' 관리에게서 여러 가지 정보를 얻었지만 현지에서 실제로 조사해보면 사실과 전혀 다르거나 과장된 것이었다고 보도했다.[47] 하지만 당시 대다수의 언론들은 좌익 봉기세력에 의한 인민재판과 학살을 계속 강조하고 증폭해서 보도했다. 공적인 영역에서 반복 생산된 말과 글은 어느새 사실이 되었다. 봉기군의 살상 행위는 군인들에게 증오감을 불러 일으켰고, 애국 우익 세력을 대변하는 진압군이 봉기에 협력한 민간인을 응징하는 것은 당연한 인과응보의 수순이 되었다. 진압군이 민간인을 대량학살 한 것이 사실이었음에도 불구하고 지방 좌익 세력과 봉기군은 살육을 일삼는 가해자로, 진압군은 봉기군을 응징하고 살해된 인물들의 원한을 풀어주는 세력으로 이미지가 고정되었다.

수많은 인명 피해를 불러온 협력자 색출 과정은 어떤 이의도 용납하지 않는 공포 분위기 속에서 진행되었기 때문에 희생자들과 시민들은 도저히 저항할 엄두를 낼 수 없었다.[48] 손가락 총으로 상징되는 협력자 색출은 같은 지역 공동체 성원간에 이루어졌기 때문에 지역 공동체를 자연스럽게 붕괴[49]시켰다. 협력자 색출로 형성된 공포와 죽음 뒤에는 지역 공동체 성원들 간에 불신과 증오가 내면화되었다. 공산주의자는 죽여도 좋다, 또는 죽

---

47) 예를 들면 순천에서는 한 여순경이 옷을 벗긴 채 서장과 같이 조리를 돈 다음 능욕을 당하고 총살당했다고 하는데, 기자는 그 여순경을 찾아 웃는 얼굴로 이야기 할 수 있었고 사진까지 찍었다고 한다. 「반란지구 답사기」, 『민주일보』, 1948. 11. 12.

48) Carl Mydans, 1959, *More than Meets the Eye*, New York, Harper&Brothers, pp.292~293.

49) 협의자 색출 과정에서 발생한 원한 때문에 여수·순천지방에는 아직까지 서로 결혼하지 않는 집안이 있다고 한다(김석학·임종명, 앞의 책, 261쪽). 또 젊은 사람과 똑똑한 사람들이 외지로 나가거나 죽어버려 "여수에 사람이 없다"라는 말이 나돌았다(전남일보 광주전남현대사 기획위원회, 앞의 책, 164쪽).

어야 한다라는 인식하에 실시된 진압군의 협력자 색출은 작게는 여수·순천이라는 지역사회를 완전히 찢어 놓았다. 여순사건을 통해 이전부터 존재한 좌우익 세력의 정치적 갈등은 이제 생사의 경계를 넘나드는 결사적인 투쟁으로 발전하여, 적군과 아군의 분명한 구별 아래 진행되는 전장의 논리, 군사 논리를 내재화 시켰다.

이 같은 분열은 지역사회에만 해당되는 것은 물론 아니었다. 적어도 대한민국에서 생존하기 위해선 먼저 반공 국민이 되어야만 했다. 반공은 대한민국 국민이 되기 위해서는 반드시 통과해야만 하는 입구였다. 협력자 색출 과정은 공산주의 협력자들로 규정된 사람들이 입구에서 배출될 때, 어떤 운명을 겪을 것인가를 보여주었다. 그것은 이승만 정권이 대한민국 국민으로서 적합하지 않은 '내적 외부인'을 어떻게 처리할 것인가를 보여주는 좋은 예증이기도 했다. 아름다운 정원을 더럽히는 잡초는 뿌리 채 뽑아내야 했고, 이승만 반공체제에서 거세되어야 할 잡초는 공산주의자로 상정되었다. 이승만 정권은 공산주의자들에 대한 계속된 숙청작업을 통해 건설되었고, 여순사건에서 전면적으로 등장한 군경에 의한 민간인 학살은 이후 공산주의 혐의자를 제거하는 하나의 경험과 실례로서 간직되었다.

2. 공산주의자로 명명하기－황두연·박찬길·송욱의 경우

국회의원 황두연의 경우

황두연은 1948년 5·10제헌국회의원 선거 때 순천 갑구에 출마하여 당선된 국회의원이었다. 그는 국회 소장파에 속해 있었지만, 그리 활발한 활동을 하지는 않았다. 그는 여순사건이 일어날 당시 국회가 휴회 중인 틈을 이용하여 순천에 내려와 있었다. 그런데 10월 30일 『평화일보』에 '순천 반란지구 인민재판에 국회의원 황두연이 배석판사로 활약'했고 이 때문에 윤치영 내무부장관이 체포령을 내렸다는 기사가 실리면서 황두연은 갑자기 여론의 초점이 되었다. 현역 국회의원이 인민재판에 판사로 참가했다는 『평화일보』 보도는 사람들을 놀라게 했고, 황의원에 대한 여러 소문은 삽시간에 그를 '빨갱이'와 '반도(叛徒)'로 만들어버렸다.

황의원의 반란참가 혐의는 상당히 구체적이었다. 황의원이 받았던 혐의 내용을 정리해 보면 다음과 같다.

① 봉기 당시 3일 동안 집에 인공기를 걸었다.

② 백미 한 말로 밥을 지어 반란군을 대접했다.

③ 반란군과 사전 연락이 있고 인민재판에서 배석판사로 참가했다.

④ 5·10제헌국회의원 선거 당시에 민족진영으로부터 추천을 거절당했다.

⑤ 5·10선거 당시, 이번 반란사건에 가담하여 총살당한 여류성악가 오경심 석방운동을 했다.

⑥ 그보다 낮은 지위의 사람들도 살해되었는데 그는 죽지 않았다. 반란군이 그의 집에 빈번하게 출입했고 또 반군의 무기를 감추었다가 국군에게 압수당했다.

⑦ 반란에 주동역할을 한 순천검찰청 검사이며 인민재판의 재판장인 박찬길과는 친척관계이며 반란군에 가담하여 활약하는 분자들을 집에 숨겨 주었다.[50]

그러나 이런 기사와 소문은 사실 확인이 없는 과장보도이거나 날조된 것이었다.[51] 황두연 관련 사실을 처음으로 보도한 『평화일보』 사장은 이승만과 가까운 관계였던 양우정이었다. 황의원이 인민재판에 참가했다는 『평화일보』의 10월 30일 기사는 이미 3일 전인 27일 순천에서 이지웅 기자가 보낸 것이었다. 양우정 사장은 "이런 악질행동을 한 자를 숙청하는

50) 석성인(石星人), 「화제의 인물－황두연과 순천사건」, 『민성』 5-1, 1948년 12월호.

51) 나중에 김효석 내무부장관은 황두연의원이 인민재판에 배석했다는 점은 허위인 것이 확실하다고 했다(『국회속기록』 제5회 제14호, 287쪽).

의미"로 대대적으로 보도하라고 지시했으나 황의원의 아들 황현수가 회사를 직접 방문하여 사건을 부인했고, 국회출입기자도 사실이 아니라고 하여 게재가 보류되었던 것이다. 그러나 29일 양우정 사장과 중앙청 출입기자는 사실임이 틀림없다고 다시 주장했고, 양 사장은 황의원에 대한 기사를 실을 것을 지시했다.[52] 이와 같은 신문게재 경위는 그 배후에 어떤 정치적 목적이 있는 것으로 의심된다.[53] 더욱이 이 기사를 송고 했던 이지웅 기자는 인민재판에서 석방된 어떤 시민한테서 황의원 협의사실을 들었을 뿐 그에 관한 다른 확인절차를 밟았던 것도 아니었다.[54]

여순사건이 일어나기 전인 10월 19일 황의원은 오석주 의원과 같이 국회휴회 기간을 이용하여 조봉암 농림부장관의 부탁으로 정부 미곡매입 강연차 서울을 떠나 순천에 머무르고 있었다. 순천에 14연대가 들어오던 20일 아침 9시경 그는 순천역 쪽에서 군인들의 총소리를 듣고는 안전을 위해 크레인 선교사[55] 집에 갔다. 거기서 그는 두 명의 미 임시군사고문단원과 같이 피신하여 봉기가 끝날 때까지 집에만 내내 숨어 있었다. 따라서 봉기에는 일체 가담하지 않았고, 봉기세력과 사전에 연락이 있었다는 것도 말이 되지 않았다.

진압이 끝난 뒤인 23일 오후 4시 크레인의 집에서 나온 황의원은 이튿날 주민에 대한 식량배급과 진압군에게 식사를 제공하기 위해 동회장들을 모으는 등 사태수습에 힘을 쏟았다. 그러던 중 그는 군 특별조사국에 끌려가 인민재판에 참석했다는 이유로 다짜고짜 구타를 당하고 취조를 받았

---

52) 김동성 공보처장 발언, 『국회속기록』 제1회 제94호, 751~753쪽.

53) 김병회 의원은 원래 이틀이나 보류되었던 것을 사장과 기자가 확실한 증거가 있으니 보도해야 한다고 주장한 만큼, 신문사가 어디서 증거를 얻었는지를 공보처가 조사하라고 요구했다(『국회속기록』 제1회 제94호, 756~757쪽).

54) 『국회속기록』 제1회 제94호, 752쪽.

55) 그의 한국이름은 具來忍(김석학 · 임종명, 앞의 책, 180쪽) 또는 具裕仁(석성인, 앞의 글)이다. 그는 재조사 과정에서 황두연의 결백을 증명해준 중요한 증인이었다.

는데, 이 소식을 들은 크레인 선교사가 송호성 사령관에게 그의 결백을 주장했고 황두연은 송호성의 도움으로 가족과 함께 광주로 올 수 있었다.[56)]

광주를 거쳐 31일 서울에 도착한 황두연은 '빨갱이 국회의원' 소문을 해명하기 위해 국회에 직접 출석했다. 11월 1일 국회에 다리를 절며 나타난 황의원은 20일 총소리를 들은 다음 국회의원이라는 신분 때문에 크레인 선교사 집에서 미군 고문인 모어(Mohr), 그린보움(Greenbaum), 김상권, 김규당 목사(크레인 선교사의 서기)와 같이 밤낮으로 숨어 지냈고, 국군이 봉기를 진압한 다음인 23일 오후 4시에야 집에서 나왔는데 신문이 인민재판 배석판사를 지냈다고 보도한 것은 한탄할 일이라고 하면서 그간 자신의 행적을 밝히고 오해받고 있는 억울한 심정을 피력했다.[57)]

인공기를 집에 달았다는 점은 사실과 달랐다. 황의원이 선교사집에 숨어 있을 때, 봉기군은 각 집에 인공기를 달 것을 수차례 강요했으나 그의 아내는 이를 거절했다. 그러나 심부름하는 아이가 강요에 못 이겨서 이웃집 학생에게 얻은 인공기를 22일 저녁에 달아놓았는데, 그의 아내는 이것을 떼어 부엌에 놓아두었던 것이다. 또 군인들이 밥을 내놓으라고 하기에 백미를 지어갔지만 봉기군은 황두연의 집에서 지어온 밥은 더러워서 받지 않으니 다시 가져가라고 호통치는 바람에 아내가 도망한 사실이 있었다.

황두연이 봉기군에 협조했다고 주장하는 사람의 심사에는 다른 사람은 다 피해를 입었는데, 국회의원 신분을 가진 사람이 어떻게 무사할 수 있었느냐는 것이었다. 그러나 이것만큼 억지 주장은 없었다. 죽거나, 다치거나 해야 봉기군에 협조하지 않았다는 것이 증명된다면, 반란에 동조하지 않는 무고한 많은 시민도 하루아침에 봉기군에 가담한 사람이 될 것이고 여

---

56) 『경향신문』, 1948. 10. 31. 송호성은 새벽 5시에 트럭을 타고 황두연의 집을 찾아와 여기 있다간 또 봉변을 당할지 모르니 바로 서울로 갈 것을 요청했다. 신변을 보호하려고 해도 모략이 심해서 안되겠다는 얘기였다. 당시의 분위기를 잘 알 수 있는 일화이다. 황두연은 이때 재빨리 몸을 피해 총살을 모면할 수 있었다(김석학 · 임종명, 앞의 책, 190쪽).

57) 『국회속기록』 제1회 제93호, 723~732쪽.

기서 벗어날 사람은 많지 않을 것이기 때문이다.[58] 또한 국회의원의 가족들이라고 무조건 모두 죽음을 당했던 것도 아니었다. 그럼에도 유독 황두연에게 화살이 겨누어진 것은 어찌된 일일까?

국회에서 황두연 의원이 미소양군 철퇴를 가장 열렬히 부르짖었다는 주장이 나오기도 했다. 하지만 10월 13일 제87차 국회에 47인 연서로 '외군철퇴요청에 관한 긴급동의안'이 제출되었을 때, 황두연은 도장을 찍은 일이 없었다.[59] 또 국회에서 이 문제로 격론이 벌어졌을 때도 황두연은 오히려 이 문제를 보류하자는 데 동의했고 결국에는 그 동의가 가결되었다.[60] 황두연의원은 당시 국회 내에서 진보적 활동을 활발하게 펼치고 있었던 소장파에 속해 있기는 했지만 적극적으로 활동하지는 않았다.

그러나 순천 지역 우익 세력은 황두연을 '우익단체원이나 경찰의 좌익사건 수사에 방해활동'을 하고 좌익에 동조적인 사람으로 보고 있었다. 그는 민중지향적 성향과 강직한 성격 때문에 경찰과 마찰을 빚기도 했다. 양곡공출이 강제로 이루어져 끼니를 굶는 농민이 생기자 그는 경찰에 탄

58) 황두연은 "살해를 안 당했다고 해서 반란에 참가한 자라고 할 것 같으면 민족진영 인물로 피해 없는 자는 다 반란군에 가담한 자로 볼 것인가. 그러니 이것도 억울하다."고 말했다. 또 집에 인공기가 달린 것을 보았다는 증언이 있는데, '도망가지 않은 사람들은 전부 반군에 가담했다하니 자기가 도망가지 않고 어떻게 20일부터 23일까지 있었으며, 또 있었으면 자기가 반란군에 참가하였다는 증거밖에 되지 않는다'고 역공했다(석성인, 앞의 글, 55쪽).

봉기군 치하에 있었는가, 도망갔는가 하는 터무니없어 보이는 이 같은 논리가 2년 후 한국전쟁 때 도강파(渡江派)와 잔류파(殘留派)라는 공식으로 다시금 나타난다는 점은 주의해 볼 필요가 있다. 인민군이 들어왔는데도 한강다리를 건너지 않았으니, 공산정권에 부역한 것 아니냐는 도강파의 유아적 흑백논리가 전면으로 나서면서 서울에 있던 사람들은 삽시간에 부역하지 않았던 사실을 '증명'해야만 했다.

59) 신문은 이 긴급동의안이 44명 연서로 제출되었다고 보도하면서 그 명단을 실었다. 이 가운데 황두연의 이름은 올라와 있지 않다(『세계일보』·『한성일보』, 1948. 10. 15).

60) 이 보류동의는 찬성 68표, 반대 10표로 통과되었다. 『국회속기록』 제1회 제87호, 600쪽.

원서를 제출하고 이에 항의하기도 했다.[61]

황의원이 어려운 곤경에 빠지게 된 것은 다른 우익정치단체와의 갈등도 작용했다. 황두연은 기자와의 인터뷰에서 선거과정에서 자신과 경쟁했던 대한노총 관계인사가 자신을 모함했다고 밝히고 있는데, 그는 10월 20일부터 23일까지 황의원 집에 달린 인공기를 보았다고 증언한 사람이었다. 11월 2일 순천 우익 8개 단체가 내무부장관에게 올린 보고서에는 황두연의 다섯 번째 죄목으로 "박찬길 검사와 같이 인민재판 때 배석판사격으로 진언(進言)했기 때문에 황두연 반대파의 선거활동분자들에 대한 살상을 공공연하게 표시하게 되었음"[62]이라고 지적하고 있는데, 이것으로 보아 황두연에 대한 모략에는 선거 당시의 반대파가 적극적으로 개입했음을 알 수 있다.

국회에서 황두연의 협력 혐의가 논란되었을 때, 김웅진 의원은 국회의원이 선거에 나와 서너 명의 입후보자와 경쟁해서 당선되면 정적은 보통 있는 것이라 지적했고,[63] 신성균 의원은 황두연 사건에는 여러 가지 모략 중상이 중간에 개재되어 있으며 국회의원이라 해서 그 지역 사람 모두가 좋아하지는 않는다고 말했는데, 이러한 발언들은 황두연의 협력 혐의가 정적에 의해 제기되었다는 점을 지적한 것이었다.[64]

실제로 황두연이 순천에서 국회의원에 당선된 것은 의외일 수도 있었다. 왜냐하면 순천에는 널리 알려진 한민당의 우익 거물 김양수가 있었기 때문이다.[65] 황두연이 조사를 받으러 군 특별조사국에 끌려갔을 때에는

---

61) 김석학 · 임종명, 앞의 책, 179~180쪽.

62) 『평화일보』, 1948. 11. 9.

63) 『국회속기록』 제1회 제90호, 664쪽.

64) 『국회속기록』 제1회 제92호, 699쪽.

65) 1948년 5 · 10 제헌국회의원 선거에서 김양수는 11,508표를 얻었고, 황두연은 14,677표를 얻어 당선되었다. 김양수는 일제 때 조선어학회사건으로 옥고를 치른 우익인사였다. 건준을 만들 때 주도적 역할을 했고 한민당 지방조직으로서는 전국 최초로 순천지부를 만들었다. 하지만 김양수는 제헌국회의원 선거에서 황두연에게 패했고, 1950년 제2대 국회의원에 출마하여 당선되었다. 중앙선거관리위원회,

거기에서 황두연을 도와주었던 선거운동원 5명이 끌려와 이미 곤욕을 치른 뒤였다.[66] 황두연은 대한독립노총 순천지부장을 지냈고 독립촉성국민회 농총의 공천으로 국회의원선거에 입후보하여 당선되었다. 그러므로 선거 당시 공천을 받지 못했다는 것도 사실과는 다른 점이었다. 황두연은 "나를 모해하려는 사람들 가운데 정○○은 나의 선거진영 반대자 대한노총 오전파인데 20일부터 23일까지 내 집에 인공기 단 것을 보았다는 것은 새빨간 거짓말이다. 민족진영인사들은 다 도망갔다"라고 주장했다.[67]

인민재판에 재판장으로 참가했다고 잘못 알려져 총살까지 받은 박찬길 검사와 친척이 된다는 점도 과장이었다. 박찬길은 황의원의 조카인 황성수(2대 국회의원)와 결의형제를 맺고 있어서 황의원을 숙부라고 부르고 있었다.[68] 박찬길은 황두연이 선거에 출마했을 때 도움을 준 적이 있었고 이런 인연으로 황두연은 박찬길을 경찰 요직에 써 달라고 내무부장관에 추천한 일이 있었다.[69] 황두연에 적대적인 사람들은 박찬길이 인민재판에 참가했으니 황두연도 의심할 수밖에 없다는 논리를 펴고 있었다. 5·10 선거 때 오경심 석방운동을 했다는 혐의에 대해서 황두연은 당시 선거 참여자를 늘리기 위해 구속된 사람을 석방한 것은 미군정의 일반적인 방침이었지 한 개인이 할 수 있는 것은 아니라고 부인했다. 또한 무기와 총탄을 집에 감추었다가 국군에게 압수당했다는 점은 특별조사국에서 매를 맞아가며 취조 받을 때조차 무기 얘기는 전혀 없었다며, 만일 무기를 압수당했다면 내 자신이나 가족에게 증거로 현품을 보였어야 할 것인데 그런 사실이 전혀 없었다고 주장했다.[70]

1963, 『역대국회의원선거상황』, 49·131쪽. 김양수에 대해서는 안종철 외, 1995, 『근현대의 형성과 지역 사회운동』, 새길, 241~247쪽을 참고.

66) 김석학·임종명, 앞의 책, 187~188쪽.

67) 석성인, 앞의 글.

68) 김석학·임종명, 앞의 책, 179쪽.

69) 신성균 의원 발언, 『국회속기록』 제1회 제92호, 699쪽.

70) 석성인, 앞의 글.

자신이 협력하지 않았다는 점을 구구절절 변호하면서 황두연은 "그러니 모두가 억울한 것뿐이다"라고 한탄했다. 황의원은 국회에 나와 공식적으로 자신의 거취를 해명하며, 인민재판 운운은 터무니없다고 반박하고 "말로는 가슴이 벅차 이루 말할 수 없다. 억울하다"며 눈물을 흘렸지만, 『평화일보』의 악의적인 보도는 멈추지 않았다.

황두연이 국회에 직접 나와 해명하고 정부 각료들도 국회에서 황의원 혐의 사실을 인정하지 않았지만, 『평화일보』는 국민회 · 대동청년단 · 전국학련 등의 순천 8개 정당과 사회단체가 내무부장관에게 진상보고서를 올렸다고 보도했다. 이 기사는 황의원을 기회주의자라고 규정하면서 그가 봉기군에게 식사를 제공했고, 집에다가 좌익측 살상분자 10여 명을 은닉했으며, 인공기를 게양했다는 혐의를 다시 반복하면서 곧 국군 제2여단 특별조사관 김용주 대위가 증인 신문조서를 작성하여 제출할 것이라고 보도했다.[71]

이 날짜 다른 기사에서는 황의원이 "여하한 변명을 한다 하여도 백일하에 폭로된 그 죄상으로서는 도저히 묵과할 수 없는 사실임"으로 국군 군기대가 제8관구경찰청에 의뢰하여 황두연을 체포하도록 했고 근일간 사령관의 권한으로 처단할 것 같다고 보도했다.[72]

여순사건을 계기로 황두연은 유명인이 되었지만, 2대 국회의원선거에서 김양수에게 패하여 낙선했다. 황두연 의원의 경우는 정치적 견해 차이로 갈등하는 반대파의 음모와 근거 없이 조작된 정보를 바탕으로 한 『평화일보』의 보도가 맞물려 일어난 사건이었다. 그러나 이 정치적 해프닝은 이승만 정권하에서는 그 지위가 어떠하든 간에, 정부와 우익단체와 상이한 정치적 견해를 가지고 있다면 '빨갱이'로 몰아 뿌리 뽑을 수 있다는 것을 보여준 실례였다.

---

71) 『평화일보』, 1948, 11. 9.
72) 『평화일보』, 1948, 11. 9.

검사 박찬길의 경우

박찬길은 광주지방검찰청 순천지청의 차석 검사였는데, 순천이 진압된 직후 경찰에게 총살당했다.[73] 그의 죄목은 봉기군에 협조하여 인민재판에서 재판장을 지냈다는 것이었다.[74] 그러나 이러한 혐의는 후일 근거 없이 조작된 것임이 밝혀졌다.[75]

그가 총살된 진짜 이유는 경찰이 검거한 좌익인사를 법 규정대로 처리하면서 빚어진 경찰과의 갈등 때문이었다. 총살당하기 며칠 전에도 박검사는 경찰의 원한을 샀다. 산으로 달아나던 좌익을 경찰관이 총을 쏘아 다리를 맞혔는데, 경찰관은 쓰러진 사람을 한 방 더 쏘아 결국 죽이고 말았다. 그런데 죽은 사람은 좌익이 아니라 산림을 도벌하던 민간인이었다. 이 사건을 취급하게 된 박검사는 경찰관에게 징역 10년을 구형했는데 그날 바로 순천 경찰은 박찬길이 '적구(赤狗)검사'라는 보고를 검찰청에 올렸다.[76]

조만식의 제자이고 기독교도였던 박찬길[77]은 엄격한 법의 기준에 따라

---

73) 순천에서 인민재판에 관여했다는 혐의를 받고 즉결처분된 검사의 이름은 박찬길(朴贊吉)이다. 몇몇 책에는 그의 이름이 박창길(朴昌吉)로 나와 있는데, 이는 여순사건에 대해 가장 폭넓게 서술하고 있는 김석학·임종명, 1975, 『광복 30년』 제2권(여순반란편), 전남일보사에서 박찬길을 박창길로 표기한 데서 연유하는 것 같다. 『국회속기록』이나 『광주고등검찰청사』 등에는 박찬길로 표기되어 있다. 박찬길은 1947년 11월 경 순천지검에 부임했던 것으로 보인다. 검사가 처리한 범죄 통계를 기록하고 있는 「검찰관 수사사건표」, 『법무부관계서류: 통계에 관한 기록-광주지방검찰청 순천지청』(MF22657, 1977. 11. 19)에는 1947년 11월까지 윤기출(尹箕朮)과 정태호(鄭泰澔)검사가 담당했던 것이 12월부터는 박찬길과 윤기출이 담당하고 있기 때문이다.

74) 이와는 다른 증언도 있다. 당시 순천경찰서 사찰과 형사였던 김봉운은 국군 12연대가 봉기군 혐의자 30명을 용수동 수원지에서 총살할 때, 이 가운데 한 사람의 옷 주머니에서 각 직장별 인물들을 나열하고, ○△×표시를 해놓은 명단이 나왔으며, 여기에 박찬길은 좌익 분류자인 ○ 표시가 되어 있었다고 증언했다.(김석학·임종명, 앞의 책, 200~201쪽) 하지만 이 증언자의 직책이 박찬길을 총살시킨 경찰이었다는 점과 정황진술이 납득되기 어려운 점이 있어 믿기는 어렵다.

75) 권승렬 법무부장관·윤치영 발언, 『국회속기록』 제5회 제14호, 280~281쪽.

76) 권승렬 법무부장관 발언, 『국회속기록』 제5회 제14호, 282쪽.

좌익사건을 처리하곤 했는데, 좌익타도에 앞장섰던 경찰은 박찬길이 엄중하게 처벌해야 할 좌익을 가벼운 형벌로서 처리하자 그를 '좌익검사'로 여겼던 것이다.

경찰과 박찬길의 갈등은 여순사건을 기화로 폭발했다. 경찰은 여순사건을 진압하면서 이 기회에 박찬길에게 보복을 하겠다고 마음먹었다. 진압군은 순천을 점령하고는 바로 박찬길을 찾기 시작했다. 박찬길 검사는 이틀을 장작더미에서 숨어 지냈고 잡히기 전 날은 다른 사람 집에서 기거했다. 자택인 검사관사에 숨어 있다가 잡혔는데, 여기서 이미 반죽음이 되도록 맞아서 북국민학교로 갔다가 현지 경비사령부가 있는 순천농림학교로 옮겨졌다. 한 기록에는 박찬길이 자신의 억울한 누명을 벗기 위해 당시 이곳을 방문했던 황두연과 협력자색출을 맡고 있던 전남경찰청의 최천 부청장에게 호소했다고 한다. 그러나 박찬길 검사는 진압군이 순천을 장악한 직후인 10월 23일에 총살되었다.[78]

---

77) 황해도가 고향인 박찬길은 숭의실업학교, 재령의 명신중학교에 다녔다. 가정형편이 어려워 장로교 총회에서 주는 장학금으로 일본 중앙대학 법과를 졸업했다. 해방된 뒤에는 부인과 3남매와 함께 월남하여 서울에서 법관시험에 합격했다. 유족들은 박찬길이 사리원에서 공산당에게 쫓겨 월남한 반공인사라고 주장했다. 그는 성격이 원만하고 독실한 신자로서 평소에 주위로부터 인격자란 말을 들었고, 약자에겐 약하게 강자에게는 강하게 대하는 성품이었다고 한다(김석학 · 임종명, 앞의 책, 199쪽).

78) 「반란지구답사기」, 『대동신문』, 1948. 10. 28. 내무부 치안국, 『한국경찰사(1948. 8~1961. 5) Ⅱ』와 순천문화원, 1975, 『순천승주향토지』, 109쪽에는 박찬길 검사가 10월 25일경 순천농업학교 교정에서 총살되었다고 기록했으나, 박검사가 총살된 것은 23일이었을 가능성이 크다. 10월 23일에는 박찬길과 순천인민위원회 부위원장, 한 명의 순경, 몇 명의 남녀학생 등 모두 22명이 총살되었다(「반란지구답사기」, 『동광신문』, 1948. 10. 29). 당시 순천농림학교 교장이 남긴 일기를 보면 24일에는 최천의 지휘하에 일제조사가 있었고 오후에 5명이 총살당했다고 한다. 25일에는 총살형이 없었고, 오후 5시 협의자 전부를 경찰서로 이송한 뒤에는 군인이 주둔했다. 한편 권승렬 법무부장관의 국회보고에서는 같은 보고임에도 불구하고 총살 일자가 23일 오전과 24일 오전 두 가지로 나와 있다(『국회속기록』 제5회 제13호, 265~266쪽).

10월 23일 총살된 시신들의 사진은 AP 통신사의 기자가 촬영했고, 미국의 *Life*

박찬길이 처형되었을 때는 순천 점령 직후여서 종군기자들도 취재차 이 지역을 방문했는데, 사형이 집행되기 직전의 정황을 기록한 기자의 글들이 남아 있다. 서울에서 출발한 『조선일보』 기자는 24일 먼동이 터 올 때 순천 북국민학교 운동장에 도착했다. 그곳에서 기자가 맨 처음 만난 사람이 바로 최천(崔天)이었다. 그는 '모표는 떨어져 나갔으나 금테는 남아 있고 망토자락을 뒤로 걷어 제친' 모습을 하고 있었다. 말채찍으로 자기 종아리를 탁탁 때리면서 기자 앞으로 다가온 최천은 기자의 완장을 보고는 "선생, 어디서 온 기자요" 하고 묻고는 자기는 제8관구경찰청(전남경찰청) 부청장 최천이라고 소개를 한 후 카메라를 가지고 왔느냐고 물었다. 카메라가 없다는 것을 알자 그는 실망한 표정으로 "좀 있다가 총살형을 집행할 예정인데……" 하고 아쉽다는 듯 혀를 찼다.[79]

최천은 "국군의 8할이 의심스럽다"며 경찰에 우호적이지 않은 세력을 모두 빨갱이로 몰았고, 현지의 순천 경찰과 외지에서 출동한 경찰들이 14연대에게 살해된 경우가 많았기 때문에 강경하게 혐의자 색출을 했으리라고 여겨진다. 최천은 광주에서 온 사람이었기 때문에 현지 사정에 대해서는 소상히 알고 있지 못했다. 현지 사정에 대한 파악은 현지 경찰이나 청년단원, 우익 세력에 의존했고, 최천 부청장은 그들의 보고들을 갖고 판단할 수밖에 없었다.

와 영국의 *Daily Worker* 신문에 실렸다(*The American Way of Life, As Seen in Korea*, 국사편찬위원회, 1994, 『대한민국사 자료집17:한국관계 영국 외무성문서 10(1948. 9~1948. 12)』, 279쪽.) 이 사진의 오른쪽에는 죽어 엎어져 있는 시신들이 보이고, 왼쪽에는 젊은 남자들이 줄을 지어 이 시신들을 지켜보고 있다.

79) 유건호, 1982, 「여순반란사건」, 『전환기의 내막』, 조선일보사, 148쪽. 최천은 제8관구경찰청 부청장으로 근무하기 전에는 제주도 경찰국장(1948. 4. 17~1948. 6. 17)을 지냈고 이후에는 경북 경무과장(1949. 4. 14~1950. 5. 4), 경남 경찰국장(1950. 7. 27~1950. 11)을 지냈다. 3대 국회의원에 당선된 그는 4, 5대 국회의원을 역임했다. 4·19 뒤 국회에서 '양민학살사건진상조사 특별위원회'가 구성되었을 때, 그는 경남지역 조사반에 속해 실태 조사의 임무를 맡았을 뿐만 아니라 특별위원회의 위원장을 맡기조차 했다. 민간인 학살 관련자가 나중에 그 진상을 조사하는 위원회 위원장을 맡았다는 점은 우리 역사의 왜곡을 극명히 보여주는 사례이다.

사건 당시 박찬길은 줄곧 숨어 지냈다. 그럼에도 그가 억울한 누명을 쓰고 죽게 된 까닭은 현지 경찰 등이 올린 조작된 정보 때문이었다. 순천이 점령되었을 때, 박찬길은 ‘빨갱이 검사’를 제거하려는 순천 경찰에 의해 제일 먼저 협의자로 지목되었다.[80]

사법부에 대해 경찰이 우위에 있다는 점은 형사가 판사 2명을 요시찰자라고 구금한 대구경찰서 사건에서도 잘 드러난다. 11월 5일 대구경찰서 사찰과 형사 5명은 대구지방법원 판사 김기석 등 2명을 아침에 구속했다가 오후에 석방했다. 경찰이 영장도 없이 판사들을 임의로 체포한 이 사건은 경찰 권력이 미치는 범위를 잘 보여준다. 김병로 대법원장은 영장도 없이 체포한 것은 유감이라는 담화를 발표한 정도에서 그칠 수밖에 없었다.[81]

박찬길 검사 총살사건은 유족이 억울함을 호소하고 당시 경찰책임자를 의법조치 해달라는 탄원서를 법무당국에 올리면서 다시 불거졌다. 1949년 3월 검찰 내부보고가 있은 뒤인 6월 박찬길이 속해 있던 조직인 법무당국은 현지에 군·경·검 합동수사반을 파견해 진상 조사에 나섰다.[82] 검찰 측은 순천 사찰계 형사들과 경찰간부를 한 명씩 불러 진술을 듣고 서명날인을 받았다. 그러자 경찰 측을 대표하여 참석한 김남영은 이에 반발하여 순천서장에게는 따로 반증자료를 조사해줄 것을 요청하고 나름대로의 보고서를 작성하려고 했다.[83]

약 2주일의 조사 끝에 법무부는 박검사 총살의 책임을 당시 경찰책임자였던 전남경찰청 부청장 최천 총경(조사 당시는 경북경찰국 경무과장)에게 물으려 했다.[84] 그러나 경찰 쪽에서는 최천에게 책임을 묻는 것은 여

---

80) 김봉조 의원 발언, 『국회속기록』 제5회 제14호, 278쪽.

81) 『세계일보』, 1948. 11. 12.

82) 합동조사반원은 법무부검찰과장 선우종원 검사, 대검찰청 정창운 검사, 국방부 정훈감 김종문 육군중령, 내무부 치안국수사지도과 김남영 총경 등 4명으로 구성되었다(내무부 치안국, 1973, 『한국경찰사(1948. 8~1961. 5) Ⅱ』, 149쪽).

83) 김태선, 「국립경찰 창설」, 『중앙일보』, 1974. 11. 22.

84) 조국현·조한백의원 발언, 『국회속기록』 제5회 제15호, 302·306쪽.

순사건에서 희생당한 경찰에 대한 모욕이고 경찰의 사기를 떨어뜨리는 것이라는 이유로, 독자적인 경찰보고서를 치안국장에게 올렸다. 박검사 총살사건은 검찰과 경찰조직간의 대립이라는 방향으로 왜곡될 소지를 갖고 있었다. 검찰조직에서 보면 이 사건은 경찰에게 당한 불명예였고, 경찰은 죄 없는 상급기관의 검사를 보복 총살시킨 혐의를 받고 있었다.

경찰은 여순사건에서 수많은 경찰관이 희생되었는데, 검사 한 명 죽은 것이 무슨 큰 문제가 되느냐고 반발했다. 1949년 10월 국회에서 박찬길 총살이 논란되었을 때 경찰을 비호하는 입장에서 발언한 조영규 의원(한민당)은 박검사가 즉결 총살처분을 받은 것은 "과거에 좌익을 도와주고 될 수 있으면 좌익을 석방"시킨 행동 때문이라며 박검사에 대한 총살은 검찰 진영에 대한 '캄플 주사'이고 "그런 (좌익 옹호적인) 사람을 훈계하는 위대한 한 방법"이라며 총살형을 적극 옹호했다.[85]

그러나 김봉조 의원은 박검사가 미군정시기부터 경찰의 무모한 체포에 비판적이었고, 경찰이 혐의를 두었던 좌익 인물들을 그대로 석방한 점이 경찰의 오해를 불러일으켰다고 밝혔다. 또 박찬길이 죽은 이유는 이런 갈등 도중에 "마침 그러한 반란 사건이 일어나니까 경찰에서 제일 먼저 생각하기를 무엇이었느냐 하면 좌익 검사였던 박찬길을 죽여야겠다"라고 결심한 것에 있었다고 주장했다.[86] 사건의 진상규명을 요구한 김봉조 의원은 이 사건으로 좌익을 응징한다는 정치적 효과가 있을지는 모르지만, 만약 이런 식으로 하면 법치국가의 인권은 무너지는 것이라고 주장했다.

권승렬 법무부장관은 당시 국민학교 운동장에 모이라는 지시를 내린 사람은 제8관구경찰청 부청장 최천이며, 경관 수백 명이 죽는 혼란 상황에서 애국심이 도를 넘은 일이 발생할 수도 있었다고 말함으로써 경찰에 책임이 있음을 넌지시 비추었다. 그러나 경찰은 총살형은 군 지휘하에서 이

---

85) 『국회속기록』 제5회 제14호, 277쪽.
86) 『국회속기록』 제5회 제14호, 278쪽.

루어졌다고 발뺌했고, 군은 사형집행장을 주지 않았다고 해명했다. 어느 쪽도 책임을 인정하지 않는 상황에서 경찰의 입장을 고려한 법무부장관은 이 문제는 조사중이라는 말로 얼버무렸다. 권승렬 법무부장관은 이 사건을 개인으로서의 '박찬길 사건'이라기보다는 헌법 유지와 인권 옹호차원에서 접근하고 있다고 말하면서 헌법에 의거하지 않고 재판도 받지 않은 상태에서의 사형집행은 만년을 두고 보아도 죄라고 발언했다.[87]

정부 각료와 의원들은 이 사건을 어떤 시각에서 바라보았을까? 박찬길 검사에 대한 총살은 충분한 조사 과정이나 재판을 거치지도 않은 상태에서 집행되었고 법률적 절차도 완전히 무시된 경우였다.[88]

권승렬은 헌법과 법률적 견지에서는 분명 잘못된 일이지만 현실적으로는 최천을 처벌하기 어렵다는 이중적 입장을 보였다. 권승렬은 고양이가 쥐를 찾기 위해서 냄새를 맡고 쫓다가 물건을 파손하더라도 고양이를 어쩔 수 없는 것과 같이, 공산주의자를 잡는 진압 경찰의 공을 인정해야 한다고 말하면서 최천을 처벌할 뜻이 없음을 비치었다. 대한민국은 겨우 돌이 지난 어린아이에 불과함으로 국가의 방비를 위해서 다소간 인권을 유린하는 것은 어쩔 수 없다고 주장했다.[89]

당시의 긴급한 정황을 핑계로 즉결총살을 합리화하고 관계자 처벌을 반대하는 논리는 국회의원들도 적극적으로 개진했다. 조국현 의원은 동료나 친척을 잃은 군경의 심리가 "백 퍼센트 환장이 되었을 그 판"에 옥석을 가릴 여유가 없는 것이 당연하다고 주장했다.[90] 한 발 더 나아가 그는 전남의 7천 명 경관이 모두 사기를 잃고 다 죽을 판인데, 법무부장관이 헌법 운운하며 따지는 것은 '정치적 수완이 가장 졸렬'하고 '대의에는 우매'한 것

87) 『국회속기록』 제5회 제15호, 309쪽.
88) 『국회속기록』 제5회 제14호, 278~279쪽.
89) 『국회속기록』 제5회 제15호, 283 · 305쪽.
90) 『국회속기록』 제5회 제15호, 302쪽. 윤치영 의원도 당시의 총살처분은 여러 사람이 총살당하는 계엄 상태였다고 주장하면서 박찬길 총살을 옹호했다.

이라며 빨리 이 사건을 종결지으라고 다그쳤다. 한민당의 조헌영 의원도 시국 수습의 책임을 맡아 목숨을 걸고 싸운 최천에게 구속 영장을 발부한 것은 언어도단이라며 이러한 조치는 평상시의 법치국가만 생각하고 대한민국의 현 사태를 이해하지 못한 것이라고 비난했다.[91] 조한백 의원도 "공산당과 투쟁하는 사람을 죽인다면 국가의 치안을 혼란케 할 것"이라는 경찰 측의 논리를 그대로 대변했다.[92]

하지만 유가족이 진상조사를 요구할 때부터 검찰은 최천에게 책임을 묻고 있었다. 재조사가 진행되는 도중 순천경찰서 사찰과장 등 4명이 검찰에 의해 구금되자, 전남의 경찰은 총기와 각종 장비를 경찰청 뒷마당에 버려놓고 일체의 훈련과 작업을 중지하는 보이코트를 단행했다. 급기야 치안업무가 공백에 빠지고 검·경의 대립이 날카로워지자 이범석 국무총리와 각부 장관이 중재에 나섰고, 4명은 구금된 지 하루 만에 풀려났다.[93] 검찰은 이 사건을 최천의 근무지인 대구지검에 이송했으나, 치안국은 어떤 일이 있어도 검찰의 계획을 저지하라고 지시했고 경북경찰국이 강력히 항의하는 바람에 검찰의 계획은 좌절되고 말았다.

결국 박찬길 검사 사건은 국회 논의를 통해 인민재판 판사를 지냈다는 혐의는 풀렸지만, 아무런 법적 절차도 거치지 않는 즉결 처분이라는 문제가 검찰과 경찰 조직 간 대립으로 그 초점이 변질되면서 박찬길 검사 총살의 진상과 의미 규명 그리고 책임자 처벌은 유야무야 되었다.

여수여자중학교 교장 송욱의 경우

송욱(宋郁)[94]은 여수에서 명망 있고 존경받는 여수여자중학교 교장이었

91) 『국회속기록』 제5회 제15호, 303쪽.

92) 『국회속기록』 제5회 제15호, 306쪽.

93) 전남 경찰관들의 항의에 대해서는 『국회속기록』 제5회 제15호, 302쪽을 참고.

94) 송욱은 고창중학(1935)과 보성전문 법과(1938)를 졸업했다. 1938년 서울 상명여

다. 그런데 그는 갑자기 여순사건의 총지휘자로 보도되었다. 교장의 지위에 있던 교육자가 14연대 봉기과정에서 주동적인 역할을 했다는 점은 언뜻 이해되지 않지만, 바로 이런 이유 때문에 당시 사람들을 놀라게 했고 정부의 강경한 대처를 유발했다. 이범석 국무총리는 국회연설에서 송욱을 '민중을 총연합 지휘하는 최고사령관'이라며 다음과 같이 말했다.

> 이번에 기가 맥힌 것은 교육진영 즉 여수 순천의 중학생 놈들이 대가리에 피도 안 마른 16, 17세 된 놈들이 수류탄을 들고 돌격하고 고식총(古式銃)을 들고 사격하는데 이것이 대항력이 제일 강하여 열광적이었다고 그래요. 여기에 교수 놈들이 영도하고 여수의 반란군이 민중을 총연합 지휘하는 최고사령관은 여수 여중학교의 교장이던 자이고 지금 그 자는 아마 잡혔거나 그렇지 않으면 죽었을 것입니다.[95]

정도의 차이는 있지만 아직도 많은 기록에서는 송욱을 여순반란의 총지휘자로 서술하고 있다.[96]

송욱이 여순사건의 민간인 총지휘자로 알려지게 된 것은 10월 26일 정일권 육군 작전참모부장의 발표를 통해서였다. 이날 정일권은 여수 제14연대장 박승훈이 구사일생으로 목포에 어제 도착했으며, 그의 말에 따르면 '여수반란 총지휘 책임자는 여수여자중학교장'이라는 것이었다. 각 신문은 발표문에 나와 있는 이 짤막한 문장에 근거하여 송욱의 반란 참가 사실을 크게 보도했다.[97] 그러나 정작 박승훈이 서울에 올라와 가진 기자

학교에서 교사를 지냈고 조선어학회사건에 연루되어 서대문형무소에서 복역하던 중 해방을 맞았다. 상명여학교에 복직한 그는 1945년 고향에 처음으로 설립된 영산포여중 교장으로 초빙되었고 1946년 광주서중 교감을 거쳐 여수여중 교장으로 재직했다. 당시 나이 36세였다(『세계일보』, 1948. 10. 27. ; 『동광신문』, 1948. 10. 28).

95) 『국회속기록』 제1회 제90호, 669쪽.

96) 전사편찬위원회, 1967, 『한국전쟁사－해방과 건군』 제1권, 470쪽 ; 佐佐木春隆, 1977, 『한국전 비사』 상권, 병학사, 321쪽 ; 장창국, 1984, 『육사졸업생』, 중앙일보사, 165~166쪽 ; 백선엽, 1992, 앞의 책, 158쪽.

회견에서 송욱에 관해서는 아무런 얘기도 없었다.

몇몇 언론에 처음 보도된 송옥동(宋玉童)은 송욱의 아명이었다. 송욱은 광주서중 교두[교감]로 있다가 여수여중으로 왔는데 그가 부임한 후 여학생들의 품행이 아주 달라져 학부모들에게 호평을 받았다고 한다. 그런 이유로 여순사건이 일어나기 한 달 전 그가 광주로 전근하게 되자 학부모들이 회의를 열고 광주도청에 진정을 하여 그의 유임을 부탁할 정도였다. 결국 송욱은 발령까지 났던 것을 취소하고 여수여중으로 돌아왔지만, 그것이 그에게는 불행이었다.[98]

송욱이 봉기군의 지도자로 알려지게 된 것은 강연회에 송욱이 나온다는 포스터 광고 때문이었다. 봉기군이 여수를 점령했을 때, 여수인민위원회는 벽지 광고를 통해 이용기와 함께 송욱이 강연회에 연사로 나온다고 광고했다.[99] 학교 교장으로 일하면서 존경을 받았던 송욱은 학교의 한 좌익 교사로부터 강연회에 나와 달라는 교섭을 받았지만 송욱은 "나는 대중연설 같은 것은 할 줄 모른다"고 거부했다. 세상의 권력이 하루아침에 바뀐 당시 상황에서 봉기에 협력하라는 요구를 거부한 것은 매우 당당한 우익적 태도였다.[100]

---

97) 『민주일보』, 1948. 10. 27. 『한국전쟁사』에는 "함병선 소령이 여수여중을 1개 소대병력을 지휘하여 수색하였을 때 여수반란의 민간 총지휘자가 동교 교장 송욱임을 알게 되었다."(469쪽)고 적고 있다. 한편 지리산 쪽의 게릴라를 쫒고 있던 호남지방 북부지구 사령부 작전참모 김종문소령은 여수 14연대에서 반란을 시작했을 때 여수여중교장 송욱이 들어가 '인민위원회 정치지도부'를 조직했다고 부풀려 말하기도 했다(『동광신문』, 1948. 11. 7).

98) 「반란지구 답사기」, 『민주일보』, 1948. 11. 12.

99) 강연회 전단은 봉기가 진압된 뒤에 입수되었다. 국제보도연맹(國際報道聯盟), 1948. 12, 『국제보도』 16~17쪽. 『국제보도』에는 진압 뒤 폐허가 된 여수·순천 지역 그리고 체포된 봉기군과 웅크린 여학생 등 당시 상황을 엿볼 수 있는 사진 등 모두 16장이 실려 있다. 이 사진들은 최희연 기자가 촬영한 것이다.

100) 반충남, 앞의 글, 218쪽. 송욱의 우익 성향은 중학교에 다니던 막내 동생이 좌익 학생동맹에 가입했다는 말을 듣고 반공호 속에 가두어 놓은 채 밥을 날라준 일화나 여수여자중학교 영어선생 백승보가 동맹휴학을 선동했다고 하여 여수수산학교로 내쫓은 일화에서 잘 드러난다. 이북 출신인 백승보는 송욱을 여수인

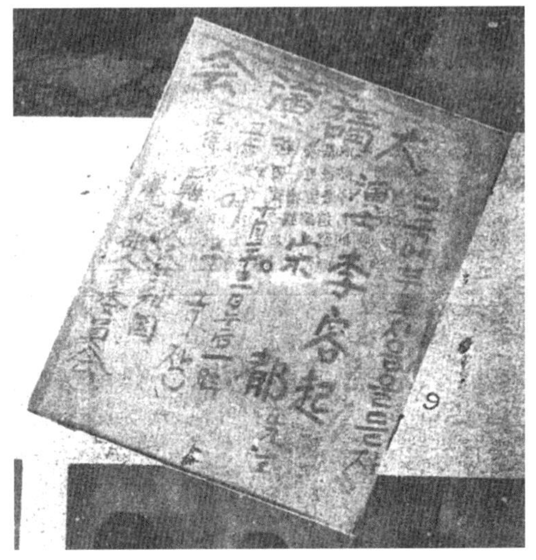

〈그림 5-3〉 송욱의 강연을 알리는 벽보

인쇄 상태가 좋지 않아 글자를 바로 알아볼 수 없으나, 벽보에는 "대강연회. 조국에 부르지음을 듣자. 연사 : 이용기, 송욱, 때 : 10월 22일 오후 1시, 곳 : 여수극장, 주최 : 조선인민공화국 여수군 인민위원회"라고 적혀 있다. 송욱은 강연회 참석을 거부하고 참가하지 않았지만, 벽보에 그의 이름이 적혀 있었기 때문에 진압군의 체포를 피할 수 없었다.

그 뒤 그는 외출도 하지 않았다. 그러나 그의 이름이 강연회 광고에 버젓이 올라와 있었으므로, 제대로 사정을 알 수 없는 일반인들과 진압군은 이 사실을 그대로 믿고 있었다.[101] 진압군이 들어오자 『여수일보』 사장 정재완은 송욱에게 "송 교장이 반란주동자란 말이 있으니 미리 진압군사령부에 나가서 해명해두는 것이 좋을 것 같다"라고 충고했고, 이 말을 들은 송욱은 자진하여 밖으로 나갔다. 그러나 그가 찾아간 여수여자중학교에는 불행하게도 '백두산 호랑이' 김종원 대위가 지휘하는 제5연대와 경찰사령부가 자리 잡고 있었다.[102] 정재완과 몇 사람의 유지들이 찾아가 송욱 여

민위원회 의장단에 추천한 사람이다(김계유, 1991, 「1948년 여순봉기」, 『역사비평』 겨울호, 291쪽).

101) 한 신문 기자는 경찰서, 군청, 읍사무소 등에 강연회 강사로 송욱, 이용기가 나온다는 벽신문이 붙여 있는 것만을 목격하고는 송욱 교장이 강연회를 개최한 것이 사실이라고 보도했다(『동광신문』, 1948. 10. 31).

102) 『세계일보』, 1948. 11. 9. ; 반충남, 앞의 글, 220쪽. 김종원은 서남지구전투사령관, 전북 경찰국장(1952. 7. 28~1953. 4. 26), 경남 경찰국장(1953. 11. 28~1954. 8. 26), 경북 경찰국장(1954. 8. 28~1955. 2. 15), 전남 경찰국장(1955. 2. 16~1956. 5. 26)을 거쳤다. 1956년 5 · 15 대통령선거 뒤 부정선거의 공을 인정받아 경찰의 최고

수여중 교장을 소개하자, 김종원은 권총을 빼들고 그의 발 아래로 난사했다. 송욱은 곧바로 체포되었다.

10월 30일 채병덕 참모총장은 송욱이 김종원에 의해 '체포'되어 '준엄한 취조'를 받고 있다고 발표했다.[103] 이때 송욱은 광주호텔에서 헌병 3명의 감시를 받으며 감금되어 있었다.[104]

김종원은 여순사건 때 일본도로 머리를 내리치는 잔인한 학살자로 이름이 높았다. 한국전쟁시 그는 계엄사령부 민사부장이자 헌병부사령관을 지냈는데, 거창학살사건을 조사하러 온 국회의원들을 가짜 공비를 매복시켜 습격한 혐의로 1951년 12월 16일 대구고등군법회의에서 3년 징역형을 선고받았다.

잔인한 김종원에게 체포된 송욱이 광주호텔에 감금된 뒤, 지인들은 호남신문사 사장 노산 이은상에게 구명을 부탁했다. 당시 이은상은 한국독립당 전남지부장을 맡고 있었는데, 송욱은 여수일보 사장 정재완, 14연대장 오동기와 친하게 지내 술자리를 같이 하면서 시사문제를 논의하고 시회(詩會)도 즐겼다고 한다. 송욱이 가깝게 지낸 정재완과 오동기 그리고 이은상은 모두 한독당 계열이었다.[105] 구명을 부탁받은 이은상은 한숨만 쉬다가 "나도 송 교장이 거기에 있다는 것은 듣고 있다. 그러나 지금 나도 송 교장의 구명운동을 나서고 어쩌고 할 처지가 아니다. 그리고 구명운동을 한다 해도 이미 때가 늦은 것 같다"고 말했다.

이은상도 여순사건이 일어나자 광주 5연대로 연행되었다. 봉기를 주도한 김지회의 신원보증인으로 되어 있었기 때문이다. 다행히도 이은상은 당

직인 치안국장(1956. 5. 26~1957. 3. 11)에 앉았다. 그는 태극무공훈장을 받았다.

103) 『조선일보』·『국제신문』, 1948. 10. 31. 일부 신문에는 그가 '여수순천 총지휘관 송옥동'으로 보도되었다. 이제 송욱은 여수 지역 뿐만 아니라 여수순천지구 전체의 민간인 지휘자가 된 것이다(『서울신문』·『세계일보』·『동아일보』, 1948. 10. 31).

104) 반충남, 앞의 글, 219쪽.

105) 김계유, 앞의 글, 291~292쪽.

시 4연대장 이한림 소령의 해명으로 무사할 수 있었다. 이은상은 정부가 여순사건을 이용하여 김구와 한독당 세력의 정치생명을 겨냥하고 있다는 것을 알고 있었기 때문에 송욱 교장의 구명에 나서 달라는 말을 듣고도 "송 교장의 운명을 하늘에 맡길 수밖에 없다"고 말했다고 한다.[106)]

송욱이 사건의 주동자라는 사실에 대해서는 그 당시에도 의문이 제기되었다. 정일권의 발표가 있은 뒤 송욱과 학생 시절 같은 학교에 다녔던 사람은 그가 공부는 곧잘 했지만 평범한 학생이어서 봉기군에 가담했다는 것은 의외라고 밝히기도 했는데, "여수에서는 누구나 그를 인격자로 대우하며 그런 일에 주동을 할 사람은 못 된다는 것"이 중론이었다. 여수경찰서 보안주임도 "내가 알기에도 그 사람이 그럴 사람은 아닐 것이다. 젊은 사람인데도 대단히 인격이 있어 여수에서도 인기가 있는 사람인데요"라고 말했다.[107)]

송욱이 군기대로 넘겨졌을 때, 여수의 각 학교, 학생단체에서는 송욱이 반란에 참가할 사람이 아니라고 진정서를 냈다.[108)] 당시 여수여중 음악교사는 송욱이 밖으로 한 발자국도 나간 적이 없고 도리어 좌익계 교사들에게 협박을 당하는 처지였다고 말하고 있고, 당시 여수여중 교사로 근무했던 전병순도 송욱이 봉기군에 가담한 사실이 없다고 증언했다.[109)]

그러나 이미 결과가 정해져 있는 상태에서 송욱을 살리려는 구명운동은 아무 소용이 없었고, 송욱은 대구로 이송된 뒤 처형되었다 한다.[110)]

앞에서 살펴본 황두연, 박찬길, 송욱 모두는 진압군의 무분별한 색출작업 와중에서 피해를 입은 사람들이었다. 황두연은 사건 직후에 직접 국회에 출석하여 해명함으로써, 박찬길은 그 후 유족들의 항의에 의한 재조사

---

106) 반충남, 앞의 글, 220쪽.

107) 「반란지구 답사기」, 『민주일보』, 1948. 11. 12.

108) 정광현, 「반란지구 진압 후의 모습」, 『주간 서울』 제14호, 1948. 11. 15.

109) 반충남, 앞의 글, 218쪽. 전병순(田炳淳)은 진압군이 여수를 점령한 뒤의 참혹한 상황을 『절망 뒤에 오는 것』(1987, 중앙일보사)이라는 소설에서 묘사하고 있다.

110) 김계유, 앞의 글, 292쪽.

를 통해 죄가 없음이 밝혀졌다. 그러나 송욱 교장은 여순사건 당시에는 총지휘자로 보도되었지만 그 후에는 아무 소리 없이 사라져버렸는데, 이후 여순사건을 다룬 많은 책들에서는 아직도 그를 반란의 주모자로 기록하고 있다.

황두연과 박찬길은 지방 우익 세력과의 알력이나 경찰과의 갈등 때문에 피해를 당한 경우였다. 황두연은 다행스럽게 순천을 빠져 나와 목숨을 건질 수 있었지만 박찬길은 경찰의 표적이 되어 즉결처형을 당해야만 했다. 한편 송욱의 경우는 다른 적대적인 세력과의 갈등이나 경찰과의 마찰 때문이 아니라 단지 떠도는 허위사실 때문에 진압군에 잡혀 인생을 마감해야만 했고, 체포된 이후의 행적조차 아직까지도 확인되지 않는다.

이들 세 사람은 각각 지방에서 존경받는 우익 인사였지만 조그만 트집이라도 잡아 처벌하려는 정부와 진압군의 강경 진압 앞에서는 속수무책으로 당할 수밖에 없었다. 황두연과 송욱, 두 사람의 정치성향이 한독당 계열과 가깝고 이승만에 비판적인 입장을 취하고 있었다는 점, 박찬길이 이승만의 주요한 정치적 도구였던 경찰과 적대적인 관계에 있었다는 점은 이들이 정부(진압군)의 표적에서 빠져 나오지 못하고 희생되었던 중요한 이유였다.

3. 즉결처분과 군법회의 처형

다음으로 계엄하에서 실시되었던 군법회의를 살펴보자. 군·경찰은 진압작전 중인 경우에, 또는 탈출 또는 반항의 위험이 있다고 간주된 경우에는 재판절차를 거치지 않고 구금되어 있던 사람들을 상당수 즉결처형 했다.[111] 진압군은 순천을 점령한 즉시 협의자로 간주되는 22명을 사형시켰다.[112] 10월 25일 여수에서는 600명의 봉기군이 체포되었는데, 이날 저녁

111) 전남일보 광주전남현대사 기획위원회, 앞의 책, 94쪽 ; 『동광신문』, 1948. 11. 6.

10시에 대전에 도착한 숫자는 400여 명에 불과했다.[113] 순천에서 탈출한 봉기군을 쫓고 있던 구례의 국군 12연대는 지리산 노고단 일대에서 소탕전을 전개하여, 11월 4일 약 400명의 포로를 광주 대전으로 압송했다. 그러나 한편으로는 진압군이 스스로 말하고 있듯이 '막대한 수의 포로를 현지에서 처벌'했던 것이다.[114] 이같이 여·순 지역이 진압되고 봉기군의 잔류세력이 지리산 일대에서 활동하던 시기에도 즉결처분은 멈추지 않고 계속 이어졌다.

재판 회부 전에 죽은 봉기군과 민간인 수는 그 숫자조차 정확하게 파악하기 어렵다. 어느 한 기관도 정확한 피해를 집계하지 않았으며, 그런 숫자에 신경을 쓰지도 않았다. 신문에는 때때로 피해 인명수가 보도되기는 했지만 어림잡아 짐작으로 보도했을 뿐이고 발표 시기에 따라 들쭉날쭉한 수치를 보이고 있다. 이 점은 인명피해는 물론 재산피해 역시 당시에 남긴 자료마다 각각 큰 차이를 보이고 있는 것을 보면 알 수 있다.[115]

즉결처분에서 벗어나 재판에 회부된 사람들은 그나마 운이 좋은 사람들이었다. 군법회의에 넘겨진 사람들은 진압 후에 이루어진 협력자 색출 과정에서 즉결처분을 받지 않고 살아남은 사람들이었다.

봉기에 협력한 혐의를 받고 있는 군인들뿐만 아니라 민간인들을 체포하고 압송하는 역할은 군기대(軍紀隊)가 맡았다. 진압을 위해 광주에 반란군토벌전투사령부가 만들어지자 군기대도 10월 23일 호남지구 군기사령부를 설치했다. 군기대는 각 출동부대마다 한 사람씩의 군기대원을 파견시키기도 했지만 군기대의 주요 업무는 지구사령부를 통해 이루어졌다. 여수 지역의 경우, 진압군이 이 지역을 점령한 뒤에 군기대는 별도로 여수지

112) 『세계일보』, 1948. 10. 28.

113) 제24군단 작전참모부(G-3 Section, ⅩⅩⅣ Corps), 1948. 11. 10, 「조선경비대 제14연대·제6연대 반란사」.

114) 『동광신문』, 1948. 11. 7.

115) 전남일보 광주전남현대사 기획위원회, 앞의 책, 93쪽.

구 군기사령부를 설치했다.[116)]

군법회의에 회부되기로 한 사람들은 군기대에 의해 광주나 대전 등 군법회의가 설치된 곳으로 압송되었다. 즉결처분이 그랬듯이 군법회의에 회부된 사람들의 연령과 계층도 다양했다. 군법회의를 받으러 가기 위해 미군 트럭에 실린 사람들 중에는 남녀 젊은이뿐만 아니라 60세가 넘은 늙은이, 어린 학생까지 있었다. 한 여학생은 인공기를 들고 협력한 혐의를 받고 있었고, 한 수염 난 노인은 3·1운동 때의 투사였지만 인민위원장을 지냈다는 이유로 재판을 받으러 갔다.[117)]

군법회의는 계엄이 선포된 상황에서 진행되었으므로, 계엄이 내려진 지역의 민간인들도 모두 군법회의에 붙여졌다. 계엄지구 내의 행정사무와 사법사무 일체를 계엄지구 총사령관이 장악했기 때문이다. 그 결과 여순사건에 관계있는 범죄자는 군인과 민간인을 막론하고 군법에 준거하여 처벌하게 되었다. 군법회의는 봉기군이 저지른 '살해', '방화', '강간',[118)] '선동' 등의 죄를 '근절'하고 '응징'한다는 방침하에서 진행되었다. 육군고등군법회의 재판장 이지형은 기자회견에서 봉기군들은 천인공노할 무자비한 참상을 일으켰기 때문에 그 죄과에 상당한 형을 '응보적으로' 언도할 것이라고 밝혔다.

14연대 출신으로 재판에 부쳐졌던 한 군인은 군법회의는 매일매일 사형판결을 내렸고, 형량도 무기 아니면 사형이 대부분이었다고 증언했다. 특히 군인들은 대부분 무거운 형량을 받았다.[119)]

---

116) 헌병사편찬위원회, 1952(4285), 『한국헌병사 : 창설 · 발전편』, 헌병사령부, 15 · 542쪽.

117) 정광현, 「반란지구 진압 후의 모습」, 『주간 서울』 제14호, 1948. 11. 15. 이 글은 그 뒤 「반란지구 그 뒤의 모습」으로 제목을 바꾸어 『일선기자의 고백』(史林(편), 1949, 모던출판사)이라는 책에 다시 실렸는데, 이 글에는 수염 난 노인이 인민위원회 위원장이라는 문구는 누락되어 있다.

118) 그러나 당시 어느 신문을 보아도 여수 14연대나 봉기에 가담했던 사람들이 강간을 했다는 기록은 없다.

119) 곽상국 증언, MBC '이제는 말할 수 있다' 제작팀, 1999, 「MBC 여순사건 증언록」.

〈그림 5-4〉 체포되어 트럭에 실린 반란군들(*Life*, 1948. 11. 5)

군법회의 방청은 일반인은 물론이고 신문 기자에게도 금지되었다. 군법회의가 열리는 장소와 시간까지도 비밀에 부쳐졌고, 이에 관련된 신문 기사도 국방부의 검열을 받은 뒤에야 보도가 가능했다. 10월 29일 호남방면 계엄지구 총사령부에 도착한 법무총감 김완룡(金完龍) 중령은 만약 군법회의에서 총살형을 언도 받은 자가 있으면 그 집행을 공개하겠다고 밝혔는데, 그 이유는 사형 장면을 공개함으로써 '반도에 대한 응징의 의미'를 주지시켜 국가에 대항하는 '범행의 근절'을 위해서였다.[120] 그러나 총살

집행을 공개하겠다는 발언에도 불구하고, 재판 뒤에 벌어진 총살형의 전모는 보도의 부족으로 정확하게 파악하기는 어렵다.

다만 당시의 신문기사를 통해 11월 4일부터 25일까지 한 달 동안 군법회의는 여수, 순천 등 사건 현지뿐만 아니라 계엄사령부가 있었던 광주, 중앙고등군법회의가 설치된 대전에서 5차에 걸쳐 재판이 있었음을 확인할 수 있다. 그 재판 결과는 아래의 〈표 5-1〉과 같다.

〈표 5-1〉 여순사건 관련 군법회의에 따른 최종 형량과 인원 수

	형량									출전
	사형선고	무기	20년형	5년형	1년형	무죄	보류	양민판명	총계	
제1차 고등군법회의 (광주, 11. 4)	12	9	11	4		12			48	『동광신문』 1948. 11. 6 『호남신문』 1948. 11. 6·13 『독립신문』 1948.11.16
제2차 고등군법회의 (순천, 11. 13 ~ 14)	102		79	75		12		190	458	『동광신문』 1948. 11. 17
육군중앙고등군법회의 (대전, 11. 6 ~ 11. 20)	224	110		30	28	24	1		417	『동광신문』·『독립신문』 1948. 11. 27
제3차 고등군법회의 (여수, 11. 20 ~ 21)	280		118	108				299	805	『동광신문』 1948. 11. 24
제4차 고등군법회의 (순천, 11. 24 ~ 25)	73		48	42				40	203	『동광신문』 1948. 11. 27
총　계	691	119	256	259	28	48	1	529	1,931	

위의 표에서 알 수 있듯이 군법회의는 2천여 명에 달하는 혐의자들을 한 달이라는 짧은 기간 안에 빠른 속도로 처리해갔다. 광주와 여수, 순천

120) 『동광신문』, 1948. 11. 5.

에서 열린 재판은 무려 1,500명을 단 7일 만에 처리했고, 대전에서 열린 중앙군법회의는 11월 6일부터 20일까지 10차례에 걸친 재판 끝에 224명에게 사형을 언도하는 등 약 400명을 처벌했다.

다섯 차례에 걸친 군법회의에는 총 1,931명이 회부되었다. 재판 결과 사형이 691명, 무기징역이 119명, 20년형은 256명, 5년형이 259명, 1년형이 28명이었다. 반면에 보류가 1명, 무죄가 48명, 양민으로 판명된 사람이 529명이었다. 법정 최고형인 사형을 언도 받은 사람이 거의 700명에 달했지만 아무런 혐의가 없어 석방된 사람도 500여 명이 넘었다.

제1차 고등군법회의에서 재판을 받은 사람들에는 14연대 군인뿐만 아니라 남녀노소 시민이 모두 포함되었는데, 이들 중에는 고학력층이 많았다. 사형을 구형받은 28명 중에는 전문학교 이상의 대학을 졸업한 자가 다수였고 교육자가 많았으며, 여성도 4명이 포함되어 있었다.[121] 정부는 이들이 교육계에 침투한 좌익 세력이며, 학생들을 사주하여 사건에 가담시켰다고 선전했다.

그중의 한 사람이 제1차 고등군법회의에서 무기징역을 선고받은 박만고(朴萬古)와 여류 소프라노 오경심(吳敬心)이었다.[122] 박만고는 순천에서 활약하던 좌익 인물이었다. 그는 순천 갑부의 자제로서 일본에서 대학을 졸업한 인물이었는데, 여순사건 당시에는 '3일 군수'로 불릴 만큼 활발한 활동을 했다. 그의 아내인 오경심은 1938년 동경제국음악학교를 졸업하고 그해 6월 조선일보 제1회 신인음악회에 나가 긴박감 있는 오페라 아리아를 불러 '드라마티크 소프라노'로 음악계에 명성을 날렸다. 오경심은 서울의 보육전문대(현재 중앙대학교의 전신)에서 교편을 잡다가 해방될 즈음 순천중학교로 내려왔는데, 여순사건 즈음에는 순천사범학교에서 음악 교사로 근무하고 있었다. 오경심이 여순사건 때 어떤 일을 했는지는 정확히

121) 『동광신문』 1948. 11. 6. 제1차 고등군법회의의 선고 형량은 이후 변화되었다. 표에 나와 있는 숫자는 1차군법회의 최종결과를 나타낸 것이다.

122) 『호남신문』, 1948. 11. 13.

밝혀진 바가 없다. 하지만 여순사건 때 좌익 여성단체원들은 주로 봉기군의 급식을 공급하는 활동을 했다. 오경심도 이 같은 일에 연루되어 봉기군에 협력했다는 혐의로 무기징역을 받았을 것이라 추측된다.[123)]

한편 미군 G-2보고서에는 1948년 11월 29일까지 50명의 민간인을 포함한 총 1,700명이 재판을 받았다고 기록하고 있다. 이 가운데 866명은 사형선고를 받았고, 67명은 사형이 집행되었다. 또한 150명은 무기징역을 받았고, 541명은 공소사실이 기각되었으며 나머지 혐의자들은 1년에서 20년 징역을 선고받았다. 이 당시에도 900명의 혐의자들에 대한 재판은 계속 진행되고 있었다.[124)]

국방부에서는 1949년 1월 8일, 여수·순천지구와 제주도 사건에 가담하거나 이에 관련된 사병·민간인 반도에 대한 군법회의를 약 2개월 만에 끝냈다고 발표했다.[125)] 1949년 1월 미군 보고서는 이 국방부 발표를 인용하고 있는데, 이에 따르면 총 2,817명이 재판을 받았다고 한다. 이 가운데 410명이 사형, 563명이 무기징역을 받았고 나머지 사람들은 더 가벼운 형을 받거나 풀려났다.[126)] 그러나 여순사건에 대한 재판이나 형 집행이 완

---

123) 『민주일보』, 1948. 11. 17. 광주 수피아 여중과 이화여자전문학교 음악과를 졸업한 오경심이 좌익활동을 하게 된 것은 박만고와 결혼한 이후이다. 제1차 고등군법회의에서 사형을 언도 받은 오경심은 단체의 청원과 아버지의 도움으로 바로 처형되지 않고 서대문형무소에 수감되었다. 한국전쟁이 일어난 다음 풀려났으리라고 짐작되지만, 그 후 행방은 알려지지 않았다. 오경심에 대해서는 정근식 외 저, 1995, 『근현대의 형성과 지역 엘리트』, 새길, 258~264쪽 ; 김석학·임종명, 앞의 책, 123~124쪽을 참고.

124) HQ. USAFIK, *G-2 Periodic Report*(한림대학교 아시아문화연구소, 『주한미군 정보일지』) 1948. 12. 4일자, 632쪽. 존 R. 메릴, 1988, 『침략인가 해방전쟁인가』, 과학과 사상사, 219쪽의 서술은 이 자료를 이용한 것으로 보인다. 그런데 번역 과정의 오류로 재판에 회부된 숫자가 17,000명으로 잘못 적혀 있다. John Merril, 1989, Korea : The Peninsular Origins of the War, Associated University Presses, Inc., p.113를 참조. 이를 인용한 전남일보 광주전남현대사 기획위원회, 앞의 책, 94쪽도 마찬가지 오류를 범하고 있다.

125) 『한성일보』, 1949. 1. 9.

126) HQ. USAFIK, *G-2 Periodic Report*, 1949. 1. 12. #1035.

전혀 끝난 것은 아니었다. 당시의 신문은 그 뒤에도 군법회의에 대한 진행상황을 보도하고 있다.

대전 군법회의 결과를 보도한 1949년 2월의 신문과 잡지 기사는 아래의 표에서와 같이 1월 22일까지 모두 9차례에 걸쳐 재판이 열렸고 전체의 20%는 혐의가 없어 불기소 석방되었다고 보도했다. 그러나 이 기사는 군법회의 혐의자와 불기소 석방자로만 분류해 놓았을 뿐, 혐의자들에게 내려진 선고 형량(1년 형, 5년 형, 20년 형, 사형) 등에 대한 각각의 해당 인원수를 적시하지 않았기 때문에 형량에 따른 구체적인 인원을 파악하기는 어렵다.

〈표 5-2〉 여순사건 관련 대전 군법회의 혐의자, 불기소석방자 수

	혐의자	불기소석방자	총인원
제1차 군법회의	55	12	67
제2차 군법회의	458	190	648
제3차 군법회의	617	110	727
제4차 군법회의	203	40	243
제5차 군법회의	448	114	562
제6차 군법회의	423	117	540
제7차 군법회의	526	130	656
제8차 군법회의	438	185	623
제9차 군법회의	547	137	684
총 계	3,715	1,035	4,750

〈출전〉『자유신문』, 1949. 2. 7. ;「그 후의 반란지구 모습」,『주간 서울』(1949. 2) 제2주 25호

재판이 끝난 뒤에는 사형이 곧 집행되었다. 제1차 고등군법회의에서 사형언도를 받은 12명에 대한 사형집행은 11월 16일 오후 3시 광주군 지산면 계금산 산록에서 이루어졌다. 제5여단 사령부 군기대에 의하여 집행된 사형장에는 군경 및 신문기자가 입회했다.[127] 제2차 군법회의 집행은 11월

127) 『서울신문』·『자유신문』, 1948. 11. 19.

24, 25일에 걸쳐 대전과 광주에서 있을 예정이라는 기사가 나왔으나 실제로 집행되었는지는 확인되지 않는다.[128] 대전의 육군중앙군법회의에서 사형언도를 받은 224명 가운데 사병 50명에 대한 사형집행은 11월 27일 오전 10시 40분 대전에서 실시되었다.[129]

사형집행은 다음 해에도 이어졌다. 1949년 1월 17일 대전형무소에서는 14연대 출신 군인들에 대한 사형이 집행되었다. 이날 아침 10시 30분부터 시작하려던 사형집행은 의무장교가 없고 집행할 사수도 부족하여 미군 장교의 지시로 잠시 중지되었지만 사수 10여 명을 곧 보강하여 11시 30분에야 준비를 끝냈다. 총살은 첫 번째 그룹 20명, 두 번째 그룹 18명, 세 번째 그룹 18명, 네 번째 그룹 13명의 차례로 진행되어, 모두 69명의 군인들이 총살되었다. 시작한지 45분만인 12시 15분에 총살은 끝났는데, 이들 대부분은 18세가량의 젊은 청년들이었다. 죽음을 앞두고 한 젊은이가 공산주의 노래를 부르자 마지막 그룹도 노래를 따라 불렀다. 총살 장면을 기록한 한 문건은 "그들은 자신들이 묶여 총살될 말뚝으로 끌려왔을 때 군가를 불렀고 피살당한 수감인 대다수가 무죄"라고 말했다고 적고 있다.[130] 죽음 앞에서 인간은 솔직해진다. 총살형을 받고 집행장에 끌려온 군인들은 여러 가지 반응을 나타냈다. 어떤 군인들은 공산주의를 찬양하는 마지막 노래를 불렀지만, 어떤 군인들은 끝까지 자신의 무죄를 주장했다. 이는 여순사건 때 이루어진 군법회의가 공산주의자뿐만 아니라 공산주의와는 별 상관없는 무고한 사람들을 대상으로 이루어졌다는 것을 의미한다.

여순사건으로 재판을 받은 사람들은 형무소에 수감되었는데, 최근에 여

---

128) 『대한일보』, 1948. 11. 20.

129) 『서울신문』, 1948. 11. 30. 한편 『독립신문』, 1948. 11. 21일자는 11월 23일에 1차로 8명, 2차로(일자 미정) 20여 명이 처형될 것이라고 보도했다.

130) 「검거된 군인들의 총살의 건(1949. 11. 17), 제2여단장 고문 육군소좌 아르노쁘. 모우이츠 보고 총집에서」, 『로동신문』, 1950. 8. 11. 이 문건은 북한 인민군이 한국전쟁 초기에 미군으로부터 노획한 미 군사고문단원 모우위츠(Arno P. Mowitz)의 보고서이다.

순사건 관련 재소자들에 대한 집단처형 사실이 드러났다.[131] 한국 군경이 한국전쟁 직후인 1950년 7월 초, 대전형무소에 수감되어 있던 재소자들 가운데 사상범만을 골라 1,800명을 3일간에 걸쳐 집단 처형한 것이다. 경찰과 헌병은 미리 파놓은 300여 미터에 이르는 2개의 구덩이 앞에 재소자들을 일렬로 세워 놓고 번갈아 사격을 가했다. 죽은 뒤에는 군경 책임자가 확인 사살을 했고, 한 쪽에서는 다음 재소자들이 실려올 때까지 구덩이 파는 작업을 했다. 이 전 과정을 미군이 지켜보았다. 대전형무소 집단처형의 피해자 대부분은 여순사건 관련자인 것으로 알려졌고, 대전형무소 형무관의 증언에 따르면, 사상범은 계엄사령부의 지시를 받으라는 법무장관의 명령에 따라 별도로 구분되었다고 한다.[132]

군법회의는 재판의 형식을 띠었지만, 사실상 요식 행위에 불과했다. 한 증언에 따르면 여수종산국민학교에서 법무관 4명이 재판을 했는데, 혐의자가 한 명씩 법무관 앞에 나와 각각 재판을 받았다고 한다. 법무관 옆에는 경찰이 서 있다가, 혐의자가 앞에 가면 이름을 확인하고 대충 조사 한 다음 바로 판결을 내렸다. 이렇게 짧은 시간에 재판이 이루어졌기 때문에 어떤 법무관을 만나는가에 따라 형량이 달라지곤 했다.[133]

혐의자 체포부터 군법회의까지의 과정을 책임지고 있던 부대는 군기대였지만, 그중에서도 제2여단 군기대가 가장 광범한 활동을 했다. 대전에 본부를 둔 제2여단 군기대는 여순봉기 협력자 3,000여 명을 압송하여 대전형무소에 감금시키고 취조를 진행했고, 11월 30일경 대전형무소에서 취조가 끝난 300여 명에 대한 사형을 집행했다.[134] 하지만 불과 한달 사이에

---

131) 『제민일보』, 1999. 12. 24. ; 『한국일보』, 2000. 1. 6.

132) 대전형무소에 수감되어 있던 제주4·3사건 관련자는 7년 형을 선고받은 300여 명인 것으로 알려지고 있고, 여순사건 관계자는 1,000여 명을 넘을 것으로 추정된다. 『제민일보』 2000. 1. 11. ; 『한국일보』, 2000. 1. 8·9. ; 『한겨레21』 292호, 2000. 1. 20.

133) 여수지역사회연구소, 1998, 『여순사건 실태조사보고서』 제1집, 250쪽.

134) 헌병사편찬위원회, 앞의 책, 516~517쪽.

3,000명을 취조한 제2여단 군기대의 총원은 15명에 불과했다. 산술적으로 보더라도, 한 명의 군기대원이 쉬지 않고 하루에 20명씩의 혐의자를 취조해야만 한다는 계산이 나온다.

주한 미 군사고문단 보고서는 한국군 장교들이 오전에 60~70건을 판결하고, 오후에는 처형을 감독했다고 본국에 보고했다.[135] 연대장이 임명한 군인들로 구성된 군법회의는 되도록 사형을 선고하려고 노력했다. 시일이 지날수록 처형의 방식도 변해갔다. 처음에는 사형집행이 총살형으로 이루어졌지만, 탄약이 부족할 때에는 죽창이 사용되었다. 사형집행이 계속 반복적으로 이루어지면서, 사형에 임하는 병사들의 감각도 무디어져 갔다. 여러 번 죽창으로 찌르기를 반복한 병사들은 지쳐갔지만, 피곤한 줄도 모르고 제비뽑기를 하여 죽일 사람을 선택했다고 한다. 학살 행위가 반복적으로 이루어지면서 하나의 유희로 전락했던 것이다.

계엄이 내려졌기 때문에 민간인도 군법회의를 받았지만, 공무원들도 예외일 수 없었다. 주요한 교통수단이었던 철도를 책임졌던 철도공무원들도 군법회의에 회부되었다. 교통부장관조차 이들을 비호한다는 오해를 받을 수 있어서 손을 쓸 수 없었다. 철도공무원들은 봉기군의 위협 때문에 그들이 지시하는 대로 움직일 수밖에 없었다고 주장하여 결국 100여 명의 철도공무원들이 석방되기도 했다.[136]

이렇게 무고한 다수의 사람들이 재판에 회부되자 국회에서는 김장렬(金長烈) 의원 외 63명의 의원들은 긴급동의안을 제출했고, 전남 출신 의원들은 군부와 직접 교섭했다. 이들은 '혼란과 흥분 가운데 재판이 진행되었기에 개중에는 억울한 자도 있을 수 있는 일'이므로 군 당국이 은전을 베풀

135) 「주한 미 군사고문단 연락사무소가 제2군사령관 소장 멀린스 2세에게」, 제주4·3연구소(편), 2000, 『제주4·3자료집 : 미군정보고서』, 제주도의회, 359~340쪽. 보고서는 이렇게 재판을 속전속결로 처리하는 장교를 '훌륭한' 장교라고 불렀다.

136) 허정, 1979, 『내일을 위한 증언』, 샘터, 163쪽.

어야 한다고 주장했다.[137)]

지금까지 각 기록에 나타난 군법회의를 확인할 수 있는 한 살펴보았지만, 여순사건과 관련하여 과연 몇 명이나 되는 사람들이 군법회의를 받았는지를 정확하게 알 수는 없었다. 국방부에서는 재판을 진행하면서 그 결과를 중간에 간간이 발표했지만 최종적인 재판 결과는 제대로 보도되지 않았다. 특히 1949년 초 이후의 기록은 알려진 것이 거의 없기 때문에 얼마나 많은 사람들이, 어떤 죄목으로, 어떤 형을 받았는지에 대한 최종적인 재판 통계는 알 수가 없다.

4. 파괴와 재건의 이중주

인명과 재산 피해

여순사건의 진압작전 과정에서는 인명과 재산피해가 엄청나게 발생했지만, 이에 대한 자세한 통계자료는 나오지 않았다. 수많은 사람이 생명을 잃었지만 그들의 이름은 물론이거니와 과연 몇 명이나 희생을 당했는지에 대한 통계도 제각각이었다. 현재 인명과 재산피해를 확인할 수 있는 자료는 정부 각 기관에서 작성한 몇 가지 통계에 불과하다.

우선 여순사건이 진압된 직후 전남도 보건후생당국이 발표한 통계가 있다. 전남도는 11월 1일까지의 인명, 재산피해를 처음으로 집계했는데, 그 내용은 다음과 같다.[138)]

---

137) 『서울신문』, 1949. 4. 22.

138) 『호남신문』, 1948. 11. 5. 이 통계는 『대동신문』(1948. 11. 8)에도 실려 있으나, 『호남신문』과는 약간 차이가 있다. 반란피해 구호 예산안은 『서울신문』, 1948. 11. 16을 참조.

〈표 5-3〉 전남도 당국이 조사한 인명 · 가옥 · 재산 피해(1948. 11. 1)

조사 지역	인명 피해					가옥피해			재산 피해
	사망	중상	경상	행방불명	총계	소실	전파	반파	피해예상액(원)
여 수	1,300	800	350		2,450	1,538	-	198	37억 3,600만
순 천	1,134	103	-	818	2,055	13	-	-	1,350만
보 성	80	31	30	7	148	-	3	2	200만
고 흥	26	42	8	-	76	-	-	-	-
광 양	57	-	-	-	57	-	-	-	-
구 례	30	50	100	-	180	-	38	-	1,460만
곡 성	6	2	-	-	8	-	4	6	450만
계	2,633	1,028	488	825	4,974	1,551	45	206	37억 7,060만

이를 보면 사망자는 2,600여 명이 넘고, 중경상자는 약 1,500명, 행방불명이 825명이어서 인명 피해만도 5,000여 명에 달했다. 이 통계는 『호남신문』과 『대동신문』에 실렸는데 수치에 약간씩의 차이가 있다. 여수의 향토사학자 김계유 선생의 글에는 전남도 당국이 조사한 피해상황이 나와있는데, 여수에서 행방불명된 사람이 3,500명으로 기록되어 있다.[139] 그럴 경우, 여순사건으로 인한 인명 피해는 약 8,500여 명에 달한다. 재산 피해도 막대하여 완전히 파괴된 가옥이 약 1,600여 호에 달하고, 피해액은 37억 원이 넘었다. 하지만 이 통계는 고흥, 광양 등지의 재산 피해는 전혀 언급하고 있지 않다.

한 신문은 11월 4일 현재 여수의 피해액만 해도 무려 100억 원을 넘고 이재 호수는 1,600여 호에 약 1만여 명을 넘으리라고 추측했다.[140] 재산피

139) 김계유, 1991, 「1948년 여순봉기」, 『역사비평』 겨울호, 296쪽.

140) 『독립신문』, 1948. 11. 9. ; 전사편찬위원회, 앞의 책, 452쪽에는 여수에서 관민 1,200명이 죽었고, 경상자는 1,150명, 가옥소실 파괴 1,538동, 이재민은 9,800명으로 되어 있다. 한편 서정태(편), 1957, 『민주경찰』 제3권 제1호에 따르면 11월 3일 현재 여수 지역 피해는 가옥 피해가 전소가옥 1,384호, 반소가옥 54호이고 인명피해 사망자는 469명, 부상자 510명, 이재민 10,065명, 가재 잃은 세대가 1,921세대여서 피해를 금액으로 환산하면 42억 2,645만 8,000원이라고 밝히고 있다.

해는 가옥에만 그친 것은 아니고 여수 지역의 수산관계 피해액도 총 4억 원에 이르렀는데, 어업으로 생계를 이어가는 이 지역 주민들에게는 큰 타격이었다.[141]

한편 국회에서 이윤영 사회부장관은 피해지역을 크게 여·순 지역과 나머지 지역으로 나누어 조사한 인명 및 재산피해를 발표했다. 이 조사는 사회부와 기획처 직원들이 맡았고, 사건 지역에서 일어난 모든 피해를 조사한 것이 아니라 '반란군이 자행'한 피해만을 조사의 대상으로 삼았다.[142]

〈표 5-4〉 사회부가 조사한 여수·순천 지역의 인명·가옥 피해 및 구호대상(1948. 11. 20)

조사 지역	인명 피해				가옥 피해(戶)			가옥 피해		구호비 지급액
	사망	중상	경상	총계	전소	반소	총계	주택(戶)	인원	
여수, 순천	1,636	107	236	1,979	1,988	133	1,271	2,311	11,560	1억 2,539만 7,900원
구례, 광양, 보성, 고흥	570	705		1,281	1,479	17	1,496	2,710	8,727	1억 9,933만 3,220원
계	2,206	812	236	3,260	3,467	150	2,767	5,021	20,287	3억 2,473만 1,120원

한편 전남도 사회과가 여수·순천 군내에만 한정하여 조사한 피해상황을 보면, 12월 20일 현재 사상·중상·행방불명으로 인한 인명 피해가 총 1,441명에 달하고 반소·전소된 가옥이 3,702호로 그 피해액은 92억 원에 달한다고 발표했다. 이에 따른 구호대상자는 2만 1,747명(호수로는 4,519호)에 달했다.[143]

141) 『수산경제신문』, 1948. 11. 9. ; 『동광신문』, 1948. 11. 10. 전라남도 수산당국이 조사한 수산관계 피해 내역을 보면 어업용 자재나 생산제품 등 어업관계 피해가 1억 9,600만 원이고, 어업조합 피해가 7,500만 원, 조선수산 등 기타 수산기관 피해가 1억 3,775만 원이어서 총 4억 850만 원의 피해를 냈다.

142) 『국회속기록』 제2회 제13호(1949. 1. 25), 243~245쪽.

143) 『서울신문』, 1949. 1. 4.

〈표 5-5〉 전남도 사회과가 조사한 인명 · 가옥 피해 및 구호대상자(1948. 12. 20)

조사 지역	인명 피해	가옥 피해	구호 대상자	재산 피해
여수 · 순천	1,441명	3,702호	21,747명 (4,519호)	92억 원

그 뒤 중앙청에서 파견된 조사관들은 여수, 순천을 비롯한 구례, 곡성, 광양, 고흥, 보성, 화순 등을 현지 답사한 뒤, 피해상황을 보고했다. 이에 따르면 1949년 1월 10일까지 밝혀진 인명 피해는 총 5,530명(사망 3,392명, 중상 2,056명, 행방불명 82명)이고, 가옥 피해는 8,554호(전소 5,242호, 반소 1,118호, 소개 2,184호)였다. 가옥을 비롯한 총 재산 피해 추정액은 99억 1,763만 395원에 달했고, 가장 긴급한 구호가 필요한 대상 주택은 1만 3,819호로서 그 인원은 6만 7,332명이었다.[144]

〈표 5-6〉 정부가 조사한 인명 · 가옥 피해 및 구호대상과 재산피해(1949. 1. 10)

조사 지역	인명 피해				가옥 피해				구호 대상		재산 피해
	사망	중상	행방불명	총계	전소	반소	소개	총계	주택	인원	피해 예상액 (만 원)
사건 발생지역 전체	3,392	2,056	82	5,530	5,242	1,118	2,184	8,554	13,819	67,332	99억 1,763만 395원

중앙청이 조사한 가옥 피해 항목 중에 소개(疏開)가 포함되어 있는 것은 지리산 일대에서 벌어진 토벌작전에서 진압군이 주민과 빨치산 세력의 연관 고리를 끊기 위해 주민들을 살던 마을에서 완전히 내몰았기 때문이다.

한편 고흥지역에서는 사건 진압 직후 고흥군비상대책위원회를 조직하고 시국 수습 활동을 벌였는데, 이때 대책위원회 위원들이 보고한 바에 따르면 고흥지역에서만 사망자 581명, 부상자는 1,401명이었다.[145] 이러한 피

144) 『동아일보』, 1949. 1. 22.

해 상황은 11월 초와 비교하면 엄청나게 증가한 수치인데, 비상대책위원회가 구호비를 더 받기 위해 피해 상황을 과장하여 보고했을 가능성이 있다.

여순사건으로 인한 피해가 11월 이후에도 계속 발생했기 때문에 가능하면 전체적인 피해 상황을 집계하고 있는 1949년도의 통계를 참고하는 편이 그나마 사실에 근접할 것이다.

여순사건이 일어난 지 1년 뒤 전남도 당국은 인명과 재산피해를 조사했다. 이 자료는 여순사건 이후 빨치산 토벌 과정에서 피해를 입은 전라남도 도민의 피해를 전반적으로 집계하고 있는데, 인명 피해 수는 1만 1,131명이며 가옥 피해는 1만 1,871호, 이재민 총수는 31만 8,457명(5만 8,734호)에 달했다.[146)]

〈표 5-7〉 전남도 당국이 조사한 인명 및 가옥 피해와 이재민 수(1949. 11. 11)

조사 지역	인명 피해	가옥 피해 (파괴, 소실)	구호 대상		재산 피해
			주택	인원	
사건 발생지역 전체	11,131명	11,871호	58,734호	318,457명	200억 원

한편 반란에 가담한 인원수와 진압에 투입된 병력 수에 대한 통계도 매우 중요하지만, 이에 대한 공식 발표는 없었다.

1948년 10월 20일부터 1949년 4월 15일까지 9,536명의 반도가 사살되거나 부상, 혹은 포로가 되었다. 정부군 측에서는 504명이 전사하고, 345명이 부상당하였다. 이 사건에 관련되어 1만 1,000회에 달하는 조사가 이루어졌고, 2만 3,000명을 검거하였는데, 이 가운데 80% 이상이 유죄로 판명되었다. 재산 피해는 50억 원 이상으로 추산된다.[147)]

145) 『동아일보』, 1949. 1. 27.
146) 『호남신문』, 1949. 11. 11.
147) 국회도서관 입법조사국, 1965, 『국제연합한국위원단 보고서(1949 · 1950)』, 83~84쪽.

이상에서 살펴본 바와 같이, 피해 조사는 전라남도 당국이 하기도 하고 중앙청, 사회부 등이 하기도 하는 등 정부 조직의 여러 기관에 의해 실시되었다. 조사 주체가 한 곳으로 통일되어 있으면 책임감 있게 정보를 집적하여 피해조사를 더 정확하게 할 수 있었겠지만, 각 기관이 자신의 필요에 따라 피해상황을 조사하는 바람에 결과적으로 통계는 들쭉날쭉 부정확하게 되었다. 각 기관이 조사한 지역도 달라서, 어느 기관은 여수·순천 지역만을 조사 대상으로 한 반면, 어느 기관은 여순사건이 발생한 전 지역을 대상으로 했다.

또한 인명 피해도 사망, 중상, 부상 등으로 구별했을 뿐이지, 인명피해의 성격을 말해주는 가해자의 구별을 하지 않았다. 즉 인명 피해가 봉기군에 의해 발생한 것인지 아니면 진압군에 의해 발생한 것인지를 전혀 구별하지 않았던 것이다. 가해자에 의한 구별을 굳이 하지 않은 이유는 사회부의 발표에서 나타나듯, 정부가 발생한 인명 피해 전부를 봉기군에 의한 것으로 사전 전제한 채 진압군에 의한 인명 피해를 아예 조사 대상에서 제외했기 때문이다.

정부의 각 기관이 조사한 내용을 살펴보면, 과연 이 통계들이 얼마나 신빙성이 있는지를 의심하게 한다. 제일 처음 이루어진 11월 1일의 조사에서 밝혀진 4,974명의 인명 피해 숫자가 거의 한달 뒤에 실시된 조사에서는 3,260명으로 오히려 감소했다. 11월 한 달 내내 구례 등 산악지대를 중심으로 봉기군의 투쟁이 계속 되었던 점을 고려하면 인명 피해는 늘면 늘었지 감소할 이유는 전혀 없었다. 정부가 발표한 바에 따르면, 여순사건 동안 좌익 봉기군에 의해 희생된 인명 피해는 최소 3,260명에서부터 최대 5,530명에 이르기 때문에 사실상 이 통계들이 어떤 의미를 가지고 있다고 보기는 매우 힘들다.

하지만 인명 피해 통계는 봉기군의 잔악상을 계량된 숫자로 나타내는 효과가 있었다. 그러한 효과는 경찰이 민간인 피해와 더불어 경찰이 당한 희생자 수를 별도로 집계하여 발표할 때 더욱 높아진다.[148] 봉기군에 의한 경찰의 죽음만은 숫자를 통해 전면에 드러나는 반면에, 경찰과 군에 의해 죽음을 당한 민간인 피해는 전혀 조사조차 되지 못했던 것이다.

정부는 진압과정 중에 민간인이 작전으로 인해 뜻하지 않은 죽음을 당했다고 발표한 경우가 한번도 없었다. 진압군이 민간인의 생명을 빼앗아 갔다면, 그것은 민간인이 봉기군에 협력했기 때문이었다. 결과적으로 정부의 피해 상황 발표에는 아무 죄 없는 민간인은 단 한 명도 진압군에 의해 죽음을 당하지 않았다는 뜻이 은연중 내포되어 있었다.

이같이 당시에 이루어진 정부 통계가 너무 빈약하고 또 부정확하기 때문에 우리는 50여 년이 지난 최근에 실시된 희생자 통계를 살펴볼 수밖에 없다.

여수지역사회연구소는 1997년도부터 2003년까지 여수 지역과 순천군 외곽지역(구 승주군), 두 지역을 대상으로 여순사건 희생자 수를 조사했다. 이에 따르면 여수 지역에서 희생된 사람은 모두 884명이다. 이 가운데 좌익(봉기군 · 지방좌익)에 의해 희생된 숫자는 155명이고 우익(진압군 · 경찰)에 의해 희생된 숫자는 531명이다. 우익에 의해 희생된 민간인은 전체 희생자 가운데 총 77%이며, 좌익에 의해 희생된 사람은 23%이다. 우익에 의한 민간인 희생이 좌익에 의한 희생자보다 약 3배가 넘는다.[149)]

순천 외곽지역도 이와 비슷하다. 순천 외곽지역에서는 모두 1,320명이 희생당했는데, 이 중 231명(22%)이 좌익에 의해 희생되었고, 835명(78%)은 우익에 의해 희생당했다. 좌익에 의한 희생보다는 우익에 의해 희생당한

---

148) 제8관구경찰청(전남경찰청)은 10월 28일 현재 여순사건 지역에서 발생한 인명 피해는 경관사망 330명, 경관 부상 150명, 일반인 사망 530명, 일반인 부상 350명이며, 재산 피해는 약 2백억 원에 이른다고 추산했다(『서울신문』, 1948. 11. 3). 다른 통계와 마찬가지로 전남경찰청의 발표에는 봉기군의 살상 통계만이 나와 있다.

149) 여수지역사회연구소, 1998, 『여순사건 실태조사보고서』 제1집, 86~89쪽. 행방불명이나 기타 항목은 어느 쪽에 의해 희생되었는지 알 수 없기 때문에 통계에서 제외했다.

민간인 숫자가 약 3.5배로 많다.[150)]

이 두 지역을 제외한 다른 지역에 대해서는 아직 조사가 이루어지지 않은 상태이지만, 위의 두 지역 통계가 매우 비슷한 결과를 보여준다는 점에서 다른 지역을 유추해 볼 수는 있을 것이다. 즉, 이 두 지역의 통계를 볼 때, 좌익에 의한 희생보다 우익에 의한 민간인 희생이 약 3배 이상 높다는 것을 알 수 있다.

희생자 대부분은 10대에서 30대에 이르는 소년과 청장년층 이었다. 여수 지역에서는 이 연령층이 전체 희생자의 96%를 점하며, 순천 외곽지역의 경우에는 84%에 이른다. 민간인 희생자의 대다수는 봉기군 협조 혐의를 받았던 젊은 층이었다.[151)]

여수지역사회연구소의 조사에 따르면, 여순사건으로 인한 피해자 규모는 여수 지역 5,000명, 순천 지역 2,200명, 보성 지역 400명, 고흥 지역 200명, 광양 지역 1,300명, 구례 지역 800명, 곡성 지역 100여 명으로 총 10,000여 명에 이르고 있다.[152)] 이를 가해 주체별로 나누어 보면, 국군과 경찰에 의한 학살이 9,500여 명이었고 지방좌익과 빨치산에 의한 학살이 500여 명이었다. 이를 비율로 보면 피해자의 95%가 국군과 경찰에 의해 학살되었다.

여수지역사회연구소의 통계로 여순사건으로 발생한 인명 피해를 추측해볼 수 있다. 여수지역사회연구소가 인명 피해를 1만 명으로 추정한 것은 1949년 11월에 전남도 당국이 조사한 인명 및 가옥 피해 통계와 거의 유사하다. 그러나 여수지역사회연구소의 조사는 모든 지역에 대한 정확한 전수 조사에 이루어진 것이 아니라 잠정적 통계이다. 정확한 통계를 얻기 위해서는 여순사건이 파급된 지역에 대한 전면적 조사가 필수적이지만,

150) 여수지역사회연구소, 2000, 『여순사건 실태조사보고서』 제3집, 1401~141쪽. 여기에서도 행방불명이나 기타는 통계 계산에서 제외했다. 형무소에서 희생당한 사람은 포함시켰으나 보도연맹으로 희생당한 사람은 통계 계산에서 제외했다.

151) 이 비율 계산에서는 연령층이 밝혀지지 않은 희생자는 제외했다.

152) 이영일, 2005, 「여순사건 국가폭력의 위법성과 진상규명의 방향」, 여순사건 57주기 학술세미나 발표자료집, 25쪽.

지금까지 그러한 조사는 이루어지지 못했다.

〈표 5-8〉 여수지역사회연구소가 조사한 각 지역 피학살자 추정치[153]

피학살 지역	피학살자 수	가해자
여수	5,000명	국군, 경찰/ 봉기군, 지방좌익
순천	2,200명	
보성	400명	
고흥	200명	
광양	1,300명	
구례	800명	
곡성	100명	
계	10,000명 (실태조사를 통한 추정치 포함)	국군, 경찰 등 : 95%
		봉기군, 지방좌익 등 : 5%

최근 진실·화해를 위한 과거사정리위원회(이하 진실화해위원회)에서는 구례, 순천 지역에 대한 진실규명 결정을 내렸다. 진실화해위원회는 여순사건으로 인한 모든 피해 상황을 조사하는 것이 아니라, 진상규명을 신청한 경우에 한정하여 조사하기 때문에 각 지역의 종합적인 민간인 피해 실태에 대해서는 알 수 없다.

여수 주민들은 주위 친척들이 죽어나가고 생계 수단이 박탈당해 다가올 추위도 피할 수 없는 막대한 피해를 입었지만, 따져봐야 할 중요한 문제는 이러한 피해가 봉기군에 의해 생긴 것이 아니었다는 점에 있다. 여수 지역의 경우, 봉기세력에 의한 인명 피해는 최소 90명에서 최대 155명이었고,[154] 재산 피해는 14연대가 산악지대로 도망가면서 가져간 금융기관의 현금과 쌀 정도였다. 국방부는 봉기군이 여수에서 3,550만 원, 순천에서

153) 여수지역사회연구소, 1998, 『여순사건 실태조사보고서 1집』; 여수지역사회연구소, 1999, 『여순사건 자료 2집』; 여수지역사회연구소, 2000, 『여순사건 실태조사 보고서 3집』.

154) 김계유, 1991, 「내가 겪은 '여순사건'」, 『월간 예향』 1월호, 175쪽 ; 여수지역사회연구소, 1998, 『여순사건 실태조사보고서』 제1집, 86~89쪽.

500만 원 등 총 4,000만 원을 가져갔다고 발표했고,[155] 다른 지방에 보내려고 여수항에 내렸던 쌀 5,000석 가운데 약 천여 석이 없어진 것은 봉기군이 가져간 것으로 추정되었다.[156] 이 외의 다른 심각한 재산 피해는 없었다.

그러나 진압군의 공격으로 발생한 시민들의 피해는 이에 비할 수 없이 막대했다. 길가의 집들과 주요 건물들에는 전투과정에서 생긴 총탄 자국으로 벌집 뚫어지듯 상처가 나 있었다. 그러나 정작 가장 큰 피해는 직접적인 전투과정에서 생긴 것이 아니었다. 오히려 진압군이 시내를 장악한 다음 피해가 발생했던 것이다.

여수에 진압군이 들어왔던 10월 26일 목조건물이 많았던 여수 서시장과 27일 충무동 시민극장 주변에서 일어난 화재는 여수 시내의 중심가를 완전히 잿더미로 만들었다. 이 화재로 서교동, 중앙동, 교동, 수장동이 전소됐고 석천동, 덕대동, 철산동은 일부가 불탔다. 이 지역이 시내 중심가였던 만큼 은행, 금융조합, 경찰서, 우편국, 토지행정처, 여수일보사, 금강·여수호텔, 여수극장, 각 병원 공장 등 각종의 근대적 건물들이 완전히 불에 타 여수읍의 가옥소실은 2천여 호에 이르렀고 피해액만도 100억 원에 이르렀다.[157]

이 화재의 원인에 대해서는 진압군의 포격 때문이라거나, 봉기군이 최후 발악으로 석유를 뿌리고 달아나면서 방화했다거나 진압군이 학생들을 좇는 과정에서 의도적으로 불을 놓았다는 여러 가지 설이 있다.[158] 그러나 봉기 잔여 세력은 이틀에 걸쳐 방화할 수 있는 전투력이나 여력을 전혀 갖고 있지 못했다. 더욱이 10월 27일은 시내에서 저항이 거의 사그라진 뒤였다. 또한 불이 난 시각은 어두워서 진압군이 박격포를 쏘지 않을 때

---

155) 「10월 29일 국방부 발표 제6호」, 『평화일보』, 1948. 10. 30. ; 『서울신문』, 1948. 11. 9.

156) 『조선일보』, 1948. 11. 2.

157) 『조선일보』, 1948. 11. 21. ; 『서울신문』·『독립신문』, 1948. 11. 9. 여수가 순천보다 재산피해가 막심했던 것은 이 화재 때문이었다.

158) 김낙원, 앞의 책, 70쪽 ; 김계유, 앞의 글, 285~286쪽.

〈그림 5-5〉 불타고 있는 여수 중심가

였고 박격 포격으로는 그렇게 큰불을 낼 수도 없었다.

10월 26일에 불이 일어난 서시장은 서국민학교에서 250미터 정도밖에 떨어져 있지 않았는데, 당시 서국민학교는 진압군이 주둔하고 있던 곳이었다. 그럼에도 저녁 8시에 붙은 불은 진화작업을 하지 않아 서교동 일대로 번져 밤새도록 타다가 다음날 아침 10시경에야 넓은 도로를 넘지 못하여 꺼졌다.[159] 10월 27일의 화재도 밤 8시경에 발생했다. 이 불은 교동을 태우고 해안으로 번져 휘발유통을 연달아 터뜨리면서 중심가를 완전히 태웠다.

불길이 시내를 전소시키는 상황에서 주민들은 생명의 위협을 무릅쓰고

159) 김계유, 위의 글, 285~286쪽.

불을 끄러 나갈 수 없었고 여수 주민들은 두 눈 뜬 채 집과 재산이 불타는 것을 지켜볼 수밖에 없었다.[160)]

당시 불이 났을 때 소방서장이 불을 끄려고 사람들을 모으자 5연대장 김종원이 총대로 서장을 구타하여 쫓아냈다는 증언은 이틀 동안 여수 중심가를 전소시킨 이 불이 진압군의 의도적인 방화였다는 추측을 뒷받침한다. 미군 측 보고서도 군대가 도심의 한 블록을 불태웠다고 기록하였다.[161)]

국회에서 김문평 의원도 이런 사실을 지적했다. 그는 "사실 금반 여수는 1,400호가 소실되고 그랬는데 그 책임 규명을 해본다면 이 자리에서 말하기가 어렵습니다마는, 정부에서 이 사태의 책임을 져야할 사실"이 있다고 언급하였다.[162)] 의원의 입장에서 직설적으로 책임자를 언급하기는 어렵지만, 화재의 책임은 정부에 있다는 주장이었다.

일반 시민들을 봉기군과 동일시하고 그들의 인명과 재산을 빼앗는 이 같은 초토화 작전은 정부수립이라는 국가권력 탄생 시기에 제주, 거창 등에서 벌어졌던 일련의 대량학살과 유사했다. 제주와 여수에서 진압군은 주로 비전투원인 민간인을 대상으로 작전을 폈다. 그리고 그 방식은 일본군이 중국침략 때 사용한 죽여 없애고, 태워 없애고, 약탈해 없애는 삼광삼진(三光三盡)과 비슷했다. 일본군에 복무했던 전력이 있는 진압군 장교들에게 이런 방식의 작전은 낯선 것이 아니었다.

조국현 의원은 국군이 반란지구에서 "전 부락을 방화하고 파괴하는 초토전을 감행"하고 있다고 비판하였다.[163)]

봉기군이 지리산 지역으로 입산하고 진압군이 빨치산 토벌작전을 본격

---

160) 전남일보 광주전남현대사 기획위원회, 앞의 책, 156쪽. 이 화재로 2천여 호가 타버려 이재민들은 맨 알몸이 되었다(『조선일보』, 1948. 11. 2).

161) Economic Cooperation Administration, Technological Division, *Inspection Trip to Yosu Rebellion Area with Korean Committee*, 12 November 1948, RG 338 Records of United States Army Commands, 1942-, Entry 11070, Box 68, p.5.

162) 『제2회 국회속기록』 제14호(1949. 1. 26).

163) 『제2회 국회속기록』 제15호(1949. 1. 27).

적으로 진행하면서 전라남도 일대에서는 진압작전으로 집을 잃은 수많은 이재민이 발생했다. 진압군은 빨치산 세력을 뿌리 뽑기 위해 견벽청야(堅壁淸野) 작전을 폈다.

'견벽'이란 도랑을 깊이 파고 보루를 깊게 하여 적군이 공격하기 어렵게 하는 것이고, '청야'란 적이 이용할 수 있는 일체의 곡식을 불 질러 없애버려 적이 이용 못하게 하고 결국 적이 대중으로부터 곡식을 약탈하게 만들어 원한이 생기게 하는 것[軍有怨聲]을 말한다.[164] 진압군은 빨치산을 보급의 원천인 대중으로부터 고립시키기 위해 아예 산악 지대의 마을 전체를 소개시키는 방법을 행했던 것이다. 진압군은 작전지역 내에서 빨치산에 도움이 될만한 물품과 사람을 모두 소개시켰고 그 결과 주민들은 수십 년간 살아오던 집에서 내쫓겨야 했다. 전라남도에서 소개된 농민 수는 1949년 10월말까지 18만여 명에 달했을 정도로 소개작전은 굉장히 큰 규모로 실시되었다.[165]

부흥계획의 실패

정부군의 여순 진압작전으로 순천과 여수 시내는 가옥이 불타버리거나 총격으로 구멍이 숭숭 뚫린 채 방치되었다. 정부는 여·순 지역에 대한 진압이 일단락되자, 반란지역에 대한 구호사업을 실시하는 한편 부흥계획을 추진했다. 파괴의 당사자가 부흥의 당사자로 변화되어 등장했던 것이다.

여순사건으로 벌어진 피해상황에 대한 정확한 조사는 폐허로 변해버린 지역의 부흥계획을 세우는 데 필수적인 요소였다. 피해상황을 종합적으로 파악하여 정확한 통계가 나와야만 구호에 대한 근본적 대책을 수립할 수 있

164) 김일수, 1949, 『적화전술, 조국을 좀 먹는 그들의 흉계』, 경찰교양협조회, 240~241쪽. 견벽청야 작전은 조나라의 명장 이목(李牧)이 진나라의 강한 군대에 맞서 처음 사용했다고 한다.

165) 『호남신문』, 1949. 11. 11.

기 때문이다.[166)]

여·순 지역의 피해를 회복하기 위해서는 엄청난 금액이 필요했다. 여수 군수는 이 지역을 복구하는 데 적어도 백억 원대의 부흥예산이 필요하다고 주장했다.[167)] 이승만 정부는 복구에 드는 비용을 재정적으로 감당할 수 없었다.

여순사건이 진압된 뒤 사회부는 의류·약품·침구·천막 등의 구호물자와 함께 의사와 간호사 50여 명으로 편성된 구호반을 순천과 여수에 파견하여 의료진과 사회부 직원들로 하여금 이재민에게 옷과 음식을 제공하는 한편 의료 활동을 하게 했다. 사회부는 응급대책비 1억 2,539만 원을 지원했고, 기획처는 긴급구호비로 2억 5,000만 원을 지원하기로 했다.[168)] 하지만 이런 활동은 부족한 의류와 식량을 공급하는 응급조치일 뿐이었다.[169)]

여순사건으로 발생한 피해를 복구하는 데 필요한 부흥액이 엄청나게 소요될 것이라고 예상되자 이윤영(李允榮) 사회부장관은 정부가 이를 모두 제공할 수는 없다고 말하면서 부족한 부분은 국민 의연금을 모아서 해결해야 할 것이라고 밝혔다.

사건 발생 직후 전라남도 당국에서는 응급구호비로 6억 7,000만 원, 항구대책구호비로 25억 원을 정부에 신청했지만, 정부는 1, 2차에 걸쳐 모두 1억 3,000만 원을 보조했을 뿐이었다.[170)]

중앙 정부의 지원이 지지 부진하자 여수읍 자체의 복구사업이 진행되었다. 여수읍은 정부의 지원을 받아 2억 8천여 만 원의 재해복구사업 특별회계를 창설하고, 이 예산을 이재민에 대한 급의(給衣)·급식·진료·주택설

166) 『동광신문』, 1948. 11. 2.

167) 『경향신문』, 1948. 11. 14.

168) 『국회속기록』 제2회 제13호(1949. 1. 25), 243~245쪽 ; 『자유신문』, 1948. 11. 13. 이후에 사회부는 구호자금으로 국고 예비비 중에서 추가로 1억 2,000만 원을 지원하기로 결정했다(『서울신문』, 1949. 3. 17).

169) 『동광신문』, 1948. 11. 2.

170) 『조선중앙일보』, 1949. 1. 11.

치 등 응급구호에 힘쓰기로 했다. 하지만 이 사업은 액수도 적었을 뿐만 아니라 1951년 7월까지 장기적으로 진행될 예정이었다.[171]

중앙 정부가 보조금을 줄 형편이 못되자, 정부는 은행에서 저리로 융자를 해주기로 했다. 1949년 4월 22일에 총리령 제12호로 여수부흥위원회의 규정이 공포되고,[172] 7월에는 국회가 총 17억 원에 이르는 여수부흥사업자금 융자안을 통과시켰다.[173] 이 예산액은 주로 관공서, 공장, 점포, 주택, 수산시설과 생산자금 등으로 사용될 예정이었다. 융자안이 국회를 통과함에 따라 김유택 상공부 이재국장과 은행 관계자들은 여수 지역의 관계당국과 지방 유지들을 만나 융자계획을 수립했다.[174]

하지만 이 여수재해복구비는 10년 기한 할부로 융자한다는 조건이 붙어 있었고,[175] 재정 지원은 여·순 지역의 피해를 복구하기에는 너무나 액수가 적었다. 인플레이션에 시달리고 국가재정을 미군 원조에 전적으로 의존했던 정부로서는 별다른 대책을 내놓을 수 없었다. 여수부흥사업자금 융자안이 국회를 통과하여 여수 지역 피해 복구는 활기를 띠는 듯했으나, 이것마저도 한국 전쟁이 터지면서 흐지부지되었다. 결국 정부의 재정적인 지원은 여·순 지역의 피해를 복구시키기에는 역부족이었다.

171) 『동아일보』, 1949. 3. 5.

172) 『조선일보』·『자유신문』, 1949. 4. 24.

173) 『호남신문』, 1949. 7. 15.

174) 『호남신문』, 1949. 7. 28. ; 한국일보사, 1981, 『재계회고』 10, 57~58쪽. 조사단은 모두 6명으로 구성되었다. 단장은 김유택이었고, 조선은행 여신부장 신판국, 식산은행심사부장 송인상은 단원이었다. 이밖에 수행원으로 이재국 중앙은행과에 있던 신병헌, 조선은행의 진경득, 식산은행의 윤의가 참가했다.

175) 『경향신문』, 1949. 7. 10. ; 『호남신문』, 1949. 7. 15.

〈그림 5-6〉 구호미와 구호품을 배급받는 시민들

〈그림 5-7〉 폐허가 된 여수 시가지

〈그림 5-8〉 화재로 폐허가 된 여수 시가지와 어린 소년

정부의 재정적인 지원이 미흡한 반면에 여수부흥을 내세운 단체들의 교양사업은 활발히 추진되었다. 진압군이 여수를 탈환하자마자 여수 지역에서는 치안위원회가 발족되었고, 10월 31일에는 여수 유지들이 모여 여수부흥기성회를 조직했다.

여수부흥기성회의 활동은 군과 밀접한 관련 속에서 이루어졌다. 부흥기성회는 11월 3일 여수역 광장에서 시민대회를 열어, 군경 대표에 화환과 감사문을 증정했지만, 시민들은 시민대회에 자발적으로 참석하기보다는 진압군의 위세가 두려워 억지로 참가했다.[176]

---

176) 『민국일보』, 1948. 11. 26.

부흥기성회는 여수 지역의 물질적 피해를 회복하는 것보다는, 선무공작에 주요한 목표를 두었다. 기성회는 여수지구 군사령관의 승인을 받아 『부흥보(復興報)』라는 기관지를 발행했다.[177] 기관지를 발행한 목적은 선무공작에 있었다. 기성회는 기관지를 통해 시민사상 선도에 힘쓰는 한편 선전부원 10명을 4조로 편성하여 유세를 펼쳤다. 이 유세는 군경 절대 신뢰, 잔도(殘徒) 완전소탕, 여수부흥 강력 추진의 기치 아래 전개되었다.[178] 여수부흥기성회는 중앙 정부로부터 더 많은 피해 복구비를 타내기 위해서 국군 진압과정에서 발생한 인명 피해까지도 14연대 치하에서 일어났던 것처럼 조작했다는 지적도 있다.[179]

피해 수습을 위해 조직된 다른 지역 단체들의 활동도 여수와 비슷했다. 이들 단체들은 마치 피해수습의 방안이 반공주의를 확산시키는 것과 동일한 것처럼 활동했는데, 물론 여수부흥기성회가 독자적으로 물적인 피해를 구호할만한 준비나 역량을 갖추었다고 보기는 힘들다. 따라서 부흥기성회가 물질적인 구호활동을 하려면 중앙의 지원이 절대적으로 필요했던 것도 사실이다. 하지만 지역적 차원에서 가능한 구호활동이 있었음에도 불구하고 기성회는 이런 노력을 하지 않았다.

수습대책에서 선무공작이 가장 중요한 비중으로 취급되었던 점은 중앙이나 지방이나 큰 차이가 없었다. 11월 2일, 독촉국민회는 각정당사회단체연석회의를 개최하고 여순사건 대책을 위해 '전국애국단체연합 비상시국대책위원회'를 결성했다.[180] 친정부 요인과 한민당원 그리고 우익 청년단 간부들이 주축이 된 비상시국대책위원회는 여순 시민에게 시급한 재정적인 지원을 하기 위해서라기보다는 선무나 구호를 목적으로 만들어졌다. 이들이 내세운 활동 목표를 보면 '국내의 반동분자 숙청 급 군기에 관한 임

177) 『호남신문』, 1948. 11. 10.
178) 『동광신문』, 1948. 11. 7.
179) 김계유, 1991, 앞의 글, 295~296쪽.
180) 『서울신문』, 1948. 11. 6.

무'를 내걸었고, 대강연회 그리고 '비상시국 총궐기 청년대회 개최' 등을 제일 중요한 사업으로 삼았다.

언론도 시국대책에서 비슷한 대처 방안을 내놓았다. 『조선일보』는 「반란사건의 수습대책과 진상규명」이라는 논설에서 진상규명을 제일의 수습대책으로 꼽았지만, 정작 해당지역에 절실한 물적·인적 피해에 대한 언급은 한 마디도 없었다.181)

중앙에서 시국대책위원회가 꾸려지자, 각 군·면 단위에서도 조직이 만들어졌다. 전라남도 시국대책위원회는 11월 17일에 결성되었는데, 시국대책위원회 위원장은 도지사가 맡았으며, 도 공무원들이 참여하여 주요 직책을 맡았다.182) 지방 시국대책위원회는 지사·경찰청장·법원장·검찰청장 등의 관리와 언론계대표, 한민당·독촉국민회·한독당 등 정당 대표, 그리고 청년단·금융계·종교단체 대표 등을 망라하여 결성되었다.183)

그런데 시국대책위원회 활동에 사용되는 비용은 호별세 등급에 의하여 일반 민중으로부터 모집되었다. 시국대책위가 걷는 운영비 징수는 가뜩이나 생활이 어려운 주민들에게 민폐를 끼쳐 사회문제화 되었고, 대책위가 돈을 부정으로 사용하고 있는 곳도 발생했다. 시국대책위원회가 주민의 사상적 교양사업을 위한다는 명목으로 주민으로부터 활동비를 징수하자 원성이 높아졌다.184) 결국은 군이 군·경·도의 연합으로 직접 감찰위원회를 조직하여 부정행위를 단속할 것이라고 발표할 정도로 시국대책위원회의 비용 징수가 사회문제가 되었다.185)

진압군이 여순을 점령한 11월은 이미 겨울 추위가 다가오는 때였다. 인

---

181) 『조선일보』, 1948. 10. 30.

182) 『동광신문』, 1948. 11. 19. 목포 시국대책위원회는 11월 2일에 총무·재정·동원·구호·정보 등의 다섯 부서를 만들고 발족했다(『동광신문』, 1948. 11. 7). 영암 시국수습대책위원회는 관민합동으로 결성했다(『동아일보』, 1948. 11. 12).

183) 『동광신문』, 1948. 11. 13.

184) 조국현 의원 발언, 『국회속기록』 제2회 제15호(1949. 1. 27), 274~275쪽.

185) 『서울신문』, 1949. 1. 29.

명과 재산 피해가 가장 컸던 여수 시민에게 가장 긴급한 문제는 의식주라는 기본적인 생존이었다. 그 중에서도 제일 긴요한 것은 식량이었다. 식량을 배급하던 여수 식량영단 지부는 사건의 와중에 휩쓸려 이전과 같은 활동을 펼칠 수가 없었다. 특히 화재 때문에 집을 잃은 이재민은 약 4만 명 이상으로 추산되었는데, 이들에 대한 식량공급이 제대로 이루어지지 않을 경우 아사자가 나올 수도 있다고 신문은 보도했다.[186)]

피해 이재민에게 먹을 것이 가장 중요했음에도 불구하고, 전남도 당국은 양곡매입의 고삐를 늦추지 않았다. 이남규 전남도지사는 이번 사건으로 매입의 곤란이 예상되기는 하지만 매입법이 비강제적인 만큼 미리 매상량을 삭감하는 조치를 취하지 않겠다고 밝혔다.[187)]

정부는 여순사건 지역에서도 양곡 매상을 강제적으로 실시했다. 전남 지역의 양곡매상실적은 54만 석으로, 전체 목표량의 43%를 달성했는데 비하여, 여수는 목표의 60%를 달성하여 최고 성적을 내었다.[188)] 가장 구호가 필요한 지역이 여수였음에도 불구하고, 가장 많은 양의 양곡을 수집하는 어이없는 사태가 벌어진 것이다.[189)]

집이 타버린 2천여 호의 숙소도 문제였다. 임시로 천막을 쳤지만 서리 내리는 추운 밤을 보내기는 힘들었다. 여수자치위원회도 이 문제에 대해 어떠한 성안도 가지고 있지 않았다. 우선 임시로 천막을 지어 이재민을 수용해야 했지만, 여수 시내에는 필요한 자재가 이미 남아 있지 않았다. 친척이라도 있는 사람들은 친척 집에 기거했고, 그렇지 못한 사람들은 학교나 큰 건물에 들어갔다.

여순사건으로 집을 잃은 사람들은 도시 지역으로 빠져나갔다. 전남 광

---

186) 『조선일보』, 1948. 11. 3.

187) 『동광신문』, 1948. 11. 13.

188) 『호남신문』, 1949. 2. 22. 최하 지역은 장흥으로서 목표량의 28%를 달성했다.

189) 곡성 시국대책위원회 대표는 추곡매입을 더 이상 추진한다면 민심에 주는 영향이 클 것이므로 앞으로는 매입이 불가능할 것 같다고 중앙정부에 진정했다(『서울신문』, 1949. 1. 29).

주에는 사건이 일어난 다음달인 11월부터 매달 1천여 명 씩 새로 유입되었다.[190] 하지만 새로 전입해 오는 사람에게는 식량을 배급하지 않았기 때문에, 타지에서 온 사람들은 기아에 시달리는 불안정한 생활을 해야만 했다. 사건의 소용돌이 속에서 부모를 잃은 아이들도 많이 생겼는데, 이들은 고아원으로 보내졌다. 전남 일대의 고아원에 수용된 어린이들 중에는 여순사건으로 부모를 잃은 고아들의 수가 가장 많았다.[191]

하지만 기거할 곳을 마련했다고 하더라도, 이불이 없이는 밤을 보내기 어려웠다. 여수의 중심가가 불에 타버렸기 때문에 의류를 구하기도 어려웠다. 길을 왕래하는 사람들은 연기에 그을린 단벌 옷을 입고 살길을 찾아 이리 저리로 헤매고 있었다.[192]

정부의 구호작업에 진전이 없고, 빨치산 투쟁과 토벌작전이 진행되고 있는 지역에서 계속 피해가 발생하자 산악지대의 주민들은 정부에 호소하기 시작했다.

1949년 1월 곡성군 시국대책위원회 대표가 서울로 올라와 정부 각부를 방문하고, 곡성지역의 피해복구에 필요한 이재민 구제금으로 2억 원의 경비보조를 요청했다. 이들이 주장한 바에 따르면, 곡성군 내의 가옥 피해는 전소(全燒)가 100호였고, 빨치산 토벌을 위해 소개된 집만 해도 600호가 넘었다.[193]

구례군 시국대책위원회 대표들도 2월에 상경하여 현지 주민들의 억울한 실정을 호소했다. 이들은 구례지역 7만 주민이 실업과 기한에 직면하고 있다며, 밤낮으로 계속되는 진압군과 빨치산 간의 전투로 이재민이 계속 늘

---

190) 『호남신문』, 1949. 3. 18. 여순사건이 일어난 바로 다음 달인 11월에는 1,396명, 12월에는 1,147명, 1949년 1월에는 822명, 2월에는 919명이 광주부에 유입되었다. 그러나 전입한 사람에게는 식량배급을 해 주지 않아 기류계를 내지 않은 사람도 많았기 때문에, 실제 유입인구는 이보다 많았을 것이라 추정된다.

191) 「고아원방문기」, 『무궁화』 제5권 제1호(1950년 2·3월호), 142쪽.

192) 『조선일보』, 1948. 11. 3.

193) 『서울신문』, 1949. 1. 29.

어나는 현실을 고발했다. 봉기군이 산악지대에 들어가 빨치산 활동을 시작하면서 구례지역은 여순사건이 어느 정도 진정된 뒤에도 사건의 여파가 계속 이어진 지역이었다.[194]

곡성과 구례지역에서 발생한 이재민은 빨치산 토벌을 위해 주민들을 소개시키는 과정에서 발생한 피해였다. 1949년 초, 수개월에 걸쳐 전남을 위시하여 경남북 · 강원 각지에서 토벌대의 소개 때문에 2만 호의 세대가 이주되었다.[195] 이러한 사태에 대해 이윤영 사회부장관은 빨치산 토벌을 위해 무고한 양민의 집을 전소(全燒)시키는 것을 중지시키겠다고 말했지만, 국군은 이에 아랑곳하지 않았다.[196]

194) 『연합신문』, 1949. 2. 8.
195) 『경향신문』, 1949. 10. 20.
196) 『경향신문』, 1949. 4. 28.

제3부

반공 국가 '대한민국'의 건설

"임자가 가서 한달 안에 그 빨갱이들 전부다 재판해서 토살(討殺)하고 올라오라, 그럼 계엄령을 해제 하겠다"

—계엄선포 뒤, 이승만 대통령이 김완룡 군 법무관에게 한 말

단순한 생명이 아니라 죽음에 노출된 생명(벌거벗은 생명 또는 신성한 생명)이 근원적인 정치적 요소인 것이다.

실제로 로마인들은 아버지의 '생사여탈권'과 정무관의 '지배권' 사이에 이렇듯 본질적인 친화성이 있다고 느꼈기 때문에 부권법과 주권 권력이 결국 서로 긴밀하게 얽히게 되었다.……

어느 시대에나 주권 권력이 부여된 지도자들에게 주어지는 '국부(國父)'라는 성인전 식의 형용어구는 이 과정에서 다시 한번 특유의 음산한 의미를 지니게 된다.……

즉 정무관의 지배권이란 모든 시민들에게로 확장된 아버지의 생사여탈권에 불과하다. 정치권력의 최초의 토대는 절대적으로 살해 가능한 생명, 바로 죽음의 가능성 그 자체를 통해 정치화되는 생명이라는 것을 이보다 더 명료하게 설명할 수는 없을 것이다.

—조르조 아감벤, 『호모 사케르』, 새물결, 184~186쪽

제6장 '빨갱이'의 창출

이승만 정권이 수립된 지 불과 두 달 만에 여수로부터 시작된 군인봉기는 지방 좌익 세력이 가담하면서 대중적 항쟁으로 변화하여 이승만 정권을 당황하게 했다.

이승만 정권은 공산주의자에 대한 이미지를 여순사건을 진압하고 사건의 의미를 되새기는 과정에서 구체화하였다. 이제 공산주의자는 맞서서 전멸시켜야 하는 '타자'로 위치지워졌다. 공산주의자에 대한 적대의식은 공산집단의 구성원을 자신들과는 본질적으로 다른 존재로 끊임없이 구분함으로써 가능했다. 여순사건의 홍역을 치른 이승만 정권은 좌익 세력의 폭력과 비인간성을 강조하면서 좌익 세력을 짐승, 비인간, 악마로 간주하였다.[1] 이제 남한에서 공산주의자는 공간적으로나 심리적으로 외부의 집단으로 위치지워졌으며, 위협과 적의를 제공하는 주체로 부각되었다. 공산주의자를 악마로 규정하고 비국민으로 간주하는 작업은 이승만 정권이 '반공 국민'의 정체성을 형성해나가는 작업과 맞물려 있었다.

제6장에서는 여순사건을 거치면서 이승만 정권이 어떻게 '공산주의자들

---

1) 이에 비해 진압작전에서 수많은 민간인을 학살한 군경, 우익 청년단체원들은 공산주의 위협에서 대한민국을 구한 애국자로 칭송되었고, 작전이 끝난 다음에는 훈장이 수여되었다. 반공이 곧 애국이며, 반공 이외의 것은 체제위협이자 매국으로 간주되는 분위기가 만들어졌다.

=타자'를 규정하였는지, 그 내용은 어떤 것이었는지를 살펴보고자 한다. 공산주의자에 대한 이미지는 언론과 문인·종교인들의 활동을 통해 구체화되었다. 여론 형성을 주도한 언론은 여순사건을 직접 경험할 수 없었던 대다수 국민에게 공산주의자가 얼마나 비인간적 존재들인지를 알려주었고, 문인과 종교인들은 정부와 언론이 주조한 반공 담론을 감각적으로 (재)생산해 나갔다.

여순사건을 통해 공산주의자의 이미지가 어떻게 형성되었는가를 밝히는 것은 반공주의의 구체적인 내용과 작동 방식을 확인하는 일이다. 정부가 주도하고 언론, 문인, 종교인들이 가담하면서 형성된 공산주의자의 이미지는 수십 년간 한국 사회의 흔들리지 않은 신념이 되었다.

1. 언론의 사건 재현과 비인간화 담론

언론이 무엇을 공공의 의제(agenda)로 설정했으며, 어떤 시각에서 설정된 의제를 보도했는가는 매우 중요하다. 여순사건 당시의 언론 보도는 여순사건의 실상에 대한 인식뿐만 아니라 공산주의자를 어떻게 이해하는가에 큰 영향을 미쳤다. 문자와 사진으로 전달된 여순사건은 대다수 사람들에게 그 자체가 사실이자 진실로 받아들여졌지만, 신문은 반공주의라는 자신의 의제에 부합하는 부분만 보도했을 따름이었다.

당시 신문 보도를 비판적으로 검토하는 것은 언론이 여순사건과 이승만 반공체제 형성에 기여한 역사적 역할을 파악하는 일이 될 것이다. 또한 언론 보도를 검토하는 일은 반공 담론이 어떤 과정을 통해 형성되었는지, 그 구체적인 내용은 무엇인지를 파악하는 일이 될 것이다.

'사실 보도'라는 허구

여순사건이 발생하면서 여수, 순천 지역은 다른 지역과의 교통과 정보가 차단된 '고립된 섬'이었다. 모든 정보가 차단되자 사람들의 입에서 입으로 전해지는 소문은 날개를 단 듯 순식간에 퍼져나갔다. 봉기군은 사기를 고양시키기 위해 시민들에게 38선이 열렸으며, 이승만 대통령은 일본으로 도망갔다고 선전했다. 여수와 순천이 봉기군의 손에 들어가자 시민들 사이에선 이북 인민군이 인천과 부산 등지에 상륙해 서울을 점령했다던가, 인민군이 광주를 향해 진격해온다던가, 인민군이 국군 군함 세 척을 압수했다는 얘기들이 떠돌았다.[2] 좌익에 의한 학살 소식도 계속 퍼져 나갔다.[3] 외부로부터 오는 정보가 차단당한 상태였기 때문에 이런 소문들은 진위여부를 명확히 따질 수 없었고, 그렇기 때문에 소문은 더욱 번져나가고 효력을 발휘했다.

입에서 입으로 유통되는 소문에 비해 문자 매체에 대한 믿음은 훨씬 더 높았다. 진압작전이 끝난 뒤 현지에 파견된 문인조사단이 신문을 배부하자 정보에 메말라 있었던 주민들 수백 명은 순식간에 몰려들어 신문을 움켜잡았다.[4]

여순 주민들이 신문을 갈구했던 이유는 언론이 특정한 사안에 대한 여론을 형성시키는 주요한 역할을 하기 때문이다. 더욱이 여순사건의 경우와 같이 정보가 차단되고 확인되지 않는 다양한 소문이 광범위하게 유통되는 경우, 언론에 대한 일반인의 기대가 더욱 클 수밖에 없고 이 때문에 취재를 담당한 기자에게는 강한 책임감이 요구되었다.

10월 19일 늦은 저녁에 일어난 여순사건 소식이 서울 중앙청 기자들에

---

2) 전국문화단체총동맹, 1949, 『반란과 민족의 각오』, 문진문화사, 72 · 81쪽.

3) 이경모, 1993, 「사선 넘으며 촬영한 동족상잔의 비극」, 조선일보사 · 월간조선(엮음), 『한국현대사 119대 사건』, 조선일보사, 47쪽.

4) 전국문화단체총동맹, 앞의 책, 79쪽.

게 알려진 것은 20일 점심때쯤 이었다. 기자들은 이 소식을 소문으로 전해 들었지만, 사건이 일어났다는 사실만을 알았을 뿐 더 자세한 내용은 파악할 수 없었다.[5)] 이러는 사이 정부는 이 사건에 대한 신문 보도를 일체 금지하는 '기재유보(記載留保)' 조치를 내렸다. 그리고는 다음 날인 10월 21일, 이범석 국무총리는 기자회견 형식으로 여수에서 14연대가 반란을 일으켰다고 발표했다.

이에 따라 중앙과 지방의 신문들은 다음 날에 여순사건 사실을 1면 머리기사나 사회면 머리기사로 크게 보도했다. 각 신문이 보도한 10월 22일자 여순사건 보도 기사의 제목은 다음 〈표 6-1〉과 같다.

이날 신문 보도 내용의 거의 대부분은 정부 발표문에 의존하고 있었다. 각 신문은 전남 여수에서 14연대가 반란을 일으켜 순천을 점령하고 점차 북진하고 있다, 14연대 반란은 극우와 극좌세력의 합작품이다, 반란세력이 살인과 방화를 일삼고 있다는 이범석 국무총리의 기자회견 내용을 그대로 받아 보도했다.

14연대가 반란을 일으켰다는 것이 움직일 수 없는 하나의 사실(fact)이라면, 이 반란이 공산주의자들의 모략선전으로 일어났다는 것은 사건의 원인에 대한 보도였다. 그리고 원인에 대한 판단은 어느 정도의 사태 파악을 전제로 한다. 하지만 이범석 국무총리가 여순사건 발발 원인을 발표할 당시, 정부는 사건의 진상과 진행방향을 정확하게 파악하지 못하고 있었다.

그럼에도 일부 언론은 '골육상잔'이나 '천인공노' 같은 감정적 언어들을 사용하여 이 사건에 이미 특정한 의미를 부여하고 있었다. 특히 『평화일보』는 이 사건을 보도한 첫 날부터 이 사건이 '천인공노할 반란'이며 '군인폭도 공모의 봉기'라고 보도하여 여러 신문 중에서도 정부의 의도에 가장 잘 부합되는 표제를 달았다. 나중에 자세히 보게 되겠지만, 이 같은 『평화일보』의 보도 방향은 사건이 진행되면서 더욱 강화된다.

---

5) 조덕송, 1990, 『머나먼 여로』 제3권, 도서출판 다다, 37쪽 ; 유건호, 1992, 「여순반란사건」, 『전환기의 내막』, 조선일보사, 146쪽.

〈표 6-1〉 중앙 · 지방 일간지의 여순사건 보도 기사 제목

구분	신문명	제목(1948년 10월 22일자)
중앙지	경향신문	「응시하자! 민족 골육상잔의 참극을, 여수 국군 일부 반란 야기, 반정부진영의 모략선전에 기인」
〃	국제신문	「여수 · 순천에 국군반란, 21일 정오 현재 교전 중」
〃	민주일보	「전남지방에 국방군대의 반란, 여수 점령코 순천 기습, 飛機로 토벌대 급파코 진압 중」
〃	서울신문	「20일 여수에서 국군 반란, 순천에서도 학살 방화, 남원과 광주로 오다가 분산되는 중, 李국방장관 발표」
〃	세계일보	「유사 이래 초유 대반란, 국군 2천명이 여수 · 순천 완전 점령, 광주 · 남원을 향해 진격 중」
〃	자유신문	「국군 제14연대 내서 반란, 여수 · 순천 점령코 북상, 국군 증원부대의 요격으로 점차 남하중, 폭도 지리산 입산을 방지」
〃	조선일보	「국군 일부 전남서 반란, 좌익과 합세 2천여 명, 치안은 불원간 회복을 확신, 장교급을 살해, 경찰과 철도를 접수」
〃	평화일보	「천인공노 반란, 군경양민 등 사살코 여수 · 순천서 격전, 미증유의 군인 · 폭도 공모의 봉기」
〃	한성일보	「국군 제14연대 반란, 여수 순천 점령코 북상, 군경 양 증원대 반군 요격을 계속」
지방지	동광신문	「국군 제14연대 반란! 여수서 발단, 순천을 점령, 국방부발표」(10월 21일 호외)
〃	호남신문	「국군 제14연대 반란, 여수 점령 후 점차 북진」

〈출전〉 『경향신문』 · 『국제신문』 · 『민주일보』 · 『서울신문』 · 『세계일보』 · 『자유신문』 · 『조선일보』 · 『평화일보』 · 『한성일보』 · 『호남신문』은 1948. 10. 22, 『동광신문』 호외는 정운현, 1997, 『호외, 백년의 기억들』, 삼인, 100쪽을 참조.

신문들은 정부 발표를 그대로 실었기 때문에, 정부의 의도와 오류를 그대로 반복했다. 윤치영 내무부장관은 아직 순천도 점령하지 못한 10월 22일 오전 1시에 여수를 탈환했다고 발표했다.[6] 하지만 이날 여수에는 진압군 한 명도 보이지 않았고, 진압군은 순천을 아직 완전히 탈환하지 못한 때였다.

6) 『서울신문』, 1948. 10. 23. ; 『경향신문』, 1948. 10. 23.

서울에 위치한 중앙 신문사들은 여수나 순천 지역에 기자들을 주재시킨 것도 아니었고, 곧바로 현장에 내려가 취재할 수도 없었기 때문에 정부 발표를 그대로 전재할 수밖에 없었다고 당시의 보도상황을 이해할 수도 있다.

하지만 신문의 보도 태도는 현지에 특파원을 파견했다고 해서 달라지지 않았다. 특파원들은 전라도에 들어가면서부터 주위에서 수집한 정보들로 기사를 작성하여 서울 본사로 송고했다. 특파원들이 보낸 기사는 정부가 발표한 내용보다는 더 생생하고 많은 정보를 담고 있었지만, 촉박한 시간과 무책임으로 숱한 오보를 만들어 내기도 했다.

한 신문은 좌익 세력의 의해 희생당한 정복 경찰관의 시체가 무려 5천여 명이나 된다고 보도했고,[7] 다른 신문은 10월 20일에 여수에서 열린 인민대회에 4만 명이 모였다고 보도했다. 당연하지만 경찰관 5천 명이 죽었다는 것은 과장이었다. 또 1946년 미군정이 인구조사를 했을 때 여수읍 전 지역의 인구가 약 5만 7천 명 정도였다는 점을 고려한다면, 4만 명이 인민대회에 참가했다는 보도도 과장이었다.[8] 또 인민대회에서 다섯 명의 의장단을 뽑았다고 보도했고 실제로도 그랬지만, 신문에 나열된 의장단 이름은 이상하게도 모두 6명으로 기재되어 있었다.[9]

이같이 당시의 신문 보도는 사실을 정확하게 추적하려는 노력을 소홀히 하고 있었고 보도 사실은 과장되어 있었다.

언론의 '반공' 의제 설정

신문들이 정부 발표 외에 다른 기사를 게재할 수 없었던 또 다른 이유

---

7) 『대동신문』, 1948. 10. 28.

8) 재조선미군정청 보건후생국 생정국, 1946, 『남조선(38도 이남) 지역 급 성별현주인구-1946년 9월 현재』, 37쪽. 1946년 당시 여수읍 인구는 56,867명이었고, 돌산면은 18,818명, 화양면은 14,102명, 남면 13,073명, 삼일면은 11,819명이었다. 여수군 전체 인구는 168,136명이다.

9) 『조선일보』, 1948. 11. 2·3.

는 정부가 이범석 국무총리 발표 등 정부가 발표한 것 이외에는 일체의 다른 보도를 금지했기 때문이다. 정부는 20일 서울에 반란 소식이 알려지자 즉각 보도 금지 조치를 취했는데, 다음 날인 21일에도 정부 발표만 보도하게 했고 그 이외의 기사는 게재하지 못하도록 지시했다.[10]

현지에 특파원이 파견될 즈음인 10월 25일, 정부는 보도금지를 '전면적'으로 해제한다고 발표했다.[11] 이날 국무회의에서는 계엄 선포가 통과되어, 군이 행정과 사법 업무를 장악했다. 계엄은 여수·순천 지역에 내려졌지만, 그 이외의 다른 지역도 사실상 '준전시상태'에 놓여졌다.[12] 계엄이 발포된 상황에서 특파원이 보내는 기사를 포함하여 여순사건의 모든 관련 기사는 군 검열을 통과해야 했기 때문에 실제로는 보도금지가 풀린 것이 아니었다. 당시 여순사건을 보도한 각 신문 기사의 끝에는 '군검열제(軍檢閱濟)'라는 꼬리가 달려있었고, 검열을 통과하지 못한 기사는 내용이 삭제되었다. 예를 들어 『세계일보』 11월 3일자를 보면 「돌연 남원에 계엄령」이라는 기사 옆이 흰 공백으로 남아 있는 것을 볼 수 있다. 어떤 내용의 기사인지는 알 수 없으나, 검열을 통과하지 못해 삭제된 것이 분명하다.

여순사건이 진행되는 내내 정부와 군은 보도기사를 사전에 검열했기 때문에 언론이 자유롭게 보도한다는 것은 원천적으로 불가능했다. 이로 인해 각 신문사가 특파원을 파견하기 전까지, 여순사건에 대한 모든 정보는 오직 정부 발표에만 의존했다.

당시 각 신문들이 보도했던 양상을 살펴보면, 언론은 정부 발표에 어떤 의문도 제기하지 않았다는 것을 알 수 있다. 정부 발표에 따르면 단지 몇십 명에 불과한 14연대 군인들이 극우세력과 짜고 2,000여 명이 넘는 다수

---

10) 『경향신문』, 1948. 10. 22.

11) 『세계일보』, 1948. 10. 22·26.

12) 『대한일보』, 1948. 11. 13. 수도청장은 지금이 준전시상태라며, 11월 12일 이후에는 하오 6시 이후부터 불필요한 통행과 방문을 금한다고 발표했다. 만약 6시 이후에 다른 사람의 집에 들어가거나 주인을 보기 위해 강제로 불러내면 '용서 없이 단호 발포'한다고 경고했다.

의 군인들을 선동하여 반란을 일으킨 셈이고, 여수와 순천 지방민 또한 지방좌익의 선동에 빠져 살인과 방화를 일삼은 셈이 된다. 정부의 발표는 봉기에 합류한 수많은 병사와 지방민을 선동에 휩쓸리는 우민(愚民)으로 취급하고, 이처럼 거대한 사건이 일부 주모자들의 선동으로 일어날 수 있다는 전제가 깔려있는 것이었다. 더욱이 이 사건이 극우와 극좌세력이 연합해서 일으킨 사건이라는 데는 처음부터 의문이 제기되었으나 어느 신문도 이 사실을 파고들거나 문제로 삼지 않았다.

김구가 '극우세력'이 자신을 가리키는 것이라는 정부 발표를 의식하여 사건 관여를 적극 부인하자 신문들은 단지 김구의 발언을 기사화 했을 뿐, 이에 대한 짤막한 해설도 싣지 않았다. 신문지상에는 연일 정부의 발표만이 실릴 뿐이었고, 이 사건이 왜 일어나게 되었는지(원인), 사건이 어떻게 진행되었는지, 이 사건의 성격은 무엇인지에 대한 파악과 분석은 이루어지지 않았다.

특파원들이 속속 현지에 도착하면서 각 신문에는 특파원들이 송고한 기사가 실리게 되었지만, 신문들의 이러한 무책임한 방임적 태도는 신문사가 현지에 특파원을 파견한 뒤에도 바뀌지 않았다.

각 신문사가 특파원을 현지에 급파한 것은 이 사건이 그만큼 중요했다는 것을 의미하지만, 정부로부터 일방적으로 공급받는 정보를 뛰어넘는 내용이 요구되었기 때문이기도 하다. 어떤 기사를 작성할 것인가의 선택은 1차적으로 기자의 손에 따라 결정되기 때문에 기자들이 이 사건을 어떻게 보고 있었는가는 매우 중요한 요소였다.

기자들은 이 사건을 어떻게 파악할 것인가를 놓고 논란을 벌일 만큼 큰 의견 차이를 보였다. 서울에 있던 5~6명의 기자들은 현지에 내려가기 위해 광주로 갔는데, 기차 안에서 어떤 기자는 여순사건을 '의거'라고 주장했고, 어떤 기자는 "군인들이 반란을 일으켜 끔직한 일을 저질렀는데 어떻게 그것이 의거냐?"라며 반발했다.[13] 기자 내부에서도 이 사건을 바라보는 시각 차이가 존재했지만, 이런 차이는 신문에 거의 반영되지 못하였다. 『국제신문』 김현제 기자는 좌익적 성향을 띠고 있었다고 나중에 알려졌지만, 신문에 실린 기사로 따져보면 특별한 좌익 성향을 발견할 수 없었다.[14)]

『국제신문』과 함께 『평화일보』는 가장 많은 지면을 할애하여 여순사건을 활발히 보도한 신문에 속하지만, 허위와 과장 기사로 반공주의적 선전을 활발히 전개했다. 특히 순천 출신 국회의원 황두연이 인민재판에 관여했다는 기사는 본인이 국회에 나와 해명하여 분명한 오보임이 밝혀졌음에도 불구하고 『평화일보』는 계속 황두연이 봉기군에 협력했다는 기사를 악의적으로 보도했다. 이 기사를 쓴 이지웅은 1946년 겨울부터 통위부(국방부의 전신)를 출입하던 기자였다. 황두연이 인민재판에 관련되어 있다는 기사는 현지 특파원이었던 이지웅과 양우정 사장의 합작품이었다.[15)] 이지웅 기자는 떠도는 소문만 듣고는 아무런 근거도 없이, 황두연 국회의원이 인민재판에 판사로 참가했다는 기사를 송고 했고, 편집부는 이 사실이 잘못된 기사임을 알면서도 사장의 지시에 따라 보도를 강행했다.

기사가 정부의 발표 내용 일색으로 이루어진 이유는 단지 정부의 검열 때문만은 아니었다. 여순사건을 전후로 한 시기는 이승만 정권이 신문들을 폐간시키고 언론인을 구속하여, 언론자유는 초미의 관심사가 되어 있을 때였다. 그런데 언론사들은 일정한 선을 긋고 스스로 자기 검열을 하는 방식으로 정권과 유착되어 있었다. 예를 들어 『국제신문』은 현지 봉기지역에 세 명의 기자를 파견하면서 '현지 보도를 자유가 허용되는 한도 내'에서 하겠다고 공표했는데, 이때 자유를 허용하는 주체가 군 당국임은 두말할 필요가 없다.[16)]

이와 같이 몇몇 신문들이 스스로 보도의 한계선을 긋고 있었다면, 또 다

---

13) 「이지웅」, 대한언론인회, 2001, 『녹취 한국언론사』, 325쪽.

14) 조덕송, 앞의 책, 38쪽.

15) 이지웅은 1949년 1월 22일에 창간된 『연합신문』으로 자리를 옮겼는데, 이 신문은 양우정(梁又正)이 창간했다(대한언론인회, 앞의 책, 326쪽).

16) 『국제신문』, 1948. 10. 22.

른 신문들은 정부의 반공주의 보도 방침보다 앞서나가는 경우도 있었다. 『평화일보』는 여순사건이 진압된 뒤에는 서울 시민들을 대상으로 수도극장에서 현지 보고회를 열기도 했다. 『평화일보』는 “백성들을 현혹케 하여 동족상잔의 피바다로 유인하는 반민족적 공산분자들의 행동이 얼마나 반국가적이며 잔인했는지를 지상(紙上)으로써는 이루 다 말할 수 없는 형편”이기 때문에 보고회를 개최한다고 밝혔다.[17)]

하지만 정부가 공급한 기사에 지나치게 의존한 채 맹목적인 보도에만 치중하는 신문들의 태도를 비판하는 시각도 있었다. 허위 과장 보도가 만연하자, 같은 동료 기자들도 이 같은 보도의 폐해를 지적하고 나섰다. 합동통신 기자였던 설국환(薛國煥)은 다음과 같이 신문들의 과장 보도를 지적했다.

> 사실 순천 여수에 들어가기 전에 우리는 반군과 반도가 방화와 강도질을 자행하였고 강간과 시체 파괴를 여지없이 하였을 뿐더러 살해에 있어서 경찰관의 전 가족을 몰살하였다는 이야기를 많이 들었으나 현지의 사체에서 부녀자 노인의 시체는 거진 볼 수 없었을 뿐더러 시체에 손을 댄 흔적도 별로 보지 못하였다. 다만 수인(數人)의 경찰 책임자와 국군장병의 가족을 살해하였다는 이야기를 당사자의 구전으로 들었을 뿐이며 이러한 것으로 미루어보아 지금 적발에 당하고 있는 사람들의 말에는 다소의 에누리도 있을 수 있는 것이다.[18)]

『민주일보』 기자였던 홍한표(洪漢杓)는 ‘수십 번이나 망설이다가’ 자신이 목격한 내용을 이후에 참고자료로 제공할 의도로 글을 썼다고 고백했다. 홍한표는 특파원들이 ‘마치 자기들이 직접한 행동(취재)’으로 기사를 작성한 것처럼 행동하고 있으나 실제로는 좌우익 양편의 사정을 충분히 조사하지 않고 기자들을 반갑게 맞아준 국군과 경찰 그리고 우익진영 사

17) 『평화일보』, 1948. 11. 10 · 11. 이 보고회에서 이지웅은 「전남반란사건의 전모」라는 보고강연을 했고, 박상학은 「정치면으로 본 반란사건」, 주필 김석길은 「전남반란사건 측면적 비판」이라는 강연을 했다. 수도극장에는 수천 명의 청중이 모였다.

18) 설국환, 1949, 「반란지구 답사기」, 『신천지』 11월호, 153쪽.

람들로부터 얻은 정보에만 의존해 기사를 작성했다고 비판했다.[19] 이렇게 정보원이 한정되어 있었기 때문에 대부분의 일간지들은 진압작전에는 정당성을 부여하고 진압군을 격려했지만, 봉기세력에 대해서는 잔인한 학살 행위에 초점을 맞추어 반란군의 죄악을 폭로했다.

한편 시기적으로는 훨씬 뒤인 1980년대에 쓰이기는 했으나, 당시에 『조선일보』 기자로 순천 지역에 특파되었던 유건호는 순천 북국민학교 교정에서 벌어지고 있던 혐의자 색출 과정을 매우 소상하게 전하고 있다.[20]

'적'의 창출–사진보도

당시 신문에는 보도 기사뿐만 아니라 여순 현지에서 찍은 사진도 신문에 실렸다. 사진은 현실을 있는 그대로 반영하는 가장 적합한 수단이며, 가장 사실적인 보도 방법이라고 얘기된다. 하지만 보도 기사가 그러하듯, 사진도 렌즈로 찍힌 것과 찍히지 않은 것의 차이가 존재한다. 사진 기자가 어떤 것을 찍는다고 결정하는 순간에 이미 또 다른 사물은 렌즈에서 배제되기 때문이다. 사진은 사진사가 어떤 대상을 찍는가에 따라서, 대상을 어떤 방식으로 표현하는가에 따라 동일한 대상이라 할지라도 너무나 다른 이미지를 보여준다. 사진은 시각에 직접 호소하기 때문에 더욱 감각적으로 정부나 언론이 의도한 여순사건에 대한 이미지를 만들어 낼 수 있었다.

여순사건에 대한 사진 보도는 어떠했을까? 신문에 실린 사진은 보도 기사와 똑같이 군의 검열을 통과해야만 실릴 수 있었다. 『호남신문』의 사진부장 이경모는 10월 21일 저녁에 다른 기자들보다 가장 먼저 순천에 도착하여 사진을 찍을 수 있는 행운을 가질 수 있었지만,[21] 그가 어렵게 얻은

---

19) 홍한표, 1949, 「전남반란사건의 전모」, 『신천지』 11월호, 163~164쪽.

20) 유건호, 1982, 앞의 글을 참조.

21) 이경모, 1993, 「사선 넘으며 촬영한 동족상잔의 비극」, 조선일보사 · 월간조선(엮음), 『한국현대사 119대 사건』, 47쪽. 이경모는 10월 22일 아침 순천에 도착한 다

사진은 군의 보도 검열을 통과하지 못한 채 폐기되었다. 그리고 군 검열은 계속되었다.

> 27일까지는 비교적 순조롭게 촬영을 할 수 있었으나 앞으로가 걱정이었다. 사진과 원고를 군에서 검열 당해 빼앗길지 모른다는 생각과 더욱 더 걱정되는 것은 여수에서 광주 본사까지 원고를 보내려면 결사대를 조직하여 송고 해야만 됐으니 이 일은 보통문제가 아니었다. '어차피 한번 죽지 두 번 죽나'하는 결의를 다지고 가까스로 순천까지는 29일에 도착했으나 광주까지 가는 일이 또 다시 문제였다. 교통이 완전 차단되었던 것이다. 몇 번의 검문을 거쳐 31일 밤에 가까스로 광주에 도착하였으나 찍은 사진 대부분을 검열에 걸려 빼앗기고 말았다. 나로서는 생명을 걸고 찍은 사진들이며 순천에서 광주까지 입산한 반군들의 기습을 받으며 사선을 돌파하여 가져온 사진들인데 아쉽기 한이 없었다.[22)]

당시에 가장 많은 여순사건 사진을 실었던 것은 『국제신문』이었다. 『국제신문』은 10월 27일부터 현지 특파원이 찍은 사진을 특집판을 마련하여 거의 매일 사진을 실었다. 이 밖에도 『민주일보』가 여순사건을 화보로 다루었고, 주로 화보로 지면을 채웠던 『국제보도』라는 잡지도 여순사건 사진을 게재했다.

당시 사진들을 살펴보면 여순사건 관련 사진 중에 가장 많은 분량을 차지하고 있는 것은 봉기군이 자행한 학살의 참상을 알리는 사진과 진압군의 위용한 활동을 잘 드러내는 사진들이라는 것을 알 수 있다. 좌익이 경찰과 민간인을 학살한 사진이 다량으로 보도됨으로써 일반인들은 문자와 말이 아니라 사진으로 봉기군의 잔악한 살해 행위를 시각적으로 다시금 확인할 수 있었다. '살해' 같은 잔악 행위는 수많은 말을 통해서보다 단 한 장

음, 광양에 계신 부모님 소식이 궁금하여 그곳으로 가다가 수많은 학살현장을 목격했다. 그 중에는 서울에서 대학을 다니다 좌익학생으로 수배돼 고향에서 은신하던 친구의 시신도 목격했는데, 이 사진들은 이경모, 1989, 『이경모 사진집 : 8 · 15, 여수순천반란, 6 · 25』, 눈빛에 실려 있다.

22) 이경모, 1993, 「사선 넘으며 촬영한 동족상잔의 비극」, 조선일보사 · 월간조선(엮음), 『한국현대사 119대 사건』, 51~52쪽.

〈그림 6-1〉 순천에서 죽음을 당한 경찰관들(1) 『민주일보』, 1948. 10. 30.

〈그림 6-2〉 순천에서 죽음을 당한 경찰관들(2) 『민주일보』, 1948. 10. 30.
『민주일보』는 위의 두 사진을 "순천에 돌입한 반란군 손에 무참히 죽은 경관들"이라고 설명했다.

의 사진이 더 많은 것을 전달해준다. 신문에 실린 사진들은 긴 설명 없이도 봉기군이 어떤 행위를 했는가를 여순사건을 직접 경험하지 못한 외부 사람들에게 충분히 전달해 주고 있었다. 앞의 사진(〈그림 6-1〉, 〈그림 6-2〉)은 좌익이 저질렀던 경찰 살해의 참상을 보도한 사진들이다.

『서울신문』은 사설에서 '이유 여하를 막론하고 살인·방화·파괴는 혐기(嫌忌)와 증오의 대상'이며 '3천만 민족 모두가 반란분자와는 다른 생각을 가지고 있'다고 주장했는데, 신문에 실린 사진들은 봉기군을 같은 민족이 아닌 다른 인간 또는 인간이 아닌 짐승들로 생각할 수 있는 분명한 근거를 제시해 주었다.[23)]

사진이 어떻게 사용되었는가는 당시 신문에 실린 여순사건 관련 사진들을 주제별로 구분해보면 더욱 확연히 드러난다.

다른 어느 신문보다 사진을 많이 게재한 『국제신문』은 10월 27일에 사진을 처음 싣기 시작하였는데, 이날 1면에 「기계화 부대 드디어 출동, 반도 진압은 시간문제」라는 큰 제목을 달았고 2면에는 「참상! 피의 거리 순천」이라는 제목을 달았다.[24)]

사실 이 두 가지 제목은 여순사건 당시 여러 신문이 보도했던 두 가지 핵심 사항을 요약한 것이라 할 수 있다. 오른쪽의 〈표 6-2〉에서 보듯이, 신문에 가장 많이 실린 사진은 봉기세력에 의한 건물 파괴와 인명 살상이었다. 총 65매 사진 가운데, 이에 해당하는 사진은 총 27매로 전체 사진 분량의 40%가 넘는다. 정부와 언론이 지면을 통해 홍보하려 했던 것이 무엇이었는가를 잘 보여주는 경우라 할 수 있다.

두 번째로 많은 양으로 실린 사진은 국군의 위용을 만천하에 과시하는 사진들과 봉기군을 진압하며 국가보위에 나선 국군 활동에 관한 사진들이었다. 이 사진들은 총 16매로 전체 분량의 24%이다. 이런 사진들과 함께

23) 「사설 : 반란에 대하여」, 『서울신문』, 1948. 10. 27.

24) 『국제신문』, 1948. 10. 27.

〈표 6-2〉 여순사건 보도 사진들에 대한 주제별 사진 분류

주제 / 게재지	사진 수량	주제별 분류													
		14연대 봉기군의 흔적		국군의 위용과 진압군 활동		봉기세력의 의한				협의자 색출		주민들		기타	
						건물 파괴		양민학살							
[1]	12매	③	1매	①②⑥⑦⑧⑪	6매	④⑤⑫	3매			⑨	1매	⑩	1매		
[2]	4매			④	1매										
[3]	3매			①②③	3매	①②③	3매								
[4]	6매							①②③④⑤⑥	6매						
[5]	6매			⑤⑥	2매			①②	2매	③	1매	④	1매		
[6]	16매	①②⑧⑨⑪⑬	6매	⑫⑭⑮⑯	4매			③④⑤⑥⑦	5매	⑩	1매	③④	2매		
[7]	18매	⑤⑫⑬⑭	4매			①②	2매	⑥⑦⑧⑨⑩⑪	6매	⑮	1매	⑯	1매	⑰⑱	2매
합계	65매	11매		16매		8매		19매		4매		5매		2매	

〈출전〉 [1] 『국제신문』, 1948. 10. 27. 특집판 (총 12매의 사진)
[2] 『국제신문』, 1948. 10. 28. (총 4매의 사진)
[3] 『국제신문』, 1948. 10. 29. (총 3매의 사진)
[4] 『국제신문』, 1948. 10. 30. (총 6매의 사진)
[5] 『민주일보』, 1948. 10. 31. (총 6매의 사진)
[6] 『국제보도』, 1948. 12. 20. (총 16매의 사진)
[7] 『반란과 민족의 각오』 (총 18매의 사진)

『평화일보』는 「꼬리 감추는 반군을 전투기로 급강하 사격」, 「도덕 없는 냉혈 반란군, 내뿜는 화염 방사기, 하늘 찌르는 정예부대의 사기」, 「장갑차 선두로 국군 여수에 당당 돌입, 반군 공세를 여지없이 분쇄」 라는[25] 제목을 뽑았다. 당시 국군의 화력은 미군에 비하면 보잘 것 없는 것이어서 제대로 된 장갑차나 탱크는 전혀 없었고 전투기 또한 물론 갖고 있지 못했다. 비행기라고 해봐야 목조로 된 연락용 비행기가 있었을 따름이었다. 그럼에도 신문들은 '기계화 부대의 위용'이라며 과장했고, 국군의 진압작전을 마치 눈앞에

25) 『평화일보』, 1948. 10. 28 · 29 · 31.

보는 듯이 생생하게 중계함으로써 국군의 사기와 위신을 높여 주었다.

〈그림 6-3〉 트럭을 타고 시내를 질주하는 진압군의 트럭
『국제신문』, 1948. 10. 27.

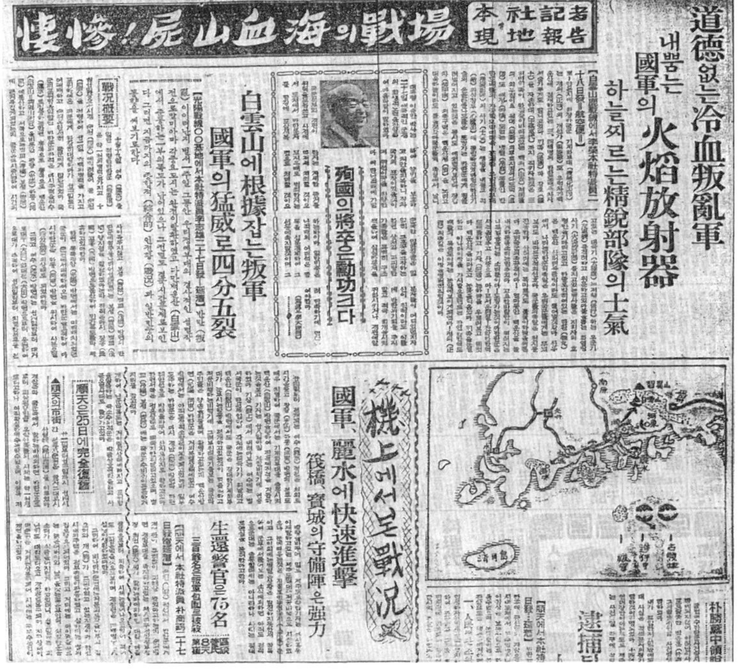

悽慘! 屍山血海의戰場

本社記者現地報告

道德없는冷血叛亂軍

내뿜는 國軍의 火焰放射器

하늘찌르는精銳部隊의士氣

殉國의將卒은勳功크다

白雲山에根據잡는叛軍

國軍의猛威로四分五裂

戰況槪要

機上에서본戰況

國軍, 麗水에快速進擊

筏橋, 寶城의守備陣은強力

生還警官은75名

順天은25日에完全復舊

〈그림 6-4〉 진압군의 위용을 보도한 신문 기사
「처참! 시산혈해(屍山血海)의 전장—본사 기자 현지보고」, 「도덕 없는 냉혈 반란군, 내뿜는 화염 방사기, 하늘 찌르는 정예부대의 사기」, 『평화일보』, 1948. 10. 29.

이러한 군사적 시각 뒤에 가려져 있는 것은 일반 민중들에 대한 관심이었다. 국군의 위용과 봉기군의 악행을 보여주는 사진들은 많았지만, 여순 시민들 거의 모두가 겪었을 혐의자 색출이나 참화를 겪은 주민 생활에 관한 사진들은 상대적으로 적었다. 삶과 죽음을 결정지었던 혐의자 색출에 관한 사진은 불과 네 장에 불과했다. 신문들이 이런 사진들을 게재하지 않은 이유가 무엇인지는 다음의 오류에서 역설적으로 드러난다.

『동아일보』 특파원 김호진이 찍어 보도한 사진 중 하나에는 '피난민 수용소'라는 설명이 붙어 있다.[26] 하지만 이 사진은 여수진압 직후 여수 서국민학교에서 진행된 혐의자 선별 장면이다. 운동장에는 양편으로 나뉘어 앉아 있는 수백 명의 남자들이 보이는데, 오른쪽에 앉아 있던 사람들이 부역혐의자들로서 이들 중 89명이 처형되었다. 삶과 죽음을 갈랐던 혐의자 선별 장면을 『동아일보』는 반란지역에서 빠져 나와 안전한 보금자리를 찾은 장면으로 보도했다. 천국과 지옥의 갈림길이었던 혐의자 색출 광경이 국군의 품에 안긴 평온한 삶의 장소로 변하는 순간이었다.

정부와 신문은 우익과 경찰관 희생을 강조 했지만, 혐의자 색출 과정에서 겪은 여수와 순천 주민들의 공포를 신문에 재현하는 것은 달가워하지 않았다. 대부분의 기자들은 좌익에 의해 학살된 경찰들의 시신에는 큰 관심을 가지고 보도했지만, 고통 받는 주민들을 사진에 담지는 않았다. 주민들은 취재 대상이나 피사체로서는 존재하지 않았다.

당시 신문에 보도되었던 사진들을 『호남신문』 기자로 순천에 제일 먼저 도착했고, 여수에서도 많은 사진을 찍은 이경모의 사진들과 비교해보면, 당시의 신문 보도가 어느 정도 편파적이었는지를 알 수 있다. 순천, 광양, 여수 등지에서 찍은 이경모의 사진들은 총 39매인데, 40여 년이 지난 뒤에야 단행본으로 출간되었다.[27] 당시에는 신문 지상에 보도되지 않은 이 사

26) 『동아일보』, 1948. 10. 31.

27) 이경모, 1989, 『이경모 사진집 : 8 · 15, 여수순천반란, 6 · 25』, 눈빛, 56~90쪽.

〈그림 6-5〉 여수 피난민 수용소라고 보도한 신문 사진

『동아일보』 기자는 위의 사진을 '여수피난민수용소'라고 설명했다.

〈그림 6-6〉 이경모가 찍은 여수 서국민학교 혐의자 색출 장면

『동아일보』 사진과 비교해 보면, 뒤쪽에 연기가 치솟고 왼쪽에 전봇대와 나무 한그루가 보이며 시민들이 양편으로 나뉘어져 있는 것으로 보아 동일한 장소를 촬영했음을 알 수 있다.

진들은 불타고 있는 여수 시가지와 반란군에 협조했다고 붙잡힌 여학생들, 여수 서국민학교 교정에서의 혐의자 색출 광경 등 당시의 상황을 그대로 말해주는 귀중한 사진들이다. 이 사진이 귀중한 것은 그가 카메라 렌즈를 일반 주민들에게 초점을 맞추었기 때문이다.

이경모의 사진 중에는 군인들의 활동을 담은 사진도 다수 있으나, 기계화 부대 또는 진압 광경보다는 진압에 참가했던 군인들의 식사 장면, 트럭에 타고 군인들이 이동하는 장면, 작전계획을 세우는 장교들, 작전 교육을 받는 젊은 육사 7기생 등을 카메라에 담았던 것에서도 나타나듯, 그가 당시 상황을 과장 없이 비교적 객관적으로 다루고 있다는 것을 알 수 있다. 그의 사진들이 객관적이라는 것은 민간인 학살을 담은 사진에서도 잘 드러난다. 그는 좌익에 의해 죽은 경찰들의 시신도 다수 찍었지만, 봉기군에 협조했다고 무고한 죽음을 당한 시신을 찍은 사진도 여러 장 남겼다. 경찰들의 시신은 차마 눈뜨고 보기 어려울 정도로 처참하다. 이경모는 경찰들의 처참한 시신들이 널브러진 현장들뿐만 아니라, 여수·순천 주민들이 겪은 고통과 공포의 순간들도 카메라에 담았다. 하지만 당시 신문의 보도에서는 이 같은 균형을 찾아 볼 수 없었다.

한편 여순사건 현장에 외국인 사진기자로 참가했던 칼 마이던스의 사진에는 기계화된 국군의 위용을 과시하는 사진은 적은 반면, 여수나 순천 시민들을 찍은 사진은 이보다 많다. 마이던스의 눈에도 시내의 폐허가 된 건물과 국군의 용자(勇姿)는 분명히 눈에 띄었을 테지만, 그는 이러한 장면을 카메라에 담지 않았다.

그렇다면 마이던스가 본 현지의 모습은 무엇이 달랐을까? 마이던스가 주의 깊게 살펴본 것은 폐허가 된 건물이나 기계화 부대가 아니라 사람이었다. 마이던스가 세 명의 동료 기자들과 함께 순천에 들어가 처음 목격한 것은 학교 운동장에서 벌어지고 있었던 혐의자 색출이었다. 혐의자 색출 광경은 그에게 강렬한 인상을 남겼다.

그는 "폭동을 진압했던 정부의 군대는 반란군이 야만적이고 정의를 무시한 태도를 취했던 것과 똑같이, 아니 오히려 그들보다 더한 보복 행위를 자행"하고 있다면서, 운동장에서 진압군은 '총대와 곤봉으로 무릎 꿇은 사람들을 짓누르며 자백'을 끌어내었다고 적었다. 자백을 한 사람은 바로 후에 운동장 한 편에서 총살되었다.

> 그러는 동안 그 광경을 여자들과 아이들이 가만히 보고 있었다. 그런데 괴로운 체험 가운데에서도 가장 두려웠던 것은, 방관자들의 침묵과 자신들을 잡아온 사람들 앞에 꿇어앉은 사람들의 너무나도 조심스러운 모습—그리고 총살되기 위해 끌려가면서 완전히 침묵하고 있었다는 사실이었다. 한 마디의 항변조차 없었고, 동정을 바라는 울부짖음도 없었고 신의 구원을 바라는 어떤 중얼거림도 없었다. 또다시 이런 세기가 그들에게 주어진다면, 어찌해야 좋을 것인가?[28)]

마이던스는 진압군의 폭력에 질려 아무런 저항도 하지 못하고 복종하는 시민들을 보면서 엄청난 폭력의 힘을 절감했다. 마이던스가 보건대, 진압 직후 순천 시민은 '공포'와 끝없어 보이는 '무기력'으로 가득 차 있었다. 순천 시민들은 자기 가족의 시체를 조심스레 찾아내고는 '통곡 속의 광란'에 빠지는가 하면, 군대와 경찰의 협력자 색출 과정에서 자신의 목숨이 손가락 하나에 정해져 있는 그 순간에서조차 '한마디의 항변도' 하지 못하고 '완전히 침묵'했다. 마이던스가 말했듯이 협력자 색출 과정의 무기력과 침묵, 복종은 가장 무서운 장면이었다. 마이던스는 그러한 세기가 다시 주어진다면 그 사람들은 너무나 깊은 절망과 무기력 때문에 더 좋은 다른 어떤 방안을 찾아낼 수 없을 것이라고 순천의 상황을 비장하게 마무리하고 있다.

마이던스의 글은 가혹한 폭력의 힘 앞에서 '혐의자들'이 얼마나 절망했는지를 그리고 있으며, 혐의자들에 대해 깊은 인간적 동정을 표시하고 있다. 국외자인 마이던스가 느꼈던 이 감정을 당시의 국내 신문 기사의 내

---

28) Carl Mydans, 1959, *More than meets the Eye*, New York, Harper&Brothers, pp.292~293.

용과 비교해보면, 그 차이는 너무나 크다. 평상시에 인간적인 동정이란 그리 주목할 만한 특이한 감정은 아니며, 보통의 사람이라면 누구나 느낄 수 있는 감정이지만, 대부분의 국내 신문은 혐의자 색출 과정을 자세히 보도하지 않았다. 국내 신문 기자들이 보기에, 여수와 순천 지역은 평상시의 논리가 통용되지 않는 적과 적이 맞부딪치는 전쟁의 현장이었고, 무력 대 무력의 충돌만이 있는 현장이었다. 이 같은 국내 신문의 접근은 봉기군을 인간으로 보지 않은 진압군의 시각과 크게 다를 바 없었다.

〈그림 6-7〉 진압군에 체포되어 손이 뒤로 묶인 반란군
이들은 트럭에 실려 형무소로 이동되었다. Carl Mydans & Shelly Mydans, *The Violent Peace*, New York, Atheneum, 1968, p.353

홍한표가 경험한 다음과 같은 에피소드는 진압군과 언론인이 손에 든 '칼'과 '펜'이라는 연장만 달랐을 뿐, 양자가 동일한 시각을 공유하고 봉기군에 대항해 싸웠다는 점을 잘 보여준다.

> 기자가 이번 사건에 부상한 사람들을 구호하기 위해 파견된 구호반의 책임자에게 "여기에 반란군측 환자는 없습니까?"하고 물었더니, 책임자는 "처음에는 있었소. 그런데 당국에서 그들은 반역자니 치료해서는 안되고 받아서도 안된다는 주의를 받고" 적십자사의 입장이나 의사의 입장으로 그럴 수 없다고 하였으나 의사가 통하지 않아 그렇다면 돌아가겠다고 항의하였다고 한다. 그런데 동행했던 우익 P신문의 명성적 존재인 한 주필은 "아까 의사가 말한 것은 잘못이다. 그런 반역자들을 치료한다는 것은 도저히 용허할 수 없다"라고 말하였다. 이에 기자가 법은 법이니 의사는 의사의 본분을 지키고 당국은 당국대로 취조할 일이 있으면 취조하면 될 것 같은데 라고 말하자 그는 "아 그럴 것 없어요. 그저……" 이러면서 좀 여기서 발표하기 어려운 심각한 언사를 쓰는 것을 보고 나는 남모르게 눈물이 나왔다. 이것은 백주에 행하여진 일이다.[29]

신문 기사들은 펜으로 우익 경찰을 살해한 봉기군과 좌익 세력의 만행을 선전하면서, 이들을 짐승이나 마귀와 똑같은 존재로 묘사했다. 카메라 렌즈를 통해 전달된 이미지는 일반인들이 좌익을 비인간적 존재나 살인마로 인식하게 만들었다.

이미지가 전달하는 직접적인 영향력을 의식한 정부는 여순사건이 진압된 뒤 특별전시회를 개최하였다. 서울에서 개최된 '반란현지보도사진전'에서는 국방부를 비롯한 중앙 5개 부처와 문인조사반이 현지에서 찍고 수집한 사진들이 1주일간 전시되었다.[30] 그리고 정부가 발간한 『반란과 민족의 각오』라는 책에도 18장의 여순사건 관련 사진을 실었다.

적에 대한 '비인간화'는 논리적으로나 현실적으로나 적의 전멸을 내포하고 있다. 적을 사람이 아닌 짐승이나 짐승보다도 못한 존재, 악마로 보는 시각은 진압군이 민간인을 양심의 가책 없이 학살할 수 있는 정당한 이유로 사용되었다.

정부와 같이 기자들도 좌익을 파괴와 살인을 일삼는 짐승보다 못한 존재, 악마로 간주했다. 신문에 실린 사진들은 주로 파괴와 살인의 현장을 그대

---

29) 홍한표, 앞의 글, 165쪽. 우익 P신문이란 『평화일보』로 추정된다.
30) 『서울신문』, 1948. 11. 24.

로 보여주는 한편 이를 진압하는 국군의 용감한 모습을 보여주는 것이었다.

사진은 현실에서 발생한 일만을 전달하는 한계가 있었다. 있지도 않은, 발생하지 않은 일을 사진에 담아 보도하는 것은 불가능했다. '좌익이 얼마나 악마 같은 존재이며 소름끼치는 무서운 존재'인지는 전달하기 위해서는 시와 답사기를 이용한 문인들의 감성적, 종교적 서술이 필요했다.

2. 문인·종교사회단체의 '빨갱이' 담론

진압군이 여수와 순천을 탈환하자, 정부는 문화계와 종교계를 대표하는 유력 인사들을 모아 현지에 파견했다. 문교부는 문인, 화가, 사진가를 모았고, 사회부는 천주교·기독교·대종교·불교 등의 종교단체 대표자들을 조직했다. 두 조사반은 현지를 둘러 본 뒤에 사건 실태와 향후 대처방안을 건의하는 보고서를 각각 작성했다.

먼저 문교부가 조직한 '반란실정 문인조사반'(이하 문인조사반)의 활동을 살펴보자.

문인조사반 파견은 문인들의 단체였던 문화단체총연합회 간부들과 문교부장관·문교부 문화국장과의 연석회의에서 처음 결정되었다. 연석회의에서는 중견 문인들을 현지로 파견하기로 결정 했는데, 문교부는 문화인들에게 "다시는 이러한 불상사가 이 땅 이 나라에 일어나지 않도록 글과 그림으로 쓰고 그려 달라"고 부탁했다.[31] 이같이 문인조사반의 파견 목적은 "현지의 참담한 모양을 실지로 답사하여 자세히 살핀 뒤에 그 발생된 원인과 근원을 올바르게 파악"하는 데 있었다.

정부는 여순사건을 소련제국주의의 음모 아래에서 공산주의자들이 일으킨 민족분열의 난동으로 파악하고 있었고, 신문 보도 또한 정부의 이런

---

31) 『동아일보』, 1948. 11. 14.

시각을 뒷받침해주고 있었다. 사건의 대체적인 윤곽은 각 신문사와 통신사가 파견한 특파원들에 의해 이미 전해지고 있었기 때문에, 문인조사반의 활동은 정부나 신문 기사를 통해 어느 정도 굳어진 사실들을 문인들의 상상력과 문필로 더욱 공고히 하는 데 맞추어졌다.

문인조사반은 10명의 조사반으로 구성됐다. 제1대는 박종화(朴鍾和), 김영랑(金永郎), 김규택(金奎澤), 정비석(鄭飛石), 최희연(崔禧淵) 등 5명으로 구성되었고, 제2대는 이헌구(李軒求), 최영수(崔永秀), 김송(金松), 정홍거(鄭弘巨), 이소녕(李韶寧) 등 5명으로 구성되었다.[32] 박종화, 정비석, 김송은 소설가였고, 김영랑은 시인이었으며, 평론가로는 이헌구가 있었다. 이 밖에도 화가 정홍거, 만화가 김규택과 최영수가 포함되었다.[33] 사진가로는 최희연과 이소녕이 있었다. 이들 모두는 당시에 이름이 잘 알려져 있던 문필가, 화가, 만화가, 사진작가들이었다. 문인조사반의 구성은 이와 같이 문화방면에서 활동하고 있었던 주요 작가들로 이루어졌다. 문인조사반은 11월 3일부터 총 6일 동안 광주, 여수, 순천, 광양, 진주 등지를 둘러보았다.

문인조사반은 답사를 마치고 서울로 돌아와 중앙 일간지에 각각 답사기를 발표했다. 이 중 가장 많은 분량이 발표된 것은 이헌구의 「반란현지견

---

32) 『서울신문』, 1948. 11. 3. 김송은 한국전쟁 때 육군종군작가단 부단장을 지내면서 「불사신」, 「폭풍」, 「달과 전쟁」, 「탁류 속에서」 등과 같은 소설을 지었다. 그의 작품은 후방사회의 타락상, 국군의 영웅적 형상화, 공산주의자들의 잔악성 고발 등을 통해 반공 사상과 애국심 그리고 적에 대한 적개심을 고취하려는 목적의식을 드러내고 있다고 평가받는다(신영덕, 2002, 『한국전쟁과 종군작가』, 국학자료원, 88~102쪽).

33) 해방 직후 만화계는 웅초(熊超) 김규택, 일송(一松) 최영수, 김용환(金龍煥) 세 사람이 이끌었다(박용구, 2001, 『20세기 예술의 세계』, 지식산업사, 294쪽). 김규택이 여·순 지역에서 스케치한 「폐허가 된 여수 구시가」, 「군기대에 붙들려가는 사람들(여수종산초등학교)」 등의 삽화와 현소(玄素) 정홍거의 삽화는 전국문화단체총동맹, 1949, 『반란과 민족의 각오』, 문진문화사에 실려 있다.

김규택은 한국전쟁 때 도쿄에 있는 유엔군사령부 심리작전과에서 전속 화가로 활동했다. 심리작전과는 공산군에 삐라를 살포하거나 확성기 방송을 통해 적을 교란시키는 심리전을 수행했는데, 1950년 7월부터 12월까지 1억 6천만 장의 전단을 적군과 아군 지역에 뿌렸다.

문기」로서 『서울신문』에 총9회에 걸쳐 연재되었다.[34] 그 다음은 박종화의 「남행록(南行錄)」이었다. 「남행록」은 『동아일보』에 총 5회에 걸쳐 연재되었다.[35] 『동아일보』에는 고영환이 쓴 「여순잡감」도 연재되었다.[36] 이 밖에 정비석의 「여·순 낙수(落穗)」가 『조선일보』에 3회에 걸쳐 실렸다.[37] 한편 문인들의 답사 보고서는 「문교부 파견 현지조사반 보고」라는 제목으로 『경향신문』에 실렸다.[38] 문인들의 답사기는 나중에 현장을 스케치한 그림, 사진들을 곁들이고 정부 요인들의 성명서 등을 첨가하여 『반란과 민족의 각오』라는 제목의 단행본으로 출간되었다.[39]

〈그림 6-8〉 여수지구사령부 앞에 선 문인조사반

34) 『서울신문』, 1948. 11. 16 · 17 · 18 · 19 · 20 · 21 · 24 · 25 · 26.
35) 『동아일보』, 1948. 11. 14 · 17 · 18 · 20 · 21.
36) 『동아일보』, 1948. 11. 30.
37) 『조선일보』, 1948. 11. 20 · 21 · 23.
38) 『경향신문』, 1948. 11. 13 · 14 · 16.
39) 전국문화단체총동맹, 1949, 『반란과 민족의 각오』, 문진문화사.

문인조사반의 여순사건 인식

'반란실정 문인조사반'의 활동을 파악하기 위해서는 현지에서 만난 사람들은 누구이며, 그들로부터는 어떤 사건 정보를 얻었는가, 문인들은 현지 실정을 어떻게 파악했는가, 문인들은 여순사건을 어떻게 인식했으며 어떤 처방을 내렸는가를 살펴볼 필요가 있다.

문인조사반은 11월 3일 서울역에서 호남선을 타고 저녁에야 광주에 도착했다. 조사반은 사건 진압을 위해 파견된 서울특경대가 제공한 트럭으로 숙소에 도착했다. 조사반은 여수에 들어갈 때도 군기병의 몇 차례 삼엄한 조사를 받고서야 군사령부로 들어갈 수 있었다.[40]

교통수단뿐만 아니라 조사 계획과 여정도 군 부대와 정부의 도움을 얻어야만 했다. 조사반원들이 가장 많이 접촉했던 사람들은 군인, 지방 공무원, 학교 교장 등이었는데, 그 중에서도 현지 상황을 장악하고 있었고 생생한 정보를 가장 많이 제공해줄 수 있었던 군인들과의 접촉이 가장 많았다. 조사단이 봉기군의 소굴이었던 14연대 주둔지를 찾아가기 위해서는 여수지구전투사령부를 찾아가야 했고, 학교 동향을 듣기 위해선 여수학교 교장들을 찾아가야만 했다. 피해 상황을 물으려면 여수군청을 찾아갔다. 문인조사반이 현지 정보를 듣고 수집하는 방식은 이런 방식이었다.

따라서 문인들이 작성한 거의 모든 답사기에 가장 빈번히 접촉했던 군인들이 빠짐없이 등장하는 것은 이상한 일이 아니다. 답사기에 등장하는 군인들은 순천지구 작전참모 이 대위와 몇몇 장교(박종화의 글), 작전본부의 작전참모 이 대위, 학병으로 갔다가 좌익 학병동맹에 대항하여 학병단을 조직한 열렬 청년 안 소위, 여수지구작전사령부 해군참모 신 중령(이헌구의 글) 등인데, 이들은 학식 높은 문인조사반원들에게 여순사건의 '진상'을 알려주는 한편 자신의 피 끓는 애국심을 표출하여 문인들에게 매우 강

---

40) 이헌구, 「반란현지견문기」, 『서울신문』, 1948. 11. 26.

한 인상을 심어주었다. 문인들의 글을 보면 조사반원들이 군인들에게 얼마나 강한 인상을 받았는지를 알 수 있다.

박종화는 한 군인이 여순사건은 공산주의자들이 군경 갈등을 이용해 일으킨 사건이라는 의견을 밝히자, "여기에 모든 원인(遠因)과 근인(近因)이 명료하게 드러난다"라고 탄복했다.[41]

군인들은 대부분 국가지상, 민족지상의 논리를 설파했다. 특히 어느 대위가 자신의 소신을 피력한 아래의 이야기는 파견된 많은 문인들에게 강렬한 인상을 준 것 같다. 이 군인은 여순사건을 다음과 같이 정리했다.

> 도대체 민족체계가 스지 않었습니다. 우리 정부가 엄연히 선 이상 국시와 국헌이 뚜렷이 서서 전 민족이 이곳에 움직여야 합니다. 겉으로 아무리 '민족지상'과 '국가지상'을 천번만번 부른듯 사상적임에 끝일뿐 온 군인, 온 학생, 온 민족에게 그 이념이 철저하도록 침투가 되지 못했습니다. 어떠하니 우리 민족은 이렇게 나아가야 하고, 이렇게 싸와야 하고, 이렇게 살어야 하고, 이렇게 죽어야 하는 것을! 확호부동하게 조직적으로 체계 있게 머리 속에 깊이 넣어주어야 할 것입니다! 공연한 미국식 민주주의, 미국식 자유주의가 이러한 혼란을 이르켜 놓은 것입니다.(당시 표기 그대로 옮김)[42]

이렇게 열변을 토하자, 이를 듣던 문인조사반원들은 "고개 숙여 묵묵히 그의 말을 경청했다"고 한다. 또한 한 청년장교는 반도들에게서는 우리를 동족이라고 생각하는 시늉조차도 찾아볼 길이 없었기 때문에 우리도 정신무장을 제대로 해야 할 것이라고 강조했고, 양(楊) 중위는 우리에게 절실히 필요한 것은 오직 순충보국(殉忠報國)이라는 일념뿐이라고 강조했다.[43]

적어도 정부가 문인조사반원들을 파견할 때에는 이들이 사태를 파악할 수 있는 일정한 학식과 견문이 있기 때문이었다. 하지만 문인조사반이 남

---

41) 박종화, 1949, 「남행록」, 전국문화단체총연맹, 『반란과 민족의 각오』, 54쪽.
42) 박종화, 위의 글, 54쪽.
43) 이헌구, 「반란현지견문기」, 『반란과 민족의 각오』, 1949, 84쪽.

긴 글을 보면, 실상은 정반대였다는 것을 알 수 있다. 현지 실정을 파악하고 대처방법을 강구하러 내려간 문인들은 현지의 진압 군인들로부터 민족과 국가관에 대한 생생한 '민족정신'을 교육받는 기회를 가졌다. 그 결과 이헌구 같은 문인은 국군을 예전과 같이 경찰을 보조하는 경찰예비대나 경찰과 갈등만을 일으키는 조직으로서가 아니라, 국가를 떠받치는 간성으로 인정할 수 있었으며 국군에게 희망찬 조국의 미래를 기약할 수 있었다.[44]

조사반이 현지에 당도하여 보고 느낀 것은 무엇이었을까? 진압작전 과정에서 집들은 불탔고, 사람들은 반군에 죽음을 당했거나 행방을 모르거나 반란에 협력했다는 혐의로 끌려 나가 죽음을 당했다. 불에 타버린 집 앞에는 혼자 내버려진 여덟 살의 소년이 나무의자에 앉아 멍한 얼굴로 있었지만, 진압에 치중한 상황에서 이재민에 대한 구호는 엄두조차 낼 수 없었다.[45] 이런 상태를 목격한 한 문인은 "우리 민족은 도저히 미래에 대한 아무런 서광도 발견하기 어려울 것"이라고 한탄했다. 여수 지역을 이전 상태로 회복시키기 위해서는 부흥예산만도 백 억 원 대에 이를 것이라는 예상이 나왔다.[46]

특히 진압작전 과정에서 대화재가 발생해 도심지 대부분이 불타버린 여수의 참상은 다른 지역보다 훨씬 심했다. 여수에 들어가자 눈에 보인 것은 총탄자국이 선명한 벽들, 화재로 타버린 시가지였다. 여수 "종두산(종고산의 오기) 밑 진남루 아래 시가지 번화한 일대는 그대로 폐허였다. 타고남은 철조 콩크리트에 네 기둥만 남은 초가에 타고남은 형해(形骸)의 집들, 탄흔은 벽과 창과 마루와 처마 끝에 어지럽고 비참하게 박혀있었다.

---

44) 이헌구는 "우리 일행을 감격케 한 것은 현지 일선장병들이 씩씩하고 친절하고 용감하고 활발한 용자(勇姿)였습니다. 이 지역에서 저 지역으로 출동하는 위용을 바라볼 때 해방 이후 처음으로 마음 든든하고 우리도 자랐구나 하는 통쾌감을 느꼈습니다.……우리는 다 같이 외쳤습니다. 씩씩하고 용감하고 훌륭한 군대를 가지자!"라고 쓰고 있다.

45) 이헌구, 앞의 글, 82쪽. 이 사진은 『반란과 민족의 각오』 21쪽에 실려 있다.

46) 최영수, 1949, 「현지답사기」, 전국문화단체총연맹, 『반란과 민족의 각오』, 102쪽.

창고자리엔 소금가마가 새까맣게 쌓인 채로 타고, 산같이 쌓인 자동차들은 엿같이 녹아 구부러졌다."[47)]

여수의 거리에는 "오로지 조각조각의 한 줌 흙과 재와 유리 파편과 타다가 남은 소금 무데기, 길다란 엿가락처럼 녹아버린 철근, 무기미(無氣味)하게 남어 있는 금고, 반란도배의 총사령부였다는 큰 카페집의 처절한 아아취형 입구의 형해"만이 남아 있었고, 여수의 심장인 중앙동, 교동은 폐허로 변해 버렸다.[48)] 반란이 휩쓸고 간 여수와 순천의 거리는 암흑과 폐허로 더 이상 사람이 살수 없는 땅으로 변해 버렸다.[49)]

이처럼 문인들은 내전의 흔적으로 총탄자국과 화재로 잿더미 밖에 남아 있지 않은 순천과 여수의 물질적 피해를 소상히 전했다. 하지만 이 폐허 속을 살아가는 시민에 대한 관심은 상대적으로 적었다. 왜 폐허가 된 시가지를 비롯한 물적인 피해는 보았지만, 그 속에서 삶을 살아가는 사람들의 모습은 발견하지 못한 것일까?

한 문인은 "대다수의 민중이 아연히 방심한 채 끝없는 침묵 속에 잠겨져 있는 듯한" 인상을 받았다고 말했지만,[50)] 수일간에 걸친 신문 연재에는 시민들이 겪었던 공포와 무력감 그리고 이런 감정들이 어디서 유래했는지에 대한 언급은 거의 찾아볼 수 없다.

소설가 정비석은 "솔직히 고백하여 이번 시찰의 결론을 일언으로 표현한다면 내가 느낀 것은 오직 암흑감 뿐 이었다"라고 말하면서, 반란지역의 치안은 어느 정도 회복되었지만 시민들 사이에선 아직 불안한 공기가 농후하다고 파악했다. 반란지역의 암울한 공기와 무력감은 단지 집이 없어졌다거나, 시가지가 불탄 것에 원인이 있지 않았다. 시민들이 불안했던 이유

---

47) 박종화, 앞의 글, 41쪽.

48) 이헌구, 앞의 글, 80~81쪽.

49) 『동아일보』, 1948. 11. 14. ; 정비석, 「여 · 순 낙수(落穗)」, 『반란과 민족의 각오』, 95~96쪽.

50) 이헌구, 앞의 글, 68쪽.

는 사태수습에 나선 정부가 구체적인 조사 없이 시민들의 생사를 마구잡이로 처리하는 데 있었다. 시민들은 진압군으로부터 신변을 안전하게 보장받을 수 없었다. 봉기지역에 거주하는 젊은이들은 거의 모두 동조자라고 의심받았고, 조그만 혐의라도 발견되면 군인들과 경찰이 곳곳에서 즉결처분을 실시했다.

진압군이 무차별적으로 혐의자를 처벌하자 소설가 정비석은 봉기군이 인공기 게양을 시민들에게 강요했고, 식량 배급도 통제했기 때문에 인공기 게양만으로 사상을 단정하는 것은 무리가 있다고 밝히면서 당국의 관대한 아량이 필요하다고 충고했다.[51)]

문인조사반원 중에서 최영수의 경우는 당시 시민들이 처한 상황을 그나마 구체적으로 서술한 예에 속한다. 최영수는 "반란에 가담했던 사람들이 예민한 군경의 손에 묶기어 혹은 열 혹은 스물 혹은 마흔, 열을 지어 저벅저벅 사령부로 걸어 들어가고" 있으며, "오고가는 사람의 표정은 아직도 창백한 채 이미 스쳐간 매혹한 선풍에 노래임[놀램]과 피로움과 무서움을 여실히 나타내고 있는 것"이라고 서술하여, 진압군의 협력자 색출 과정이 여수·순천 시민들에게 얼마나 큰 정신적 압박감을 가져다주었는지를 표현했다.[52)]

그렇다면 문인들은 여순사건을 어떻게 파악했을까? 그리고 여순사건에 어떤 대응 방안을 내놓았던 것일까?

『반란과 민족의 각오』에서 서언을 집필한 김광섭(金珖燮)은 시중에는 이번 사건의 원인을 친일파가 득세한 현실, 사상적 대립, 군경의 알력 또는 정부에 대한 반감 등 여러 가지로 지적하고 있지만, 이런 이유들은 진정한 이유가 되지 못한다고 주장했다.[53)] 그가 보기에 반란의 근본 원인은 "약소한 민족을 분열시키고 살육과 파괴로 유인하여 자기의 세력권을 확

---

51) 정비석, 앞의 글, 98~99쪽.

52) 최영수, 앞의 글, 100쪽.

53) 문인인 김광섭은 해방 후 공보처장을 지냈고 그 뒤 대통령 공보비서관, 자유문인협회장을 역임했다. 『세계일보』 사장을 지내기도 했다.

장할랴는 거대한 철의 장막" 때문이었다.

이 같은 주장은 여순사건의 배후세력을 소련으로 규정하고, 여순사건을 소련의 사주를 받는 공산주의자들의 소행으로 간주한 이승만 정부의 입장과 완전히 동일한 것이었다. 국방부는 여순사건을 "소련 제국주의의 태평양 진출정책"에 따라 이루어진 것이라는 성명서를 발표하기도 했고, 이승만 대통령은 남한의 공산주의자들을 자기 민족을 살해하면서까지 소련을 추종하는 노예 세력으로 규정했다.[54]

이승만 대통령은 '이 반란을 누가 책임져야 하는가'라는 기자들의 질문을 받고는 손가락으로 북쪽을 가리키며 "모든 분규는 하나의 근원으로부터 나온다"라고 말한 적이 있었다. 이 근원은 두말할 필요 없이 북쪽의 공산주의자이며, 북한 정권을 괴뢰정권으로 만든 소련이라는 배후 세력이었다.[55] 김광섭의 주장은 이 같은 정부의 반공주의 논리를 가감 없이 그대로 반복한 것에 불과했다.

하지만 이것과 약간 시각을 달리하여 사건의 원인을 분석한 글도 있었다. 고영환 글의 대부분은 여순사건의 원인에 대한 분석에 할애되고 있다. 이 글은 봉기군의 잔인하고 괴악무쌍한 살상을 먼저 언급하면서도, 14연대 군인들이 자신들의 봉기 이유를 직접 밝힌 『여수인민보』의 내용을 소개하였다. 다른 글들이 군인들의 봉기 이유를 밝히지 않은 채 봉기군에 대한 일방적 비난에 그쳤던 것과는 약간 다른 방식이었다.

그러면서 그는 반란사건의 원인으로 경비대가 창설할 때부터 불량배나 사상문제로 피신한 사람을 받아들여 오합지졸로 구성되었다는 점을 지적했다. 이 점은 미군정 시기의 통위부 간부들이 책임져야 하겠지만, 불순한 요소를 척결하지 못하고, 14연대 내의 반동혐의를 알았으면서도 미리 숙청하지 못한 점, 혐의가 있는 병사들을 제주도로 파병시키려 했다는 점은 국

54) 이승만, 「군경의 공로는 표창 한다」, 전국문화단체총동맹, 『반란과 민족의 각오』, 문진문화사, 9쪽.

55) From One Source, *Time*, 1948. 11. 1.

방부의 실책이라고 지적했다.

한편 고영환은 학생들이 사건에 동참하게 된 이유를 미군정 때부터 교사나 학생들이 '서투른 민주주의'에 젖었기 때문이라며 군정을 비난했다. 교사들의 서투른 자유주의적 사상이 학생들에게 침투하여 지금 학원의 풍기는 거론할 수조차 없는 문란한 상태이며, 사태가 여기까지 오게 된 것은 교직원들을 신중하게 채용하지 않은 문교부의 불찰도 적지 않다고 지적했다. 이와 같은 파악에 맞추어 고영환은 군대와 교육계 쪽의 대책을 소개하고 있는데, 큰 틀에서 보면 이러한 대책은 이승만 정부가 내세웠던 것과 크게 다르지는 않았다. 군대와 교육계에 대한 대책이라는 것이 모두 성충보국(誠忠報國)의 민족 의식을 심어주기 위한 정신교육을 매우 강조하고 있었기 때문이다.

'적'의 창출—문인들의 형상화 작업

문인조사반은 시민들의 공포와 무력감에 대해서는 둔감했던 반면에 봉기군이 벌인 비인간적 악행과 죄상에 대한 고발에 대해서는 다른 것보다 더 많은 양을 할애하여 표현했다.

박종화는 반란자들이 "동족의 피를 보고 이리떼처럼 날치고 누깔을 빼고 해골을 바시고 죽은 자의 시체 위에 총탄을 80여 방이나 놓은 잔인무도한 식인귀적 야만의 행동"을 서슴치 않았다고 고발했다.

고영환은 순천지구전투사령부 작전참모의 말을 인용하여, 반군의 잔혹상을 생생히 표현했다. 이 작전참모는 처음 순천읍에 들어 올 때는 반란도당에 대하여 그다지 큰 적개심을 품지 않았지만, 순천읍에 들어와서 무수히 쌓여 있는 시체들을 보고서는 생각이 크게 바뀌었다고 한다. 순천에서 그가 본 것은 "한 시체에 50, 60개 내지 80, 90개의 탄흔"이었고, "총살한 뒤에 눈알을 빼며 혹은 사지를 자르며 혹은 배를 가르고 오장을 헤쳐버린 것" 등이었다.[56] 이러한 생생한 표현들은 작전참모가 적개심을 일으켰던 것처럼 독자들이 봉기군의 행동에 분노를 느끼고 적개심을 불러일으키는 선동적인 문구였다.

문인들은 '잔인무도한 귀축(鬼畜)들', '천인공노할 귀축의 소행들'(이헌구), '잔인' '괴악무쌍(怪惡無雙)'(고영환), '악의 승리' '인간성 상실' '저주의 보상'(김광섭) 등의 용어를 사용하여 봉기군의 만행을 표현했다. 봉기군은 인간이라기보다는 잔인한 짐승으로 여겨졌고, '절대 악'이었기 때문에 같은 민족이 될 수 없었다. 이승만의 표현처럼 반란자들은 "한 하늘 아래 두고는 같이 살 수 없는" 존재였다.[57]

봉기군의 잔혹한 행위를 묘사하는 데서 소설가와 시인들의 상상력과 표현력은 최고조에 이르렀다. 「모란이 피기까지는」라는 순수한 서정시의 작가로 일반인에게 잘 알려져 있는 김영랑은 문인조사반으로 참여하여 여순사건의 참혹상을 시로 표현하였다.[58] 그는 봉기군들을 '악의 주독(酒毒)에 가득 취한'채 양민을 '산 채로 살을 깍기여 죽'이는 존재로 묘사하였다. 다음은 김영랑의 「절망」이라는 시이다.[59]

> 옥천(玉川) 긴 언덕에 쓰러진 죽엄 떼 죽엄
> 생혈(生血)은 솟고 흘러 십리 강물이 붉었나이다
> 싸늘한 가을 바람 사흘 불어 피강물은 얼었나이다
> 이 무슨 악착한 죽엄이 오니까
> 이 무슨 전세에 못 본 참변이오니까
> 조국을 지켜주리라 믿은 우리 군병의 창끝에
> 태극기는 갈갈히 찟기고 불타고 잇습니다

---

56) 고영환, 1949, 「여순잡감」, 전국문화단체총동맹, 『반란과 민족의 각오』, 문진문화사.

57) 이승만, 「방위방책 취하자」, 전국문화단체총동맹, 앞의 책, 7쪽.

58) 김영랑은 해방 후 적극적인 사회참여를 모색하였다고 하는데, 여순사건 문인조사반에 참가한 것도 이 같은 의식에서 비롯되었으리라 생각된다. 김영랑은 1949년에 공보처 출판국장이 되었다.

59) 김영랑, 1949, 「절망」, 전국문화단체총동맹, 『반란과 민족의 각오』, 문진문화사, 31~32쪽.

별 같은 청춘의 그 총총한 눈들은
악의 주독에 가득 취한 반도의 칼날에
모조리 도려베이고 불타죽었나이다
……
죽어도 죽어도 이렇게 죽는 수도 있나이까
산채로 살을 깍이어 죽었나이다
산채로 눈을 뽑혀 죽었나이다
칼로가 아니라 탄환으로 쏘아서 사지를 갈갈히 끊어 불태웠나이다. (후략)

그의 시는 반란군이 뿌린 붉은 피로 넘쳐흐르며, 반란군의 잔혹함을 고발하고 있다. 김영랑은 여기서 더 나아가 절대적인 선악의 기준으로 접근하면서 종교적인 언어로 봉기군의 만행을 표현했다. 김영랑은 인민재판에서 사형선고 받은 사람을 새벽에 여수경찰서에서 처형했다는 얘기를 듣고는 「새벽의 처형장」이라는 시를 지었다. "새벽의 처형장에는 서리찬 마의 숨결이 휙휙 살을 애웁니다/ 탕탕 탕탕탕 퍽퍽 쓸어집니다"라고 시작하는 이 시에서 김영랑은 '마(魔)의 숨결'이라고 표현하여 봉기군을 악마와 같은 만행을 저질렀다고 고발했다.[60]

이와 같은 인식은 김영랑에게만 한정된 것은 아니었다. 소설가 박종화는 여수에서 순천으로 가는 길에 다시 개통된 기차가 지나가는 광경을 목도하면서 다음과 같이 말한다.

"승무원과 승객들은 우리들의 달리는 트럭을 향하여 만세를 높이 부른다. 다시 소생의 환희에 벅차게 터져 나오는 힘찬 소리다. 기차길이 차돌고 감돌아 우리가 달리는 큰 길 옆으로 나타나다가 끊어지고 끊어졌다가 나타난다. 마의 반란군 800여 명이 무장을 하고 이 길로 차를 운전하며 순천을 쳐들어가는 모양이 눈앞에 선연하다." 봉기군은 이미 악마의 군대로 이미지화 되어갔다.[61]

60) 김영랑, 위의 책, 35쪽.
61) 『동아일보』, 1948. 11. 20.

종교적 언어는 봉기군을 악마의 군대로 등치함으로써 일반인들에게 공산주의에 대한 강력한 각성의 효과를 가질 수 있었다. 또한 이 같은 종교적 언어의 사용은 수사 차원을 넘어, 반공 국민 형성에 필수적인 극명한 이분법 논리를 강화해 주었다. 즉 정치세력에 대해서는 분명한 선악의 구분이 가능하며, 한쪽이 '선하다'면 한쪽은 '악하다'라는 인식이다. 이러한 인식은 악은 무슨 일이 있어도 파괴되어야 한다는 발상으로 이어진다. 실제로 이승만 대통령과 국방부장관이 발표했던 성명서를 살펴보면, 정부의 반공산주의적 담화나 전략이 반드시 파멸시켜야 할 적을 상정하는 논리구조를 가지고 있으며 맹목적인 선악 이분법에 기초하고 있다는 점을 발견할 수 있다. 이 같은 정부의 인식은 문인들의 감정적이며 다분히 종교적인 언어에 의해서 더욱 강화되었다.

여러 편의 역사소설을 쓴 바 있는 박종화는 여순봉기를 유구한 민족사의 흐름을 거역한 죄악의 사건으로 규정했다. 여수는 '조선민족의 일대 시련기인 임진왜란 때에 충무공 이순신 장군이 불타는 민족정기로 왜적의 해병을 막아낸' 곳이다. 그런데 외적을 막아낸 이곳에서 반란을 일으켜 민족을 위기에 빠뜨린 봉기자들은 '역사의 배반자'이자 '죄인'이라는 것이 박종화의 주장이었다.

종교와 반공주의

다음으로 사회부가 파견한 종교 단체의 활동을 살펴보자. 사회부와 종교단체 대표들은 10월 29일과 30일 양일에 걸쳐 연석회의를 열고 사건 지역을 위문하는 한편 진상 조사를 위해 합동조사단을 파견하기로 결정했다.

위문단에는 국내의 거의 모든 종교단체가 망라되었다. 종교위문단 의장은 박윤진(불교)이 맡았고, 재정은 조민형(감리교), 비서는 윤을수(尹乙洙, 천주교)가 맡았는데 그는 통역도 담당했다. 위원으로는 김창숙(金昌淑, 유도회), 김법린(조선불교총무원), 윤달용(성공회), 이단(李團, 천도교), 정열

모(鄭烈模, 대종교), 이경식(안식교), 김춘배(金春培, 조선기독교연합회)가 참가했다.[62]

이승만은 무쵸 미 특사와 콜터 장군에게 연합조사단을 제의했으나, 미군 쪽은 경제협조처(ECA) 소속의 스노우(Jack W. Snow)를 별도로 파견하였다. 스노우는 파견을 마치고 별도의 보고서(*Inspection Trip*)를 작성하였다.[63]

전진한(錢鎭漢) 사회부장관과 박준섭(朴俊燮) 후생국장 그리고 불교·기독교·천주교·대종교 등 각 종교 대표자들은 기자들과 같이 10월 31일 아침 서울역을 떠나, 6일까지 약 1주일간 광주, 순천, 여수, 구례, 벌교, 보성 등지를 시찰하고 귀경했다.[64]

종교위문단은 위문, 구호, 사실규명 등을 주요 목적으로 내걸었으나, 후생국장은 반란을 촉진시킨 요인이 무엇이었는지, 더 이상의 반란을 방지하기 위해서 어떤 대책이 필요한지를 더 알고 싶어 했다. 실제로 구호 사업이 유지되려면 계속적인 물질적 지원이 뒤따라야 했지만, 여력이 없었기 때문에 일회적인 지원에 그칠 수밖에 없었다. 따라서 이들의 활동은 각 지역의 '책임' 있는 인물들로부터 의견을 청취하는 것에 비중이 놓여 있었다.[65]

종교단체 대표단은 광주의 방직공장을 방문하여 공원을 격려하고(11월

---

62) 『세계일보』(1948. 11. 3)에 보도된 명단과 ECA 소속의 스노우가 작성한 보고서에 나와 있는 명단은 차이가 있다. 두 자료를 모두 참고했다.

63) 스노우의 보고서의 정식 명칭은 Economic Cooperation Administration, Technological Division, *Inspection Trip to Yosu Rebellion Area with Korean Committee,* 12 November 1948, RG 338 Records of United States Army Commands, 1942-, Entry 11070, Box 68(이하 *Inspection Trip*으로 표기함)이다. 스노우는 미군정 당시 보건후생국에서 군속으로 구호 업무를 담당했다(Headquarters ⅩⅩⅣ Corps, Officers Roster, 1948).

64) 『동광신문』, 1948. 11. 2. ; 『서울신문』, 1948. 11. 16 ; *Inspection Trip*, p.1. 전진한 사회부장관은 11월 1일 오후에 다른 일행보다 먼저 서울로 돌아왔다.

65) *Inspection Trip*, p.2. 사회부장관은 종교단체가 내려온 것은 위문 뿐 아니라 '모든 것을 직접 조사하여 근본대책을 강구'하는 데 목적이 있다고 밝혔다(『경향신문』, 1948. 11. 3).

1일), 순천지구사상자 합동추도회(11. 4)에 참여하고, 구호물자를 순천과 여수에 보내는 등의 위문 사업을 벌이기도 했지만, 지방 관리와 유지 등을 만나 사건의 자초지종을 듣는 데 거의 대부분의 시간을 보냈다. 위문단이 만난 사람들은 이남규 전남지사(11. 1), 광주 경찰서장(11. 1), 순천 군수와 민족청년단, 대동청년단 등의 단체대표자(11. 2), 순천주둔 국군과 지방관리(11. 2), 구례 경찰서장(11. 4), 중학교 교장(11. 4), 벌교 면장(11. 5), 보성군수(11. 5) 등이었다.

종교단체 대표자들이 만난 각 지역의 지방 관리들과 사회단체 대표자들의 생각은 대동소이했다. 순천의 청년학생단체원들이 종교단체 대표자들에게 전달한 내용은 전형적이다. 그들은 여순사건이 군부 내 좌익분자의 소행에서 비롯되었기 때문에 공산분자를 전국적으로 총검거하는 것이 필요하며, 시민들이 휩쓸려 들어간 것은 반공노선이 투철하지 못했기 때문이므로 앞으로는 '민족진영 총단결의 국민운동'을 전개하거나 민병을 조직해야 한다고 주장했다. 이들은 자신들의 주장을 총 6개 항으로 정리했는데, 좌익분자 숙청과 반공교육 강화는 소리 높여 주장했지만 이 사건으로 피해를 입은 유가족을 구호해야 한다는 민생대책은 오직 1개 항에 불과했다.

하지만 정부에 비판적인 지방 관리들의 발언도 있었다. 유수현 구례군수는 봉기군이 신사처럼 행동했다고 평가했다. 이에 비해 정부의 위신은 떨어졌는데, 왜냐하면 봉기군이 온다고 하자 구례에 있던 경찰과 국군이 모두 남원으로 도망가 버렸기 때문이다. 구례군수는 종교대표단에게 봉기군은 주민들의 식량을 갖고 가고, 국군은 식량, 의류, 이불을 가져가는 바람에 주민들의 불평이 많다고 지적했다.[66] 하지만 이 같은 사실은 종교대표단의 보고에서는 전혀 언급되지 않았다.

순천에 있던 브랜든 신부가 진압군에 의해 66명에서 67명의 민간인이

---

66) *Inspection Trip*, pp.6~7.

처형된 것 같다고 증언하고, 종교위문단도 60~70명의 시신이 그대로 쌓여 있는 처형장을 직접 둘러보기는 했지만, 정작 종교대표단의 보고서에는 이것도 전혀 언급되지 않았다.[67)]

한편 스노우는 종교위문단과 여정을 같이 하면서도 여수와 순천의 미국인 선교사와 진압작전에 참가했던 미군을 만나는 등 별도의 일정을 진행하며, 독자적으로 정보를 수집했다.

스노우는 순천에서 남부 장로교의 보이어(T. E. Boyer) 선교사와 아일랜드인인 브랜든(Brandon) 신부를 만났다. 보이어는 여수를 진압할 때 진압군이 400여 발의 박격포탄을 사용한 결과 시가지 일부가 불탔으며,[68)] 여수에서 봉기가 일어났을 때, 5명 내지 6명의 방첩대(CIC) 요원들이 현지에 머물고 있어서 군 당국에 완전한 보고(complete reports)를 제공했다고 전했다.[69)]

브랜든은 여수와 순천 시민들은 진압군이 들어올 때도 반기었지만, 봉기군이 들어왔을 때는 매우 반기었다고 말했다. 특히 청년들은 14연대 봉기군인들이 들어왔을 때 소리를 지르며 좋아했다고 전했다. 스노우가 시민들이 반란을 어느 정도 지원했는가 라고 묻자, 브랜든은 상당한 지원(considerable support)이 있었다고 대답했다.[70)]

흥미로운 것은 남한의 미래에 대한 당시 지식인들의 반응이다. 순천의 몇몇 지식인들은 남한이 곧 공산화될 것이라고 예상했는데, 그 이유는 중국이 공산화되었기 때문이라는 것이었다.[71)]

---

67) 이들에 대한 처형은 10월 31일 실시되었다. 처음에는 국군이 했다고 알려졌으나 나중에는 경찰이 처형했다고 알려졌다.

68) *Inspection Trip*, p.3.

69) 이는 중요한 사실이지만, 더 이상의 설명이 없기 때문에 보이어가 말한 CIC 요원들이 미국인인지, 한국인인지는 확인하기 어렵다. 봉기군은 여수를 점령한 뒤, CIC 요원인 이광선, 최인태, 김수곤 등을 처형하였다.

70) *Inspection Trip*, pp.5~6.

71) *Inspection Trip*, p.8. 한국의 미래를 중국의 공산화와 연관 지어 생각했던 지식인들은 동아시아에서 공산주의 확산 가능성을 상당히 높게 보았다. 리영희가 세계 정세에 관심을 갖고 의식의 개안이 이루어진 계기가 되었던 것도 지축을 흔들면

이 밖에도 스노우의 보고서에는 미국인과 종교인에 대한 봉기군의 입장이 자세히 언급되고 있다. 보이어와 브랜든의 증언에 따르면 봉기군은 기독교인들이라는 이유로 교인들을 따로 분류하거나 처벌하지 않았던 것으로 보인다. 브랜든 신부는 봉기 군인들이 인공기 게양을 강요했고 신자들의 집이 불타기는 했지만, 자신이 아는 한 종교적인 이유로 천주교도들이 살해되지는 않았다고 말했다.[72] 브랜든이 두려워했던 것은 봉기군이 아니라 청년과 학생들이었다. 봉기군이 건네준 총을 생전 처음 잡아본 학생과 청년들이 경찰들을 잡으러 나섰기 때문이다.

종교대표단 보고서에도 신자와 교회의 피해가 적었다고 기술했다.[73] 그럼에도 봉기세력에게 학살당했다는 순천사범생 손동인(孫東印)과 순천중학생 손동신(孫東信) 형제의 이야기는 봉기세력이 종교인을 살해한 대표적인 사례로 알려지고 있다. 특히 이들 형제의 아버지인 손양원 목사가 자신의 아들을 죽인 안재선을 사형장에서 구출하여 자신의 양아들로 맞았다는 이야기는 '원수를 사랑하라'는 예수의 말씀을 실천한 훌륭한 예로서 지금까지 널리 전해지고 있다.[74]

그러나 두 형제가 죽음을 당했던 이유는 이들이 단지 종교인이기 때문

서 새롭게 만들어져 가고 있던 중국의 공산화였다(리영희, 1989, 『역정—나의 청년시대』, 창작과비평사, 118~119 · 123쪽).

이와는 대조적으로 중국 공산화가 코앞에 다가왔을 때, 신성모 국방부장관은 "중국 공산군의 행동은 중국에서 그치지, 한국에 대해서는 하등 영향이 없다"고 잘라 말했다(『서울신문』, 1949. 4. 27).

72) 하지만 종교대표단이 작성한 보고서에는 봉기군이 일요일 예배를 이용한 대량 학살 계획을 가지고 있었지만, 국군이 진압했기 때문에 계획이 수포로 돌아간 것이라고 지적하고 있다(『대동신문』, 1948. 11. 4).

73) 『대동신문』, 1948. 11. 14.

74) 여수 · 여천향토지 편찬위원회, 1982, 『여수 · 여천 향토지』, 317~320쪽. 손양원 목사의 이야기를 담은 『사랑의 원자탄』은 7개 국어로 번역, 출간되었다. 최근에도 '사랑의 원자탄'은 창작 뮤지컬로 만들어져 순천에서 공연되기도 했다(『국민일보』, 2003. 9. 24). 이 책의 제목은 사랑의 깊고 넓음을 원자탄이라는 섬뜩한 무기 이외에는 다른 어떤 것으로 표현할 수 없었던 '시대 정신'의 일단을 보여준다.

이 아니었다. 손동인이 재학했던 순천사범학교에서는 모스크바삼상결정안이 발표된 다음부터 '반탁'과 '모스크바삼상안 지지' 논쟁이 심했는데, 손씨 형제는 우익의 반탁운동에 몸담고 있었다. 또 그들은 이철승이 대표로 있는 전국학생총연맹(학련)에서 활동하기도 했다. 형제는 기독교 신자이기도 했지만 강한 반공주의 의식을 가진 우익 청년단원들이었다. 이들이 순천 지역의 학련 학생들, 대동청년단원들과 함께 봉기군에 맞서 싸우자, 봉기세력은 그들을 체포하여 총살했다.[75] 결국 동인·동신 형제가 죽음을 당한 것은 종교적 이유라기보다는 좌우익의 정치적 투쟁이 주요한 원인이었다. 하지만 손양원 목사가 아들을 죽인 좌익을 양아들로 삼게 되면서, 두 형제의 죽음에서는 정치적 의미가 탈색되고 상대적으로 기독교적 '순교'의 측면이 두드러지게 강조되었다.[76]

한편 봉기군은 경찰과 친일파·우익 세력 처벌에는 매우 단호했지만, 미국인에 대해서는 비교적 관대한 태도를 취했다.[77] 봉기군이 여수인민대회 등에서 밝힌 성명서에서 따르면, 그들은 미국을 제국주의로 규정하고, 이승만 정권을 매국정권으로 규정하였다. 하지만 실제 미국 고문관이나 미국인 선교사에 대한 직접적인 공격은 이루어지지 않았다. 순천의 크레인 선교사 집은 봉기군에 잡혔다가 풀려난 두 명의 미 임시군사고문단원들이 숨어 지낸 곳이었다. 그리고 크레인의 집은 보이어의 집 바로 옆이었다. 봉기군은 성조기를 보고 꽤 화가 났지만, "보이어씨는 우리의 친구다. 그를 괴롭히지 말라"라는 말을 듣고는 흥분을 가라 앉혔다고 한다.[78]

---

75) 이철승, 1976, 『전국학련』, 중앙일보·동양방송, 345쪽.

76) 손동희, 1994, 『나의 아버지 손양원 목사』, 아가페, 203~235쪽 ; 손동희, 1991, 『사랑의 원자탄 손양원 목사』, 애양원교회손양원목사순교기념사업회. 손양원 목사가 일제 식민지시기부터 한센병 환자를 돌보던 여수 애양원은 '사랑의 성지'로 개발되었다(『국민일보』, 2004. 1. 21).

77) *Inspection Trip*, p.4. 브랜든은 만약 반란기간이 조금 더 길었다면, 자신의 처지가 어찌될지 몰랐을 것이라고 말하고 있다.

78) 사건 당시 크레인 선교사는 미국인이 거주한다는 사실을 분명히 알리기 위해 부대자루와 셔츠로 성조기를 만들어 문에 걸어 놓았다고 한다. 『뉴욕타임즈』에는

스노우 보고서는 여·순 지역 시찰의 결론을 다음과 같이 정리했다. 첫째, 큰 사무실에 일하는 사람이 하나도 보이지 않을 만큼 지방 행정이 마비되어 있다. 둘째, 봉기군과 진압군으로부터 식량을 뺏겨 주민들이 고통받고 있으므로 식량문제가 시급히 해결되어야 한다. 셋째, 여수 시내 부흥은 정부에 의해서 이루어져야 하며 구호물자가 보내져야 한다. 넷째, 인공기가 게양되고, 인민위원회가 설립되고, 식량배급이 된 것에 비추어 볼 때 반란에는 조직적 지원이 있었다. 다섯째, 반란에는 깊은 원인이 있다. 봉기군에 대한 광범한 지지는 정치적 문제로서 대단히 중요하며 가볍게 생각하지 말아야 한다. 여섯째, 게릴라 활동의 근거지가 되는 것을 막으려면 강하고 건설적인 조치를 취하여야 한다.[79] 이상과 같은 결론은 대체로 현실을 반영한 시찰 결과였다고 할 수 있다.

종교대표단도 11월 6일 서울로 돌아온 뒤에 보고서를 발표했다. 보고서는 봉기군이 세 차례에 걸친 학살계획을 가지고 있었다고 언급하면서, 재발 방지를 위한 대책으로서 잔학무도한 공산당의 정책을 폭로하여 모략선전에 속지 말게 민심을 계몽해야 한다고 주문했다. 또한 '현지의 의견'이라 하여 발표한 내용을 보면, 공보처를 일신하여 선전 계몽에 주력할 것, 정부가 강력한 정책을 실시할 것, 이번 사건을 군경 충돌이라고 모략선전하고 있으니 그렇지 않은 점을 일반 국민에게 잘 알릴 것 등이었다. 이것이 현지의 의견인지, 아니면 종교대표단의 의견인지조차 잘 분간이 가지 않는 내용이었다.[80]

스노우 보고서와 비교해보면, 종교대표단의 보고서는 광범한 정보 수집에 소홀했고, 실제로 조사한 사실조차도 보고서에 반영하지 못했다는 것

성조기를 중심으로 크레인(John C. Crane)과 보이어 그리고 크레인 선교사 집에 숨어 지내던 미 임시군사고문단원 그린봄(Stewart Greenbaum)과 모어(Gordon D. Mohr)의 사진이 실리기도 했다(After Communist Revolt was quelled in Korea, *New York Times*, Nov. 1, 1948).

79) *Inspection Trip*, p.9.

80) 『서울신문』, 1948. 11. 16.

을 알 수 있다. 종교대표단이 역점을 두어 보고한 것은 각 지방에서 활동하고 있었던 청년단체나 지방 관리들의 말이었다. 그 결과 종교대표단의 활동은 현지에서 제기된 대응방향을 종교단체들의 이름으로 발표한 것에 그치게 되었다.

'반공 민족'의 등장

문교부가 문인들을 현지에 파견한 표면적인 이유는 실정을 정확히 파악하고, 원인과 대응방안을 모색하는 데 있었다. 하지만 이미 각 신문사들이 현지에 기자들을 특파한 상태였기 때문에, 진상 파악이 별도로 필요한 것은 아니었다. 문인조사단은 나름대로 봉기의 원인을 파악하는 한편 대응방안을 내놓았지만, 기존의 정부 방침이나 다른 우익 사회단체들의 주장을 다시 한 번 정리하고 강화한 것에 불과했다.

여순사건으로 남긴 폐허의 참상을 고발하고, 사건이 벌어진 원인을 써 내려간 문인들은 이 사건을 어떻게 극복할 것인가에 대한 해결책을 예외 없이 민족정신을 드높이는 것에서 찾았다.

이헌구는 이 난국에 "울연(鬱然)히 치밀어 오르는 동포애와 민족정기의 기염(氣焰)이 찬연히 타오르는 강력하고도 생생한 맥박과 격동을 가슴깊이 체험하지 못한다면 우리 스스로 멸망의 길을 밟지 않을 수 없다"고 밝혔다.[81]

그렇다면 문인조사반원이 만난 거의 모든 군인들이 철모를 내려치면서 강하게 외치고, 문인들이 동감했던 '민족'의 내용은 무엇이었을까? 여순사건이 벌어진 뒤, 이승만 정부나 현지에 파견된 문인들은 반란을 일으키고 참가한 자들이 수많은 만행과 살육을 자행했기 때문에 동족이라고 생각하지 않았다.[82]

---

81) 이헌구, 앞의 글, 68쪽.

82) 박종화, 1949, 「남행록」, 『반란과 민족의 각오』, 52쪽.

문인을 만난 한 군인은 "잔인무도한 악마 같은 악착스러운 행동을 보았을 때, 이놈들은 내 제자가 아니요, 내 민족이 아니라는 것을 직각(直覺)하고 의분이 일어나서 그대로 포격명령을 내리었소"라고 말했는데, 문인들도 군인의 인식에 동조하고 있었다.

반란자 즉 공산주의자들은 '내 민족이 아니'었기 때문에 민족의 범주에서 배제되었다. 이제 이들은 동족이 아니라 민족의 '원수'이자 '적'으로 간주되었다. 이제 공산주의냐 반공이냐 라는 이데올로기적 기준이 민족의 구성원을 규정하는 1차적 의미를 띠게 되었다.

'반공 민족'의 발견은 이승만 정권이 직면한 위기를 타개하기 위한 가장 중요한 교두보였다. 같은 핏줄을 공유하고, 같은 지역에 살며 동일한 역사를 공유하기 때문에 지금까지는 '내 민족'이라고 생각했지만, 이제는 잔인무도한 악마로 변하였기 때문에 같은 민족이 아니게 되었던 것이다. 그리고 민족을 통일하는 구심점은 반공이었으며, 반공을 중심으로 뭉치는 것이 민족이 살아가야 할 길이 되었다. 이와 같이 여순사건은 '반공 민족'을 탄생시키는 주요한 계기였다.

문인들의 여순사건에 대한 인식과 활동은 사실상 이승만 정부의 그것과 맥을 같이하는 것이었다. 픽션을 만들어내는 소설가와 시인들로 이루어진 문인조사단은 현지 실정을 가장 감각적인 문체로 독자들에게 전달했다. 만약 문인들의 역할이 없었더라면 독자들(국민)은 봉기군의 만행에 대해 적개심을 느낄 수 없었을 것이고, 아직도 봉기군들을 같은 민족으로 생각하는 '우매함'에서 벗어날 수 없었을 것이다. 진압에 참여했던 군인들이 느꼈던 적개심은 문인을 통해 온 국민에게 전달되었다. 문인들의 작업은 공산주의자를 민족의 범주에서 완전히 배제시키는 것이었다. 반란을 일으킨 사람들이 같은 민족이 아니라는 점을 문인들만큼 확실하게 전달한 계층도 없었다. 이와 같이 문인들이 수행했던 가장 주요한 역할은 '픽션'으로서의 '반공 민족 형성'에 있었다.

이승만 정부로서는 이 사건을 '동족상잔'이라고 표현하는 것은 미온적이고 동정적인 태도이며 올바르지 않은 관점이었다.[83] 이 같은 미온적인 입장은 교정되어야 했으며, 이를 고치기 위해서는 굳건한 반공 적대의식으로 무장한 민족의식의 확실한 정신교양이 필요했다.

여순사건 진압 후 발표된 「공산당 선동에 속지 말라」라는 글에서 이범석 국무총리는 민족청년단 시절부터 부르짖어 온 '민족지상', '국가지상'을 주창하였다. 그는 미군정 때 유포된 방만한 '개인주의'를 비판하는 한편 '민중'과 '계급'을 비판했다.

이범석은 일제 식민지 시기의 민중이 오직 자신들의 생명과 재산을 유지하는 데 급급한 나머지 민족이 무엇인지, 국가가 무엇인지를 완전히 망각했다고 평가했다. 그는 식민지 시기의 민중이 '오직 그날그날의 눈속임과 모면으로써 일신의 생명 재산을 유지하려는 습관'을 익혔으며, 이러한 습관은 해방 후에도 이어져 '무법적인 공산주의자들에게 식량을 제공하면서도 법대로만 움직이는 군경에게는 다른 핑계를 대면서 식사도 주지' 않는 예를 들면서, 결론적으로 '민중은 비겁하고 야속하고 가련한 행동을 일삼는 현실주의자'라고 혹평했다.[84]

이와 같이 이범석은 민중을 완전히 불신하고 있었다. 생계에 어두워 민족대의를 망각하고 개인주의와 이기주의가 몸에 밴 민중을 이범석은 신뢰할 수 없었다. 그는 개인이 잘 살려면 제일 먼저 민족을 구해야 하고, 민족과 국가를 살림으로써만이 개인이 다 같이 잘 살수가 있다고 주장했다.[85]

이범석이 민중을 불신하고 민족에 의지한 것은, '민중'이나 '계급'은 구성원을 분열시키는 개념이었던 반면에, 민족은 구성원의 단합을 도모하고 통일체를 지향하기 때문이다. 민족이 운명을 같이하는 하나의 통일체라면, 그 안에서 분열돼 반란을 획책하는 좌익 세력을 민족의 구성원으로 인정하기 힘들었다. 분열을 봉합시키고 통일을 추구한다는 점에서 민족만큼 요

83) 이헌구, 앞의 글, 76~77쪽.
84) 이범석, 1949, 「공산당선동에 속지마라」, 『반란과 민족의 각오』, 15쪽.
85) 이범석, 위의 글, 16쪽.

구되는 개념과 사상도 없었다.[86]

결론적으로 이범석은 민족의 품속으로 돌아와서 조국을 재건하는 것이 각개인의 지상 의무이며, "공산당을 박멸시키는 일은 군대나 경찰이나 관리만이 가진 의무가 아니라 국민 전체의 의무"라고 주장했다. 그리고 이 같은 민족적 대의를 수행하는 임무는 민중이 아니라 민족의식을 먼저 자각한 엘리트층에게 주어졌다.[87]

초기 대한민국 정부가 수립된 상황에서 제기된 이와 같은 '반공 민족'의 담론은 대한민국 국민을 형성하는 데 주요한 이데올로기적 기능을 수행했다.

'반공'이라는 내용으로 국가와 민족이 구성되어야 한다는 주장은 국가의 의제를 지배층이 장악하는 결과를 초래했고, 민중은 엘리트로부터 민족의식을 계몽, 교육받아야 할 피교육자로 위치 지워졌다. 문인들이 만난 대부분의 진압 군인들은 철저한 민족의식의 고양과 교육이 필요하기 때문에 19세 이하의 청소년에게는 군대적 훈련이 필요할 것이라고 주장한 바 있었다.[88] 이런 주장은 여순사건 뒤 각 학교에 정치적, 군사적 훈련을 실시할 수 있는 학도호국단을 결성하는 것으로 나타났다.

또한 민족정신은 단지 이념으로서가 아니라 급박한 실천의 문제로 제기되었다. 여순사건 같은 비상사태는 '국가지상', '민족지상', '애국애족' 같은 슬로건을 갖고 해결될 문제가 아니라는 것이었다. 한 군인이 주장했던 것처럼, "나라를 위하여 목숨을 바치겠다는 행동을 통한 신념으로서의 실천"이 필요했다.[89]

---

86) 김송, 「문화운동을 전개하라」, 전국문화단체총동맹, 앞의 책, 123쪽.

87) 이범석, 앞의 글, 17쪽.

88) 이헌구, 앞의 글, 84쪽.

89) 이헌구, 위의 글, 89쪽. 이헌구는 한국전쟁이 일어나자 반공의 무기로 문학이 필요함을 역설했다. 그는 '때는 바야흐로 우리 문화인 전체로 문화전선을 형성해야 할 시기'라고 하면서, 국토방위 최전선에 못지않은 '정신적 전선'을 공고히 구축하는 것이 필요하다고 주장했다(이헌구, 1952, 「문화전선은 형성되었는가」, 『전

이러한 실천은 두말할 필요 없이, 여수·순천 등지에서 "자! 저들 반도를 쏘아라!"라는 실천 명제로, 봉기 혐의자들에 대한 무차별적 학살로 나타났다.[90]

3. '여학생 부대'의 신화-유혹하는 공산주의

학생들의 여순사건 가담

여순사건에 학생들이 가담했다고 알려진 것은 국방부 발표를 통해서였다. 10월 28일, 국방부는 제7호 발표를 통해 여수 시민뿐만 아니라 봉기군의 선동 때문에 여학생과 '소학생'까지도 봉기군에 합류했다고 발표했다.[91] 정부는 봉기군이 '38선이 터지고 중앙에 새 정권이 세워졌다'고 거짓으로 선전하면서, 18세부터 25세까지의 청소년을 중심으로 강제로 인민군을 만들었다고 밝혔다.[92]

사건이 진압된 뒤인 11월 5일, 서울을 비롯한 남한 각지에 비행기로 살포된 국방부의 '전국 동포에게 고함'이라는 삐라에는 봉기군이 "철모르는 중학생에게 무기를 주어 국군에 대항케 하고 양민을 도살케" 했기 때문에 "선동에 빠진 중학생들은 토벌부대의 본의 아닌 총탄의 희생이 된 것이다"라고 말하고 있었다.[93]

이같이 봉기군의 선동 때문에 순진한 학생들이 사건에 가담하게 되었다는 이야기는 이범석 국무총리가 포고문을 통해 대다수의 14연대 군인들을

선문학』 2호).

90) 이헌구, 위의 글, 71쪽.

91) 『경향신문』, 1948. 10. 29.

92) 「박종화 : 남행록(3)」, 『동아일보』, 1948. 11. 18.

93) 『호남신문』, 1948. 11. 6.

'단순무지'하고 '피동적'인 선량한 군인들로 규정하고, 문제가 되는 것은 일부분의 극소수 군인들이라는 선전과 동일한 논리였다.[94]

여순사건 초기에 이범석 국무총리는 봉기군조차도 '일부 그릇된 공산주의자와 음모정치가의 모략적 이상물'이 되었다고 말했다. 이러한 논리는 공산세력의 선동을 강조하여 봉기 주동자와 추종자를 분리하고, 봉기세력이 소수에 불과하다는 점을 강조하려는 의도였다. 이범석의 논리는 좌익 세력과 김구를 압살하려는 정치적 의도에서 나온 것이었다.

하지만 전투를 직접 수행한 현지의 분위기는 정부의 정치적 의도에 따른 선전과는 달랐다. '순진하게 동원된 학생'이라는 정부 선전이 진압 현장에서는 '반란군보다 더 악랄하고 무자비한 학생'이라는 이미지로 대체되었다.

여수 진압작전에 참가했던 제12연대 백인엽 소령은 봉기군보다 오히려 남녀 학생들이 더 용감하게 저항했다고 말했는데,[95] 이는 단순히 선동과 사주에 의한 일시적 흥분이라기보다는 평소 공산계 반동교육자에 의한 지시를 받아왔기 때문이라는 것이 그의 주장이었다.[96] 순천 작전을 주도한 김백일과 채병덕, 송호성 등 군 고위 인사들도 순천과 여수에서 학생과 시민으로 이루어진 저항세력이 조직적 저항을 시도하여 진압작전이 어려웠다고 토로했다.[97]

여순사건에 남녀 학생들이 가담하여 극렬하게 싸웠다는 서술은 여순사건을 다루고 있는 기록물 등에서 많이 보인다. 국방부가 발간한 『한국전쟁사』는 남녀 중학생들이 카빈총을 가지고 게릴라전을 수행하고 국군을 유인하는 등 지능적으로 행동했는데, 비록 "나이는 어리다고 하지만 그들은 오장이 적색사상으로 감염됐기 때문에 총부리 앞에 쓰러지면서 '인민공화국 만세'를 불렀다. [따라서] 진압군들도 단호하게 그들을 소탕했다"라

94) 「반란군에게 고한다」, 『서울신문』, 1948. 10. 24.
95) 『동광신문』, 1948. 11. 3.
96) 『대동신문』, 1948. 11. 14.
97) 『서울신문』, 1948. 10. 29 · 30 · 31.

고 적고 있다.[98)]

남녀 학생들의 전투 참가의 진상과 그 의미를 알기 위해서는 여순사건의 전개 과정에서 학생들의 역할이 어떻게 변해 왔는지를 살펴볼 필요가 있다. 제14연대가 점령했을 때의 학생 역할과 국군이 여순에 진격했을 때 학생 활동은 달랐고, 반란에서 학생들의 역할이 컸다고 강조하는 것은 진압군 작전 실패와 관련이 있기 때문이다.

학생들의 참여는 봉기군이 여수와 순천에 진입하면서부터 시작되었다. 제14연대는 학생들이 지역 실정을 잘 알고 있을 뿐 아니라 가장 잘 조직적으로 움직일 수 있는 계층이었기 때문에 이들의 도움을 받았다.

10월 20일 여수에 들어온 14연대는 읍사무소와 백두회관 앞에 99식 소총과 카빈총을 산더미같이 풀어놓았는데, 청년과 학생들은 자발적으로 경찰과 우익진영 사람들을 잡으러 나섰다.[99)]

학생들은 지하에 잠복해 있던 민주애국청년동맹(민애청) 조직을 이용해 조직되었지만, 모든 학생이 이런 방식으로 조직된 것은 아니었다. 조직적으로 움직인 학생들도 있었지만, 젊은 혈기에 친일 경찰 등에 대한 분노의 감정에 따라 움직인 학생들도 있었다.

민애청은 기존 조직을 복구하는 한편 군대가 배포한 총으로 무장한 일반 학생들이 가담하면서 그 세력이 확대되었다. 이런 상황에서 지하에 있던 민애청, 민청, 학동, 여맹, 합동노조, 교원노조, 철도노조 등은 자발적으로 인민의용군을 조직하였고, 이들은 일제에 협력했던 친일분자나 경찰, 우익청년단체 등의 '반동 우익분자'를 색출하였다.[100)] 이 과정에서 학생들은 이러한 일을 도와주거나 길을 안내하는 등 14연대 봉기군과 지방 좌익세력을 보조하는 역할을 맡았다.[101)]

---

98) 국방부 전사편찬위원회, 1967, 『한국전쟁사1－해방과 건군』, 464쪽.

99) 김계유, 1991, 「1948년 여순봉기」, 『역사비평』 겨울호, 256쪽.

100) 김계유, 위의 글, 262~263쪽.

101) 『대동신문』, 1948. 10. 28. 그러나 여기에서도 여학생들이 봉기군에 가담했다는

그러나 국군이 순천과 여수에 대한 진압작전을 시작하면서 학생들의 역할과 비중은 이전에 비해 상당히 달라진다.

순천에 대한 진압군의 탈환작전은 10월 21일부터 시작되었는데, 이날 밤 봉기군 주력부대는 이미 인근 산악지대로 도피하였다. 진압군이 23일에 순천 시내로 진입할 때, 봉기군 정규 병력은 거의 없었고 경찰이 가지고 있던 무기나 죽창 등의 간단한 무기로 무장한 좌익학생이나 좌익 단체원들이 주로 남아 있었기 때문에 큰 위협이 될 수 없었다.[102] 그 결과 정부군은 고립된 시민·학생들의 저항을 손쉽게 무력화시키면서 비교적 용이하게 순천 시내를 점령할 수 있었다.[103]

하루만에 "시내의 상점 유리창과 문과 벽에 총 맞은 흔적을 거미줄같이" 내며 순천을 완전 점령한 진압군은 14연대 봉기에 동조했던 인사들을 가려내기 위해 집집마다 수색했다. 봉기군 주력이 이미 산악지대로 퇴각하여 주적이 없는 상황이기 때문에 진압군은 '반란군 소탕'이라는 눈에 보이는 뚜렷한 성과를 낼 수 없었다.

순천 진압작전 때 지방 폭도들과 학생들이 죽창과 총으로 무모한 저항을 시도하여 진압군은 양민과 폭도를 구별하기 어려웠다고 하지만,[104] 남아 있는 저항세력의 대부분이 민간인이었기 때문에 시내 소탕작전의 주요한 대상으로 설정된 것은 시민과 학생층이었다.

사실은 보도되지 않았다.

102) 백선엽, 1992, 『실록 지리산』, 고려원, 180쪽.

103) 당시 진압군의 말을 보도했던 신문들은 전투가 치열했다고 기록했지만, 미군 보고서는 "세 발의 박격포탄을 발사한 후 시내에 진입하자 별다른 전투를 치루지 않고서도 방어선이 무너졌다"고 기록했다(존 R. 메릴, 1988, 『침략인가 해방전쟁인가』, 과학과 사상사, 210쪽). 동일한 전투상황에 대한 상이한 평가는 중요한 의미를 갖는다. 즉 순천 진압이 어렵지 않았는데도 진압군은 왜 전투가 어려웠음을 강조해야만 했는가하는 의문이 생기는데, 이는 학생들의 극렬한 저항을 강조해야만 진압군의 무리한 작전이 변호될 수 있기 때문이다.

104) 국방부 전사편찬위원회, 1967, 앞의 책, 463쪽. 당시 진압군은 양민과 폭도를 구별하기 어려웠다는 점을 들어 양민이 모두 폭도였다는 식으로 몰아갔지만, 이것은 반대로 저항이 심각하지 않았다는 점을 의미했다.

여수 상황도 순천과 비슷했다. 진압군의 본격적인 작전을 예감한 봉기군은 10월 24일에 벌어진 미평전투 패배로 진압군 포위망이 무너진 틈을 타, 이날 밤에 지리산과 벌교방면으로 탈출했다.105) 진압군이 26일에 다른 지역의 부대까지 끌어들여 소탕작전에 나섰을 때, "반란군은 의외로 저항다운 저항도 없이 달아나 버렸다."106)

10월 27일 진압군이 여수 시내에 들어갈 때, 시내에는 "반란군 200명, 민병 1천으로 구성된 무장세력"이 있다고 진압군은 파악했다.107) 진압군은 민간인 1천 명의 주요한 참가자를 학생들로 파악하고 있었다.

진압군은 여수에서의 저항이 극렬했다고 표현했지만, 실상은 진압군의 공격을 죽창이나 총으로 방어하는 데 급급한 비조직적이고 무모한 저항일 뿐이었다. 봉기군이 탈출한 뒤, 여수에서는 행동대장 서종현(일명 OB암살단 단장)이 좌익 조직원과 학생들에게 99식 소총에 실탄을 장진하여 사격을 몇 번 시켜보는 정도의 훈련을 시키기도 했지만, 우수한 장비와 전투 경험을 가진 진압군이 들어오자 모두 달아나 버렸던 것이다. 오히려 이들은 달아나서 계속 숨어 있었던 탓에 많이 살아남았다고 한다.108)

제대로 된 군사훈련 한번 받아본 적이 없는 시민이나 학생들은 명령 체계를 갖추고 훈련된 정식 군대와 맞서 조직적이고 효과적인 전투를 수행할 수 없었다. 더구나 이들은 사상으로 무장한 "오장이 붉은 공산주의자"도 아니었다.

당시 작전에 참가했던 백선엽은 "나는 지금도 그렇게 많은 '빨갱이'가

---

105) 황남준, 1987, 「전남지방정치와 여순사건」, 『해방전후사의 인식』 3, 한길사, 454쪽.

106) 백선엽, 1992, 앞의 책, 186쪽. 인민위원회가 있던 군청은 의외로 저항력이 약하여 교전 5분 만에 점령되었다(『호남신문』, 1948. 10. 30).

107) 물론 이 숫자는 정확한 것이 아니다. 한 신문에는 25일 국군이 봉기군 200여 명 남녀 학생 700여 명의 반격으로 일단 물러났지만, 장갑차대와 기관총을 설치한 짚 6대로 편성된 기계화부대와 박격포 공격으로 봉기군의 약 반수를 감소시킨 다음, 27일 아침 시내로 돌입했다고 보도했다(『동광신문』, 1948. 11. 7).

108) 반충남, 1998, 「여순반란사건, 인민재판은 없었다」, 『월간 말』 11월호.

있다고 생각하지 않는다. 단순 가담자의 대부분은 핵심 좌익계 인물들의 선전과 현실적인 신변의 위협 속에서 나름대로 살 길을 찾아 나섰던 것으로 보고 있다"라고 했다.[109] 정규군을 상대로 한 시민과 학생들의 전투는 더 이상 도망갈 곳 없는 남해안 반도라는 지리적 여건과 이미 신분이 노출된 상황에서 이루어진 '생존을 위한 방어'에 불과했다.

현지 전투과정에서 실제의 적은 바뀌었다. 여수를 점령하여 포로를 체포했을 때, 반군은 단 10명에 불과했고 나머지 500명은 시민이었다.[110] 결국 여수 진압작전은 봉기군을 대상으로 한 전투라기보다는 시민을 대상으로 한 전투였다. 당시 진압군 장교들도 이런 점을 지적했다. 10월 24일 여수진입 도중에 고막이 터지는 상처를 입고 퇴각한 송호성 장군은 이 전투가 반군진압작전에서 '봉기시민 소탕'으로 완전히 변했다고 인정했다.[111]

봉기군의 저항이 거세어 진압작전이 매끄럽게 전개되지 못하고 치열한 전투가 이어졌다고 진압군은 발표했지만,[112] 학생들의 '완강한 저항'을 강조하게 된 것은 정부 진압작전의 무리한 전개와 그 실패를 덮어버리려는 의도에서 나온 것이었다. 그러나 진압군이 시민과 학생들의 저항을 강조한 더욱 중요한 이유는 반란의 근원지에 대한 보복과 응징을 위해서였다. 진압군은 정부에 저항한 전남의 반도지역을 쑥대밭으로 만들어 저항의 대가가 어떤 것인지를 전 시민의 눈앞에 직접 보여주었다.

여순사건을 전후한 학생들의 동태는 순천농림학교장이 사건 당시에 기록한 일기를 통해 알아볼 수 있다.[113] 이 일기에 따르면 사건이 진압된 후 순천농림학교의 출석 상황을 보면, 교사 총 52명 중 45명이 출석, 3명이 검

---

109) 백선엽, 1992, 앞의 책, 192쪽.

110) 설국환, 1948, 「반란지구답사기」, 『신천지』 11월호, 152쪽. 이러한 점 때문에 작전사령관 김백일 중령은 체포된 혐의자를 골라내는 데 어려움이 있다는 고충을 토로했다.

111) 『부산신문』, 1948. 10. 31.

112) 『서울신문』, 1948. 10. 31.

113) 「박종화:남행록(完)」, 『동아일보』, 1948. 11. 21.

거나 행방불명, 나머지는 병고, 가정 보호, 여행 중이었다. 학생은 총 848명 가운데 635명이나 결석하였다. 무려 75%의 결석률이었다. 결석 사유를 보면, 여순사건과 관련하여 검거 · 도피로 결석한 학생은 22명이고, 202명은 병으로, 112명은 가정보호를 이유로 결석했다. 나머지는 행방불명(7명)이거나 사망한 경우(8명)였고 확인되지 않은 경우(284명)도 있었다.

개학하기 전 학교 측은 사건에 가담한 직원도 있고, 학생과 그 가족의 공포감으로 개교가 쉽지 않을 것이라고 걱정하고 있었다.[114] 이에 따라 학교 당국은 읍내 요소에 광고문을 붙이거나 교사들이 가정방문을 하여 개교 사실을 알렸다.

11월 1일 순천농림학교 개학일에 등교한 학생 숫자는 그리 많지 않았지만, 4일이 지난 11월 5일의 등교율은 40%에 이르러 15%가 증가했다. 이 같은 등교율 증가현상은 시일이 가면서 더욱 높아졌으리라 생각된다.

신문 보도에 의하면 11월 5일 현재, 순천 각 학교의 학생 출석률은 초등학교가 100%였고, 순천중학교 35%, 매산중학교 40%, 순천여자중학교 60%, 순천사범학교 45%, 순천농림중학교 40%였다.[115]

학교에 출석하지 않은 학생들 모두가 봉기에 가담했다고는 볼 수는 없었다. 집이 멀리 있어 기숙사에 있던 학생들은 학교가 휴교상태에 있었으므로 가정으로 돌아간 경우가 있었다. 이런 처지의 학생들은 사건이 전 지역을 휩쓸고 간 뒤라 학교에 다시 나올 만큼의 여유가 없었고, 통학기차 같은 교통수단도 아직 마련돼 있지 않았다. 그러나 순천 지역의 출석률 수치는 여순사건의 영향이 학생들에게 큰 영향을 미쳤음을 알 수 있다.

학생들의 동태를 파악할 수 있는 다른 통계로는 순천중학교(현재 순천

---

114) 국민학교는 여수가 진압되자마자 10월 28일 개학했지만, 중학교는 11월 1일에 개학하기로 했다.

115) 『독립신문』, 1948. 11. 11. 한편 『세계일보』는 오경심 교사를 위시로 하여 순천사범학교 학생 60%가 반란에 참가했고 순천농중, 순천중학, 매산중학의 순서로 참가자수가 많다고 위의 신문과는 다르게 보도했다(『세계일보』, 1948. 11. 2).

고등학교)의 졸업대장이 있다. 순천중학교의 1949년 졸업생 숫자를 보면, 예전에 비해 훨씬 적은 35명이었고 1950년 4월 졸업생도 33명에 그쳤던 것이다.[116)]

결론적으로 학생들은 정부의 선전처럼 순진한 상태에서 군인이나 좌익의 권유에 이끌려 여순사건에 가담한 것도 아니었고 봉기 군인들보다 더 적극적으로 앞에 나서서 진압군에 맞서 싸웠던 것도 아니었다. 학생의 여순사건 참가에 대한 양극적 이미지는 정부와 진압군이 용도에 따라 퍼뜨린 것에 불과했다. '순진한 학생'이라는 이미지는 사건에 가담한 학생들을 분리시키기 위해서였고, '극렬한 학생'이라는 이미지는 여순 진압작전의 무모함 때문에 생긴 작전실패와 민간인 피해를 합리화하려는 호도책의 일환이었다.

하지만 여순사건에 교사와 학생이 가담했다는 보도는 정부가 강경한 대응책을 내놓을 수 있는 배경이 됐다. 이승만 대통령은 11월 4일 여순사건에서는 '어린아이들이 앞잡이'가 되었고 여학생들도 심하게 봉기군에 가담했다고 발표했다. 대통령은 순진한 자녀들이 이같이 된 것은 부모와 교사에게 그 죄가 있는 것이므로 우선 각 정부기관에서는 모든 지도자 이하로 남녀아동까지라도 일일이 조사해서 불순분자는 다 제거하여 반역적 사상이 만연되지 못하게 해야 하며, 앞으로 어떠한 법령이 발포되더라도 전 민중이 절대 복종해야 한다고 했다.[117)]

학생들의 참가에 대한 놀라움과 분노는 먼저 여순사건에 조금이라도 관련이 있는 교직원을 파면하는 것으로 나타났고,[118)] 기존의 교육정책에 대한 비판과 함께 철저한 '국가지상, 민족지상' 교육의 필요성을 강조하는 것으로 이어졌다.

한 신문은 학생들의 참가 문제를 다룬 사설에서 "순진하여야 할 남녀

116) 순천 KBS, 2008, 「잃어버린 기억」.
117) 『국제신문』·『수산경제신문』, 1948. 11. 5.
118) 『세계일보』, 1948. 11. 21.

학생이 참가했다는 것은 불상사 중에도 더욱 놀라운 일"이며, 이를 계기로 문교당국은 교육에 대한 심각한 고구(考究)와 강력한 실천이 있어야 한다고 주장했다. 이를 위해서 앞으로는 학생에게 건전한 국민주의를 고취해야 하고, 교사들의 생활을 보장해야 하며, 학과주입에 치중하기보다는 사회생활 · 정서교육에 치중해야 한다고 주장했다.[119)]

한 작전장교는 이렇게 얘기 했다.

> 우리 민족은 이렇게 나가야 하고 이렇게 싸워야 하고 이렇게 살아야 하고 이렇게 죽어야 하는 것을! 확고부동하게 조직적으로 체계 있게 머릿속에 깊이 넣어주어야 할 것입니다. 공연한 미국식 민주주의, 미국식 자유주의가 이러한 혼란을 일으켜 놓은 것입니다. 이 악랄한 세계 제패의 공산주의자의 사상은 학교뿐 아니라 군인과 사회 속 각층 각 방면에 침투가 되었던 것입니다. 이것이 이 불행한 이 반란을 일으킨 원인입니다. 정부에서는 우리 민족이 가져야 할 국시를 하루바삐 명확하게 세워서 3천만 전 민족의 머릿속에 깊이깊이 뿌리박고 일어나도록 교육하고 선전해야 할 것입니다.[120)]

진압작전에 참가했던 한 작전장교의 말을 소설가가 윤색하여 정리한 이 발언은 여순사건을 겪은 이후 남한의 교육이 나아갈 방향을 제시한 선언이었고, 이후에는 남한 사회의 지배적인 사고방식으로 자리 잡았다. 반공주의는 국민이 살아가야 하는 삶과 죽음의 방식도 규정함으로써 국시(國是)가 되었다.

'환상의 여학생 부대'

여순사건에 학생들, 특히 여학생이 참가했다는 사실은 큰 반향을 불러일으켰다. 여수와 순천의 여학생들의 봉기 참여는 진압군이 이 지역을 점

119) 『조선일보』, 1948. 11. 2.
120) 「박종화:남행록(完)」, 『동아일보』, 1948. 11. 21.

령한 직후부터 신문에 보도되었다.

한 신문은 국군이 여수 시내를 수색하던 중, "여학생이 손에 감추어 두었던 총으로 군인을 쏘아 죽이고 도주하여 버렸는데, 이러한 예는 열거할 수 없을 정도로 많다"고 보도했다.[121]

또 다른 신문은 학생들이 끝까지 진압군에게 대항하고 있다고 다음과 같이 보도했다.

> 관군이 여수 시가에 돌입하였을 때 조그마한 여학생 하나가 "아저씨!"하고 뛰어나와서 한 병사한테 달려들었는데 그 병사는 인민군에 납치되어 있던 여학생인줄 알고 "걱정마라! 적은 우리의 손아귀에 있다"하고 외치자마자 **스카트 밑에 감추었던 권총을 쏘아서** 그 병사를 죽인 예가 있다.[122]

신문에 조그맣게 보도된 위의 기사는 문인들의 손을 거치면서 진압과정에서 발생한 극적인 일화로 탄생되었다. 아래는 소설가 박종화가 쓴 여순사건 답사기 중의 한 부분이다.

> 작전참모는 다음과 같이 말했다. "공산주의 사상이 한 번 머리에 들어가면 어떻게 사람이 지독하게 되는 것을 아십니까? 여수 진주(進駐)에서 생긴 일인데 **여학생들이 카빈총을 치마 속에 감추어 가지고 우리들 국군 장교와 병사들을 유도합니다.** 오라버니! 하고 재생의 환희에서 부르짖는 듯 우리들을 환영합니다. 무심코 앞에 갔을 때는 벌써 치마 속에서 팽! 소리가 나며 군인들은 쓰러져버리고 말았습니다. 이 깜찍한 일을 보십시오. 이것들은 나이 겨우 열여덟, 열아홉 살 되는 것들입니다.……
>
> **이러한 여중학생 몇 명을 잡아다가 고문을 했습니다.** 그 꼴을 보느라고 너는 총살이다 위협했더니 처음엔 부인을 하며 엉엉 울다가 하나 둘 셋하고 구령을 불러서 정말 총살 하는듯한 모양을 보였더니 "인민공화국 만세"를 높이 부릅니다. 기막힌 일이 아닙니까? 평시에 학교 교육이 얼마나 민족적인 육성에 등한

121) 『부산신문』, 1948. 10. 31.

122) 『동광신문』, 1948. 11. 2. 굵은 글씨체로 된 강조는 필자가 표시했다.

시했다는 것을 증명하고 남는 노릇이올시다. 학교에 다닙네 하고 공산주의의 이념만을 머리에 집어넣는 공부를 한 셈이올시다.[123)]

신문에 학생들의 봉기 참여가 보도되자, 이승만 대통령은 이번 사건에서 가장 놀라운 일은 "어린 아이들이 앞잡이가 되어 총과 다른 군기(軍器)를 가지고 살인 충돌하는데 여학생들이 심오하게 한 것"이라고 지적하면서, '사생을 모르듯 덤비는 상태는 완전히 인간의 형태를 벗어난 행동'이라고 질타했다.[124)]

여순사건을 상세히 정리한 『광복 30년』에는 순천 중앙동 진압과정에서 어떤 여자중학생이 진압군에게 "국군 아저씨 고생이 많으시군요. 우리 집에 가서 물 한 그릇 잡숫고 가세요"라고 하면서 골목길에 있는 집으로 안내하더니 갑자기 권총으로 군인을 쏘아 죽였다는 이야기가 다음과 같이 실려 있다.

(순천 읍내의) 소탕전이 계속되는 동안 폭도들의 반항은 끊이질 않았다. 최후의 발악이었다. 심지어 어린 중학생들까지도 카빈총을 들고 게릴라전을 해오는 것이었다. 제12연대 3대대(대대장 이우성 대위)가 중앙동 입구 골목길을 수색하고 있을 때 골목어귀에서 여학생 1명이 불쑥 얼굴을 내밀더니 끝에 가던 2중대 소속 하사관 한 사람을 불렀다. "국군 아저씨 고생이 많으시군요. 우리 집에 가서 물 한 그릇 잡숫고 가세요"

얼핏 보니 순천 모 여중 재학생으로 **상냥한 웃음을 띠우며** 손짓까지 하는 것이었다. 하사관은 그렇지 않아도 목이 잔뜩 마르는 판인데 잘됐다 싶었다. 그는 들고 있던 **카빈총을 동료에게 맡긴 후 혼자서 여학생을 따랐다.** 골목길을 따라 50여m 쯤 왔을까? 여학생은 어느 집 대문 속으로 들어가더니 물 한 사발을 들고 나왔다.

"학생 고맙군. 목이 한참 타들어 가던 중인데 말야"

---

123) 「박종화 : 남행록(完)」, 『동아일보』, 1948. 11. 21. 이 글은 『동광신문』(1948. 11. 2) 등에 보도되었던 같은 내용의 기사를 소설가 특유의 문체로 정리한 것으로 보인다.

124) 『수산경제신문』, 1948. 11. 5.

하사관은 사발을 든 채 꿀꺽꿀꺽 마시기 시작했다. 그러나 이 순간. 여학생의 외치는 소리가 났다.

"손 들엇!"

난데없는 이 소리에 질겁한 하사관은 여학생을 쳐다본 순간 물 사발을 떨어뜨리고 말았다. **그 여학생의 손에는 권총 한 자루가 쥐어져 있지 않은가?**

두 손으로 권총을 꼭 쥔 채 노려보는 여학생의 눈. 소녀의 양 볼엔 **불그레한 홍조**마저 감돌고 있었다. 티 없이 맑고 청순해야할 그녀는 지금 누군가의 제물이 되고 있는 것이다.

하사관의 얼굴은 잿빛으로 변해 있었다. 두 손을 든 채 엉거주춤 물러서면서도 말 한마디 꺼낼 수 없었다. 이때 여학생이 입을 열었다.

"우리 아빠를 죽인 반동분자야. 인민군이 다시 들어오면 가만두지 않을테야." 순간, 소녀의 손가락은 방아쇠를 당기고 있었다. 탕하는 소리와 함께 맞은편 벽에 나가떨어지는 하사관. 그는 물 한 모금 마시러 왔다 변을 당한 것이다. 여학생은 그래도 미심쩍었는지 다가가 총 한방을 더 쏜 후에야 대문 안으로 사라졌다.[125] (강조는 필자가 함)

위에서 열거한 세 인용문은 여학생의 유혹에 넘어간 방심한 군인이 투철한 공산주의 여성에 의해 어떻게 목숨을 빼앗기는가를 보여주는 사례이다. 그런데 위 인용문을 자세히 살펴보면, 이 이야기는 여학생, 상냥한 웃음, 불그레한 홍조, 스커트, 권총 등 성적(性的) 암시와 상징으로 이루어져 있다.

이 같은 보도와 서술은 과연 사실에 근거한 것인가? 여학생의 전투 참가의 실상은 모호하다. 1948년 10월 29일자 『경향신문』은 '죽창들은 여학생 누구를 찌르려 함이냐? 반도의 게릴라 전술'이라는 제목 아래 "홍안의 여학생들이 수건으로 머리를 동이고 죽창 혹은 총을 들고 전투에 참여"하고 있다고 보도했다.[126] 한 신문은 무려 남녀 학생의 80%가 봉기군에 가

125) 김석학 · 임종명, 1975, 『광복 30년』 제2권(여순반란편), 전남일보사, 159~160쪽. 책에는 이야기의 주인공이 제12연대 3대대에 속한 하사관과 남로당 순천 조직책 김모의 딸이라고 나와 있다. 12연대는 여순 진압작전의 가장 선두에 서서 맹활약한 부대이다.

담해 싸웠다는 설이 유포되고 있다고 보도했다[127]

군인도 아닌 중학교 여학생이 진압군을 유인하여 총으로 사살했다는 점은 당시 상황에 비추어 볼 때 쉽게 납득되지 않는다. 여수에 있던 좌익조차 병기를 제대로 사용할 줄 몰랐고, 진압 군인들도 실제 전투는 처음 경험했기 때문에 전투행위 자체가 낯설었다. 그래서 군인들도 진압전투를 두려워했다. 그런데 군사교육 한번 받아보지 못한 '여학생들'이 요소요소에 매복해 있다가 군인을 해쳤다는 것은 당시 상황과는 맞지 않는다. 또 지방좌익이나 봉기군은 일본식 99식 총이나 카빈총을 가지고 있었고, 권총은 아무나 가질 수 있는 총기가 아니었다.

순천이 진압된 뒤 순천경찰서 뒷뜰에는 끌려온 수백 명의 청년 학생, 노동자들이 웃옷이 벗겨진 채 열 지어 앉아 있었는데, 이 중에는 15~16세 되어 보이는 앳된 여학생들도 있었다. 기자가 무엇 때문에 여기로 잡혀 왔느냐고 물어보자 "민애청 완장을 두르지 않으면 죽인다 하기에 민애청 완장을 두르고 있다가 잡혀왔어요" 하고 울먹이며 대답했다.[128] 여학생들은 봉기군이 점령한 상황에서 어쩔 수 없이 협력했다는 점을 밝혔지만, 진압군은 학생들이 좌익교사 밑에서 교육받아 이들이 적화(赤化)되었기 때문에 지독하게 싸웠다고 강변했다.

송욱 여수여중학교 교장이 인민위원회에 참여했다는 사실은 교육계에 적화사상이 침투한 대표적 사례로 알려지면서 교육계 전반에 대한 의심으로 확산되었다.[129] 교장과 교사들이 봉기군에 협조했으니 그 지도를 받은

---

126) 『경향신문』, 1948. 10. 29.

127) 『동광신문』, 1948. 11. 2.

128) 『동광신문』, 1948. 10. 30. 11월 8일 현재 순천경찰서에 구금된 사람은 총 319명이었는데, 이 가운데 중학생이 75명이었다(『서울신문』, 1948. 11. 3).

129) 광주에서 제1차 고등군법회의가 끝난 뒤 법무총감 김완룡 중령은 피고 중에는 전문대학 출신이 다수 있고 대부분이 교육자이며, 이들은 학생을 동원하고 무기를 주어 양민을 대량학살하게 하고 학생들에게 안내자 역할을 하게 했다고 밝혔다(「여수·순천 등 피난 지구 답사기(4)」, 『민국일보』, 1948. 11. 26).

학생들 또한 봉기군에 협조했다는 단순한 논리적 연결고리가 만들어졌다. 물론 학생들의 행동은 자율적인 행동이 아니라 공산주의자와 일부 교사들의 조종 아래 이루어진 것으로 보도되었으나,[130] 점점 나이 어린 학생들이 어찌 그런 놀라운 행동을 할 수 있는가하는 식으로 변해갔다.

여학생들의 봉기 참여는 1차로 신문에 보도되어 활자화 되고, 2차로 입에서 입으로 덧붙여 옮겨지고, 3차로 또다시 여순사건을 언급하는 이후의 기록에서 활자화되면서 실재하는 '신화'로 만들어졌다. 여수 시민들 가운데에는 여학생 부대의 존재를 믿는 사람이 의외로 많다. 그러나 그들 역시 "그때 그런 말을 들었다"고 얘기할 뿐 직접 보았다는 목격자는 없다.[131]

여학생들의 봉기 참여 사실을 추적한 지역사학자 반충남은 지역민들을 만나 여학생 부대가 과연 실재했는지를 추적했다. 그는 이른바 '여학생 부대'가 있었다는 주장을 비판하면서, "틀림없이 있었다고 말하는 사람도 끝에 가서는 '책에도 그렇게 써 있다'고 말할 수 있을 뿐"이라고 지적했다. 사실이 아닌 것을 실재하는 것으로 인식하고 있었기 때문에, 반충남은 이를 '환상의 여학생 부대'라고 불렀다.[132]

그러나 여학생들의 극렬한 참가를 상징하는 이 '환상의 여학생 부대' 일화는 조금씩 차이를 보이면서 여순사건을 다루고 있는 책들에 실려 널리 유통되었다. 동일한 사건을 기록하고 있는 두 서술을 살펴보자.

> 송석하 소령의 제3연대 1개 대대도 종고산 방면에서 행동을 개시하여 시가지 소탕전을 전개하였다. 여학생들이 환영을 가장하여 물 준다고 유도하여 권총으로 국군을 사살한 예가 몇 건 있었다. 가장 악질적이라고 낙인 받는 것이 여수중학교 여학생들이었다. 함병선 소령이 여수여중을 1개 소대병력을 지휘하여 수색하였을 때 여수반란의 민간 총지휘자가 동교 교장 송욱임을 알게 되었다.[133]

---

130) 『서울신문』, 1948. 11. 6.

131) 반충남, 1993, 「여수 14연대반란과 송욱교장」, 『월간 말』 6월호, 216~217쪽.

132) 반충남, 1998, 「여순반란사건, 인민재판은 없었다」, 『월간 말』 11월호.

> 여수 시내를 순찰하다 저격을 당한 일이 있다. 전봇대 뒤에서 날아온 총알은 나를 빗나가 지프 차양 기둥을 맞고 튕겨 나갔는데 아찔했다. 잡혀온 것은 자그마한 여학생이었다. 내가 "나를 죽일 셈이었느냐"라고 버럭 고함을 치는데도 눈 하나 깜박하지 않고 "내일이면 인민군이 와서 우리를 해방시킬 것"이라며 오히려 큰소리를 쳤다. 아연할 지경이었다. 그 학생을 끌고 여수여중으로 갔는데 약 200명의 같은 패거리들이 모여 있었다. 한참동안 그들을 훈계해 집으로 돌려보냈다.[134]

당시 작전에 참여했던 함병선의 회고담을 살펴보면, 총을 쏜 사람이 과연 여학생인지조차 확실하지 않다. 아무런 행동도 하지 않았지만 봉기군에 협조했다는 의심만으로 즉결처분을 당한 것이 당시 순천과 여수의 상황이었다. 만약 진압군 장교를 조준 사격하여 죽이려 했다면 여학생은 즉결 처분이나 사형에 처해졌을 것이다. 그런데도 함병선은 이 여학생을 훈계만 하고 돌려보냈다고 하니, 그 자신도 이 여학생이 총을 쏘았다고는 생각하지 않았던 듯하다.

또 눈길을 끄는 것은 여수여중에 모여 있던 200명의 여학생들을 현장에서 붙잡힌 여학생과 '같은 패거리'라고 표현한 데서 알 수 있듯이, 모여 있는 여학생 모두를 봉기군에 동조했다고 판단한 점이다. 진압군은 송욱이 교장으로 있던 여수여중의 학생 모두를 봉기군 협력자로 간주했다.

여순사건에 여수여중 학생들이 많이 가담했다고 보도됐지만, 소설가 박종화는 겨우 10여 명만이 가담했다고 밝혔다.[135] 당시 여수여자중학교 교사로 근무했던 소설가 전병순은 봉기가 진압된 뒤 소집된 학생들은 소문과는 달리 재적인원에서 꼭 두 명밖에 부족하지 않았다고 말하고 있다. 한 명은 모 은행 지점장의 딸인데 사건 직후 고향으로 전학시키기 위해 데려갔기 때문이었고, 또 한 명은 그 가족이 전혀 혐의가 없어 건재한 데도 이

---

133) 국방부 전사편찬위원회, 1967, 앞의 책, 470쪽.
134) 백선엽, 1992, 앞의 책, 191쪽.
135) 「박종화:남행록(3)」, 『동아일보』, 1948. 11. 18.

유 없이 행방불명이 되었다는 것이다.[136)]

진압군과 정부가 퍼뜨린 봉기 가담의 실상은 1949년 봄 여수군 장학사 오길언이 여수여중에서 열린 여수 지역 교원세미나에서 발표한 '반란사건에 대한 조사보고'에서 잘 드러난다. 그는 항간에서 떠돌고 있는 것과 같이 여학생들이 총을 들고 싸우고 국군에게 달려가서 치마 속에서 총을 꺼내 국군을 죽였다는 말들은 사실무근의 낭설이라고 했다. 그는 문교부 지시에 의해서 학생 한 사람 한 사람의 소재를 확인해 보았는데, 조사한 결과 여학생 가운데 죽은 사람은 한 사람도 없다고 말했다. 여학생이 총을 들고 가담했다면 죽은 사람도 있고 군 당국에 처형당하거나 군법회의에 넘어갔어야 하는데 그런 사람이 없다는 것이었다. 1949년 당시 여학생 수가 많이 줄었고 고학년에는 나오지 않는 학생도 있었으나 모두 집에 무사히 있음을 직접 확인했다는 내용이었다.[137)]

이와 같이 '환상의 여학생 부대'는 사실과는 거리가 먼 이야기였다. 그러나 이 이야기는 사라지지 않고 널리 유포되면서 하나의 사실로 굳어져 버렸다. 그 까닭은 스커트 밑에서 권총을 빼 든 여학생 이야기가 공산주의자의 극악상을 선전할 수 있는 대표적 사례였기 때문이다.

좌익 여성이 총으로 군인을 죽이는 환상은 여순사건에서만 나타났던 것이 아니었다. 독일 바이마르 공화국 시기에 조직되었던 자유군단(Freikorps)에서도 이와 유사한 이야기가 유포되었다.

자유군단은 제1차 세계대전에 참전했던 퇴역군인들로 구성된 의용군이었는데, 정부로부터 상당한 보조를 받는 준군사조직이었다. 러시아에서 사회주의 혁명이 일어나 소비에트정권이 세워지고 국내에서는 좌익 스파

---

136) 전병순, 1987, 「작가의 말」, 『절망 뒤에 오는 것』, 중앙일보사.

137) 반충남, 1993, 「여수 14연대반란과 송욱교장」, 『월간 말』 6월호, 1993, 216~217쪽. 물론 장학사가 책임을 회피하려는 의도에서 학생들의 가담 정도를 축소해서 보고했을 가능성도 있다. 그러나 그가 '치마 속에서 총을 꺼내 국군을 죽였다'는 말들은 사실무근의 낭설이라고 강하게 부정하고 있다는 점을 눈 여겨 보아야 한다.

르타쿠스단이 봉기를 일으키자, 이에 놀란 독일의 우익 세력은 자유군단을 조직해 봉기를 진압하였다. 자유군단은 1919년에 로자 룩셈부르크, 칼 리프크네히트 등의 좌파 유대인을 학살하였다.[138]

좌익 세력과의 전투과정에서 자유군단의 군인들은 총을 든 프롤레타리아트 여자가 자신을 유혹한 뒤 갑자기 치마 밑에서 소총을 꺼내 자신을 해치울 것이라는 환상을 갖고 있었다.

노동자들의 포위 공격을 뚫고 간신히 탈출했던 자유군단 군인은 '어린 소녀가 자신을 죽을 때까지 고문하고, 스파르타쿠스단 여성이 긴 머리칼을 휘날리며 양손에는 권총을 든 채, 털이 많은 말에 올라타'고 있다고 말했다. 여성이 '말에 올라탔다'는 언급에서 알 수 있듯이, 이 같은 일은 현실에서 일어나지 않았지만 군인들의 발언은 신문에 보도되었다.

1920년 3월, 자유군단 군인은 권총을 가지고 있었다는 이유로 10명의 적십자 간호사들을 사살했다. 같은 해 4월 군인들은 속옷에서 권총이 발견된 카타리나라는 여인을 계엄하에서 사살했지만, 그녀의 남편은 조서에서 그런 일은 없었다고 공식 선언했다.[139]

이렇게 '소총을 든 여자(Flitenweiber, Rifle-Women)' 이야기는 강한 군사주의적, 국가주의적 이념을 갖고 있었던 자유군단의 군인들이 품고 있었던 환상이자 현실이었다.[140] 이것을 '환상'이라고 하는 까닭은 그러한 사실이 실제로 일어나지 않았다는 뜻이다. 그러나 이런 '환상'은 사람들 사이에 말해지고 널리 보도되면서 하나의 사실로 굳어졌고, 이후에는 실제 일어났던 '현실'이 되었다. 환상의 결과물이 현실을 재생산했다.[141]

---

138) 로버트 S. 위스트리치, 2004, 『히틀러와 홀로코스트』, 을유문화사, 66~67쪽 ; 이민호, 『새독일사』, 까치, 263쪽.

139) Klaus Theweleit, 1987, *Male Fantasies Volume 1 : Women Floods Bodies History*, University of Minnesota Press, pp.446~447.

140) Klaus Theweleit, Ibid., pp.70~79.

141) 환상의 결과물이 사실로 굳어지는 과정에서 필요한 것은 익명성이다. 즉 좌익 여성의 성과 이름이 완전히 드러나지 않음으로써 구체적 사실에 대한 확인은

'소총을 든 여자' 이야기는 여수의 '환상의 여학생 부대'와 상당히 유사하다. 이들 이야기의 공통점은 여자가 군인을 유혹하여 전혀 예상치 못한 곳(스커트 밑)에 숨겨져 있던 무기로 군인을 해친다는 점이다.[142)]

1948년 남한의 국군은 수십 년 전 독일의 자유군단 군인들이 품었던 '소총을 든 여자' 이야기를 알 수 없었다. 시간과 공간의 차이에도 불구하고 두 이야기는 매우 유사한 내용을 가지고 있다. 대체 어떤 의미를 내포하기에 두 가지 이야기가 이토록 유사할 수 있었던 것일까? 사실 좌익 여성에 대한 이러한 이미지는 각국의 반공주의 전선에서 나타나는 정형화된 주제(standard theme)였다.

두 이야기에 등장하는 소재들, 즉 스커트 밑(여성 성기의 상징), 소총(남성 성기의 상징), 입으로 표현된 성적 유혹의 언어 등은 모두 성적인 상징과 내용들이다. 두 이야기에 등장하는 여자는 강한 성적 매력을 지닌 거부할 수 없는 유혹하는 자이며, 생명을 위협하는 무기가 숨겨져 있는 곳 또한 '스커트 밑'이라는 성적인 맥락 안에 위치하고 있다.[143)]

강한 남성성을 소유한 군인에게 성적인 매력을 가진 여성은 하나의 유혹이지만, 총을 갖고 있기 때문에 공포의 대상이기도 하다.

총을 든 여자는 남성을 파멸로 이끄는 팜므 파탈(femme fatale)이다. '무

불가능하다. 따라서 이야기에 등장하는 좌익 여성은 특정한 개인 'a'가 아니라 언론에 의해 회자될 수 있는 공공 형태인 대명사 'A'로 된다.

142) 자유군단 군인들에게 여성은 세 가지 종류로 존재한다. 첫 번째는 후방에 남겨진 부인이나 약혼녀처럼 부재하는 여성이다. 두 번째는 하얀 간호사 같은 상류 계급의 독일 여성인데, 이들은 상상 속에 등장하는 여성들이다. 세 번째는 남성들의 계급적인 적인 레드 워먼인데, 이들은 대부분 매춘부로 등장하며 치명적인 위험으로 다가온다(권명아, 2001, 「수난사 이야기로 다시 만들어진 민족 이야기」, 『문학 속의 파시즘』, 삼인, 273쪽).

여순사건에서 처음 등장하고 이후에 반공 선전에서 등장하는 여성들은 바로 세 번째 경우이다. 이 경우는 위험, 공포, 유혹의 내용을 갖고 있으며, 그 존재를 제거해 버림으로써만이 세계는 안전하게 되고 남성적 정체성을 유지할 수 있는 것이다.

143) Klaus Theweleit, Ibid., pp.70~79.

장한 좌익 여성' 이야기와 팜므 파탈 이야기는 유혹과 운명적 죽음이라는 공통적인 요소를 가지고 있지만, 양자의 차이점도 존재한다. 팜므 파탈에서는 성적 유혹이 남성의 운명을 결정하는 유일한 요소이지만, '무장한 좌익 여성' 이야기의 핵심은 성적 유혹이라기보다는 성적 정체성과 반공주의자로서의 정체성에 대한 위기 의식과 공포이다. 무기를 가지고 등장하는 좌익 여성은 공포를 불러일으키는 존재이며, 남성성을 거세하는 존재이다. 이 지점에서 성적(性的) 주제와 반공주의는 결합한다.

'무장한 좌익 여성' 이야기에서 반공주의는 두 가지 기능을 수행한다. 첫 번째로, 총을 든 좌익 여성은 성적 정체성과 반공주의 정체성 양자를 무너뜨릴 수 있는 위기와 공포를 의미한다. '무장한 좌익 여성'에서 성적 유혹 너머에서 기다리고 있는 것은 군인 자신의 '죽음'인데 이는 결국 반공주의자로서의 정체성이 무너짐을 의미한다. 이야기에 등장하는 '성적 유혹'은 '공산주의로의 포섭'을 상징한다. 두 이야기는 적을 섬멸시켜야만 하는 군인도 거부하기 힘든 강한 유혹을 등장시켜, 그 유혹에 걸려들면 자신도 죽음에 이르게 된다는 점을 경고한다. '공산주의자가 된다는 것', 그것은 '죽음'을 의미한다.

공산주의와 자본주의 사이에는 영원히 넘을 수 없는 만리장성이 존재하는 것은 아니다. 공산주의자에게 자본주의가 어떤 유혹일 수 있는 것처럼, 반공주의자에게 공산주의는 어떤 유혹의 요소를 제공한다. 여순사건 진압 현장에 있던 군인에게 공산주의는 내면에 잠복하고 있는 유혹이었다. 군인의 본분에 충실하기 위해서는 이러한 유혹에서 벗어나 유혹의 근원을 파괴해야만 했다. 이것이 그가 여학생을 반드시 죽여야만 하는 이유가 된다.

유혹은 자기 정체성을 위협하는 도발로 인식되며, 좌익 여성에게서 느끼는 유혹은 자기 정체성 와해에 대한 공포와 동시에 다가온다. 이럴 경우, 공산주의자 또는 반공주의자는 자기 내부의 정체성을 구성하는 데 방해가 되는 이런 유혹을 무시하거나, 정복하거나, 파괴하는 등의 여러 가지의 방법으로 이런 유혹에서 벗어나고자 한다. 자기 내부에 존재하는 타자를 철저히 억압하거나 파괴함으로써만이 순수한 자기 정체성이 유지될 수 있다.

폭력 행위자는 욕망의 대상을 고문하거나 살해함으로써 억압된 성적 욕망을 해소한다. 여순사건에서 나타난 '환상의 여학생 부대' 이야기는 유혹에 넘어가 자기 정체성을 유지하지 못하고 실패하는 과정을 보여주지만, 여학생을 고문했다고 밝힌 점은 내재된 성적 욕망의 해소라고 볼 수 있다.

두 번째로, 반공주의는 남성성과 여성성에 대한 위계를 만들어 낸다. 폭력이 활개 치는 내쟁(內爭)에서 남성성을 구현하고 있는 남성은 압도적 힘을 가진 사회의 권력자이자 결정자로 나타난다. '무장한 좌익 여성' 이야기에서 보듯, 좌익 여성은 독자적인 정체성을 가진 자유롭고 강한 의지를 가진 존재로 나타난다. 그런 까닭에 이들은 기존 정치질서를 위협하는 존재이다. 폭력으로 적에게 대적하는 살벌한 반공 전선에서 여성성은 나약하고 쓸모없는 것으로 간주되며, 여성성은 남성성에 비해 하위에 위치 지워진다. 사회적 성별은 명확히 분리되어 위계질서가 만들어진다.[144]

반공주의와 결합하는 것은 남성의 육체이다. 반공주의는 남성 육체와 결합하여 자신을 물질화(incarnation) 한다. 반공은 남성(성)과 결합하지만, 공산주의는 여성(성)과 결합한다.[145] 남성성으로 무장한 반공주의는 여성의 '몸'을 적대적 대상으로 겨냥한다. 빨갱이는 밉지만, 여성 빨갱이는 더욱더 미운 증오의 대상이 된다. 따라서 여성은 보호받아야 할 대상에서 경계하고 파괴해야 할 대상, 극복·정복의 대상, 폭력의 주요한 대상으로 되어 버린다. 이와 같이 여성에 대한 반공주의 폭력은 남성의 성적 환상과 더불어 빨갱이에 대한 혐오가 융합된 것이라 할 수 있다.

여수 진압과정에서 나타났던 '환상의 여학생 부대'는 대한민국 군인이 공산주의에 대해 느꼈던 공포와 자기 정체성 유지에 대한 공포를 상징적으

---

144) 이때 여성과 남성이라는 생물학적 존재는 사회적으로 규정된 여성성과 남성성을 몸으로 체현하는 존재가 된다.

145) 물론 이와는 다른 조합도 가능하다. 즉 공산주의 입장에서 보면, 자본주의를 여성성과 등치시켜 이를 적으로 상정할 수도 있다.

로 표현하고 있다. 여수와 순천에서 여학생에게 유혹당한 군인이 죽음을 맞이했던 것은 아직 반공주의 전사로 태어나지 못한 징후로 읽을 수 있다.

실제로 진압 군인들은 종종 봉기군에 합류하기도 했고, 이런 이유 때문에 지휘관들은 진압 군인에 대한 교육을 실시하는 한편 군인들의 동태를 단속해야만 했다. 만약 진압 군인이 어떤 유혹도 이겨낼 수 있는 철두철미한 반공전사였다면, 유혹하는 여학생은 죽음을 당했을 것이다.

앞에서 언급한 이야기에서 보듯, 여학생의 유혹에 넘어간 군인들은 계급이 낮은 사람들이었다. 이에 비해 지휘관들의 경우에는 여학생을 고문하거나, 훈계하여 돌려보내는 등의 행동을 취하였는데, 이는 지휘관들이 훨씬 더 반공주의를 내면화하고 있다는 점을 보여주는 사례일 것이다.

〈그림 6-9〉 반란군에 협조했다는 혐의로 잡혀온 여수 여학생들

이들의 앳된 모습을 보면, 총을 잡고 군인들에게 대항했다는 점을 쉽게 믿기 어렵지만, 진압군은 이 여학생들을 극렬한 반란군 협력자로 간주했다.

〈그림 6-10〉
공산주의의 유혹을 묘사한 삽화
스탈린의 입 속에 들어있는 여인이 "들어오세요. 한 잔합시다"라며 두 남자를 유혹하고 있다. 이와 같이 공산주의 유혹은 종종 매춘부로 표현된다. 왼편 사람은 옆 사람의 웃옷을 뒤에서 당기며 유혹에 넘어가지 말라고 만류하고 있다.(국민보도연맹 기관지 『애국자』 제2호, 1949. 10. 16)

여순사건에서 등장한 여성 신체에 대한 적대는 그 후 반공주의 교육에서 계속 이용되었다.

보통 '빨갱이'의 형상은 뿔난 도깨비나 살이 뒤룩뒤룩 찌고 얼굴에 기름이 낀 김일성으로 표현된다. 한국전쟁 당시 정부가 배포한 삐라나 1960~1970년대 국민학교 학생들이 그렸던 6·25전쟁 포스터에는 흡혈귀처럼 생긴 공산주의자나 도깨비가 자주 등장한다. 공산주의자를 저급하게 표현한 이런 이미지는 공산주의자가 '우리'와는 다른 모습을 가진 존재라는 점을 시각적인 차원에서 확인시켰다. 그러나 이러한 형상은 현실에 존재하는 공산주의 '인간'과는 상당히 유리된 공상적 형상이기 때문에 분명한 한계를 가진다. 따라서 이런 공상적 이미지는 주로 아동을 대상으로 한 교육용으로 만들어지고 소비된다.

아동용 이미지와는 달리 성인이 소비하는 빨갱이 이미지에는 성적인 요소가 개입되어 있다. 반공검사 오제도가 펴낸 『공산주의 ABC』에는 '사교계의 명화(名花) S양'이라는 이야기가 실려 있다. 원래는 몇 쪽에 걸쳐 이어지는 상당히 긴 이야기이지만 이를 요약하면 다음과 같다.

> 근대적인 유행형을 허다히 생산하는 찬란한 20세기에 또 하나 사교계의 툭 티어난 명화 하나가 있으니 그가 바로 화제의 S양인 인 것입니다.……
>
> 오늘날 S양이 사교계에 명성을 날리게끔 된 것은 초인적으로 남들보다 화장술이 능숙한 까닭입니다. 한번 단정스럽게 화장을 하고 밖에 나서기만 하면, 그 아래위로 조화된 곡선미며 후리후릿한 몸집, 거기에 따르는 걸음걸이 또한 지나치게 사교적인 말 재주 그밖에 애교에 흘러넘치는 웃음과 제스취어, 이 근사한 전체에 어느 듯 옛 모습은 사라지고 많은 남자들을 유혹하기 시작합니다.……
>
> S양을 사랑하는 젊은 청년 몇 사람이 있는 것은 거진 반 확실합니다만 그 중 S양은 누구를 사랑하고 있는지는 도저히 알 길이 없습니다. 그만큼 S양은 이성문제에 있어서 비밀을 존중합니다. 늘 자신의 태도를 명백히 하지 않는 운큼한 여성입니다.……그러면서도 S양은 한 사람의 남성만을 상대할 것을 원칙으로 하는 것이 아니라 많은 남성들을 될 수만 있다면은 온 세계의 뭇 남성들을 상대하고 싶은 것이 S양의 얄궂으면서도 솔직한 심정인 것입니다.……
>
> 그러면 S양의 본명은 무엇일가? S양의 본명이 바로 '미쓰 소비에트'인 것입니다.[146)]

오제도가 서술한 바와 같이, 공산주의는 유혹하는 '요부'이자 '창녀'로 묘사된다. S양은 한 남자로 만족하지 못하며, 되도록이면 많은 남자와 관계를 갖고 싶어 한다. 오제도는 뭇 남성을 유혹하는 S양의 모습이야말로 공산주의의 실체이기 때문에 이러한 허위에 속지 말아야 한다고 얘기하고 있다.

대공투쟁과 공산주의자들의 활동상을 파헤쳐 인기를 끌었던 『특별수사본부』를 보면, 반공주의 계몽 선전에서 여성을 다루고 있는 이야기가 상당 부분을 점하고 있다. '여간첩 김수임'부터 '여비서 이난희', '운명의 여인 배태옥', '어느 여인의 고백'까지 여성을 통한 공산주의 고발은 반공 선전의 주요한 레퍼토리였다.[147)]

특히 '한국의 마타하리'로 불렸던 김수임은 미군 존 베어드와 동거하면

146) 오제도, 1952, 『공산주의 ABC』, 남광문화사, 102~108쪽.

147) 오재호(吳在昊), 1979, 『실록소설 특별수사본부』 1~20, 개풍출판사.

서 이강국의 지시에 따라 각종 간첩 활동을 했던 여인으로 유명하다. 김수임 사건은 반공주의를 선전하는 데 좋은 소재로 수십 년간 이용되었다. 하지만 최근 AP통신은 미국 비밀자료를 분석한 결과, 김수임이 고문에 못 이겨 거짓 자백을 했으며 사건 자체가 조작되었을 가능성을 제기한 바 있다.[148)]

국가와 민족을 위한 숭고한 반공주의가 성 또는 육체와 관련이 있다는 것이 이상하게 보일 수 있다. 하지만 남한의 반공주의는 남성(성)과 결합되었기 때문에 반공주의 선전에서는 성적인 이야기, 유혹하는 여성에 대한 이야기가 등장할 수밖에 없었다. 남한의 반공주의는 사상적 측면보다는 도덕적, 감성적 성격을 가지고 있었기 때문에 여성의 몸을 통해 공산주의에 대한 적대성을 높여갔다. 반공주의가 극복하고 정복하고자 하는 대상이 여성의 몸으로 구체화됨으로써 남성성은 더욱 강화되었다.

148) Charles J. Hanley, *Truth emerges too late for Kim Soo-im*, 2008. 8. 17.

제7장 이승만 반공체제의 구축

1. 국가 조직의 재정비

1) 숙군과 군대의 확대

숙군(肅軍)을 통한 반공 군대화

여수가 진압된 지 일주일도 되지 않은 11월 2일, 대구에서 6연대가 또 다시 군인봉기를 일으켰다.[1] 대구 6연대는 다음해 1월까지 세 번에 걸쳐 반란을 일으켰지만, 이 봉기는 14연대의 봉기와는 달리 군대 내부에서의 병사들만의 반란으로 한정되었기 때문에 쉽게 진압될 수 있었다.

여순봉기와 대구봉기 모두가 국가의 가장 중요한 물리력을 가지고 있는 군대로부터 발발했다는 사실은 이승만 정부가 군대 내의 좌파를 척결하는 사업에 본격적으로 착수하게 만들었다. 여순사건과 대구봉기 같은 군대 내 봉기가 재발한다면, 국가의 강력한 물리력으로 기능할 수 없기 때문이었다.

---

1) 대구 제6연대 봉기에 대한 상세한 설명은 국방부 전사편찬위원회, 1967, 『한국전쟁사 1－해방과 건군』, 489~494쪽 ; 존 R. 메릴, 1988, 『침략인가 해방전쟁인가』, 과학과사상사, 228~234쪽을 참조.

국군의 반공 군대화는 정부 수립 초기부터 이미 주장되고 있었다. 국무총리 겸 국방부장관에 내정된 이범석은 1948년 8월 10일, 미 임시군사고문단장 로버츠 준장에게 "대한민국의 국가 정책은 반공이 되어야 하며, 대한민국 군대는 공산주의에 끝까지 대항하는 군대가 돼야 한다"고 벌써부터 주장했던 것이다.[2)]

군부 내에 존재하는 좌파 세력을 적발하려는 노력은 여순사건 이전부터 시작되었다. 1948년 6월, 제주도 9연대 문상길 중위가 박진경 연대장을 사살한 사건은 숙군이 확대되는 계기였다.[3)] 박진경을 암살한 군인들은 '민족반역자'인 박진경이 "30만 도민에 대한 무자비한 작전공격"을 진행시킨 것에 대해 불만을 갖고 있었다.[4)] 전임 9연대장이었던 김익렬의 증언에 따르면, 이들은 처형될 때, "우리들이 뿌리는 피와 정신이 조국 대한민국의 독립을 위하여 밑거름이 되게 하소서"라고 기도했으며, 대한민국 만세 삼창을 한 후 '양양한 앞길을'이라는 군가를 불렀다고 말했다.[5)] 문상길이 박진경을 암살한 주요한 이유는 무차별적인 진압작전을 구사하여 제주도민을 대량 학살한 데 있었다.

박진경 암살을 계기로 시작된 숙군은 군부 내 좌파를 대상으로 하면서도 단독정부·단독선거 반대세력을 겨냥한 폭넓은 것이었다. 14연대 연대장인 오동기가 체포된 것도 김구를 지지하는 한독당 계열의 군대 프랙션

---

2) C.G, PMAG, *Notes from Conference between General Roberts and Lee Bum Suk at 16:00 9 August 1948*, 1948. 8. 10.

3) 박진경은 영어에 능숙하여 미군으로부터 신임을 받았다. 딘 군정장관은 직접 진급 계급장을 달아주러 제주도에 내려올 정도로 그를 총애했다. 이에 부응하듯 박진경은 제주도 폭동사건을 진압하기 위해서는 도민 30만 명을 희생시켜도 무방하다고 연대장 취임식에서 발언하고 15세 아이를 사살하는 등 무차별 체포 작전을 전개해 제주도민의 반감을 불러 일으켰다(제민일보 4·3취재반, 1994, 『4·3은 말한다』 2, 전예원, 343~353쪽).

4) 제민일보 4·3취재반, 위의 책, 351쪽. 문상길은 박진경을 반동 우익이 아니라 '민족반역자'라고 인식했다.

5) 제민일보 4·3취재반, 위의 책, 351~353쪽.

을 제거하려는 시도의 일환이었다. 하지만 숙군의 가장 중요한 대상은 역시 좌파 세력이었고, 이들을 뿌리 뽑아 경비대를 반공 군대로 변화시키겠다는 의도를 갖고 있었다.

여순사건은 군부 내 좌익 세력이 존재함을 공개적으로 드러낸 계기이자, 이승만 정부의 위기 상황을 초래했다는 점에서 군부 내 좌익 세력을 대상으로 한 본격적인 숙군이 시작되는 계기였다.

여순 진압작전 중에도 진압군으로 출동했던 부대의 일부가 봉기군에 합류하는 사태가 몇 차례 일어났고, 소규모의 부대원 이탈도 발생했기 때문에 군 지휘부는 숙군의 필요성을 강하게 느끼고 있었다. 여순지구의 숙군은 육군본부 정보국 소속의 빈현철 대위가 지휘하는 조사반이 광주에서 군인들을 조사하는 것으로부터 시작되었다.[6] 조사반은 3천 명을 조사하고, 이 가운데 150여 명의 남로당원을 색출했다. 색출된 인물 가운데는 15연대 연대장 최남근 중령, 김종석 중령, 오일균 소령 등 군부 내의 주요 지휘관들이 포함되어 있었다.

여순사건이 발발하기 한 달 전에 실시된 제14연대 사찰에서는 이상한 징후를 전혀 발견하지 못했다. 김종문 소령이 작성한 사찰 보고서는 제14연대의 정보과 장교들이 세 번 교체되어 정보과가 튼튼하지 못하다고 지적하고는 있으나 군대 내 좌익 세력의 존재에 대해서는 언급하고 있지 않다.[7]

여·순 지역이 진압되자, 그 동안 군부 내 좌익 세력을 예의주시하고 있던 경찰은 이승만에게 엄청난 양의 군내 좌파조직 명단을 전달했고, 이 명단은 다시 미 임시군사고문단원 제임스 하우스만과 군 정보조직을 책임지고 있었던 백선엽에게 전해졌다.[8] 이승만은 이 명단을 본 뒤에 미 임시군

---

6) 국방부 전사편찬위원회, 1967, 앞의 책, 496쪽.

7) Headquarters, Korean Army, *Report of Inspection on 14Th Regt. on Date 28 Sep 48* (1948. 10. 10), RG 338, KMAG, Adjutant General, Decimal File, 1948~1953, Box 2, Post, Station and Administration thru Inspections and Investigations, 1948.

8) KBS, James Hausman Interview(Austin, Texas), 1992. 11. 15, 20~21쪽 ; 백선엽, 1992, 『실록 지리산』, 고려원, 207쪽.

사고문단장 로버츠 준장에게 미군정이 좌우익을 가리지 않고 받아들여 군이 이 지경이 되었다고 화를 냈다고 한다. 이후 이승만 대통령은 숙군의 진행상황을 계속 점검했다. 국군을 책임지고 있던 채병덕 참모총장도 '사상이 불순한 장병들'을 적발할 것이라며 숙군에 대한 의지를 표명했다.[9)]

백선엽 정보국장은 모든 연대를 구석구석 뒤져 공산당을 색출하는 작업을 벌였다. 군부 내에서 좌익 세력을 체포하는 일은 헌병사령부가 맡았고, 전국적 범위의 숙군 조사를 총괄한 것은 육군본부 정보국 특무과(SIS, Special Investigation Section)였다.[10)] 특무과를 지휘한 것은 김안일(金安一) 소령이었고, 장복성(張福成) 등 좌익 색출에 종사했던 일제 고등계 출신 형사들도 전속되어 활동했다.[11)]

반공 국가 건설에 동일한 이해관계를 가지고 있는 미군은 숙군에 적극 개입했다. 미군은 1948년 9월, 40여 명의 국군 장교들과 사관후보생을 대상으로 특무교육을 실시하여 숙군을 추진할 인적 자원을 양성한 바 있었다. 이들은 각 부대로 돌아가 방첩대 지부에서 활약했다.[12)]

숙군이 본격적인 궤도에 오르자 임시군사고문단원인 제임스 하우스만은 3~4일마다 백선엽 부대로 가서 그에게 여러모로 압력을 넣었다. 하우스만은 "아, 오늘과 어제 사이에 우리가 아무도 체포하지 못했군"이라고 말하며 하루하루의 숙군 성과를 점검했다.[13)] 하우스만은 김창룡으로부터 숙군에 대해 직접 보고를 받았고, 일일보고를 통해 이승만에게 상황을 보고했다.[14)]

여순사건 이전의 군 사찰과 그 이후의 숙군(Loyalty Program)은 그 범위

---

9) 『동아일보』, 1948. 11. 23.

10) 백선엽, 1992, 앞의 책, 209쪽 ; 조갑제, 1998, 『내 무덤에 침을 뱉어라』 2, 조선일보사, 230쪽. 김창룡은 제1여단 정보주임으로서 조사반을 지휘했다.

11) 백선엽, 위의 책, 209쪽.

12) 한림대 아시아문화연구소, 『CIC 보고서』 1권, 199~200쪽.

13) 짐 하우스만, 정일화(역), 1995, 『한국 대통령을 움직인 미군대위』, 한국문원.

14) 짐 하우스만, 위의 책, 34쪽.

와 강도에서 큰 차이가 있었다. 이전에 이루어졌던 사찰은 군대 내부의 좌익 성향 군인들을 정기적이거나 특별한 사안이 있을 때 사찰했고, 의심되는 군인이 있으면 요시찰 대상에 올려 감시하였다. 따라서 숙군과 같이 대규모 검거 같은 일은 발생하지 않았다. 그러나 여순사건 뒤에 이루어진 숙군은 군 정보 부대, 군기대 뿐만 아니라 경찰, 정부 고위층, 미군이 관여하고 있는 주요 관심사였고, 주요 숙군 대상자 명단은 대통령에게도 보고되었다. 또한 숙군은 예방적 차원에서 진행되었기 때문에 의심되는 인물들을 대대적으로 검거하는 방식으로 진행되었다.[15]

숙군을 주도했던 것은 채병덕, 백선엽 등 강한 반공주의 신념을 가진 만주군, 북한 출신의 인물들이었다. 숙군의 손과 발이 되었던 정보부원과 헌병들은 북에서 남하한 인물들이 대다수를 차지하고 있었다. 월남인들은 강한 반공주의 성향을 지니고 있었는데, 숙청의 대상이 되었던 대부분의 군인들은 남한 출신자들이었다. 숙군으로 인한 파면자를 출신지에 따라 분석한 한 연구에 따르면 이북 출신자들의 비중은 전체 파면자의 10%도 안되었다.[16] 숙군은 만주군 출신들과 이북 세력이 주도권을 잡게 되는 계기가 되었고, 친일문제를 더 이상 제기하지 못하게 하는 계기가 되기도 했다.[17] 숙군은 총살, 징역, 파면 등의 인적 청산이라는 방법을 통해 이루어졌다.

숙군 과정에서 급부상한 김창룡의 존재는 군 내부의 변화를 상징적으로 보여준다. 그는 만주에서 헌병으로 근무하면서 수많은 독립운동가와 공산주의자들을 검거한 경력이 있었다. 숙군의 전면에 나서면서 김창룡이 가지고 있던 일제시기 친일 경력이라는 오점은 반공활동에 의해 완전히 사라지게 되었다. 공산주의자가 적으로 등장하고, 반공주의로 단결된 국군

---

15) 노영기, 2008, 「여순사건 이후 군대, 그리고 대민통제」, 『여순사건과 대한민국의 형성』(여순사건 60주년기념 학술심포지움 자료집), 138쪽.

16) 노영기, 위의 논문, 52쪽.

17) 林英樹, 1967, 「內側から見た朝鮮戰爭」, 民族問題硏究會 編, 『朝鮮戰爭史』, コリア評論社, 18쪽.

에서 과거의 친일 경력은 이제 문제가 되지 않았다.

김창룡은 이승만 대통령을 직접 면담하고 그의 두터운 신임을 얻으면서 군대 내부에 침투한 좌익 사냥을 마음 놓고 행했다. 김창룡은 '스네이크 김(Snake Kim)'이라는 별명을 얻을 만큼 공산주의자 처단에서는 물불을 가리지 않는 잔혹함을 보였다.

김창룡과 하우스만은 반미·반일 성향을 가진 공산주의자를 박멸하는 데 뜻을 같이하고 있었고, 또한 열성적이었다. 하우스만은 제주도 주둔 9 연대장인 박진경을 죽인 죄로 총살형을 당한 문상길의 주검을 본 다음 확인 사살할 정도로 철저히 숙군을 수행했다.[18] 김창룡은 공산주의자 척결을 목표로 숙군을 진행했지만 공산주의 혐의자만을 수사 대상으로 삼은 것이 아니었다. 김창룡은 사적인 원한이 있는 사람, 자기 마음에 들지 않는 인간을 가차 없이 숙청했고 이를 통해 자신의 권력을 강화해 나갔다.

숙군은 구체적인 행위에 대한 처벌이 아니라 수집된 정보에 따라 조사가 이루어졌기 때문에 고문으로 자백을 강요하는 경우가 많았다.[19] 고문을 이기지 못한 군인들이 동기생이나 술친구를 끌어들여 무고한 장병들이 고생하기도 했다. 수집된 정보는 부실하거나 모함인 경우가 많았다. 심지어는 채병덕, 정일권, 백선엽, 원용덕 등 군 수뇌부가 좌익 세력과 관련이 있다는 중상모략이 있기도 했다.[20]

숙군이 광범위하게 전개되자 신분의 위험을 느낀 군인들의 월북 사태가 줄을 이었다. 군인들이 함정을 이용하여 월북하는 경우는 이듬해에도 계속 발생했다. 1949년 5월 10일에는 해군 제2특무정이, 8월 7일에는 JI호 경비선이 월북했다. 공군에서도 월북이 일어났다. 1948년 11월 18일 여의도비행장에서 연락비행기를 몰고 월북한 사건이 있었고, 1949년 9월 24일 항공군 비행부대 소속 이명호 비행사, 박용오 선임하사와 조교가 군용기 에루

---

18) 제민일보 4·3취재반, 1994, 『4·3은 말한다』 2, 전예원, 351~353쪽.
19) 국방부 전사편찬위원회, 1967, 앞의 책, 496쪽.
20) 국방부 전사편찬위원회, 1967, 위의 책, 497쪽.

파임 110호를 몰고 월북했다.

육군에서 가장 규모가 컸던 월북 사건은 1949년 5월 5일에 강태무 · 표무원이 이끄는 제6여단 8연대 춘천 제1대대원들의 대거 월북이었다. 이외에도 1사단 11연대 2대대 6중대 소속의 1개 분대가 1949년 9월 6일 월북했으며, 수도경비사령부 소속 12연대 소속 군인들도 월북했다. 10월 23일에는 국군 1사단 사령부 작전처 2등 중사 이인영과 18연대 3대대 윤화영 하사 등이 월북했다.[21)]

백선엽은 숙군이 진행되면서 나타난 월북 사태는 설 곳을 잃게 된 '좌익계 장병'들이 택한 방법이라고 말하고 있지만, 과연 월북한 이들이 모두 좌익 공산주의자였던가에 대해서는 의문이 제기된다. 숙군 과정에서 무고와 중상모략은 난무했으며, 개인적인 친소 관계 또는 군내의 파벌에 따라 엉뚱한 사람이 좌파로 몰리기도 했다. 숙군의 대상이 되었던 사람들 중에는 물론 공산주의자들이 포함되어 있었지만, 민족상잔과 국토분단에 반대하는 군인, 반이승만 세력, 숙군 주도층과 사적 감정이 있는 사람들도 포함되어 있었다. 하지만 숙군 대상자로 선택된 사람들에게는 나중에 어김없이 공산주의자라는 딱지가 붙었다.

최남근과 박정희의 운명

여순사건 진압작전에 참여했던 최남근과 박정희는 진압작전이 마무리될 즈음인 1948년 11월에 좌익 혐의로 체포되었다. 그러나 이들의 운명은 달랐다.

여순사건 당시 마산 주둔 제15연대장이었던 최남근의 경우는 아직도 논란의 여지가 있다. 그는 15연대를 지휘하여 하동방면에 있던 봉기군을 추적하려고 했으나, 봉기군의 기습을 받고 부하와 함께 생포되었다. 그는

---

21) 「소위 국방군 내 장병들의 의거 입북사건」, 39~40쪽 ; 조선중앙통신사, 1955, 『해방 후 10년일지』, 83~84쪽 ; 『한성일보』, 1949. 12. 13. ; 『민주중보』, 1949. 12. 14.

6일 뒤 하동에 나타나 탈출했다고 밝혔지만, 여러 가지 의심스러운 점이 많아 광주의 반란군토벌전투사령부로 압송되었다. 미군 방첩대(CIC)는 전부터 최남근을 의심하고 있었는데, 그는 자신을 심문한 김점곤 작전참모에게 자신이 실수로 봉기군에 체포되었고 봉기군과 같이 움직이던 중 기회를 포착하여 탈출했다고 말했다. 육군본부에서는 최남근을 제4여단 참모장으로 발령했으나, 그는 부임지에 도착하지 않았다. 뒤늦게 다시 체포에 나선 김창룡은 그를 대전에서 체포했고,[22] 최남근은 사형선고를 받고 1949년 5월 26일 수색에서 총살되었다.

최남근을 수사했던 김점곤과 하우스만은 그를 공산주의자로 단정하고 있지만,[23] 백선엽은 그를 '청렴하고 강직한 군인'으로 평가하고 있다.[24] 국방부에서 발간한 『한국전쟁사』도 그가 '상관이나 동료나 부하들에게 선망적인 존재'였다고 기록하고 있다.[25] 실제로 숙군을 담당했던 김완룡이나 신상철 등의 부하 장교들도 그를 좌파라고 보지 않았고, 남로당과도 관계가 없었다고 증언하고 있다. 그는 총살 현장에서 "대한민국 만세"를 외쳤다.

최남근의 경우와는 대조적으로 박정희는 확실히 남로당 활동을 했으면서도 숙청되지 않은 드문 경우였다. 여순사건 당시 박정희 소령은 반란군토벌전투사령부에서 김점곤 작전참모를 보좌하며 작전 상황판을 정리하거나 작전 보고서를 작성하는 일을 담당했다.[26] 여순사건과 박정희 소령은 아무런 조직적 관련이 없었다. 여순사건이 끝난 뒤 박정희는 육군본부

---

22) *Report of Field Grade Officers Confined for Subversive Activities*(1948. 11. 12), RG 338, KMAG, Adjutant General, Decimal File, 1948~1953, Box 4. 체포명령은 송호성이 내린 것으로 되어 있다.

23) 조갑제, 1988, 『젊은 거인의 초상－이용문장군 평전』, 샘터, 72쪽 ; KBS의 하우스만 인터뷰, 23쪽.

24) 백선엽, 1992, 앞의 책, 213~214쪽.

25) 국방부 전사편찬위원회, 1967, 앞의 책, 474쪽

26) 조갑제, 1998, 『내 무덤에 침을 뱉어라』 2, 조선일보사, 213쪽 ; 백선엽, 1992, 앞의 책, 165~166쪽. 여순사건 당시 신문에 보도된 박정희 관련 기사는 『평화일보』(1948. 11. 10)가 유일하다. 이 기사는 박정희를 작전참모로 소개하고 있다.

작전교육국 과장 요원으로 발령 받았으나, 채병덕의 명령에 의해 11월 11일 김창룡 제1연대 정보주임에게 체포되었다.[27)]

박정희는 체포되자 군내 공산당 조직표, 군내 지령문제 등의 내용이 담긴 자술서를 순순히 썼으며[28)], 수사과정에서 군 내부에 침투한 좌익 세포들의 명단을 제공했다.[29)] 박정희가 이런 정보를 제공할 수 있었던 것은 그가 '남로당 군사총책'의 지위를 맡고 있었기 때문이었다.[30)] 특무과는 숙군 과정에서 최남근, 오일균 등 수많은 좌익 혐의자들을 검거했지만 그들을 통해 군대 내 전체 조직을 파악할 수 없었다. 하지만 박정희가 남로당 조직 체계를 군 수사당국에 제공함으로써 숙군은 박차를 가했다.

박정희는 1949년 2월 8일 고등군법회의에서 사형 구형에 무기징역과 파면, 급료 몰수형을 선고받았다. 그 뒤 박정희는 징역 10년으로 감형되었고, 형의 집행을 면제받는 특혜를 누렸다. 숙군의 기본적인 방법은 숙청이었다. 따라서 아무리 명목만의 군사총책을 지내고 별다른 활동을 하지 않았다 하더라도 박정희가 생명을 구할 가능성은 거의 없어 보였다. 그러나 박정희는 중요한 좌익 활동을 하고도 숙군의 칼날을 비켜 갈 수 있었던 유일한 인물이었다.

박정희가 생명을 구할 수 있었던 이유에 대해 김점곤은 첫째로 군 고위급 인사들이 박정희가 가지고 있는 뛰어난 역량을 높이 샀고 다른 한 가지는 박정희가 숙군 작업에서 좌익을 검거하는 데 큰 도움을 주었기 때문이라고 증언했다.[31)] 그러나 이 두 가지 이유는 오히려 대상자를 반드시 숙청해야만 하는 이유가 될 수도 있다는 점에서 석연치 않은 점이 있다.

당시 박정희의 구명운동에 나섰던 사람은 원용덕, 정일권, 백선엽, 김창

---

27) *Report of Field Grade Officers Confined for Subversive Activities*(1948. 11. 12), RG 338, KMAG, Adjutant General, Decimal File, 1948~1953, Box 4.

28) 조갑제, 1988, 앞의 책, 78쪽.

29) 문명자, 1999, 『내가 본 박정희와 김대중』, 말, 53쪽.

30) 김점곤 증언, 1999, MBC '이제는 말할 수 있다' 제작팀, 「MBC 여순사건 증언록」.

31) 김점곤 증언, 위의 글.

룡, 김일환, 이용문 그리고 하우스만 등 군 지휘부의 주요 인물들과 숙군을 주도한 인물들이 거의 망라되어 있었다.[32] 그리고 이들 대부분은 만군 출신으로서 만군 특유의 끈끈한 유대 관계를 공유하고 있었다. 박정희가 목숨을 건질 수 있었던 중요한 이유는 '한국군의 아버지'라 불린 하우스만을 비롯한 미 임시군사고문단원들이 이승만 대통령에게 무리한 숙군이 양질의 장교들을 거세할 것이라며 경고하고 박정희를 구명해 줄 것을 요구한 데 있었다.[33] 재판을 받은 뒤 풀려난 박정희는 한국전쟁 전까지 육군 정보국 전투정보과 과장으로 일했다.

숙군의 결과

숙군의 결과는 엄청난 것이어서 1949년 7월까지 국군 병력의 약 5%에 이르는 총 4,749명이 숙청되었다.[34] 숙군의 대상은 일반 사병보다는 위관급 장교나 하사관에 맞추어져 있었다.[35] 장교 중 가장 많이 숙군에 희생된 것은 육사 2·3기생이었다. 육사 2기는 총 196명 중 34명(17%)이 숙군 과정에서 파면 당했고, 3기생은 총 286명 중 70명(24%)이 파면 당했다.[36] 절대수로 보면 3기 70명, 5기 39명, 2기 34명이 숙군 과정에서 파면 당했다. 2기에는 박정희를 비롯하여 월북한 강태원·표무원이 들어 있었고, 3기생 중에는 여순사건을 일으킨 김지회, 홍순석, 문상길 등이 포함되어 있었다.

---

32) KBS의 하우스만 인터뷰, 22쪽 ; 조갑제, 1998, 『내 무덤에 침을 뱉어라』 2, 조선일보사, 228~231쪽 ; 조갑제, 1988, 『젊은 거인의 초상－이용문 장군 평전』, 샘터, 79쪽 ; 문명자, 앞의 책, 53쪽. 물론 여기에 언급되어 있는 인물들의 역할이 동일한 비중을 갖고 있는 것은 아니며, 박정희가 이후에 대통령이 되었기 때문에 구명운동에 참가한 역할이 더욱 과장될 수는 있을 것이다.

33) 조갑제, 1988, 『젊은 거인의 초상－이용문장군 평전』, 샘터, 80쪽.

34) 국방부 전사편찬위원회, 1967, 앞의 책, 496쪽.

35) 박명림, 1996, 『한국전쟁의 발발과 기원』 2, 나남출판, 423쪽.

36) 노영기, 1998, 「육군 창설기(1947~1949년)의 숙군에 관한 연구」, 성균관대학교 대학원 사학과 석사학위논문, 49~50쪽.

3기생들 중에서 좌파가 많이 배출된 것은 오일균, 조병건, 김학림, 김종석 등의 좌파 지휘관이 생도대장 등으로 이들을 교육하면서 큰 사상적 영향을 끼쳤기 때문이었다.

여순사건 뒤 대규모로 실시된 숙군은 이데올로기적 통일성을 높일 수 있었으나, 군 내부의 결속력을 방해했다. 우수한 지휘관이 숙청당하면서 전투력은 낮아졌다. 특히 국군을 약화시킨 것은 이러한 무원칙한 숙청을 이용하여 사적인 감정으로 '저놈은 빨갱이다'라고 무고하는 풍조 때문이었다. 상호불신과 음해가 군대 내에 퍼지면서 북조선 인민군에 대한 적개심보다 국군 내 장교들 사이의 대립과 증오가 극도에 달했다.[37] 채병덕이 여운형의 인민공화국에 포섭되었다던가, 정일권이 인민공화국의 군사부 비밀요원이라던가 심지어는 숙군을 책임지고 있던 백선엽조차도 북한과 연락을 하고 있다는 중상모략이 난무했다.[38]

월북한 강태원·표무원 소령은 무차별적인 숙군 작업이 진행되어 자신들의 목을 죄어옴에 따라 해를 입을 수도 있다는 공포에 떨었고, 이러한 상황이 그들을 북으로 올라가게 했던 것이다. 남로당 활동을 했던 박갑동은 자신의 책에서 "남로당 프락치로 숙군된 사람이 4천 8백 명이라 하는데, 실제로 남로당 푸락치는 약 절반 밖에 되지 않는다"고 증언하고 있다.[39]

여순 진압작전을 통해 국군은 군사적 경험을 익히는 데 성공했지만, 아직 이데올로기적으로 안정되지는 못한 상태였다. 이런 상황에서 진행된 숙군은 한국군을 '정화'하는 계기였다.[40] 대한민국 군대는 숙군을 통해 가장 강력한 반공 조직체이자 반공이데올로기의 보루로 만들어졌다. 남한의 공식 전사(戰史)는 "숙군의 본격적인 계기가 된 여수반란, 대구반란 등이

---

37) 林英樹, 앞의 글, 28~29쪽 ; 백선엽, 1992, 앞의 책, 345쪽.

38) 국방부 전사편찬위원회, 1967, 앞의 책, 497쪽.

39) 박갑동, 1991, 『통곡의 언덕에서』, 서당, 285쪽.

40) Allan R. Millett, 김광수(역), 2000, 「하우스만 대위와 한국군 창설(1945~1950)」, 『군사』 40호, 257쪽.

만약에 야기되지 않고 북괴의 남침 시에 군내 봉기가 있었다면 대한민국이 어떻게 되었는가 함은 자명한 일이다. 이러한 관점에서 볼 때 반란사건과 숙군은 대한민국을 구했고 국군을 반석 위에 서게 했던 것이다"라고 평가하고 있다.[41]

숙군을 지휘했던 백선엽도 "만약 여순사건이 없었고 숙군이 없었더라면 6·25와 같은 상황에서 국군이 자멸의 길을 걷지 않았으리라 장담할 사람은 아무도 없을 것"이라고 말했다.[42] 여순사건이 일어난 지 반년 뒤 숙군을 통해 좌익 세력을 척결함으로써 "이제 군은 신뢰할 수 있는" 조직으로 다시 태어났다. 반공은 군대의 주요한 이데올로기가 되었고, 반공 군인의 앞에 놓인 일은 공산 세력 척결이었다. 군인을 신뢰할 수 있다는 것은 김석원의 말처럼, 공산군과의 싸움에서 생명을 바치는 것을 의미했다. 김석원은 병사들이 "공격 명령은 언제 내립니까?"라며 자신에게 묻는다며, 자신의 육신을 나라에 바친 남한의 육탄 10용사는 상해 폭탄 3용사보다 우월하다고 주장했다.[43] 그는 공산 인민군에 맞서 몸 바쳐 싸운 "10용사는 계속 나올 것이며, 나와야 한다"라고 강조하여, 군인을 반공 전선에 내세울 전쟁 기계로 만들고자 했다.

숙군을 추진한 조직과 인물들이 국민보도연맹원 학살 등 한국전쟁 전후 시기의 민간인 학살을 직접 주도하고 시행했다는 점에도 주목할 필요가 있다. 숙군은 단지 군 조직을 정화하는 데 머물지 않았으며, 숙군 과정에서 사용된 조직과 인적 자원들은 한국전쟁을 전후로 한 시기에 보도연맹원, 형무소 재소자들을 대상으로 광범위하게 벌어졌던 민간인 학살에서 그대로 전용되었다. 1948년 제주도와 여·순 지역에서도 민간인 학살이 이루어졌지만, 한국전쟁을 전후한 민간인 학살에 군 정보기관과 헌병대 등이 직접 관여하면서 민간인 학살은 매우 조직적인 성격을 띠어갔다.

---

41) 국방부 전사편찬위원회, 1967, 앞의 책, 498쪽.

42) 백선엽, 1989, 『군과 나』, 대륙연구소출판부, 346쪽.

43) 『연합신문』, 1949. 5. 26.

내부적으로 이데올로기적인 통일성을 확보한 국군은 숙군의 비워진 자리를 청년단 같은 강력한 반공 세력으로 채웠다.

1948년 12월 20일에 서북청년회 회원 200명이 대전 제2여단에 입대했다.[44] 미군 보고서는 서북청년회 회원들로 만들어진 군대가 폭력적인 반공주의로 뭉친 '정예 군대'라고 평가했다. 대동청년단원 4,000명도 경찰에 들어갔고, 경비대에도 5,000~6,000명을 입대시킬 계획을 갖고 있었다.[45] 1948년 7월 경비대와 해안경비대를 합하여 약 6만 명이었던 국군은 청년단으로부터 병사들을 충원 받아, 1949년 3월 현재 6만 9,000명으로 증강되었다.

국군 조직에 대한 정비는 1948년 11월 30일 법률 제9호로 국군조직법이 공포되고, 1949년 8월 9일 병역법(법률 제41호)이 공포되면서 제도적으로 뒷받침되었다.

국군조직법에 따라 국군은 현역인 정규군과 예비군인 호국군으로 편성되었다. 호국군은 정규군 병력을 확충시키기 위해 마련된 예비군이었다. 호국군은 전투부대와 특수부대로 편성되어 있었고, 필요에 따라서 정규군에 편입될 수 있었다.[46] 호국군 장병은 각자의 거주지에 주둔하고 있는 연대에 소속되었고, 생업에 종사하면서 군사훈련을 받았다.[47] 호국군은 1949년 1월 4개 여단, 10개 연대를 창설하여 약 2만 명의 병력을 보유하게 되었지만, 병역법이 공포되어 지원제가 국민개병제로 전환함으로써 생긴지 10개월 만인 8월 31일에 해체되었다.[48]

병역법은 군대에 새로운 젊은 인적 자원을 보충하는 제도적 뒷받침이었다. 만 20세 이상인 대한민국 남자에게는 징병의 의무가 부과되었다. 8월에 병역법이 시행되기 전에는 대통령긴급명령으로 '병역임시조치령'이 시행 중

---

44) HQ, USMAGIK, *G-2 Periodic Report*, 1948. 12. 6 · 28.

45) HQ, USMAGIK, *G-2 Periodic Report*, 1948. 12. 16.

46) 육군본부, 1955, 『육군발전사』 제1권, 24쪽 ; 「대통령령 제52호, 병역임시조치령」, 『관보』 제33호, 1949. 1. 20.

47) 한용원, 1984, 『창군』, 박영사, 119쪽.

48) 국방부 전사편찬위원회, 1967, 앞의 책, 313~314쪽.

이었다. 병역임시조치령은 지원병으로 병사를 충원한 것이지만, 마을에서는 인원을 할당하여 제비를 뽑아 응모하게 하고, '사상적으로 지목받고 있는 청년'을 지목하여 강제로 응모하게 하는 경우도 발생했다.[49]

병역법의 시행은 남자가 대한민국의 국민이 되기 위해서는 국방의 의무를 거쳐야만 한다는 것을 의미했다. 언론은 임시 징병신체검사가 실시되자 '감격의 징병검사'라고 하면서, "너 보다 내가 앞서 징병관 앞에서 갑종(甲種) 합격을 자랑껏 힘차게 복창하여야 할 것이다. 그리하여 3천 만 배달민족의 믿음직한 횃불이 되어 씩씩하게 국토방위 제일선에 나아가자!"라고 외쳤다.[50] 이제 반공 전선에 나가 싸우는 것은 국민의 의무가 되었다.

국군의 위상 강화

여순사건 전후에 가장 많은 변화를 보인 것은 다름 아닌 군대였다. 사회의 다른 부문도 여순사건을 계기로 많은 변화를 거쳤지만, 사회에서 차지하는 군대의 위상과 권력은 이전보다 훨씬 더 강해지고 넓어졌다.

경비대는 국방을 책임지는 군대로서가 아니라 경찰의 치안 기능을 보조하는 경찰예비대로 출발했기 때문에 장비, 인력, 대우 면에서 경찰보다 훨씬 열악한 상황에 있었다. 이 때문에 경찰은 경비대를 깔보았고, 경비대는 경찰을 친일파의 소굴로 비난하곤 했다. 그러나 여순사건 때 경찰이 반란군에게 무참히 패배하고, 군이 사건 진압의 선두에 나서면서 경찰과 군 관계는 역전되기 시작했다.

특히 여순사건 때 내려졌던 계엄은 경찰과 군의 역관계를 변화시킨 전환점이었다. 치안을 책임지는 경찰은 진압군의 통제를 받았다. 계엄하에서 군대는 작전뿐 아니라 행정, 사법 기능을 통괄했기 때문에 경찰은 군대 활동을 도와주는 역할을 하게 되었던 것이다. 이와 같이 계엄은 군대의 권

49) 『한성일보』, 1949. 1. 6.
50) 『서울신문』, 1949. 12. 6.

력을 한껏 높여준 계기였다.

계엄이 군대 권력의 확대에 큰 역할을 하기 때문에 군은 계엄 선포에 적극적이었다. 1949년 7월 1일 미 중앙정보부원이 본국의 중앙정보부(CIA)에 우송한 문건에는 1949년 6~7월에 한국 정부가 좌익과 중간파를 숙청하기 위해 비상사태나 계엄 선포를 고려하고 있다는 정보를 보고했다. 이때 국방부장관과 육·해군 지휘관들은 계엄 선포를 지지했지만, 내무부장관과 경찰은 반대했다. 그 이유는 계엄이 선포되면 경찰의 역할이 대폭 축소되리라는 우려 때문이었다. 이를 염려한 내무부장관은 육·해군과 동등한 권한을 경찰에 준다는 조건하에서 계엄 선포에 동의하고 있다.[51]

이미 여순사건에서 계엄이 선포되면 군·경의 역할이 어떻게 뒤바뀌는지를 경험해 본 뒤였기 때문에, 군은 쉽게 계엄 선포에 찬성할 수 있었지만 경찰은 단서 조건을 붙여 계엄 선포에 동의했던 것이다.

더 나아가 정부는 군대 권한을 강화하는 법률안들을 발의하였다. 1948년 12월, 국방부는 '계엄법', '국군운수항역군사보위법(國軍運輸港域軍事保衛法)', '징발법', '군기보호법' 등 군-사회 관계에 중요한 영향을 미치는 법률안들을 국회에 회부하였다.[52]

'계엄법' 초안은 계엄 지구를 임전지역과 비상지역으로 크게 구분하고, 지역사령관이 필요에 따라 계엄을 선포할 수 있는 권한을 부여했다. 지역사령관에게 부여된 '임시계엄'은 여순사건 때 내려졌던 지역사령관의 자의적 계엄 선포를 조문화한 것이었다. 이와 같이 계엄법은 국가 비상시의 위기 극복을 명분으로 군대의 역할을 급속도로 확대시킬 수 있는 법제적 장치였다.[53]

---

51) 이도영, 2003, 「김구 암살의 비밀-이승만, 한국전 1년 전 중도파 숙청 위해 계엄령 모의」, 『말』 6월호.

52) 『민주일보』, 1948. 12. 4.

53) 김춘수, 2008, 「여순사건 당시의 계엄령과 계엄법」, 『여순사건과 대한민국의 형성』(여순사건 60주년기념 학술심포지움 자료집), 162쪽.

'징발법'은 비상사태가 발생했을 때 군 작전에 필요한 군수물자, 시설 또는 인적 자원을 징발 또는 징용하기 위한 법이었다. 징발의 대상은 군사작전을 뒷받침하는 사회의 모든 물자, 인적 자원에 해당했다.

'군기보호법'은 군사상의 비밀사항 또는 도서·물건을 탐지 또는 수집한 자, 혹은 이를 알게 된 자가 그 비밀을 타인에게 알릴 경우에는 처벌 받도록 했다. 또 군사시설을 측량·묘사·촬영한 자 또는 허가를 받지 아니하고 그 속에 들어간 자도 모두 처벌하도록 규정하였다.

이와 같은 법들은 '전시', '비상사태'라는 상황을 명분으로 내세워 군이 민간사회에 대한 통제를 강화하려고 시도한 것이었다. 이들 법안들 중에서 '계엄법'만이 1949년 통과되었고 나머지 법안들은 자동 폐기되었지만, 군의 역할을 사회 속으로 파급시키고 사회를 장악하려는 노력은 계속되었으며, 한국전쟁은 이러한 군대의 시도가 전 사회를 장악하게 되는 중요한 계기였다.

여순사건 당시 계엄은 즉결처분-군법회의로 이어졌다. 군은 사법권을 행사하며 국민의 생명을 좌지우지했다. 민간인을 대상으로 한 군법회의는 여순 진압 후에도 이어졌다.

군 사찰기관들은 군 내부는 물론이거니와 민간인에 대한 사찰과 연행을 강화하였다. 육군본부 정보국, 헌병사령부 등이 민간인을 연행, 구금하여 조사하는 일이 비일비재하게 일어나자, 1949년 4월 13일 헌병대 사령관 장흥은 헌병대가 민간인들을 취체, 구인하는 것은 불법이며 이를 엄격히 금지하겠다는 담화를 발표하였다.[54] 그러나 이 약속은 지켜지지 않았고 민간인에 대한 군대의 사찰과 연행은 계속되었다.

물리력을 배경으로 한 군대의 민간인 사찰, 구금, 재판, 처벌은 군대가 사회에 영향력을 행사할 수 있는 주요한 기제였다. 이러한 물리적, 법적 폭력은 반공, 국가 우선주의 이데올로기를 배경으로 진행되었다.

---

54) 헌병사편찬실, 1952, 『한국헌병사』 제2편, 헌병사령부, 11~12쪽.

여순사건이 진압된 뒤, 이범석 국방부 장관은 1948년 12월 1일 '여순반란지구 전몰장병 합동위령제'에 참석하여 전 장병들에게 국군이 실천해야 할 「국군 3대 선서」를 통해 대한민국 군인이 나아가야 할 실천 방향을 제시했다. 그 내용은 (1) 우리는 선열의 혈적(血跡)을 따라 죽음으로써 민족 국가를 지키자 (2) 우리의 상관, 우리의 전우를 공산당이 죽인 것을 명기하자 (3) 우리 군인은 강철같이 단결하여 군기를 엄수하며 국군의 사명을 다하자 등이었다.[55] 이는 국군이 반공주의 전선의 선봉이 되자는 맹세였다.

「국군 3대 선서」는 군대에만 해당된 것이 아니었다. 반공주의가 전 사회적으로 확산되면서, 「국군 3대 선서」는 「우리의 맹세」로 제목과 문구를 수정하여 일반 국민이 지켜야할 규범으로 제시되었다.

「우리의 맹세」는 (1) 우리는 대한민국의 아들 딸, 죽음으로써 나라를 지키자 (2) 우리는 강철같이 단결하여 공산침략자를 쳐부수자 (3) 우리는 백두산 영봉에 태극기를 날리고 남북통일을 완수하자 등의 내용을 담고 있었는데, 1950년대 출판물의 판권 상단에는 항상 「우리의 맹세」를 인쇄하도록 하였다.

이제 군대는 나라를 지키는 엄숙한 임무를 떠맡은 '호국의 간성'으로 떠올랐다. 학교에는 학도호국단이 설치되었다. 대통령령 제186호로 제정된 '대한민국학도호국단규정'(1949. 9. 28. 제정)은 중앙학도호국단 아래에 시·도 학도호국단, 부·군·도 학도호국단 학교 학도호국대를 조직하도록 하였다. 학교 자체가 군대식으로 조직되었고, 교사와 학생은 군사 교육을 받았다. 군대의 구호는 학교 체육 용어로 채택되었다. 1949년 말 학도호국단은 전국의 중학교 이상 1,146개 교, 총 단원 수는 35만 명을 통괄하는 전국적인 학생조직이 되었다.

군부의 영향력이 확대되면서 군 장성과 지휘관들은 파워 엘리트로 진입했다. 군부는 국가를 운영하는 주요한 정치세력으로 떠올랐고, 지방의 부

---

55) 국방부 전사편찬위원회, 1967, 앞의 책, 312쪽.

대사령관은 도지사, 시장, 지역 유지들과 어울려 지방 사정을 논의하고 운영하는 주체가 되었다. 대한민국 성립 초기부터 군은 비정치적인 집단이 아니었으며, 정치적인 부문과 가장 밀접한 관계를 맺고 있었다.

2) 경찰, 청년단, 교육계의 정비

경찰의 확충

여순사건이 진압된 지 며칠 지나지 않은 11월 4일부터 서울을 비롯한 각지에서는 대대적인 예비검속이 실시되었다.

이날 수도경찰청 산하 중부 · 종로 · 서대문 · 성동서 등 모든 경찰서는 엄항섭(한독당), 여운홍(사회민주당), 이갑섭(합동통신 편집국장) 등 정계 인사와 언론계 인사 등 약 700여 명을 대량 검거했다. 경찰은 이들이 11월 7일 러시아혁명기념일을 전후하여 폭동을 일으키려는 계획을 갖고 있어 검거했다고 말했으나, 실제 이유는 이들이 대한민국 정부를 '불승인'했다는 것이었다.[56] 그런데 대한민국정부를 불승인하는 세력의 범위는 반공우익 청년단체인 전국학생총연맹(이하 학련으로 줄임)의 위원장이었던 이철승까지 포함되어 있을 만큼 매우 광범위했다. 이날 제2관구경찰청(강원도)에서도 70여 명의 혐의자를 체포했다. 11월 6일에는 제8관구경찰청(전남)에서 '좌익 혐의자' 약 3,400여 명을 검거했다.[57]

이러한 대규모 검거는 여순사건을 계기로 조성된 이승만 정부의 위기상황을 역으로 이용하여, 정권을 위협할 수 있는 모든 요소를 사전에 제거하고 정권을 안정화시키는 데 목적이 있었다. 경찰이 검거 대상으로 삼았던

---

56) 『한성일보』, 1948. 11. 6.

57) 『자유신문』, 1948. 11. 14. 약 3,400여 명 중 이른바 반란지역에서 검거한 수가 2,500여 명이었고, 반란지역을 제외한 도내 다른 지역에서 검거한 인원이 865명이었다.

것은 좌익 세력이라기보다는 상당히 광범위한 반이승만 세력이었다.

검거된 정치인들 중 대부분은 좌익이라기보다는 중도파 정치인이었고,[58] '반정부음모 및 요인암살음모 혐의'로 수감되었던 이철승과 학련 조직원들은 강렬한 반공주의자들이었다. 이들 청년단원들은 모진 고문을 받았는데, 이들이 경찰에 끌려온 이유는 '반공시민궐기대회'가 '반민법철회대회'로 둔갑해버린 사실을 국회에서 폭로해 버렸기 때문이었다. 이에 반감을 품은 친일 경찰은 학련원들을 검거한 다음 조작된 물증을 들이대며 한민당 지도부의 지원을 받은 것을 자백하라고 강요했던 것이다. 이철승만이 아니라 청년단에서 지도적 역할을 하고 있었던 서상천(대한독립청년단), 유진산(청년조선총동맹)도 경찰에 검거되었다. 청년단 간부들을 검거한 것은 청년단체 통폐합을 위한 정지 작업이었다.

경찰은 좌익 세력 척결에 있어서나 반이승만 세력 척결에서 필수적인 조직이었기 때문에 여순사건 뒤에 경찰 병력은 더욱 확충되었다. 경찰 확충은 이미 여순사건 당시부터 주장되었다. 윤치영 내무부장관은 국회에 나와 "당장 내일부터 다량한 우량 경찰관을 뽑고 적극 여기에 대비하려고 합니다"라고 하면서 영장 교부도 경찰에서 해야 할 것이라고 주장했다.[59]

1948년 11월 현재 경찰관 총수는 약 3만 5,000명이었다. 여순사건 뒤 내무부 치안국에서는 경찰관을 모집하기로 했는데, 중앙에서만 약 1만 5,000명을 모집하고 각 관구청에서도 상당수의 경찰관을 새로 채용할 것이라고 발표했다.[60] 그 결과 1949년 3월에는 경찰의 수가 4만 5,000명에 이르렀고, 1950년에 가서는 5만 명으로 증가했다.

경찰 조직은 이미 미군정 시기부터 이념적 동질성을 가지고 있었고 국

---

58) 서중석은 11월 초에 경찰의 일제 검거가 이루어졌던 주요한 이유는 김구 세력을 여순사건과 관련시켜 견제하려 했기 때문이라고 보고 있다. 서중석, 1995, 「정부 수립 후 반공체제 확립과정에 대한 연구」, 『한국사연구』 90호, 434쪽.

59) 『국회속기록』 제1회 제90호, 677쪽.

60) 『국제신문』, 1948. 11. 12.

가보안법이 통과됨에 따라 기구의 양적인 팽창만이 과제로 남아 있었다. 미군정기부터 남한은 '경찰국가'라는 지적을 받을 만큼, 억압적 기구를 이용하지 않고서는 통치가 불가능한 상태였다.[61] 경찰의 확대는 국가의 물리력을 확대함으로써 감시를 더욱 체계적으로 구축한다는 데 의미가 있었다.

경찰은 공식 조직뿐만 아니라 주민들과 밀착되어 정보를 수집하고 좌익 세력을 적발하기 위해 반관(半官) 조직인 민보단(民保團)을 1948년 10월 9일에 창단했다. 민보단은 각 동(洞)의 행정을 보조한다는 명분과 형식을 내세웠지만 시장에게는 전혀 명령 권한이 없었다.[62] 민보단은 좌익 색출과 정보 수집을 주 임무로 삼는 경찰 보조기관이었다.

민보단 결성은 여순사건 이전부터 계획되고 있었다. 10월 중순경 수도경찰청은 5·10제헌국회의원 선거 때 사찰과 감시활동에 활용하다가 선거 후에 해산된 향보단(鄕保團)을 계승하여 민보단을 각 동에 조직하겠다고 발표했다.[63] 경찰은 이미 5·10선거 때 향보단을 결성하여 좌익의 선거파괴 활동에 대처한 전례가 있었다.

민보단은 각 경찰서를 단위로 하여 조직되었다. 본단(本團) 이외에도 각 동과 직장에 분단(分團)을 만들었는데, 서울시의 민보단 조직은 10개소의 본단과 295개소의 분단으로 되어 있었고, 단원 수는 1만 6,316명이었다.[64] 서울시 민보단이 결성된 뒤에는 각 지방에서 민보단이 속속 결성되었다.[65] 지방의 민보단은 의용단, 호국단 등의 명칭을 사용하면서,[66] 소요비용을 주민들로부터 기부라는 명목으로 강요하여 사회문제가 되었다.[67] 민보단

61) 메논, 1948, 「국제연합임시조선위원단 의장으로서의 소총회에서의 성명」, 모윤숙(편집), 『메논박사 연설집』, 서울문화당, 56쪽.

62) 『동아일보』, 1949. 3. 5.

63) 『한성일보』, 1948. 10. 14.

64) 『경향신문』, 1948. 11. 27.

65) 『부산신문』, 1948. 11. 24·28. 부산 민보단은 11월 24일, 진해 민보단은 11월 25일 구성되었다.

66) 『서울신문』, 1949. 3. 22.

67) 『서울신문』, 1948. 9. 8. ; 『국제신문』, 1948. 11. 7. ; 『동아일보』, 1949. 3. 5.

원은 경찰서장의 추천을 받아야 했고, 반공정신이 투철한 우익청년들로 구성되었다. 이들은 동네에서 수상한 자가 발견되면 경찰에 보고하고 요시찰인을 감시했다.

민보단이 경찰 활동을 보조하는 조직이었다는 점은 경찰과 민보단이 합동 모의전투 훈련을 실시한 데서도 잘 드러난다. 서울시 경찰국은 약 4,000명이나 되는 인원을 참가시켜 을지로, 남대문 등 서울 시내 한복판에서 남군과 북군으로 나뉘어 모의전투 훈련을 실시했다.[68]

여순사건 뒤 경찰은 양적으로 증가하고 민보단 같은 보조 조직까지 만들었지만, 국가 기구 내에서 경찰의 위상은 이전과는 달랐다. 여순사건은 국가의 가장 주요한 물리력이 군대라는 것을 확인시켜준 계기였다. 여순사건의 발발 원인이기도 했던 군경 마찰은 군대가 숙군을 통해 반공 군대로 거듭나면서, 군의 압도적 우위로 정리되었다.

경찰이 미군정기와 이승만 정부 초기에 권력을 뒷받침해준 국가 기구였지만, 여순사건 뒤 이승만 정부는 군대에 훨씬 더 의존하게 되었다. 국군은 군사기술이나 장비 면에서 경찰을 능가했고, 이데올로기적으로도 경찰보다 훨씬 강한 반공노선을 관철시키면서 전 사회에서 군대가 차지하는 비중을 높여갔다. 북진통일의 원동력으로써 군사력에 대한 기대가 커졌고, 이와 동시에 군인들의 용맹함을 의식적으로 고양시키는 '육탄 10용사'[69] 같은 영웅담들이 탄생하면서 군사주의 가치관이 점점 더 사회에 침투되기 시작했던 것이다.

대한청년단의 발족

여순사건은 내부 치안을 확보하기 위해서 강력한 물리력이 필요하다는 인식을 갖게 했다. 군대와 경찰을 정비하고 확충하는 일도 이러한 맥락에

68) 『국도신문』, 1949. 8. 9.
69) 『동아일보』, 1949. 5. 8.

서 이루어진 것이었다. 이승만 정권은 난립되어 있던 여러 청년단체들을 ‘대한청년단’(이하 한청으로 줄임)으로 통합하여 물리력을 확보하고자 하였고, 한청을 군대와 경찰과 유기적 관련 속에 둠으로써 국가 기구를 보강하고자 했다.

여순사건 진압 후 청년단 통합은 빠르게 진행되었다. 1948년 11월 17일, 국민회청년단 · 대동청년단 · 대한독립청년단 · 서북청년회 · 민족청년단 · 청년조선총동맹 등의 6개 청년단 책임자들은 이승만을 방문하고 국방군 강화 문제를 토의하였다.[70] 이날 청년단체들은 청년단체를 발전적으로 해체하고 대한청년의용단을 발족하기로 하였다.[71]

청년단체를 한청으로 통합한 것은 여순사건을 계기로 드러난 공산주의 위협에 대처하기 위해서 여러 단체들을 강력한 반공투쟁 조직으로 묶어 세워야 한다는 필요성 때문이었다. 이청천(12월 21일에 본명 지대형으로 돌아감) 대동청년단장은 통합 성명서에서 “전남사건이 발발된 이래 국회를 중심한 시국대책 건의안을 위시하여 국론은 또다시 민족진영의 강력한 결속을 요청”했기 때문에 청년단 통합이 이루어졌다고 밝혔다.[72]

하지만 한청은 이 같은 반공투쟁의 필요성에서 생긴 것만은 아니었다. 한청 선서문의 제1항 “우리는 총재 이승만 박사의 명령에 절대 복종한다”에서 나타나듯, 한청 결성에는 이승만의 의지대로 청년단체들을 조정하려는 의도가 작용했다.[73] 주한미국 특별대표부 무쵸 대사도 청년단체의 통합은 “정부가 통제할 수 있는 큰 가능성을 갖고 있다”고 평가했다.

이에 따라 기존에 가장 강력한 청년단체 중의 하나였지만 한청 통합에

---

70) 『동아일보』, 1948. 11. 19. ; 『조선일보』 1948. 11. 18. ; 하유식, 1997, 「이승만 정권 초기 정치기반 연구－대한청년단을 중심으로」, 『지역과 역사』 제3호, 13쪽.

71) 『부산일보』, 1948. 11. 25.

72) 『한성일보』, 1948. 12. 22.

73) United States Department of State, *Foreign Relations of United States 1949 Vol. Ⅶ*, 1976, Washington D.C., U. S. Government Printing Office, 947~952쪽 ; 이경남, 1989, 『분단시대의 청년운동』 하, 삼성문화개발, 272~274쪽.

반대했던 민족청년단은 바로 해체되었다. 이범석이 이끌었던 민족청년단은 민족청년단을 해산하라는 이승만의 강제적 명령 앞에 무릎을 꿇고 1949년 1월 20일 해산을 선언했다.

1948년 12월 19일, 대동청년단, 서북청년회, 대한독립청년단, 국민회 청년단, 청년조선총동맹과 군소 청년단체는 '이승만 대통령의 명령에 절대 복종'하고, '공산주의 적구도배를 말살'한다는 목표를 내세운 한청에 통합되었다. 한청은 선언문에서 공산주의자를 말살하여 남북통일을 완수하는 것을 기본 목표로 한다는 점을 분명히 밝히고 있다. 다음은 한청의 강령과 선언문이다.[74]

〈강령〉

1. 우리는 청년이다, 심신을 연마하여 국가의 간성 되자.
1. 우리는 청년이다, 이북동포와 합심하여 통일을 완성하자.
1. 우리는 청년이다, 파괴분자를 숙청하고 세계평화를 보장하자.

〈선언문〉

1. 우리는 총재 이승만 대통령의 명령을 절대 복종한다.
1. 우리는 피와 열과 힘을 뭉치어 남북통일을 시급히 완수하여 국위를 천하에 선양하기로 맹세한다.
1. 민족과 국가를 파괴하려는 공산주의 적구도배(赤狗徒輩)를 남김없이 말살하여 버리기를 맹세한다.
1. 우방열강의 세계 청년들과 제휴하여 세계평화 수립에 공헌코자 맹세한다.

한청의 임원 구성을 보면, 총재는 이승만 대통령이 맡았고 단장은 이승만과 개인적 친분이 있는 신성모가 맡았다. 최고지도위원은 유진산, 전진한, 이청천 등 주로 청년단체를 지도했던 사람들로 채워져 있었다.

한청은 먼저 지방 단부 간부급 및 훈련 책임자를 중앙훈련소에서 훈련

---

74) 『평화일보』, 1949. 12. 21.

시킨 다음 모든 단원들에게 훈련을 실시하였다. 지방 단부의 단원 훈련은 1949년 4월부터 1950년 4월까지 계속 이루어졌는데, 그 이유는 여순사건으로 지리산 지구에 입산한 빨치산을 토벌하는 데 동원하기 위해서였다. 한청은 경찰과 합동 작전을 벌여 토벌활동에 매진하였고, 전투과정에서 전남 351명, 제주 196명, 경북 185명, 경남 155명, 충북 56명, 전북 51명, 강원 17명, 충남 3명 등 단원 수백 명이 전사하였다.[75]

한청은 상공회의소, 무역협회 등의 관계자들로 구성된 후원회로부터 지원을 받았을 뿐만 아니라, 정부로부터 직접적인 재정 지원을 받았다. 한청의 요청에 따라 정부는 9,800만 원의 보조비를 계상하여 국회에 요청하였고, 이승만은 한청의 유지비 책정을 위해 정부사업을 공여해 줄 것을 여러 부서에 지시했다.[76]

한청은 건설 사업에 참여하여 재정을 확보하기도 하였다. 6월 15일 중앙청 제1회의실에서 정부 각 국장과 한청 간부의 연석회의를 개최하고 정부 지원 방안을 논의하였다. 이 회의에서 국무총리는 "정부 각 기관은 대한청년단의 지지·육성을 위하여 특별한 고려가 있어야 할 것이며 적어도 동단의 재정적 원조가 될 만한 사업은 가급 동단에게 맡겨 동단의 재정적 기반을 공고히 하는 동시 단원의 건설의욕을 앙양시킬 필요가 있다"는 요지의 발언을 하였다. 이에 따라 한청은 1949년 6월 영월탄광·섬진강발전 공사 등을 비롯한 총예산 130여억 원에 달하는 엄청난 건설 사업을 인수하였다.[77]

한청이 건설업에 진출하면서 형성된 주먹과 건설업의 유착은 사실상 한청의 재정 지원책으로부터 시작되었다. 그리고 건설업과 주먹계는 지금까지도 관계를 유지하고 있다. 주먹과 건설업계의 고리는 1949년 한청 활동 때부터 시작되었던 것이다.

---

75) 하유식, 앞의 글, 214~215쪽.
76) 『국무회의록』 제44회, 1949. 4. 26.
77) 『동아일보』, 1949. 6. 19.

교육계 '정화'와 학도호국단 창설

청년단의 정비가 기존의 분산된 단체를 단일한 조직으로 통폐합하는 것에 맞추어져 있다면, 교육계는 먼저 교원에 대한 숙청으로부터 내적 정비가 시작되었다.

봉기가 진압된 직후, 전남도 학무당국은 순천, 벌교 등지의 국민학교 교직원 61명을 파면했고,[78] 제5여단 군기대는 광주의과대를 포위하고 좌익혐의자들을 체포했다.[79] 봉기 지역 일대에서 교원이 부족한 상황이 발생하여 결원 보충이 문제로 떠오르기도 할 정도로, 교원숙청은 전면적으로 실시되었다.[80]

1949년 4월 전라남도 학무국은 교직원 숙청에 대한 담화를 발표했다. 학무국은 현재의 시국이 "대한민국 전 민족이 총집중 · 총궐기하여 남북통일을 전취할 지상명령"을 수행해야 할 시기에 "공산계열의 주구(走狗)로써 반민족이며 반국가적 사상을 포지(抱持)한 악질 도배의 교직원이 자기의 사상을 은폐하고 교묘한 술책으로써 가면을 쓰고 학원에 침입하여 계획적이고 비밀적 수단으로써 소기의 목적을 달성"하려하고 있다고 비난했다.

학무국은 '반민족 교원 단호 숙청'과 '민족교육의 철저적 정화'라는 두 가지 과제를 추진하겠다고 밝히고, "반민족적이고 반국가적인 비양심적 교직원을 철저히 조사하여 엄정한 처단을 내리는 동시에 미급한 점을 화급 조사하여 숙청을 단행하며 교단에서 추방"하는 것이 절실히 필요하다고 강조했다.[81] 그러나 교사 숙청은 애꿎은 교사들도 학원에서 물러나게 했던 것으로 보인다. 학무국은 '숙청한 교원의 무죄변명과 복직'을 요청하는 경우가 많다며, 이러한 진정이 '교육계 정화' 추진에 큰 지장을 주고 있다고

78) 『세계일보』, 1948. 11. 21.
79) 『동광신문』, 1948. 11. 19.
80) 『호남신문』, 1949. 1. 22.
81) 『동광신문』, 1949. 4. 14.

밝히고 있기 때문이다.

교직원뿐만 아니라 학생에 대한 동향도 철저히 파악되었다. 전라남도 학무국은 이미 여순사건과 관련된 학생을 학교별로 발표하였다. 이에 따르면 여수중학 19명, 여수여중 22명, 여수수산중학 30명, 순천중학 73명 등 총 208명의 학생이 여순사건 관련자라는 것이었다.[82)]

교직원과 학생에 대한 숙청은 여순사건이 발발한 전라남도를 벗어나 전국적으로 확대되었는데 각 지역의 교직원 숙청은 중앙의 지시 속에서 이루어졌다. 1949년 2월에 열린 각 시·도 학무국장 회의에서는 불순분자 숙청이 실패하면 교육은 실패하는 것이라며 "만일 어느 학교에서 맹휴가 일어나면 그 책임을 추궁할 것이며 그러한 학교는 당연코 폐쇄할 것이다"라고 훈시했다.[83)]

문교부장관 안호상은 1949년 1월 초, 초중등, 사범대학, 전문대학 교원 5만 1,000명에 대한 사상 경향을 조사했으며, 이 가운데 교원 5,000여 명을 숙청할 것이라고 발표했다. 이는 이승만이 밝힌 바와 같이, '순수해야 할 학원에 잠입한 불순분자들에 대한 시급한 숙청'이었고, 정부 수립 이후 전국 교원 5만여 명에 대해 사상 경향 조사를 해온 결과물이었다.[84)]

원주에서는 좌익 계열에 가담한 사건을 적발하여 학성초등 교원 3명을 비롯하여 연루자 20여 명을 검거하였다. 남대구형사대에서는 3·1절 기념일을 앞두고 비밀계획을 꾀하였다는 이유로 사찰을 개시하여 교원 21명과 대학 관련자 30여 명 총 50명을 검거하였고, 심지어는 학교를 포위하고 수업 중에 있는 학생 100여 명을 검거했다. 서울대에서는 10여 명이 권고 혹은 파면으로 사직 당했고, 서울 시내 교직원 11여 명이 직장에서 쫓겨났다.[85)]

교직원 숙청은 반드시 좌익 협의자만을 대상으로 하지 않았다. 서울시

---

82) 『서울신문』, 1948. 12. 5.
83) 『동광신문』, 1949. 2. 4.
84) 『연합신문』, 1949. 1. 23.
85) 『강원일보』, 1949. 2. 16. ; 『대구시보』, 1949. 2. 16.

에서 추진한 숙청을 보면, 반국가적인 자 뿐만 아니라 '실력이 부족한 자', '당국에 협력하지 않는 자'들도 숙청 대상에 포함되어 있었다. 1949년 3월에 서울에서 실시한 교직원 파면 때에도 '사상이 불온한 자' 뿐만 아니라 '무실력자', '당국에 협력하지 않는 자', '동료 간에 불목(不睦)한 자'도 포함되었다. 반공과 좌익 숙청을 명목으로 학교 당국의 방침에 순응하지 않는 인물들을 뽑아내려는 시도였다.

교직원, 학생 숙청에 뒤이은 교육계의 가장 큰 반공 대책은 학도호국단의 창설이었다. 문교부와 국방부는 '시국수습 대책과 공산주의 세력에 대비'하고자 전국의 중등학교 학생들을 대상으로 1949년 4월 22일에 학도호국단을 창설했다.[86)]

학도호국단이 공식 창설되기에 앞서 학도호국단 간부 양성을 목적으로 1948년 12월 19일부터 다음해 3월말까지 특별훈련이 실시됐다. 이 훈련에 참가한 학생들은 소속 학교장이 추천한 사상적으로 인정된 학생들이었다. 호국단 간부 훈련생 가운데 약 85%는 전국학생총연맹 출신이었다.

학도호국단은 대통령-문교부-학장, 교장 계통으로 명령 체계가 이어지는 조직이었다. 학도호국단의 단장은 문교부 장관이었지만, 단(團)을 통솔하는 총재는 대통령이 맡았다.[87)] 학도호국단에는 모든 중등 · 고등 · 대학생과 교직원이 단원으로 포함되게 되어 있었다. 조직 체계를 보면, 특별시 · 도 학도호국단 산하에 시 · 군 학도호국단과 학교 호국단으로 지역별, 학교별로 구성되었다. 이에 따라 조직된 학도호국단은 1949년 12월 말 전국의 중학교 이상 1,146개교, 총 35만 명의 단원을 확보하고 있었다.[88)]

학도호국단은 '조국을 보호하는 민족의 전위부대'이며 '침략하려는 자에 총궐기하여 싸우는' 임무를 맡고 있었다. 학도호국단은 이승만 정권이 전

---

86) 『서울신문』, 1949. 3. 9. 서울시 학도호국단은 1949년 3월 8일 결성되었고, '대한민국학도호국단규정은 1949년 9월 28일 대통령령 제186호로 제정되었다.

87) 「학교 학도호국단 단칙」, 『주보』 제4호, 15~33쪽.

88) 중앙학도호국단, 1959, 『학도호국단 10년지』, 359쪽 ; 『서울신문』, 1949. 12. 6.

국의 학교와 학생에게 반공주의를 주입하는 전달 벨트였다. 학도호국단을 통해 군사훈련과 반공교육이 실시되었고, 학생들은 각종 관제 반공궐기대회와 징병제 축하대회, 이승만 대통령 탄신 경축식 등에 동원되었다.[89]

학도호국단은 군사 조직과 군사 문화를 학원에 전파하는 첨병이었다. 학도호국단이 결성되기 전에도 문교부는 중등학교 이상 각 학교에 군사훈련을 정규과목으로 하며 현역 장교를 각 학교에 배속할 것을 밝힌바 있었다. 학원에서 군인을 양성하겠다는 발상이었다.

그러나 교관이 부족하자 교사를 교관으로 훈련시키는 교육이 이루어졌다. 1948년 12월 26일 문교부는 국방부와 협의하여 전국의 체육교사 중에서 군사교관 희망자를 배속장교 요원으로 모집하여 군사교육을 실시하기로 하였다. 그리하여 제1기 236명, 2기 156명, 3기 32명 등 379명을 육군사관학교 등에 입소시켜 군사교육을 받게 한 후 학교 교련 교사로 학교에 배속했다.

그러나 졸속으로 배치된 중등학교 배속장교들의 폭력적이고 강제적인 교육 때문에 문제가 발생하였다. 심지어는 배속장교의 지나친 폭력과 훈련으로 학생들이 배속장교를 죽이는 경우까지 발생하였다.[90]

학도호국단은 전국의 학생을 단원으로 포함시킴으로써 학생 규율화의 조직적 기초가 되었다. 반공주의에 따른 군사 교육은 학생들에게 국가 지상주의 의식을 불어넣어주었을 뿐 아니라, 군사 문화도 자연스럽게 습득하도록 만들었다.

학도호국단 1주년 기념식에서 한 학생은 ‘조국통일을 죽음으로 이룩하며’, ‘아시아의 민주성벽의 전위부대임을 맹세’했다.[91] 자신의 입으로 반공

89) 『자유신문』, 1949. 12. 20. ; 『서울신문』, 1950. 3. 26.

90) 『서울신문』, 1949. 3. 11.

91) 『자유신문』, 1950. 4. 23. 반공주의 전선에는 노인들도 빠질 수 없었다. 국방부에는 노인호국대 제도를 실시해달라는 건의가 접수되었다(『조선중앙일보』, 1949. 6. 2).

주의 전선에 목숨을 바칠 것을 공개적으로 맹세했던 것이다. 물론 학도호국단 이전에도 전국학생총연맹이나 서북청년회 같은 단체원들은 반공 전선에서 맹활약한 바 있었다. 하지만 학도호국단이 만들어지기 전까지 이런 단체들의 활동은 학교 밖에서 이루어지는 활동이었고, 개인적인 선택의 문제였다.

학도호국단은 우익청년단체 활동을 학교 내에서 공식화했을 뿐 아니라, 이를 통해 학생 생활을 완전히 통제하고자 했다. 교내에 존재해왔던 학도호국단 이외의 학생단체는 모두 해체되었고,[92] 운동단체들도 학도호국단 산하로 다시 편제되었다. 운동경기에 출전할 때에도 학도호국단의 허락을 받도록 하여,[93] 학도호국단은 반공주의를 통해 학생 생활의 전면을 통제하는 기구로 자리 잡았다.

1980년대까지 명맥을 유지해온 학원의 학도호국단 체제는 여순사건 이후 이승만 정부의 학원 정책으로 등장한 것이었지만, 수십 년 동안 학원 생활의 근간을 이루면서 반공주의를 교육하고 학생들의 신체를 동원하는 데 사용되었던 것이다.

3) 국민보도연맹

국민보도연맹의 결성과 활동

군대, 경찰 그리고 청년단에 대한 조직 정비와 확대는 (준)국가 기구에 대한 반공화 작업이었다. 이에 비해 국민보도연맹은 좌익 전향자가 그 조직 대상이었다는 점에서 이른바 '적'에 대한 이승만 정권의 시각과 대응 방식을 가장 잘 보여주는 예라고 할 수 있다.

국민보도연맹(國民保導聯盟, 이하 보도연맹으로 줄임)은 1949년 4월 20

92) 『국도신문』, 1949. 12. 31.
93) 『서울신문』, 1949. 1. 30.

일 창설되어, 6월 5일 명동 시공관에서 '국민보도연맹 중앙본부 선포대회'를 개최하고 정식으로 결성식을 가졌다.[94] 원래 보도연맹은 좌익 전력을 가진 사람들을 사상적으로 개조하는 데 그 취지가 있었다. '보도(保導)'라는 말은 공산주의로부터 국민을 보호하고, 올바른 길로 이끈다는 뜻이다. 얼마만큼의 사람들이 보도연맹에 가입했는지는 불확실하지만, 한국전쟁 발발 전까지 보도연맹원수는 약 30만 명으로 추산되고 있다.[95]

보도연맹 중앙본부는 신익희 국회의장 등 총 25명을 고문으로 두었고, 총재는 김효석 내무부장관이 맡았다. 실제 보도연맹을 운영하는 간사장은 박우천이 맡았으며, 실무 부서로는 총무, 조사, 선전국 등 8개 국 · 실이 있었다. 보도연맹 중앙본부는 초기에 서울시 경찰국에 설치되었다가 나중에 미군 CIC 클럽하우스로 옮겨졌다.[96]

보도연맹이 결성된 1949년 중순은 이승만 정권이 '여순사건'의 위기를 반공체제 구축의 기회로 전환시키고 국가보안법 등의 법제적 장치를 구축하여 반이승만 세력에 대한 정치적 공세를 높이고 있을 때였다. 보도연맹 결성 시기를 즈음하여 발생한 '6 · 6 반민특위 습격테러', '국회프락치사건', '6 · 26 김구 암살' 사건 등 이승만 정권의 '6월 공세'는 반이승만 세력에 대한 공세였다.[97]

처음부터 보도연맹이 전국적 조직으로 출발한 것은 아니었다. 보도연맹은 먼저 중앙본부가 결성되고, 이를 바탕으로 서울시연맹과 각 도 단위의 지방지부가 결성되었다. 보도연맹은 표면적으로는 좌익 전향자 단체의 성격을 띠고 있었다. 아래의 강령은 보도연맹이 지향하는 목적을 잘 보여주고 있다.[98]

---

94) 『애국자』 창간호, 1949. 10. 1. ; 「울산 국민보도연맹 사건」, 진실 · 화해를위한과거사정리위원회, 2008, 『2007년 하반기 조사보고서』, 859~860쪽.

95) 서중석, 1996, 『한국현대민족운동연구 2』, 역사비평사, 268쪽.

96) 김기진, 2005, 『한국전쟁과 집단 학살』, 푸른역사, 24쪽.

97) '6월 공세'에 대해서는 서중석, 1996, 앞의 책, 201~257쪽 ; 도진순, 1997, 『한국민족주의와 남북관계』, 서울대학교 출판부, 327~347쪽을 참조.

1. 오등(吾等)은 대한민국정부를 절대지지 육성을 기(期)함.
1. 오등은 북한괴뢰정부를 절대반대 타도를 기함.
1. 오등은 인류의 자유와 민족성을 무시하는 공산주의 사상을 배격·분쇄를 기함.
1. 오등은 이론무장을 강화하여 남북로당의 멸족파괴정책을 폭로분쇄를 기함.
1. 오등은 민족진영 각 정당·사회단체와는 보조를 일치하여 총력결집을 기함.

〈그림 7-1〉 국민보도연맹 서울특별시 서대문구연맹 제1분회 사진철

보도연맹은 대한민국의 품에 좌익 경력자를 포섭하는 것, '전향자를 계몽·지도하여 명실상부한 대한민국 국민으로서 받아들'이는 것을 내세웠지만, 강령에서는 이러한 포용과 포섭의 기미는 찾아볼 수 없다. 보도연맹 강령은 '공산주의를 절대 반대, 타도'하고, '대한민국을 절대 지지'한다는 정치적 목적을 분명히 밝혔다. 보도연맹은 '적'과 '아'를 분명히 구분하고 있

98) 『동아일보』, 1949. 4. 23.

었고, 조직의 정치적 목적은 좌익 세력을 색출하여 섬멸하는 데 있었다.

보도연맹은 법률이나 훈령에 근거해 만들어진 단체가 아니라, 반공검사 오제도의 제안에 따라 만들어진 임의 단체이며 관변 단체였다.[99] 오제도의 제안에 따라 경찰이 합세하고 법무부, 내무부, 국방부, 민보단 등이 힘을 보탰다. 보도연맹은 좌익 전향자가 중심이 되어 만든 조직을 표방했지만, 실제로는 철저히 정부가 주도한 관변 단체였다.

이 과정에서 검찰은 반공사업의 핵심적 역할을 수행했다. '사상검사'라는 이름을 얻은 오제도, 장재갑, 정희택, 선우종원 등은 좌익 인물들을 색출, 취조하면서 공산주의를 학습해 갔다. 국가보안법으로 입건된 수만 명의 좌익 인물들을 취조하고 보도연맹을 앞장서서 조직한 검찰의 경험은 대공전선에서 경합 중이던 다른 국가 기관을 압도할 수 있는 토대가 되었다.

오제도가 『국가보안법 실무제요』를 저술한 것은 1949년이었고, 자수한 전향자들과 수차례의 토론회를 가졌던 것도 1949년이었다. 국가보안법 위반 사범이 급증하고 이들에 대한 수사 경험이 쌓이면서 공산주의 대응 매뉴얼이 만들어지기 시작했던 것이다.[100]

반공검사들은 '사상' 문제의 전문가는 아니었다. 일본 서적을 번역 편집한 것으로 보이는 오제도의 『공산주의의 ABC』는 1952년에야 간행되었다. 이와 같이 이승만 정권 시기의 '반공주의'는 공산주의에 대한 이념적, 사상적 비판으로 출발했던 것은 아니었다. 오제도는 "본인은 일찍이 사상검사의 직에 있으면서 공사(公私)적으로 공산주의 진영에 속했던 간부급과 기탄없이 이론과 실제에 관하여 의견을 교환하는 기회가 많았습니다. 그럴 때마다 그들의 일관된 일방적이며 공식적인 세계관 해석에는 본인의 천박

---

99) 김선호, 2000, 「국민보도연맹의 조직과 가입자」, 『역사와 현실』 제45호, 297~300쪽.

100) 강성현, 2007, 「국민보도연맹, 전향에서 감시 · 동원, 그리고 학살로」, 『죽엄으로써 나라를 지키자 — 1950년대, 반공 · 동원 · 감시의 시대』, 선인, 158~159쪽. 강성현의 논문은 검찰을 중심으로 한 보도연맹의 '권력 테크놀로지'—취조, 전향, 감시, 동원—에 대해 자세히 서술하고 있다.

한 수양과 지식에서도 놀라지 않을 수 없었습니다"라고 하여 실무과정에서 느꼈던 자신의 빈약한 좌익 사상 이해를 토로했다.[101]

공산주의자를 심문, 취조하는 실무 과정에서 획득된 '공산주의 대응 매뉴얼'은 그 자체가 반공주의를 구성하는 '실체'였다. 반공주의의 핵심은 공산주의 비판이라는 사상적 '내용'이 아니라 공산주의자라는 적에 대한 이미지 그리고 이에 대응하기 위한 '방법'으로 구성되어 있었다.

반공검사의 뿌리는 일제시기의 '사상검사'였다. 치안유지법을 발동하여 일본공산당원 등 1만 6,000명을 체포한 1928년 '3·15사건'은 일본에서 사상검사의 탄생을 알리는 사건이었다. '3·15사건'을 계기로 특별고등경찰이 확대되고, 사상헌병이 신설되었으며, 문부성의 학생운동 취체 체제가 갖추어졌다. 1928년 7월에는 일본 전국에 사상검사가 배치되었고, 8월에는 조선에도 사상검사가 배치되었다.[102] 이른바 '사상사법(思想司法) 체제'가 확립되었던 것이다. 사상검사의 임무는 좌경 사상뿐만 아니라, 노동, 농민운동, 출판물 등 광범한 소요 행위를 모두 조사할 수 있게 되어 있었다.

대한민국 정부 수립 후에 검찰은 법무부 소속으로 되었고, 경찰은 내무부 소속으로 되었다. 검찰·경찰의 양 조직은 남·북로당 계열을 포함한 광범한 좌익사범을 분쇄하는 데 이해를 같이 하고 있었지만 미묘한 인식의 차이가 있었다. 검찰이 국민으로의 '포섭'에 주안점을 두고 있었다면, 상대적으로 경찰은 처벌을 위주로 한 '배제'에 중심이 있었다.

보도연맹을 검찰이 주도하고 이 과정에서 경찰이 검찰 지휘를 받게 되면서 검찰의 주도권은 한층 강화되었다. 전향한 남로당원을 이리 돌리고 저리 돌려서 중복 조사(일명 '뺑뺑이 돌리기')할 정도로 좌익사범을 검거, 처벌하는 것이 개인과 기관에게 큰 공적이 되었던 시기였기 때문에 좌익

---

101) 오제도, 1952, 『공산주의 ABC』, 남광문화사.

102) 荻野富士夫, 2000, 『思想檢事』, 岩波書店, 8~25쪽. 일제시기 '사상검사의 역할은 대한민국 수립 초기에 '반공검사(사상검사)'로 이어졌고, 이후 '공안검사'로 변화하였다.

사범 색출에 적극 나섰던 검찰은 국가 기구 내에서 헤게모니를 강화할 수 있었다.[103]

週刊 愛國者

國民保導聯盟中央本部

값 (1部) 50圓

一死殉國하라

〈그림 7-2〉 국민보도연맹 기관지 「주간 애국자」(1949. 10. 15)

103) 선우종원, 1993, 『사상검사』, 계명사, 167~168쪽.

보도연맹은 서울특별시연맹을 조직 한 후, 9월부터는 지방 지부 결성에 박차를 가했다. 지방 조직은 각 도마다 도 연맹 – 시 · 군 연맹 – 읍 · 면 지부로 구성되었다. 지방의 보도연맹 가입은 중앙(서울)과는 다른 방식이 사용되었다. 지방에서는 가입시켜야 하는 보도연맹원 숫자가 상부로부터 할당되어 강제적으로 가입시키는 경우가 많았다. 이에 따라 지방에서는 할당된 수를 채우기 위해 사상과는 무관한 사람들을 연맹원으로 가입시킨 경우가 많았다.

또 개인이 아닌 단체별로 한꺼번에 가입하는 방식이 사용되다보니, 지역의 농민 · 어민 · 청년 · 부녀 등의 자생 단체나 학생들을 개인이 아닌 단체별로 한꺼번에 가입시켰다. 단체로 가입했던 사람들은 '좌익'과는 거의 관련이 없었다.

위와 같은 두 가지 방식으로 보도연맹에 가입한 경우에 연맹원들은 좌익 자수자 및 검거된 피의자에게 행해졌던 취조와 심문은 물론 양심서 제출도 요구받지 않았다. 경기도 시흥군 서면 가학리(현 경기도 광명시 학온동) 주민 8명 중 2명의 '양심서'에는 각각 "보련에 가입할 사유가 전혀 없으나 앞으로 보련의 발전을 위해 충성을 다하고 헌신하겠다"거나 "좌익단체에 가입한 사실은 없지만 보련의 발전과 조국을 위해 충성을 다 하겠다"고 기록되어 있다. 이들은 좌익 활동 경력이 없었음에도 강제나 단체로 보도연맹에 가입했다는 것을 알 수 있다.[104)]

맹원들을 대상으로 한 보도연맹의 활동은 몇 가지로 나누어 볼 수 있다. 첫째가 남로당원 자수운동이다. 보도연맹 중앙본부는 1949년 10월 25일부터 31일까지 1주일 동안 '남로당원 자수 선전주간'을 설정하여 불법화된 남로당원을 대상으로 자수 전향할 것을 강제했다. 자수에 동의한 좌익 경력자들은 신문에 광고 형태로 탈당 성명서를 연달아 발표하기 시작하여 중앙 · 지방 일간지 하단 광고란은 탈당 성명서로 뒤덮였다.[105)] 이 기간에

---

104) 『부산일보』, 2000. 7. 18.

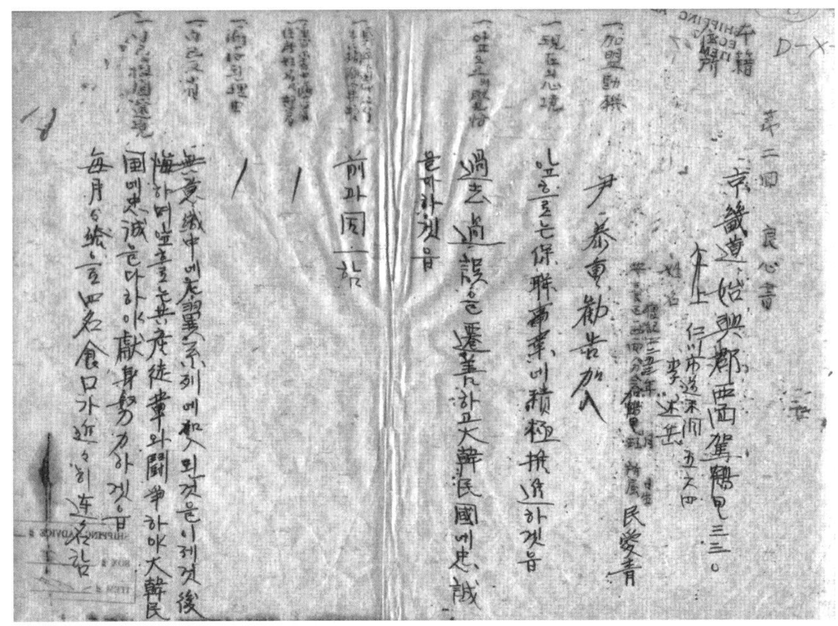

第二回 良心書

一 加盟動機 尹泰東 勸告加入

一 現在의 心境 앞으로는 保聯事業에 積極 協力하겠음

一 앞으로의 覺悟 過去의 過誤를 遷善하고 大韓民國에 忠誠을 다하겠음

前과 同함

〈그림 7-3〉 국민보도연맹 양심서

여러 장의 양심서는 모두 필체가 같고 똑같이 만년필로 쓰여져 있는 것으로 보아, 한 사람이 쓴 것으로 생각된다.

자수한 사람이 약 2,000여 명을 넘어서자, 중앙본부는 자수주간을 1주일 더 연장(11월 1~7일)하기로 했고, 다시 자수주간을 11월 8일~11월 말로 연장했다.[106] '자수'는 보도연맹원에게만 해당되었던 것은 아니었다. 문교부는 보도연맹의 '남로당원 자수주간'에 발맞추어 학원 내 좌익학생과 이에 부화뇌동하는 자를 대상으로 '학원반성강조주간'을 설정하였다. 육군에서는 과거 불온사상을 가진 군인을 대상으로 '전향주간'에 자수하도록 했고,[107] 해군에서도 별도로 12월 1~31일에 자수주간을 설치했는데, 특히

105) 『조선일보』, 1949. 10. 26. ; 『동아일보』, 1949. 10. 28 · 11. 3. ; 『민주중보』, 1949. 11. 3.

106) 『동아일보』, 1949. 11. 16. ; 『동아일보』·『조선일보』, 1949. 11. 18.

7~14일에 자수강조주간을 두어 자수하도록 했다.[108]

한 달이 넘는 세 차례의 남로당원 자수주간이 끝났을 때, 중앙과 서울시 연맹에서 자수한 좌익 전력자는 1만 2,196명에 달했고, 전 남한 일대의 전향자 수를 합하면 5만 2,182명이 되었다.[109] 주한 미 대사관은 박우천 보도연맹 간사장이 약 7만 명이 자수할 것으로 예상하고 있다며, 문제는 과연 자수가 완전하고 지속될 수 있을 것인가에 있다고 평가했다. 특히 미 대사관은 경찰이 자수기간에 뒤이어 '전멸 계획(extermination program)'을 추진 중이라고 언급했다.[110]

자수자와 보도연맹 자진 가입자 중에는 저명한 인사들도 많이 있었다. 예술인으로는 양주동(국문학자), 정지용(문학가동맹), 정인택(작가동맹), 김용환(화가), 신막(음악가동맹), 황순원(소설가), 김기림(시인), 백철(문학평론가) 등이 보도연맹원에 가입했고, 정백(근로인민당 간부), 원장길(국회의원), 김익로(국회의원), 김중기(국회의원) 등도 가입했다.

유명인은 자기 자신도 알지 못하는 사이에 보도연맹에 가입되거나 관련되었다. 12월 10일 신문에는 박용구(예술비평가)가 투신 자살한 것 같다는 소식이 실렸다.[111] 박용구는 동생에게 보낸 유서 같은 서한에서 "나는 진정 공산주의자는 아니었다. 모함과 무식이 가득 찬 세상이 싫어졌다. 나는 낙화암이나 찾아가련다. 양심은 목숨보다도 무거워 나에게 끼친 인간적 애정을 생각하면 눈물이 그치지 않노라……불쌍한 아내와 어린 것을 부탁한다"고 적었다.

박용구는 12월 3일부터 명동 시공관에서 개최되는 '민족정신함양 종합예술제'에서 김순남에게 투항을 권고하는 메시지 낭독자로 광고가 되어 있

107) 『동아일보』·『조선일보』, 1949. 11. 18.

108) 『동아일보』, 1949. 12. 8.

109) 『조선일보』, 1949. 12. 2. ; 『동아일보』, 1949. 12. 2.

110) *Summary of Political Affairs of the Republic of Korea, November 1949*(1949. 12. 10), RG 319 Series 85, Box 3981 Folder ID #620361 Thru 62370.

111) 『경향신문』, 1949. 12. 10.

었다. 박용구는 편지에서 "지난번 부민관에서 열린 종합예술제에 출연하지 않으면 안 될 입장이 된 후부터 매일같이 번민"하였다고 말했다. 예술제에서는 정지용, 설정식은 임화(林和)에게, 성악가 신막은 박영근에게 투항과 귀순을 권고하는 메시지를 낭독하도록 계획되어 있었다.

박용구는 자신도 모르는 사이에 보도연맹에 가입됐다는 사실을 알고 일본으로 밀항을 생각하고 있었다. 유서는 자살을 위장하기 위해 일부러 대전 부근에서 우송한 것이었다. 박용구의 예에서 보듯, 보도연맹에 관련된다는 것은 신변의 위험을 느낄 만큼 두려운 일이었다.112) 박용구는 보도연맹원에 대해 "북에서 보면 반역자요, 남에서 보면 불신분자인 그들이 내란에서 어떤 운명에 놓였을까 짐작하기 어렵지 않다. 내가 보도연맹의 가입 맹원이 아니었다 해서 그 운명에서 벗어날 수 있었을 것으로 생각할 사람은 아마도 존재하지 않으리라"고 회고했다. 당시에도 보도연맹원에 대한 위해와 폭력에 대한 예감이 다가오고 있었던 것이다.

보도연맹의 두 번째 활동은 여러 가지 형태의 활동을 통해 반공 사상을 선전하는 작업이었다. 『애국자』(주간), 『창조』(월간)를 발간하거나 국민사상선양대회와 국민예술제전 등은 반공 사상을 널리 알리기 위한 선전 · 선무작업이었다.113)

12월 18일 보도연맹은 서울시연맹의 주최로 종로국민학교 교정에서 국민사상선양대회를 개최했다. 이 자리에서 보도연맹 간사장 박우천과 사무국장 정민은 대한민국에 충성을 결의하고 반공투쟁에 매진하겠다는 결의를 표명하였다.114)

국민예술제전은 1950년 1월 8~10일 3일에 걸쳐 시공관에서 열렸다. 정지용의 사회로 다양한 프로그램이 시작되었는데, 각종 반공강연회와 시 낭

---

112) 박용구, 2001, 『20세기 예술의 세계』, 지식산업사, 51~52쪽. 박용구가 1949년에 펴낸 『음악과 현실』 재판(再版)은 수도경찰청에 의해 압수당했다.

113) 『애국자』, 1949. 10. 15. 『애국자』 창간호는 1949년 10월 1일에 발간되었다.

114) 『조선일보』, 1949. 12. 19. ; 『동아일보』 1949. 12. 20.

독, 대한교향악단의 연주회, 서울발레단의 발레와 무용시 '영원한 조국', 신향극단의 '돌아온 사람들' 등의 공연이 있었다. 그리고 보도연맹 문화실 영화부가 제작한 영화 '보련특보' 제1집이 상영되었다.115)

보도연맹 활동 중 세 번째 사업은 전향자 보도사업이었다. 전향자 보도사업은 반공 사상 강화 교육과 훈련, 그리고 사상성 심사로 이루어졌다. 반공교육·훈련 – 사상성 심사로 이어지는 마지막 단계는 보도사업의 성공적 완성을 의미하는 '탈맹(脫盟)'이었다. 탈맹은 이전에 좌익 활동을 했던 자가 이제는 반공주의로 무장하고 대한민국을 위해 충성을 바칠 수 있다는 것을 증명하는 표식이었다.

중앙본부는 '과거를 깨끗이 청산하고 민족적인 의식과 이에 부합하는 행동을 하고 있는 자들'에 대해 탈맹을 심사했다. 탈맹의 심사 기준은 (1) 5·10선거 이전에 좌익계열에 가입하였으나 노골적인 행동을 취하지 않은 자, (2) 정부 수립 후까지 당에 가입하여 활동한 자라도 자진 탈당하고 타공(打共) 공적이 현저한 자, (3) 자수주간에 자수하여 국가기관에서 소속 장이 증명한 자, (4) 만 17세 이하 50세 이상으로 활발한 활동을 하지 않고 보증인이 있는 자, (5) 부녀자로서 배우자가 전향시킬 수 있는 능력이 충분한 자, 처녀로서 약혼하여 남자가 타공 정신이 농후한 자, (6) 상기 이에 본 심사에서 특별히 탈맹 시켜도 좋다는 자 등이었다.116)

1950년 6월 5일, 중앙본부는 보도연맹 창립 1주년을 맞아 서울운동장에서 서울시연맹원 중 일부 우수한 맹원들에 대한 탈맹식을 거행했다. 이때 탈맹한 수는 6,928명으로 서울시연맹원 2만여 명의 약 30%에 가까운 인원이었다.117) 스스로 과오를 고백하고 공개적인 전향을 거쳐 국민의 품으로 들어오게 하는 보도연맹의 활동은 탈맹 사업으로 큰 성과를 얻는 듯이 보였다. 그러나 보도연맹의 성과는 일시적이었다.

---

115) 『조선일보』, 1950. 1. 9.
116) 『한성일보』, 1950. 5. 4.
117) 『국도신문』, 1950. 6. 6.

국민보도연맹원 학살

국민으로의 포섭과 포용이 강조되던 보도연맹 활동은 전쟁이 발발하자 완전히 바뀌었다. 이승만 정부는 적에게 동조할 가능성이 있는 적성분자들을 사전에 제거한다는 방침을 세우고 전쟁 초기부터 보도연맹원들에 대한 대대적인 예비검속을 실시했다.

예비검속의 명분은 보도연맹원들이 인민군에 협조하고 있다는 것이었다. 전쟁 직후 정부 고위관료들은 미 대사관원들에게 보도연맹원들이 인민군에 협조하고 있다고 말하면서, 보도연맹원을 가만 놔두면 위험한 적이 될 것임을 암시했다.118)

전쟁이 터지던 날, 치안국장은 각 경찰국에 전국 요시찰인 전원을 즉시 구속하고 전국 형무소의 경비를 강화할 것을 지시하였고, 다시 6월 30일에는 불순분자들을 구속하라는 지시가 하달되었다.

보도연맹원들에 대한 예비검속에 뒤이은 학살은 보도연맹원들이 인민군에 협조했기 때문에 일어난 결과가 아니라, 연맹원들을 잠재적인 적으로 취급하고 이를 제거하려는 정부의 인식 때문이었다. 보도연맹원들에 대한 예비검속은 경찰이 주도했으나, 이후에는 헌병대, 방첩대, 육군첩보부대 등의 군 정보기관이 주도했다. 보도연맹원 학살은 좌익사범을 국민으로 통합하려고 시도했던 검찰의 입장이 폐기되고, 강력한 처벌 위주의 정책을 펼쳤던 국방부-내무부(경찰) 같은 물리적 국가 기구의 입장이 선택되었음을 의미한다.

전쟁이 일어나기 전에 지방 보도연맹은 종종 싸이렌을 울려 연맹원을 모이게 한 다음 공동 작업을 시키거나 사상 교육을 시키곤 하였는데, 전쟁

118) 사회부장관 비서 임태정, 윤치영, 윤보선, 김성수, 상공회의소 소장 천용순, 동아일보 편집인 최두선은 주한 미대사관 직원들에게 보도연맹원들이 우익을 지목하여 인민재판에 부치고 있다고 알려주었다고 한다. 김기진, 2005, 앞의 책, 41~45쪽.

이 일어난 뒤에도 보도연맹원을 집합시켜 통제하다가 결국 집단으로 학살하였다. 보도연맹원에 대한 학살은 7월 초순 경기도부터 제주도에 이르기까지 서울을 제외한 인천, 대전, 서산, 단양, 의성, 김천, 울산, 제주 등 남한의 거의 모든 지역에서 발생했다. 보도연맹이 전국적 조직이었고 연맹원 수가 약 30만 명에 이르렀던 만큼, 전국의 거의 모든 지역에서 학살이 발생했다.[119] 전국이 학살지이자 무덤으로 변해 버렸던 것이다.

보도연맹원 학살 사건은 단일 사건으로는 한국전쟁시기 민간인 학살 중 가장 많은 민간인이 희생당한 사건이다. 보도연맹원에 대한 학살은 몇 몇 개인의 우발적인 실수가 아니었다. 학살은 군·경에 의해 계획적이며 조직적으로 이루어졌다. 특히 임시수도로 안정적인 후방 기능을 필요로 했던 경남과 부산의 경우는 보도연맹원에 대한 학살이 다른 곳보다 더욱 심하였다. 보도연맹에 가입한 사람들의 숫자가 확실하게 밝혀져 있지 않기 때문에, 보도연맹으로 희생된 숫자는 지금도 명확하지 않다.

정부가 예비검속을 실시하고 학살을 감행했던 시간은 정부가 상황 파악에 정신이 없어 피난을 서두르고 인민군의 남하에 속수무책으로 당하고 있던 때였다. 보도연맹원 학살은 그 소용돌이 속에서 결정되었다.

보도연맹원 학살은 적에게 협조할 것을 우려하여 취해진 예비학살이었다. 보도연맹은 공산주의 활동을 반성하고 대한민국의 품에 안긴 사람들을 포용한다고 말했으나, 전쟁이 발발하자마자 가장 먼저 죽임을 당했다.

보도연맹원들은 비국민, 2등 국민 취급을 받음으로써 국민 내에도 위계질서가 있다는 것을 보여주었다. 국민은 차이 없는 평등한 존재들의 집합은 아니다. 국민이라는 범주 속에는 국민, 예비 국민, 하등 국민, 비국민, 잠재적인 적 등 다양한 위계가 존재한다. 차이가 전혀 없는 국민의 통일이

---

119) 전쟁 직후 보도연맹원으로 학살된 숫자를 명확히 규명하는 것은 현재로서는 매우 힘들다. 학살 피해자를 최대 30만 명으로 보는 연구자도 있으나, 약 10만 명을 넘지 않을 것이라 추정한다. 이에 대해서는 서중석, 1999, 『조봉암과 1950년대』 하, 역사비평사, 613~614쪽.

란 존재하지 않는 것이며, 현실적으로도 가능하지 않은 기획이다.

한편 보도연맹의 조직 활동과 학살은 '포섭'과 '배제'의 기제가 어떻게 작동하는지를 보여주었다. 보도연맹은 배제된 자들을 다시 국가의 품으로 불러들여 포섭하려는 시도를 보여주었지만, 보도연맹원은 국민/비국민의 경계선에 매달려 있는 존재였다. 1949년에 보도연맹원은 '포섭된 채 배제된 자'들이었고, '배제된 채 포섭된 자'들이었다. 확실한 것이 정해져 있지 않은 경계인으로 남아있던 보도연맹원은 결정의 시간을 기다리며 인고를 감수해야만 했다.

1950년 전쟁은 포섭과 배제의 경계선을 다시 설정했다. 전향을 통한 포섭을 위주로 했던 검찰은 전쟁 발발 이후 헤게모니를 잃었고, 군과 경찰은 보도연맹원 학살을 주도했다. 전쟁이라는 상황은 포섭을 포기하고 보도연맹원을 완전히 배제하는 길로 나아가게 했다. '포섭'에서 '배제'로, '전향'에서 '학살'로 보도연맹원에 대한 처리가 바뀌었던 것이다.

보도연맹원은 전쟁이 발발하자 잠재적인 적, 실제의 적으로 인식되었다. 보도연맹원 학살은 '돌아온 탕아'가 대한민국에 충성을 바칠 기회조차 박탈하였다. 보도연맹원은 탈맹을 거쳐 충성스런 국민으로 다시 돌아온 것 같았지만, 언제라도 인민군에 협조할 수 있다는 정부의 두려움은 맹원들에 대한 학살을 정당화했다. '적'과 '아'에 대한 명확한 구분, 적에 대한 섬멸방침 등 학살에 이르는 논리적 길은 이미 보도연맹이라는 조직에 내장되어 있었다. 그렇다고 해서 보도연맹원에 대한 학살이 예정되어 있었던 것은 아니었다. 보도연맹원이라는 존재는 경계선에 걸쳐 있었기 때문에 그들의 지위는 매우 유동적이었다.

보도연맹원 학살은 전쟁이라는 상황에서 국가가 생명을 좌우하는 생사여탈권을 국민에게 행사함으로써 국가의 살벌한 권능을 다시 한 번 보여주었다. 전국에서 일어난 보도연맹원 학살을 목격한 국민들은 공포에 떨었고, 국민은 국가에 복속하는 것만이 유일한 생존의 길이라는 점을 확인했다. 하지만 국민이 걸어가야 할 삶의 길을 확인했다 하더라도 그것 역시 확실한 것은 되지 못했다. 보도연맹원의 운명은 '국민이 된다는 것', 그 길이 얼마나 멀고 위험한 것인지를 가르쳐 주었다.

2. 반공체제의 법제 정비

1) 계엄 발포와 계엄법 제정

현지 사령관의 계엄 발포(10월 22일)

여 · 순 지역에 계엄이 선포되었다는 사실이 처음 알려진 것은 외국 신문을 통해서였다. 미국의 『크리스천 사이언스 모니터(Christian Science Monitor)』 10월 21일자는 한국 정부 소식통을 빌려, 여수에서 군 반란이 일어났으며 미국의 영역(U. S. Zone)인 한반도 남쪽에 계엄이 선포됐다고 보도했다.[120]

이승만 대통령은 10월 22일 내외신 기자회견에서 남한 일대에 계엄이 실시중이라고 말하였다. 이 대통령은 계엄은 "반란이 진압될 때까지 여수와 순천 반란지역에 한해서만" 실시된다고 밝혔는데,[121] 이는 정부가 계엄 발포 사실을 처음으로 인정한 발언이었다.

한편 여수 점령을 앞두고 있던 10월 26일 육군 작전참모부장 정일권 대령은 국방부 출입기자단과의 회견에서 "금번 폭동지구에 실시된 계엄령은 작전의 확대를 의미하는 것이 아니라 사후 처리를 적절히 하기 위한 것"이라고 간략하게 발표했다.[122] 계엄이 군 작전보다는 진압 후 질서 유지를

120) 'Korea units seal insurgents in south peninsula mountains', *Christian Science Monitor*, 1948. 10. 21.
121) 『국제신문』 · 『조선일보』 · 『경향신문』 · 『동광신문』, 1948. 10. 23.
122) 『자유신문』, 1948. 10. 27.

위해 발포한 것이라는 점을 강조한 것이다.

국내외 신문을 통해 계엄 발포 사실이 간혹 알려지기는 했지만, 해당 지역에 막대한 영향을 끼치는 계엄이 과연 언제 내려진 것인지, 계엄이 내려지면 구체적으로 어떤 조치들이 취해지는지 또 계엄 발포가 어떤 근거에서 내려진 것인지에 일반인들은 전혀 알 수 없었다. 계엄 선포에 대한 관계 당국자의 분명한 언급이나 상세한 신문 보도도 없는 상태였는데도 현지에서는 계엄이 실시되고 있었다.

계엄은 순천에 대한 압박 작전이 이루어지고 있던 10월 22일, 현지사령관에 의해 처음 내려졌다. 이때 발포된 계엄의 내용은 다음과 같다.

〈계엄령 선포〉

본관에게 부여된 권한에 의하여 10월 22일부터 별명(別命)시까지 좌기(左記)와 여(如)히 계엄령을 선포함. 만일 차(此)에 위반하는 자는 군법에 의하여 사형 기타에 처함.

기(記)

1. 오후 7시부터 익조(翌朝) 7시까지 일절통행을 금함(통행증을 소지한 자는 차한(此限)에 부재(不在)함).
2. 옥내외의 일절 집회를 금함.
3. 유언비어를 조출(造出)하여 민중을 선동하는 자는 엄벌에 처함.
4. 반도의 소재를 알 시(時) 본 여단사령부에 보고하여 만일 반도를 은닉하거나 반도와 밀통하는 자는 사형에 처함.
5. 반도의 무기 기타 일절 군수품은 본 사령부에 반납할 것. 만일 은닉하거나 비장(秘藏)하는 자는 사형에 처함.

제5여단 사령부 여단장 육군대령 김백일 [123)]

---

123) 佐佐木春隆, 1977, 『한국전 비사』 상권, 병학사, 354쪽과 아래의 자료를 참고. 대한민국 국방부 전사편찬위원회, 1967, 앞의 책, 460쪽 ; 육군본부 전사감실, 1954, 『공비토벌사』, 부록 1쪽 등에는 이 선포문이 5여단장 김백일이 아니라 이승만 대통령이 선포한 것으로 나와 있다.

계엄 선포문에는 '본관에게 부여된 권한'이라는 표현이 있지만 이 권한이 '계엄을 선포할 수 있는 권한'인지 아니면 군 사령관에게 부여된 '일반적 지휘권'을 말하는 것인지는 불분명하다. 또한 어떤 명령체계하에서 누가 이러한 권한을 여단장에게 부여한 것인지도 분명하지 않다.

한 문헌에 의하면 초기부터 진압작전에 참여했던 제4연대 부연대장 박기병 소령이 군과 경찰 양 조직에 의해 이루어지고 있었던 이원적 작전의 혼란을 해소하고 작전을 원활히 하기 위해 정일권 작전참모부장에게 계엄이 필요함을 건의했다고 한다.[124] 한 연구는 순천에 대한 초기 진압작전에서 성과를 거두지 못하고 오히려 진압군이 봉기군에 합류하여 진압군 병력의 붕괴가 우려되자 10월 22일 여순지구에 계엄을 선포하지 않을 수 없었다고 말하고 있다.[125]

하지만 계엄이 선포된 이유는 군사적 작전 때문이 아니었다. 진압작전에서는 병력과 화력면에서 월등한 군대가 경찰을 압도하면서 작전을 이끌고 있었기 때문에, 경찰과 군대의 작전을 조정하기 위한 계엄 선포는 더 이상 필요하지 않았다.

여순사건 당시 어떤 과정을 통해 계엄이 발포되었는지는 분명하지 않다. 현지 사령관이 자의적으로 판단하여 계엄을 선포했는지, 아니면 정부나 미군의 지시를 받아 계엄을 선포했는지는 아직 확실하게 밝혀지지 않았다. 하지만 서울에서는 10월 22일을 전후로 하여 계엄 선포의 필요성이 제기되고 있었다. 이날 오전 내무부, 국방부 관계자와 국회의원들의 연석회의에서는 계엄을 선포하기로 결정했고 이를 이대통령에게 요청하였다고 한다.[126] 이미 이승만 대통령은 이날 오전에 열린 기자회견에서 계엄이

---

124) 김석학 · 임종명, 1975, 『광복 30년』 제2권(여순반란편), 전남일보사, 137쪽.

125) 황남준, 1987, 「전남지방정치와 여순사건」, 『해방전후사의 인식』 3, 452쪽.

126) 10월 22일과 23일 양일에 걸쳐 비공식적으로 모인 수십 명의 국회의원들은 국회를 급히 소집해야 한다는 데 의견을 모으고, 진상을 파악하기 위해 내무부와 국방부의 보고를 들었다. 김석학 · 임종명, 앞의 책, 168쪽 ; 『국회속기록』 제1회 제89차, 643쪽 ; 『서울신문』, 1948. 10. 24.

발포되었다고 밝혔다.

10월 22일은 학구 전투에서 반란군의 기선을 처음으로 제압한 정부군이 순천 진입을 코앞에 둔 시점이었다. 본격적인 시내 전투를 대비하기 위해서는 행정, 사법권을 장악하여 군의 의지대로 현지 지역민들을 통치할 필요성이 대두되었던 것이다.

프랑스로부터 시작된 계엄은 국가 비상사태에 대처하기 위한 국가긴급권의 하나이다. 계엄이 선포되면 군대는 막강한 권한을 부여받는다. 국가 위기 상황에서 군은 행정, 사법권의 일부 또는 전체를 장악하기 때문에 국민의 기본적 권리와 자유를 심대하게 침해할 수 있다. 군은 계엄 선포를 통하여 진압작전과 점령 이후의 조치를 취한다. 군은 외부 적의 침입에 대비하여 만들어진 물리적 조직이기 때문에 평상시에는 시민 사회와 일정한 분리선을 가지고 있는 듯 보인다. 그러나 계엄 상황은 군과 사회 간의 분리선을 일거에 무너뜨리며, 사회 질서의 수호자로 군을 등장시킨다.

여순사건 때 발포된 계엄으로 진압군은 막강한 권한을 부여받았다. 군은 행정, 사법을 장악하면서 경찰보다 훨씬 더 우월한 지위를 가지고 진압작전과 점령 이후의 조치를 펴나갔다.

10월 22일 내려진 계엄 포고문의 각 조항의 내용을 보면 시민에 대한 통제가 주목적이었음을 분명히 알 수 있다. 현지 사령관이 발포한 계엄 포고문은 반도를 은닉하거나 밀통하는 자, 반도의 무기를 은닉하는 자는 '사형'에 처한다는 매우 강도 높은 조치를 포함하고 있었다.

국가는 비상사태에 맞닥뜨려 계엄을 통해 국민의 일부 기본권을 제한할 수는 있지만, 계엄의 경우에라도 입헌적인 헌법 질서가 정지되거나 중단되지는 않는다.[127] 헌법에 규정된 기본적 권리는 여전히 존중되어야 하고, 형법에도 존재하지 않는 새로운 죄를 만들어 극형으로 처벌할 수는 없다. 그러나 계엄 선포문에 나와 있는 것 같이, 은닉이나 밀통했다는 새로운 죄

---

127) 이인호, 2006, 「전시 계엄법제의 합리적 운용에 관한 고찰」, 『법사학논집』 제30집 제2호, 132쪽.

를 만들어 사형에 처할 수 있다는 것은 헌법이 밝히고 있는 기본권을 완전히 무시한 것이며, 죄형법정주의 원칙을 심각하게 침해한 것이었다.

계엄이 군 작전이 아니라 '민간인'을 대상으로 한 조치라는 것은 11월 17일에 계엄이 선포된 제주도의 경우도 똑같았다. 계엄 선포 뒤 제주도에서는 남녀노소를 가리지 않고 무차별 학살하는 초토화 작전이 시작되었다. 제주도 계엄에 대해 미군 방첩대는 이 조치가 '주민들의 행동을 제약'하였으며, 그 결과 '폭도들의 활동을 대부분 중산간 지역으로 제한'시키고 있다고 평가했다.[128)]

현지에서 작전을 지휘하던 지역 사령관에 의해 계엄이 선포되었지만, 이 계엄은 아무런 법적인 근거를 갖고 있지 않은 현지 사령관의 자의적 선포였다. 계엄은 공식화되어야만 했고, 절차에 대한 법적 정당성을 획득해야만 했다.

대통령령 제13호의 계엄 선포(10월 25일)

국군이 순천을 완전히 점령하고 여수에 대한 공격을 감행하기 시작한 10월 25일, 계엄은 '국무회의' 의결을 통해 정식으로 공포됐다. 이 '계엄선포에 관한 건'은 대통령과 국무총리(이범석 국방부장관 겸임) 그리고 11명의 장관들이 참가한 국무회의에서 결정되었다. 대통령령 제13호는 "여수군 및 순천군에서 발생한 군민 일부의 반란을 진정하기 위하여 동지구를 합위지경(合圍地境)으로 정하고 본령 공포일로부터 계엄을 시행할 것을 선포한다"고 밝히고 있다.[129)]

여순지구에 내려진 대통령령에는 계엄사령관이 누구인지도 분명하게 적

128) 「제971방첩대지대 제주지구대」, 제주4 · 3연구소(편), 2000, 『제주4 · 3자료집: 미군정보고서』, 제주도의회, 364~365쪽.

129) 『관보』 제10호, 1948. 10. 25. 여수순천지구 계엄은 3개월 10일이 지난 1949년 2월 5일 대통령령 제51호로 해지되었다.

시하지 않고 있었다. 이에 비해 여순지구 계엄보다 20여일 뒤인 11월 17일에 포고된 대통령령 31호 '제주도지구 계엄선포에 관한 건'에는 "계엄사령관은 제주도 주둔 육군 제9연대장으로 한다"라고 명시하고 있다.

당시는 헌법이 제정된 지 불과 세 달 밖에 되지 않았기 때문에 계엄법은 아직 만들어지지도 않았을 때였다. 제헌헌법에는 계엄 선포에 관한 규정이 이미 들어 있었다. 헌법 제64조는 '대통령은 법률의 정하는 바에 의하여 계엄을 선포한다'고 되어 있다. 국무회의는 계엄법이 아직 제정, 공포되지 않은 상태에서 대통령령으로 계엄선포를 의결함으로써 헌법을 위배하게 되었다.[130]

국무회의 의결이 이루어진 다음 날, 호남방면사령관은 여수 · 순천지구에 '임시계엄'을 고시했는데, 계엄고시문은 다음과 같다.

> 〈계엄고시〉
>
> 대통령령으로 단기 4281년 10월 25일 순천, 여수지구에 임시 계엄이 선포되고 따라서 해작전지구 일대 내 지방행정사무 및 사법사무로서 군사에 관계있는 사항은 직접 본관이 관장하며 특히 군사에 관계있는 범죄를 범한 자는 군민을 막론하고 군법에 준거하여 엄벌에 처할 것을 이에 고시함.
>
> 4281년 10월 26일 대한민국 호남방면 군사령관

10월 22일자 계엄이 계엄 종류를 명시하지 않은 채, 다섯 가지의 행동에 대한 처벌을 언급하고 있고, 25일자 국무회의에서 통과된 계엄이 '합위지경'이라는 점이 분명하게 표시되었음에도 26일자 계엄고시문은 '임시계엄'이라는 새로운 표현을 사용하면서 '군사에 관계있는' 행정 · 사법사무는 계엄사령관이 담당한다고 하였다.[131] 이 세 가지 계엄 선포문만 보아도 계엄의 내용이 발포 주체에게 조차 대단히 혼란스러웠다는 점을 알 수 있다.

---

130) 제민일보 4 · 3취재반, 1998, 「부록 1 왜 '4 · 3계엄령'은 불법인가」, 『4 · 3은 말한다』 5, 전예원.

131) 『동광신문』, 1948. 10. 28.

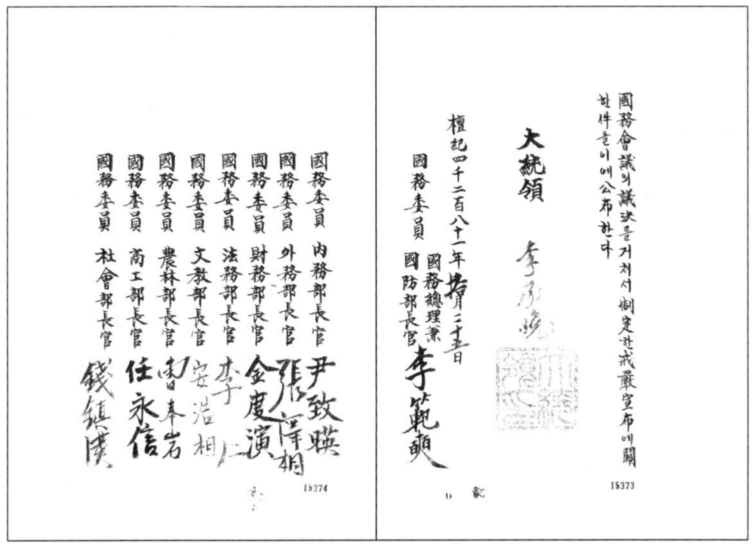

國務會議의議決을거쳐서制定한戒嚴宣布에關
한件을이에公布한다

大統領 李承晚

檀紀四千二百八十一年十月二十五日

國務委員 國務總理兼 國防部長官 李範奭

15373

國務委員 內務部長官 尹致暎
國務委員 外務部長官 張澤相
國務委員 財務部長官 金度演
國務委員 法務部長官 李仁
國務委員 文敎部長官 安浩相
國務委員 農林部長官 曺奉岩
國務委員 商工部長官 任永信
國務委員 社會部長官 錢鎭漢

15374

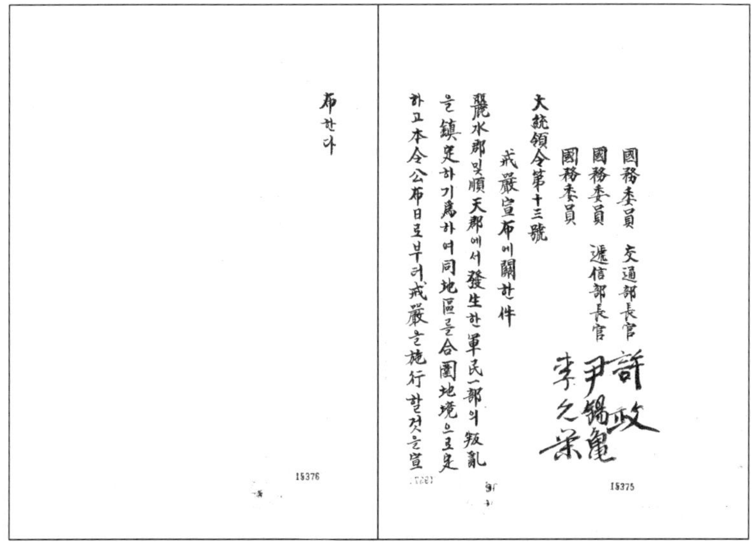

國務委員 交通部長官 許政
國務委員 遞信部長官 尹錫龜
國務委員 李允榮

大統領令第十三號
戒嚴宣布에關한件
麗水郡및順天郡에서發生한軍民一部의叛亂
을鎭定하기爲하여同地區를合圍地境으로定
하고本令公布日로부터戒嚴을施行할것을宣

15375

布한다

15376

〈그림 7-4〉 국무회의에서 의결된 「계엄선포에 관한 건」(1948. 10. 25)

국무회의가 여순지구에 대한 계엄을 발표한 뒤에 중앙정부 차원에서 계엄에 대해 추가 조치가 취해진 적은 없었기 때문에, 당연히 이에 대한 발표도 없었다. 그럼에도 호남방면사령관 원용덕은 대통령령으로 계엄이 발포된 뒤 6일이 지난 11월 1일에 계엄을 다시 선포하였다. 원용덕은 계엄지역이 여수·순천이 아닌 전라남북도 지역'이므로' 이 지역의 사법, 행정을 자신이 장악한다고 포고하였다.[132] 포고문 내용은 아래와 같다.

〈포고문〉

1. 전라남북도는 계엄지구이므로 사법 급 행정 일반은 본 호남방면 군사령관이 독할함
1. 관경민은 좌기 사항을 철저히 준수 이행할 것을 명령함
   1) 관공리는 직무에 충실할 것
   2) 야간 통행시 제한은 20:00시부터 5:00시로 함
   3) 각 시·군·동·리에서는 국군 주둔시 혹은 반도 번거 접근지역에서는 항상 대한민국기를 게양할 것
   4) 대한민국기를 제식대로 작성하여 게양하며 불규남루(不規襤褸)한 국기를 게양하는 경우에는 국가민족에 대한 충실이 부족하다고 인정함
   5) 반란분자 혹은 선동자는 즉시 근방 관서에 고발할 것
   6) 폭도 혹은 폭도가 지출한 무기, 물기, 금전 등을 은닉 우(又)는 허위 보고치 말 것
   7) 군사행동을 추호라도 방해하지 말 것

이상 제항에 위반하는 자는 군율에 의하여 총살에 즉결함.

단기 4281년 11월 1일 호남방면 사령관 원용덕(元容德)

최초의 계엄 지역은 10월 25일 국무회의 의결과 같이, 여수·순천 지역에 한정되어 있었지만, 어느새 전라남북도로 확대되었다. 이 같은 계엄지

132) 『동광신문』, 1948. 11. 5. 10월 30일 여순 진압작전을 담당한 호남지구전투사령부는 남북지역으로 분리되었다. 이에 따라 김백일 제5여단장은 남부지구사령관에, 원용덕 제2여단장은 북부지구사령관에 임명되었다. 전남북 지역에 대한 계엄은 원용덕이 북부지구사령관을 맡은 바로 다음날 실시되었는데, 이는 계엄이 해당 지역 사령관의 자의적 판단에 따라 실시되었다는 것을 보여준다.

역의 자의적 확대는 계엄지구를 한정했던 대통령령과도 상응하지 않는 것이었다.

계엄은 많은 사람들이 알 수 있는 방식으로 공포된 것도 아니었다. 대통령령을 제외한 나머지 계엄 선포는 군 당국이 정식으로 발표한 것이 아니라 기자들이 보도한 다른 기사에 끼어 알려졌다. 예를 들면, '돌연 남원지구에 삼엄한 경계'가 시작되었는데 그 이유는 계엄이 내려져 있기 때문이라거나,[133] 교통 요충지인 전남 이리읍이 11월 10일 경부터 국군의 삼엄한 배치 아래 경비가 강화되었는데 이것은 계엄이 전남북 지역으로 확대되었기 때문이라는 식이었다. 지역민들은 자신이 살고 있는 지역에 계엄이 선포되었다는 사실도 모르는 채 군대의 통치를 받았던 것이다.

계엄은 지역 사령관에 의해 자의적으로 남발되었다. 제14연대 잔여병력이 지리산 방면으로 이동하여 전투가 발생하자 남원지구사령관은 11월 1일 0시를 기해 남원지구에 계엄을 발포했다[134] 또한 호남방면 작전군사령관은 11월 5일 전라남북도 지역에 통신제한 계엄을 별도로 발포했다가 6일이 지난 11일 상오 8시에 해제했다.[135]

1949년에 들어와서도 계엄은 발포되었다. 지리산지구전투지구 총지휘관 김백일 대령은 전투지구 내 통행제한을 1949년 12월 25일 정오부터 실시한다고 포고했다. 포고문의 내용을 보면, 남원군, 구례군, 함양군 내 수개 면, 하동군 내 수개 면 해당자는 군경을 제외하고는 이유여하를 막론하고 거주 지구에서 100m를 이탈하지 못하도록 했다. 또한 포고문에는 부락을 이

---

133) 『세계일보』, 1948. 11. 3.

134) 『평화일보』, 1948. 11. 3.

135) 『서울신문』, 1948. 11. 14 · 17. 11월 5일 내려진 통신기관제한 계엄의 내용은 "1. 위채(爲替)를 제외하고 일반우편물 취급을 금지함, 2. 군용, 전신, 전화(경찰용 포함) 이외의 통신을 금지함, 3. 경비전화관계 군용의 공용전화 이외의 통신을 금지함, 4. 차 경우에 위반하는 경우에는 군법에 의하여 엄벌에 처함, 5. 차 명령은 전달완료시부터 유효함, 단 작전사령부의 허가 있는 경우에는 차한에 부재함"이었다. 이 내용은 11일 목포우편국에서 시외전신전화 기타 일반우편물 등의 사무를 종전과 같이 취급함에 따라 해제조치 되었다.

탈할 경우에는 적 또는 이적자로 간주하여 무조건 사살한다는 엄격한 내용이 실려 있었다.[136] 이 계엄은 지리산 지구에 대한 토벌작전을 위하여 김백일이 독자적으로 결정한 것으로 보인다.

이와 같이 계엄은 특정한 지역을 담당하고 있는 지역 사령관의 편의에 따라 해당 지역에 선포되기도 하고, 통신 같은 특정 분야에 대해서도 발포되었다. 이는 지역 군사령관이 필요하다고 판단되면 계엄을 자의적으로 선포했다는 점을 보여준다.

계엄 선포 내용의 혼란상

이승만 정권은 여순사건을 진압하기 위해 계엄을 발포했지만, 일제시대에 있었던 「계엄령」은 식민지시기 조선에서 한 번도 발포된 적이 없었기 때문에 일반인뿐만 아니라 작전을 수행하는 군 관계 인사들까지도 정확한 내용을 파악하고 있지 못했다.

제주도에 계엄을 발포하려 했을 때, 계엄사령관 자격을 갖고 있었던 송요찬 제9연대장은 "위에서 계엄령을 내리라고 하는데 어떻게 해야 하는 거냐"고 물었다고 한다.[137] 여순지구 계엄이 제주지역보다 먼저 발포되었던 점으로 미루어 볼 때, 여순지구 계엄에 대한 자세한 법적 규정은 진압군측도 알 수 없었을 것이다. 계엄법이 마련되어 있지 않았기 때문에 정부는 구체적인 지침을 내릴 수 없었다.

이런 상황을 의식해서인지 계엄 선포 후 광주에서 발행되던 한 신문은 계엄에 대한 일반인의 인식을 돕기 위해서라며 「계엄령」을 소개했다. 계엄에 대한 소개가 계엄이 대통령령으로 발포된 지 보름이나 지난 후에 중앙지가 아닌 지방지에 게재되었던 것이다. 신문은 일제시기 「계엄령」의 내용 그대로를 소개했다.[138] 과연 일제시기 「계엄령」이 대한민국 정부에서

---

136) 『자유신문』, 1949. 12. 30.

137) 제민일보 4·3취재반, 1998, 『4·3은 말한다』 5 전예원, 389쪽.

그대로 사용될 수 있는 것인가 하는 문제에 대한 논의는 그만두더라도, 더욱 혼란스러운 점은 이 기사가 '현재 전라남북도 일원에는 임전지구 계엄령이 시행되고 있으며, 해당지구의 사법, 행정사무 일반은 호남방면 군사령관이 독할(督轄)'하고 있다고 하여 임전지경과 합위지경이라는 계엄의 두 종류를 혼동하여 보도했다는 점이다. 임전지경과 합위지경은 계엄의 두 가지 종류이지만 군 사령관의 권한에서는 큰 차이가 있는 것이었다. 임전지경과 합위지경이라는 계엄 용어는 일본의 「계엄령」으로부터 빌려온 용어였다.

「계엄령」은 일본이 조선을 강제로 지배하기 이전인 1882년 태정관(太政官) 포고 제36호로 공포되었다.[139] 명치헌법 이전에는 입법부가 없었으므로 모든 법률적 사항은 행정명령 형식으로 선포되었다. 따라서 일본의 「계엄령」은 계엄법의 의미를 가진다. 한국에서는 '계엄령을 선포했다', '계엄령이 내려졌다'는 표현이 많이 사용되고 있으나, 이는 일제 「계엄령」의 법적 위상을 이해하지 못한 채 하나의 용례로 굳어졌기 때문이다. 정확하게 말하자면, '계엄이 발포되었다'라고 표현해야 한다.[140]

모두 16개조로 이루어진 「계엄령」은 계엄을 임전지경과 합위지경의 두 종류로 구분하고 있다. 임전지경(臨戰地境)이란 전시나 사변 시에 경계할 지방을 구획하는 것이고, 사령관은 군사와 관계된 행정사무와 사법사무를 관장하도록 되어 있다(계엄령 제2조, 9조). 한편 합위지경(合圍地境)이란 적에게 포위되거나 공격을 받았을 때 발동하는 것으로서 행정사무와 사법 사무 일체를 사령관이 장악하도록 되어 있었다(계엄령 제2조, 10조). 임전지경보다는 합위지경이 훨씬 더 급박한 상황에서 선포되는 것이라 볼 수 있다.

아래의 표는 여순사건 당시에 발포된 계엄을 계엄 종류에 따라 분류해

---

138) 「계엄령이란 무엇인가?」, 『동광신문』, 1948. 11. 9.

139) 1913년부터 조선에 적용된 「계엄령」의 조문 내용은 김순태, 1999, 「제주4·3 당시 계엄의 불법성」, 『제주4·3연구』 역사비평사, 172~174쪽을 참고.

140) 오병헌, 1994, 『계엄법의 기원과 문제점』, 『사법행정』 제35권 제1호, 61쪽.

놓은 것이다.

〈표 7-1〉 여순사건 당시의 계엄 종류

<table>
<tr><th rowspan="2">발포일</th><th rowspan="2">해제일</th><th rowspan="2">발포 주체</th><th colspan="2">계엄 종류</th><th rowspan="2">비 고</th></tr>
<tr><th>임전지경</th><th>합위지경</th></tr>
<tr><td>1948. 10. 22.</td><td>미상</td><td>제5여단 사령부 김백일</td><td colspan="2">×</td><td>계엄 종류를 밝히지 않음</td></tr>
<tr><td>1948. 10. 25.</td><td>1949. 2. 5.</td><td>대통령</td><td></td><td>○</td><td>대통령령으로 국무회의 통과</td></tr>
<tr><td>1948. 10. 26.</td><td>미상</td><td>호남방면 사령관</td><td>○</td><td></td><td>임시계엄이라고 표현했으나 내용적으로는 임전지경</td></tr>
<tr><td>1948. 11. 1.</td><td>미상</td><td>호남방면 사령관 원용덕</td><td></td><td>○</td><td>전라남북도 지역으로 확대</td></tr>
<tr><td>1948. 11. 1.</td><td>미상</td><td>남원지구사령관</td><td colspan="2">×</td><td>남원지구</td></tr>
<tr><td>1948. 11. 5.</td><td>11. 11</td><td>호남방면 사령관</td><td colspan="2">×</td><td>전라남북도 지역에 대한 통신제한 계엄</td></tr>
<tr><td>1949. 12. 25.</td><td>미상</td><td>지리산전투지구 총지휘관 김백일</td><td colspan="2">×</td><td>남원군, 구례군, 함양군 수개 면, 하동군 수개 면을 제한 지구로 선포. 거주 지역에서 100m를 벗어나지 않도록 함.</td></tr>
</table>

〈표 7-2〉 여순사건 당시 발포된 계엄 종류에 대한 설명

<table>
<tr><th rowspan="2">설명일</th><th rowspan="2">설명 주체</th><th colspan="2">계엄 종류</th><th rowspan="2">비 고</th></tr>
<tr><th>임전지경</th><th>합위지경</th></tr>
<tr><td>11. 2.</td><td>이인 법무부장관</td><td>○</td><td>○</td><td>국회 답변</td></tr>
<tr><td>11. 9.</td><td>『동광신문』</td><td>○</td><td>○</td><td>해설 기사</td></tr>
</table>

당시 이승만 정부가 선포한 계엄(10. 25)은 '합위지경'이었다. 하지만 신문 보도는 '합위지경'이 아닌 '임전지경'으로 한 단계 낮추어져 보도가 되었다. 신문은 선포된 계엄이 임전지경이라 말해놓고서도 그 내용에서는 합위지경으로 해설하고 있어, 이 두 가지 단계가 혼동되었다는 것을 알 수 있다. 이러한 혼동을 신문사만의 실수로 볼 수도 있겠지만, 당시 현실을

살펴보면 이러한 혼란(무지)은 신문뿐만이 아니라는 사실이 드러난다.

국회에서 법무부장관은 계엄하에서도 행정·사법권은 여전히 그대로 지속된다고 공식적으로 답변했는데, 이는 임전지경에 해당한다. 그러나 장관 답변은 대통령령에서 규정한 합위지경과 다른 것이었다.

한편 10월 26일자 계엄은 임전지경, 합위지경과도 다른 '임시계엄'으로 선포되었다. 일제시기 「계엄령」에서는 전시에 갑작스럽게 공격을 받을 때 지역 사령관이 '임시계엄'을 선포할 수 있도록 하였다.[141] 일제시기 「계엄령」에서 빌려 이 용어를 사용했는지는 알 수 없지만, 호남방면사령관은 국무회의에서 통과된 합위지경 계엄을 임시계엄으로 다르게 선포하고, '군사에 관계있는 범죄를 범한 자는 엄벌에 처할 것'이라고 하여 내용적으로는 임전지경을 말하고 있다. 10월 26일자 계엄 선포는 세 가지 계엄의 종류를 완전히 뒤죽박죽 사용하고 있는 '혼란의 종합판'이라고 할 수 있다.

10월 22일자, 26일자, 11월 1일자 계엄 선포 내용을 보면, 중앙정부에서 발동한 합위지경을 바로 다음날 지역 사령관이 임전지경으로 발포하거나, 계엄 지역을 여수·순천 지역에 한정했는데도 지역 사령관이 전라남북도로 변경하는 등 혼란상이 매우 심각했다는 것을 알 수 있다. 더욱이 중앙정부에서 계엄지구를 여수·순천 지역으로 고시했음에도 전라남북도로 확대한 것은 대통령령을 위반했다고 볼 수 있다.

계엄에 대한 군 지휘관들의 무지가 드러나 혼란상이 연출되자, 미 임시군사고문단장 로버츠 준장은 국방부 총참모장에게 계엄에 관한 문서를 전달하면서 계엄이 무엇인지, 언제 선포될 수 있는지, 누가 선포하는지 그리고 계엄의 효력이 무엇인지"를 숙지하도록 했다.[142]

이런 사실 등을 종합해보면, 정부의 장관, 군 지휘관은 계엄이 정확히

---

141) 일제시기 「계엄령」 제4조를 참조.

142) W. L. Roberts, *Memorandum from Roberts: Martial Law*(1948. 12. 1), RG 338, KMAG, Adjutant General, Decimal File, 1948~1953, Box 4, Files: Brig. General W. L. Roberts (Personnel Correspondence).

무엇인지, 어떤 종류의 계엄이 선포되었는지(또는 선포해야 되는지)를 분명히 자각하지 못한 상태에서, 계엄 선포라는 상황에 직면했던 것으로 보인다. 계엄은 이같은 혼돈 속에서 선포되었지만, 계엄이 의도한 효과는 그 운용 과정을 통해 극대화되었다.

계엄 선포의 근거에 대한 국회의 논박

당시 제헌국회는 분단 정권 수립을 적극적으로 표방하였던 이승만 · 한민당 보수 세력과 무소속 소장파 세력이 이끌고 있었다. 단일 정당으로는 가장 많은 당선자를 냈던 독립촉성국민회는 이승만을 적극 지지했지만, 한민당은 정부 수립 직후부터 스스로 야당을 표방하면서 사안별로 협조할 것은 협조하고 비판할 것은 비판한다는 이른바 '시시비비주의(是是非非主義)' 입장을 내걸고 있었다.

제헌국회에는 단독정부 수립을 적극적으로 추진했던 이승만 · 한민당 세력이 우세를 보이고 있었지만, 무소속 의원들의 활발한 활동도 두드러졌다. 특히 무소속 소장파 세력은 이승만 정권에 반대하는 강력한 제도권 세력이었는데, 조직적 결집을 시도하여 구락부[club]를 조직했다. 여러 구락부의 이합집산을 거쳐 무소속 소장파는 이후 동인회(同仁會)와 성인회(成仁會)라는 구락부를 중심으로 결집하게 된다. 무소속 소장파는 성원간의 이념적 동질성이 높은 것도 아니었지만 대체적으로 '중도파'적 지향을 가지고 있었다.

무소속 소장파는 제헌국회 제1회 회기부터 3회 회기까지 이승만 · 한민당 세력에 대응하여 친일파 민족반역자의 처벌, 미군 철퇴, 국가보안법 제정 반대, 농지개혁의 실시, 지방자치제의 실시 등을 주장하여 이승만 · 한민당 세력의 대척점에서 체제내의 반대세력(야당)으로 활약하였다. 그들의 주장은 대체적으로 민족적이고 자주적인 성격을 갖고 있었고 노동자와 농민의 권익을 옹호하는 편에 서있었다.

국민의 대표자임을 자처하는 제헌국회가 '법령 없는 계엄 선포'라는 기묘한 상황에 대해 의문을 제기하고 정부를 추궁한 것은 당연한 것이었다.

군은 계엄 확대가 "민심을 수습하기 위한 미연 방지책"이라고 설명했지만,[143] 계엄의 확대는 일반인들의 불안감을 확대시키고 있었다. 계엄하에서 통금이 행해지는 등 일상적인 행동의 자유조차 극도로 제약되었다. 여수와 순천 등의 현지에서는 조사나 재판도 없이 군인들에 의한 즉결처분이 공공연히 이루어지고 있었다. 즉결처분은 지위고하를 가리지 않았다. 검사이건 국회의원이건 간에 반란군에게 협조한 혐의만 있으면 즉결처분의 대상이 되었다.

국회에서 가장 문제가 된 것은 정부가 어떤 법에 근거하여 계엄을 발포했는가 하는 점이었다. 헌법에는 정부가 비상조치를 취할 수 있는 방법과 계엄에 관련된 내용이 규정되어 있었다. 헌법 57조는 공공의 질서를 유지하기 위한 '긴급명령, 긴급재정처분'을 규정하고 있고, 헌법 64조에는 '계엄

〈표 7-3〉 계엄 선포와 관련된 헌법 조문들

헌법 조항	조문 내용
第57조	내우, 외환, 천재, 지변 또는 중대한 재정, 경제상의 위기에 제(際)하여 공공의 안녕질서를 유지하기 위하여 긴급한 조치를 할 필요가 있는 때에는 대통령은 국회의 집회를 기다릴 여유가 없는 경우에 한하여 법률의 효력을 가진 명령을 발하거나 또는 재정상 필요한 처분을 할 수 있다. 전항의 명령 또는 처분은 지체 없이 국회에 보고하여 승인을 얻어야 한다. 만일 국회의 승인을 얻지 못한 때에는 그때부터 효력을 상실하며 대통령은 지체 없이 차를 공포하여야 한다.
第64조	대통령은 법률의 정하는 바에 의하여 계엄을 선포한다.
第72조	좌의 사항은 국무회의의 의결을 경하여야한다. 1. 국정의 기본적 계획과 정책 2. 조약안, 선전, 강화 기타 중요한 대외정책에 관한 사항 …… 6. 계엄안, 해엄안 7. 군사에 관한 중요사항 …… 12. 행정각부의 중요한 정책의 수립과 운영에 관한 사항 13. 기타 국무총리 또는 국무위원이 제출하는 사항

143) 『자유신문』·『경향신문』, 1948. 11. 13.

선포권' 조항이 있으며, 헌법 72조는 국무회의가 계엄안을 의결할 수 있다고 규정한 '국무회의의 권한' 조항이 있다.

그런데 정부에서 발포한 것은 계엄이 분명했으므로, 이는 헌법 57조에서 규정하고 있는 '긴급명령, 긴급재정처분'과는 다른 경우였다. 그러므로 정부가 이 조문에 근거하여 계엄을 발포할 수는 없었다. 그렇다면 헌법 64조와 72조가 사용될 수 있는 헌법 조문인데, 당시에는 계엄법 자체가 존재하지 않았기 때문에 이 또한 계엄 발포의 법적 근거로는 사용될 수 없었다.

임시휴회 되었던 국회가 13일의 공백을 끝내고 여순사건을 논의하기 위해 소집되었던 10월 27일 89차 본회의에서 조헌영 의원은 정부가 계엄을 발포하고도 왜 국회 승인을 받지 않았는가를 잠깐 질문한 적이 있었다.[144] 그러나 이 질문은 다른 의원들의 관심을 끌지 못해 논의가 더 이상 진전되지 못했다.

다음날 이범석 국방장관은 국회에서 반란사건을 보고하면서, 사건을 용이하게 처리하기 위해 반란지역에 계엄을 선포했다고 짧게 언급했다.[145] 그러나 그것뿐이었다. 계엄이 누구에 의해, 어떤 내용을 가지고, 어느 지역에 선포되었다는 구체적 내용은 전혀 보고되지 않았던 것이다.

이렇게 되자 국회의원들은 10월 30일 계엄의 근거에 대해 집중적으로 질문하기 시작했다.[146] 한민당 소속 의원으로 합리적 사고를 했던 조헌영 의원은 만약 계엄이 헌법 57조에 근거하여 대통령령으로 임시비상조치를 내렸다면, 법률이 정하는 바에 따라 국회의 승인을 얻어야 하며, 72조에 근

144) 『국회속기록』 제1회 제89호, 656쪽.

145) 『국회속기록』 제1회 제90호, 673쪽.

146) 하지만 국회의원들의 질의가 계엄의 합법성에 대한 독자적인 의안으로 상정되어 이루어진 것은 아니었다. 계엄 선포로 국회의원 신분을 가진 황두연 의원을 어떻게 체포할 수 있는가 하는 질문을 하는 도중에 제기되었던 것이다. 즉 황두연의원에 체포령이 내려졌다면 그것은 어떤 근거에서 내려진 것인가를 의원들이 따지는 과정에서 계엄이 불거졌고, 이는 계엄의 법적 근거를 추궁하는 것으로 이어졌다.

거하여 발포했더라도 계엄은 국무회의에서 결의하고 국회의 동의를 얻어야 된다는 조문이 있으므로 이 또한 당연히 국회의 승인을 얻어야 된다고 주장했다. 조헌영 의원은 정부가 국회의 사후 승인을 반드시 요청해야 하는데도, 국회가 개회한지 사흘, 나흘이 되어도 아직까지 계엄에 대해 아무 말이 없는 것은 어찌된 일이며, 어떤 식으로 법을 해석하고 있는지 모르겠다며 정부를 추궁했다. 또한 대통령 맘대로 계엄을 선포하고 국회 승인을 얻지 않아도 좋다고 생각한다면 이는 중대한 문제라고 지적했다.[147)]

한편 유성갑(檀民黨) 의원은 조헌영 의원이 헌법 57조의 긴급명령과 제64조의 계엄 선포권을 혼동하고 있다고 지적하면서 문제는 계엄을 법률로 정했는가 그렇지 않았는가가 문제라고 밝혔다.

이러한 국회의원의 질문에 대해 이인 법무부장관은 여수와 순천지구에 대한 계엄 선포는 대통령이 한 것도 아니고 헌법 57조에 의한 것도 아니며, 현지 군사령관이 반란상태를 수습하기 위해 '계엄법'에 의해 발동한 것이라고 답변했다. 그의 설명은 계엄은 군 작전을 위한 실무적인 차원에서 지역 사령관이 발포한 것이며, 계엄법에 의해 발포됐다는 것이었다. 그는 또 설명하기를 계엄은 동란을 방지하는 긴급조치의 수단에 불과하기 때문에 합위지대에서는 일반 행정과 사법권은 정지되지 않는다고 말했다.[148)]

그러나 이 같은 이인 장관의 답변은 몇 가지 중대한 모순을 갖고 있었다. 첫째로, 앞에서 살펴본 바와 같이 계엄은 10월 25일 대통령이 참석한 국무회의에서 이미 통과되었고, 이 자리에는 이인 법무부장관도 참석하여 의결에 참여했다. 국무회의에서 의결되었기 때문에 이범석 국방부장관은 10월 28일 국회 여순사건 보고에서 '대통령령'으로 계엄을 발포했다고 공개적으로 말했던 것이다.[149)]

---

147) 『국회속기록』 제1회 제92호, 706~707쪽.

148) 『국회속기록』 제1회 제94호, 748쪽. 최용덕 국방부차관도 이인 장관과 같이, 봉기군 숙청에 관한 모든 문제는 현지 사령관에게 책임이 있다고 답변했다.

149) 『국회속기록』 제1회 제90호, 673쪽.

둘째로, 이인 장관은 일반 행정과 사법권은 정지되지 않은 합위지경이 실시되고 있다고 말했지만, 합위지경의 계엄 상태에서는 군대가 행정, 사법권을 완전히 장악하게 된다. 이인 법무부장관은 합위지경의 내용을 임전지경의 내용으로 바꾸어 설명하였다. 선포된 계엄이 일반 행정과 사법권이 정지되지 않은 것이라는 이인 장관의 설명을 여수, 순천의 현실과 대조해보면, 그의 인식이 얼마나 현실과 유리되어 있는지를 알 수 있다. 당시 현지에서는 군사령관이 행정권과 사법권 일체를 장악한 채 작전을 펼치고 있었을 뿐만 아니라, 즉결처분이 시시때때로 이루어지고 있었다. 단순히 행정, 사법권을 군인들이 장악한 것이 아니라 주민의 생사여탈권을 장악하면서 합위지경보다 몇 배나 더한 공포의 상황이 발생하고 있었던 것이다.

이인 법무부장관이 사실과는 달리 현지 군사령관이 계엄을 발포했다고 답변한 것은 어떤 이유에서였을까?

계엄이 대통령령으로 발포되었다면 당연히 그 후속 조치로서 국회의 사후 승인이 필요하였다. 그러나 의회 권력을 내내 무시했던 이승만 정부는 자신에게 비판적인 소장파 의원들이 크게 활약하고 있었던 국회의 비판과 제동을 염려하여 사후 승인을 요청하지도 않았을 뿐 아니라 국회에 제대로 된 보고조차 하지 않았다. 이러한 상황에서 이인 장관이 국회에 나와 계엄이 국무회의를 통과하여 대통령령으로 발포되었다고 말할 수는 없는 상황이었던 것이다. 만약 헌법에 근거해 계엄을 발포했다고 할 경우 국회의원들로부터 쏟아질 공격을 감당할 수 없고 더욱 더 문제를 확대시킬 소지를 갖고 있다고 이인은 판단했을 것이다. 그것은 국회에 보고도 하지 않고 승인도 얻지 않은 채 계엄을 그대로 실시한 것은 정부가 헌법을 위반한 것을 인정하게 되기 때문이다. 결국 이인의 답변은 계엄법이 없는 상태에서 내려진 계엄으로 발생되는 문제를 현지 사령관에게 떠넘기려 한 것이었다.

모순적이고 사실과 다른 답변 때문에 국회의원들은 추궁을 계속했다.

계엄이 현지군의 합위지대 내에서 계엄법에 의지해 발포한 것이라는 법무부장관의 답변에 대해 김병회 의원(무소속)은 아직까지 우리나라에는 계엄법이라는 법률은 없다고 정면으로 반박했다.[150] 또한 그는 헌법 64조에 '대통령은 법률의 정하는 바에 의해서 계엄을 선포할 수 있다'고 했으므로, 계엄법이 없는 우리나라에서 계엄을 선포한 것은 헌법 규정을 위반한 것이라고 지적했다. 그러면서도 그는 여수 · 순천 반란은 수습이 필요하므로 이럴 때에는 헌법 제57조 긴급명령권을 이용할 수 있다고 말하면서, 국회가 개회되면 반드시 사후 승인을 얻어야 하는데 정부는 계엄을 보고도 하지 않고 승인도 요청하지 않았다고 비판했다.

계엄의 근거뿐만 아니라 계엄의 유효 시기, 지역 범위, 효력도 문제가 됐다. 계엄이 실시되고 있다면 그 시기는 언제까지인지, 계엄 지역은 여수 순천에만 국한된 것인지 아니면 남한 전체에 한한 것인지 또 그 효력은 어떠한 것인가가 문제되었다.

김병회 의원은 국회의원이라도 계엄지구에서는 당연히 처단을 받아도 좋다는 윤치영 내무부장관의 언급을 지적하면서, 계엄 상태에서는 과연 양민을 잡아다가 총살해도 좋은지를 질문했다.[151] 이는 계엄이 여 · 순 지역 시민 나아가 전 인민에게 의미하는 핵심적인 문제였다. 대통령령으로 발포된 계엄은 이를 뒷받침할 수 있는 법이나 시행 지침이 없는 상황이었기 때문에 계엄은 현지 군의 자의적인 판단에 따라 운용되었고 이에 따라 사건이 벌어진 지역에서는 즉결총살이 부지기수로 이루어졌기 때문이다.

국회의원들의 계속되는 질문 앞에서 이인 법무부장관은 계엄은 헌법

---

150) 『국회속기록』 제1회 제94호, 756~757쪽. 그는 "지금 일본에 시행하고 있던 법률을 어느 정도 우리 대한민국 하에서 그 효력을 가지고 있는가는 모르겠습니다마는 일제시대의 법률을 보더라도 명치년도에 계엄에 관한 특별법이 있을 뿐이고 그 외에는 계엄령이라는 것은 없습니다"라고 했다.

151) 윤치영은 계엄 상태에 있으므로 현직검사로서 인민재판관을 지낸 박찬길을 사형에 처했다고 말했다(『국회속기록』 제1회 제90호, 675쪽). 사건 동안에 숨어 지냈던 박찬길은 경찰과의 갈등 때문에 억울하게 죽음을 당한 경우였다.

57조에 의한 비상조치가 아니며 동란이 일어나든가 질서를 유지 못해 경찰과 민간의 힘으로는 도저히 방지 못할 사태가 일어났다든지 하는 급박한 때에 현지 군사령관이 발동하는 것이라고 다시 반복하여 답변했다. 그러면서 그는 “이 점 대단히 미안한 말씀입니다만, 계엄법이 존재하지 않습니다”라고 하여 계엄법 제정이 아직 이루어지지 않았다고 분명하게 인정했다.[152] 이 같은 그의 발언은 같은 날 앞서 행했던, 현지사령관이 ‘계엄법에 의해서’ 계엄을 내렸다는 스스로의 발언과는 완전히 다른 것이었다. 국회의원들의 추궁 끝에 나온 이인 법무부장관의 이와 같은 국회 답변은 ‘거짓’과 ‘자기 모순’을 보이고 있었다.

계엄 선포의 근거에 대한 문제는 법무부장관의 사과로 얼버무리고 넘어갈 수 있는 성질의 것이 아니었다는 데 심각성이 있다. 법적 근거도 없는 계엄을 국무회의에서 의결함으로써 헌법을 위반한 책임이 제기될 수 있기 때문이다. 장관은 말할 것도 없거니와 제헌헌법 46조는 ‘대통령은 그 직무 수행에 관하여 헌법 또는 법률을 위반한 때에는 국회는 탄핵의 소추를 의결할 수 있다’고 규정하여 대통령도 법령을 위반할 경우에는 책임을 지게 되어 있었다. 결국 당시 정부의 계엄 선포 행위는 중대한 헌법 위반 사항에 해당할 수 있었다.

국회에서 계엄 논의가 되기 전에 관보를 확인해 보았더라면, 여수·순천에 내려진 계엄이 ‘합위지경’의 계엄이며, 이인 법무부장관도 참여한 국무회의에서 ‘대통령령’으로 통과됐다는 점을 알 수 있었을 것이다. 그러나 제헌국회의원들은 대통령과 행정부의 헌법 위반 사실을 끝까지 파헤치지

---

152) 『국회속기록』 제1회 제94호, 757쪽. 이인 장관의 이러한 답변은 계엄이 일제시대 계엄령에 근거하고 있다는, 제민일보·한겨레신문 보도에 대한 법제처 반박이 근거 없는 것임을 보여준다. 법제처는 계엄이 일제시대 법령에 의해 내려졌다는 주장을 폈는데, 당시의 속기록을 살펴보면 이인 법무부장관이 국회에 나와 직접 계엄법이 없다고 확인한 사실을 알 수 있다. 이 문제에 대해서는 제민일보 4·3취재반, 1998, 「부록 1 왜 ‘4·3계엄령’은 불법인가」, 『4·3은 말한다』 5, 전예원 ; 김순태, 1999, 「제주 4·3당시 계엄의 불법성」, 『제주4·3연구』 역사비평사를 참고.

못한 채, 정부를 추궁하는 논의에만 머물렀다.

국회 논의가 계엄 선포의 법적 근거에 주로 초점이 맞추어져 있었기 때문에 답변은 주로 이인 법무부장관의 차지가 되었지만, 나머지 정부 각료들도 국회에 출석하여 여순사건의 처리에 대한 논의를 의원들과 주고받았다.

국회의원들이 정부 각료들에게 질의할 때, 이범석 국방부장관은 "지금은 민족국가는 생사의 관두이고 정부이니 국회니 민중이니 하고 이상론을 부르짖을 때가 아니고, [국회의원들이 자신의] 독선[을] 확대하고 권리를 논할 때가 아닙니다. 다 죽느냐 사느냐 하는……"이라고 발언하였다.[153] 지금은 생사가 왔다 갔다 하는 위기 상황이니만큼 권리 같은 이상(理想)을 논하지 말라는 것이 이범석 국무총리의 주장이었다. 그는 의원들의 주장을 '독선'이라고 폄하하면서 국회를 무시했고, 정부 시책에 대한 적극적 협조만을 당부했다.

윤치영 내무부장관도 똑같았다. 그는 국회에서 회의가 진행되는 도중 갑자기 '급보!'라고 외치며 강화도에 반란군이 나타났다고 말한 다음, "여러분 그쯤 아시고 아까 말씀한 공산당 취체법과 경찰 진영에서 경찰이 인권유린(한다고 사람들이) 말을 하지만, 그것을 곧 제정해서 작성해주시기 바랍니다"라고 했다.

강화도에 반란군이 나타났다고 하는 발언은 사실이 아니었다. 구체적인 내용에 대해서는 국회에서 알 필요가 없고, 정부는 공산당 취체법이 필요하니 빨리 법을 제정해 주었으면 좋겠다는 윤치영의 발언은 국회 역할에 대한 무지와 무시를 나타내고 있었다.[154] 윤치영 장관은 여수·순천에서 가까스로 생명을 구해 도망친 황두연 의원이 국회에 나와 부역 혐의를 해명했는데도 불구하고 계속 모질게 황두연 의원의 혐의를 제기했던 정부 각료이기도 했다.

---

153) 『국회속기록』 제1회 제90호, 673쪽.

154) 『국회속기록』 제1회 제90호, 679쪽. 윤치영의 거짓과 과장 보고에 대해서는 서중석, 1997, 『한국현대민족운동연구』 2, 역사비평사, 168쪽을 참고.

이와 같이 정부 각료들은 국회의원들의 문제제기를 위급한 현실을 도외시한 이상적 논의라고 무시하면서 급박한 분위기를 조성했다. 윤치영의 공산당 취체법 제정 발언은 정부가 주도하는 정국 운영 방향을 예고하는 것이었다.

계엄, 국민을 상대로 하는 전쟁

국회는 계엄 선포의 근거와 법적 절차의 합당성 그리고 의회권력의 인정이라는 문제에 대해서는 주의를 기울이고 활발히 논의했지만, 계엄 그 자체에 대한 문제는 제대로 제기하지 않았다.

국민의 대표들인 제헌국회의원들은 계엄의 정치적 의미나 계엄 발포 그 자체의 정당성을 끝까지 추궁하지는 못했다. 남한만의 단독선거로 선출된 198명의 의원들은 기본적으로 반공 이데올로기를 공유하고 있었다. 의원들은 좌익 세력이 여순사건을 주도했다는 언론 보도와 이에 대한 진압 필요성에 공감하고 있었다. 분단 체제에서 국회 활동은 반공 이념이라는 울타리 안에서만 자유를 향유할 수 있었다.

하지만 이승만 정부가 반공 이념을 방패로 반이승만 운동의 정당성을 박탈하고 반공 이념을 반대 세력을 약화시키는 무기로 사용하였을 때, 국회가 대응할 수 있는 방도는 한정돼 있었다. 반공이라는 공감대는 공산당 척결이 시급하다고 인식한 국회가 더 이상 운신하지 못하게 하는 족쇄로 작용했다.

계엄 발포의 법적 근거나 절차적 정당성에 대한 논의는 분명 꼼꼼히 따져봐야 할 부분이다. 그러나 이는 계엄을 둘러싼 여러 논쟁점 중의 하나이며, 더 중요한 문제는 계엄 자체의 성격이다.

일본이 지배한 식민지 조선에서 단 한 번도 시행되지 않던 계엄이 헌법을 제정하고 나라를 세운지 2개월 만에 갑작스럽게 발포되었다는 점은 무엇을 뜻하는가?

여순사건 때 경찰은 민중의 공격 대상이 되면서 가장 많은 피해를 입은 대상으로 전락했다. 여순사건이 지역민들이 합세하면서 대중적 봉기로 번져나가자, 정부는 경찰력으로 진압하기에는 무리라는 것을 절감하고 미군의 도움을 얻은 군대를 출동시켜 사건을 진압해야 했다. 출동한 군은 행정·사법권을 완전히 장악하였고, 반란에 동조한 혐의를 받은 민간인은 군경에 의해 즉결처분되거나 군사재판을 받았다. 이러한 사실들은 분단 정권으로 수립된 이승만 정권에 대한 국민의 지지가 매우 빈약했으며, 정권을 위협하는 여순사건 같은 반란을 진압하기 위해서는 계엄 같은 강력한 물리적 조치를 필요로 했다는 점을 보여준다.

계엄은 경찰력으로는 치안을 유지할 수 없을 때, 군대를 동원하여 기성 질서를 유지하는 국가비상사태에 대응하는 한 가지 형태이지만, 외부 적에 대응하기 위해 조직된 군대를 국내 혼란을 진압하기 위해 동원한다는 점에서 사실상 국민에 대한 전면전으로 볼 수 있다.

계엄은 기존 질서를 유지하기 위해서는 강력한 물리력 동원이 필요하다는 논리를 내세우면서 발포되는데, 계엄의 발포는 국가비상사태라는 위기감을 더욱 더 증폭시킨다. 어떤 상황을 '위기'라고 판단하는 주체는 대부분의 경우 통치자인데, 이는 결과적으로 어떤 상황을 판단하고 결정하는 주권자가 통치자에게 있음을 천명하는 과정이기도 하다. 계엄은 헌법에 규정된 국민의 기본권을 '일정 정도' 제한한다고 말해지지만, 사실상 헌법에서 규정된 인민 주권은 어느새 실종되며 현실에서 주권은 통치자에게 있다는 것을 분명히 알려준다.

'여순 반란'을 정권과 국가의 위기상황으로 인식한 이승만 정권은 반란을 진압하기 위해 군대를 동원하고 계엄을 선포했지만, 계엄에 대한 이해는 희박한 상태였다. 계엄을 설명한다는 신문 해설 기사는 계엄 종류를 혼동하여 설명했고, 법무부장관은 계엄 선포 사실과 계엄 종류도 파악하지 못하고 있었다. 또한 계엄을 직접 실행하는 군 지휘관도 그 내용을 제대로 알지 못했다.

그럼에도 계엄은 발포되었다는 사실 그 자체로 여순사건 진압에 큰 영향을 미쳤다. 군·경 진압군은 부역자를 색출하면서 사건 가담자를 제대로 구별하지 않은 채 의심되는 사람은 자세한 조사나 재판도 없이 즉결처분을 단행했다. 군경이 이 같은 행동을 할 수 있었던 것은 그 규정 자체가 모호하고 자의적으로 사용된 계엄이 있었기 때문에 가능했다. 그리고 군경의 즉결처분을 가능하게 한 정부의 계엄 선포는 법률에도 규정되어 있지 않은 것이었다.

여순사건에서 빈번히 행해진 부역자 색출 과정의 특징은 일반적인 법절차를 따르지 않았는다는 데 있었다. 여순 진압작전에서 '인권'은 아득히 먼 나라의 이야기였다. 부역 혐의가 있다는 다른 사람의 지적만으로 죽음의 길로 들어섰고, 아무 죄도 없는 사람이 의심받아 사형 당하는 무법천지가 되었다. 계엄은 이런 일을 군경이 할 수 있게끔 한 '살인면허장'이었다.

계엄하에서 군이 민간인을 마음대로 처벌할 수 있다는 사고는 이승만 대통령으로부터 나왔다. 이승만 대통령은 계엄을 선포한 뒤에 김완룡 법무관을 불러 "임자가 가서 한달 안에 그 빨갱이들 전부다 재판해서 토살(討殺)하고 올라오라, 그럼 계엄령을 해제 하겠다"라고 말했다고 한다.[155] 이승만 정부에게 여순사건의 계엄 발포는 위기 상황에 대응하는 적절한 절차였을지 모르나, 그것은 위헌적인 행위였고 계엄 시행과정에서도 헌법과 법률을 무시한 채 시행되었다. 계엄 선포는 이승만 정권이 물리력을 사용하여 국민과 직접 대결한 최초의 계기였다. 그리고 그 결과는 비참한 민간인 대량 학살로 나타났다.

'계엄법 없는 상태의 계엄 포고', '시행 매뉴얼 없는 계엄의 광범위한 시행'은 결국 현지 사령관이 권력을 남용하고 즉결처분을 단행하는 자의적 운용의 길을 터주었던 것이다.

계엄의 본질적인 측면에서 살펴보면, 계엄의 자의적 사용은 단지 사령

155) 김완룡 증언, MBC '이제는 말할 수 있다' 제작팀, 1999, 「MBC 여순사건 증언록」(미간행 녹취록).

관의 무지 탓만은 아니며, 한국에만 나타났던 사례도 아니다. 국가비상상태(계엄) 같은 '위기' 상황에서는 이전에 볼 수 없었던 새로운 사례를 만들어 내기 때문이다. 그리고 위기 상황에서 어떤 규제도 없이 새롭게 창출된 사례들은 이후의 통치에 사용되고 새로운 하나의 전통으로 굳어지게 된다. 모든 일을 가능하게 하는 '예외상태(state of exception)'는 처음에는 평상시와 매우 달라 보이지만, 예외상태를 거친 후에는 평상시의 체계 속에 예외상태가 편입되어 버리는 것이다.[156)]

계엄은 계엄 상황에서 벌어지는 기본권의 제약, 집행자의 자의성도 문제이지만, 더 큰 문제는 계엄이 해제된 뒤라도 계엄의 사회적 영향이 사라지지 않고 지속된다는 데 있다. 계엄 상황에서 군대는 군사 작전만을 담당하는 평상시 역할을 벗어나 행정, 사법 권력을 독점하면서 사회를 장악한다. 계엄사령관은 모든 민간 당국의 상위자로서 역할을 수행한다. 압도적 우위를 갖는 군대 활동의 확대를 통해 사회는 군대 논리에 점차 포섭되고 굴복한다.

이 과정에서 특히 사법권은 결정적 역할을 수행한다. 여순사건 당시를 보면, 군인은 물론 민간인들도 군인에 의한 사법 행위 대상이었다. 군인 및 민간인에 대한 사법 행위는 즉결처분과 군법회의라는 두 가지 방식으로 수행되었다. 어떠한 조사나 재판절차도 없이 현지 지휘관의 판단만으로 무고한 민간인들이 현장에서 사살되었다. 혐의가 있는 민간인들은 군법회의에 회부되기도 했지만 신속하고 형식적인 재판과정을 거쳐 높은 형량에 처해졌다. 생사를 가르는 사법적 판단—사실 이것은 사법적 형태를 빌린 폭력이라 할 수 있는데—을 통해 군인의 가치관과 군대 조직의 논리가 사회를 장악해 들어가는 것이다. 이러한 국가폭력에 저항한다면 결과

156) '예외상태'에 대해서는 조르조 아감벤, 2008, 『호모 사케르』, 새물결을 참조. 아감벤의 예외상태 개념을 여순사건과 연관하여 해석한 논문으로는 김학재, 2008, 「여순사건과 예외상태 국가의 건설 : 언론탄압과 주민통제정책을 중심으로」, 『여순사건과 대한민국의 형성』(여순사건 60주년기념 학술심포지움 자료집)이 있다.

는 생명의 박탈 뿐이다. 이러한 과정을 통해 국가 우선주의, 국가 지상주의는 군대라는 조직 이념을 뛰어넘어 전 사회의 기본적 이념으로 자리 잡는다.

2) 국가보안법의 제정

국회의 여순사건 논의

1948년 10월 14일 제88차 본회의를 끝으로 휴회 중이던 국회는 10월 27일에 다시 국회를 열어, 여순사건에 대한 보고를 들었다. 여순봉기가 일어나자 서울 시내에서는 여러 가지 유언비어가 난무했다. 국회가 휴회를 끝내고 다시 문을 연 것은 이러한 소문을 잠재우고, 위기 상황에 대한 해법을 구하고자 했기 때문이었다. 국회는 먼저 외무국방위원회와 내무치안위원회 위원들을 항시 대기시켜 사태의 추이를 점검하기로 했다.

국회 본회의가 열리기 전인 10월 23일, 외무국방위원회는 황희찬 내무차관과 채병덕 총참모장을 출두시켜 전남 일대의 상황을 듣게 되었다. 여기에 출석한 내무차관과 총참모장은 여수봉기를 일으킨 인원은 10여 명에 지나지 않았으나 금세 400명으로 늘어 장교들을 사살하고 경찰서를 습격하고 여수를 점령했다고 보고했다. 또 탄환 약 27만 발이 도난당했고, 우익진영 인사들이 피살되었다는 내무차관의 보고가 있었다.[157]

국방위와 내무위는 이 보고에 만족하지 못했고, 이날 오후 2시 국방부장관과 내무부장관을 출석시켜 자세한 보고를 다시 들었다. 이범석 국무총리 겸 국방부장관은 이 사건의 원인은 사상을 따지지 않고 무질서하게 사병들을 끌어 모은 경비대의 모병 방식 때문에 일어났다고 주장했다. 그러면서 이 사건은 자신이 국방부장관으로 임명되어 경비대를 정리하는 과

---

157) 대한민국 국회사무처, 『제헌국회의 개요(국회보 제44호 부록)』, 45쪽.

정 중에 일어났다고 밝혔다. 즉 이범석 국방부장관은 자신에게 쏟아질 수 있는 여순봉기 발발의 책임을 회피하려고 했던 것이다. 한편 윤치영 내무부장관은 가장 염려되는 점은 봉기군이 광주를 점령하는 것인데, 광주는 별 이상이 없으며, 폭도의 중심지는 순천이고 반군은 지리산으로 들어간 것 같다고 보고했다.

이 보고를 들은 국회는 보고 내용에서 양쪽에 차이가 있는 것을 발견했다. 내무부는 공산당의 계획적 음모에 비중을 두었으나, 국방부는 군 내부의 반란에 지방좌익 세력이 적극적으로 동조했다는 점에 초점을 두고 있었기 때문이다. 이에 따라 신익희 국회의장은 국회는 이 사실에 대한 신속하고 명확한 보고를 받기를 원한다고 언급했다.

이에 따라 이범석 국무총리는 10월 28일 국회(90차 본회의)에 출석하여 사건의 경위를 보고했다. 이 보고에서 이범석은 여순봉기가 극우와 극좌 세력의 합작품이라고 주장했는데, 극우 세력이란 김구 세력을 지칭하는 것이었으므로 소장파 의원들을 비롯한 많은 의원들은 이 보고를 신빙성 있게 받아들이지 않았다. 국무위원들의 보고만으로 사건을 파악하는 데 한계를 느낀 국회에서는 국회 국방위와 내무위 의원들의 현지 조사를 결정하고 각각 3명씩을 현지에 파견하기로 했다.

다음날 6명은 '이 사태의 원인이 무엇이며, 그 현상은 어떠한가 그리고 어떻게 앞으로 진전될 것인가를 알아보기 위해' 서울역을 출발했다. 이들 현지 조사단은 '제일선에서 특별히 고생하는 장병을 격려하고 또한 경찰관을 위로하는 동시에 그 수고와 충성에 대해서 감사'하고 '무고한 우리 동포가 난관을 당하고 있는 데 대해 위문하고 사망한 영령에 심심한 조의를 표하는 것'도 주요한 임무 중의 하나였다. 현지 조사단은 본부를 광주에 두고, 여수·순천·광양 등지의 도청, 군 사령관, 민간 각 단체를 방문했다.

이 같은 현지 조사 결과는 11월 2일 94차 본회의에서 최윤동 의원(한국민주당)이 보고했다. 그는 현지 조사 결과, 이 봉기가 일시적인 것이 아니라 "조직적이고 규칙적이며 오래 전부터 계획되어 온 것"이라는 입장을 밝혔다. 계획은 "14연대 군인들이 반란 당시 이미 외부의 각 청년단체(민애청)와 연락"이 있었다는 것에서 드러나며, 약 1,000여 명이 참가했다고 밝혔다. 보고는 봉기에 참여한 세력을 ① 남한 정부를 전복시키겠다는 공산계열 분자 ② 경찰과 마찰, 충돌로 인해 경찰의 박해를 입은 분자. ③ 장교와 알력이 있었던 병사 ④ 공산계 분자와 연락을 가졌던 자들이라고 밝혔다. 또한 조사보고는 여수 시가지의 1/5 정도가 소실된 것은 폭도에 의한 것이며, 소실된 건물은 산업시설이 대부분이라고 밝혔다.[158]

국회 현지 조사보고가 정부와 다른 시각을 제시해 준 것은 아니었다. 국회의 보고 내용에는 정부의 발표에서 없는 내용도 들어 있었지만, 대부분은 정부의 발표를 확인하는 수준이었다.

10월 30일 국회에서 '시국수습대책위원회'를 구성한 것은 정부의 여순사건 대응에 불만을 느낀 데서 출발했다. 김옥주 의원은 "군정 3년 동안에 행정부패와 폭압적 경찰관에 대한 원한이 우리 민중의 뇌 속에 침투한 것이 여순사건의 최대의 원인"이라고 주장했는데,[159] 국회의원들은 사건의 근원은 정권으로부터 민심이 이반한 데 있다고 보았다.[160] 하지만 국회에 출석한 정부 각료들의 답변에서는 전혀 이런 자각을 느낄 수 없었던 것이다. 경찰을 책임지고 있는 내무부의 발언에는 친일 경찰에 대한 반성이 조금도 없었고, 국방부에서도 군대 내부에서 반란이 발생했다는 사실을 외면한 채 단지 공산주의자들의 선동과 음모로만 이 사건을 해석했다.

시국수습대책위는 각 상임위원회 출신의 의원들 20명으로 구성되었는데, 친이승만 경향의 의원들은 5명에 불과했고, 나머지는 비이승만 계열이거나 반이승만 입장을 취하고 있는 의원들이었다.[161]

---

158) 『국회속기록』 제1회 제94호, 740~757쪽.

159) 『국회속기록』 제1회 제105호, 946쪽.

160) 조헌영 의원 발언, 『국회 속기록』 제1회 제97호, 797~801쪽.

161) 이지훈, 1998, 「제헌국회 '시국수습대책위원회'의 구성과 활동」, 한양대학교 대

시국수습대책위원회는 11월 5일 국회 본회의에 결의안을 제출했다. 총 8개 항목으로 이루어진 '시국수습대책에 관한 결의안'은 이재민을 위해 위문품을 모금하고 양곡매입은 민원을 사지 않도록 신중히 하라는 건의와 함께 7항으로는 '각 애국정당 사회단체 연합회의를 개최하여 시국수습에 관한 국론을 통일케 할 것'과 8항으로 '정부는 금반 사건에 책임을 지고 거국적 강력 내각을 조직하여 민심을 일신케 할 것'이라는 내용이 포함되어 있었다. 건의안의 내용들 대부분은 평이한 내용들로서 정부가 충분히 받아들일 수 있는 것이었지만, 8항은 군 반란으로 일어난 여순사건의 책임을 정부에 묻고 있었을 뿐 아니라 정부 수립 후 쌓여온 정치적 과실에 대한 책임도 추궁하기 위한 것이었다. 이 같은 소장파의원들의 거취에 한민당도 보조를 맞추게 되었는데, 그들은 이 기회를 이용하여 정부를 밀어부침으로써 당원을 장관으로 입각시키고자 하는 바람이 있었기 때문이었다.

이러한 공세에 맞서 정부는 즉각 제8항을 문제로 삼았다. 이날 이승만 대통령은 중앙청 기자회견에서 정당이나 언론기관들이 '도각(倒閣)' 운운하는 것은 국법 위반이므로 '이 나라에서는 부지 못하게 될 것'이고 '상스러운 언행'이라고 강하게 비난했다.[162] 또한 김구의 한독당과 소장파 의원들을 겨냥하여 현 정부가 통일정부가 아니라는 주장은 '반정부 행위'라고 경고했다.

국회에서 시국수습안이 논의될 때, 조헌영 의원(한민당)은 정부가 약체인가 강력인가 하는 것은 국민이 지지하느냐 하지 않느냐는 점으로 판정된다고 하면서, 현 정부는 민족반역행위자에게 정권을 갖게 하고 친일반역자 처벌을 주장하는 사람들을 공산당 앞잡이, 민족분열을 일으키는 악질도배로 몰아감으로써 국민의 지지를 받지 못하고 있다고 지적했다. 그는 시국수습안의 목적은 민중이 신뢰할 수 있는 정부, 정부와 국회 그리고 전

학원 사학과 석사학위논문, 16~17쪽.

162) 『국제신문』, 1948. 11. 6.

국민이 혼연일치가 될 방법을 강구하기 위한 것이라면서, 결코 정부를 불신임한다든지 탄압한다든지 공격을 한다든지 도각을 한다든지 하는 것이 아니라 민중의 요구를 반영시켜 대통령과 정부 당국자에게 선처를 요망하는 것이 이 제안의 정신이라고 주장했다.[163]

이러한 제안 설명에도 불구하고 이승만 대통령은 의원들의 내각 '개조' 요구를 국회의 정부에 대한 '탄압'으로 이해하면서 개각 요구를 거부했다. 이승만은 유엔에서 대한민국 승인을 기다리고 미군으로부터 정권이양을 받는 이때 소련 주장에 동조하면 안되며, 정부당국이 아무리 무력하고 무능한 사람이 있다고 하더라도 단합된 모습을 보여야 한다고 주장했다.

11월 8일 열린 국회는 출석의원 145인 중에 가 89표, 부 24표로 결의안 가운데 가장 중요한 제8항을 먼저 통과시켰다.[164] 국회 토론에서 이재형 의원(무소속)은 내각개조의 구체적 방향은 정부가 민중으로부터 이탈된 경찰을 조속히 개선하는 성의를 보이는 것이라고 촉구했다.[165]

한민당 출신이었지만 소장파의 핵심 인물이었던 노일환(盧鎰煥) 의원은 대한민국 헌법은 민주주의적으로 만들어졌지만, 대한민국 정부는 대한제국 광무 11년의 법까지 동원하여 언론을 탄압하기 시작하는 등 반민주주의적이며 가장 악독한 파쇼의 길을 밟고 있다고 지적했다. 또한 정부는 민주주의적 방법으로 여순사건을 해결하려고 하기보다는 탄압정책을 노골적으로 펴나가고 있으며, 민중의 독재정치에 반대하는 민주주의적 방향을 경찰독재로써 억누르는 반민주적 방향으로 나가고 있다고 비판하고, 수습

---

163) 『국회속기록』 제1회 제97호, 797~802쪽. 그는 여순사건에 민중이 참여하게 된 이유에 대해서 폭발물에 불을 대는 것은 공산주의자이지만 폭발되도록 하는 요소는 민중의 불만과 불평이며, 하늘에 번개가 치면 피뢰침으로 막는 방법이 있고, 주전자에 구멍을 내면 불을 때더라도 터지지 않는다며 정부가 중대한 실책을 범했다고 주장했다.

164) 이어 국회는 제1, 2, 5, 7항을 원안대로 가결했고 3, 4항은 '호국군은 애국청년단체 중심으로 5만 명을 편성할 것'이라는 하나의 항으로 묶여 가결되었다. 호구조사를 요구한 제6항은 부결되었다(『국회속기록』 제1회 98호, 822~826쪽).

165) 『국회속기록』 제1회 제98호, 815~817쪽.

안은 민주주의 정부를 만들기 위해서 꼭 필요하다고 주장했다. 또 정부가 유엔의 한국정부 승인을 핑계로 국회의 비판을 무시하고 있는 것에 대해서는, 유엔은 전 민중을 탄압하는 비민주주의적 정부와 그 전제 정치 밑에서 잠자고 있는 국회가 있는 대한민국을 승인하지는 않을 것이라며 민주주의적 정부만이 유엔 승인을 받을 수 있다고 역설했다.[166)]

한 신문도 여순사건 처리에 중요한 것은 친일 잔재 처단과 민심 수습이라고 하면서, 국군을 신중하게 편성하는 한편 경찰을 비롯한 각 관공리의 재정리와 또한 그 등용에 있어서의 인사를 현명히 해야만 민중이 위정 당국을 신뢰할 것이라고 지적했다. 일반 민심을 안도시키는 것은 행정기관에서 '악질적인 친일잔재를 완전히 소탕하고 양심적이고 애국적인 인물을 많이 등용함'으로써 가능하다고 지적하여 여순사건 수습의 핵심을 짚고 있었다.[167)]

이승만 대통령은 제8항이 통과된 이날 즉각 '도각'은 이적 행위이며 정부는 반란에 책임이 없다는 담화를 발표한 뒤,[168)] 10일에는 서울 중앙방송국을 통하여 '정부를 옹호하자'는 장문의 담화를 발표했다.[169)] 그는 먼저 우익정치인들이 소련과 같은 목표를 갖고 있다고 비난했다.

> "우리가 가장 신뢰하던 애국단체에서 이상한 행동을 하여 소련의 목적을 이루어 주고 우리를 해하려는 분자들로 하여금 승리를 얻게 하려는 공작을 하기에 이르렀다고 함은 누구나 경악치 않을 수 없는 바입니다. 소위 우익진영이라는 단체에서는 종종 남북통일이라는 미명 하에서 소련의 계획을 절대 지지하며 총선거도 반대하고 민국정부도 인증하지 아니하여 유엔에 글을 보내서 소련계획을 공개적으로 지지하고 있다 합니다. ……(외군철퇴안이) 설령 이 뜻대로 진행되어서 미군이 다 철퇴하고 이북 공산군이 남한으로 내려온다면 국회

166) 『국회속기록』 제1회 제98호, 821~822쪽.
167) 『한성일보』, 1948. 11. 5.
168) 『국제신문』, 1948. 11. 9.
169) 『동아일보』, 1948. 11. 12.

의원들이 민족의 생명과 치안을 보호할 방책은 무엇인가. 민족의 생명은 어찌 되었던지 공산군이 내려오기만 원하는 것인가. 이런 안건을 제출하는 이들은 필경 무슨 내용이 있어서 하는 것이겠지만 뒤를 따르는 의원들은 무슨 의도로 이와 같이 하였는지 우리는 좀 알고 싶어 하는 바입니다."

이와 같이 이승만은 국회가 행정부를 시비하고 공산분자들의 반란에 대해 정부에 책임을 묻는 것은 공산분자를 돕는 것이라고 하면서 '밖에서 공산당이 치고 안에서 국회가 쳐서' 안팎으로 국가운영이 위태롭게 되었다고 비난했다. 그리고 일부 국회의원들이 이후에 대통령 불신임안을 제출하여 이것저것을 마음대로 해보자는 계획이라고 추정하면서, 만약 이런 내용을 다른 국회의원들이 안다면 수습안에 찬성표를 던질 수는 없을 것이라고 주장했다.

이승만의 언급 가운데 우리의 주의를 끄는 것은 국회의 개각 요구를 '도각'으로 이해했다는 점이다. 국회가 정부 각료들을 불러 많은 질문으로 장시간을 허비한다거나 몇몇 사람의 연설에 이용되어 나라를 해롭게 했다는 이승만의 지적에서 나타나듯,[170] 그는 국회의 정당한 비판과 당연한 의무를 '정권 흔들기'로 이해하였고 국회를 국정의 상대로 인정하지 않고 있었다.

이승만 대통령은 여순사건은 공산당이 일으킨 반란으로 이를 정부가 책임지라는 것은 어불성설이고 공산당의 죄를 정부에 씌우는 것이라고 반박했다.

공보처장 또한 정부가 반란사건을 책임지는 것은 부당하다는 담화를 발표했다. 11월 9일 공보처장은 유엔총회에 우리의 문제가 상정되기까지는 여하한 정치행동이든지 용인하지 않겠다고 밝히면서도 국군이 반란을 먼저 일으켰다는 사실을 의식했던지 국회가 국군조직법을 아직 처리하지 않은 만큼 정부가 책임질 수 없다는 엉뚱한 논리를 내세웠다.[171] 하지만 아

170) 『국제신문』, 1948. 11. 9.
171) 『독립신문』, 1948. 11. 11.

직 국군조직법이 만들어지지 않았더라도 '법적으로' 군대의 통수권은 대통령에게 있었다. 그럼에도 가장 상위의 조직 책임자인 대통령은 아무런 책임을 질 수 없다고 강변하고 오히려 법률을 제정하지 않은 국회에 문제가 있는 것처럼 그 화살을 돌렸다.

사실상 국회가 내각 개조를 포함한 시국수습대책안을 통과시킨 것은 내각에 대한 불신임을 의미했지만, 이승만 정부는 시국수습결의안의 핵심 내용을 처음부터 강력하게 거부함으로써 국회 활동의 의미를 축소시켜 버렸던 것이다.

그 뒤 국회는 민심이탈 상황을 파악하기 위해 국회의 선무 및 위로반을 파견하자는 동의안을 채택하여 전남지방을 중심으로 선무반(宣撫班)을 구성했다. 선무반으로 파견된 의원들은 1948년 12월 초부터 1949년 1월 초까지 활동했다. 의원들은 계엄이 민중생활에 저해 요인이 되고 있으며, 군이 권력 남용을 하고 있고 양곡 매입에서 경찰력이 동원되어 강제로 실시되고 있다고 국회에서 보고했다. 또한 여순사건 뒤 각 지방에서 만들어진 지역 시국대책협의회는 무력을 동원해 무고한 양민을 공산도배로 만들고 있으며, 군경은 반란지역에 들어가서 무전취식을 일삼고 방화파괴까지 저지르고 있음이 지적되었다.[172]

이러한 선무반 보고 뒤에 구체적인 대정부 건의안을 제출하자는 동의가 있자, 국회는 시국수습대책위원회 · 선무반 연석회의가 결정한 10개 항의 건의안을 토론한 끝에 2월 5일 11개 항의 '시국수습에 관한 건의안'을 통과시켰다.[173]

그러나 이 건의안은 11월에 통과된 결의안의 내용보다 비판의 강도가 훨씬 더 약해져 있었다. 건의안에는 여순사건의 직접적 원인의 하나가 되었던 경찰문제에 대해 3항에서 "민주경찰을 강화하기 위하여 질적 향상과

---

172) 이지훈, 앞의 글, 32~35쪽.

173) 「시국수습대책 통과」, 『경향신문』, 1949. 2. 6. ; 『국회속기록』 제2회 제23호, 424~439쪽.

경찰의 자체 숙청을 긴급히 한 후, 우수한 무기와 생활보장을 확보할 것"이라는 문구로 처리되어 있었다. 비록 민주경찰과 숙청 문구가 삽입되어 있고 경찰의 전횡이 여순사건에 대한 국회 토론에서 지적되긴 했지만, 국회의원들은 친일파로 이루어진 경찰조직에 대한 개조 요구를 명문화하는 데까지는 나아가지 못했다. 경찰은 이승만 정권을 뒷받침했던 가장 큰 물리력이자 지지기반이었고 반민족·반민주의 온상이었다는 점을 염두에 둔다면, 경찰개조에 대한 국회의 어정쩡한 입장은 이승만 정권이 계속 자신의 의지대로 경찰조직을 활용하는 길을 열어준 것이나 다름없었다.

여순사건이 일어나게 된 배경 가운데 하나에는 경찰에 대한 반감도 작용하고 있었다. 미군정기부터 경찰의 대부분은 친일파로 이루어져 있었고 자신들의 치부를 만회하기 위해 적극적으로 권력의 손발 노릇을 함으로써 민중의 신망을 잃고 있었다.[174] 이러한 점은 당시 군과 경찰의 관계에서도 그대로 나타났다. 여수 14연대는 사건이 일어나기 전 경찰과의 무력 충돌을 경험하면서 형성된 반감으로 14연대 일반 장병을 선동했고 많은 병사들이 이에 동조했다. 당시 군인들이 갖고 있던 반경 감정은 초기에 14연대가 봉기하는 데 큰 역할을 했던 것이다.[175]

그러나 정부는 경찰의 반민중적 행태나 군경간의 마찰을 전혀 인정하지 않았다. 김동성 공보처장은 항간에는 군대와 경찰의 알력이 심하여 가끔 충

---

174) 이에 대해서는 김계유, 1991, 「1948 여순봉기」, 『역사비평』 겨울호, 256~257쪽을 참조.

175) 종군기자들과 함께 현지로 내려가는 도중 국방부 인사국장 강영훈 중령은 기자와의 대화에서 군이 반란을 일으킨 이유는 국군 병사들이 행정관리나 경찰의 부패를 보면서 완전히 목표를 잃어버린 것에 있고, 수입 부족을 비행으로써 보충하는 경관들은 묵묵히 일하고 있는 국군 병사를 경멸하는 경향이 있다고 지적했다. 그는 또 국군 병사들도 반경찰 감정이 있지만 이는 사상적인 것이라거나 불순한 것은 아니라고 했다. 강영훈이 제주사태 진압이 어려운 것은 경찰의 비행 때문이라며 경찰의 부패를 지적하는 말을 하자, 최천은 오히려 국군의 무분별한 모병을 비난하면서 빨갱이가 아니고는 경찰을 공격할 수 없고 '국군의 8할이 의심스럽다'고 흥분했다(설국환, 1948, 「반란지구 답사기」, 『신천지』 11월호, 148~149쪽).

돌이 있는 듯이 말하고 있으나 이는 군경을 중상하는 낭설이며 사실과는 먼 이야기라고 주장했다.[176] 권력과 무력을 갖고 있는 경찰이 욕을 먹는 것은 당연하다고 인식했던 공보처장은 사건의 와중에서 경찰의 희생이 많았기 때문에 경찰에 많은 성원과 원조를 보내야 한다고 주장했지만, 여순사건에서 왜 수많은 경찰이 죽어야 했는지에 대한 이유는 밝히지 않았다.

현지의 순천 경찰서장은 "경찰은 언제나 민중과 적대관계에 있는 것이다. 예수나 공자님이 경관이 되더라도 별수 없는 것이다"라고까지 말하면서 한국 경찰이 처한 어려운 처지를 실토했지만[177] 정부는 친일적 경찰이라는 오명을 벗기고 민주적으로 경찰을 개조하기보다는 오히려 경찰 병력의 증강에만 골몰하고 있었다.

1948년 11월 현재 경찰관 총수는 약 3만 5,000명이었다. 여순사건 뒤 내무부 치안국에서는 경찰관을 크게 모집하기로 했는데, 중앙에서만 약 1만 5,000명을 모집하고 각 관구청에서도 상당수의 경찰관을 새로 채용할 것이라고 발표했다.[178] 미군정기부터 남한은 '경찰국가'라는 지적을 받아왔지만, 이승만 정권은 집권 기간 내내 경찰을 자신의 물리적 배경을 삼아 자신들의 의지를 관철시켰다. 이듬해인 1949년 민중의 성원을 받고 있던 국회 반민특위를 무력으로 해산시킨 것도 경찰을 앞세워 이루어진 것이었는데, 이승만 정권과 경찰과의 밀착은 4월혁명으로 정권이 몰락하기 직전까지 이어졌다.

국회의 건의안이 전반적으로 군, 경찰 병력의 강화를 염두에 두었다는 점은 4항 '헌병대를 강화'할 것이나 국무총리가 겸직하고 있던 국방장관직을 '전임 국방부장관'을 둘 것(5항)이라고 요구한 데서도 잘 나타난다. 건의안에서 그나마 진일보한 점이 있다면 "양곡매상을 중지하고 대도시를 제외한 소도시 및 농촌의 민보단을 해산할 것"이라는 항목을 첨가한 것인

176) 『대동신문』, 1948. 11. 14.
177) 『민주일보』, 1948. 11. 12.
178) 『국제신문』, 1948. 11. 12.

데, 이는 이전의 결의안의 양곡수집 항목을 강화한 것이었다.

결국 국회는 여순사건 논의에서 경찰이나 강압적인 양곡문제 등을 통해 이러저러한 정부 비판을 활발하게 이루기는 했지만, 이승만 정부의 의식적 무시와 강경한 대응 그리고 국회의 철저하지 못한 입장 등으로 인해 가시적이고 효과적인 결과를 얻어내지 못한 채 흐지부지 되고 말았다.[179)]

국가보안법의 제정

여순사건을 계기로 만들어진 국가보안법은 한국 현대사에 가장 큰 영향을 끼친 법안 중의 하나이지만, 한 달 만에 국회에서 급박하게 제정되었다.

국가보안법이 제정되기 이전 국회에서는 이와 비슷한 종류의 법을 제정하려는 움직임이 있었다. 여순사건이 일어나기 전인 9월 3일에 김인식 의원(대동청년단)을 포함한 총 33명의 의원은 '내란행위특별조치법'을 긴급 제정할 것을 요구하는 동의안을 올렸다.[180)] 9월 29일 국회 본회의에서는 이 동의안을 보고하였고, 법제사법위원회(법사위)에 구체적인 법률 작성을 맡기기로 했다.[181)] 이에 따라 법사위는 법제처장, 법무부장관, 대법원장, 검찰청장 등이 참석한 간담회를 10여 차례 개최하여 자문을 듣는 한편 법안을 기초하게 되었다.[182)] 하지만 법사위의 법안 작성 작업은 한 달이 지난 10월말까지도 별 진전이 없었다.

---

179) 시국수습대책위원회는 이 건의안을 낸 다음 활동을 하지 않았다. 그러므로 1949년 2월 5일 건의안을 마지막으로 위원회는 그 활동을 사실상 끝냈다.

180) 국회사무처, 1948, 『제헌국회 속기록』 제1회 105차, 945쪽.
박원순, 1992, 『국가보안법 연구 1』, 역사비평사, 80쪽에는 동의안이 제출된 날짜를 9월 20일이라고 하고 있다. 이는 제99차 국회 본회의(1948. 11. 9)에서 백관수 법제사법위원장이 김인식 의원 등이 9월 20일에 동의안을 제출했다고 밝힌 구절에 근거하고 있는 듯이 보인다. 그런데 이날은 국회 본회의가 열리지 않았다.

181) 『제헌국회 속기록』 제1회 77차(1948. 9. 29), 347쪽.

182) 『제헌국회 속기록』 제1회 99차(1948. 11. 9), 828쪽 ; 107차(1948. 11. 18), 986쪽.

'내란행위특별조치법'은 여순사건이 발발하자 급물살을 타게 되었다. 정광호 의원(한민당)은 강원도에서도 반란의 기미가 있다며, 지금은 '긴급대책'이나 '긴급조치법'이 나와야 할 때이니 법사위가 빠른 시일 안에 조문을 제정할 것을 촉구했다.[183)]

법사위가 국가보안법 초안을 만들고 있는 동안, 『자유신문』 11월 3일자에는 모두 9조로 이루어진 국가보안법 초안이 공개되었다.[184)] 이 초안의 제1조에는 폭동을 일으킨 수괴와 간부는 사형에 처한다고 했고, 제7, 8, 9조는 영장 없이도 검찰과 경찰이 혐의자를 최대 60일 이내에서 구속수사를 할 수 있도록 규정했다(〈표 7-4〉를 참조).

하지만 11월 9일 국회 99차 본회의에 상정된 법사위의 국가보안법 초안은 1조와 7, 8, 9조가 삭제된 채 전문 5개조로만 이루어져 있었다. 본격적인 심사에 들어가기 전, 백관수 법사위장은 경과보고를 통해 일간지에 보도된 전문 9개조의 국가보안법 제1초안에는 내란행위를 처벌하는 내용(제1조)이 포함되어 있었지만, 이는 기존의 형법으로도 처벌이 가능하다는 지적이 제기되어 삭제했다고 보고하면서, 제2초안이 신문에 누설된 제1초안보다는 더욱 적당하다는 입장을 밝혔다.[185)]

제1초안과 국회에 제출된 제2초안의 결정적인 차이점은 제1초안이 실행범과 목적범을 모두 처벌 대상으로 삼은 것임에 비해, 제2초안은 오직 목적범만을 처벌하도록 한 데 있었다.[186)] 실제의 변란 행위는 기존 형법의 '내란죄'로도 충분히 처벌이 가능했으므로 별도로 법을 만들지 않고도 처

183) 『제헌국회 속기록』 제1회 89차(1948. 10. 27), 658쪽. 정광호 의원의 안은 재석 105의원에 가 81, 부 9표로 가결되었다.

184) 『자유신문』, 1948. 11. 3.

185) 『제헌국회 속기록』 제1회 99차(1948. 11. 9), 829쪽.

186) 『제헌국회 속기록』 제1회 107차(1948. 11. 18), 986쪽 ; 오제도, 1949, 『국가보안법 실무제요』, 서울지방검찰청, 33쪽.

내란죄(형법77조), 소요죄(형법 106조)는 '범죄 행위'에 대한 처벌을 목표로 한다. 내란죄에 나와 있는 예비음모도 폭동의 수단으로 수행할 때만이 처벌의 대상에 해당되는 것이다.

벌이 가능했다. 따라서 제1초안은 백관수가 설명한 것처럼, 실제로 변란 '행위'에 대한 처벌이 아니라 변란을 '기도하는 목적'을 가진 결사나 집단의 구성원을 처벌하는 데 목표를 두고 있었다. 반공검사 오제도는 국가보안법은 좌익 세력의 구체적인 폭동이나 범행에 대한 것이 아니고 좌익 세력의 존재를 완전하게 제거·소탕하는 데 입법 목적이 있는 것이라고 말하였다.[187] 국가가 어떤 집단이나 개인의 마음속에 있는 목적을 사전에 판단하여 특정한 조치를 취할 수 있도록 한 국가보안법은 '예비검속'의 성격을 강하게 띠고 있었다.

국회에 출석한 법무부장관과 검찰총장은 국가보안법에 여러 가지 법률적 문제점이 있음을 지적했다. 특히 권승렬 검찰총장은 각 조의 내용마다 문제점이 있음을 지적했다. 그는 '국가를 변란할 목적'이라는 구절이 대단히 모호하다며, 이 구절은 행동이 나타나지 않으면 제재하지 않는다는 법률의 일반적인 원칙에도 어긋난다는 입장을 밝혔다.[188]

정부 관리들이 국가보안법의 조문에 이의를 제기하자 입법에 반대하는 조헌영 의원 등 44명의 의원들은 법 자체의 폐기를 주장했으나 부결되었다. 결국 법사위는 11월 11일까지 새로운 법안을 기초하기로 했다.

법사위가 기초한 국가보안법은 11월 16일에 국회 본회의에 상정되었으나, 곧바로 김옥주 의원 외 47인이 올린 '국가보안법 폐기에 관한 동의안'이라는 장벽에 다시 부딪혔다. 김옥주 의원은 민족적 양심을 이탈한 행정부의 부패를 바로 잡는 것만이 반란을 방지하는 길이라고 주장했고, 노일환 의원도 국가보안법은 '신생 대한민국의 천추의 누명'을 남기는 법이라며 반대했지만 국가보안법 폐기 동의안은 부결되었다.[189]

---

187) 오제도, 앞의 책, 29~32쪽.

188) 『제헌국회 속기록』 제1회 99차(1948. 11. 9), 843~844쪽.

189) 『제헌국회 속기록』 제1회 105차(1948. 11. 16), 959의 2쪽. 폐기동의안은 가 37표, 부 69표로 부결되었다.

〈표 7-4〉 국가보안법 제1 · 2초안과 제정안의 내용 비교

국가보안법 제1초안 (1948. 11. 3)	국가보안법 제2초안 (1948. 11. 9)	제정된 국가보안법 (1948. 12. 1)	비고
제1조 국토를 참절하거나 정부를 전복하거나 기타 국헌을 문란할 목적으로 **폭동을 한 자**는 민족반란죄로 하고 좌에 의하여 처단한다. 1. 首魁와 간부는 사형에 처한다. 2. 모의에 참여하거나 군중을 선동하거나 지휘한 자는 사형, 무기, 10년 이상의 징역 또는 금고에 처한다. 3. 부화뇌동하거나 단순히 폭동에 간여한 자는 3년 이하의 징역에 처한다. 전항의 죄의 예비 또는 음모를 한 자는 10년 이하의 징역 또는 금고에 처한다.	삭제		형량 변경 (사형 삭제)
제2조 국권을 파괴하거나 위정권에 부수할 **목적으로** 결사 또는 집단을 **구성한 자**는 좌에 의하여 처단한다. 1. 수괴와 간부는 사형, 무기 또는 3년 이상의 징역 또는 금고에 처한다. 2. 지도적 임무에 종사한 자는 1년 이상의 유기징역 또는 금고에 처한다. 3. 그 정을 알고 결사 또는 집단에 가입한 자는 10년 이하의 징역에 처한다.	제1조 국헌에 위배하여 정부를 참칭(僭稱)하거나 그에 부수하여 국가를 변란할 **목적으로** 결사 또는 집단을 **구성한 자**는 左에 의하여 처벌한다. 1. 수괴와 간부는 무기, 3년 이상의 징역 또는 금고에 처한다. 2. 지도적 임무에 종사한 자는 1년 이상 10년 이하의 징역 또는 금고에 처한다. 3. 그 정을 알고 결사 또는 집단에 가입한 자는 3년 이하의 징역에 처한다.	제1조 국헌에 위배하여 정부를 참칭(僭稱)하거나 그에 부수하여 국가를 변란할 **목적으로** 결사 또는 집단을 **구성한 자**는 左에 의하여 처벌한다. 1. 수괴와 간부는 무기, 3년 이상의 징역 또는 금고에 처한다. 2. 지도적 임무에 종사한 자는 1년 이상 10년 이하의 징역 또는 금고에 처한다. 3. 그 정을 알고 결사 또는 집단에 가입한 자는 3년 이하의 징역에 처한다.	제2초안과 최종안 동일
	제2조 살인, 방화, 파괴 등의 범죄행위를 목적으로 하는 결사나 집단을 조직한 자와 그 간부의 직에 있는 자는 10년 이하의 징역에 처하고 그에 가입한 자는 3년 이하의 징역에 처한다.	제2조 살인, 방화 또는 운수, 통신기관, 건조물 기타 중요시설의 파괴 등의 범죄행위를 목적으로 하는 결사나 집단을 조직한 자와 그 간부의 직에 있는 자는 10년 이하의 징역에 처하고	

	범죄행위를 목적으로 하는 결사나 집단이 아니더라도 그 간부의 지령 또는 승인 하에 단체적 행동으로 살인, 방화, 파괴 등의 범죄행위를 감행할 때에는 그 결사나 집단의 해산을 명한다.	그에 가입한 자는 3년 이하의 징역에 처한다. 범죄행위를 목적으로 하는 결사나 집단이 아니더라도 그 간부의 지령 또는 승인 하에 단체적 행동으로 살인, 방화, 파괴 등의 범죄행위를 감행할 때에는 그 결사나 집단의 해산을 명한다.	
제3조 전조의 목적으로나 전조의 결사 또는 집단의 지령으로 목적한 사항의 실행을 협의 선동 또는 선전을 한 자는 1년 이상 10년 이하의 징역에 처한다.	제3조 前2조의 목적 또는 그 결사, 집단의 지령으로서 그 목적한 사항의 실행을 협의, 선동 또는 선전을 한 자는 10년 이하의 징역에 처한다.	제3조 前2조의 목적 또는 그 결사, 집단의 지령으로서 그 목적한 사항의 실행을 협의, 선동 또는 선전을 한 자는 10년 이하의 징역에 처한다.	제2초안과 최종안 동일
제4조 전 3조의 죄를 범하게 할 목적으로나 그 정을 알고서 병기 금품을 공급 또는 약속하거나 기타의 방법으로 방조한 자는 10년 이하의 징역에 처한다.	제4조 본법의 죄를 범하게 하거나 그 정을 알고 병기, 금품을 공급, 약속 기타의 방법으로 봉조한 자는 7년 이하의 징역에 처한다.	제4조 본법의 죄를 범하게 하거나 그 정을 알고 총포, 탄약, 도검 또는 금품을 공급, 약속 기타의 방법으로 자진 봉조한 자는 7년 이하의 징역에 처한다.	
제5조 제1조와 제2조의 미수죄는 처벌한다.			
제6조 본법의 죄를 범한 자가 자수를 한 때에는 그 형을 경감 또는 면제할 수 있다.	제5조 본법의 죄를 범한 자가 자수를 한 때에는 그 형을 경감 또는 면제할 수 있다.	제5조 본법의 죄를 범한 자가 자수를 한 때에는 그 형을 경감 또는 면제할 수 있다.	동일
제7조 검찰관 또는 사법경찰관리는 본법의 규정에 해당한 피의자가 범죄의 현행범인의 도피 또는 증거 인멸의 염려가 있을 경우에는 영장이 없이 신체의 또는 압수 구속수사를 할 수 있다. 전항의 구속영장이 없이 신체의 구속수사 또는 압수를 할 때에는 서울시와 재판소가 있는 府·郡·道에 있어서는 그 구속할 때부터 5일 이내 기타 지역에 있어서는 20일 이내에 재판소로부터 구속영장의 송부를 얻어야 한다.		제6조 타인을 모함할 목적으로 본법에 규정된 범죄에 관하여 허위의 고발, 위증 또는 직권을 남용하여 범죄사실을 날조한 자는 당해 내용에 해당한 범죄 규정으로 처벌한다.	

제8조 사법경찰관이 피의자를 구속한 경우에는 실제 구속한 날로부터 30일 이내에 취조를 완료하여 검찰관에게 송치하지 않은 한 석방하여야 한다. 단 재판소의 허가를 얻어 30일 이내로 일회에 한하여 구속기간을 연장할 수 있다.			
제9조 검찰관은 피의자를 실제로 구속 또는 사법경찰관으로부터 송치를 받은 날로부터 30일 이내에 기소하지 않은 한 석방하여야 한다. 단 재판소의 허가를 얻어 30일 이내로 1회에 한하여 구속기간을 연장할 수 있다.			

〈출전〉『자유신문』, 1948. 11. 3. ;『제헌국회 속기록』 제1회 제99호(1948. 11. 9) ;『관보』 제18호(1948. 12. 1)

각 조문 축조 심의를 위한 국가보안법 제2회 독회는 11월 19일에 이루어졌다. 신성균 의원과 22명의 의원들은 제1조를 삭제할 것을 주장했으나 부결되었고, 제1조가 통과되자 나머지 조항은 별 다른 논의 없이 쉽게 통과되었다. 다음 날인 11월 20일 109차 회의에서는 자구가 수정된 국가보안법이 접수되었다. 그 결과 11월 9일 상정된 국가보안법과 제정된 법 사이에는 자구의 변화만이 있을 뿐 큰 변화가 없었다.

국가보안법은 한국 사회를 반공이데올로기로 구성하는 데 매우 중요한 역할을 한 법이지만 막상 국회에서 통과될 때는 각 조문에 대한 면밀한 검토가 이루어지지 않았다.

국가보안법은 약 한달 이라는 짧은 기간 내에 통과되었다.[190] 국가보안법이 이렇게 빠른 시간 내에 탄생할 수 있었던 이유는 여순사건이 가져온 남한 정치의 위기가 단지 이승만 정권의 위기로 한정되는 것이 아니라 입

190) 국가보안법은 1948년 12월 1일 법률 제10호로 공포 시행되었다.

법부를 포함한 전반적인 체제의 위기로 다가왔기 때문이다. 정부 못지않게 국회 또한 위기감을 느꼈고,[191] 여순사건을 제대로 수습하지 못할 경우 이와 유사한 반란행위가 다른 곳에서도 일어날 수 있다고 생각했다. 특히 국회 내 우익 세력은 반란의 재발은 국회도 생존하기 어려운 체제의 위기로 이어질 수 있다고 판단했다.

'내란행위특별조치법'을 입법할 것을 제안했던 김인식 의원은 만약 국가보안법이 있었다면 여순사건은 일어나지 않았을 것이며, 좌익 세력을 취체하거나 북으로 보내야 한다고 주장했다. 박순석 의원은 '이 법이 잘되고 못되느냐에 따라 남한이 사느냐 죽느냐'의 기로에 선다며 만약 이 법안을 통과시키지 못하면 인민공화국으로 변하고 말 것이라고 주장했다.[192] 한민당의 주요한 반공 이데올로그인 김준연 의원은 '지금은 총칼이 눈앞에 닥쳐오는 때'이므로 엄중한 법규를 만들어야 한다고 말했다.[193] 이와 같이 국가보안법은 이 법을 제정하지 않으면 대한민국 정부가 살길을 찾을 수 없는 '체제의 구원법'으로서 등장했다.

소장파가 주축이 된 진보적 국회의원들은 국가보안법이 선량한 남녀노소를 비롯한 전 국민을 공산당 좌익으로 규정하는 법이며,[194] 또한 이 법을 통과시키는 것은 정부가 일반 민중을 믿지 못하고 역량이 부족하다는 것을 단적으로 드러내는 것이라고 비판했다.[195] 소장파 의원들은 대한민국 임시정부조차 국가보안법이 규정하는 이적단체에 포함될 수 있는 가능성이 있고, 이승만 대통령이 국회의 개각 요구를 도각(倒閣)으로 규정하여 국회를 가장 큰 이적단체로 만들어버렸던 것과 같이 국가보안법은 전 국민을 좌익 공산주의자로 간주할 수 있다고 주장했다.[196] 조국현 의원은

---

191) 박원순, 1995, 『국가보안법 연구 1』, 역사비평사, 80쪽.
192) 『제헌국회 속기록』 제1회 99차(1948. 11. 9), 829쪽.
193) 『제헌국회 속기록』 제1회 105차(1948. 11. 16), 953쪽.
194) 『제헌국회 속기록』 제1회 105차(1948. 11. 16), 946쪽.
195) 『제헌국회 속기록』 제1회 105차(1948. 11. 16), 959쪽.
196) 조국현 의원 발언, 『제헌국회 속기록』 제1회 105차(1948. 11. 16).

이승만 정부가 '반정부=반국가'라는 등식을 갖고 있다고 비판했다.

여순사건에서 나타난 바와 같이, 이승만 정권은 민중의 폭넓은 지지를 받지 못했다. 이승만 정권은 여·순에서 전 시민을 대상으로 한 무차별 작전을 구사하였다. 시민을 대상으로 한 광범한 혐의자 색출작업이야말로 이승만 정부를 위기에서 구원해주고 반란의 근원을 뿌리 뽑을 수 있는 방법이었다. 국가보안법은 여순사건 당시 이루어진 피(彼)·아(我) 구별이라는 군사 작전의 발상을 평상시에 적용한 법이었다.

한민당 등의 우익 국회의원들은 이 법이 전 국민을 대상으로 하고 있다는 소장파 의원들의 주장에는 거의 대응하지 않았다. 우익 국회의원들은 국가보안법이 공산주의자만을 대상으로 한 것이라는 점을 계속 주장했다. 이들은 공산주의자들을 처벌할 수 있는 더욱 강력한 법안이 필요하다고 주장했다. 김웅진 의원(무소속)은 공산주의가 나쁘다는 것을 가르쳐 주기 위해서는 이 법을 더욱더 가혹하게 만들어야 한다고 주장했고 심지어 김영동 의원(무소속)은 국가를 문란하게 하는 공산분자, 역적을 처벌하자는데 무슨 이의가 있느냐고 반문했다.[197]

하지만 곽상훈 의원(무소속)은 국보법 폐기를 주장하는 사람은 공산도배들이라고 발언함으로써 국가보안법이 일반 민중뿐만 아니라 국회의원도 겨냥하고 있다는 것을 분명히 했다. 곽상훈의 발언은 그 자체가 목적범을 처벌할 수 있도록 규정한 국가보안법이 실제로 어떻게 활용될 수 있는가를 보여주는 좋은 선례였다. 즉 곽상훈은 공산주의자이기 때문에 처벌을 받아야 한다는 논리를 내세운 것이 아니라, 국가보안법을 반대하기 때문에 공산도배라는 논리를 펴고 있었다.

좌익 혐의자들에 대한 취체는 결국 경찰의 권한을 강화하는 것이었다. 군인들의 봉기에서 시작되었던 여순사건이 대중들의 참여로 더욱 확대된

---

197) 『제헌국회 속기록』 제1회 99차(1948. 11. 9), 839쪽 ; 같은 책, 제1회 105차(1948. 11. 16), 955쪽. 이런 맥락에서 조영규 의원은 반란의 수괴에게 무기 징역형은 약하다며 사형시킬 것을 주장했다.

원인에는 경찰에 대한 반감이 컸기 때문이었다. 더욱이 한 국회의원이 발언한 것처럼, 경찰은 계엄하에서 '수 천 명'을 조사도 하지 않고 총살하는 비합법적인 만행까지 저질렀다.[198] 여러 국회의원들은 경찰을 비판했다. 김옥주 의원(무소속)은 경찰이 친일파로 이루어져 민중의 원한을 샀기 때문에 제2의 여순사건이 재발하지 않게 하려면 정부가 친일파를 숙청하여 민족정기를 세워야 한다고 주장했다. 정준 의원(무소속)도 친일파 경찰에게 이 법을 집행하게 할 수 없다며, 먼저 친일파가 척결되어야 이 법을 통과시킬 수 있다고 주장했다.

하지만 국가보안법 통과에 찬성한 의원들은 좌익 색출을 위해서는 경찰 권한의 강화가 필요하다고 적극 주장했다. 박순석 의원(무소속)은 좌익은 한두 살 애까지 죽이고 있는데, 좌익에 대해서는 무기징역이나 금고형을 내리는 것에 불과하며 혐의가 분명한데도 경찰은 증거불충분으로 석방하는 경우가 많다고 주장했다. 곽상훈 의원도 영장 없이 좌익을 체포할 수 있게 만들어 경찰과 군에 힘을 실어주어야 한다고 주장했다.[199] 이러한 주장은 경찰 책임자인 윤치영 내무부장관이 국회에서 밝힌 입장과 동일한 것이었다.

국가보안법은 정부 관련 부처의 자문과 도움을 얻기는 했지만, 국회 법사위의 주도로 이루어진 의원 입법이었다. 서용길 의원(무소속)은 국가보안법 토론 과정 중에 정부가 만들 법안을 왜 국회가 만들어야 하는지를 반문했는데,[200] 국가보안법은 국회 내 우익 세력의 생산물이었다. 강기문 의원(무소속)은 정부 각료가 법사위의 국가보안법 초안을 비판한 점을 지적하면서 이 법을 만들지 못하면 국회가 무력하다는 것을 의미하기 때문에 제정해야 한다는 억지 논리를 펴기도 했다.[201]

---

198) 『제헌국회 속기록』 제1회 105차(1948. 11. 16), 956쪽.
199) 『제헌국회 속기록』 제1회 99차(1948. 11. 9), 832쪽. 105차 국회 본회의에서의 이호석 의원 발언도 참고.
200) 『제헌국회 속기록』 제1회 105차(1948. 11. 16), 953쪽.

국가보안법을 논의하는 과정에서 국회는 이승만·한민당의 극우세력과 진보적인 소장파로 확연히 구별되었다. 물론 이들 세력 간의 구별과 갈등이 국가보안법 토의에서 처음으로 등장했던 것은 아니었다. 소장파는 제헌국회 제1회 기간 중 헌법안, 반민족행위처벌법안, 국가보안법안, 지방자치법안, 미군주둔에 관한 결의안, 한미재정협정에 관한 동의안 등이 토의되고 표결에 붙여질 때마다 민족적이고 진보적인 입장을 적극 개진했다. 이런 맥락에서 소장파들은 정부와 국회의 국가보안법 제정 움직임에도 반대했다.

분단 정권으로 출발한 제1공화국에서 국회의원으로 활동했던 '소장파'는 매우 특이한 존재였는데, 국가보안법을 반대하는 소장파 세력은 다음 네 시점에서 등장했다. 첫 번째는 11월 9일 99차 본회의에서 법사위가 국가보안법 초안을 처음으로 상정했을 때이다. 이때 조헌영 의원 등 모두 44명 의원은 이 법안을 폐기시키고자 했다.[202]

두 번째는 법사위가 11월 16일 국가보안법 초안을 올린 날이다. 이때 김옥주 외 47명(총 48명)의 의원들은 국가보안법 폐기동의안을 동시에 상정했다. 이날 폐기안이 표결에 부쳐지자 총 37명의 의원이 이에 찬성했다.[203] 폐기동의안을 올린 의원들 중에서도 10명이 동의안에 찬성하지 않았던 것이다.

세 번째는 11월 18일(107차 본회의) 국가보안법 제1독회 때이다. 이때 서용길 의원 등 34명의 의원들은 이 법안을 폐기하는 데 찬성했다.[204]

네 번째는 11월 19일 국가보안법 제2독회가 열렸던 108차 본회의이다. 이때 신성균, 노일환 의원을 포함한 20명의 의원은 국가보안법 제1조 삭제 동의안을 제출했고, 표결이 이루어지자 삭제동의안에 20명 모두가 찬성했다.[205]

---

201) 『제헌국회 속기록』 제1회 105차(1948. 11. 16), 949~950쪽.

202) 『제헌국회 속기록』 제1회 99차(1948. 11. 9), 847쪽.

203) 『제헌국회 속기록』 제1회 105차(1948. 11. 16), 945 · 959의 2쪽.

204) 『제헌국회 속기록』 제1회 107차(1948. 11. 18), 986~987쪽.

네 차례의 표결에서 국가보안법을 반대한 의원 수는 최대 48명에서 최소 20여 명이었다. 국가보안법에 반대하는 투표수가 처음 국가보안법 폐기 때보다 점점 줄어든 이유는 아직 소장파 세력이 하나의 정치세력으로 확실하게 자리 잡지 못했기 때문이다. 1949년 상반기에 가서야 소장파가 가장 활발한 활동을 펼치게 된다.

국가보안법 범죄 처벌의 효율성을 점차 극대화해나간 결과, 국가보안법은 한국 사회에서 역사상 최단기간에 최대의 인원을 범법자로 적발하고 처벌하는 법이 되었다. 국가보안법이 공포된 직후인 12월 3일부터 6일까지 춘천경찰서에서는 30여 명이 검거되기 시작했고, 12월 9일까지 철도경찰청에서는 270명을 구속하여 175명에게 구속영장을 발부했으며, 철도경찰청장 박승관은 '앞으로도 속속 검거'할 것이라고 발표했다. 광주지방검찰청에서는 2월말까지 120건, 402명이, 3월 11일까지는 33건 97명이 국가보안법 관련으로 구속되었다.[206] 국가보안법은 좌익계나 일반 국민을 대상으로 했을 뿐 아니라, 국회, 법조계 전반으로까지 확대되었다.[207] 1949년 5월 18일부터 8월 22일 까지 구속영장이 발부된 국회의원은 19명, 법조계가 11명, 언론계가 31명에 이르렀다.[208] 전라남도 경찰국에서는 2월부터

205) 『제헌국회 속기록』 제1회 108차(1948. 11. 19), 993 · 999쪽.

206) 『강원일보』, 1948. 12. 8. ; 『서울신문』, 1948. 12. 15. ; 『호남신문』, 1949. 3. 13.

207) 당시 구속된 변호사들은 조평재, 백석광, 오관, 오규석, 김승필, 이경용, 백석황, 윤학기, 강중인 등이었다. 『동아일보』, 1949. 7. 27.

208) 당시 구속영장이 발부된 명단은 다음과 같다. 『조선중앙일보』, 1949. 8. 24.

〈국회의원(19명)〉: 제1차 이문원, 최태규, 이구수, 제2차 김약수, 황윤호, 김병회, 박윤원, 강욱중, 김옥주, 노일환(이상 1 · 2차 전부 기소), 제3차 김봉두, 신성균, 서용길, 차경모, 배중혁(이상 예비문초), 김명동(송청), 김영기, 김익로, 원장길(이상 미체포)(이상 국회의원은 전부 同成會 의원).

〈법조계(11명)〉: 서울지방검찰청 차석검사 김영재(송청), 변호사 윤학기, 백석황, 오규석, 조평재, 강중인, 이경용, 오관, 김승필(이상 8명 체포), 장진호, 조노현(이상 2명 미체포).

〈언론계(31명)〉: 김성호, 이민철, 강경구, 권중남, 소진헌, 김덕종, 민병호, 석복길, 이항, 이문용, 최광연, 장현운, 이주영, 조경호, 이시우, 심일석, 오인규, 김신규, 박종옥, 이환, 이영진, 고병순, 최남훈, 이장영, 최치규, 박기화(이상

4월 말까지 국가보안법 위반으로 467건, 877명을 검거했다고 발표했다.[209)]

국가보안법은 국민을 범법자로 양산한 최대의 법이었다. 1949년 한 해 동안 전국적으로 국가보안법으로 인해 검거된 사람은 4만 6,373건에 총 11만 8,621명이었다. 전국의 교도소를 가득 채운 것은 일반 형사범이 아니라 국가보안법 위반 사범들이었다. 당시 한 국회의원은 남한 교도소의 최고 수용인원이 약 5,000명이라고 밝혔지만, 1949년 9월 현재 전국교도소에 수감된 인원은 2만 2,000명에 달했다.[210)] 그리고 이 중 대부분이 국가보안법 위반 사범들이었다.[211)] 국가보안법 위반 사범은 전체 수형자의 70%에 달하여 교도소는 수용 적정선을 넘어 포화상태에 이르렀다.[212)]

좌익 세력을 소탕하기 위한 국가보안법은 '변란 행위'가 아니라 '목적'을 가지고 있다는 것 하나만으로 처벌할 수 있다는 점을 조문화하였다. 오제도는 국가보안법 제1조가 정부 참칭, 국가변란에 대한 '목적죄'라고 하면서 "대한민국을 변란한다는 목적을 부지(不知)하였더라도 탈퇴하지 않는 한 목적죄에 해당한다고 해설했다.[213)] 이것이 다른 일반 형법과는 다른 국가보안법만의 특징이며, 다른 형법으로 대체되지 못하는 가장 큰 이유라고 할 수 있다.

국가보안법은 여순사건이 가져온 충격과 진압작전의 경험을 밑바탕으로 만들어졌다. 대중적 봉기로서의 여순사건은 정부와 국회에 체제 위협

전부 송청, 5명 미체포).

209) 『동광신문』, 1949. 5. 25.

210) 『한성일보』, 1949. 9. 21. 1949년 9월 목포형무소에서 발생한 대규모 탈옥사건은 공장을 감방으로 개조하면서까지 무리하게 죄수들을 수용한 점에도 주요한 원인이 있었다.

211) 유진홍 의원 발언, 『제헌국회 속기록』 제1회 99차(1948. 11. 9), 837쪽.

212) 박명림, 2002, 『한국 1950, 전쟁과 평화』, 나남출판, 319쪽. 한국전쟁이 발발하기 전인 1950년 상반기에는 4개월 동안 총 3만 2,018명이 체포되어 총 15만 명 정도가 체포되었고, 검찰에 송치된 수가 11만 2,246명, 재판에 회부된 사람이 3만 8,213명이었다.

213) 오제도, 앞의 책, 45~46쪽.

의 위기감을 가져다주었고, 이러한 위기감이야말로 국가보안법을 탄생시킨 배경이었다.

국가보안법의 구체적 내용과 입법의 취지, 즉 범죄의 실행이 아니라 어떤 목적을 가졌다는 이유나 혐의만으로도 처벌할 수 있다는 발상과 실천은 여순 진압작전의 경험으로부터 주어졌다. 국가보안법은 사법 당국이 적으로 간주되는 좌익 세력을 평상시에도 언제든지 체포, 구금할 수 있는 길을 열어 놓았는데, 이는 여순 진압과정에서 선보인 '손가락 총'과 '조사 없는 즉결처벌'이라는 전장의 논리를 일상으로 계속 이어나간 것을 의미했다. 국가보안법은 '국가를 변란할 목적'을 갖는 사람들을 광범위하게 처벌할 수 있도록 했다는 점에서, 계엄의 기본 정신을 이어받은 '평상시의 계엄법'이라고 할 만한 것이었다.

여순 진압작전이라는 준전시 상황에서 가까스로 벗어난 이승만 정부는 '제2의 여순사건'을 방지하고 체제의 생존을 위해 군과 경찰이라는 폭력적 국가 기구를 정비하는 한편 검경의 역할을 크게 증대시켰다. 계엄이 진압군의 폭력을 합리화 해주었다면, 국가보안법은 검찰과 경찰의 폭력을 '합법화'했다.

진압작전에서 국가의 물리력을 대표한 군대는 분명한 피아(彼我)의 구별 논리로 여수와 순천 시민을 가르고 처벌했다. 그리고 계엄은 군대가 시민의 생명을 좌지우지하는 사법과 행정적 기능을 맘껏 사용할 수 있는 법적 장치였다. 법적인 근거도 없는 계엄 발포는 국가폭력의 다른 이름이었다.

국가보안법 또한 그것이 법적인 형태를 띠었다고 해서 국가폭력의 수단이라는 범주를 벗어나는 것은 아니다. 국가보안법 자체가 국가의 폭력이었다. 권승렬 검찰총장은 국회에서 나라가 약하므로 강한 법을 만들어야 한다고 말했는데, 이는 강력하고 광범위한 법 적용을 통해 국민을 통치하려는 국가보안법의 입법 발상을 드러낸 것이었다.[214] 국가보안법은 진압작전의 전쟁 논리, 폭력의 논리가 법의 형태를 통해 일상생활에서 계속 관철된다는 점을 보여주었다.

배타적으로 폭력을 사용할 수 있는 국가가 자신의 폭력을 다른 사회 구성원들로부터 인정받기 위해선 법이라는 외양을 띠어야만 한다. 이 점에서 계엄을 대신할 국가보안법이라는 법적 형태가 요구되었다. 이제 대한민국 국민은 국가보안법의 테두리에서 삶을 유지해야만 했고, 이 법을 어긴다는 것은 국가의 외부 즉 아무 것도 보장되지 않는 비합법적인 공간에서 살아야 한다는 것을 의미했다. 하지만 법체계 속에 산다는 것은 또 다른 국가폭력과 테러에 노출된다는 것을 의미하기도 했다.[215]

국가보안법은 준전시 상태에서 내려졌던 계엄을 평상시로 연장시키는 수단이었고, 여순 진압작전에서 벌어진 일들을 전 사회로 파급시키는 것이었다. 국가보안법은 전장(戰場)의 논리를 일상으로 밀어 넣었던 것이다.

3. 사회의 재조직화-일상적 통제체제의 구축

공보처・내무부의 '반공주의' 확산 사업

여순사건이 어느 정도 진압된 뒤, 공보처는 공산주의자들의 잔학성을 폭로하고 공산주의의 허구성을 알리기 위해 여러 활동을 시작했다.

선전활동의 중요성은 여순사건 진압 당시부터 종교단체 등에 의해 그 필요성이 제기된 바가 있었다. 10월 29일 반란수습을 위한 긴급대책 회의에서 이항발 국회의원은 "국회는 휴회를 하고 의원 전원이 선전공작을 할 필요가 있다"고 주장하기도 했고,[216] 각 종교단체 대표들로 구성된 반란현지위문조사단도 반란군의 기만적인 선전・선동을 분쇄하고 민주정신을

---

214) 『제헌국회 속기록』 제1회 99차(1948. 11. 9), 844쪽.
215) 도미야마 이치로, 2002, 『전장의 기억』, 이산, 224쪽.
216) 『자유신문』, 1948. 10. 30.

앙양하고 시국을 인식시키기 위해서는 공보처를 일신하거나 정부에 선전부를 신설하여 계몽 선전에 주력할 것을 건의하기도 하였다.[217)]

선전에 관한 사업을 맡은 공보처는 여순사건 뒤부터 1950년까지 공산주의를 비난하는 이념 선전 팸플릿을 발간하기 시작했다.[218)] 공보처가 발간한 『반란의 진상과 공산당』, 『공산당 치하의 중국』(1949), 『북한 괴뢰집단의 정체』(1949), 『이북 공산도당 화폐개혁의 진상』(1949), 『소련군정의 시말』(1950) 등의 팸플릿은 주로 공산주의를 비난, 비판하는 내용이었다.

그 중 여순사건을 다루고 있는 『반란의 진상과 공산당』이라는 팸플릿의 내용을 보면, 제1절이 '공산분자는 매국노' 제2절이 '공산주의는 평화의 적'으로 되어 있다. 제3절은 '적구(赤狗)의 준동을 막자', 제4절은 '대한민국의 진로'로 되어 있는데, "정의는 반드시 이기고 사도(邪道)는 패하고 마는 것"이라며 소련을 조국이라 여기는 공산주의자들의 선전과 모략에 속지 말 것을 당부하고 있다.

이와 같이 『반란의 진상과 공산당』은 간결한 제목으로 공산주의자가 어떤 사람들인지를 분명히 전달하였다.[219)] 이 팸플릿은 사진을 수록하여 일반인들이 부담 없이 쉽게 읽을 수 있도록 하였고, 분량도 10여 쪽의 적은 분량으로 제작되었다. 이 같은 간단한 팸플릿 출간을 통해 정부는 공산주의자의 실체를 알리고, 국민이 취해야 할 행동을 알려주었던 것이다.

공보처 산하에 조직된 '선전대책중앙위원회'는 여순사건에서 나타난 민중들의 동요를 진정시키고 '거족적 애국사상을 고취'하기 위해 전국적인 규모로 만들어진 선전 조직이었다.[220)] 선전대책중앙위원회는 11월 30일에 대

---

217) 『경향신문』, 1948. 11. 7. ; 『서울신문』, 1948. 11. 16.

218) 정부조직법(제정 1948.7.17, 법률 제1호) 제32조는 "공보처장은 법령의 공포 · 정보 · 선전 · 통계 · 인쇄 · 출판과 저작권에 관한 사무를 장리한다"라고 되어 있다. 공보처는 단순한 정부 시책업무를 홍보하는 데 그치지 않았다. 공보처는 언론을 관할하면서 정부 비판적인 신문사 등을 폐간시킴으로써 정부 수립 초기에 큰 역할을 했다.

219) 대한민국 공보처, 『반란의 진상과 공산당』, 발행 날짜 미상.

통령령으로 정식으로 설치되었고,[221] 이후에 각 시도의 선전대책위원회 직제가 마련(총리령 제3호, 1948. 12. 20)되었다.

하지만 공보처는 11월 18일 선전대책중앙위원회를 조직하여 첫 회의를 개최한 바 있었다. 선전대책중앙위원회 위원장은 국무총리가 맡았고 공보처장은 부위원장직을 맡았다. 선전대책중앙위원회는 기획, 실천, 재정부 등의 3개 부서로 조직되었고, 각 부에는 관계, 학계, 문화계, 경제계, 언론계 등의 인물 등이 망라되어 있었다.[222]

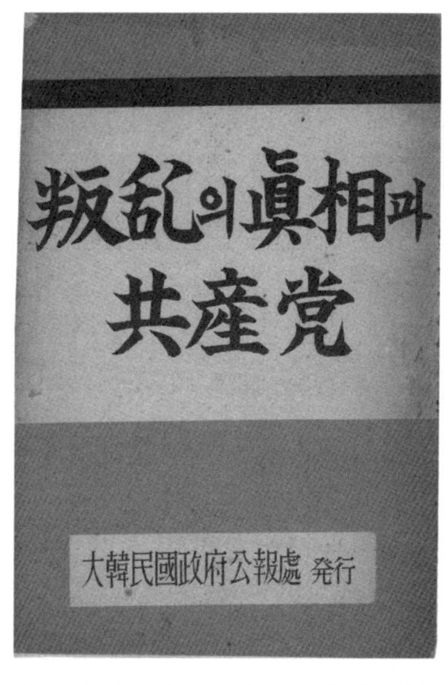

〈그림 7-5〉 공보처가 발행한 『반란의 진상과 공산당』 표지

선전대책중앙위원회는 1949년 10월 '여순사건 1주년을 맞아, 3천만이 다 같이 한결같은 마음의 무장'을 하기 위해 활발한 활동을 전개하였다. 선전대책중앙위원회는 10월 23일부터 11월 9일까지 총 216명을 동원하여[223] '정부시책을 선전'하고 '민심을 계발'하기 위해 각 지방에 계몽대를 파견했다. 제1대는 연극대, 제2대는 영화대로 편성된 지방계몽대에는 박종화 등의 문인과 언론인 양우정 그리고 국방부 · 보건부 · 체신부 · 교통부 · 재무부 차관 등의 관리들이 총망라되어 있었고 이들이 각 지방과 역할을 분담하여 활동하였다.[224] 이 명단을 보면, 선전대책중앙위원회의 활동이 전 국가기관을 동원한 사업이었음을 쉽게 알 수 있다.

---

220) 『시정월보』 제2호, 1949. 3. 10, 54~57쪽.

221) 『관보』 제17호, 1948. 11. 30.

222) 『조선일보』, 1948. 11. 23.

223) 『서울신문』, 1949. 10. 23.

224) 『서울신문』, 1949. 10. 12 · 23.

〈표 7-5〉 선전대책중앙위원회 지방계몽대의 편성

<table>
<tr><th>구 분</th><th>도별</th><th>조별</th><th>인솔자 성명</th><th>단체명</th><th>강연자이름</th></tr>
<tr><td rowspan="8">제1반
(연극대)</td><td>경기</td><td>1</td><td>林壙, 朴鍾和</td><td>극예술협회</td><td></td></tr>
<tr><td>전남</td><td>2</td><td>외무부차관 高在旭</td><td>태평양가극단</td><td>金春植</td></tr>
<tr><td>경북</td><td>3</td><td>朴栽英, 姜仁澤</td><td>민족예술무대</td><td></td></tr>
<tr><td>경남</td><td>4</td><td>吳宗植, 陳承錄</td><td>서울笑劇團</td><td></td></tr>
<tr><td>전북</td><td>5</td><td>俞莞昌, 俞鎭活</td><td>새별악극단</td><td>崔大成</td></tr>
<tr><td>충남</td><td>6</td><td>총무처차장, 문교부차관</td><td>白鳥樂劇團</td><td>金德寶</td></tr>
<tr><td>강원</td><td>7</td><td>기획처차장, 상공부차관</td><td>현대가극단</td><td>姜惠遠</td></tr>
<tr><td>충북</td><td>8</td><td>사회부차관 李正安</td><td>文協</td><td></td></tr>
<tr><td>제2반
(영화대)</td><td colspan="5">경기 1조 (1) 보건부차관 朴順奉 安潤璟
전남 2조 (1) 국방부차관 趙東植 (2) 安仁浩 琴珏淵
경북 3조 (1) 체신부차관 朴鎬炳 (2) 朴日문 徐斗石
경남 4조 (1) 공보처차장 元春義 (2) 공보국장 姜完得 (3) 출판국장
(4) 咸處植
전북 5조 (1) 법제처차장 沈廷燮 (2) 朴在萬 林源相
충남 6조 (1) 교통부차관 尹用淳 (2) 朴源權 金基壽
강원 7조 (1) 재무부차관 金光敏 (2) 趙熙章 洪成洛
충북 8조 (1) 黃文星 金昌俊 (2) 梁明煥 金晶熙</td></tr>
</table>

공보처장 이선근은 이것이 '실로 국가비상시에 처한 지상명령에 수응하는 획기적 사업'이며 '민심의 불안을 양성하는 단말마의 발악을 남김없이 봉쇄하고 백일 하에 꿈꾸는 그들 적색마귀를 제거하기 위하여 3천만 민족의 양심에 호응하는 정의의 기치를 들고 미로에 방황하는 무리를 바른 길로 인도하고 철추를 가하고자 궐기한 것'이라고 발표했다.[225]

이와 같이 선전대책중앙위원회 활동은 전 공무원 조직을 활용하며 이루어졌으며, 산하에는 시도 선전대책위원회를 두어 각 지방에서도 정부시책을 선전하게 했다.[226] 선전대책중앙위원회는 선거 때는 선거에 참여하라는 운동을 펼치기도 하면서 반공 표어 제작, 포스터 공모, 강연회 개최 등

225) 『서울신문』, 1949. 10. 23.

226) 『동방신문』, 1949. 10. 25. ; 『서울신문』, 1949. 10. 26 · 30.

의 반공 행사를 통해 주민들에게 반공의식을 고취시켰다.[227]

1950년 5월, 선전대책중앙위원회는 '선거촉진 방공방첩 강화주간'을 설치하여 웅변대회, 표어 선정, 연극, 만담 촌극을 동원해 선거를 알리고 반공주의를 확산시켰다. 각 학교에서는 학생들에게 반공 작문과 표어를 제작하도록 했다. 공보처는 '방공방첩' 표어를 모집해 다음과 같은 표어를 당선작으로 선정했다.[228]

1. 누설말자 軍機, 분쇄하자 모략
2. 간첩은 노린다, 당신의 불평을
3. 방첩으로 멸공, 국방으로 통일

한편 선전대책중앙위원회는 '정판사위폐사건', '국회프락치 사건' 등으로 전람회를 개최하여 '남로당의 악행과 공산주의 음모를 폭로'하여 적개심을 일으키게 하였다. 심지어는 방첩기간 동안 각 기관 부처에 '임시 첩보원'을 지정해 관할 기관에 잠입시켜 기밀서류를 훔쳐온 후 마지막 날에 산하기관장들을 모두 모은 자리에서 이를 공개하고 기관장에게 주의를 준다는 계획도 있었다.

공보처는 언론뿐 아니라 영화나 연극 등에 대한 검열과 금지를 실시했다. 이철원 공보처장은 '대한민국의 실정에 따라 영화 내용을 검토하기 위해서라고 검열 이유를 설명했고, 기일안에 검열을 받지 않으면 상영 공개권이 없어지게 했다.[229] 1949년 7월 15일 국무회의에서는 연극 각본 검열 업무를 공보처 주관으로 하기로 결정했고[230] 9월 19일부터 각 도별로 설치된 공보과에서 연극 각본과 영화 대본의 검열이 시작되었다. 모든 연극·영화는 각도별로 도지사의 검열을 받아야 했고, 극장에는 검열관의

---

227) 『경향신문』, 1950. 5. 17.
228) 위의 기사.
229) 『자유신문』, 1948. 10. 9.
230) 『경향신문』, 1949. 10. 2.

좌석이 설치되었다. 일제시대의 '임검(臨檢)'이 정부 수립 후 검열(檢閱)로 부활한 것이다.

여순사건이 진압된 직후 정부는 발 빠르게 사건을 담은 다큐멘터리를 제작했다. 김학성이 촬영하고 1948년 11월 15일에 개봉한 「여수순천반란사건」(선동호 제작)이 그것이다.[231)]

진압작전이 지리산 지역으로 확대되자 육군본부 작전교육국은 「지리산작전」이라는 다큐멘터리를 제작하였다. 이 다큐멘터리는 육군본부 보도과 영화대가 5개월에 걸쳐 촬영한 것인데, 수백만 원의 비용이 소요되었다. 육군은 「지리산작전」을 1949년 8월 3일부터 부산지역에서 일반인에게 공개 상영하였다.[232)]

그러나 사람들의 기억에 가장 선명히 남은 영화는 「성벽을 뚫고」라는 극 영화였다. 공보처와 국방부가 지원한 「성벽을 뚫고」는 500만 원의 제작비가 투여된 반공 영화였다.[233)] 한형모(韓瀅模)가 감독한 「성벽을 뚫고」는 이집길, 현인, 서월명, 황해 등이 출연했는데, 서울 시공관에서 개봉(1949. 10. 4) 되었다. 제1회 영화제에서 이 영화는 '한국 영화 베스트3'에 선정되어 한국전쟁 전까지 전국을 순회하며 공연하였다고 한다. 「성벽을 뚫고」의 줄거리는 군인과 공산주의자를 대립시키면서, 인륜적이고 도덕적인 문제를 제기하고 있다.

> 이집길과 김영팔은 대학 동기동창이자 처남 매부 사이였다. 매부 영팔은 공산주의자요, 처남 집길은 현역 육군 소위다. 매부는 처남을 회유하려고 했지만, 처남은 매부를 설득하여 공산주의자로서의 생활을 청산하게 하려 했다. 하지만

---

231) http://www.filmmakers.co.kr 다큐멘터리 「여수순천반란사건」은 현재 전해지지 않는다.

232) 『민주중보』, 1949. 7. 30.

233) 우성흠(엮음), 1998, 『1949 生』, 도서출판 윤컴, 85~88쪽 ; http://movie.naver.com/movie/bi/mi/basic.nhn?code=21581#story(2009년 1월 검색). 이 다큐멘터리는 현재 전해지지 않는다.

> 허사였다. 이런 과정에서 여순사건이 일어나자 처남과 매부는 숙명적으로 맞서게 되었다. 이때도 처남은 매부를 설득하려 했다. 그러나 매부는 더 이상 시간을 끌어도 집길을 휘하로 끌어들이지 못할 것이라고 생각하고, 처남의 가슴에 총을 겨눈다. 집길은 도망가고 나서 매부를 설득하려고 했다. 하지만 매부는 총을 쏘며 처남을 계속 쫓아온다. 이제 더 피하면 자신의 몸이 위태로워질 것을 느낀 집길은 숨기 좋은 성벽 쪽의 한 귀퉁이에 몸을 기대고 매부가 가까이 오기를 기다린다. 이윽고 매부가 다가오자 처남은 하는 수 없이 권총의 방아쇠를 당긴다. 총탄은 매부 가슴에 명중된다.……

이 영화는 공산주의자 김영팔을 통해 끝내 천륜마저도 저버리는 공산주의자들의 인간성을 처남, 매부 사이라는 관계를 통해 표현했다. 육군 소위 이집길은 끝까지 공산주의자 매부를 인간적으로 설득하려 하는 사람으로 표현되지만, 공산주의자인 매부 김영팔은 천륜을 무시하고 처남을 죽이려고 까지 하는 악랄하고 반인간적인 것으로 표현되었다. 이런 면에서 「성벽을 뚫고」는 공산주의를 비인간화시키고 패륜아로 묘사하던 정부 시책과 완벽히 맞아떨어지는 코드를 사용하고 있었다. 이 영화는 공산주의에 대해 전혀 모르는 사람들에게도 공산주의에 대해 막연한 적개심과 반항심을 갖게 하는 효과를 생산해냈다.

「성벽을 뚫고」와 같이 정부 시책에 호응하는 영화에 대해서는 재정적 지원이 이루어졌지만, 정부가 불온하다고 판단한 공연은 금지되었다. 광주에서 상영되던 「울밑에 선 봉선화」는 '현 시국에 비추어 내용이 불온한 점이 있다'는 이유로 상연이 중지되고 각본이 압수되었다.[234] 동명(同名)의 「울밑에 선 봉선화」라는 노래는 여수에서 좌익에 의해 죽음을 당한 김창업이 죽기 전에 부른 것으로 알려져 있다.[235]

---

234) 『동광신문』, 1949. 7. 7.

235) 『동광신문』, 1948. 11. 2. 김창업은 일본 메구로 음악학교에 입학했으며 당시 대한노총 여수지부 부지부장, 전국항만노조 조직위원, 민족청년단 간부를 지냈다.

〈그림 7-6〉 영화 『성벽을 뚫고』의 포스터와 레코드 「여수야화」 광고

한편 아시아레코드사가 발매한 「여수야화(麗水夜話)」는 가사가 '불순할 뿐 아니라 민심에 악영향을 초래할 우려가 있다'는 이유로 서울시에 의해 판매 금지 되었다.[236] 1949년 9월 1일자로 판매 금지된 「여수야화」는 인기 가수 남인수가 불렀는데, 여순사건으로 남편과 집을 잃은 아낙네의 절규와 넋두리를 대변하였다. 특히 「여수야화」는 짧은 가사 속에 식민 통치와 정부 수립 후의 상황을 대비시키면서 참화로 얼룩진 여순사건을 표현하고 있었다.

제1절
무너진 여수항에 우는 물새야/ 우리 집 선돌 아범 어데로 갔나/
창 없는 빈 집 속에 달빛이 새어들면/ 철없는 아이들은 웃고만 있네

제2절
가슴을 파고드는 저녁 바람아/ 북청 간 딸 소식을 전해 주려무나/
에미는 이 모양이 되었다만은/ 우리 딸 살림살인 흐벅지더냐

236) 『경향신문』, 1949. 9. 3.

제3절
왜놈이 물러갈 땐 조용하더니/ 오늘에 식구끼리 싸움은 왜 하나요/
의견이 안 맞으면 따지고 살지/ 우리 집 태운 사람 얼굴 좀 보자

「여수야화」는 남편과 딸을 이별한 아낙네의 처지가 정부 수립 이후의 내쟁(內爭)과 연관되어 있다는 점을 짧은 가사에 표현하였다. 남편은 여순사건의 소용돌이에서 사라졌고, 딸은 북청으로 가버렸다. 이제 남편은 볼 수 없고, 딸에게는 갈 수 없다. 홀로 된 아낙네의 찢겨진 내면이 다름 아닌 여순사건 때문이라는 점은 "우리 집 태운 사람 얼굴 좀 보자"라는 구절에 가장 잘 나타나 있다. 이는 정부군의 진압 작전이 한창 진행 중이던 10월 26일과 27일에 일어난 여수 시내의 대화재를 말하는 것이다.

왜 딸이 함경남도 북청(北靑)에 갔는지는 짧은 가사에 나와 있지 않지만 딸과 헤어진 어미는 저녁에 부는 바람에도 아파한다. 3절은 1, 2절에 나타난 가족 이산이 왜 생겼는지를 말하고 있다. "왜놈이 물러갈 땐 조용하더니/ 오늘에 식구끼리 싸움은 왜 하나요/ 의견이 안 맞으면 따지고 살지"라는 가사에서는 외전(外戰)보다 더한 내쟁(內爭)의 참혹함을 원망하고 있는 것이다. 「여수야화」는 여순사건의 참화를 겪은 일반 민중의 처지를 대변하고 있다.

「여수야화」의 판매 금지 조치와 같이, 영화·음악에 대한 통제는 재정적 지원/검열과 상영금지라는 두 가지 방식으로 이루어졌다. 이념적 반공주의가 아니라 도덕적, 인륜적 반공주의를 내세운 이승만 정부는 이러한 문화 통제정책을 통해 공산주의에 대한 적대감을 높여갔던 것이다.

공보처는 문화 방면에 대한 검열을 계속해 나갔다. 이철원 공보처장은 1950년 1월, 또 다시 국산영화에 대한 사전 각본 심사를 하겠다는 방침을 발표했다. 자유롭게 영화를 제작하게 했지만 '이렇다 할 발전이 없고', 영화인들의 제작태도가 '무정견'하여 영화의 고귀한 예술성을 짓밟고 있다는 것이 그 이유였다.[237] 예술은 '무정견'한 중립에서 벗어나 적극적으로 반

공주의를 설파해야만 하며, 그렇지 않을 경우에는 검열과 금지로 예술 창작을 통제할 것임을 확실하게 표명한 것이다.

'국민운동'을 통한 반공주의의 확산

반공주의를 전 국민에게 확산시키기 위해 정부가 사용한 방법은 이른바 '국민운동'이었다. 막 태어난 이승만 정권은 여순사건을 거친 후 반공주의를 전 국민에게 확산시킬 필요성을 강하게 느끼고 있었지만, 미약한 관료체제 때문에 공보처나 내무부 등을 통한 정부의 힘만으로는 반공 이데올로기를 생산하고 유포시키기는 데 한계가 있었다.

일찍이 윤치영 내무부장관이 국민운동 조직에 매진하겠고 말했지만,[238] 위로부터 시작된 반공주의가 국민에게 내면화되기 위해서는 아래로부터의 외양을 띠는 국민운동이 절실하였다. 반공주의를 향한 국민운동은 '반공 국민'을 만들어가기 위한 필수적인 요소였다.

이승만 정부는 권력이 미치지 못하는 말단의 행정 단위를 반관(半官) 단체들로 하여금 메우는 방식을 사용했다. 국민운동은 관과 민이 일체되어 진행한 운동이었기 때문에 기존에 사적 영역으로 여겨져 왔던 영역을 공적 영역으로 흡수하는 결과를 빚었다. 기존에는 사적인 영역으로 간주되었던 영역은 국가로부터 침범당하여 '국민의 생활'로 재구성되었다.

이승만이 총재였던 대한독립촉성국민회는 반민반관(半民半官) 국민운동의 첨병이었다. 이승만을 열성적으로 지지하고 있었던 대한독립촉성국민회는 여순사건 직후에 "반공 사상 전개, 반공 국민 조직, 반공사회 실천 이것이 민족공동의 과업이요, 이것이 국민운동의 내용이요, 목적"임을 천명했다.[239]

---

237) 『국도신문』, 1950. 1. 25.

238) 『시정월보』 창간호(1949. 1. 5), 9~12쪽.

239) 『대한일보』, 1948. 10. 26.

1948년 12월 26일, '국민회'로 명칭을 바꾼 대한독립촉성국민회는 대한청년단, 대한부인회 등 소위 '애국 3단체'를 중심으로 '국민운동'을 표방하면서 '관민일체가 되어 반공태세 강화와 국가보강을 위한' 국민운동을 전개할 것을 천명했다. 대한독립촉성국민회는 위와 같은 구호를 내걸고 국민회와 정부의 각부 장관, 도지사, 군수로 구성된 '관민합작' 운영위원회를 설치하고, 기존의 애국반을 국민반으로 개편하여 국민회 지방조직의 말단기관으로 할 것 등을 이승만에게 건의하였다.[240]

국민회가 주장하는 국민운동의 개념은 1948년 7월에 이미 제기된 바 있었지만, 여순사건이 발생하자 이승만 대통령은 정당운동은 대한국민당이 맡고, 국민회는 '반공 사상전개, 반공 국민조직, 반공사회 실천'을 위한 국민운동을 전개해야 한다는 입장을 밝혔다. 이승만은 공산주의를 극복하는 문제는 여러 정당이 분립하여 해결할 문제가 아니며, 국민의 총단결로 해결할 문제라고 주장했다.[241] 국민운동의 형태로 전개되지 못하면 국민에게 반공주의를 확산시키고 내면화시키는 것이 어렵기 때문이었다.

국민회는 1949년 2월 15일, 국민회 결성 3주년 기념식에서 당면정책 5개항을 발표하였는데, 제1항에서 국민운동의 개념과 방법을 밝히고 있다. 제1항은 "국민운동은 국력을 강화하여 국위를 높이는 국민 전체의 직접적 운동"이며, "3천만은 단일체계를 갖추어 당면한 중요과업을 완수하기 위하여 관민 협조 하에 부락 · 직장의 말단에 조직 활동을 강력히 전개한다"고 천명했다.[242] 또한 '국민회'는 조직 강화를 위해 '시장, 군수, 읍 · 면장, 서장, 지서장은 국민회 조직과 회비징수에 적극 협력'할 것을 요구했다.

이에 호응하여 이승만은 '시장, 군수, 읍면장, 서장, 지서장은 국민회 조직과 회비 징수에 적극 협력'할 것을 지시했고,[243] 국민회는 대한국민당,

---

240) 『서울신문』, 1948. 11. 19.
241) 『대한일보』, 1948. 10. 26.
242) 『연합신문』, 1949. 2. 16.
243) 『동광신문』, 1949. 3. 12. ; 『호남신문』, 1949. 3. 20.

대한청년단, 대한부인회 등과 보조를 같이하여 운동을 진행시킬 것을 주문했다.[244)]

이승만은 1949년 4월, 초토화 작전이 진행 중이던 제주도를 방문하고 "관민합작으로 반란분자를 다 소탕시키고 구제책을 힘껏 준비하는 중"이라고 밝히면서 "국민회와 청년단과 부녀단을 정부 후원기관으로 각 동리와 촌락에 절실히 세포조직을 완성하여 동일한 주의와 동일한 행동으로 서로 보호하며 연락해서 물샐 틈 없이 조직"해 놓아야 한다고 역설했다.[245)]

이승만 대통령의 발언은 반공주의를 기초로 각 마을을 촘촘히 조직하여 외부로부터의 침입을 막자는 것이었다. 그러나 외부는 국경 밖의 외부일 수도 있었지만, 내부의 외부인이기도 했다. 여기에서 내·외부를 판가름하는 중요한 기준은 '동일한 주의(主義)와 동일한 행동'을 하지 않는 자를 의미하였다.

이승만 대통령이 언급했듯이 국민회가 추진하는 '국민운동'의 목표는 반공주의 의제를 전국적으로 공론화하고 이를 동원하려는 것이었다. 공론화 과정을 잘 보여주는 예는 양우정이 조직한 주한미군 철수 반대운동이었다. 국민회 선전부장 양우정은 연합신문의 사장으로 있으면서, 육군총참모장 채병덕, 해군총참모장 손원일, 육군참모 정일권, 제 1사단장 김석원, 작전국장 강문봉, 김종오 등을 불러 좌담회를 개최하였다. 이들은 이승만이 주장하는 '태평양 방위동맹'을 결성해야 한다고 주장하며, 주한미군의 철수 연기를 '국민운동'의 이름으로 진행해야 한다고 주장했다.[246)] 이에 따라 '방위강화국민대회'가 애국연맹의 주최로 1949년 6월 11일 개최되었고 필요한 자금은 상공회의소에서 중요 산업체에 기부금을 할당하여 충당했다.[247)]

1949년 중반에 들어서자 '국민운동'은 관민이 완전히 융합되어버리는 단

---

244) 『서울신문』, 1949. 4. 12.

245) 『조선중앙일보』, 1949. 4. 13.

246) 『연합신문』, 1949. 5. 26. ; 『동아일보』, 1949. 5. 31.

247) 『연합신문』, 1949. 6. 11.

계에 들어섰다. 8월 24일 개최된 전국 지방장관 회의는 국민회가 '국민운동 사무'를 담당하게 하며, '국민운동'의 지시명령 계통은 정부, 국민회의 양 계통을 따를 것을 공식화하였다. 이 '국민운동'을 위해 1949년 10월 1일부로 서울시의 애국연맹은 해체되고 국민반이 발족하였다.[248] 각 국민반은 10호 내지 20호를 단위로 구성하고, 국민반은 최소한 월 1회 이상 반상회를 개최하게 하였다.[249] 매 세대는 '국민운동'의 주축인 국민회, 대한청년단, 대한부인회의 유지비로 매년마다 총 400원씩을 납부하였다.[250]

'국민운동'이 관민 융합 형태로 진행되자, 국민회 방침은 전국의 행정망을 통해 국가 정책으로 하달되어갔다. 국민회 사무국장 이활은 사적 조직이 국가의 행정계통을 수단이자 매개로 하여 권력화 되어가는 이러한 형태를 '반관반민'이라고 규정하였고, 정부 각부 장관, 공보처장, 내무차관, 국민회 최고위원으로 운영위원회를 구성하였다.[251] 이는 국민운동의 목적이 정치운동이며, '국민운동'의 주체가 국민이 아님을 여실히 드러낸 것이었다. 국민회는 기부금이라는 준조세를 징수하는 준국가기관이라 할 수 있었다.

국민회가 주도하는 국민운동이 처음부터 정치적 색깔을 분명히 드러냈다면, 우회적인 경로를 통하여 정치적 목표에 다가가는 국민운동의 진면목을 드러낸 것은 애국연맹 등이 주도한 이른바 '신생활운동' 이었다. 각도별로 설치되어 운영된 애국연맹이 1949년 10월 해체되기 전까지[252] 애국연맹은 서울시(각도 행정기관), 문교부 교화국과 함께 '신생활운동'을 주도했다.

서울시의 '신생활운동'은 각종 구민궐기대회, 수양담화회, 강연 만담회, 신생활복 재단 강습회 등을 개최하였고, 가두방송, 선전탑 건립, 국산장려·소비절약 표어 모집, 미신타파 강조 등의 사업을 추진했다.[253]

---

248) 『경향신문』, 1949. 9. 23.
249) 『경향신문』, 1949. 8. 26.
250) 『자유민보』, 1949. 12. 28.
251) 『동아일보』, 1949. 9. 12. ; 『조선일보』·『서울신문』, 1949. 9. 16.
252) 『국도신문』, 1949. 9. 23.
253) 『한성일보』 1949. 10. 11.

문교부는 '신생활운동'에 적극 참여하여 일상을 규율해갔다.[254] 식생활 부문에서는 연료를 절약하기 위해 점심식사 때 뜨거운 음식을 삼가고, 혼식을 장려하여 쌀을 절약하며, 접대습관을 간소하게 할 것을 규정하였다. '국민의복'의 경우, 남녀모두 색깔이 있는 의복을 착용하고, '다듬이'를 폐지할 것, 남자공무원은 '건국복(일제시기의 국민복)'을 착용하고, 여자공무원은 여름에 양말을 신지 말 것, '일반여자'는 조끼허리 통치마를 입을 것과 근로할 때에는 '몸베'를 입을 것 등을 규정하였다.[255]

1949년 3월, 국무회의에서는 '양곡 낭비를 방지하고, 국민생활의 신체제를 수립'한다는 명목으로 '도시에 집중되어 범람하는' 일반 음식점을 식량소비의 '최대의 암'으로 규정하여 정비하려 했다. 제과업, 양조업 등의 쌀 소비도 제약하려 했는데, 이러한 시책은 애국반상회, 강연, 격문을 통해 '계몽운동'으로 확산시키려 했다. 이러한 운동의 목적은 '전국민 일체로 각 실천항목에 총진군하여 신국민가정생활의 일상체제화에 이르도록'하려는 것이었다.[256]

1950년에 이르면 여러 행정기관에서 추진하던 '국민생활개선운동'의 정치적인 모습이 드러냈다. 일상에 대한 규율은 이제 국가의 시선에 따라 평가되고 재편되었던 것이다. 개인의 여가와 여흥은 사치로 낙인찍혔다. 정부는 '동아 반공의 중책과 북한의 실지를 회복한다는 민족적 지상명령'에도 불구하고 '아직도 중대한 시국과 심각한 민생고를 모르는 듯 사치에 흐르고 유행을 좇는 경향이 심'한 '일부 국민'을 질책했다.[257] 정부는 이러한 '시국'에 '주책없이 먹고 질탕 놀아야만 속이 풀리는 우리나라 백성'들이 설 명절을 두 번씩 쉬는 것은 '미개 문명국 백성만이 할 수 있는 일'로 규정했다.[258] 국가의 시선이 개인의 생활에 깊숙이 침투한 것이다. 아래

---

254) 『경향신문』, 1949. 3. 15.

255) 『서울신문』, 1949. 8. 27.

256) 『시정월보』 제3호(1949. 3. 17), 104~106쪽.

257) 『자유신문』, 1950. 2. 25.

표는 각종 국민운동의 현황을 정리한 것인데, 국민운동이 정치적인 영역뿐만 아니라 생활의 각 부문에까지 뻗치고 있다는 것을 잘 보여준다.

〈표 7-6〉 정부 수립 이후 각종 단체 · 기관의 국민운동 현황[259]

날짜	행사 · 운동 명칭	비고
1949년 4월 18일	생산구국운동	상공부, 전력증강
1949년 5월 10일	태평양동맹 촉진 국민대회 5 · 10선거 1주년 기념	전국애국단체연합회
1949년 6월 10일	호국학도비상궐기대회	학도호국단
1949년 6월 12일	남북통일촉진 이북5도 학생대회	전국학생총연맹 서북건설대
1949년 6월 15일	방위강화국민대회	목포 애국단체연합회
1949년 7월 16일	학도방위강화총궐기대회	학도호국단
1949년 7월 23일	월남군인환영대회	육군본부 정훈감실 보도과
1949년 8월~	국민식생활 · 의복개선요령 제정	문교부
1949년 10월~	관민합작 국민운동	(대한독립촉성)국민회, 내무부 합동
1949년 10월 19일	여순사건 분격궐기대회	여순사건 1주년
1949년 10월~	'무우육일(無牛肉日)'일 제정	서울시
1949년 9월~10월	생활개선과 국산품 애용 신생활운동	사회부
1949년 10월	의생활 개선운동	문교부
1949년 10월	비행기헌납운동	대한노총
1949년 12월	음력설 강력 단속	사회부
1949년 12월 28일	전력사용 합리화 운동	이영진 충청남도 지사
1950년 2월 17일	미신타파주간	사회부
	관민합작 국민생활재건운동 전개	국민회, 내무부 합동
1950년 3월 10일	식량소비절약 국민운동	농림부등 각부처
1950년 3월 6일	국민생활개선운동	차관회의, 선전중앙대책위
1950년 3월 8일	무주일(無酒日) 제정	서울시

258) 『서울신문』, 1949. 11. 24.

259) 김학재, 2008, 「여순사건과 예외상태 국가의 건설 : 언론탄압과 주민통제정책을 중심으로」, 『여순사건과 대한민국의 형성』(여순사건 60주년기념 학술심포지움 자료집), 211쪽.

결국 신생활운동 등의 국민운동은 국민이 먹는 것, 입는 것, 시간을 사용하는 법까지 규제하면서, 이를 국가의 시선에 따라 규율하고자 하였다. 이 과정에서 애국반과 관변단체, 행정기관은 규율의 기준을 제시했을 뿐만 아니라, 사찰자이자 감시자로서 활동했다. 국가 건설 초기의 위기 극복을 생활에서의 절약과 내핍, 금욕과 동일시하면서, 이에 부응하지 못하는 것은 시국에 무지하고 국민된 도리를 다하지 못하는 것으로 간주되었다. 신생활운동이 제시한 일상의 규율을 지키지 못한다고 해서 위반자가 큰 처벌을 받는 것은 아니었다. 하지만 신생활운동이 제시한 규율은 모든 국민에게 내면화되면서 국민적 양심의 기준으로 작용하였다. 생활의 규율을 지키지 못하는 것은 '무엇인가 국민된 도리를 다하지 못하는 것'이었고 '꺼림칙한 것'으로 남았다. 반공 국민으로서의 자격이 있는지에 대한 도덕적인 내적 검열이 시작된 것이다. 이제 낭비와 사치는 국가 이익을 거스르는 비애국적, 매국적 행위로 지탄받았다. 일상생활에 대한 사소한 규율이 어느새 '반공 국민'이 갖추어야 할 '반공도덕'이 되어갔던 것이다.

사회 감시체제—유숙계(留宿屆) 제도

이승만 대통령은 1949년 4월 9일 제주도를 시찰하고 군경을 격려하면서, 관민 합작의 반공 태세를 다음과 같이 강조했다.

> "관민합작으로 반란분자를 다 소탕시키고 구제책을 힘껏 준비하는 중이나 한번 숙청하고 방임하면 또다시 반란분자들의 공작을 막기 어려울 것이므로 차후로는 다시 이런 분자들이 발을 붙일 수 없게 만들어야 될 것이니……국민회와 청년단과 부녀단을 정부후원기관으로 각 동리와 촌락에 절실히 세포조직을 완성하여 동일한 주의와 동일한 행동으로 서로 보호하며 연락해서 물샐 틈없이 조직해 놓고 어떤 집 틈에서든지 타처 사람이 들어와서 하룻밤이라도 자게 될 때에는 24시간 이내로 최근 경찰관서에 보고해서 일일이 조사함으로 반란분자들이 자유 행동할 곳 없도록 만들 것입니다. 이것이 즉 민족의 자호책이요 따라서 국권을 공고케 하는 방식이므로……"[260]

이승만은 공산주의와의 대결하여 민족을 보호하기 위해서는 국민 세포 조직을 완성하여 물 샐 틈 없이 조직해야만 한다고 생각했던 것이다. 그렇지 않으면 공산주의에 패배하는 길만이 남아 있을 뿐이었다. 또한 여기서 언급하고 있는 '하룻밤이라도 자게 될 때에는 24시간 이내로 경찰관서에 보고해서 일일이 조사'해야 한다는 것은 유숙계(留宿屆) 제도를 말하는 것이었다.

1949년 7월부터 실시된 유숙계 제도는 전 주민을 대상으로 한 감시체제의 정점을 보여주었다. 유숙계란 유동인구 파악을 위해 외부 사람이 거주자의 집에 묵으면 반원(세대주)이 소속 반장에게 신고하고 반장은 유숙인의 본적, 현주소, 여행 목적, 세대주와의 관계 등을 정해진 양식에 따라 적어 파출소에 신고하도록 한 제도를 말한다.[261] 신분이 확실한 자이거나 미리 '반장의 승인'을 받은 자, 또는 정부 요인이나 애국 정당 단체의 간부의 경우에는 신고하지 않게 되어 있었다. 하지만 가장 가까운 부모형제는 포함되어 있어서 부모님이 지방에서 올라와 아들집에 자면, 그 아들은 경찰서에 반드시 신고해야만 했다.[262]

정부는 유숙계를 효과적으로 시행하기 위해 먼저 애국반을 상호연대 하여 책임지는 10가구씩으로 개편하고 반장으로 하여금 10가구씩을 책임지게 했다.[263] 반장은 반 내 사정을 파악하기 위해 수시로 가정 방문을 할

---

260) 『조선중앙일보』, 1949. 4. 12.

261) 당시 충청남도 경찰국 사찰국장, 충청남도 대전지방검찰청 검사장, 충청지구 병사구사령부 사령관이 발행한 「유숙자 명단」의 기입 양식을 보면, 번호, 유숙자 성명, 성별, 연령, 직업, 세대주와의 관계, 소속정당 급 지위, 유숙기간, 본적지, 현주소와 함께 도착란에는 출발지, 여행목적을 기입한 다음 검인을 받도록 했고, 출발란에도 출발 월일시, 실제 행선지를 기입하고 검인을 받도록 했다. 이와 같이 한 집에 머무르기 위해서는 모두 20가지의 사항을 기록해야만 했던 것이다.

262) 『서울신문』, 1949. 4. 19·25. ; 『동아일보』, 1949. 6. 5.

263) 서울시 경찰국에서는 애국반을 재편성했는데 그 수는 동회 284개소에 1,967통, 반은 1만 9,388개소였다(『경향신문』, 1949. 7. 21).

수 있는 권한을 갖고 있었다.[264)]

애국반은 경찰에 의해 철저히 조직되고 관리되었다. 유숙자 신고는 파출소와 경찰서에 하게 되어 있었다. 또한 반장에 대한 신원조사 결과 부적당하다고 판단될 때는 경찰이 교체를 요구할 수 있었을 뿐만 아니라, 매월 개최하는 반장상회(班長常會)에는 경찰이 임석하게 되어 있었다.

정부는 유숙계를 실시한 이유를 '불순분자 미연 탐지'와 '공산분자의 동향 파악'이라고 밝혔다. 김태선 서울시 경찰국장은 강력한 행정권을 발동하여 2할도 못되는 공산주의자들을 색출해야만 한다고 말했고, 윤보선 서울시장도 '국가 전복을 기도하는 공산도배 등'이 '동가식서가숙(東家食西家宿)하는 부동인구'이기 때문에 이리저리 떠도는 좌익 부동 인물에 대한 유숙 신고가 필요하다고 주장했다.[265)] '외래 유숙자 신고제'는 좌익 세력을 색출한다는 목적을 가지고 만들어졌지만, 사실상 전 주민을 감시하는 체제였다.

이승만 대통령의 뜻에 따라 내무부와 서울시 그리고 경찰에 의해 제기된 유숙계 제도는 1949년 5월 1일부터 시행하려 했으나, 국회의원과 정치인들의 강한 반발에 부딪혔다.[266)] 국회의원들은 유숙계가 헌법에 명시된 신체의 자유와 거주·이전의 자유를 침해하는 것이며, 입법정신을 위배하는 독재정치의 산물이라고 주장하면서 이 제도를 철회할 것을 주장했다. 또한 유숙계 제도는 감시와 밀고를 생활화하여 경찰 이외에는 아무도 믿지 못하게 하는 상호 불신을 광범위하게 유포시켜 전 국민을 경찰화 한다는 비판이 제기되었다.[267)]

이러한 비판은 1949년 4월 29일에 원장길·노일환 등 국회의원 93명이 유숙계는 위헌이라는 긴급동의서를 국회 의사국에 제출하는 것으로 이어

264) 『동아일보』, 1949. 7. 25.
265) 『연합신문』, 1949. 4. 7. ; 『동아일보』, 1949. 6. 5.
266) 『자유신문』, 1949. 8. 26. ; 『조선중앙일보』, 1949. 4. 29.
267) 『서울신문』, 1949. 4. 25.

졌다.[268] 며칠 뒤 국회 내 소장파 의원인 이문원 · 김옥주 · 강욱중 · 김병회는 기자회견을 열고, 유숙계 제도가 헌법을 정면으로 위반하고 있다는 점을 확인하는 한편 '애국반은 경찰의 세포조직'으로 될 것이고, 이 제도가 실시된다는 것은 정부가 경찰 이외에 아무 것도 믿지 못하는 것이라고 지적했다. 미군도 유숙계를 'neighborhood association'이라고 칭하면서, 유숙자 신고제가 사람의 이동을 감시하기 위해 마련된 것이라고 파악하고 있었다.[269] 또한 이들 국회의원은 유숙계가 극소수의 치안 담당자를 원고로 만드는 반면에 전 민중을 피고로 만드는 제도라고 주장했다.[270]

이런 비판에 대해 김효석 내무부장관은 해방 후 급격히 유입된 민주사상이 국민의 무질서와 방종을 조장했다며 국회의원들의 비판을 섣부른 민주주의로 일축했다.

국회의원들의 거듭된 비판에도 불구하고 유숙계 초안은 5월 5일 내무부에 상신되었다. 이 안은 1개월의 심사 기간을 거쳐 6월 4일 서울시 시령 제6호로 공포되었다. 유숙계는 서울시에서 7월 25일에 처음 실시되었다. 시행 첫날 신고가 들어온 경우를 보면, 방학으로 고향에 돌아가는 학생, 딸이 해산했다고 서울로 온 어머니, 장사하려고 시골로 내려간 사람, 결혼 문제로 선을 뵈려 시골 내려간 신랑감 등 여러 가지의 신고가 접수되었다. 유숙계 실시 첫날의 풍경을 보도한 한 신문은 '이런 움직임 가운데 불순분자가 없다고 누가 보장하랴'고 기사의 끝을 맺었는데, 이런 논리는 국회의원 강욱중이 지적한 바와 같이 1명의 범인을 잡기 위해서 100명의 양민은 괴로워도 참아야 한다는 국가주의 논리라고 할 수 있었다.[271]

이후 유숙계는 도시뿐만 아니라 전국에 걸쳐 실시되었다.[272] 경상북도

---

268) 『조선중앙일보』, 1949. 4. 29.

269) RG59, Entry 1360 Box5, DRF #203 Internal Political Development in Southern Korea, 1945~1950(1950. 9. 18).

270) 『조선중앙일보』, 1949. 5. 5 · 6.

271) 『민주중보』, 1949. 5. 14.

272) 『경향신문』, 1949. 8. 23.

에서는 1949년 9월 5일부터 실시되었고,[273] 부산시에서도 11월 12일부터 유숙계가 실시되었다.[274] 유숙계는 한국전쟁 시기에도 계속 실시되었다.

유숙계는 일제시대 기류령과 유사한 점이 있기는 하지만 기류령과는 근본적으로 상이한, 감시 체제의 일종이었다. 조선기류령(朝鮮寄留令)은 "90일 이상 거주할 목적으로 본적 외에 일정한 장소에 주소 또는 거소를 정한 자를 기류자"고 정의하여 상시 인구의 증감동태를 파악하는 데 목적이 있었다. 하지만 유숙계는 상시인구가 아니라 유동 인구의 파악을 목적으로 한 것이었다.

조선기류령은 이후에 주민등록법으로 이어지지만, 유숙계는 예외상태를 규정한 계엄 포고의 경험을 이어받는 것이었다. 여순사건 당시 내려진 계엄 포고에는 20:00시부터 5:00시까지 통행을 금지하는 이른바 '통금' 규정이 있었다. 비록 계엄은 해제되었으나 계엄 포고 당시에 시행되었던 유동 인구에 대한 통제는 유숙계라는 평상시 조치로 계속 유지되었던 것이다.

이 제도가 등장할 당시에는 이를 둘러싼 찬반 의견이 속출했지만, 결국 정부에 의해 유숙계가 실시됨으로써 남한 사회는 주민들이 서로를 감시하는 상호감시체제로 조직되기 시작했다. 유숙계 신고를 제대로 하지 않은 사람에게는 제재가 가해졌다. 경찰은 서울에서 1949년 8월 한 달 동안 유숙계 신고를 위반한 사람은 3만 6,796명이며 이 가운데 외박이 1만 3,384명, 유숙이 2만 3,402명이었다고 밝혔는데, 이들 중 1,163명이 과료처분, 182명은 구류처분에 회부되었다.[275]

일상생활에서 좌익 세력을 발본색원하겠다는 발상에서 시작된 유숙계 제도 실시로 이승만 정부는 좌익 세력 색출이라는 목적뿐만 아니라 전 주민을 반공 규율이라는 울타리로 묶어내는 효과를 거둘 수 있었다.

흥미로운 것은 정부가 유숙계 제도를 실시하면서 이 제도를 처벌이 따

---

273) 『영남일보』, 1949. 9. 8.

274) 『자유민보』, 1949. 11. 13.

275) 『서울신문』, 1949. 8. 31.

르는 법적인 문제라기보다는 '국민운동'의 측면에서 실시하겠다는 의지를 강하게 밝혔다는 점이다. 김태선 경찰국장은 유숙계 제도가 법적인 강제보다는 주민의 '애국심에 호소'하는 것이며, 이것을 통해 관민일체의 '일대 국민운동'을 일으키고자 한다고 말했다.[276] 언론도 유숙계 제도에 '국민재조직운동'의 성격을 부여했다.[277] 유숙계 제도는 좌익 세력 적발을 위해 전 주민이 속한 애국반 조직을 활용했기 때문에 애국반 조직은 유숙계 실시에 발맞추어 재편되었다. 그 결과 경찰은 전 주민의 신상을 한 눈에 파악할 수 있는 감시제도를 갖출 수 있었다.

유숙계 제도는 거주민이 어느 정도 애국심을 가지고 있느냐는 도덕적 책임을 스스로에게 묻는 리트머스 시험지의 역할을 했다.[278] 이승만 정부는 유숙계 제도를 통해 남한의 거주민에게 반공 국민으로서의 역할을 충실히 해낼 것을 국민의 자격조건으로 요구하면서, 반공을 각 주민의 도덕 감정에 내면화시키려 했던 것이다. 유숙계 현상공모 표어와 같이 남한에 거주하는 '주민'이 반공 '국민'으로 되기 위해서는, 숨어 있는 적을 찾아낼 수 있는 의심과 경각심이 항상 요구되었다.[279] 반공주의를 국민 도덕으로 내면화시키고, 외부로부터의 어떤 압력에 의해서가 아니라 자발적 신고를 통해 좌익을 색출하는 제도가 바로 유숙계였다.

한국전쟁 때 서울시 경찰국이 내세운 다음과 같은 구호는 유숙계를 통해 좌익 세력 색출, 일상생활의 조직화, 국민의 도덕화를 어떻게 달성하려 했는지를 잘 보여준다.

1. 유숙계를 반드시 냅시다.

---

276) 『동아일보』, 1949. 6. 5. ; 『조선중앙일보』, 1949. 4. 29.

277) 『서울신문』, 1949. 4. 19.

278) 『조선중앙일보』, 1949. 5. 12.

279) 당시 유숙계 표어 현상공모에서는 "지하에 묻힌 적을 유숙계로 찾아내자", "너도나도 유숙신고 살펴보자 우리 반원", "신고하자 유숙계 너도나도 정확히", "너도나도 신고하자 오나가나 유숙계를" 등이 당선되었다(『경향신문』, 1949. 8. 30).

2. 반 내의 악질 부역자를 적발합시다.
3. 공산당의 모략에 속지 맙시다.
4. 근거 없는 말을 하지 맙시다.
5. 거리를 깨끗이 합시다.[280)]

유숙계는 주민들이 서로를 감시하는 성격을 가지고 있었기 때문에 주민들은 감시자이기도 했지만 동시에 피해자이기도 했다. 상호감시체제 안에 있는 사람들은 어느 순간에는 감시자로 위치해 있지만, 어느 순간에는 스스로가 감시 받는 위치로 정반대의 위치에 서게 된다. 물론 감시 받는 주체는 감시와 밀고의 '희생자'가 될 수 있는 가능성에 항상 노출되어 있지만, 그와는 정반대로 자신이 고발자(밀고자)가 될 때에는 폭력을 사용하는 '가해자'가 될 수 있는 것이다.

이 같은 위상의 변화가 의미하는 바는 이제까지 감시 받아왔던 주체가 타인에게 폭력을 행사할 수 있는 가능성이 있다는 점이다. 유숙계 제도는 이같이 가해자와 피해자의 분명한 분리를 전제하지 않으며, 이 제도에 속한 모두가 피해자이자 동시에 가해자일수도 있는 속성을 그 안에 내포하고 있었다. 반공체제 안에서 삶을 영위하던 모든 국민을 정신분열증 환자로 만들 수밖에 없는 제도였던 것이다.

4. '적의 창출'과 반공 국민의 탄생

'대한민국 국민'이란 무엇인가?

'국민'이란 무엇인가? 국가가 수립되면서부터 생겨난 국민은 일정하게 규정된 영토에 주거하는 인민에게 자동적으로 주어지는 자격은 아니다.

---

280) 『동아일보』, 1950. 12. 9.

또 국민이라는 자격은 국내법이 정하는 요건에 따라 그 지위가 주어지는 법적 개념으로도 충분하지 않다. 국가-국민과의 관계에서 볼 때, 스스로 특정 국가의 구성원이라고 인식하는 '국민 정체성'은 대개의 경우 국가가 규정하는 정치 · 사회 · 문화적 내용을 획득할 때에만 주어진다.

그러므로 국가 수립 · 운영 과정에서 국민 형성은 핵심 요소의 하나이며, 국가의 성격은 국민이 어떻게 형성되느냐와 밀접히 관련되어 있다. 국가는 홀로 존재하는 것이 아니라 국가들로 이루어진 국제정치제제의 하위체계로서 존재한다. 따라서 '국민'의 정체성은 그 자신의 자의적인 규정에 의해서가 아니라, 타자와의 차이를 인식하고 타자를 바라보는 과정 속에서 상대적으로 형성된다. 이때 '타자'란 국경을 통해 공간적으로 구분된 다른 국가인 경우가 대부분이다.

또한 국민 정체성을 구성하는 내용은 항상 고정된 것이 아니며 시간이 흘러감에 따라 계속 변화하는 역사적인 것이다. 대한민국 국민 형성이 백지 상태에서 출발한 것은 아니었다. 대한민국의 거주민은 '국민'과 '비국민'의 논리가 강제로 관철된 식민지 경험을 이미 몸으로 체득한 존재였다. "우리는 황국의 신민이다. 충성을 다하여 군국(君國)에 보답하자"라는 황국신민서사를 매일 아침마다 외우고 실천하지 않으면 비국민으로 간주되어 온갖 고초를 겪어야만 했고, 심지어는 목숨을 내놓아야만 했다. 일제는 황국신민으로서의 본분과 의무를 지키지 않는 사람이나 창씨개명을 거부한 사람을 '충량한 황국신민'과 대비되는 '비국민'으로 취급하였는데, 이러한 국민 형성의 양분법적 논리는 대한민국 정부에서도 내용을 달리하면서 관철되었다.

천황에 대한 충성을 기준으로 '국민'과 '비국민'을 확연히 구분했던 것이 식민지 근대의 국민 형성 논리였다면, 해방과 탈식민지를 표방했던 대한민국의 국민 형성 논리는 일제 강점기와 과연 어떻게 달랐던가? 1948년은 일제의 압박과 미군정 통치로부터 벗어나 주체적으로 국민국가를 건설하는 첫 해였다. 다시 말해, 누가 '대한민국 국민'이 될 자격이 있는지를 정해가는 시기였다고 할 수 있다.

법제적 측면에서 보자면, 대한민국은 1948년 5월 제헌국회의원 선거 실시, 7월 헌법 제정, 이에 따른 8월 대한민국 정부 수립이라는 일련의 과정을 거쳐 수립되었다. 하지만 '인민'을 새로운 국가 수립에 필요한 '국민'으로 형성하는 것은 과제로 남아 있었다.

분열된 인민을 통합한 기능을 한 것은 보통선거로 이루어진 제헌국회의원 선거였다. 이 선거에 처음으로 주권자로 참여한 인민은 평등한 1표를 행사하는 선거를 통해 국민의 권리이자 의무를 행사했던 것이다. 주권자로서의 국민은 선거로 자신의 의사를 표현한다고 흔히 얘기되지만, 5·10 선거는 대한민국 국민이 성취했던 제도적 성과가 아니라, 미군정으로부터 부여된 선거였기 때문에 투표자들은 남한에 거주하고 있다는 의미에서 형식적 주권자로서 참여한 것이었다.

미군정하에서 정치적 대립을 겪은 분열된 인민을 유산으로 받았던 대한민국의 생존 능력은 자신의 정당성과 이념을 확산시켜 국민을 하나로 통합시키는 것에 달려 있었다. 이러한 상황에서 이승만 정부가 통합의 이데올로기로 내세웠던 것은 자유주의나 민주주의 이념이 아닌 반공 이데올로기였다. 남북이 대치하고 인민의 지지가 허약한 상황에서 반공주의는 이승만 정부의 국책(國策)이 되어갔다.

식민지에서 독립하여 수립된 이승만 정부에게는 외부의 적만이 문제가 아니었다. 세계적 냉전체제하에서 분단국가로 수립된 대한민국의 경우는 내부의 타자를 구분하는 경계선을 설정하는 일이 필요했다. 정부 수립 전후 시기에 발생한 제주4·3사건과 여순사건은 이승만 정부에게 내부의 적에 대한 경각심을 높이게 하였기 때문이다. 정부에 반대하는 내부의 적은 독립적이고 자율적인 세력이 아니라 소련, 북한 등의 외부 세력과 연결된 것으로 이승만 정부는 간주하였다. 이와 같이 대한민국 국민이 될 수 있는 자격 조건은 국제적 냉전체제와 한국 분단 상황뿐만 아니라 단독정부를 수립한 정치 지도층의 이해관계가 중첩되면서 마련되었다.

그렇다면 대한민국에서 국민으로 인정받기 위한 자격 요건은 무엇이었는가? 식민지에서 해방된 지 3년 만에 남북 단독정권이 세워져 국토와 민족이 분단되었다는 사실은 국민 형성에 새로운 난제를 던졌다. 대한민국 국민 형성의 어려움은 '민족'과 '국민'과의 관계를 어떻게 설정할 것인가부터 시작되었다. 보통의 국민국가에서는 '민족=국민'이라는 등식이 성립되기 때문에 국민은 '역사적 민족'을 밑바탕으로 하여 형성된 자연스러운 것으로 받아들여지게 되지만, 민족과 일치하지 않는 '국민'을 만들어야 했던 대한민국에서는 이 경계선이 분명하지 않았다. 어떤 국면에서는 거의 모든 사람이 배제 대상이며 또 다른 국면에서는 거의 모든 사람이 포섭 대상이 될 수 있었다. 북한에 거주하는 북한 '동포'는 어떤 때는 같은 민족으로 취급되었지만, 어떤 때는 악랄한 적으로 간주되어 떠도는 신세였다.

북한의 사정도 이와 유사했다. 남한이 북한정권을 전 세계를 적화하려는 소련의 꼭두각시 정권으로 간주한 것처럼, 북한은 남한정권을 미제에 의해 수립된 괴뢰정권으로 간주했다. 남북한의 정권은 제2차 세계대전 후 형성되기 시작한 냉전의 최첨병 역할을 수행하게 되었다.

국가라는 정치적 결사체를 구성함으로써 국제정치체제에 입장할 수 있었지만, 미 · 소 강대국에 의해 보증되어야만 했던 남북한은 모두 냉전체제를 공고히 하는 데 힘을 쏟았다. 국제질서 차원에서는 남과 북이 이질적인 국가체제를 유지했지만, 내부적으로는 서로에 대한 무력통일을 공공연히 다짐할 만큼 민족적 동일성을 추구하고 있었다.

남한의 경우, 정부 수립 두 달 만에 발생한 여순사건에서 민족과 국민이 합치되지 않는 이러한 딜레마에 대한 돌파구를 찾았다. 정부는 여순사건 진압과정에서 '공산주의자'를 동족에 대한 살인을 일삼는 '비인간'으로 간주했을 뿐만 아니라, '절대 악', '죄악의 근원'이라는 종교적 차원으로까지 승화시켰다. 집단적인 국민 정체성을 구성하기 위해서 제일 먼저 필요했던 적과 타자의 이미지는 이렇게 만들어졌다. 대한민국 국민의 문화적, 사회적 정체성을 구성하기 위해서는 내부와 외부를 확연히 구분할 수 있는 경계선이 요구되었는데, 이때 경계선 너머에서 타자로 구성된 것은 공산주의(자)였다.

'공산주의자'란 무엇인가?—적의 창출

대한민국 국민 형성 과정에서 주요하고 결정적인 기준으로 등장한 것은 친일파 배제 또는 인민주권, 기본적 권리의 확대 같은 근대 민주주의 원칙이 아니라 '반공'이었다. 미군정 시기부터 등용된 친일파는 정부 수립 후에 더욱 세력을 넓혀 국가 기구를 장악했다. 민주주의는 반공보다 우월한 가치가 아니었다. 민주주의로는 공산주의를 이길 수 없다는 정부의 인식은 민주주의를 거추장스러운 절차와 제도로 치부하게 하였고, 반공을 정당화하는 최소한의 절차에 머무르게 하였다.

공산주의자에 대한 사회적 인식이 처음부터 '적'으로 등장했던 것은 아니었다. 일제시기에도 사회주의자와 공산주의자에 대한 방공(防共)·반공(反共)주의 선전이 있었지만, 공산주의자(사회주의자)에 대한 이미지는 그리 부정적인 것이 아니었다. 식민지 통치하에서 국내외 사회주의자들은 일제 식민지 지배를 반대하며 견결한 투쟁을 지속한 정치세력이었기 때문이었다. 해방 후 좌익 세력이 대중의 지지를 받을 수 있었던 이유도 사회주의 이론이 널리 확산되어서라기보다는 독립투쟁에서 보여준 사회주의 세력의 지속적 투쟁이 대중들에게 호소력 있게 다가왔기 때문이었다. 사회주의자들이란 민족 독립투쟁의 전위에서 활동한 사람들이라는 긍정적인 이미지는 해방 후 좌익 세력 활동의 튼튼한 밑거름이 되었다.

1945년 말부터 전개된 이른바 '신탁통치 파동'은 좌익의 이미지를 바꾸어 놓은 계기였다. 우익 세력은 소련이 주장한 신탁통치에 좌익이 찬성하고 있다는 점을 지적하면서 좌익 세력을 '친소주의자=반민족주의자=매국노'로 비난했다. 그러나 실제 소련은 신탁통치를 제안하지도 않았다. 장기간에 걸친 신탁통치를 주장한 것은 미국이었다는 사실이 몇 달 뒤에 알려졌지만 극우 세력의 선전은 여전히 힘을 발휘했다. 신탁통치 파동을 계기로 우익은 친일파라는 오명을 떨쳐낼 수 있었으며, 민족의 이익을 적극적으로 대변하는 민족주의 세력으로 자리매김할 수 있었다. 우익 세력은 반공을 자신의 이념적 푯대로 반소(反蘇)·반공(反共)의 기치를 내걺으로써 정치적 발언의 정당성을 확보할 수 있었다.[281] 좌익 세력의 이미지가 신탁통치 파동을 계기로 일변하기는 하였지만, 이때까지도 공산주의자는 열렬한 증오의 대상이거나 절멸시켜야 할 '적'은 아니었다. 좌익과 우익은 갈등적 관계인 것은 분명했지만, 그것은 어디까지나 정치적 정당성을 놓고 상호 경쟁하는 관계라고 할 수 있었다.

대한민국과 조선민주주의인민공화국의 수립이라는 상황은 국제적 냉전체제와 맞물리면서 극단적인 대립 구조를 만들어갔다. 남북정권은 상대방을 소련과 미국의 '괴뢰정권'으로 간주하는 한편, 상대방이 자신을 직접적으로 위협하는 적이라고 인식하였다. 남북정부 수립 뒤 양 체제의 경쟁과 대립은 물리적 폭력을 수반하는 목숨을 건 투쟁이 되어 갔다. 1948년 남북한에 성격을 달리하는 두 개의 정권이 수립되면서 남한 정권의 반공정책은 국가정책의 중심이 되었다. 사회적으로는 '민족'과 '통일'을 지향하는 정치적 열망이 압도적이었지만, 이제 '반공'은 민족보다 우위에 있는 지상과제가 되었다.

외국과 유엔에서 정부로 인정받기도 전에 군대 조직에서 반란이 발생했으며 여기에 지역 주민들까지 합세해버렸다는 사실은 신생 이승만 정권에게 큰 시련이었다. 군이라는 국가 조직의 내부에서 반란이 발생했고, 국민으로 만들어져야 할 '인민'이 '국민'으로 포섭되지 않고 국민 되기를 거부하며 반란에 동참했던 것이다. 특히 북한이 토지개혁을 비롯한 정책으로 계급적 차이를 소멸하는 방향으로 나아가면서 북한 인민들을 창출해나가

---

281) 모스크바삼상회의안을 계기로 전개된 우익 세력의 반소·반공 운동에 대해서는 아래 글에 잘 정리되어 있다. 서중석, 1991, 『한국현대민족운동연구』, 역사비평사, 301~317쪽.

는 과정은 남한 내의 반란 상황과 대비되어 이승만 정권에게는 큰 위기로 다가왔다.

군인 반란에 지역민까지 합류해버린 여순사건에서 과연 누가 '동지'이고, 누가 '적'인가를 구분할 필요가 있었다. 나치 시기의 법학자 칼 슈미트(Carl Schmitt)가 말한 것처럼, '적'과 '아'를 구분하는 것이 정치의 핵심으로 등장했다. 슈미트는 사회의 다른 부문과 구별되는 '정치적인 것'이란 다름 아닌 적과 동지의 구별이며 적이란 '타인'이자 '이질자'라고 주장했다.[282] 슈미트처럼 정치를 '적'과 '아'의 구별로 이해할 경우, 그러한 정치의 앞에 놓여 있는 것은 전쟁과 절멸뿐이라는 점은 당연하다. 상대방을 인정하지 않는 정치, 적을 상대로 싸우는 정치가 어떤 현실적 결과를 초래했는지는 나치 정권이 유대인을 공공의 적으로 삼아 대량 학살을 자행했던 역사적 실례를 통해 확인할 수 있다.

이승만 정권에게 있어 여순사건은 정권의 위기이기도 했지만, 적의 정체를 만천하에 폭로하고 '타인'이자 '이질자'로 위치시키는 계기로 사용되었다.

여순사건은 국가 시책으로 추진되었던 반공주의가 도덕적, 윤리적 차원으로 발전하면서 적에 대한 이미지를 구축하는 전환점이었다. 여순사건은 체제 생존을 위한 싸움에서 내부의 적을 상정하는 계기였다.

이승만 정권은 여순사건의 위기를 과장하면서 적에 대한 이미지를 구축해 갔다. 이 사건을 계기로 좌익 세력에게는 분란을 일으키는 혼란 유발 세력이자, 양민을 마구 학살하는 도살자, 악마의 이미지가 씌어졌다. '좌익=반민족주의자=매국노'라는 등식이 순전히 정치적 차원에서 규정된 것이라면, '좌익=살인마=악마'라는 등식은 좌익을 인륜을 저버린 비도덕적

---

282) 칼 슈미트, 1992, 「정치적인 것의 규준으로서의 동지와 적의 구별」, 『정치적인 것의 개념』, 법문사. 슈미트는 1933년 나치스에 입당했는데, 그의 법 이론은 히틀러 독재를 정당화하는 데 이용되었다. 치밀한 역사적, 이론적 연구를 거쳐 탄생한 그의 '결단주의적 우적론(友敵論)'은 보수파의 주요한 정치적 교리로 자리 잡았고, 그의 법, 정치철학은 미국 네오콘 세력의 대부인 레오 스트라우스로 이어졌다.

존재이자 인간 이하의 존재로 간주하는 것이다. 이승만의 표현처럼 반란자들은 '한 하늘 아래 두고는 같이 살수 없는 존재' 즉 불구대천(不俱戴天)의 원수가 되었다. 물론 좌익을 살인마로 간주하는 등식은 정치적 차원의 규정도 내포하는데, 그것은 국가 이익에 도움이 되지 않는 사람이며 '비국민'이라는 것이었다.

문인들은 '잔인무도한 귀축(鬼畜)들', '잔인무도한 귀축의 소행들', '악의 승리', '인간성 상실', '저주의 보상', '악의 주독', '마의 숨결' 등의 용어를 사용하여 반란군의 악행을 묘사했다. 반란군은 악마의 군대라는 것이 이들이 토해낸 언어의 골자였다. 언어는 객관적 현실을 기술하는 도구가 아니라, 사람들이 경험하는 사회적 세계의 중요한 창조자가 되었다.[283] 이렇듯 공산주의자를 표현할 때는 선악 구분에 기초한 이분법적 논리의 종교적 언어가 사용되었다. 여순사건은 종교와는 거의 관련이 없었다. 사건 당시 봉기군은 어떤 특정 종교를 가지고 있다는 이유로 종교인을 검거하거나 처형한 일은 없었다.[284] 희생자 수에서 보더라도 좌익에 희생된 민간인보다 우익과 군경에 의해 죽음을 당한 민간인이 수배에 달하였다.[285] 이렇듯 문인과 언론인이 강조했던 '참혹한 현실'은 객관적 사실과는 동떨어져 있었다. '참혹한 현실'은 정치적 경계선을 형성하고 타자를 규정하기 위해 필요했다. 좌익의 악마와 같은 비인륜적 악행은 믿고 싶은 환상(fantasy)에 불과했던 것이다.

이제 공산주의자를 지칭할 때는 '빨갱이'라는 용어가 널리 사용되었다. 공

---

283) 머레이 에델만, 1996, 『상징의 정치시대』, 고려원, 201쪽.

284) 여순사건에서는 포로로 잡힌 미군은 희생당하지 않았고, 신자와 교회의 피해도 적었다고 미국인은 보고했지만, 반탁운동을 열심히 벌였던 순천사범생 손동인과 순천중학생 손동신 형제의 죽음은 공산주의에 맞서 싸운 '기독교적 순교'가 되었다.

285) 여수지역사회연구소, 1998, 『여순사건 실태조사보고서』 제1집 ; 여수지역사회연구소, 1999, 『여순사건 자료집』 2 ; 여수지역사회연구소, 2000, 『여순사건 실태조사보고서』 제3집.

산주의자를 일컫는 '빨갱이'라는 용어는 극도의 부정적 성격을 내포하고 있다. 우리 사회에서 '빨갱이'란 단어는 단지 공산주의 이념을 가지고 있는 사람을 지칭하는 것이 아니다. '빨갱이'란 말은 짐승만도 못한 존재, 도덕적으로 파탄난 비인간적 존재, 국민과 민족을 배신한 존재를 천하게 지칭한다.

외국의 경우에도 공산주의자를 폄하하는 용어는 존재한다. 일본에서 사용되는 '아카(赤, アカ)', 구미에서 사용되는 '꼬미(commie)' 등은 모두 공산주의자를 속되게 일컫는 용어들이다. 이들 용어에는 공산주의자를 폄하하는 뜻이 내포되어 있다. 하지만 한국의 '빨갱이'처럼 죽여야 하는 대상, 비인간적인 존재를 지칭하는 것은 아니다. 한국의 '빨갱이'라는 용어는 세계 반공주의 역사에서 가장 노골적인 적대감을 표시하는 경우라 할 수 있다.

'빨갱이'라는 용어는 타자와 구별하기 위한 도덕적, 윤리적 언어였고, 적을 분별하는 신념을 창출하고 강화하기 위해 필요한 용어였다. 피아를 구분하는 분명한 경계선으로 등장한 반공주의가 문인을 동원하여 그토록 많은 형용적 언어를 쏟아낼 수밖에 없었던 것은 바로 이러한 이유였다. 그렇기 때문에 공산주의자는 어떤 비난을 받더라도 감수해야만 하는 존재, 죽음을 당하더라도 마땅한 존재, 누구라도 죽일 수 있는 존재이지만 항변하지 못하는 존재가 되는 것이다.

'적의 창출(making enemy)' 과정이 실제 사실과는 큰 연관이 없었다는 점에도 주목할 필요가 있다.[286] 내부 구성원의 지지가 미약했던 이승만 정

---

286) '적 창출'은 항상 경쟁 상대를 의식해야만 하는 일반적인 정치논리이지만, 객관적 실재와는 상당히 유리되어 형성되는 환상이기도 하다. '적 창출' 과정에서는 다음과 같은 환상의 논리가 만들어진다. (1) 우리는 전쟁을 하고 싶지 않다. (2) 그러나 적이 일방적으로 전쟁을 원했다. (3) 적의 지도자는 악마 같은 인간이다. (4) 우리는 영토와 패권을 위해서가 아니라 위대한 사명을 위해 싸운다. (5) 우리는 본의 아니게 희생자를 발생시키기도 한다. 하지만 적은 고의로 잔학행위를 한다. (6) 적은 비열한 병기나 전략을 쓰고 있다. (7) 우리가 받은 피해는 적고 적에게 가한 피해는 심대하다. (8) 예술가나 지식인들도 정의의 싸움을 지지하고 있다. (9) 우리의 대의는 신성한 것이다. (10) 이 정의에 의문을 던지는 자는 배반자다. 이에 대해서는 モレリ, アンヌ(Morelli, Anne), 2002, 『戦争プロパガンダ10の法則』(Principes 'el'ementaires de propagande de guerre), 草思社을 참조.

권이 존립하기 위해서는 외부의 적대적인 타자를 설정하는 것이 필수적이었으며, 적에 대한 규정은 실제 내용보다는 정치공학적인 이미지를 통해 형성되었다.

하지만 이러한 가상은 사람들이 그것을 믿기 시작하면서부터는 너무나 강한 신념과 힘을 발휘했다. 이것이 주체를 움직일 수 있는 이데올로기의 힘이라고 할 수 있을 것이다. 반공주의는 자유주의나 민주주의처럼 미래를 향한 생산적 정책이라기보다는 타자를 부정함으로써 자신을 주체로 정립시키는 방식이었기 때문에 대한민국을 건설해나갈 이념적 푯대—자유주의, 민주주의—가 허약할수록 반공주의의 뜨거움은 더해만 갔다.[287] 내부의 공허가 타자에 대한 뜨거운 적대적 규정으로 대체되었다. 이제 공산주의자들에 대한 혐오감은 전체 국민들에게 유포되었고, '빨갱이는 죽여도 좋다'라는 인식이 널리 퍼져갔다. 이제 '국민'에게는 '빨갱이'를 박멸해야 하는 의무가 주어졌고, 박멸을 위해서는 필요한 모든 수단을 사용할 수 있는 무조건적인 사회적 정당성이 부여되었다.

국민 형성과 반공주의

다른 나라의 경우도 그렇지만, 반공주의는 공산주의라는 이념(이론)이 문제가 아니었기 때문에 도덕적, 감성적, 종교적 어휘를 양산해냈다. 반공주의는 "공산주의에 반대한다"라는 지상 목표를 내세우면서 상대에 대한 부정을 통해 스스로를 정립하기 때문에, 사회가 지향해야 할 어떤 긍정적 목표를 포함하지는 않는다. 반공주의가 내포한 부정적 지향과 텅 빈 내용 때문에 반공주의는 다른 가치들을 흡수하여 변신할 수 있는 유연성을 가

287) 여기서 사용하는 '반공주의'란 이념적 실체를 지칭하는 용어가 아니다. 이념적 실체를 지칭하는 경우에는 '반공 이념'이라는 용어를 사용할 것이다. '반공주의'란 이념이 텅 비어있는 공허한 상태이며, 환상적 적 창출을 통해 국가가 반공 사업에 호출할 수 있는 이데올로기를 말한다.

지고 있었다. 모든 가치와 이념들을 소화할 수 있는 거대한 이데올로기 포식자로써 반공주의는 바로 이러한 성격 때문에 모든 정치 질서를 반공과 관련하여 만들어내고 재편하는 기능을 수행했다.

또 반공주의는 '공산주의'라는 단일한 적을 내세움으로써 내부적인 반대 세력을 손쉽게 통제할 수 있었다. 반공주의는 그 경계선이 시기와 국면에 따라 내·외부를 넘나들며 획정되었지만, 내부를 통제하는 데 있어서도 유용하게 사용되었다. 이는 반유대주의가 유대인을 적으로 삼아 적대감을 높여, 내부의 저항 가능성을 봉쇄해버리는 메커니즘과 유사했다.

정부 수립 초기 대한민국의 국민 만들기는 세 가지 방식을 통해 이루어졌다. 첫 번째는 압도적인 물리력을 동원한 국가폭력의 사용이었다. 군경을 동원한 대량학살은 인민을 죽음의 공포에 빠뜨리게 함으로써, 국민을 형성하는 가장 중요한 수단으로 활용되었다.

두 번째는 법제적 폭력이었다. 법은 폭력을 감소시킨 것이 아니라, 폭력 사용을 정당화하거나 보완하는 기능을 하였다. 법은 폭력의 화장한 얼굴이었다. 첫 번째와 두 번째는 국민 형성 과정에서 '배제'의 메커니즘을 구성한다. 대한민국 국민 형성에서는 물리적, 법적 폭력이 광범하게 사용되었는데, 이를 통해 우리는 대한민국 국민 형성이 '포섭'보다는 '배제'를 우선시했다는 점을 알 수 있다.

세 번째는 사회, 문화적인 측면에서 진행되는 일상적 삶에 대한 통제였다. 사회통제는 배제보다는 포섭에 중심을 두는 국민 형성의 방법이자 국가의 권력 기술이 드러나는 공간이기도 하였다. 이 세 가지를 구체적으로 살펴보자.

국민 만들기(1)—국가폭력의 세례

국민의 범주에서 특정 집단을 배제하는 가장 중요한 방식은 국가가 인민에 대한 생사여탈권을 직접적으로 행사하는 국가폭력이었다. 동서양을 막론하고 근대 국가 수립과정에서 폭력의 행사는 일반적이었다.[288] 베버(Max Weber)가 말했듯이, 근대국가의 특징 중의 하나는 폭력의 독점이라 할 수 있다. 국가는 다른 사적 폭력을 배제하고 자신의 폭력만을 유일한 합법적 폭력으로 행사한다.[289] 이런 이유 때문에 근대 국가 건설 과정에서 가장 먼저 이루어지는 것은 대표적인 폭력기구인 군대와 경찰의 확보이다.[290]

남한에 거주하는 인민을 대한민국 국민으로 만든 것은 '선거'가 아니라 제주사건, 여순사건 등에서 전면화 된 '국가폭력'이었다.

대한민국 정부가 수립되면서 정식으로 설립된 국군과 내무부 소속으로 편제되었던 경찰은 여순사건에서 국가폭력 기구로서의 면목을 드러냈다. 제주도와 여·순 지역에서 발생한 봉기에 대해 이승만 정부는 군대와 경찰을 동원하여 수만 명의 희생자를 양산하였다. 제주도에서 전개된 초토화 작전을 통해 3만여 명의 제주도민이 공산주의자 척결이라는 국가의 지상명제 아래 죽어갔다.

여수 순천의 협력자 색출 과정은 폭력을 통한 국민 형성의 실례를 보여주는 장면이었다. 순천과 여수를 점령한 진압군은 제일 먼저 전 시민을 국민학교 같은 공공장소에 모이도록 명령했다. 진압군은 운동장 등에 모인 사람을 양민과 협력자(부역자) 양편으로 나누었다. 누가 적이고 누가 우리 쪽인가를 가시적으로 보여준 장면이었다.

사건 가담자는 즉결처분장에서 개머리판, 참나무 몽둥이, 체인으로 죽이거나 곧바로 총살했다. 나머지 사람들은 수용되어 재심사를 받거나 군대, 경찰에 넘겨져 심문과 재판을 받았다. 미 임시군사고문단원으로 진압에 적극 참여했던 하우스만조차도 순천 경찰이 "본격적으로 복수하러 나섰고,

---

288) 안쏘니 기든스, 진덕규(역), 1991, 『민족국가와 폭력』, 삼지원.
289) 막스 베버·몸젠 마이어, 박성환(역), 2009, 『경제와 사회』, 나남.
290) 에르네스트 르낭은 "국민통일이란 늘 폭력적으로 이루어진다"고 지적했다. 다카하시 데쓰야, 2008, 『국가와 희생』, 책과함께, 149쪽.

수감 포로와 민간인들을 처형하고 있다……여러 명의 친정부 민간인들이 이미 살해되었으며 시민들은 우리가 적만큼이나 나쁘다고 생각하기 시작했다"고 보고했을 정도였다.[291]

미셸 푸코(Michael Foucault)는 "오랫동안 주권 권력의 특징적인 특권 중의 하나는 바로 생사를 결정하는 권리였다"고 말한 바 있다. 흔히 국가는 국민의 이익을 보호하고 안전을 보장해주는 공동체로 이해되지만 근대 국가가 실제로 걸어온 길은 이와는 달랐던 것이다. 인민의 생사를 좌우하는 권능이 국가에게 있다는 사실은 인민을 국가에 종속시키는 결정적 이유가 된다. 이승만 정부는 주민에 대한 생사여탈권을 행사함으로써 자신이 정부이며 주권자로서 존재하고 있다는 사실을 남한 끝자락에 위치한 소읍에까지 알려갔다.

진압군으로부터 협력 혐의를 받았던 사람들이 모두 봉기에 협조하였거나 공산주의자는 아니었다. 협력자 색출 당시 사상적으로나 행동에서 좌익에 진정으로 동조했던 사람들도 있었으나 이들의 수는 많지 않았다. 순천 지역 국회의원 황두연, 순천 검사 박찬길, 여수여중학교 교장 송욱 등 지방의 중요한 인물들은 봉기군에 전혀 협력하지 않았는데도, 경찰과 사이가 좋지 않고 정부에 비판적이라는 이유로 간신히 생명을 건지거나 처형되었다.

여수 신월동의 김봉련은 "여순사건 당시 좌익에 진정으로 봉사했던 사람들은 극소수일 겁니다. 다만 그들의 주장이 심한 현실고에 시달리고 있는 시민들에게 많은 공감을 주었던 것은 어느 정도 사실이고, 모든 물자를 그들이 쥐고 있는 상황에서 생존을 위해 반란군에 봉사한 사람도 다수 있었죠"라고 증언하고 있다. 진압작전에 참가했던 장교인 백선엽도 그의 회고록에서 "나는 지금도 당시 그렇게 많은 '빨갱이'가 있었다고는 생각하지 않는다. 단순가담자의 대부분은 핵심 좌익계 인물들의 선전과 현실적인 신변의 위협 속에서 나름대로 살길을 찾아 나섰던 것으로 보고 있다"고 말

---

291) "Yosu Operation, Amphibious Stage", *G-2 Intelligence Summary* No. 166, 1948. 11. 5~12.

하였다.[292]

반란군에 협조한 혐의가 있다고 의심되는 사람이 공산주의 사상을 갖고 있는가 또는 반란군이 들어왔을 때 어떤 협조 활동을 벌였는가를 구체적으로 확인하지 않았음에도 불구하고 진압군에게 여수는 완전한 좌익 소굴로 인식되었다.[293]

진압군은 반란이 휩쓸고 간 지역 전체를 공산주의 세력권으로 간주했으며, 이 지역에 대한 무차별적 처형을 감행했다. 목숨을 담보로 한 심사과정을 경험한 주민들에게 주저함과 동요는 죽음을 의미했다. 이제 의심과 동요는 끝나야 했다. 그들은 대한민국에서 삶을 영위하고 있었기 때문이다. 여·순 지역주민들에게 대한민국 국민이 된다는 것은 철저한 반공주의자가 된다는 것이며, 죽음으로부터 탈피할 수 있는 결정적 도약이었다.

지역 유지와 우익 인사들조차 진압군의 처형을 피해갈 수 없는 상황이라는 점은 여순사건 당시 민간인 학살의 성격을 잘 드러내준다. 반공이 지칭하는 직접적 대상은 당연히 공산주의자라고 단순하게 생각할 수도 있지만, 실상은 이와 달랐던 것이다.

반공주의가 겨누는 대상은 공산주의자에 한정된 것이 아니라, 반이승만 성향의 정치인, 일반 대중 더 나아가 정치 이데올로기와 전혀 관련이 없는 사람들까지 포함하였다. 이념으로서 반공이 정립되고, 이념에 따라 적을 색출한 것이 아니었다. 여순사건에서 군경에게 학살당한 사람들은 "공산주의자라서 죽음을 당한 것이 아니라, 죽은 다음에 공산주의자가 되었던 것"이다.

국가폭력의 정당화 과정은 국민 형성 작업의 중요한 절차이기도 했다. 여순사건 당시 문인들은 '반란군이 악의 근원'이라는 식의 이분법적 종교논리를 사용했고, 공산주의자를 비인간화하여 학살을 정당화하였다. 이때

---

292) 백선엽, 1992, 앞의 책, 192쪽.

293) 전남일보 광주전남현대사 기획위원회, 1991, 『광주전남현대사』 2, 163~164쪽.

사용되는 공산주의자란 용어는 공산주의 사상을 가진 사람들을 일컫는 것이 아니라, 공산주의자라고 간주된 모든 사람을 지칭하는 것이었다. 그리고 공산주의자를 심판하는 일을 맡은 것은 우리와는 다른 타자를 규정하는 정부, 군인, 경찰, 우익 세력이었다. 반공주의에 동조하느냐 그렇지 않느냐 하는 것은 양심에 따른 선택이 아니라 생명을 건 모험이었다는 점에서 대한민국의 반공주의는 중세 시기의 종교 재판과 유사한 논리 구조를 가지고 있다.

도스또예프스끼의 장편 소설 『까라마조프씨네 형제들』에는 종교재판이 횡행하던 16세기 스페인 세빌리아의 광장에서 벌어진 일이 등장한다. 많은 사람들이 지켜보는 가운데 대심문관인 추기경의 지휘 아래 '하느님의 영광을 위하여' 백 명이 넘는 이단자들의 화형이 있었다. 인육이 타는 냄새가 가시지도 않은 그 곳에 그리스도가 다시 나타나 한없이 거룩한 미소와 손길로 축복하고 병을 고쳐주며 죽은 여자 아이를 살려낸다. 그러자 이 광경을 지켜보던 대심문관이 그를 체포하여 감옥에 감금해 버린다. 대심문관은 말한다. "당신이 정말 그리스도요?……아니 그리스도든 아니든 상관없소. 어차피 내일 나는 당신을 사악한 이단자로 몰아 화형에 처할 테니까"라고.[294)]

대심문관은 역사상 여러 형상으로 나타났다. 나치는 유대인을 '해충'이라고 지칭하며 비인간화 시키고, 1,100만 명의 유대인을 학살하였다. 홀로코스트에 대해서는 잘 알려져 있지만, 제주 · 여순사건과 한국전쟁을 전후로 100여만 명에 이르는 국민이 자국의 군대와 경찰에 의해 죽음을 당했다는 사실은 아직도 충분히 알려져 있지 않다. 이승만 정부는 종교재판의 대심문관과 같은 역할을 수행했다. 대심문관에게는 눈앞에 보이는 사실보다는 자신의 신념이 더 중요했던 것처럼, 반공주의라는 '국가 종교' 앞에서 그가 정말 공산주의자인지 아닌지는 아무런 상관이 없었다. 만약 그가 진

---

294) 도스또예프스끼, 2000, 「대심문관」, 『까라마조프씨네 형제들』, 열린책들, 549~591쪽.

짜 공산주의자이면 죽음을 당해도 마땅하며, 공산주의자를 도와주었다면 반국가적 행동을 한 것이므로 엄벌에 처해져야 했다. 설사 공산주의자와는 아무런 관련이 없다하더라도 대심문관이 말했던 것처럼 그것은 아무런 '상관'이 없었다.

반공주의는 공산주의자를 비인간으로, 국민의 구성원이 될 자격이 없는 이단으로, 불구대천의 원수와 악마로 취급하였다. 그리고 비인간화, 악마화 과정은 대량 학살로 발전하였다. 대심문관은 하느님의 영광을 위해 이단자를 처단하였지만, 남한의 셀 수도 없는 육체와 영혼은 공허한 반공주의를 위해 숨져갔다. 신념이 다른 사람을 악마화하여 타자로 배제하고, 이단(타자)의 생명을 빼앗는 종교재판의 구조는 반공주의와도 유사하며, 이런 측면에서 반공주의는 국가종교의 위상을 가지고 있었다.

종교적 서사로 덧씌워진 노골적 국가폭력은 '대중들에 대한 공포'를 '대중들의 공포'로 전환시켜 뼈 속 깊이 각인시키는 방법으로 국민을 형성해 갔다. 공산주의자들이 정권을 타도할 수 있다는 두려움, 이에 동조하고 있는 대중들에 대한 공포 그리고 저항의 가능성을 봉쇄해야한다는 압박은 봉기 지역 주민 전체를 적으로 상정하게 하였다. 폭력의 대상은 공식적으로 설정된 외부의 적(북한 공산주의 집단)이 아니라 내부의 대중이었다. 이런 측면에서 이승만 정권의 반공주의는 공산주의자를 겨냥하고 있다기보다는 저항 가능성이 있는 대중을 상대로 하고 있었다. 이승만 반공체제는 사실상 대중억압 체제였던 것이다.

여순사건의 유혈 진압 경험은 한국전쟁이 발발하자 또 다시 예비검속과 보도연맹원 처형으로 재발하였다. 보도연맹은 원래 교화를 통해 공산주의자를 전향시키는 것이 조직의 목적이었다. 그러나 반공주의가 '국민됨'의 기준으로 작용하면서 '국민'의 외부에 있는 다른 국민은 유사시에 폭력과 억압의 대상으로 손쉽게 전환될 수 있다는 것을 보도연맹원 학살은 잘 보여주었다.[295] 정부 수립 직후에 발생한 유혈적 진압과정과 학살 그리고 전쟁 발발 직후 이루어진 보도연맹 학살은 비국민으로 남는다는 것은 '생명을 빼앗긴다는 것'이며, 반공노선에 투철하지 못한 것은 '목숨을 빼앗긴다는 것'을 대한민국의 모든 구성원에게 분명하게 각인시켰다.

국민 만들기(2)-폭력으로서의 법(法)

반공주의와 국가폭력의 융합을 통해 특정집단을 국민에서 배제하는 것과 동시에 진행된 것은 법제적 장치를 마련하는 것이었다. 법제에 대한 정비는 구별과 배제를 강제하고 국민을 통제하기 위해 필요했다.

폭력에 대해 민감했던 발터 벤야민(Walter Benjamin)은 「폭력비판을 위하여」라는 글의 맨 첫 문장을 '폭력을 비판한다는 것은 폭력이 법과 맺고 있는 관계를 서술'하는 작업이라는 말로 시작하고 있다.[296] 법이 유지되기 위해서는 폭력을 통한 위협이 필요하며, 만약 법을 집행하는 강제적 폭력이 존재하지 않는다면 법은 지속되기 어려울 것이다. 동의를 넘어서는 강제수단과 물리력은 법치를 가능케 하는 수단이다. 폭력과 법적 지배는 서로 분리할 수 없을 만큼 결합되어 있다.[297]

사회가 혼란할 때 등장하는 '법치'라는 구호는 흔히 질서와 안정을 확보하기 위한 수단이라고 얘기된다. 그러나 나치의 통치는 형식적 법치주의에 기초하고 있었다. 유대인 학살 같은 나치의 반인류적 범죄는 단순한 폭력 사용이 아니었으며, 유대인에 대한 모든 차별을 정당화하는 '뉘른베르크 인종 차별법'(1935년)에 기초하여 '합법적'으로 이루어졌다.[298]

'폭력'과 '법치'는 서로 상반되는 것 같이 생각되지만, 법 그 자체가 폭력

---

295) 강성현, 2007, 「국민보도연맹, 전향에서 감시 · 동원, 그리고 학살로」, 『죽엄으로써 나라를 지키자-1950년대, 반공 · 동원 · 감시의 시대』, 선인 ; 진실 · 화해를위한과거사정리위원회, 2008, 「울산보도연맹사건」, 『2007년 하반기 조사보고서』.

296) 발터 벤야민, 최성만(옮김), 2008, 『역사의 개념에 대하여/폭력비판을 위하여/초현실주의 외』, 길, 79~80쪽.

297) 미하엘 빌트, 2006, 「폭력에 대한 단상」, 『일상사로 보는 한국근현대사』, 책과함께.

298) 최호근, 2005, 『제노사이드-학살과 은폐의 역사』, 책세상, 149쪽.

이다. 법은 폭력을 배척하지 않는다. 정부 수립 초기에 만들어진 국방경비법, 계엄법, 국가보안법과 한국전쟁 발발 직후에 만들어진 '비상사태하의 범죄처벌에 관한 특별조치령(이하 특조령)' 등은 국민들에게 가해진 법적 형태의 폭력이었다.[299]

국방경비법은 군 형법이었지만 민간인에게도 적용되어 엄중한 형량을 적용했으며, 계엄법은 해당 지역의 일상적 생활을 군인이 통제하였다. 국가보안법은 뚜렷한 범죄행위를 하지 않아도 처벌이 가능하였고, 특조령은 이른바 부역자에게 적용되어 엄중한 처벌을 가했다.

생명을 좌지우지할 만큼 위력적이었던 이들 법은 법 제정과정과 적용에 심각한 문제를 가지고 있었다. 국방경비법은 원래 군 형법으로 제정되었으나 아직까지도 제정 일시와 제정 주체가 명확하지 않아 유령법이라고까지 불리고 있다.[300] 국방경비법이 '과도정부 법령'인지 또는 '미군정 법령'인지도 법령집마다 틀리게 표시하고 있는 것은 이 법의 신빙성과 법적 정당성을 의심스럽게 하고 있다. 국방경비법은 여러 법령집 등에 '7월 5일 공포, 8월 4일 효력 발생'이라고 표기되고 있지만 당시 관보에도 공포 사실은 나와 있지 않다. 현재까지도 국방경비법을 정식으로 공포한 증거는 발견되지 않고 있다.

---

299) 국방경비법은 제정, 공포일을 알 수 없다. 계엄법은 1949년 11월 24일에 법률 제69호로 제정 되었다. 국가보안법은 1948년 12월 1일 법률 제10호로 제정되었고 1949년 12월 19일에 전문개정이 이루어져 법률 제85호로 공포되었다. 정부측 자료에는 '비상사태하의 범죄처벌에 관한 특별조치령'이 1950년 6월 25일에 대통령긴급명령 제1호로 공포되었다고 되어 있으나, 이는 사후에 소급한 것으로 보인다.

300) 김득중, 2007, 「자료와 적용으로 본 국방경비법의 실체」, 『형무소 재소자 학살 사건의 진상과 배경』(한국제노사이드연구회 하계 워크숍 자료집). 제정, 공포된 적이 없어 그 실체가 의심스러운 국방경비법 위헌소송에 대해 대법원과 헌법재판소는 국방경비법의 근거를 찾을 수는 없으나, 상당기간 동안 실제적으로 적용되었기 때문에 법률의 규범력을 완전히 부정하기 어려우며, 완벽한 입법절차를 거친 것은 아니지만 일반 국민에 의해 그 규범력을 승인받은 유효한 법률이라고 판결하였다.

국방경비법에서 가장 문제가 되는 것은 제32조(이적죄), 제33조(간첩죄)였다. 두 개의 조항은 신속한 단심제를 통해 피고에게 가장 무거운 형량을 내릴 수 있어서 광범위하게 적용되었다. 사형 같은 극형을 빠른 시간 내에 적용할 수 있는 이 점 때문에 군인이 아니었음에도 불구하고 많은 수의 민간인들에게 적용되었다.

또한 계엄법은 1949년에야 제정되었지만, 법도 없는 상태였던 1948년에 이미 여·순 지역과 제주도에 발포되어 즉결처분과 군법회의를 통해 수많은 민간인의 생명을 앗아간 바 있었다. 먼저 행위가 있고 난 뒤, 법이 마련되었던 것이다.

전쟁 전에 위력을 발휘한 것은 국가보안법이었다. 국가보안법이 제정된 후 첫 해인 1949년 동안 총 11만 8,621명이 체포되었고 1950년 초 4개월 동안에는 총 3만 2,018명이 체포되었다.[301] 1949년 말에 이르면 전체 수감자의 80%가 국가보안법 위반 피의자였고,[302] 이로 인해 전국 형무소는 적정 수형인수를 훨씬 초과하여 많은 문제가 발생하고 있었다.[303]

특조령은 실제로는 6월 28일에 공포 했지만, 명령 선포 이전의 범죄행위에 대한 처벌근거를 두기 위해 6월 25일에 공포한 것처럼 만들었다.[304]

한국전쟁 발발 직후에 만들어진 특조령은 살인, 방화는 물론이고 타인의 재물을 절취한 행위까지도 사형, 무기, 10년 이상의 장기징역에 처할 수 있는 엄중한 처벌을 규정하고 있었다. 서울 수복 뒤, 특조령은 서울지역의 잔류파를 비롯한 각 지역의 부역혐의자에게 광범위하게 적용되었고,

---

301) 국회도서관 입법조사국, 1965, 『국제연합한국위원단 보고서(1949 · 1950』, 299~300쪽.

302) 제6회 제28차 본회의 김갑수 법무부차관의 답변, 607쪽.

303) 제6회 제28차 본회의 오석주 의원의 질의, 605쪽. 광주형무소의 경우, 600명 정원에 1,200명이 수감되어 있었고, 서대문 형무소는 2,000명 정원에 4,000명이, 마포형무소는 적정 수형인원의 몇 배를 초과한 상태였고, 대전형무소는 1,200명 정원에 2,000명이 수감된 상태였다.

304) 서중석, 1999, 『조봉암과 1950년대』 하, 역사비평사, 676~680쪽 ; 박명림, 2002, 『한국 1950, 전쟁과 평화』, 나남출판, 349~351쪽.

서울시에서만 1개월간 1만여 건을 검거할 정도여서 국회는 특조령의 과도한 적용을 억제하기 위하여 개정안을 낼 정도였다.

국민 만들기(3)－사회통제를 통한 포섭

국가 기구를 통한 물리적 폭력과 법제를 통한 배제의 방식이 위로부터의 '국민 만들기'였다면, 통합을 통하여 국민의 각층을 아우르는 '국민 되기'는 포섭의 방식을 통해 이루어졌다. 그런데 이러한 포섭이 이루어지는 공간에서는 '감시'와 '동원'의 권력기술이 광범위하게 발휘되었다.[305)]

이러한 시도가 반드시 성공적이었다고는 말할 수 없지만, 1950년대 국민반은 국가권력 말단의 중간자층을 활용하여 국가권력의 모세혈관으로서 감시와 동원의 역할을 수행하였다. '절전운동', '신생활운동', '국민생활재건운동' 등의 국민운동은 다양하고 광범위하며 세세한 일상생활의 규율을 만들어내면서, '국민됨'의 도리에 충실하도록 이끌었다.

국민운동의 하나로 전개된 유숙계(留宿屆)는 가족 이외의 친척을 포함하여 다른 사람이 각 가정에 유숙할 경우 반장을 통해 경찰관에게 보고하도록 한 제도로서, 반국가적 불순사상의 침투를 방지하려는 것이 그 목적이었다. 유숙계 실시는 충실한 국민으로 살기 위해서는 일상에서 서로를 감시하고 경계해야만 하는 정신분열증적인 상황을 초래하였다.

일제가 태평양전쟁 말기에 시행한 생활 규제의 메커니즘과 흡사한 외양을 띠었던 국민운동의 목적은 주민 생활에 대한 통제를 전면화함으로써 반공주의를 내면화시키는 데 있었다. 이승만 정부의 반공주의는 이념에 기초하여 공산주의에 대항하기보다는 도덕적, 윤리적 측면에서 공산주의

---

305) 김학재, 2004, 「정부 수립 후 국가감시체제의 형성과정」, 서울대학교 대학원 언론정보학과 석사학위논문 ; 김학재, 2007, 「국가권력의 모세혈관과 1950년대의 대중동원－국민반을 통한 감시와 동원」, 『죽엄으로써 나라를 지키자－1950년대, 반공·동원·감시의 시대』, 선인.

와 대적하였으므로, 사회 · 문화적 감성을 정치적으로 통제하여야만 했다. 국민운동은 일상생활에 침투함으로써 '사회 · 문화적인 것'을 '정치적인 것'으로 견인하였다. '정치적인 것'을 중심으로 하여 그 주위에 '사회 · 문화적인 것'이 배치되었던 것이다.

또한 국민운동은 신체에 대한 강한 지배를 통해 정신과 내면에 대한 지배를 추구했다. 인민이 아무리 반공주의를 거부한다하더라도, 또는 아직 투철한 반공의식을 가지지 못한다하더라도 끊임없는 신체 동원 속에서는 반공주의에 투철하게 되어갔다. 감시와 동원과정에서는 그가 어떤 사고를 하고 있든 간에 문제가 되지 않았다. 반공주의의 국민운동은 궁극적으로는 몸이 동원되는 체계였다. 이승만 정부의 '반공주의'가 공산주의에 대한 '이념적' 대립과 이를 통한 승리를 추구 하지 않았기 때문이다. 반복되는 동원은 궁극적으로 국가를 구성하는 분자(分子)를 계속적으로 생산할 것이다. 이들은 반공주의 국가인 대한민국을 구성하는 분자이지만, 공산주의를 '이념적'으로 반대하는 것이 아니라 반공주의 노선을 따르는 기계적 분자들이 될 것이다. 그리고 다양한 국민운동을 통해 만들어진 국민들은 반공 국민에 적합한 국민들이 될 것이다.

국민운동은 잠재적인 반이승만 세력의 복속을 가능케 했다는 점에 주목할 필요가 있다. 국민운동에 대해 '의식'의 차원에서 진행되는 저항은 그것이 몸으로 표출되지 않는 이상 사실상 무력했다. 이를테면, "나는 당신들이 어떤 것을 의도하는지 잘 알고 있다. 그럼에도 불구하고 나는 당신의 명령을 따른다"라는 언명은 국가의 호명을 받은 주체가 냉소적인 인식을 통해 지배체제를 거부하는 것 같이 보인다. 하지만 이러한 대응 방식은 신체를 동원하여 구성원을 지배하고자 했던 '국민운동' 차원에서는 사실상 무력했다.[306] 이러한 언명에서 중요한 것은 '그럼에도 불구하고'라는 말에 있는 것 같이 보이지만, 사실 여기서 가장 핵심적인 것은 '따른다'이기

306) 슬라보예 지젝, 이수련(역), 2002, 『이데올로기라는 숭고한 대상』, 인간사랑, 60~68쪽.

때문이다.

'유숙계', '국민운동' 등은 해방 직후에 폭발적으로 그 모습을 드러낸 다종다양한 사람들을 국민으로 통합하기 위한 다양한 조직들 중 하나였다. 모든 인민이 위로부터 만들어진 법 · 제도에 규정되지는 않았고, 명확하게 포획되지 않은 채 경계선에 걸쳐 있었던 인민들이 있었기 때문에 사회적 통제는 이런 '인민'을 '국민'으로 만들기 위한 시도였다.

국민을 형성하기 위해서는 공산주의/반공주의라는 기준선을 강제하는 것이 필요했지만 한편으로는 이를 생활 속에서 몸으로 받아들일 수 있게 만드는 '권력의 기술(technique)'이 필요했다.[307]

국민의 삶은 정치적인 것으로'만' 구성되지 않는다. 정치적인 것은 다른 부문과 연관을 가지면서 사회적, 문화적인 삶의 양식들의 기초가 되지만, '정치적인 것'과 정치적인 것 이외의 '다른 것'들과는 괴리가 존재할 수도 있다. '권력의 기술'은 이렇게 미끄러지면서 맞물리지 않는 분리 상태를 정치적인 것으로 수렴시키는 것이었다. 비록 생각은 다를지언정 촘촘한 모세혈관 조직을 통한 감시를 통해 몸과 생활을 정치적 목적에 봉사하게끔 하는 것이 권력의 기술이었다. 정치적인 것을 거부하더라도 몸으로는 받아들이게 하는 기술, 이것은 국민의 삶을 지배하는 국가의 역능(力能)을 보여주는 것이었다.[308] 유숙계와 다양한 국민운동 같은 권력의 감시, 동원 기술을 통해 국민은 국가에 충성하는 '신민(the subject)'으로 변해갔다.

결국 국민운동은 사적 영역을 공적영역으로 흡수하고, '사회 · 문화적인 것'을 '정치적인 것'으로 견인하며, 신체에 대한 지배를 통해 정신과 내면에 대한 지배를 추구하는 '국민 만들기 프로젝트'였다.

---

307) 반공, 동원, 감시를 중심으로 1950년대를 살펴본 연구로는 김득중 외, 2007, 『죽엄으로써 나라를 지키자－1950년대, 반공 · 동원 · 감시의 시대』, 선인을 참고할 수 있다.

308) 권력과 육체의 관계에 대해서는 콜린 고든, 홍성민(옮김), 1991, 『권력과 지식－미셸 푸코와의 대담』, 나남, 83~92쪽 ; 미셸 푸코, 1998, 『"사회를 보호해야 한다"』, 동문선을 참조.

반공주의의 유산(遺産)

여순사건은 대한민국을 반공사회로 만들어 가는 과정에서 주요한 경험과 근거로 작용했고, 이후 지속되는 남한 반공체제의 기본적인 구조와 작동 원리를 제시했다.

반공주의의 첫 번째 유산은 구별과 적대였다. 제2차 세계대전 후 미군이 한반도 남쪽을 점령한 후, 좌·우 구별은 미군정 당국의 일상적 사업이었다. 미군정은 남한의 정치세력을 좌·우·중도파로 나누어 면밀히 관찰했다. 반공주의 노선에 투철했던 미군정은 친일파로 비난받고 있었던 한민당 세력을 대거 등용하는 한편 좌익 세력을 억압함으로써 해방 직후의 정치 역관계를 변경하고 주조하려 하였다. 좌익의 이미지를 변화시키는 데 주요한 계기가 되었던 이른바 신탁통치 파동은 미군정의 정치 공작과 개입 없이는 설명될 수 없는 것이었다.[309] 미군정 존재 자체가 반공주의가 커나갈 수 있었던 온상이었다.

냉전시대에 미·소가 표면적으로는 타협 불가능한 세력으로 상대방을 규정했던 것처럼, 이승만 정권도 자신의 정치세력과 다른 정치세력을 구별하고 다른 정치세력에 대한 적대의식을 고양시켜나갔다. 이승만 정권의 대응은 미군정의 반공주의와 세계적 냉전 논리의 연장선 속에 있었다.

지배층에게 반공산주의라는 대의명분은 세계적 냉전체제의 논리를 만족시키는 것일 뿐 아니라, 지배계층의 분파적 이해나 개인의 이해를 추구하는 방법이기도 하였다. 군대에서 실시된 숙군은 전 장교의 5%를 제거하였는데, 그 결과 군대에서는 광복군이나 이승만 정부에 충실하지 못하다고 판단된 인물들이 대부분 숙청되었다. 대신 여순사건 등에서 강경 작전을 주도한 만주군 인맥이 부상하여 대부분의 군대 요직을 차지하게 되었고 우익청년단원들이 대거 등용되었다. 그 결과 군대는 인적으로는 친일

309) 정용욱, 2003, 「1945년 말 1946년 초 신탁통치 파동과 미군정－미군정의 여론공작을 중심으로」, 『역사비평』 봄호.

파, 내용으로는 반공주의가 득세하는 상황이 조성되었던 것이다. 반공을 대의로 내세우며 개인적, 분파적 이해를 추구하는 양상은 검찰, 경찰, 국회, 학교 등의 각종 조직에서 반복되었다.

두 번째 유산은 체제가 유일한 선택지만을 강요했다는 점이다. 국민이 반공의 적대논리로 무장하는 것은 선택의 문제가 아니라 국민이 되기 위한 필수 조건이었다. 굳건한 반공노선이 국가의 지상 목표인 상황에서 유약한 입장을 취하는 것은 삶과 죽음의 경계를 넘나들을 수 있는 위험한 도박이었고, '비국민'이라는 낙인은 곧 삶의 포기를 뜻하였다.

죽음에서 살아남은 자에게는 기나긴 침묵과 함께 "앞에 나서면 죽는다"라는 생존 법칙이 남겨졌다. 반공주의는 공산주의 '이념'에 대한 비판이 아니었다. 반공주의는 이를 수용하는 사람들에게 환상적 이데올로기 역할을 수행했다. 물론 현실에서 공산주의 이념을 가지고 활동하는 공산주의자는 존재한다. 그러나 공산주의자라고 규정된 사람들 모두가 공산주의자는 아니었다. 대한민국 형성 과정에서 죽어나간 여순사건 관련자들은 사후에 공산주의자라는 낙인이 찍혔고, 죽음의 이유가 설명되었다.

세 번째 유산은 상호 경쟁적 정치의 소멸이었다. 공산주의자(좌익)라는 딱지가 붙는 것만으로도 사회적 활동에 큰 제약이 가해졌기 때문에 한국 사회에서 본격적인 이념 논쟁은 자취를 감추었다.[310] 논쟁 이전에 이미 승패가 결정 되어 있었기 때문에 상대방을 공산주의자라고 규정하는 것만으로 다른 모든 논점을 덮어버릴 수 있었다. 편 가르기와 줄서기가 생존의 법칙이 되었고, 정치는 실종되었다.

네 번째 유산은 배제를 통해 '비국민'을 대규모로 만들어 냈다는 점이다. 대한민국 '국민 만들기' 과정의 특징은 분명한 내·외부의 경계를 만드는

310) 반공주의가 탄생시킨 한국현대사의 희·비극을 다룬 것으로는 강준만·김환표, 2004, 『희생양과 죄의식』, 개마고원을 참조. 한국 사회에서 나타나는 이른바 '색깔론'과 반공주의 작동 방식에 대해서는 김헌식, 2003, 『색깔논쟁』, 새로운사람들 ; 권혁범, 2000, 「반공주의 회로판 읽기－한국반공주의의 의미체계와 정치사회적 기능」, 『탈분단 시대를 열며』, 삼인을 참조할 수 있다.

것을 최종 목표로 삼았기 때문에 차이들을 통합하고 동원하려는 노력보다는 '배제'를 우선시했다는 점이다. '배제'와 '포섭'은 서로를 제외하는 것이 아니라 동시에 진행되었고, 보도연맹의 경우처럼 '배제된 상태로 포섭'하기도 하고 '포섭된 상태에서 배제'하기도 하였다. 처음부터 보도연맹이 연맹원에 대한 학살을 준비하고 있었던 것은 아니었다. 조직 초기에 보도연맹은 좌익을 교화시킴으로써 국민의 폭을 확대하려 했지만, 한국전쟁이 발발하자 적에게 협조할 수 있다는 혐의만으로 국민에서 배제되어 학살당했던 것이다.

다섯째로 배제의 정치는 비국민으로 낙인찍힌 사람들에 대한 대량 학살로 이어졌다. 배제의 과정을 거쳐 학살에 이르는 길은 국가폭력이 전면화하는 과정이었다. 국가폭력이 진행되는 과정과 결과는 '대한민국'이라는 국가를 건설하고 국민을 형성해 나가는 과정의 본질적 성격을 보여준다. 국민의 범주에서 완전히 배제된 공산주의자는 학살의 대상이 되었다.

대한민국은 국가에 대한 헌신의 증표로서 국민들의 땀만을 요구한 것은 아니었다. '땀'이 국민으로의 포섭과 충성의 증표라면, 배제된 쪽에는 공산주의자라고 낙인찍힌 사람들의 '피'가 흘렀다. 대한민국 국민 형성의 역사는 장밋빛 대로가 아니었으며, 그 길은 피로 물들여져 있었다. 그러한 역사가 아무리 고통스럽고 되새기기 싫은 기억이라 하더라도 거부해서는 안 된다. 우리가 걸어온 역사를 망각한다면 비극적인 역사를 똑같이 반복할 수밖에 없기 때문이다.

대한민국의 반공주의는 공산주의라는 특정한 이념을 반대하는 정책이 아니었다. 남한 반공주의는 정권의 부족한 정당성을 대체하고, 지배층의 권력 획득을 영속화 하는 데 이용되었다. 반공주의는 실재와는 유리된 '적의 창출'을 통하여, 우리와는 다른 타자를 만들어내고 이를 무참히 파괴해버리는 정치공학 차원에 위치해 있었다. 반공이라는 잣대로 현실에 존재하는 개별적 차이를 인정하지 않고 타자의 존재 자체를 무참히 파괴해버리는 폭력을 통해 국민 형성의 진로를 찾아갔다는 데 반공주의의 근본적 문제가 존재한다.

공산주의자(타자)에 대한 적대적 인식과 이미지를 구축하는 것은 동시에 대한민국 '국민'의 정체성을 형성하는 일이다. 이 두 가지는 논리적으로 구별이 가능하지만, 실제로는 국민 형성과정의 양면을 구성한다. '적'을 보면서 '우리'가 만들어지는 것이다.

'국민 만들기'는 비인간, 악의 근원으로 구성된 적의 이미지를 매스컴과 교육, 문화, 종교 등을 통해 전파하고 이를 통해 공산주의자에 대한 적대감을 통해 동질적인 '국민'을 상상하게 하는 과정이었다. 이러한 과정을 통해 '대한민국 국민'은 역사적으로 탄생했다.

적을 배제하고 파멸시키는 데 사용되었던 기술은 단지 수단에 그치지 않고 그 기술을 사용한 자의 정체성을 형성한다. 반공주의 확산과정에서 사용된 배제와 통합의 권력 기술은 지도층의 통치에서 시작되었지만, 그것의 효과는 지배층에게만 한정된 것이 아니었다. 이 기술을 몸에 각인하고 받아들인 새로운 주체들이 만들어지고, 전쟁과 배제의 경험을 거치면서 이들은 비국민에게 폭력을 행사할 수 있는 '폭력적 국민'으로 탄생했다. 폭력을 행사하는 국민과 폭력을 당한 (비)국민은 엄격하게 구분되리라 생각되지만, 폭력을 사용하는 경계선은 유동적이기 때문에 가해자와 피해자의 위치는 어느새 뒤바뀌거나 가해자이자 피해자가 되는 경우도 발생한다. 폭력은 통제되지 못하고 주변에 널려져 있는 일상이 된다. 폭력을 몸에 익힌 국민의 탄생은 반공주의를 통한 국민 형성이 남긴 뼈아픈 역사적 유산이다.

'국민'이라는 정체성 형성이 타자를 배제하고 억압하는 동시에 동질성을 추구하는 과정이라고 볼 때, '국민'이라는 정체성 속에는 개인과 집단을 국가의 일부로 위치지우고 사회 속의 개인을 국가의 부속물로 동원하려는 의도가 내재돼있다. 개인이 개별적 주체로 성립되지 못하고 국민으로만 존재할 때, 현실에 존재하는 개별적 차이와 다양성, 집단 간의 긴장과 모순 관계는 애써 무시된다.

국가와 민족의 이름 아래 행해지는 애국심의 과도한 동원과 '합법적인' 국가폭력은 지금도 여전히 존재한다. '애국'과 '민족'이 다른 어느 가치보다 더 크고 가치 있는 것이라는 굳은 믿음은 국가의 호명 앞에서 어느 순간 국민을 폭력적 국민과 전쟁기계로 탄생하게 한다.

반공은 '대한민국 국민'이 되는 자격 요건이었고, 국민의 형성과정은 일순간에 끝나는 것이 아니라 계속적인 과정 속에서 완성을 지향해 가는 운동이었으므로 배제와 포함의 조건은 끊임없이 유동적이었다. 이런 이유로 국민은 통제와 감시의 대상이 되었다.

여순사건이 남겨준 국민 형성의 통합과 배제의 정치학으로부터 우리는 얼마나 멀리 떨어질 수 있으며, 어느 정도나 폭력적 국민의 탄생을 예방할 수 있을 것인가? 여순사건이 남겨 놓은 유산은 역사의 긴 물결에 휩쓸려 가지 않은 채 61년이 지난 지금까지도 우리 주위를 맴돌고 있다. 여순사건의 유산이 청산되지 않은 채 우리를 무겁게 짓누르고 있는 것이다. 지금 여순사건을 되돌아보아야 하는 이유가 여기에 있다.

5. 반공 텍스트의 재생산과 대한민국 건국의 신화

여순사건은 폭력적 국민의 탄생을 유산으로 남기는 동시에 건국 신화의 호재가 되었다. 수십 년간 여순사건은 반공 교육의 좋은 재료로 사용되었다.

여기에서는 1948년에 발생한 여순사건이 수십 년 간에 걸친 기간 동안 역사 교과서에 어떻게 서술되고 있는가를 살펴보고자 한다.[311]

한국 사회에서 역사 교육은 수십 년간 국정제도로 이루어져 왔다. 국가가 수십 년간 국정제도를 유지해온 이유는 역사를 정권의 정당화에 이용하는 데 편리했기 때문이었다. 5 · 16 쿠데타로 정권을 장악한 박정희 등의 군부정권은 제2차 교육과정(1963년)으로 개편하였고, 유신체제를 정당화

311) 여순사건에 대한 교과서 분석의 시점은 2008년 말을 기준으로 한다.

하기 위해 또 다시 제3차 교육과정(1973년)으로 개편하였다.

1972년 3월 박정희 대통령은 올바른 국가관에 입각한 국사교육의 필요성을 강조하였으며, 1974년 신학기부터는 '국난극복과 주체적 민족사관에 투철한' 국정교과서가 사용되었다.[312] 1974년에 시작한『국사』교과서의 검정화는 '10월 유신'으로 장기집권을 시작한 박정희 정권이 역사교육을 장악하기 위한 제도라고 할 수 있었다. 유신체제 시기에는 '민족사의 정통을 계승'한 '대한민국의 정통성'이 역사 교육의 내용으로 강조되었다. 이런 측면에서 제3차 교육과정에서 기초가 마련된 역사교육과정은 그 후에도 계속 영향력을 미침으로써 한국사 교육의 기본적인 틀을 마련한 주요한 계기였다고 볼 수 있다.

박정희 정권이 편찬한『국사』교과서는 국가와 민족을 신성시 하는 한편 민족을 초역사적 존재로 간주하고 있으며, 국가(민족)에 대한 무조건적 충성과 복종을 강조하였다.『국사』는 한국 근현대사를 고난에 찬 민족의 역사이며, 민족의 진로를 방해하는 내외의 모든 적은 조국과 민족의 이름으로 투쟁해야 하는 존재로 규정하였다.[313] 박정희 정권과 그 이후의 군부정권은 역사를 고난 극복과 내 · 외부 적에 대한 투쟁으로 자리매김함으로써, 현실에 존재하고 있는 정권을 정당화하고 합리화 하였다.

박정희 정권이『국사』교육을 통하여 강조하였던 것은 반공주의 · 국가주의 · 한국적 민주주의 등의 정권 이데올로기였다. 이 같은 획일적인 역사관을 널리 교육시킴으로써 역사교육은 정치를 보조하는 강력한 이데올로기 효과를 창출하였다.

문제는 이 같은 역사관이 박정희 정권이 무너진 다음에 완전히 사라지지 않고 계속 한국사 인식과 서술의 기본적 나침반이 되었다는 점에 있다. 박정희 정권이 사용한 역사의 정치적 이용은 군부가 정권을 계속 장악함

---

312) 남지대, 1988,「고교 국사교과서 근현대편의 서술과 문제점」,『역사비평』여름호, 289쪽.

313) 이는 한국사 교재의 제목을 '국사'라고 불렀던 것에서도 나타난다.

에 따라 그 이후에도 계속되었다.

박정희 정권이 역사교육에 남긴 '강한 유산'은 민주화된 민간 정부가 들어서도 크게 바뀌지 않아 보인다. 검인정제도하에서 서술된 『한국 근 · 현대사』는 세부적인 서술의 변화는 있지만 큰 틀에서 보면 국정교과서의 서술 틀에서 벗어나고 있지 못하기 때문이다.[314)]

『국사』 교과서의 제주4 · 3사건과 여순사건 서술

제주4 · 3사건과 여순사건은 대한민국 정부 수립 과정에서 발생했고, 초토화 진압작전이 전개되어 대규모 희생자가 발생했다는 점에서 유사한 점이 많다. 교과서에서는 두 사건이 함께 서술되는 경우가 많다. 그럼에도 『국사』 교과서를 보면, 제주4 · 3사건과 여순사건은 서술에서 미묘한 차이를 보이고 있다.

제주나 여순사건이 교과서에 처음 언급된 것은 박정희 유신정권체제하의 제3차 교육과정 때부터였다. 1976년 발행된 『국사』 교과서는 '제주 폭동'과 '여순 반란'을 북한 공산주의자들이 남한 공산주의자들을 사주하여 일으킨 사건으로 서술하였다.

전두환 정권하의 제4차 교육과정에서는 두 사건에 대한 서술의 양이 늘어났다. 사회를 교란시키기 위하여 북한 공산주의들의 사주 아래 남한 공산주의자들이 일으켰다는 성격 규정은 이전과 변함이 없었으나, 공산당이

---

314) 현재 교육 교재로 쓰이는 한국사 교과서는 두 가지 체제로 발행된다. 제6차 교육과정에서 상 · 하권으로 나뉘어 있던 국정 『국사』 교과서는 제7차 교육과정부터 국정 『국사』 교과서와 검인정으로 발행되는 『한국 근 · 현대사』 교과서로 분리되었다. 따라서 현재 한국의 고등학교에서는 『국사』(국정 교과서)와 『한국 근 · 현대사』(검인정 교과서)가 한국사를 학습하는 기본적인 교과서로 사용되고 있다. 어떤 교과서 발행 제도를 채택하느냐의 문제는 단순히 제도상의 문제가 아니라, 학교 교육을 통해 길러지기를 원하는 인간상, 즉 그 사회의 교육관을 반영한다. 역사교과서가 어떤 제도하에서 편찬되는가의 문제는 어떤 역사관을 가지기를 원하느냐와 밀접한 관련이 있는 것이다.

관공서를 습격하고 경찰과 민간인을 학살하는 만행을 저질렀다는 사실 등이 추가로 서술되었다.

이때까지 두 사건은 '폭동'과 '반란'으로 표현되었지만, 노태우정권하의 제5차 교육과정에서는 '제주도 4·3사건'으로 표기하기 시작하였고, 여순사건의 경우에는 이전과 똑같이 '여수·순천반란사건'으로 표현하였다.

문민정부가 들어선 후 개정된 제6차 교육과정의 교과서에서는 제주도 4·3사건을 "공산주의자들이 남한의 5·10총선거를 교란시키기 위하여 일으킨 무장폭동"으로 보는 것은 여전했으나, "진압과정에서 무고한 주민들까지도 희생되었"다고 하여, 처음으로 민간인 희생을 언급하였다.

명칭에서는 '제주도 4·3 사건', '여수·순천 10·19 사건' 등에서 보이는 바와 같이, 두 가지 모두를 사건으로 표현하였다. 하지만 여순사건의 경우에는 "대한민국을 전복하려는 의도를 가진 반란"이며, "평온과 질서를 되찾기까지 상당한 시간이 지나야만 했다"라고 하여 극단적인 반공 우선 시각이 그대로 지속되었다.

7차 교육과정부터는 근현대사가 『국사』에서 분리되었다. 『국사』는 전근대 시기를 위주로 재편되었고, 학생들은 『근·현대사』 과목의 선택을 통해서만 한국 근현대사를 학습할 수 있게 되었다.

최근 발행된 『국사』(2006·2007년)의 경우를 살펴보면, 제주도 4·3사건과 여순사건을 본문 옆으로 빼어 사건에 대해 간략하게 설명하고 있다. 제주도 4·3사건은 "제주도에서 벌어진 단독 선거 반대 시위를 진압하는 과정에서 수만 명의 인명 피해가 일어난 사건"이라고 하였고, 여순사건에 대해서는 "제주도 4·3사건의 진압 출동 명령을 거부한 군인들이 반란을 일으켜 여수·순천 일대를 점령한 사건"이라고 설명하고 있다.[315] 2005년도 『국사』 교과서에는 두 사건에 대한 사건 설명이 없었는데,[316] 최근 교

315) 국사편찬위원회 국정도서편찬위원회, 2006·2007, 『고등학교 국사』, 교육인적자원부, 124쪽.

316) 국사편찬위원회 국정도서편찬위원회, 2005, 위의 책, 350쪽.

과서에는 두 사건에 대하여 간략하나마 부가되어 서술된 것을 확인할 수 있다. 아래의 표는 제1차 교육과정부터 최근까지 제주4 · 3사건과 여순사건의 서술이 어떤 내용적인 변화를 거쳤는가를 정리한 것이다.

〈표 7-7〉『국사』 교과서의 제주4 · 3사건과 여순사건의 서술내용 변화

시기별 교과서	서 술 내 용
1차 교육과정	언급 없음
2차 교육과정 - 박정희 정권 - 1970년 발행 - 동아출판사 - 검정교과서	언급 없음
3차 교육과정 - 박정희 정권 - 1976년 발행 - 문교부발행 - 국정교과서	"남한의 공산주의자를 사주하여 제주도에서의 폭동과, 여수 · 순천에서의 반란을 일으키게 하였다."
3차 교육과정 - 박정희 정권 - 1979년 발행 - 국사편찬위 - 1종교과서	"남한의 공산주의자를 사주하여 제주도에서 폭동을 일으키고, 여수, 순천에서의 반란을 일으키게 하였다."
4차 교육과정 - 전두환 정권 - 1982년 발행 - 국사편찬위 - 1종교과서	"남한의 공산주의자를 사주하여 제주도 폭동사건과 여수 · 순천 반란사건을 일으켰다. 제주도 폭동사건은, 북한 공산당의 사주아래 제주도에서 공산무장폭도가 봉기하여, 국정을 위협하고 질서를 무너뜨렸던 남한 교란작전 중의 하나였다. 공산당들은 도민들을 선동하여 폭동을 일으키고 한라산을 근거로 관공서 습격, 살인, 방화, 약탈 등 만행을 저질렀다. 그러나 그 후 우리나라는 군경의 활약과 주민들의 협조로 평온과 질서를 되찾았다. 여수 · 순천 반란사건은 제주도 폭동과 마찬가지로 대한민국을 혼란시키기 위한 것이었다. 공산당들은 탄약고, 병기 창고를 파괴하는 한편, 관공서, 경찰서를 습격하여 경찰과 민간인을 학살하였다. 이에 국군은 그들을 토벌하고 반란을 진압하였다.……이러한 공산주의자들의

	교란작전은 그 후에도 여러 가지로 나타났으나 국민들의 적극적인 협력으로 해결되었다.”
5차 교육과정 - 노태우 정권 - 1990년 발행 - 국사편찬위 - 1종교과서	“대한민국 정부 수립을 전후하여 그들은 제주도4·3사건, 여수·순천 반란사건 등을 일으켰다. 제주도 4·3사건은 공산주의자들이 남한의 5·10총선거를 교란시키기 위해 일으킨 무장 폭동이었다. 그들은 한라산을 근거로 관공서 습격, 살인, 방화, 약탈 등의 만행을 저질렀다. 그러나 군경의 진압작전과 주민들의 협조로 평온과 질서를 되찾았다. 여수·순천 반란사건은 새로이 수립된 대한민국을 혼란시키기 위한 것이었다. 공산주의자들은 탄약고, 병기 창고를 파괴하는 한편, 관공서, 경찰서를 습격하여 경찰과 민간인을 학살하였다. 그러나 국군의 활동으로 곧 진압되었다. 이러한 북한 공산주의자들의 교란작전은 그 후에도 여러 가지의 형태로 나타났다.”
6차 교육과정 - 김영삼 정권 - 1996년 발행 - 국사편찬위 - 1종교과서	“공산주의자들은 5·10 총선거를 전후해서 단독 정부 수립을 반대한다는 구실로 남한 각지에서 유혈사태를 일으켰다. 이러한 상황 속에서 발생한 제주도4·3사건은 공산주의자들이 남한의 5·10총선거를 교란시키기 위하여 일으킨 무장폭동으로서, 진압과정에서 무고한 주민들까지도 희생되었으며, 제주도 일부지역에서는 총선거도 실시되지 못하였다. 한편 새로 창설된 국군내부에도 공산주의자들이 침투하여 사회혼란을 유발하였다. 특히, 여수·순천 10·19사건은, 이 지역에 주둔하고 있던 군부대 내의 일부 좌익 세력이 반란을 일으키고, 이 지역에 잠입해 있던 공산주의자들이 합세하여 일으킨 사건이었다. 이 사건은 새로 수립된 대한민국을 전복시키려는 데 의도가 있었다. 결국 국군과 경찰의 토벌로 이 사건은 진압되었으나, 평온과 질서를 되찾기까지는 상당한 기간이 지나야만 하였다.”
7차 교육과정 - 김대중 정권 - 2007년 발행 - 국사편찬위 - 국정교과서	자유민주주의와 자본주의를 기본 이념으로 한 새로운 대한민국의 국가 건설은 많은 시련을 겪어야만 했다. 특히, 정부 수립을 전후한 시기에 좌·우익의 대립이 격화되어 제주도 4·3 사건과 여수·순천 10·19 사건 등이 일어났다. 제주도 4·3 사건(1948) 제주도에서 벌어진 단독 선거 반대 시위를 진압하는 과정에서 수만 명의 인명 피해가 일어난 사건 여수·순천 10·19 사건(1948) 제주도 4·3사건의 진압 출동 명령을 거부한 군인들이 반란을 일으켜 여수·순천 일대를 점령한 사건

※ 『시련과 극복』(1972년)에는 “공산당들은 제주도 폭동, 여순반란 사건 등을 일으켜 동족 상쟁의 참극을 빚기도 했다”고 서술했다.

『한국 근·현대사』 교과서의 여순사건 서술

『한국 근·현대사』 교과서는 여순사건의 명칭을 『교과서 편수자료』에 의거하여 '여수·순천 10·19 사건'으로 표기하고 있다.[317] 대부분의 교과서는 여순사건을 4.3사건 진압 출동 명령을 받은 여수 주둔 부대 내 좌익 세력이 일으킨 '반란'이나 '봉기'로 표현하였다.

아래의 표는 검인정 『한국 근·현대사』 교과서 6종이 서술하고 있는 여순사건의 내용이다.

〈표 7-8〉 『고등학교 한국 근·현대사』 교과서의 여순사건 서술

교과서 종류	서 술 내 용
금성출판사, 263쪽	〈대한민국의 수립과 분단 – 단독 정부 수립을 둘러싼 갈등〉 한편, 같은 해 10월에는 제주도 유격대 진압에 동원된 여수 주둔 군대가 이에 반발하는 폭동을 일으켜 여수와 순천 일대를 점령하는 사건이 일어났다(여수·순천 10·19사건). 폭동은 곧 진압되었으나, 이에 참여한 군인들 중 일부는 무장을 한 채 산속으로 숨어들어가 저항을 계속하였다. 이들의 저항은 6·25전쟁 때까지 이어졌다.
대한교과서, 257쪽	〈냉전의 현실 속에 통일 국가의 꿈은 깨어지고 – 제주도 4·3 사건과 여수·순천 10·19 사건〉 1948년 10월 19일, 여수 지역에 주둔하고 있던 군부대에 제주도 4·3 사건을 진압하기 위해 출동하라는 명령이 내려졌다. 그런데 당시 여수 지역에 주둔한 부대에는 5·10총선거에 반대했던 좌익 세력들이 상당수 입대해 있었다. 그들은 제주도 출동 반대, 통일 정부 수립 등을 외치면서 봉기하여 여수와 순천을 점령한 다음 인근 지역을 장악하였다. 그러나 정부의 신속한 대응으로 곧 진압되고 말았다.

317) 현재 『한국 근·현대사』 교과서는 다음의 6종이다.
김광남 외 5인, 2005, 『고등학교 한국 근·현대사』, (주)두산.
김종수 외 3인, 2005, 『고등학교 한국 근·현대사』, 법문사.
김한종 외 5인, 2005, 『고등학교 한국 근·현대사』, (주)금성출판사.
김홍수 외 5인, 2005, 『고등학교 한국 근·현대사』, (주)천재교육.
주진오 외 4인, 2005, 『고등학교 한국 근·현대사』, (주)중앙교육진흥연구원.
한철호 외 5인, 2005, 『고등학교 한국 근·현대사』, 대한교과서(주).

두산, 273~274쪽	〈6 · 25 전쟁 – 여수 · 순천 10 · 19사건〉 1948년 10월에는 여수 · 순천 10 · 19사건이 발생하여 많은 희생자들이 생겼다. 제주도4 · 3사건을 진압하기 위해 출동 명령을 받았던 여수 주둔의 부대가 좌익 세력의 선동으로 출동을 거부하고 반란을 일으켜 여수와 순천을 점령하였고, 여기에 이들 지역의 공산주의자들도 합세하였다. 이리하여 여수 · 순천을 비롯한 전라남도 동남부의 일부 지역이 며칠 동안 반란군과 좌익의 손에 들어갔다. 정부는 10개 대대의 병력을 동원하여 반란군을 포위하고 여수 · 순천 일대에 계엄령을 선포하였다. 반란 토벌의 진압군은 총공격을 개시하여 순천에 이어 여수를 탈환하고 질서를 회복하였다. 그러나 반란군의 일부는 지리산 방면으로 탈출하여 빨치산 활동을 계속하였다. 이들의 활동과 이를 진압하려는 국군의 작전 과정에서 민간인 인명 피해가 많이 발생하였다. 이후 여수 · 순천 10 · 19사건을 계기로 군대는 숙군 작업을 추진하여 군 내부의 공산주의자들을 추방하였다. ※ 읽기 자료 : 여수 · 순천 10 · 19사건에 대한 미군 장교의 회고
법문사, 256쪽	〈6 · 25 전쟁 – 대한 민국 정부 수립 전후의 국내 정세〉 한편, 1948년 10월에 여수에 주둔한 군 부대에 제주도 4 · 3사건 진압 출동 명령이 내려지자 부대 내에 있던 좌익 세력들이 봉기하였고, 여기에 여수 지역의 좌익 세력들이 합세하여 여수 · 순천 지역을 점령하는 여수 · 순천 10 · 19사건이 일어났다. 결국 국군과 경찰에 의하여 이 사건은 진압되었지만, 그 과정에서 무고한 주민들이 희생되거나 피해를 입었다. 이때 국군과 경찰에 쫓긴 좌익 세력의 일부는 지리산 등으로 들어가 유격 투쟁을 전개하여 혼란을 가중시켰다.
중앙교육진흥 연구소, 297쪽	〈6 · 25 전쟁 – 건국 초기의 국내 정세〉 한편, 새로 미 군정이 창설한 경비대에 좌익계 인물이 위장 침투하여 대한 민국 정부의 수립 이후에도 이들은 남조선 노동당과 연결하고 있었는데, 이를 알게 된 정부는 좌익계 군인을 제거하려는 숙군 작업을 진행하게 되었다. 이에 여수 지역에 주둔하고 있던 부대 내의 좌익 세력은 제주도 4 · 3 사건의 진압 출동 대기 작전 명령을 받자, 여수 · 순천 지역의 공산주의자들과 합세하여 반란을 일으켰다(여수 · 순천 10 · 19사건). 이때에도 무고한 양민들이 많은 피해를 입었다. 반란군은 국군과 경찰의 토벌에 쫓겨 지리산 등으로 들어가 게릴라 활동을 벌여 남한 사회의 혼란을 자아내었다.

천재교육, 277쪽, 279쪽	〈5 · 10 총선거와 대한민국의 수립 – 국가 재건을 위한 정책〉 대한민국 정부는 미군정으로부터 모든 행정적 권한을 이양 받은 후 사회 안정을 위한 여러 정책을 실시하였다. 정부 수립을 전후하여 제주도와 여수, 순천 지역에서 대규모 소요가 발생하자 정부는 먼저 공산주의자와 사회주의자들의 소요를 통제하기 위하여 국가 보안법을 제정하였다. 그리고 군대와 사회 각 분야에 진출해 있었던 공산주의자들을 검거하고, 전향한 공산주의자들을 통제하기 위하여 보도연맹을 창설하였다. 〈5 · 10 총선거와 대한민국의 수립 – 6 · 25 전쟁의 전야〉 1948년 대한민국이 수립되었지만, 사회 안정은 쉽게 이루어지지 않았다. 특히 1948년 10월 전라남도의 여수와 순천에서 일어난 <u>한국군 내부의 공산주의자들의 반란 사건</u>은 그 대표적인 예라고 할 수 있다. 이 사건 이후 남한에서 공산주의자들의 빨치산 활동이 시작되었으며, 북한은 이들의 활동을 지원하였다. - 남한 내에서 일어났던 공산주의자들의 소요가 실패하고, 공산주의자 조직이 붕괴하면서, 북한의 공산주의자들은 1949년 이후 전쟁을 위한 준비를 시작하였다.

먼저 여순사건의 원인에 대해 ‘4.3사건 진압명령 거부’(금성, 대한)를 제시하거나, ‘제주도 출동 반대’와 ‘통일 정부 수립’(대한)이라는 봉기세력이 주장한 내용을 적시하였다. 한 교과서(중앙)는 사건의 원인으로 ‘군부 내 숙군 작업’을 언급하였다.

여순사건의 주체 세력에 대해서는 모든 교과서가 여수 주둔 군부대(군인)를 언급하고 있지만, 이 사건을 군인들만의 봉기로 보는가 아니면 군인과 지역주민들의 연합으로 보는가는 사건의 성격을 규정하는 데도 중요한 문제이다. 3종의 교과서(두산, 법문, 중앙)는 군인뿐만 아니라 ‘지역 공산주의자’, ‘여수 지역 좌익 세력’이 봉기에 합세했다고 적시하고 있는 반면, 1종의 교과서(천재)는 ‘군 내부 공산주의자들의 반란’으로 보고 있다.

여순사건을 사회혼란을 유발한 사건으로 보는 것은 대부분의 교과서가 취하고 있는 관점인데, 이러한 시각은 자료의 제시에서도 나타난다. 교과서 중 여순사건에 가장 많은 분량을 할애하고 있는 한 교과서(두산)는 당시 한국군과 함께 진압작전에 깊숙이 참가했던 미 임시군사고문단원 제임스 하우스만(James Hausman)의 일기를 〈읽기 자료〉로 제시하여 여순사건의 성격을 판단토록 하고 있다.[318)]

그의 일기에는 "여수 · 순천을 비롯한 전남 일부는 완전히 공산화됐다", "공산 깃발이 펄럭이고 북한 정치체제가 들어섰다"는 언급이 나온다. 하우스만은 작전 계획을 입안하는 등 정부군을 도와 진압작전에 적극 참여한 사람이었다.[319)] 진압군의 시각이 반영된 자료를 교과서에서 제시함에 따라 학생들은 자연스럽게 여순사건을 '사회 혼란을 야기한 사건', 따라서 '진압해야만 하는 사건'으로 밖에는 인식할 수 없게 되었다.

여순사건이 진압된 뒤에도 반란군의 유격대(빨치산) 활동이 이어져 사회불안 요소가 잔존했다는 점을 지적하고 있는 교과서는 모두 5종(금성, 두산, 법문, 중앙, 천재)에 달한다. 거의 모든 교과서가 여순사건으로 인한 사회불안을 지적하고 있는 것이다.

이에 비해 이 사건으로 인한 민간인 희생을 언급한 교과서는 3종(두산, 법문, 중앙)에 불과하다. 그 내용도 "국군의 작전과정에서 민간인 인명 피해가 발생", "무고한 주민들이 희생되거나 피해를 입었다", "무고한 양민들이 많은 피해를 입었다"고 서술하여, 누구에 의해서 이렇게 '많은 피해'가 발생했는지, 왜 이러한 일이 발생할 수밖에 없었는지에 대해서는 언급하고 있지 않다.

여순사건은 정부가 수립된 지 불과 두 달 만에 정권에 반대하여 봉기가 일어났다는 사실도 중요하지만, 더욱 더 중요한 점은 여순사건이 한국 사회에 끼친 영향이다. 여순사건 이후 본격화하고 한국전쟁을 거치면서 더욱 강화된 반공체제의 논리는 수십 년간 한국 사회를 운영하는 기본적 원리

---

318) 김광남 외 5인, 2005, 『고등학교 한국 근 · 현대사』, (주)두산, 274쪽.

319) 제임스 하우스만에 대해서는 김득중, 2001, 「여순사건과 제임스 하우스만」, 『여순사건 53주년 기념 학술세미나－여순사건의 진상과 국가 테러리즘』을 참조.

로 이용되었다는 점에서 특히 주목을 요한다. 이런 측면에서 볼 때, 여순사건의 영향을 유격대 투쟁의 지속으로만 파악하는 교과서의 서술은 사건의 의미와 중요성을 분명하게 포착하지 못한 것으로 보인다.

반공 텍스트로서의 여순사건 재현

지금까지 교과서에 나타난 여순사건 관련 서술에 대해 검토해 보았다. 마지막으로 여순사건이 현대사의 어떠한 맥락에서 서술되고 있는지를 검토해보자.

역사적 사건이 홀로 독립하여 존재하지 않고 원인과 결과를 갖는 시간적 맥락 속에 존재한다면, 그 맥락을 어떻게 파악할 것인가는 역사 인식에 매우 중요한 요소이다. 이런 점에서 제주, 여순사건은 사건 자체의 개별적 내용뿐만 아니라, 이들 사건들이 어떤 서술 체계 속에 포함되어 있는지를 살펴보아야만 한다.

『한국 근 · 현대사』 교과서는 이전의 국정교과서에서는 볼 수 없었던 다양한 시각과 서술방식이 도입되었고, 역사를 이해하기 위한 여러 종류의 자료가 제시되기 시작하였다. 그러나 『한국 근 · 현대사』 교과서는 국정교과서가 가지고 있던 한국 현대사 서술의 기본적인 골격을 그대로 유지하고 있다. 이 점은 현재 사용되고 있는 6종의 『한국 근 · 현대사』의 목차가 부분적인 차이는 있지만 거의 동일하다는 사실에서 확인할 수 있다.

총 4종의 교과서(두산, 법문, 중앙, 천재)는 '6 · 25전쟁'이라는 소단원명 아래에 제주 사건을 배치하여 서술하고 있는 데 비하여, 2종의 교과서는 "냉전의 현실 속에 통일 국가의 꿈은 깨어지고"(대한), "단독 정부 수립을 둘러싼 갈등"(금성)이라는 소단원 아래에 배치하였다.

교과서가 새로운 서술구조와 내용을 가지지 못한 채 기존 구조를 반복한 것은 단순히 집필자들의 문제만은 아니다. 앞에서 살펴보았듯이 그것은 기본적으로 교과서 발행제도와 교육과정의 문제점이 작용한다.[320]

제주4 · 3사건과 여순사건을 '6 · 25전쟁'이라는 소단원에 배치한 것은 이 사건들을 좌우 대립과 사회 혼란의 원인으로 인식하기 때문이다.[321] 이러한 인식은 60년 전에 이 사건을 진압했던 지배층의 인식을 그대로 반복하는 것이다. 또한 두 사건을 대한민국이라는 국가 형성과정에서 나타났던 갈등이 아니라, '6 · 25전쟁'에 배치함으로써, 이 두 사건이 북한과 연관되어 있다는 서술상의 맥락을 부여하였다. 두 사건을 '6 · 25전쟁'과 관련시킴으로써, 결국 두 사건은 사회 혼란을 부추기며, 북한과의 관련을 갖고 있다는 역사적 인식을 심어주게 되는 것이다.

근현대사 교과서 집필 기준안(준거안)을 보면 현대사 서술에서는 '대한민국의 정통성'과 '좌우대립'이 강조되고 있음을 알 수 있다. 특히 제주도 4 · 3사건과 여순사건의 학습 목표는 이들 사건을 통하여 "좌우대립이 매우 심하였음을 설명할 수 있도록 한다"라고 설정되어 있다.[322] 기준안을

---

320) 교과서 집필에 참가했던 한 필자는 교과서 집필의 어려움을 다음과 같이 말하고 있다. "2000년 10월 2일 계약을 한 후 「집필상의 유의점」과 「교육과정」을 받고 돌아와 읽어보는 순간 당혹해 하지 않을 수 없었다. 국정 교과서 하권의 내용을 상세하게 정리해 놓은 대로 책을 써야 한다면 내가 꿈꾸어 왔던 교과서는 이미 물 건너간 것이 아닌가하는 생각을 할 수 밖에 없었다.……그런데 집필과정에서 가장 힘들었던 이유 가운데는 검인정에 통과하기 위해서는 김영삼 정권 시절에 작성된 교육인적자원부의 「교육과정」과 「집필상의 유의점」의 구속에 따라야 한다는 점이 있었다. 더욱이 『한국근현대사』 교과서를 국정 국사교과서와 연계하여 서술할 것을 요구하고 있기 때문에 결국 그 틀에서 벗어날 수 없도록 족쇄를 채워 놓았다고 할 수 있다. 사실 검인정 교과제의 특징이라면 국가는 그 교과서가 사용할 수 있는 체제와 내용을 갖추었는지에 대해서만 심의를 하는 것이다. 그러나 지금대로 한다면 아무리 학계에서 새로운 연구 성과가 나와도 그것을 반영할 수 있는 기회는 봉쇄되고 만다"(주진오, 2004, 「『한국근현대사』 교과서의 집필 기준과 검정시스템」, 『역사교육』 92호, 265~268쪽). 그렇다고 해서 집필자의 세심한 임무가 면제되는 것은 아니다. 교과서 집필자에게는 새로운 역사 사실을 추가하거나 수십 년간 의문 없이 반복되어 왔던 현대사의 서술구조에 대해 근본으로 고민해야 할 필요가 있다.

321) 한 교과서는 1948년 2 · 7시위를 언급한 다음 제주도 4 · 3사건을 연이어 서술함으로써 전국적인 혼란 상황을 그려내고 있다.

322) 한일역사공동연구위원회 · 한국사학회, 2007, 『국사교과서 집필 기준안』, 2007년도 한일역사공동연구위원회 연구용역결과 종합토론회 자료집, 16쪽.

통해 볼 때, 이 두 사건은 국가 수립 과정에서 폭력에 의해 무수한 인명 피해가 발생한 사례가 아니라 극심한 좌우대립을 보여주는 역사적 사례로 배치되어 있다는 점을 알 수 있다.

한 교과서에서 제시한 〈반공의거와 공산당 소요 사건〉 지도는 제주, 여순 사건이 어떤 맥락에 위치 지워지고 있는가를 공간적으로 잘 보여준다.[323)] 이 지도는 해방 후 한국전쟁 시기까지 반공의거와 공산당이 주동한 소요 사건을 지도에 표시한 것인데, 제주4·3사건과 여순사건은 공산당이 사주한 여러 가지 소요사건 중의 하나로 포함되어 있다.

그러나 이 지도는 여러 가지 사실 기술의 오류를 범하고 있다. 이 지도가 포함하는 시기는 1945년 11월 7일(함흥학생 반공의거)부터 1950년 10월 3일(구월산 반공의거)까지이며, 이 시기에 발생한 사건 중에서도 (1) 북한에서의 반공의거, (2) 남한에서의 공산당 소요, (3) 계엄령선포 지구라는 세 가지 주제를 한국 지도에 표시하고 있다. 그리고 계엄령 선포지구는 여수, 순천 일대와 제주지구로 표시하였다. 그러나 여순사건의 경우, 계엄은 전라남북도 지역으로 확대된 바 있고, 한국전쟁기에는 사실상 남한 전체가 계엄 지역이었다. 하지만 교과서에서 제시된 지도는 특정한 시기를 적시하지 않고 여수·순천 지역과 제주도 지역만을 계엄 선포 지역으로 표시하였다. 또 서울소요사건(1946. 10. 22), 밀양소요사건(1948. 2. 7)은 역사 연구자들도 큰 중요성을 부여하지 않는 사건이지만, 지도에서는 중요한 소요사건으로 표시하였다.

해방 후부터 한국전쟁기에 이르는 반공의거와 좌익 반란을 요약하여 공간적으로 표시함으로써 독자들은 이 시기를 극심한 좌우대립의 시기로 이해한다. 그리고 좌익은 이데올로기와 정권 획득을 위해 사회를 혼란시키는 세력으로, 유혈적 사건을 야기하는 세력으로 인식된다.

제주4·3사건과 여순사건은 이러한 맥락에서 서술되고 있는 대표적 예

323) 주진오 외 4인, 2005, 『고등학교 한국 근·현대사』, (주)중앙교육진흥연구원, 287쪽.

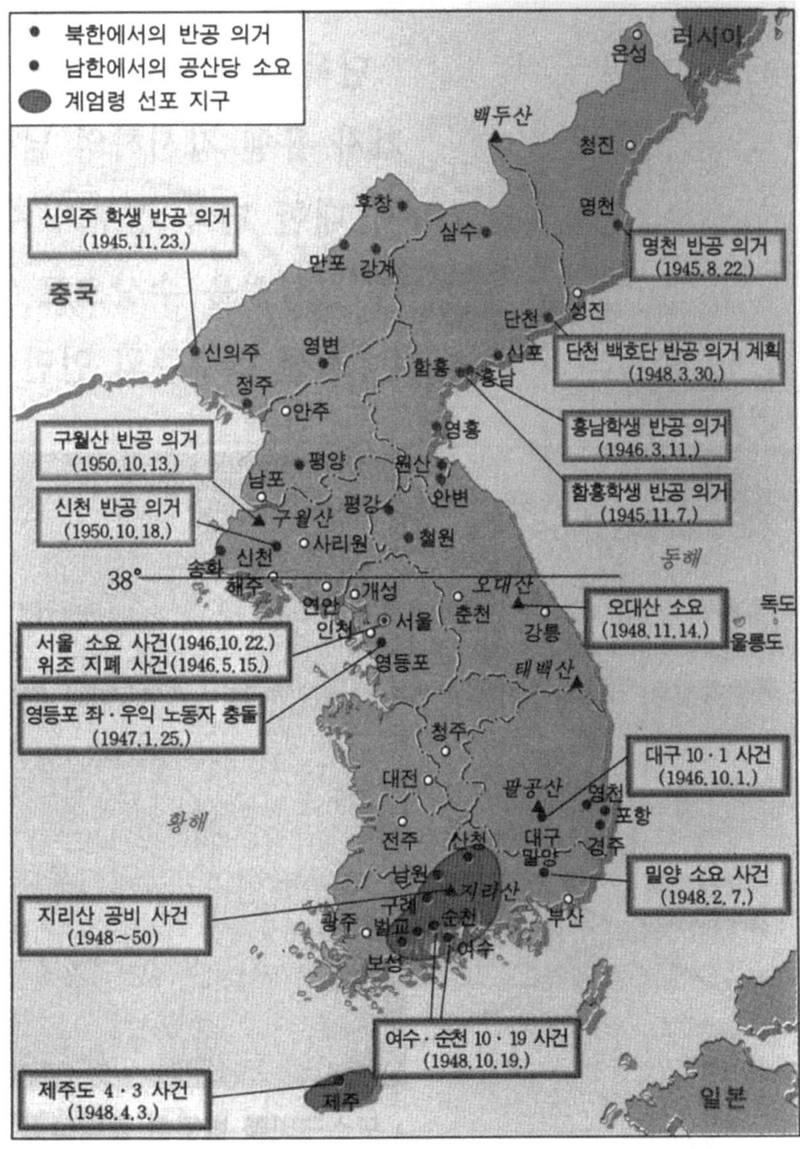

〈그림 7-7〉 해방 후부터 한국전쟁기까지의 '반공의거와 공산당 소요 사건' 지도

이다. 보수적 시각에서 대한민국 건국 초기를 다루는 역사책들이 이 시기를 어떻게 서술하고 있는지를 살펴보자.

> 한국정부가 수립된 후에도 남노당은 북한과 함께 이승만 정부를 뒤집고 사회주의적 통일정부를 수립하려는 노력을 멈추지 않았다. 그 대표적인 예가 여순반란사건과 빨치산 활동이었다.[324)]

> “주한미군의 전면철수가 임박해지고 있던 상황에서 소련은 38선 이남에서 혁명적 봉기를 일으키는 데 주저할 이유가 없었다. 대한민국정부 수립을 전후하여 남한 도처에서 일어나고 있던 폭동과 파업, 유격전은 1948년 10월부터는 국군 내에 침투해 있던 남노당 세포 조직에 의하여 무장반란으로 확대되었다. 즉 1948년 10월 2일의 제주도의 군 경비대 반란, 1948년 10월 20일 제14연대 안에서 일어난 여수·순천의 대규모 반란에 이어 11월 2일 대구 제6연대 내의 무장반란 등이 그것이다.”[325)]

> “남조선노동당(남로당)을 중심으로 한 좌파 정치 세력은 대한민국의 성립에 저항하였다.……10월에는 제주도 반란의 진압을 위해 출동명령을 받고 전남 여수와 순천에 주둔 중이던 국군 제14연대에서 남로당에 포섭된 장교와 하사관들이 반란을 일으켰다.”
>
> “김일성의 ‘국토완정론’은 처음에는 남한 내부에서의 공작이나 무장봉기를 통해 이승만 정부를 무너뜨리려는 노력으로 나타났다. 제주 4·3사건, 여수·순천의 국군 제14연대 반란, 빨치산 활동 등은 이 노선에 따라 일어난 것이었다.”[326)]

이와 같이 북한과 연결된 남한 좌익 세력은 시종 일관 폭력을 옹호하는 세력이자 혼란 유발 세력으로 묘사된다. 이는 반란에 대한 성공적 진압을 변호하기 위한 논리적 장치이기도 하다.

반공주의적 ‘정통성’에 대한 고집은 대한민국 수립의 정통성에 흠집을

---

324) 김일영, 2004, 『건국과 부국: 한국현대정치사 강의』, 생각의 나무, 94쪽.
325) 양호민, 2004, 『38선에서 휴전선으로』, 생각의 나무, 402쪽.
326) 교과서포럼, 2008, 『대한교과서 한국 근·현대사』, 기파랑, 144쪽.

내는 어떠한 시도도 국가를 배반하는 행위로 간주하면서, 역사에 대한 자유롭고 다양한 접근을 근원적으로 차단하였다. 일부 사람들이 말하는 것처럼, 제주4·3사건과 여순사건에서의 민간인 희생을 연구하고 서술하는 목적은 대한민국사의 부정적인 측면만을 부각시키기 위한 것이 아니다.

국내의 치안을 확보하고 외부의 침입으로부터 자국민을 보호해야만 하는 임무를 띠고 있는 군경이 자국민에게 총부리를 겨누었던 것은 한국 현대사의 크나큰 비극이었다. 그러나 비극을 비극으로 경험하지 못한 남한은 비극을 되풀이하였다.

1970년대에 들어와서야 활발해진 나치의 유대인 학살에 대한 독일 역사 교과서 서술은 과거 청산의 모범적 사례로 거론되고 있다. 수백만 명의 피가 뿌려진 비극적 역사를 기록하고 기억하는 것을 통해 독일은 미래를 위한 첫 걸음을 내디딜 수 있었다.

대한민국의 성립은 국민의 땀뿐만 아니라 많은 피를 요구하였다. 그 유혈의 역사를 외면한다면, 우리는 부정적 역사를 미래를 위한 긍정적 자양분으로 바꿀 수 없을 것이다.

결론

그러나, 우리가 더 안다고 해서 충분한 것도 아니다. '비극적' 사건이었다고 말함으로써 우리는 역사적 사실을 이해한다는 것 이상을 요구하는 것이다.

여기에서 내가 비극이라고 한 것은 그 인과 관계에 지나치게 집착하게 되는 사건, 일종의 본보기로서 그대로 직시하고 받아들여야할 엄숙한 의무를 살아남은 자들에게 부여해주는 교훈적인 속성을 지닌 (극단적 슬픔과 공포를 자아내는) 사건이라는 뜻이다.……

우리는 그 사건이 어떤 의미에서는 이해될 수 없다는 점을 인정한다. 결국 유일한 대응은 그 사건을 가슴속에 간직하고 기억하는 일뿐이다.……기억한다는 것이 아무 득도 되지 못할 수도 있다. 그러나 우리는 그렇게 하는 것이 옳다, 온당하다, 혹은 적절하다고 여길 것이다.……

우리는 비극이 예술 양식이 아니라, 역사의 형태인 시대에 살고 있다.

—수전 손택, 이민아 옮김, 2002, 『해석에 반대한다』, 이후, 189~190쪽

결론

지금까지 여순사건을 중심으로 대한민국 정부 수립 초기의 반공체제 형성과정을 검토하였다. 결론에서는 여순사건의 전개과정을 요약하는 한편 한국 현대사에서 여순사건이 갖는 의미를 종합적으로 정리하고자 한다. 마지막으로 여순사건이 한국 사회에 남겨놓은 숙제는 과연 무엇인지를 살펴보겠다.

여순사건의 전개 과정

여순사건은 군 내부에서 발생했고, 지방 좌익 세력이 가담함으로써 신생 이승만 정부를 놀라게 했다. 하지만 이 봉기는 이승만 정부와 미군이 대응하지 못할 만큼 치밀하게 계획되거나 뚜렷한 목적이 있는 봉기는 아니었다. 여수에서 일어난 봉기는 14연대 하사관 세력이 독자적으로 일으킨 봉기였고, 북한 정권이나 남로당 중앙은 물론이고 전라남도 도당이나 여수·순천 지역의 지역당까지도 사전에 알지 못했다.

그럼에도 14연대의 봉기는 빠르게 번져 나가, 하루 만에 여수와 순천이 봉기군의 수중에 들어갔다. 더욱 더 놀라운 사태는 봉기를 주도한 14연대 남로당 세포인 하사관 세력이 소수에 불과했고, 봉기를 일으킨 다음에는 어떻게 진행할지도 뚜렷이 정해진 바가 없었음에도 불구하고 지방 좌익 세력과 민중들이 대거 동참했다는 사실이었다. 이는 14연대 봉기세력이 동족을 죽이러 가는 제주도 파병 명령을 받아들일 수 없으며, 친일파와 경찰을 타도하자는 호소가 민중을 움직였기 때문이었다. 분단 정권과 경찰에 대한 불만은 14연대 일반 사병과 지역민들이 봉기에 참여하는 주요한 이유가 되었다. 이러한 요인 때문에 봉기는 몇 일만에 광양, 구례, 보성(벌교) 등 전남 동부 지역으로 빠르게 번져나갔다.

봉기군이 점령한 여수와 순천에서는 지방 좌익 세력과 청년 학생들이 대거 참여하여 광범한 대중봉기로 발전했다. 남로당을 비롯한 대중단체들은 지하 활동을 끝내고 공개적으로 활동하기 시작했다. 남로당원들은 인민위원회를 건설하여 식량배급과 친일파 · 민족반역자 · 반동세력 처단 등의 기초적인 행정을 시작했다. 학생들은 총을 잡고 봉기군을 원조했으며, 여학생들과 여성 조직원들은 봉기군에게 밥을 해주는 등의 방식으로 봉기군을 도왔다. 직장에서는 종업원자치위원회가 조직되어 공장을 접수했다.

인민위원회가 통치한 8일 동안의 여수와 3일 동안의 순천은 봉기군의 물리력으로 성벽을 쌓은 해방구였다. 여수와 순천에서 만들어진 인민위원회는 해방 직후 등장했던 지방인민위원회의 전통을 계승했다. 남북에 분단 정권이 이미 세워진 상황에서 발생한 여수 · 순천 대중봉기는 대한민국의 법령을 인정하지 않았고 분단 정권을 완전히 부정했다. 봉기 대중에게 이승만 정권은 친일파 · 모리 간상배들이 추진한 단독정부였고, 은행예금은 이들이 인민의 고혈을 빨아 모은 것이었다.

경찰과 우익 세력에 대한 신속한 처단은 해방 후 일어난 대구항쟁이나 제주4 · 3항쟁과도 구별되는 것이었다. 봉기군 점령지역에서 벌어졌던 우익인사에 대한 처단은 해방 후 사회적 과제가 해결되지 못한 분노의 폭발이었다.

여수나 순천은 해방 후 인민위원회 활동이 활발했던 곳이 아니었다. 그럼에도 여순사건 당시의 인민위원회는 급속히 재건되어 친일파와 반동 세력의 처형에 나섰다. 경찰들은 사복을 입고 도망치거나 붙잡혀 참혹하게 살해당하고, 여수의 유명한 자본가였던 김영준과 우익청년단장 등도 죽음을 당하였다.

여순봉기는 결국 전남 동부 지역에 고립된 투쟁으로 끝났다. 여수·순천에서는 며칠간의 '인민행정'이 가능했으나, 나머지 지역은 한 차례의 휩쓸고 지나가는 바람이거나 봉기군과 진압군의 반복되는 점령과 재점령의 순환으로 끝났다. 봉기 초기에 나타났던 군인들의 봉기군 합류도 시일이 지나면서 점점 줄어들었다. 봉기의 확산 가능성을 타진하던 봉기군은 진압군이 포위를 좁혀오자 백운산과 지리산 등의 산악지대로 주력을 이동시켰다.

미군 수뇌부와 이승만 정권은 봉기가 왜 빠르게 진압되지 않느냐고 반란군토벌전투사령부를 채근했고, 38선 경계 병력을 제외한 대부분의 남한 군대가 투입된 진압작전은 일주일 만에 여수를 점령할 수 있었다.

진압군의 대응이 처음부터 일사불란한 것은 아니었다. 공식적인 지휘체계도 흔들려 진압작전을 주도했던 인물들의 편의에 따라 변경되기도 했고, 초기에는 봉기군에 합류하거나 부대원들이 이탈하는 등의 혼란을 겪었다. 하지만 시일이 지나면서 진압군은 점차 대오를 정비할 수 있었다. 진압작전을 주도했던 것은 미 임시군사고문단원과 만주군 출신의 장교들이었다. 광복군 출신의 송호성은 진압작전을 총괄하는 지위에 있었지만, 실제로 진압작전은 만주에서 빨치산 토벌 경력이 있었던 김백일, 백선엽 등이 주도했다.

미군은 임시군사고문단원으로 하여금 작전과 군수, 인사를 통제하면서 진압작전을 주도했다. 제임스 하우스만 등의 미 임시군사고문단원들은 작전 계획을 짜고, 물자를 배급하며, 전투 결과를 점검했다. 작전상황은 임시군사고문단장에게 직접 보고되었다. 미군의 도움이 없었다면 빠른 시일 내에 봉기군을 진압하지 못했을 것이다.

순천 북방에서 벌어진 학구 전투는 진압군이 자신감을 갖게 된 최초의 승리였다. 진압군은 순천을 공격했으나 초기에는 봉기군의 저항에 직면하여 쉽게 순천을 공략하지는 못했다. 봉기군도 진압군의 강력한 화력 앞에 더 이상 저항 할 수 없음을 깨닫고 야음을 이용해 순천으로부터 퇴각하였다. 이후 진압군은 비교적 손쉽게 순천을 점령할 수 있었다.

여수에서도 상황은 비슷했다. 10월 24일부터 시작된 진압군의 공격은 치밀한 작전 계획을 갖고 진행되지 못했기 때문에 봉기군과 지방 좌익 세력에게 격퇴되었다. 하지만 여수를 방어하던 봉기군과 지방 좌익 세력도 더 이상 여수를 방어할 수 없어 후퇴하였다. 여수에 대한 초기 진압작전이 실패하자 진압군은 기계화 부대와 해안경비대 그리고 연락용 비행기까지 동원하여 초토화 진압작전에 나섰다. 그러나 여수작전에서 진압군이 맞서 싸운 대상은 봉기군이 아니라 시민과 학생들이었다. 진압군의 온갖 화력을 동원한 육·해·공군의 초토화 작전의 결과로 봉기의 진원지였던 여수 시내의 중심가는 전소되었다.

여수와 순천 지역민들이 희생된 것은 전투에서가 아니라, 진압작전이 끝난 시점부터였다. 순천과 여수를 점령한 진압군과 경찰은 우익 청년단원들과 지방 우익 세력의 도움을 받아 협력자 색출에 나섰다. 변명과 이유를 따지지 않은 채 협력자 색출이 실시되었고, 우익 세력의 ‘손가락 총’에 지목되기만 하면 혐의자들은 즉석에서 참수, 사형되거나 군법회의에 넘겨졌다.

진압군과 경찰은 자신들의 진압작전 실패를 만회하기 위해, 공산주의자들의 잔혹성에 대한 보복을 위해, 다른 한편으로는 반란의 근거지가 응당 치러야 할 대가로 비무장 민간인에 대한 학살을 자행했다. 법도 제정되지 않은 상태에서 내려진 계엄은 적으로 간주되는 봉기 지역의 민간인을 자의적으로 처형할 수 있게 한 ‘살인 면허장’이었다. 그 결과 봉기군이 들어왔을 때보다 진압군이 점령했을 때 민간인 희생자가 몇 배나 더 발생했다.

여순사건은 비교적 단시간 내에 진압되었고, 남한 정권을 흔들만한 계기도 되지 못했다. 미군이 남한에 진주하고 있는 상황에서 반도 남쪽의 해안 도시에서 시작된 군인들의 봉기는 전국적으로 확산되기 어려웠다.

여순사건이 지나가는 사건만으로 끝나지 않고 한국 현대사에 깊은 유산을 남길 수 있었던 것은 이를 계기로 이승만 반공체제가 형성되기 시작했기 때문이다.

여순사건의 역사적 의미와 유산

여순사건은 지금으로부터 61년 전에 발생했던 과거의 일이다. 과거지사는 세월에 씻겨 흘러가지만, 여순사건은 잊을 수 없는 기억으로 남았다. 어떤 이에게 여순사건은 학살의 아픔으로 남아 잊어버리고 싶지만 잊혀지지 않는 기억으로 남았고, 어떤 이에게는 대공(對共) 전선의 찬란한 경험으로 활용되었다. 망각과 기억을 오가는 사이에 여순사건의 실상은 충분히 규명되지 않고 무겁게 가라앉은 채 신화화 되었다.

여순사건은 현재 진행형이다. 국민에게 폭력을 행사하여 죽음으로 내몬 가해자들은 지금까지도 자신의 과오를 전혀 인정하지 않고 오히려 '빨갱이'를 토벌한 전과로 여긴다는 점에서 현재 진행형이다. 죽은 자의 영혼을 위로할 길을 찾아 나서는 여순사건 피해자 유족들이 아직도 존재하고 있다는 점에서 여순사건은 현재 진행형이다. 여순사건을 이념적 잣대로만 재단하고, '적'과 '아'를 가르는 정치의 논란 속에 이 사건을 위치시키려는 시도가 계속 이루어지고 있다는 점에서 현재 진행형이다.

또한 반공주의의 유산들이 아직도 숨 쉬고 있다는 점에서 여순사건은 한국 사회가 앞으로 극복해야 할 과제를 지시한다. 국가 기구에 의한 폭력 사용을 일방적으로 정당화하며, 그이외의 폭력을 불법으로 간주하고, 시민 저항을 '국민 된 도리'를 다하지 못하는 것으로 사고한다면 물리적 국가 기구에 의한 국가폭력은 재발할 수밖에 없다. 국가를 받들어야 하는 최고의 존재로 사고하는 '국가 물신주의'가 극복되지 않는다면, 국민을 단지 국가에 봉사하는 존재로 생각하는 사고가 극복되지 않는다면, 한국의 민주주의는 더 이상 진전될 수 없다. 이런 점에서 여순사건이 남겨놓은 반공주의의 유산을 극복하는 것은 앞으로의 과제이다.

여순사건이 갖는 역사적 의미를 검토하는 것은 해방 후부터 최근에 이르는 장기적인 관점에서 여순사건을 위치시키는 것이다. 이는 또한 여순사건을 구조적이고 사회적인 맥락에 위치시킨다는 것을 의미한다.

여기서는 여순사건이 빨갱이라는 존재를 탄생시키고 대한민국을 반공사회로 형성한 결정적인 계기였다는 점을 다시 한 번 정리하고, 마지막으로 여순사건의 역사적 경험에 비추어 볼 때 현재 우리에게 남겨진 숙제가 무엇인지를 확인하겠다.

(1) 이승만 정권은 여순사건을 '공산주의자들의 반란'으로 규정했다

이승만 정권은 여순사건을 소련-북한-남한의 공산주의자들의 합작품으로 파악했다. 이 같은 정부의 반란 세력 규정은 사건의 진상과는 동떨어져 있었지만, 어쨌든 북한을 포함한 내외부의 공산주의자들을 남한 정부 타도를 획책하는 '적'으로 규정하게 되었다.

여순사건에서 지역 좌익 인물들은 인민위원회를 구성하여 인민행정을 펼치는 등의 활동을 전개했지만, 지역민들의 봉기 참여에서 나타나듯 여순사건의 확대에는 이승만 정부의 실정과 분단 정권 수립에 대한 비판, 경찰의 탄압, 경제적 어려움 등이 복합적으로 작용하고 있었다. 따라서 여순사건은 단지 공산주의자들만의 난동은 아니었다.

역사적 해석은 다양하기 때문에 역사관에 따라 사건에 부여하는 성격이 달라질 수는 있다. 그렇기 때문에 사건을 지칭하는 이러한 용어 중 그 어떤 것도 틀린 말은 아니다. 그러나 이승만 정부의 여순사건 규정에서 사용하는 용어들은 특정 주체나 국면을 부각시켜 체제를 정당화하고 정책을 밀어붙이기 위해 정치적으로 활용했다.

역사적 사건으로서의 여순사건은 복합적인 국면으로 전개되었고 복합적인 주체들이 참여했으며, 그 자체로 복잡한 정치과정의 산물이었고 또한 여러 가지로 다기한 정치적 결과들을 초래했다.

예컨대 봉기=반란의 국면이 끝나자, 이승만 정부에 의한 민간인 대량 학살=반공 공세 국면이 시작되었다. 여순사건은 오직 하나의 국면으로만 이루어지지 않기 때문에 사건의 복합적 국면을 시야에 넣고 종합적으로 파악하는 것이 필요하다.

또한 여순사건에서는 복합적인 주체들의 다양한 정치경험과 다양한 요구들이 표출되었다. 해방 후 좌우의 정치적 스펙트럼이 다양하게 분출되는 가운데 폭넓은 정치적 경험을 겪은 남한 인민들에게 대한민국이라는 분단 정권은 익숙한 존재가 아니었다. 여순사건은 남과 북 사이에서 요동하는 인민의 모습을 보여주었을 뿐 아니라, 남한 정부의 실정을 비판하고 이에 저항하는 모습을 보여주었으며, 국가의 주권은 어디에 존재하는가라는 중대한 문제를 제기하였다.

여순사건에서 분출된 폭력에 희생된 피해 주체들도 다양했다. 흔히 여순사건에서 좌익 세력의 살상행위가 많이 언급되지만, 실상 여순사건에서 죽음을 당한 민간인들 중 좌익(봉기군)에 의해 죽음을 당한 경우보다 군·경 진압군에 의해 죽음을 당한 경우가 훨씬 더 수적으로 많다. 그러나 지금까지는 공산주의자들의 무자비한 살상 행위로만 서술되어 왔던 것이다.

이 복합적 원인과 과정과 결과를 단 하나의 원인과 주체의 책임으로 귀속시키는 것은 그 자체로 폭력적인 규정이었고 분명한 정치적 의도를 갖고 있었다. 여순사건에서 '반란'이라는 용어는 정부를 전복하려는 행위라는 사전적 의미로 사용되는 것이 아니다. 이 용어에는 공산주의자를 비인간적 존재, 악마로 규정함으로써 사건의 주체를 비도덕적 존재로 간주하고 사건 주체의 정당성을 박탈하려는 의도가 내재되어 있다. 이것이 이승만 정권이 여순사건에 대응한 방식이었다.

(2) '살인마', 전멸시켜야 하는 타자로 규정된 '빨갱이'의 탄생

여순사건에 대한 이승만 정권의 규정은 공산주의자들을 단순히 '적'으로 간주하는 것에 멈추지 않았다. 이승만 정권은 반공주의 기획의 핵심으로

적에 대한 극단적인 타자화를 추구했다.

좌익 세력에게는 분란을 일으키는 혼란 유발 세력이자, 양민을 마구 학살하는 도살자, 악마의 이미지가 씌어졌다. 1946년 초 모스크바삼상안(신탁통치)을 둘러싼 정치적 논란 속에서 등장한 '공산주의자=반민족주의자=매국노'라는 등식은 정치적 차원에서의 규정이었다. 그러나 여순사건 때 등장한 '공산주의자=빨갱이=살인마=악마'라는 등식은 좌익을 인륜을 저버린 비도덕적 존재=인간 이하의 존재(귀축, 이리 같은 짐승)로 간주하는 것이었다. 좌익은 이제 같은 민족이 아니며, 같은 하늘에 살 수 없는 비국민으로 간주되었다.

이제 공산주의자를 지칭할 때는 '빨갱이'라는 용어가 널리 사용되었다. '빨갱이'란 단지 공산주의 이념의 소지자를 지칭하는 낱말이 아니었다. '빨갱이'란 용어는 도덕적으로 파탄난 비인간적 존재, 짐승만도 못한 존재, 국민과 민족을 배신한 존재를 천하게 지칭하는 용어가 되었다. 그렇기 때문에 공산주의자는 어떤 비난을 하더라도 감수해야만 하는 존재, 죽음을 당하더라도 마땅한 존재, 누구라도 죽일 수 있는 존재, 죽음을 당하지만 항변하지 못하는 존재가 되었다.

'빨갱이'는 맞서서 전멸시켜야 하는 타자로서 위치 지워졌다. '빨갱이'는 '우리들'과는 본질적으로 다른 존재라는 점이 강조되었고, 이는 적대의식을 키워갔다. 남한에서 '빨갱이'는 공간적으로나 심리적으로 공동체의 외부 집단으로 위치 지워졌으며, 위협과 적의를 제공하는 주체로 부각되었다.

빨갱이 이미지를 만들어내는 일에는 군대, 경찰 같은 국가 기구뿐만 아니라, 언론인, 문인, 종교인들도 가세했다. 특히 언론인, 문인, 종교인들 같은 지식층은 여순사건을 목격하지 못한 대다수 국민들에게 좌익의 비인간성을 널리 알림으로써 적대 의식에 기초한 국민 통합의 공감대를 만들어 냈다.

(3) 대한민국 국민은 '반공 국민'이어야 한다

반공주의가 추구했던 극단적 타자화의 결과로 '빨갱이' 이미지가 창출되었다면, 대한민국 '국민'의 정체성은 부정적인 타자인 '빨갱이'에 적대적으로 맞서고 공격하는 주체로 형성되었다.

'국민'이라는 정체성 형성은 타자를 배제하고 억압하는 동시에 내부의 동질성을 추구하는 과정이었다. '국민'이라는 정체성 속에는 개인과 집단을 국가에 봉사하는 일부로 위치지우고, 사회 속의 개인을 국가의 부속물로 동원하려는 의도가 내재돼있다.

여순사건 이후 한국 사회에서 '공산주의자'라는 적을 만들어 내고 그것을 인식하는 과정은 대한민국 국민이 어떤 국민이어야 하는가를 결정하였다. 한 집단의 정체성이 다른 집단에 대한 규정을 통해 만들어진다고 할 때, 공산주의자에 대한 인식과 이미지를 형성하는 일은 남한 정권 존립에 가장 중요한 일이었다. 분단 정권이라는 부담을 안고 출범한 이승만 정권은 국민 형성의 이데올로기적 통일성 확보를 위해 내·외부의 공산주의 세력과 맞서면서 반공 정권('반공 국민')의 정체성을 형성해 나갔다.

반공은 '대한민국 국민'이 되는 기본적인 자격 요건이었다. 그리고 국민 형성과정은 한 순간에 끝나는 것이 아니라 과정 속에서 완성을 지향해 가는 운동이었으므로, 국민의 자격요건을 충족시켜 포섭되고 그러지 못해 배제되는 조건은 끊임없이 유동적이었다. 이런 이유로 전 국민은 통제와 감시의 대상이 되었다. 폭력과 법제·사회적인 통제를 통해 국민/비국민이 끊임없이 분리되고, 결국 '빨갱이'는 정치적 권리와 의무를 가진 주체로서의 국민 범주에서 배제되어 갔다.

반공주의 확산과정에서 사용된 배제와 통합의 권력 기술은 지도층의 통치에서 시작되었지만, 이들에게만 한정된 것이 아니었다. 폭력을 몸에 각인하고 받아들인 주체들이 만들어지고, 전쟁과 배제의 경험을 경과한 국민은 외부에 있다고 간주되는 비국민에게 폭력을 구사할 수 있었다. 적대와 폭력을 의무화하고 폭력의 일상화를 경험한 '폭력적 국민'이 탄생했다는 점이야말로 반공주의 국민 형성이 남긴 가장 뼈아픈 역사적 유산일 것이다.

한국 사회의 반공주의가 갖고 있는 문제는 특정한 이념을 국가 정책으로 선택했다는 데 있지 않다. 반공이라는 잣대로 현실에 존재하는 개별적 차이를 인정하지 않고 타자의 존재 자체를 무참히 파괴해버리는 폭력을 통해 국민 형성의 진로를 찾아갔다는 데 반공주의의 문제가 존재한다.

반공 국민의 형성과 반공주의의 문제는 국가를 위한 숭고한 '희생'이라는 문제로 이어진다. 대한민국이 건설되는 과정에서 배제된 자, 죽음을 당한 자는 국가 건설의 자양분으로 뿌려진 '희생자'들이 아니었다. 국가를 '위해' 기꺼이 죽은 자만이 아니라, 죽음을 '당한' 자까지도 희생자의 반열에 올려놓으려는 시도는 또 한 번의 폭력이자 국가에 매몰된 시각일 뿐이다.[1)]

(4) 반공 국민은 국가폭력과 대중 억압을 통해 만들어졌다

대한민국 국민 형성의 실질적인 기반이 된 구체적인 방식은 민주공화제를 규정한 '헌법'과 1948년의 제헌국회의원 '선거'가 아니라, 제주사건과 여순사건 등에서 전면화 된 '국가폭력'과 '숙청의 정치'였다.

여순사건에서 나타난 폭력은 지휘관의 개인적 성향의 문제가 아니며, 단순한 폭력 과잉도 아니었다. 조직적으로 진행된 군·경의 국가폭력은 대한민국을 형성하고 국민을 형성하는 과정에서 결정적 역할을 수행했다.

여순사건의 협력자 색출 광경은 국가폭력을 통한 '편 가르기'가 어떻게 이루어지는지, 적으로 규정된 사람이 어떻게 처리되는지를 시각적으로 잘 보여주고 있다. 협력자 색출 과정과 대량 학살은 누가 '민족'과 '국민'으로 인정받을 수 있는가를 시험하는 민족 구성원의 자격 심사과정이었다.

반란 주체들이나 주체들로 간주된 자들=협력자는 정권에 의해 국민으

---

1) 진실·화해를위한과거사정리위원회 보고서는 한국전쟁 전후에 발생한 민간인 학살사건을 국가기관에 의해 저질러진 집단학살로 판단하고 있으면서도 민간인 학살 피해자를 시종일관 '희생자'로 지칭하고 있다. 국가기관인 위원회로서는 기본법에 규정된 '희생'이라는 용어를 사용할 수밖에 없지만, 국가폭력으로 학살당한 사람이 과연 무엇을 위해 '희생'했다는 말일까? '희생'이라는 용어에는 모든 죽음의 가치를 국가로 회수하려는 의도가 담겨 있다.

로 인정되지 않았고, 죽음을 당해야 하는 존재, 건전한 사회 건설과정에서 뿌리 뽑혀져야 하는 잡초 같은 존재로 취급되었다. '숙청'과 '정화'를 통해 이들을 배제한 연후에야 대한민국은 '반공 국가'로 순수해지고, 인민은 '대한민국의 반공 국민'으로 거듭 탄생할 수 있었던 것이다.

여순사건에서 배제와 제거의 대상은 공산주의자에 한정된 것이 아니라, 반이승만 성향의 정치인, 일반 대중 더 나아가 전혀 정치 이데올로기와 관련 없는 사람들까지 포함하였다.

정부 진압군에게 죽음을 당한 사람들이 모두 공산주의자였던 것은 아니었다. 또 여순사건에서 군경에게 학살당한 사람들은 "공산주의자라서 죽음을 당한 것이 아니라, 죽은 다음에 공산주의자가 되었다."

국가폭력과 숙청은 대중의 저항가능성을 선제적으로 제거하는 대중 억압으로 이어졌다. 공산주의자들이 정권을 타도할 수 있다는 두려움, 이에 동조한 대중들에 대한 공포 그리고 저항의 가능성을 봉쇄해야한다는 압박은 봉기 지역 주민 전체를 적으로 상정하게 하였다. 폭력의 대상은 공식적으로 설정된 외부의 적(공산주의 집단인 북한)이 아니라 내부의 대중이었다. 이런 측면에서 이승만 정권의 반공주의는 공산주의자를 겨냥하고 있다기보다는 저항 가능성이 있는 대중을 상대로 하고 있었다. 이승만 정권은 이념적 측면과 더불어 신체를 중심으로 움직이는 사회생활을 재조직하였다. 촘촘하게 구축된 사회통제의 그물망은 반공체제가 계속 유지될 수 있게 한 주요한 원천이었다. 감시받는 존재, 통제받는 존재로서의 대중은 잠재적 적으로 취급되었다. 이승만 반공체제는 사실상 대중 억압 체제였던 것이다.

(5) 여순사건을 계기로 한국 사회는 반공체제로 주조되었다

여순사건은 대중 억압 체제로서의 반공체제를 건설하기 위한 결정적인 계기로 활용되었다. 여순사건에서 경험한 좌익 세력과 대중운동에 대한 공포 그리고 진압과정에서 작동된 국민 형성의 논리는 대한민국을 반공사회

로 만들어 가는 주요한 경험과 근거로 작용했을 뿐만 아니라 이후 남한 반공체제의 기본적인 구조와 작동 원리를 제시했다.

먼저 이승만 정부는 국가폭력 기구를 대대적으로 정비했다. 국군은 좌익 세력을 척결하는 '숙군'을 통해 반공 군대로 정화되었고, 경찰 인력은 증가하여 국민의 사회생활 속에 파고들었다. 교육계에도 숙청의 바람이 몰아쳐 좌익 교사와 학생이 축출되었고, 학도호국단이 결성되었다.

여순사건 직후에는 국가보안법이 제정되었고, 다음 해에는 계엄법이 만들어졌다. 이와 같은 법적 장치는 군대와 경찰, 사법부에 막강한 권력을 부여하여, 사회를 통제하게 하였다.

반공주의를 기치로 하여 사회도 재조직되었다. 반공을 내세운 반관반민의 다양한 단체들이 일상생활과 신체로 침투하였다. 사회생활이 반공을 중심으로 재편되었다. 음악, 영화는 물론이거니와 여행, 먹는 음식, 입는 옷에도 통제가 실시되었다. 일상생활의 모든 활동은 무엇이 국민 된 도리에 합당한지를 생각하고 이루어져야 했다.

'반공 국민'이 갖추어야 할 '반공 도덕'이 정립된 것이다. 반공을 중심으로 한 사회생활의 재조직화는 대한민국에서 생활하고 있는 국민을 항상 감시받는 존재, 통제받는 존재, 언제 어떤 이유와 행동으로 국민의 범주에서 추방될지 모르는 존재로 만들었다. 대중에 대한 감시 통제 체제가 마련된 것이다.

(6) 여순사건이 남겨놓은 미해결의 숙제들

궁극적으로 여순사건은 대한민국의 주권과 민주주의의 문제를 사고하게 한다. 1948년 7월에 제정된 대한민국 헌법 제2조는 "대한민국의 주권은 국민에게 있고 '모든' 권력은 국민으로부터 나온다"라고 천명했다. 그러나 그로부터 세 달 뒤에 발생한 여순사건에 대한 정부의 대응방식은 모든 권력은 권력자에게 있으며, 권력을 가진 자가 모든 일을 결정할 수 있다는 점을 보여주었다.

분단 정권에 대한 저항의 권리, 봉기의 권리는 완전히 부정되었다. 그들과 그들 주위에 있던 여수·순천 시민들을 기다리고 있던 것은 진압군에 의한 죽음이었다. 그들에게는 삶을 영위할 권리(생명권)조차 인정되지 않았다. 반공으로 탄생한 대한민국의 건국의 길은 국민의 피로 얼룩졌다.

살아남은 자들에게는 반공 국민으로 살아가야 하는 운명이 주어졌다. 스스로도 규정할 수 없는 머릿속의 사상은 군인, 경찰, 검사에 의해 분명하게 규정되었다. 이들이 봉사하고 있는 국가는 개인의 생명권보다 상위의 가치였고, 국민은 국가에 봉사하는 존재, 희생하는 존재로 위치 지워졌다.

그렇게 만들어진 반공체제 속에서 수십 년 간 반공은 의문시되지 않는 가치였다. 반공은 '공산주의를 반대 한다'라는 것 이외에는 그 안에 어떤 특정한 이념을 가지고 있지 않은 공허한 울림이었다. 그렇지만 바로 그 공허함과 유동성 때문에 다른 이데올로기와 결합하면서 생명력을 이어올 수 있었다.

이것이 이미 오래 전에 국제적 냉전 체제가 해체되었음에도 불구하고, 우리 사회에 내재된 냉전과 반공 논리가 여전히 유지되며 재생산되고 있는 이유이기도 하다.

반공으로 탄생한 국가를 지키기 위해 민족의 이름 아래 행해지는 애국심의 과도한 동원과 '합법적인' 국가폭력은 지금 완전히 사라지지 않았다. '반공'과 '애국'이라는 대의명분, 다수에 대한 봉사라는 보편성, 개인보다는 국가가 더 크고 가치 있는 것이라는 굳은 믿음은 국가의 호명 앞에서 어느 순간 국민을 폭력적 국민으로 변하게 하고, 전쟁기계로 탄생하게 한다.

61년 전에 일어났던 여순사건이 던졌던 문제들은 지금도 온전히 극복되지 못하였다. 우리 사회가 여순사건에서 배우고 반성한 것이 없었기 때문이다.

여순사건에서 나타났던 국가폭력의 문제, 국민 형성의 논리, 반공주의 문제는 탈출구를 찾지 못하고 있다. 민주주의는 언제나 위기와 결합된 반공주의를 명분으로 끊임없이 유예되었고, 헌법에 제시된 인민 주권은 언제나 통치권자의 주권에 의해 제약되었다. 여순사건이 역사적 의미에만 머물지 않고, 현재의 정치적 문제를 재검토하기 위해 되돌아가야 할 근원이 되는 이유가 여기에 있다. 여순사건이 남긴 유산을 극복하는 것은 대한민국이 자유롭게 되고 더 민주적인 사회로 발전하는 기반이 되는 것이다.

참고문헌

참고문헌

1. 1차 자료

〈신문〉

『경향신문』, 『광주민보』, 『국제보도』, 『국제신문』, 『대한일보』, 『독립신문』, 『동광신문』, 『동아일보』, 『민주일보』, 『서울신문』, 『세계일보』, 『자유신문』, 『조선일보』, 『평화일보』, 『한성일보』, 『호남신문』, 『로동신문』, 『투사신문』

New York Times, *Washington Post*, *Christian Science Monitor*, *Wall Street Journal*

〈잡지〉

『관보』, 『국방』, 『근로자』, 『대조』, 『무궁화』, 『새한민보』, 『순간통신(旬刊通信)』, 『시정월보』, 『신천지』, 『주보』, 『주간 애국자』, *Time*, *Life*, *Picture Post*

〈최근의 신문 · 잡지〉

『국민일보』, 『세계일보』, 『제민일보』, 『조선일보』, 『한겨레신문』, 『신동아』, 『시사저널』, 『월간 말』, 『월간조선』, 『제노사이드 연구』

오마이뉴스 http://www.ohmynews.com

〈방송〉

MBC, 1999, 「이제는 말할 수 있다」

순천 KBS, 2008, 「잃어버린 기억」

여수문화방송, 2001, 「아직도 못다 부른 노래」

〈잡지〉

강태원 · 최효숙, 1948, 「여수, 순천 사건의 진상은 이러하다」, 『건국공론』 12월호
경찰교육국(편), 1948, 「전남반란사건의 전모」, 『민주경찰』 12월
고영환, 1949, 「국군과 반란지구」, 『국방』 6월호
고영환, 1949, 「여순잡감」, 전국문화단체총동맹, 『반란과 민족의 각오』, 문진문화사
김광일, 1949, 「조선민주주의인민공화국 기치를 높이 들고 구국투쟁에 총궐기한 남조선인민들의 영웅적 투쟁」, 『근로자』 제2호
박찬식, 1948, 「7일간의 여수」, 『새한민보』 11월 하순호
박창옥, 1949, 「최근의 남북조선의 정치정세」, 『근로자』 제1호
설국환, 1948, 「반란지구 답사기」, 『신천지』 11월호
승 민, 1949, 「미 제국주의에 복무하는 남조선 반동파의 최후 발악」, 『근로자』 제11호
신성호, 1949, 「남조선에 있어서의 미 제국주의자의 식민지화 정책」, 『근로자』 제15호
신익희, 1949, 「치안전투부대에 寄함」, 『민주경찰』 3월
이상북, 1949, 「조국전선의 기치 높이 새로운 공세에 들어선 인민유격대」, 『旬刊通信』 No. 34, 1949년 9월 하순호
이재한, 1948, 「전남반군의 진상」, 『개벽』 8
조영환, 1949, 「여수순천에서 본 국군의 勇姿」, 『국방』 1월호
현윤삼, 1948, 「전남반란사건의 전모」, 『대조』 12월호
홍한표, 1948, 「전남반란사건의 전모」, 『신천지』 11월호
「남조선인민들의 영용한 무장항쟁」, 『旬刊通信』 No. 14, 1949년 3월 상순호
「소위 국방군 내 장병들의 의거 입북사건」, 『旬刊通信』 No. 37, 1949년 10월 하순호
「인민학살에 발광하는 이승만도배의 만행」, 『旬刊通信』 No. 34, 1949년 9월 하순호
Washburn, John N., 1949, *The Soviet Views North Korea*, Pacific Affairs Vol. 22 No. 1

〈단행본〉

국방부, 1954, 『국방부사』 제1집
국방부 전사편찬위원회, 1967, 『한국전쟁사 1－해방과 건군』
국방부 전사편찬위원회, 1968, 『한국전쟁사 2』
국방부 전사편찬위원회, 1984, 『국방사: 1945.8~1950.6』
국방부 군사편찬연구소, 2002, 『건군사』
국방부 군사편찬연구소, 2004, 『6 · 25전쟁사 1－전쟁의 배경과 원인』
국방부 군사편찬연구소, 2005, 『6 · 25전쟁사 2－북한의 전면남침과 초기 방어전투』

국회도서관 입법조사국, 1965, 『국제연합한국위원단 보고서(1949 · 1950)』
김일수, 1949, 『적화전술, 조국을 좀 먹는 그들의 흉계』, 경찰교양협조회
내무부 치안국, 1973, 『한국경찰사(1948.8~1961.5) Ⅱ』
대한민국 공보처, 『반란의 진상과 공산당』, 날짜 미상
문화선전성, 1949, 『해방 후 4년간의 남반부 인민들의 투쟁』
박일원, 1984, 『남로당의 조직과 전술』, 세계
사회과학원 역사연구소, 1989(1958년 판), 『조선통사』(하), 오월
史林(편), 1949, 『일선기자의 고백』, 모던출판사
설국환, 1967, 「여순반란」, 오소백(편), 『해방22년사』, 문학사
오제도, 1949, 『국가보안법 실무제요』, 서울지방검찰청
오제도, 1967, 『추격자의 증언』, 희망출판사
육군본부, 1954, 『공비토벌사』
육군본부, 1955, 『육군발전사』 제1권
육군본부, 1959, 『6 · 25사변사』
육군본부, 1980, 『창군전사: 병서연구』 제11집, 육군본부
육군본부 군사감, 1955, 『육군발전사』 제1권
육군본부 작전교육국, 1949, 『전투상보』(육군 20-15)
육본정보참모부, 1971, 『공비연혁』
이경모, 1994, 『격동기의 현장: 8 · 15/여수순천사건/6 · 25』, 눈빛
이경모, 1998, 『이경모 흑백사진집』, 동신대학교 출판부
전국문화단체총동맹, 1949, 『반란과 민족의 각오』, 문진문화사
해군본부 전사편찬관실, 1954, 『대한민국 해군사 제1집: 행정편』
해군본부 전사편찬관실, 1954, 『대한민국 해군사 제1집: 작전편』
해군본부 정훈감실, 1964, 『해군일화집』
헌병사편찬위원회, 1952(4285), 『한국헌병사: 창설 · 발전편』, 헌병사령부

〈지방지〉

고흥군, 1978, 『고흥군 향토반공사』
광양군지편찬위원회, 1983, 『광양군지』
구례군사 편찬위원회, 1987, 『구례군사』
권경안, 2000, 『큰 산 아래 사람들(구례의 역사와 문화)』, 향지사
김기채(편), 1978, 『고흥군 향토반공사』

김계유, 1973, 『여수백과』, 범우사
김계유, 1973, 『여수춘추』, 동천사
김계유, 1988, 『여수 · 여천발전사』, 반도문화사
김낙원, 1962, 『여수향토사』, 여수문화원
김석학 · 임종명, 1975, 『광복 30년』 제2권(여순반란편), 전남일보사
박천군민회, 1979, 『박천향토지』
보성군사편찬위원회, 1995, 『보성군사』
보성군향토사편찬위원회, 1974, 『보성군향토사』, 호남문화사
벌교읍지편찬위원회, 2007, 『벌교 100년』
순천문화원, 1975, 『순천승주향토지』
순천시사편찬위원회, 1997, 『순천시사』
여수문화원, 1990, 『여수문화 제5집: 14연대 반란편』
여수문화원, 1997, 『여수문화 제12집: 14연대 반란 50년 결산집』
여수 · 여천문화원, 1975, 『여수 · 여천 향토지』
여수 · 여천향토지 편찬위원회, 1982, 『여수 · 여천 향토지』
전라남도도지 편찬위원회, 1982, 『전남도지』 제1권
전라남도도지 편찬위원회, 1993, 『전라남도지』 제8권
조명훈, 2007, 『순천의 경제상황』, 순천시민의 신문

〈자료집 · 연감〉

계훈모(편), 1987, 『한국언론연표 1945~1950』, 관훈클럽신영연구기금
국방부, 1996~1998, 『호국전몰용사공훈록』 제1~7권
국사편찬위원회, 1998, 『자료 대한민국사』 9
김남식 · 이정식 · 한홍구(편), 1984, 『한국현대사자료총서』 1~15, 돌베개
대한민국 국회사무처, 1977, 『역대 국회의원총람』(제헌국회~제9대 국회)
대한민국 국회사무처, 『제헌국회의 개요(국회보 제44호 부록)』
대한민국 국회 민의원사무처, 1959, 『역대국회의원선거상황』
국회사무처, 1948~1950, 『제헌국회 속기록』
국회사무처, 1986, 『제헌국회경과보고서』
대검찰청, 1975, 『좌익사건실록』
대한민국 국방부 전사편찬위원회, 1981, 『국방조약집』 제1집(1945~1980)
목포문화원, 2003, 『목포근현대신문자료집성』(상 · 하)

안용식, 1995, 『대한민국 관료연구 (Ⅰ)』, 연세대학교 사회과학연구소
여수지역사회연구소, 1998, 『여순사건 실태조사보고서』 제1집
여수지역사회연구소, 1999, 『여순사건 자료집』 2
여수지역사회연구소, 2000, 『여순사건 실태조사보고서』 제3집
재조선미군정청 보건후생국 생정국, 1946, 『남조선(38도 이남) 지역 급 성별현주인구 −1946년 9월 현재』
정운현, 1997, 『호외, 백년의 기억들』, 삼인
제주4·3연구소(편), 2000, 『제주4·3자료집: 미군정보고서』, 제주도의회
제주4·3사건진상규명및희생자명예회복위원회, 2001~2003, 『제주4·3사건자료집』
제주4·3사건진상규명및희생자명예회복위원회, 2003, 『제주4·3사건진상조사보고서』
백과사전출판사, 1998(주체87), 『조선대백과사전』 7
조선중앙통신사, 1950, 『조선중앙년감』
조선중앙통신사, 1955, 『해방 후 10년일지』
중앙선거관리위원회, 1963, 『역대국회의원선거상황』
한림대학교 아시아문화연구소학교, 1996, 『빨치산 자료집』 7
해군본부, 1995, 『바다로 세계로: 사진으로 본 해군50년사, 1945~1995』
홍영기 책임편집, 2001, 『여순사건자료집 Ⅰ』, 선인

〈미국 자료〉

간행물

· HQ, USMAGIK, *G-2 Periodic Report*(한림대학교 아시아문화연구소, 『주한미군 정보일지』 6)
· HQ, USAFIK, *G-2 Weekly Summary*(한림대학교 아시아문화연구소, 『주한미군 주간정보요약』)
· HQ, USAFIK, *Intelligence Summary North Korea*(한림대학교 아시아문화연구소, 『주한미군 북한정보요약』)
· Joint Weeka(『주한미대사관 주간보고』, 영진문화사 영인)
· United States Department of State, *Foreign Relations of United States 1948 Vol. Ⅵ*, 1974, Washington D.C., U. S. Government Printing Office
· United States Department of State, *Foreign Relations of United States 1949 Vol. Ⅶ*, 1976, Washington D.C., U. S. Government Printing Office
· U. S. Military Government, *Summation of United States Army Military Government*

Activities in Korea, (1990, 원주문화사 영인)
· United States Armed Forces in Korea, "History of the United States Armed Forces in Korea." Manuscript in Office of the Chief of the Military History, Washington, D.C.(1988, 『주한미군사』, 돌베개 영인)
· 국사편찬위원회, 『미군정기 군정단 · 군정중대문서 5』(RG 94, Box 21887, MGGP-101st-0.1 History-101st MG Group)
· 국사편찬위원회, 1994, 『대한민국사 자료집17:한국관계 영국 외무성문서10(1948. 9~1948. 12)』

미간행물

NARA(National Archives of Record Administration) 소장 자료

RG 59

Entry 1360 Box 5
· DRF #203 Internal Political Developments In Southern Korea, 1945~1950, Sep. 18, 1950

RG 84

Register of the Department of State, April 1, 1950, Office of Public Affairs Department of State

RG 319

ID File
· John J. Muccio, *Review of and Observation on the Yosu Rebellion*, ID No. 506892
· American Mission in Korea, *Political Summary for October 1948, November 16*, 1948, ID No. 509409
· American Mission in Korea, *Korea Press Incident*, November 9, 1948, ID No. 506891

Entry OCMH Box726
· John P. Reed, *The Truth about the Yosu Incident*,
· *History of the Korean Army 1 July 1948 to 15 October 1948*

RG 338

Records of United States Army in Korea, Lt. General John R, Hodge Official Files 1944~1948, Entry 11070, Box 68

· G-3 Section, Ⅱ Ⅳ Corps, *History of the Rebellion of the 14th Regiment and the 6th Regiment of the Korean Constabulary*, 10 November 1948(제24군단 작전참모부, 「조선경비대 제14연대 · 제6연대 반란사」)

· Hurley E. Fuller, *Report of Military Operations against the Communist Revolt in South Korea* 9 November 1948

· Economic Cooperation Administration, Technological Division, *Inspection Trip to Yosu Rebellion Area with Korean Committee*, 12 November 1948

Entry 11071, Box 2, Yosu Rebellion

· Special Agent 9016의 보고, 유창남 인터뷰, 28 October, 1948

· Captain Howard W. Darrow, *The Yosu Rebellion, Amphibious Phase*

Entry 11071, Box 16

· G-3 Journal 1948. 10.

RG 407

Entry 427 File No. 306

· 6th Division, *Chronological Journal of Events 18 October 1948 to 21 November 48*

CIA 문서

· ORE 44-48 *Prospects for the Survival of the Republic of Korea* (1948. 10. 28)

· ORE 32-48 *Communists Capabilities in South Korea* (1949. 2. 21)

· ORE 3-49 *Consequences of U.S. Troops Withdrawal from Korea in Spring, 1949* (1949. 2. 28)

CIA Records Search Tool(CREST)

· CREST No. CIA-RDP79-0182A000100020037-8, Intelligence Highlights No. 24, Week of 20 October~26 October, 1948

· CREST No. CIA-RDP79-0182A000100020018-9, Far East/Pacific Branch Offices of Reports and Estimates General Intelligence Agency, Working Paper, 1949. 3. 9~3. 15

· CREST No. CIA-RDP82-00457R0079003800-7, Information Report, Leftist Organizations in Chiri-san Area, 9 Aug. 1951

· CREST No. CIA-RDP82-00457R005800070001-4, Information Report, Activities in the Yosu Area, 12 Sep. 1950

USAMHI(United States Army Military History Institute : 미 육군군사연구소) 소장 자료

Arno P. Mowitz Jr. Papers

· HQ, Korean Military Advisory Group, Special Orders, 23 August, 1848 ; 3 January, 1949 ; 7 May, 1949

The Orlando W. Ward Papers, Box 5

Harry S. Truman Library 소장 자료

· James H. Hausman Autography(하우스만 회고록)

· John Toland, 1988, *James H. Hausman Interview, Austin*, Texas

〈참고 서적〉

HQs., Department of the Army, January 1961, *Dictionary of United Sates Army Terms*

김순현(엮음), 1991, 『최신군사용어 영한사전』, 도서출판 한원

2. 2차 문헌

1) 연구 논문

〈국내 논문〉

강성현, 2002, 「제주 4·3학살사건의 사회학적 연구」, 서울대학교 대학원 사회학과 석사논문

강성현, 2005, 「'지연된 정의'와 대면하기: '보도연맹 사건'과 '과거청산'」, 『민주사회와 정책연구』 8호

강성현, 2007, 「국민보도연맹, 전향에서 감시·동원, 그리고 학살로」, 『죽엄으로써 나라를 지키자-1950년대, 반공·동원·감시의 시대』, 선인

강정구, 2000a, 「한국전쟁 양민학살의 양태분석」, 『2000년도 한국 사회학회 전기 사회학 대회 발표문』

강정구, 2000b, 「한국전쟁 전후 민간인 학살의 실태」, 『전쟁과 인권』 한국전쟁 전후 민간인 학살 심포지움 자료집

강정구, 2000c, 「한국전쟁과 양민학살」, 『현장에서 미래를』 58

강정구, 2002, 「전쟁과 민간인 학살」, 한국전쟁전후 민간인 학살 진상규명 범국민위원회, 『전쟁과 민간인 학살:20세기 현황과 21세기 전망』

고지훈, 2008, 「'건국'을 바라보는 두 가지 시선」, 『역사비평』 가을호

국순옥, 1994, 「자유민주적 기본질서란 무엇인가」, 『민주법학』 통권 8호

권명아, 2001, 「수난사 이야기로 다시 만들어진 민족 이야기」, 『문학 속의 파시즘』, 삼인

권혁범, 2000, 「반공주의 회로판 읽기-한국반공주의의 의미체계와 정치 사회적 기능」, 『탈분단 시대를 열며』, 삼인

김광운, 2004, 「북한 분단국가 형성의 역사적 전제」, 『역사문제연구』 제13호

김남식, 1989, 「1948년~50년 남한 내 빨치산활동의 양상과 성격」, 『해방전후사의 인식』 4, 한길사

김남식, 1991, 「6.25 당시 남한의 빨치산을 어떻게 볼 것인가」, 『청년』 제1호, 백민

김도창, 1964, 「계엄에 관한 약간의 고찰」, 『법학』 Vol. 6 No. 2

김득중, 1997, 「남조선노동당과 대중운동」, 역사학연구소, 『한국공산주의운동사 연구』

김득중, 2000, 「여순사건 당시의 민간인 학살」, 성대경(엮음), 『한국현대사와 사회주의』, 역사비평사

김득중, 2000, 「이승만 정부의 여순사건 왜곡과 국회논의의 한계」, 역사학연구소, 『역사연구』 제7호

김득중, 2001, 「여순사건과 제임스 하우스만」, 『여순사건 53주년 기념 학술세미나－여순사건의 진상과 국가 테러리즘』

김득중, 2004, 「분명한 과거와 모호한 현재의 계속되는 싸움: 여수 여맹위원장 정기순의 삶」, 『역사 속의 미래, 사회주의』, 도서출판 현장에서 미래를

김득중, 2007, 「여순사건에 대한 언론보도와 반공담론의 창출」, 『죽엄으로써 나라를 지키자－1950년대, 반공 · 동원 · 감시의 시대』, 선인

김득중, 2008, 「여순사건의 성격」, 『여순사건과 대한민국의 형성』(여순사건 60주년기념 학술심포지움 자료집)

김무용, 2008, 「여순내란 진압의 대항 게릴라 작전과 민간인 희생화 전략」, 『여순사건과 대한민국의 형성』(여순사건 60주년기념 학술심포지움 자료집)

김백영 · 김민환, 2008, 「학살과 내전, 공간적 재현과 담론적 재현의 간극」, 『사회와 역사』 제78집

김상겸, 2005, 「계엄법에 관한 연구」, 『헌법학연구』 제11권 제4호

김선호, 2002, 「국민보도연맹의 조직과 가입자」, 『역사와 현실』 제45권

김수자, 1997, 「1948년 이승만의 초대 내각구성의 성격」, 『이화사학연구』 제23 · 24합집

김영범, 1999, 「집단학살과 집단기억」, 『냉전시대 동아시아 양민학살의 역사』(제주 4 · 3연구소 창립10주년 기념 국제학술대회 자료집)

김육훈, 1999, 「제7차 교육과정과 새로운 교과서 개발」, 『역사과 교육과정 및 교과서 편찬의 동향과 과제』, 1999년도 역사교육공동학술대회 자료집

김인덕, 1991, 「식민지시대 여수 지역 민족해방운동에 대한 일고찰」, 『성대사림』

김창진, 1986, 「해방 직후 광주지방에서의 정치투쟁의 전개에 관한 연구」, 고려대 정치외교학과 석사논문

김창후, 2000, 「미국자료로 보는 4 · 3과 미국」, 제주4 · 3연구소 편집, 『제주4 · 3자료집: 미군정보고서』, 제주도의회

김춘수, 2008, 「여순사건 당시의 계엄령과 계엄법」, 『여순사건과 대한민국의 형성』(여순사건 60주년기념 학술심포지움 자료집)

김학재, 2004, 「정부 수립 후 국가감시체제의 형성과정」, 서울대학교 대학원 언론정보학과 석사학위논문

김학재, 2007, 「국가권력의 모세혈관과 1950년대의 대중동원－국민반을 통한 감시와 동원」, 『죽엄으로써 나라를 지키자－1950년대, 반공 · 동원 · 감시의 시대』, 선인

김학재, 2007, 「한국전쟁 전후 국가 정보기관의 형성과 활동」, 『제노사이드 연구』 제2호, 선인

김학재, 2008, 「여순사건과 예외상태 국가의 건설 : 언론탄압과 주민통제정책을 중심으로」, 『여순사건과 대한민국의 형성』(여순사건 60주년기념 학술심포지움 자료집)

김행복, 1993, 「군관련 사건 명칭에 관한 고찰-제주도 폭동사건, 여·순 반란사건 및 대구 반란사건을 중심으로-」, 『군사』 27호

노영기, 2000, 「여순사건과 군-육군을 중심으로」, 『여순사건 제52주년 기념학술회의 : 여순사건의 진상규명과 명예회복을 위한 새로운 해법』

노영기, 1998, 「육군 창설기(1947년~1949년)의 숙군에 관한 연구」, 성균관대학교 대학원 사학과 석사학위논문

노영기, 2005, 「여순사건과 구례」, 『사회와 역사』 제68권

노영기, 2008, 「여순사건 이후 군대, 그리고 대민통제」, 『여순사건과 대한민국의 형성』(여순사건 60주년기념 학술심포지움 자료집)

미하엘 빌트, 2006, 「폭력에 대한 단상」, 『일상사로 보는 한국근현대사』, 책과함께

박동찬, 2001, 「1950년대 미국의 한국군 지휘체계 확립과정」, 한국역사연구회, 『1950·60년대 한국군과 미국의 감군정책』 제78회 연구발표회

박명림, 1991, 「쿠데타와 한국군부①: 한국군의 형성과 성격(1945~1948)」, 『역사비평』 여름호

백운선, 1992, 「제헌국회 내 '소장파' 세력의 활동과 그 붕괴」, 『한국과 국제정치』 Vol. 8 No. 1

박정석, 2003, 「전쟁과 고통: 여순사건에 대한 기억」, 『역사비평』 가을호(통권 64호)

박종길, 2008, 「여순사건 피해 실태조사 현황」, 『여순사건과 대한민국의 형성』(여순사건 60주년기념 학술심포지움 자료집)

박진희, 2006, 「이승만의 대일인식과 태평양동맹 구상」, 『역사비평』 76호

박찬식, 2008, 「제주4·3사건과 여순사건의 비교연구」, 『여순사건과 대한민국의 형성』(여순사건 60주년기념 학술심포지움 자료집)

박태균, 1991, 「1948년 이후의 민중항쟁과 무장투쟁」, 『한국현대사』 1, 풀빛

박태균, 2004, 「한국 근현대사 교과서의 내용에 대한 분석」, 『역사교육』 92집

배영순, 1992, 「중등국사교과서 개정판(1990년 판)에 있어서의 근현대사 기술의 몇 가지 문제-인식체계와 논리구성의 문제를 중심으로」, 『인문연구』

서 승, 2002, 「대만 戒嚴時期不當叛亂暨(및)匪諜審判案件補償條例 연구」, 『법과 사

회』 Vol. 22
서중석, 1995, 「정부 수립 후 반공체제 확립과정에 대한 연구」, 『한국사연구』 90호
서중석, 1997, 「이승만 정부 초기의 일민주의」, 『진단학보』 83호
서중석, 2002, 「한국교과서의 문제와 전망－근현대사를 중심으로」, 『한국사연구』 116호
서중석, 2008, 「여순사건과 한국현대사」, 『여순사건과 대한민국의 형성』(여순사건 60주년기념 학술심포지움 자료집)
선휘성, 2004, 「여순사건의 발생배경과 피해실태에 대한 인식」, 순천대학교 교육대학원 석사학위논문
손태희, 2003, 「여순사건 참가계층의 제유형」, 순천대학교 교육대학원
손형부, 1992, 「해방 직후 전남지역의 농민운동」, 『전남사회운동사연구』, 한울아카데미
신병철, 1999, 「분단시대 역사교육에서 통일시대 역사교육으로」, 『역사과 교육과정 및 교과서 편찬의 동향과 과제』, 1999년도 역사교육공동학술대회 자료집
신영진, 1995, 「한국전쟁시 동원 연구」, 『점령 · 노무운용 · 동원』, 국방군사연구소
신주백, 2002, 「만주국군 속의 조선인 장교와 한국군」, 『역사문제연구』
안수찬, 2007, 「전쟁이라는 이름의 학살」, 『제노사이드 연구』 창간호, 선인
안종철, 1992, 「미군정기 지역사회의 정치지형과 갈등구조」, 『전남 사회운동사 연구』, 한울아카데미
안　진, 1988, 「미군정 경찰의 형성과정과 그 성격에 관한 고찰」, 『해방 직후의 민족문제와 사회운동』, 문학과지성사
양영조, 2000, 「한국전쟁 이전 미국의 한반도 군사정책」, 『군사』 41호
역사교육연구회 전국역사교사 모임, 1999, 『역사과 교육과정 및 교과서 편찬의 동향과 과제』, 1999년도 역사교육공동학술대회 자료집
연정은, 2007, 「감시에서 동원으로, 동원에서 규율로－1950년대 학도호국단을 중심으로」, 『죽엄으로써 나라를 지키자－1950년대, 반공 · 동원 · 감시의 시대』, 선인
오동석, 2008, 「20세기 전반 미국 국가보안법제의 형성과 전개」, 한국비교공법학회, 『공법학연구』 제9권 제3호
오문균, 1992, 「여 · 순 반란과 역사의 시련: 해방 후 3대 무력폭동과 6 · 25의 성격」, 『향군』 226
오병헌, 1994, 「계엄법의 기원과 문제점」, 『사법행정』 제35권 제1호
유재리, 1999, 「여순 군반란사건 연구」, 성신여대 교육대학원
윤덕영, 1995, 「해방 직후 신문자료 현황」, 『역사와 현실』 제16호
윤덕영, 1995, 「해방 후 좌익진영의 농업개혁론」, 『한국 근현대사의 민족문제와 신국

가 건설』, 지식산업사
이균영, 1989, 「광양의 역사와 그 전망」, 『지역개발연구』 Vol. 21
이균영, 1989, 「민란 · 농민전쟁 전통 이은 광양의 공산주의운동」, 『사회와 사상』 7월호
이도영, 2003, 「김구 암살의 비밀－이승만, 한국전 1년 전 중도파 숙청 위해 계엄령 모의」, 『말』 6월호
이선아, 2003, 「한국전쟁 전후 빨치산의 활동과 성격」, 성균관대학교 대학원 사학과 석사학위논문
이임하, 2007, 「한국전쟁과 여성성의 동원」, 『죽엄으로써 나라를 지키자－1950년대, 반공 · 동원 · 감시의 시대』, 선인
이지훈, 1998, 「제헌국회 '시국수습대책위원회'의 구성과 활동」, 한양대학교대학원 사학과 석사학위논문
이철우, 1989, 「1920년대 전라남도 순천 지역의 농민항쟁과 법 (상)」, 한국법사학회, 『법사학연구』 제10호
이효춘, 1996, 「여순군란연구－그 배경과 전개과정을 중심으로」, 고려대학교 교육대학원 석사논문
임성운, 1997, 「순천 지역의 근대문학 연구」, 『순천대어학연구』
임종명, 2003, 「여순 '반란' 재현을 통한 대한민국의 형상화」, 『역사비평』 가을호(통권 64호)
임종명, 2005, 「여순사건의 재현과 폭력」, 『한국근현대사연구』 제32집
임종명, 2005, 「여순사건의 재현과 공간」, 『한국사학보』 제19집
장용경, 2005, 「'조선인'과 '국민'의 간극」, 『역사문제연구』 제15호
전상숙, 2005, 「사상통제정책의 역사성－반공과 전향」, 『한국정치외교사논총』 제27집 1호
전흥남, 2000, 「'절망 뒤에 오는 것'에 나타난 '여순사건'의 수용양상과 의미」, 국어국문학회, 『국어국문학』 제127호
전흥남, 2000, 「『여순병란』에 나타난 '여순사건'의 수용양상과 의미」, 『한려대논문집』 4
정석균, 1989, 「지리산 공비토벌작전 ; 여 · 순반란군 토벌을 중심으로」, 『군사』 19
정석균, 1999, 「여순10 · 19사건의 진상」, 국방군사연구소, 『전사』 제1호
정용욱, 2003, 「1945년 말 1946년 초 신탁통치 파동과 미군정－미군정의 여론공작을 중심으로」, 『역사비평』 봄호
정종균, 1981, 「남조선에서 괴뢰군 조작 첫 시기 진보적 군인들 속에서 벌어진 애국적 투쟁」, 『력사과학』 3호

정종균, 1982, 「려수군인폭동의 영향 밑에 일어난 남조선괴뢰군내 애국적 군인들의 투쟁, 『력사과학』 3호

정종균, 1982, 「미제와 리승만 괴뢰도당을 반대하여 일어난 려수군인폭동」, 『력사과학』 1호

정지환, 2001, 「여순사건 왜곡보도의 과거와 현재」, 『여순사건 53주년 기념 학술세미나–여순사건의 진상과 국가 테러리즘』

정해구, 2006, 「보수주의의 뒤틀린 역사와 전망」, 『시민과 세계』 제8호

조시현, 2009, 「한국전쟁기 미군에 의한 민간인 희생사건의 법적 성격 : 국제인도법과 국제인권법을 중심으로」, 『민주법학』 제37호

조시현, 2000, 「한국전쟁의 국제법적 성격–무력행사금지의 원칙을 중심으로」, 『법학』 제41권 2호

조이현, 1995, 「1948~1949년 주한미군의 철수와 주한미군사고문단의 활동」, 서울대학교 국사학과 석사논문

주진오, 2004, 「『한국근현대사』 교과서의 집필기준과 검정시스템」, 『역사교육』 92호

최원식, 1987, 「역사적 진실과 문학적 진실」, 『창작과 비평』 통권58호

최영묵, 1996, 「미군정의 식량생산과 수급정책」, 『역사와 현실』 제22권

최정기, 2008, 「여 · 순 지역의 해방3년사」, 『여순사건과 대한민국의 형성』(여순사건 60주년기념 학술심포지움 자료집)

하유식, 1997, 「이승만 정권 초기 정치기반 연구–대한청년단을 중심으로」, 『지역과 역사』 제3호

한국전쟁전후 민간인학살 진상규명 범국민위원회, 2005, 『한국전쟁 전후 민간인학살 실태보고서』, 한울 아카데미

한용원, 2000, 「한국군 형성과정에서 일본군 출신의 리더십 장악과 그 영향」, 『한국 근현대사와 친일파문제』, 아세아문화사

홍영기, 「여순사건에 관한 자료의 성격과 연구현황」, 전남 동부 지역사회연구소(편), 『지역과 전망』, 일월서각, 1999

한재웅, 2006, 「제7차 교육과정 고등학교 『한국 근 · 현대사』 교과서의 문제점」, 경희대학교 교육대학원 석사논문

한지희, 1995, 「국민보도연맹의 결성과 성격」, 숙명여대 한국사학과 석사논문

한해정, 2007, 「독일역사교과서에서 나치시대에 관한 서술분석–집단박해 및 학살을 중심으로」, 『역사교육』 101

황남준, 1987, 「여순항쟁과 반공 국가의 수립」, 『연세』 제25호

황남준, 1987, 「전남지방정치와 여순사건」, 『해방전후사의 인식』 3, 한길사
황병주, 2000, 「미군정기 전재민구호 운동과 '민족담론'」, 『역사와 현실』 제35호
후지이 다케시, 2007, 「돌아온 국민: 제대군인들의 전후」, 『죽엄으로써 나라를 지키자－1950년대, 반공·동원·감시의 시대』, 선인
후지이 다케시, 2008, 「'이승만'이라는 표상」, 『역사비평』 제19호

〈외국어 논문〉

林英樹, 1967, 「内側から見た朝鮮戰爭」, 民族問題硏究會 編, 『朝鮮戰爭史』, 東京, コリア評論社
樋口雄一, 1967, 「麗水·順天蜂起」, 『朝鮮硏究』 62
樋口雄一, 1976, 「麗水·順天における軍隊蜂起と民衆」, 『海峽』 4, 社會評論社
Allan R. Millett, Captain H. Hausman and the Formations of the Korean Army, 1945~1950, *Armed Forces and Society*, *XXIII*(Summer 1997) (Allan R. Millett, 김광수(역), 2000, 「하우스만 대위와 한국군 창설(1945~1950)」, 『군사』 40호)
Chong-myong Im, 2001, "Violence in the Representation of the Yosun Incident", Center for Korean History, Institute of Korean Culture, *International Journal of Korean History*
Donald N. Clark, 2001, *Jim Hausman, Soldier of Freedom*, Michigan University 발표문
曾薰慧·藏汝興, 박강배(번역), 「'적'(異己) 쓰기－50년대 백색테러 시기 '비첩(匪諜)'의 상징 분석」, 『제노사이드 연구』 제2호, 선인

〈잡지 게재 글〉

김석학, 1988, 「여순반란사건: 비극이 남긴 교훈은 반공」, 『엔터프라이즈』 5월호
김석학, 1988, 「현대한국민족학살사 : 여·순반란사건, 비극이 남긴 교훈은 '반공'」, 『엔터프라이즈』 5월호
김재명, 1983, 「이승만의 정적 최능진의 비극」, 『정경문화』 10월호
김재명, 1994, 「좌절된 민족경찰의 꿈, 최능진」(역사와 인물: 친일경찰과 한국경찰), 『월간중앙』 겨울호
김준하, 2001, 「박정희 좌익시비로 사상논쟁 불붙다」, 『신동아』 12월호
반충남, 1993, 「여수 14연대반란과 송욱교장」, 『월간 말』 6월호
반충남, 1998, 「여순반란사건, 인민재판은 없었다」, 『월간 말』 11월호
우종창, 2001, 「국군 지휘부의 자해 행위: 여순 14연대 반란 진압을 양민학살로 몰고

간 영화 「애기섬」 제작에 군 장비가 지원된 과정」, 『월간조선』 10월호
유관종, 1989, 「여수 제14연대반란사건」(상 · 2회), 『현대공론』 2 · 3월호
유관종, 1989, 「빨치산을 낳게 한 여수 제14연대반란사건」(3 · 4회), 『현대공론』 4 · 5월호
이근미, 2004, 「비록 백두산함의 생애」, 『월간조선』 4월호
이기봉, 1995, 「여순 군반란 사건 스탈린 지시였다」, 『신동아』 7월호
이재의, 1991, 「증언(16) 43년 만에 털어놓는 여순사건 전말」, 『월간예향』 10월호
이재의, 1992, 「6 · 25참전 전국 최초 학생부대 '여수 순천 학도병'」, 『월간예향』 8월호
이재의, 1994, 「호남 인물사(12) 여수초대 경찰서장 김수평」, 『월간예향』 1월호
이정훈, 1991, 「여순반란사건의 남로당 지령 여부: 당시 수사실무책임자 김안일 씨 증언」, 『월간조선』 8월호
장현필, 2002, 「여순반란 반론-국군 지휘부의 자해 행위」 제하의 기사와 관련, 장현필 감독의 반론문」, 『월간조선』 3월호
정석균, 1994, 「이것이 여 · 순반란 사건이다 : 『한국논단』의 현대사 바로잡기 1」, 『한국논단』 54
조갑제, 1989, 「남로당과 박정희소령 연구」, 『월간조선』 12월호
조갑제, 1989, 「인터뷰: 박정희 수사책임자 김안일 당시 특무과장」, 『월간조선』 12월호
진덕규, 1992, 「'여순 반란사건'과 이승만 정부의 경찰국가화」, 『한국논단』 Vol. 39 No. 1
편집부, 2004, 「정정보도문: 영화 「애기섬」에 대한 보도에 관하여」, 『월간조선』 1월호

〈신문 기사 · 방송 보도〉

「여수 순천 반란사건 명칭에 여수 시민단체들 반발」, 『중앙일보』 1994. 9. 8.
「고 백인기대령 미망인 정혜경씨」, 『중앙일보』 1995. 9. 30.
「화제의 책: 이경모사진집 1945~95」, 『서울신문』 1995. 11. 14.
「거창양민학살 명예회복 특별법 제정」, 『한겨레신문』 1995. 12. 19.
김계유, 「여순사건 위령탑부터 세워라」, 『동아일보』 1997. 7. 10.
김계유, 「여순-함평 양민학살 진상 밝혀야」, 『동아일보』 1997. 11. 7.
「한국사진 110년 작가열전(4): 이경모」, 『문화일보』 1998. 2. 5.
「사진명작순례: 이경모 '오열하는 여인'」, 『조선일보』 1998. 3. 11.
「대한민국 50년(12): 여순반란사건」, 『서울신문』 1998. 3. 21.
「대한민국 50년(13): 빨치산토벌」, 『서울신문』 1998. 3. 28.
「최근 발견된 관련문서 3,600쪽」, 『중앙일보』 1999. 9. 8.

「여순사건 유골 발굴」, MBC, 1998. 10. 12.
「여순사건 희생자 추정 주검 3구 유골 발굴」, 『한겨레신문』 1998. 10. 13.

2) 단행본

〈국내 단행본〉

강영훈 · 이규찬, 2001, 『군사법 개설』, 연경화사
강인철, 2007, 『한국의 개신교와 반공주의』, 중심
강준만 · 김환표, 2004, 『희생양과 죄의식』, 개마고원
강평원, 2004, 『지리산 킬링필드』, 선영사
강혜경, 2002, 『한국경찰의 형성과 성격(1945~1953년)』, 숙명여자대학교 대학원 사학과 박사논문
건국청년운동협의회, 1989, 『대한민국 건국청년운동사』
고정훈, 1967, 『비록 군』(상권), 동방서원
공군본부, 1991, 『공군사 제1집 증보판』(1949~1953)
교육인적자원부, 2007, 『교과서 편수자료Ⅱ-1 인문 · 사회과학편』, 대한교과서주식회사
권귀숙, 2006, 『기억의 정치』, 문학과지성사
국방부 군사편찬연구소, 2002, 『건군사』
국방관계법령집발행본부, 1950, 『국방관계법령급예규』
국사편찬위원회, 1979, 『고등학교 국사』, 문교부
국사편찬위원회, 1982, 『고등학교 국사』(하), 문교부
국사편찬위원회, 1990, 『고등학교 국사』(하), 교육부
국사편찬위원회, 1996, 『고등학교 국사』(하), 교육부
국사편찬위원회 국정도서편찬위원회, 2005, 『근현대사 교수 · 학습자료』, 교육인적자원부
국사편찬위원회 국정도서편찬위원회, 2005 · 2006 · 2007, 『고등학교 국사』, 교육인적자원부
그란트 미드, 1993, 『주한미군정 연구』, 공동체
김광남 외 5인, 2005, 『고등학교 한국 근 · 현대사』, (주)두산
김기오, 1996, 『이삭을 주으며』, 학문출판사
김기진, 2002, 『국민보도연맹』, 역사비평사

김기진, 2005, 『한국전쟁과 집단학살』, 푸른역사
김남식, 1984, 『남로당연구』, 돌베개
김남식 · 사꾸라이, 1988, 『남북조선노동당의 통일정부 수립투쟁』, 아시아경제연구소
김도창, 1968, 『계엄론－국가긴급권에 대한 일고찰』, 박영사
김동춘, 2000, 『전쟁과 사회』, 돌베개
김득중 외, 2007, 『죽엄으로써 나라를 지키자』, 선인
김민남 외, 1993, 『새로 쓰는 한국언론사』, 아침
김상기, 2008, 『제노사이드 속 폭력의 법칙』, 선인
김석원, 1977, 『노병의 한』, 육법사
김세원, 1993, 『비트』 상 · 하, 일과놀이
김수자, 2005, 『이승만의 집권초기 권력기반 연구』, 경인문화사
김승옥, 2007, 『내가 만난 하나님－김승옥 산문집』, 작가
김영미, 2009, 『동원과 저항』, 푸른역사
김영택, 2001, 『한국전쟁과 함평양민학살』, 사회문화원
김정기, 2008, 『국회 프락치사건의 재발견 Ⅰ, Ⅱ』, 한울아카데미
김정기, 2008, 『국회 프락치사건 재판기록』, 한울아카데미
김점곤, 1983, 『한국전쟁과 남로당전략』, 박영사
김종수 외 3인, 2005, 『고등학교 한국 근 · 현대사』, 법문사
김종오, 1992, 『소설 태백산맥, 그 현장을 찾아서』, 도서출판 종소리
김철 · 신형기 외, 2001, 『문학 속의 파시즘』, 삼인
김택현, 2003, 『서발턴과 역사학 비판』, 박종철출판사
김학준, 1989, 『한국전쟁』, 박영사
김한종 외 5인, 2005, 『고등학교 한국 근 · 현대사』, (주)금성출판사
김헌식, 2003, 『색깔논쟁』, 새로운사람들
김형욱, 박사월, 1985, 『김형욱 회고록』, 아침
김흥수 외 5인, 2005, 『고등학교 한국 근 · 현대사』, (주)천재교육
노광선, 1995, 『무엇이 오보를 만드는가』, 전국언론노동조합연맹
노다 마사아키, 2000, 『전쟁과 인간』, 길
다카하시 데쓰야, 2008, 『국가와 희생』, 책과함께
도미야마 이치로, 2002, 『전장의 기억』, 이산
도스또예프스끼, 2000, 『까라마조프씨네 형제들』 상 · 중 · 하, 열린책들
도진순, 1997, 『한국민족주의와 남북관계』, 서울대학교 출판부

로버트 S. 위스트리치, 2004, 『히틀러와 홀로코스트』, 을유문화사
리영희, 1988, 『역정—나의 청년시대』, 창작과비평사
리챠드 로빈슨, 1988, 『미국의 배반』, 과학과사상사
막스 베버 · 몸젠 마이어, 박성환(역), 2009, 『경제와 사회』, 나남
머레이 에델만, 1996, 『상징의 정치시대』, 고려원
문교부, 1972, 『시련과 극복』, 동아출판사
문교부, 1976, 『인문계 고등학교 국사』, 문교부
문명자, 1999, 『내가 본 박정희와 김대중』, 말
문정인 · 김세중(편), 2004, 『1950년대 한국사의 재조명』, 선인
미국무성(편), 1949, 『한국의 정치경제』, 공보처
미셸 푸코, 박정자(옮김), 1998, 『"사회를 보호해야 한다"』, 동문선
민예총 고흥지부 · 고흥군 여순사건조사위원회, 2005, 『여순사건과 고흥의 민간인 피해』
박갑동, 1991, 『통곡의 언덕에서』, 서당
박기동, 2002, 『부용산』, 삶과 꿈
박노자, 2003, 『나를 배반한 역사』, 인물과 사상사
박명림, 1996, 『한국전쟁의 발발과 기원』 1 · 2, 나남출판
박명림, 2002, 『한국 1950, 전쟁과 평화』, 나남출판
박용구 증언 · 대담 장광열, 2001, 『20세기 예술의 세계』, 지식산업사
박원순, 1995, 『국가보안법 연구』 1, 역사비평사
박원순, 2006, 『야만시대의 기록』 1 · 2 · 3, 역사비평사
박일재, 1991, 『백운산을 넘어서』, 교회교육연구원
박찬식, 2008, 『4 · 3과 제주역사』, 각
발터 벤야민, 최성만(옮김), 2008, 『역사의 개념에 대하여/폭력비판을 위하여/초현실주의 외』, 길
백남주, 1965, 『의혹 속의 20년』, 개조출판사
백선엽, 1989, 『군과 나』, 대륙연구소출판부
백선엽, 1992, 『실록 지리산』, 고려원
박찬식, 2008, 『4 · 3과 제주역사』, 각
브루스 커밍스, 1986, 『한국전쟁의 기원』 상 · 하, 청사
사카이 다카시, 2007, 『폭력의 철학』, 산눈
서울신문사편찬위원회, 1985, 『서울신문 40년사』, 서울신문사
서중석, 1991, 『한국현대민족운동연구』, 역사비평사

서중석, 1996, 『한국현대민족운동연구 2』, 역사비평사
서중석, 1999, 『조봉암과 1950년대』 상 · 하, 역사비평사
서중석, 2005, 『이승만의 정치 이데올로기』, 역사비평사
선우종원, 『사상검사』, 계명사
손동희, 1994, 『나의 아버지 손양원 목사』, 아가페
손석춘, 2003, 『신문 읽기의 혁명』, 개마고원
수전 손택, 이민아(옮김), 2002, 『해석에 반대한다』, 이후
슬라보예 지젝, 이수련(역), 2002, 『이데올로기라는 숭고한 대상』, 인간사랑
신영덕, 2002, 『한국전쟁과 종군작가』, 국학자료원
안쏘니 기든스, 진덕규(역), 1991, 『민족국가와 폭력』, 삼지원
안종철 외, 1995, 『근현대의 형성과 지역 사회운동』, 새길
안종철, 1988, 『광주전남지방 현대사연구』, 한울
안재성, 2007, 『이현상 평전』, 실천문학사
안정애, 1996, 『주한미군사고문단에 관한 연구』, 인하대학교 정치외교학과 박사논문
안 진, 1996, 『미군정기 억압기구 연구』, 새길
앤더슨, 윤형숙(옮김), 1991, 『민족주의의 기원과 전파』, 나남
역사문제연구소 · 역사학연구소 · 제주4 · 3연구소 · 한국역사연구회(편), 1999, 『제주4 · 3 연구』, 역사비평사
역사학연구소, 2004, 『역사 속의 미래 사회주의』, 도서출판 현장에서 미래를
우성흠(엮음), 1998, 『1949 生』, 도서출판 윤컴
오세발 · 박경용 · 김병태, 1977, 『대구폭동과 여수반란사건』 안보교육자료전집 7, 형문출판사
오재호, 1979, 『실록소설 특별수사본부』 1~20, 개풍출판사
오제도, 1952, 『공산주의 ABC』, 남광문화사
오제도, 1957, 『사상검사의 수기』, 창신문화사
오제도, 1981, 『추적자의 증언』, 형문출판사
원세권, 1954, 『군법해설』, 성모출판사
유재흥, 1994, 『격동의 세월』, 을유문화사
이강수, 2003, 『반민특위 연구』, 나남출판
이경남, 1989, 『분단시대의 청년운동』 상 · 하, 삼성문화개발
이계수, 2007, 『군사 안보법 연구』, UUP
이기하, 1976, 『한국공산주의운동사 Ⅰ · Ⅱ』, 국토통일원조사연구실

이도영(편역), 2000, 『죽음의 예비검속』, 월간 말
이병도, 1960, 『고등학교 사회과 국사』, 일조각
이병천 · 조현연, 2001, 『20세기 한국의 야만』 1 · 2, 일빛
이상록 등, 2006, 『일상사로 보는 한국근현대사』, 책과함께
이임하, 2004, 『여성, 전쟁을 넘어 일어서다』, 서해문집
이철승, 1976, 『전국학련』, 중앙일보 · 동양방송
이 태, 1990, 『남부군 비극의 사령관 이현상』, 학원사
이한림, 1994, 『세기의 격랑』, 팔복원
이해창, 1982, 『한국시사만화사』, 일지사
이홍직, 1970, 『인문계 고등학교 국사』, 동아출판사
임경석, 2004, 『이정 박헌영 일대기』, 역사비평사
임경석, 2008, 『잊을 수 없는 혁명가들의 기록』, 역사비평사
임송자, 2007, 『대한민국 노동운동의 보수적 기원』, 선인
자크 데리다, 진태원 옮김, 2004, 『법의 힘』, 문학과지성사
장도영, 2001, 『망향』, 도서출판 숲속의 꿈
장창국, 1984, 『육사졸업생』, 중앙일보사
전남일보 광주전남현대사 기획위원회, 1991, 『광주전남현대사』 1 · 2, 실천문학사
정근식 외, 1995, 『근현대의 형성과 지역 엘리트』, 새길
정병준, 2006, 『한국전쟁－38선 충돌과 전쟁의 형성』, 돌베개
정일권, 1986, 『전쟁과 휴전』, 동아일보사
정지환, 2004, 『대한민국 다큐멘터리』, 인물과사상사
정진석, 1985, 『한국현대언론사론』, 전예원
정찬동, 1999, 『함평양민학살』, 시와 사람사
정채호, 2000, 『해병대의 전통과 비화』, 화정문화사
정해구, 1988, 『10월 인민항쟁 연구』, 열음사
정해구, 1995, 『남북한 분단 정권 수립과정 연구 1947.5~1948.9』, 고려대 정치외교학과 박사학위논문
제민일보 4 · 3취재반, 1994 · 1998, 『4 · 3은 말한다』 2 · 5, 전예원
제주4 · 3연구소, 2002, 『무덤에서 살아나온 4 · 3 '수형자'들』, 역사비평사
조갑제, 1987, 『고문과 조작의 기술자들』, 한길사
조갑제, 1988, 『젊은 거인의 초상－이용문장군 평전』, 샘터
조갑제, 1998, 『내 무덤에 침을 뱉어라』 1 · 2 · 3, 조선일보사

조덕송, 1989 · 1990, 『머나먼 여로』 제2권 · 3권, 도서출판 다다
조루주 소렐, 이용재 옮김, 2007, 『폭력에 대한 성찰』, 나남
조르조 아감벤, 2008, 『호모 사케르』, 새물결
조한혜정 · 이우영(엮음), 2000, 『탈분단 시대를 열며』, 삼인
조선일보사 월간조선(엮음), 1988, 『사진으로 본 감격과 수난의 민족사』(신년호 별책 부록), 조선일보사
조선일보사 월간조선(엮음), 1993, 『한국현대사 119대사건』, 조선일보사
조선일보사 월간조선(엮음), 1996, 『한국현대사 비자료 125건』, 조선일보사
조선일보사사편찬위원회, 1970, 『조선일보50년사』, 조선일보사
주진오 외 4인, 2005, 『고등학교 한국 근 · 현대사』, (주)중앙교육진흥연구원
진실 · 화해를위한과거사정리위원회, 2007, 『피해지역 현황조사 용역사업 결과 보고서』
진실 · 화해를위한과거사정리위원회, 2008, 『2007년 하반기 조사보고서』
진실 · 화해를위한과거사정리위원회, 2008, 『구례지역 여순사건 진실규명 결정서』
진실 · 화해를위한과거사정리위원회, 2009, 『순천 지역 여순사건 진실규명 결정서』
진실 · 화해를위한과거사정리위원회, 2009, 『부산 · 경남지역 형무소재소자희생사건 진실규명 결정서』
진실 · 화해를위한과거사정리위원회 · 충북대학교박물관, 2008, 『2007년 유해발굴 보고서』
진실 · 화해를위한과거사정리위원회 · 충북대학교박물관, 2009, 『08년 유해발굴 보고서』
공주대학교참여문화연구소 등, 2009, 『한국전쟁 전후 민간인 집단희생 관련 최종결과 보고서』
존 R. 메릴, 신성환(역), 1988, 『침략인가 해방전쟁인가』, 과학과사상사
존 메릴, 이종찬 · 김충남(공역), 2004, 『한국전쟁의 기원과 진실』, 두산동아
짐 하우스만, 정일화(역), 1995, 『한국 대통령을 움직인 미군대위』, 한국문원
최상훈 · 찰스 헨리 · 마사 멘도사, 남원준(옮김), 2003, 『노근리 다리』, 잉걸
최호근, 2005, 『제노사이드－학살과 은폐의 역사』, 책세상
최홍희, 1997, 『태권도와 나』 1, 사람다움
칼 슈미트, 1988, 『정치신학 외』, 법문사
칼 슈미트, 1992, 『정치적인 것의 개념』, 법문사
칼 슈미트, 1996, 『독재론』, 법문사
콜린 고든, 홍성민(옮김), 1991, 『권력과 지식－미셸 푸코와의 대담』, 나남
하성수(엮음), 1986, 『남로당사』, 세계

한국반탁반공학생운동기념사업회, 1986, 『한국학생건국운동사』
한국언론인회, 1985, 『기자의 증언』
한국언론보도인클럽, 1987, 『한국보도사진 백년사』
한국일보사, 1981, 『재계회고』 10
한국일보사, 1984, 『사진으로 본 광복 35년』
한국전쟁전후 민간인학살진상규명 범국민위원회, 2003, 『다 죽여라, 다 쓸어버려라』
한국현대사 사료연구소, 1992, 『전남사회운동사연구』, 한울아카데미
한나 아렌트, 김정한(옮김), 1999, 『폭력의 세기』, 이후
한스 J. 노이바우어, 2001, 『소문의 역사』, 세종서적
한용원, 1984, 『창군』, 박영사
한일역사공동연구위원회 · 한국사학회, 2007, 『국사교과서 집필 기준안』, 2007년도 한일역사공동연구위원회 연구용역결과 종합토론회 자료집
한철호 외 5인, 2005, 『고등학교 한국 근 · 현대사』, 대한교과서(주)
한홍구, 2003~2006, 『대한민국사』 1~4, 한겨레출판
허은, 2008, 『미국의 헤게모니와 한국 민족주의』, 고려대학교 민족문화연구원
허버트 허시, 강성현(옮김), 2009, 『제노사이드와 기억의 정치』, 책세상
허 정, 1979, 『내일을 위한 증언』, 샘터
홍은혜(엮음), 1990, 『손원일 제독 회고록－우리들은 이 바다 위해』, 가인기획

〈일본 · 미국 단행본〉

民族問題研究會 編, 1967, 『朝鮮戰爭史』, 東京, コリア評論社
林英樹, 1978, 『内から見た朝鮮戰爭』, 東京, 成甲書房
佐佐木春隆, 1976, 『朝鮮戰爭/韓國篇(上): 建軍と戰爭の勃發前まで』, 東京, 原書房(佐佐木春隆, 1977, 『한국전 비사－건군과 시련』(상), 병학사)
荻野富士夫, 2000, 『思想檢事』, 岩波書店
Allan Winnington, 1950, *I saw Truth in Korea, London*, People's Press Printing Society
Bruce Cumings, 1990, *The Origins of the Korean War Vol.* 2, Princeton Univ. Press
Carl Mydans & Shelly Mydans, 1968, *The Violent Peace-A Report on Wars in the Post War World*, The Free Press(New York, Atheneum)
Carl Mydans, 1959, *More than Meets the Eye*, Harper&Brothers(New York)(『숨겨진 속사정』)
Frank Chalk and Kurt Jonassohn, 1990, *The History and Sociology of Genocide*, Yale

University Press

G. Meade, 1951, *American Military Government in Korea,* King's Brown Press, Columbia Univ.

Herbert Hirsh, 1995, *Genocide and the Politics of Memory*, The University of North Carolina Press

John Merrill, 1989, *Korea : The Peninsular Origins of the War*, Associated University Presses, Inc.

Kelman, Herbert C. and V. Lee Hamilton, 1989, Crimes of Obedience: Toward a Social Psychology of Authority and Responsibility, Yale University Press

R. K. Sawyer, 1962, *Military Advisors in Korea: KMAG in Peace and War*, Office of the Chief of Military History, Department of the Army(Washington, D.C.)

Ron Robin, 2001, *The Making of the Cold War Enemy: Culture and Politics in The Military Intellectual Complex*, Princeton University Press

Selig S. Harrison, 1978, *The Widening Gulf - Asian Nationalism and American Policy* (New York)

Klaus Theweleit, 1987, *Male Fantasies Volume 1 : Women Floods Bodies History*, University of Minnesota Press

Thomas H. Etzold and John Lewis Gaddis, *Containment: Documents on American Policy and Strategy 1945~1950*

Wilfred G. Burchett, 1953, *This Monstrous War*, Joseph Waters(Melbourne)

Zygmunt Bauman, 1989, *Modernity and the Holocaust*, Cornell University Press(Ithaca, New York)

〈문학작품〉

김일우, 1993, 『섬사람들』, 힘

박완서, 1995, 『그 산이 정말 거기 있었을까』, 웅진출판

박완서, 1992, 『그 많던 싱아는 누가 다 먹었을까』, 웅진출판

이 태, 1994, 『실록소설 여순병란』(상 · 하), 청산

전병순, 1963, 『절망 뒤에 오는 것』, 국제문화사(1987, 『절망 뒤에 오는 것』, 중앙일보사)

정지아, 1990, 『빨치산의 딸』 상 · 중 · 하, 실천문학사

조정래, 1989, 『태백산맥』 1~10, 한길사

3) 증언

〈간행 증언〉

강○○, 1990, 「내가 겪은 여순사건」, 전남 동부 지역사회연구소, 『지역과 전망』 2집

김○○, 1990, 「내가 겪은 여순사건③」, 순천시사편찬위원회, 『순천시사』

김계유, 1989, 「내가 겪은 여순사건」, 전남 동부 지역사회연구소, 『지역과 전망』 3집

김계유, 1990, 「내가 겪은 여순사건」, 『여수문화』 제5집

김계유, 1991, 「내가 겪은 '여순사건'」, 『월간예향』 1월호

김계유, 1991, 「1948년 여순봉기」, 『역사비평』 겨울호

김계유, 1994, 「왜 여순반란이 아닌 여순사건인가」, 『월간 말』 5월호

심명섭(가명), 1990, 「내가 겪은 여순사건②」, 순천시사편찬위원회, 『순천시사』

심명섭, 1990, 「내가 겪은 여순사건」, 전남 동부 지역사회연구소, 『지역과 전망』 4집

오관치 · 김점곤, 2000, 「참전원로장군이 후배에게 말하는 대한민국 건국에서 6 · 25 남침까지」, 『한국논단』 5 · 6월호

유건호, 1982, 「여순반란사건」, 『전환기의 내막』, 조선일보사

유현석, 1994, 「유현석 변호사의 법조회고 ; 책에 없는 시시한 이야기③」, 『민주사회를 위한 변론』, 역사비평사

윤기남, 1997, 「내가 겪은 여순사건①」, 순천시사편찬위원회, 『순천시사』

윤기남, 1996, 「여순을 말한다」, 『끝나지 않은 여정』, 대동

이경모, 1993, 「사선 넘으며 촬영한 동족상잔의 비극」, 조선일보사 월간조선(엮음), 『한국현대사 119대사건』, 조선일보사

이봉하, 1979, 「내가 겪은 여수반란사건」, 박천군민회, 『박천향토지』

이정훈, 1991,「여순반란사건의 남로당 지령 여부: 당시 수사실무 책임자 김안일 씨 증언」, 『월간조선』 8월호

이혜복, 1997, 「나의 종군기자시절」, 『육군』 5 · 6월호(통권 229호)

정홍수, 1990, 「내가 겪은 여순사건」, 전남 동부 지역사회연구소, 『지역과 전망』 1집

〈미간행 증언 · 오디오 · 비디오〉

김기오(당시 합동통신 기자), 2001. 2. 1, 대담자 김득중 · 김종민, 서울시 목동 현대아파트 101동 1207호

김영만(14연대 남로당 세포원으로 여순사건 직전에 체포), 2000. 8. 5, 대담자 조경일

김영만, 2001, 「14연대, 여순사건에 대한 간담회」, 순천 늘푸른청년회

박종길(여수지역사회연구소), 2004, 대담자 김득중
백인열(여수 좌익운동가), 대담자 조경일
손동희, 1991, 『사랑의 원자탄 손양원 목사』, 애양원교회손양원목사순교기념사업회 (오디오 테입)
정기순(여수인민대회 여맹 축사낭독), 2001, 대담자 김득중
정운창(구례 남로당원) · 대담자 홍영기, 1997, 「여순사건 증언채록」 1 · 2, 한국정신문화연구원 소장(所藏)
정운창, 2002. 4. 6, 구례, 대담자 김득중 · 이영일 · 박종길
KBS, James Hausman Interview(Austin, Texas), 1992. 11. 15
MBC '이제는 말할 수 있다' 제작팀, 1999, 「MBC 여순사건 증언록」

부 록

자료 1 | 경비대의 조직 변화

자료 2 | 조선경비대 제14연대 · 제6연대 반란사

자료 3 | 여수반란의 개요와 관찰(1948. 11. 4)

자료 1

경비대의 조직 변화

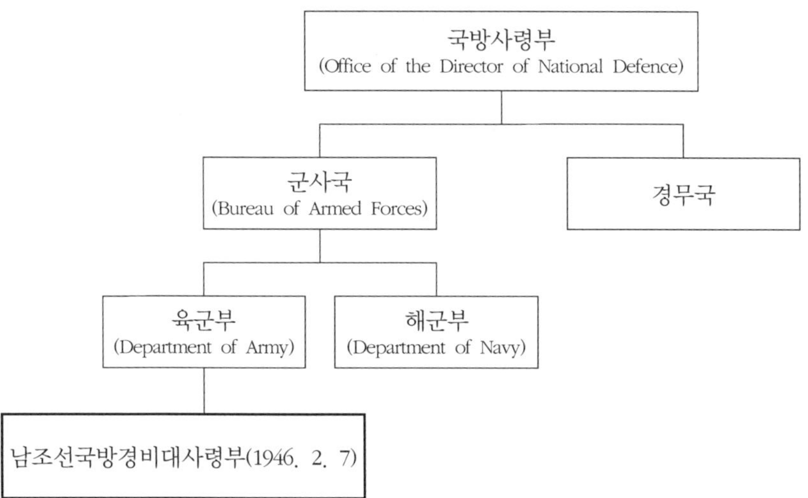

1945. 11. 13. 군정법령 제28호 국방사령부 설치
1946. 1. 14. 남조선국방경비대 창설
1946. 3. 29. 군정법령 제63호로 경무국 독립
1946. 3. 29. 법령 제64호 제정, 局을 部로 개칭함에 따라 국방사령부를 국방부 (Department of National Defence)로 개칭

〈남조선국방경비대의 조직〉

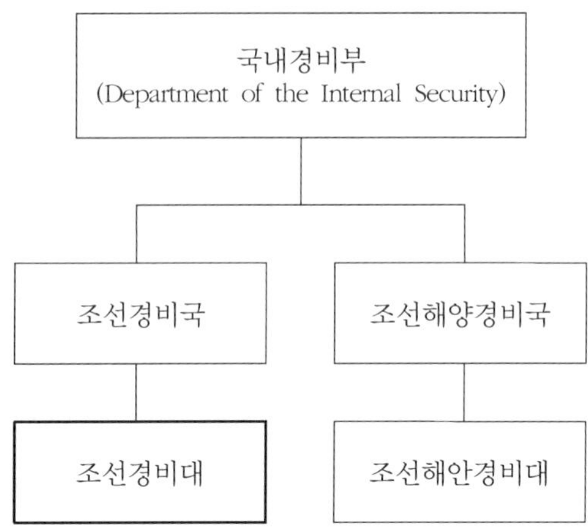

1946. 6. 15. 군정법령 제86호 '조선경비대 급 조선해안경비대' 제정으로 국내경비부 창설. 남한에서는 국내경비부를 '統衛部'로 부름.

〈조선경비대의 조직〉

자료 2 해제

조선경비대 제14연대 · 제6연대 반란사

「조선경비대 제14연대 · 제6연대 반란사」(이하 「반란사」)는 여수 제14연대와 대구 제6연대 반란 사건에 대한 미 제24군단 작전참모부(G-3)의 진압 작전 종합 보고서이다.

「반란사」는 두 사건이 진압된 직후인 11월 10일에 작성되었는데, 지도를 포함하여 총22쪽 분량이며, 내용은 6부로 구성되었다.

먼저 '제1부 사전정보'에서는 여순사건 발발 이전에 어떤 폭동이나 반란의 징후가 없었고, 본부에서도 그런 일이 일어날 것이라는 정보나 보고를 받지 못했다는 점을 언급하고 있다.

'제2부 발발'에서는 1948년 10월 19일 19:00부터 20일 오후까지 어떻게 봉기군이 여수와 순천을 점령했는지를 시간 순서대로 기술하고 있다.

'제3부 대응책'에서는 진압군의 대응 과정을 서술하고 있다. 주한 미군은 10월 20일 09:00분에 제14연대가 여수에서 반란 중이라는 전보를 접수했고, 이 소식을 접한 주한 미군과 국방부는 즉시 회의를 열고 전투사령부(Task Force)를 조직하기로 하였다는 점을 알 수 있다.

제3부에서는 10월 20일부터 22일까지 진압군의 대응 상황을 날짜별로 요약하고 있고, '제4부 추적'에서는 10월 24일부터 28일까지 순천, 여수 지역에 대한 공격 상황을 정리하고 있다.

'제5부 대구 여파'는 1948년 11월 2일에 발생한 제6연대의 반란 경과를 짤막하게 서술하고 있다. '제6부 복구와 재조직'에서는 봉기를 일으킨 제14연대가 해체되었으며, 국군 내부에서 숙군이 시작되었음을 서술하고 있다.

여순사건 당시 미군 활동을 알 수 있는 문서로는 정보참모부(G-2), 작전참모부가 생산한 문서 등이 있다. 이 중 「반란사」는 여순사건의 군사 작전 상황을 전체적으로 요약하고 있는 종합적 보고서이다. 특히 이 보고서에 첨부된 진압작전 상황 지도는 군대의 이동 상황을 일목요연하게 파악할 수 있는 매우 귀중한 자료이다.

■ 출전

G-3 Section, ⅡⅣ Corps, *History of the Rebellion of the 14th Regiment and the 6th Regiment of the Korean Constabulary, 10 November 1948*, RG 338 Records of United States Army in Korea, Lt. General John R, Hodge Official Files 1944~1948, Entry 11070, Box 68

RESTRICTED

HISTORY

OF THE REBELLION OF THE

14TH REGIMENT AND THE 6TH REGIMENT

OF THE

KOREAN CONSTABULARY

(Period from 192200 October to 032400 November 1948)

CONTENTS

G-3 Section, XXIV Corps

10 November 1948

RESTRICTED

RESTRICTED

HISTORY OF THE REBELLION OF THE 14TH REGIMENT
OF THE
KOREAN CONSTABULARY

I. ADVANCE INFORMATION AND EVENTS LEADING UP TO THE REVOLT:

1. There had been no known indications of mutiny or revolt in the ranks of the Korean Constabulary prior to 19 October 1948, and this Headquarters had no information or reports that such would take place; however, the following pertinent facts are set out which have a direct relation to the incident in the YOSU area:

a. The Commanding Officer of the 1st Battalion, 14th Regiment, together with the Regimental Commander, had been arrested on or about 12 October 1948 and were awaiting trial in SEOUL for subversive activities.

b. A report was circulated 18 October 1948 by the Russian News Agency, TASS, that a rebellion had occurred at TAEGU in South Korea. This was denied by the officials of the Republic of Korea (See Incl. #1).

c. One battalion of the 14th Regiment had been alerted for movement on 19 October to CHEJU-DO to reinforce the Constabulary troops on that island.

II. THE OUTBREAK:

1. Between 1900 and 2400 on 19 October 1948 at CAMP ANDERSON, the staging area for YOSU, seven (7) Korean soldiers of the 14th Regiment, 5th Brigade, in YOSU, CHOLLA NAMDO Province, led by a Sergeant-Major, CHI, Chang Soo, began haranguing a number of Constabularymen to join with him in taking control of the entire Regiment. The ostensible occasion for this demonstration was opposition by the rebellious group to being sent to CHEJU-DO to assist in maintaining order there against Communist guerrilla elements. When forty (40) soldiers had been won over, partly by persuasion and partly by threats of violence, this group seized a Constabulary ammunition warehouse and proceeded with the help of the arms thus obtained to gain the adherence or submission of the remainder of the garrison. According to several reports, more Constabularymen were induced to join the rebellion by being told that this was just one incident in a successful nation-wide mutiny of the Constabulary. Others apparently were under the impression that they were participating in a move to suppress a Police rebellion in YOSU and to restore the city to the National Government. At 2200 on 19 October 1948, Lieutenant Colonel PAK, Regimental Commanding Officer, and Lieutenant Colonel OH, Executive Officer of the 14th Regiment, were on the dock in YOSU supervising the loading of supplies for the movement to CHEJU-DO. Colonel PAK and Colonel OH heard firing in the direction of CAMP ANDERSON. They stopped

RESTRICTED

History of the Rebellion of the 14th Korean Constabulary Regiment (Cont'd)

their loading operation and took about thirty-five men to investigate. They found the Ordnance warehouse in possession of the Rebels, who fired on them and drove them back. By 0600 on 20 October 1948, the Rebels had gathered an undetermined number of civilians and gained complete control of YOSU. Two loyal Coast Guard cutters, which had been docked at the port section when the trouble started, departed under rifle fire shortly thereafter, without casualties, but with running lights shot out. Aboard were sixty (60) to eighty (80) Korean soldiers who apparently wished to remain loyal, but who in some reports were declared to be captured Rebels. Colonel PAK and Colonel OH escaped aboard one of the Coast Guard cutters with thrity-five men. By daybreak the Rebel strength was estimated at about two thousand (2,000). Approximately six hundred (600) Rebels commandeered a train shortly after daybreak and moved in the direction of SUNCHON (1048 - 1327). They were opposed just south of the town by a small force of Police. The Police were driven back into town and a fire fight developed in the vicinity of the railroad station. The loyal force was estimated to be about three hundred and fifty (350) Police. The Rebel Group, numbering between four hundred (400) and one thousand (1,000) men had control of SUNCHON by 1600 on 20 October 1948. The Police in SUNCHON put up determined resistence, but were outnumbered and forced to surrender. Two companies of the 4th Regiment, 5th Brigade, ordered from KWANG JU, never reached SUNCHON but remained hidden in the woods nearby. These remained loyal and played a major role in subsequent operations at POSONG. The Rebels, after gaining control of SUNCHON, began to fan out toward KWANGYANG (1058 - 1329), NAMWON (1038 - 1382) and POSONG (1008 - 1304). These movements were under command of Lt. KIM, Chi Hwe, alleged to be the ranking leader of the Rebels.

2. National Police reports state that the Rebels had set up a so-called "Peoples Court" in SUNCHON and had summarily executed all of the Police and their families. Later reports by United States observers in L-5's confirmed this by stating that many bodies of Police and women could be seen in the courtyard of the police station. Similar reports were received about YOSU. At YOSU, the Coast Guard ship "ASK" 516 was fired on when personnel attempted to land. The master of this ship reported that the people were celebrating their victory by parading in the streets, singing communist songs and carrying red flags.

3. During the afternoon of 20 October, the Rebels, advancing north of SUNCHON, met their first resistence from an organized Constabulary force. This meeting engagement was in the vicinity of HAKKU-RI (1045 - 1336) at approximately 1800, and the loyal troops involved were 470 men of the 4th Regiment under command of LEE, Jung Il, 4th Regimental Commanding Officer.

III. COUNTER MEASURES:

1. A flash message was received by G-2, XXIV Corps, on 200910 October 1948 stating that the 14th Regiment, 5th Brigade, was rioting in the city of YOSU (See Incl. #2). At 1015 on 20 October 1948, a message was received by the Commanding General, USAFIK, from the Chief, Provisional

RESTRICTED

History of the Rebellion of the 14th Korean Constabulary Regiment (Cont'd).

Military Advisory Group, confirming the information of the rioting at YOSU (see Incl. #3).

2. The G-2 and G-3 Sections of XXIV Corps were put on a twenty-four (24) hour alert, beginning at 1700 hours, 20 October, for the purpose of keeping a close check on the operations and to maintain an up-to-the-minute situation map. This alert was continued throughout the operation.

3. At this time, Major General Coulter, Commanding General, USAFIK, established a policy that United States troops would not be used or get involved in any way unless help was requested by President RHEE, Republic of Korea.

4. Brigadier General Roberts, Chief, Provisional Military Advisory Group, ordered the following officers from PMAG and from the Korean Constabulary, to proceed at once by air to KWANGJU to act as advisors and to keep information flowing back to his headquarters:

Captain Hausman, Advisor, G-3, PMAG
Captain Reed, Advisor, G-2, PMAG
Captain Treadwell, Former Advisor, 5th Brigade
Captain Frye, Present Advisor, 5th Brigade
Colonel Chai Byung Duk, Supreme C/S, Dept. of National Defense
Colonel Chung, Il Kwan, Chief of Staff, Korean Constabulary
Lieutenant Colonel Paik, G-2, Korean Constabulary
Lieutenant Ko, Intelligence Officer, Korean Constabulary

These officers, accompanied by General SONG, Ho, ordered by Premier LEE, Bum Suk to assume command of the Task Force, arrived at the airstrip at CAMP SYKES, KWANGJU at 1530 on 20 October 1948.

5. Daily operations from the 1st to 4th day, inclusive:

a. First day of operations, ending 2400 on 20 October:

The first contact with the rebels was at HAKKU-RI (1045 - 1336) by the four hundred and seventy (470) men of the 4th Regiment, 5th Brigade. At 1800 the Rebels were held without important gains in this position until reinforcements were received. The 1st and 3rd Battalions of the 12th Regiment, 2d Brigade, were moving by rail from KUNSAN (0972 - 1452) to KWANJU (0992 - 1351) and continued on to SUNCHON to reinforce the four hundred and seventy (470) men of the 4th Regiment already in contact with the Rebels. Two companies of the 4th Regiment, which had been stationed at KWANJU moved toward HAKKU-RI. These companies did not arrive at the scene of combat, but were later found in the area between SUNCHON and POSONG. Situation at the end of the first day is as shown on Map #1. The 1st Battalion of the 6th Regiment, 3rd Brigade, from TAEGU was reported

-3-

RESTRICTED

RESTRICTED

History of the Rebellion of the 14th Korean Constabulary Regiment (Cont'd)

moving to NAMWON. They moved to UMYONG-NI (1077 - 1401) and there constructed road blocks on the three main highways, left one company to maintain the road blocks, and the rest of the battalion continued to NAMWON. It was originally reported that "B" Company, 14th Regiment, had remained loyal and had withdrawn from YOSU to POSONG (1008 - 1304). This was never confirmed by later reports, and it was subsequently disregarded. It is interesting to note that unidentified rebels were later encountered in the vicinity of POSONG. The 2d Battalion and 3rd Battalion, 3rd Regiment, 2d Brigade, had also moved down from CHONJU (1015 - 1431) to NAMWON.

b. Second day of operations, ending 2400 on 21 October:

Since there were several reports of the first contact with the enemy, all at different hours and places, evaluation of such reports was difficult, and it became apparent that the Rebels made several sallies from their positions in SUNCHON. The Rebels met little resistance in the initial stages, both to the east in the direction of KWANGYANG (1058 - 1329) and to the west in the direction of POSONG (1008 - 1309). They were able to gain possession of KWANGYANG, and captured four (4) Police boxes in the BERYANG MYUN, three of which were identified as POLAYO or POLGYO-RI (1034 - 1314), CHOSUNG or CHOSONG-NI (1025 - 1308), and HAGAN (1034 - 1322). The Police boxes were on the road in the direction of POSONG. The sallies by the Rebel Forces to the north toward NAMWON met determined resistance the previous day in the vicinity of HAKKU-RI and it was here that the most severe fighting occurred. The four hundred and seventy (470) loyalists of the 4th Regiment, 5th Brigade, with whom the original contact had been made, were now fully in position and were holding up any Rebel advance. At 1130, the Rebels made a second attempt to move north, but were again held without gains. A lull occurred during this period, which indicated that both sides were reorganizing. The situation was a shown on Map #3. During the afternoon, twenty-six (26) Rebel prisoners were captured enroute to POSONG. Interrogation of the prisoners indicated that they had been told that the Police had revolted and the 14th Regiment had been ordered to suppress the Police. They stated that they drew arms and ammunition on 19 October, which was not considered unusual since they were preparing for departure for CHEJU-DO. General SONG, Ho was sent from SEOUL to KWANGJU to assume command of the Task Force, which at the time consisted of:

The 5th Brigade (less the 14th Regiment)
1st Battalion, 6th Regiment, 3rd Brigade
1st Battalion, 15th Regiment, 3rd Brigade
2d and 3rd Battalions, 3rd Regiment, 2d Brigade
1st and 3rd Battalions, 12th Regiment, 2d Brigade
Nine (9) L-4 Airplanes, manned by Korean Constabulary Pilots.

Colonel CHUNG, who had been in command of the 5th Brigade, was relieved of same, and ordered back to SEOUL by General SONG, Ho, and the command

RESTRICTED

History of the Rebellion of the 14th Korean Constabulary Regiment (Cont'd)

of this Brigade was assumed by Lt. Col. KIM, Pak Il, with one Major OUI as executive officer. General SONG's plan of action was as follows: To concentrate a strong striking force north of SUNCHON; drive south, and recapture SUNCHON; continue south and cut off the REISU PENINSULA, thus splitting the Rebel forces into three parts - one east of SUNCHON, one west of SUNCHON, and one on the REISU PENINSULA. This was to be followed by extensive mop-up operations in the entire zone of Rebel influence, including adjacent islands.

c. Third Day of operation ending 2400 on 22 October:

Lt. Col. KIM, Pak Il, now in command of the 5th Regiment, 2d Brigade, and elements of the 1st and 3rd Battalions, 12th Regiment, 2d Brigade, assumed command of all units in contact with the rebels north of SUNCHON. This force made a coordinated attack on SUNCHON, with some units entering SUNCHON at 1600. By night fall, the city was completely in control of Loyalist forces. The two companies from the 4th Regiment, 5th Brigade, originally dispatched from KWANJU by Colonel KIM, were found on the road between SUNCHON and POSONG, having made no contact with the enemy. These two companies were placed under command of Lt. Col. OH, Duk Jung, former executive officer, 5th Brigade, with the mission of capturing POSANG, and remaining there to protect the right flank of the operations and to prevent any Rebel advance or threat in the direction of KWANGJU. The 1st Battalion, 15th Regiment, 3rd Brigade, commanded by Lt. Col. CHAI, Nam Goon, had a meeting engagement with the enemy force which was advancing east from SUNCHON at a point about five (5) miles west of HADONG (1074 - 1341). During this action, Lieutenant Colonel CHAI and the Battalion Commanding Officer were captured, and the Battalion was driven back to HADONG. Lieutenant Colonel CHAI later escaped, and supplied valuable information as to the movement of about four hundred (400) Rebels into the CHIRI-SAN mountain area. Colonel Fuller, U.S.A., PMAG, was dispatched to KWANGJU to act as Chief United States Advisor to the Constabulary for this operation. Additional Security Forces ordered to proceed to the YOSU-SUNCHON area were as follows:

(1) The 1st Battalion, 5th Regiment, 3rd Brigade, was enroute by water from PUSAN, with orders to make a landing in the vicinity of YOSU.

(2) The 2d Evacuation Hospital was enroute from TAEJON to KWANGJU.

(3) The 3rd Battalion, 2d Regiment, 2d Brigade, was enroute from TAEJON to NAMWON.

(4) The 1st Reconnaissance Troop arrived at NAMWON from SEOUL.

-5-

History of the Rebellion of the 14th Korean Constabulary Regiment (Cont'd)

(5) The 1st Battalion, 6th Regiment, 3rd Brigade, arrived at NAMWON from TAEGU.

(6) Headquarters, 5th Brigade, and Headquarters, 4th Regiment, moved to HAKKU-RI (1045 - 1536).

(7) Eight (8) Coast Guard ships THS were patrolling between YOSU and CHEJU-DO, with the mission to prevent the escape of rebels, or to prevent them from getting messages or help from possible outside sources.

(8) One (1) unidentified battalion was reported enroute from SUNCHON to POSANG. This was probably the 3rd Battalion, 3rd Regiment, 2d Brigade, which was "mopping-up" scattered Rebels on the road between the two cities.

d. Fourth day of operation ending 2400 on 23 October:

An unsuccessful attempt was made by the 1st Battalion, 5th Regiment, from PUSAN to land at YOSU from an LST. This was an uncoordinated landing, and at 1005 when the leading elements debarked they were met with determined fire consisting of rifle and machine guns from the rebels who were in possession of all high ground around and in YOSU. The landing force was commanded by Captain KIM, Korean Constabulary, known as "The Tiger", who was too aggressive and too headstrong to take advice from the American Advisors. The Advisors, Captain Darrow and Lieutenant Moore, who were on the trip, had made a careful study of the possible landing beaches. The place selected by Captain KIM, the docks at YOSU, was the least desirable of any of the places which might be suitable for a landing operation. After much wild and aimless firing, about one company succeeded in getting ashore. They were greatly outnumbered by the Rebels defending YOSU, and at 1100 they were forced to withdraw to the LST and there remained throughout the rest of the operation. Task Force Headquarters ordered the 1st Battalion, 5th Regiment, not to try another landing since the communications were poor, and it was impossible to coordinate an amphibious landing with ground troops. An undetermined number of rebels took advantage of the withdrawal of the amphibious force to desert. The two companies of the 4th Regiment commanded by Lt. Col. OH, Duk Jung proceeded to POSONG and surrounded the town but did not occupy it. The Rebels had retreated from SUNCHON in the direction of POSONG and were in the vicinity of NAGAN and POLGYO-RI. The 3rd Battalion, 3rd Regiment, 2d Brigade, and the 1st Battalion, 6th Regiment, 3rd Brigade, were sent from SUNCHON with the mission of clearing the area of Rebels, and drive them west against the 4th Regiment units at POSONG. The situation to the east of SUNCHON in the direction of KWANGYANG and HADONG remained obscure. KWANGYANG was held by the Rebels and the 1st Battalion, 15th Regiment, 3rd Brigade, was in HADONG and had apparently been successful in preventing further advances east.

RESTRICTED

History of the Rebellion of the 14th Korean Constabulary Regiment (Cont'd)

IV. THE PURSUIT:

Situation Map #5 shows that the original objective of General SONG, as outlined in paragraph 5 b of Part III above, had been accomplished. There was one variation in the original objective and that was the enemy was actually split into four parts instead of three.

1. Fifth day of operation, ending 2400 on 24 October:

By noon of this day, the 1st Battalion, 4th Regiment, (less the one company which was originally dispatched from KWANGJU) under command of Lt. Col. OH, Duk Jung, entered POSONG, and in a short time had either captured, killed or dispersed all Rebels in that area. This secured the right flank. The 3rd Battalion, 3rd Regiment, 2d Brigade, and the 1st Battalion, 6th Regiment, 3rd Brigade, were engaged in the area between SUNCHON and POSONG. They captured the town of POLGYO-RI and drove the enemy south in the direction of KOHUNG (1028 - 1285). In the meantime, the Commanding Officer, 2d Brigade, moved south from SUNCHON with a reconnaissance troop and reinforcements of three hundred (300) men of the 3rd Regiment to join Lieutenant Colonel KIM, who had driven the Rebels down the peninsula and by 2100 hours had moved to within five (5) miles of YOSU.. Plans were made to renew the attack at 0600 the next morning. The situation on the east flank was under control, except for one incident. Two companies of the 4th Regiment moved out from SUNCHON toward KWANGYANG. Instead of contacting the enemy, as expected, they met troops of the 1st Battalion, 15th Regiment, 3rd Brigade, who were moving west. A pitched battle ensued between the two friendly units. This lasted for a short time, and both sides suffered some casualties; however, as identities were established, they joined forces and with a Battalion of the 12th Regiment, 2d Brigade, began to pursue the Rebels in the direction of Mt. PAEGUN (1062 - 1345). Maps #5 and #6 show the rapidly moving situation for 24 October.

2. Sixth day of operation, ending 2400 on 25 October:

The plan of attach against YOSU was to strike with the main effort directly south, with two enveloping forces, one on the east and one on the west. The attack was late in starting, and by 1600 the attacking force occupied the high ground just north of the city. The reconnaissance platoon had entered YOSU at 1400, but were forced to withdraw when it was taken under heavy fire by the Rebels. The fight for the high ground consumed most of the day. The Rebels who had escaped in the direction of Mt. PAEGUN and the CHIRI Mountains (1070 - 1370) were being pursued by one platoon, reconnaissance troop, 1st Battalion, 15th Regiment, and parts of the battalions of the 3rd, 4th, and 12th Regiments. Their mission was to seal off the rebels in that area and to destroy them. In the meantime, remanents of the Rebels who had retreated toward KOHUNG were being pursued by detachments from the 3rd

RESTRICTED

History of the Rebellion of the 14th Korean Constabulary Regiment (Cont'd)

Battalion, 3rd Regiment, and the 1st Battalion, 6th Regiment. The 1st Battalion, 4th Regiment, still occupied POSONG. The 1st Battalion, 5th Regiment, was still aboard the LST lying off shore from YOSU. It was estimated at this time that about six hundred (600) Rebel prisoners had been taken. Four hundred (400) arrived in TAEJON at 2240.

3. The seventh day of operation, ending 2400 on 26 October:

The two hills north of YOSU which had been gained after much fighting on the previous day were lost to the Loyal forces during the night due to a withdrawal for the purpose of feeding and reorganization. The Rebels took advantage of this withdrawal and by morning they were back on the hill. The retaking of these hills consumed most of the day, and necessitated the postponement of the final assault on YOSU until 27 October. By dark, YOSU had been slightly penetrated at two points. Action was shifting northeast of SUNCHON, as the Rebels had retreated into the PAEGUN-CHIRI mountain area and were making raids on nearby settlements. One such group of undetermined size attacked KUYRE, burning one building, and planting the North Korean Peoples' Republic flag on another building. The 2d Battalion of the 3rd Regiment moved into the town without opposition. One Battalion of the 12th Regiment was moved to KOKSONG (1025 - 1366) to assist in patrolling the area between there and NAMWON and to prevent the Rebels from attacking from their mountain hideouts. The road blocks established during the early part of the operation at UNYONG-NI by the 1st Battalion, 6th Regiment, now proved valuable as they helped prevent the Rebels to escape in the direction of TAEGU.

4. The eighth day of operation, ending 2400 on 27 October:

This day was featured by the final assault on the city of YOSU, and its capture. The Rebels were now fighting as a well-organized unit, and it was apparent that they were under control of a trained Military Leader. Every step on the way was bitterly contested, and the struggle now evolved into a house-to-house struggle. Korean Constabulary reconnaissance troops were unable to advance into the city due to accurate fire from the roof tops. The Task Force which finally captured the town at 1200 hours, consisted of about twelve hundred (1200) men of the 2d, 3rd, 4th, and 12th Regiments, and the 1st Battalion, 5th Regiment, which landed from LST's. This Battalion had caused some confusion among friendly troops by indescriminate firing of mortars. These mortars were fired from the decks of LST's and were not coordinated with the landing. The battle of YOSU had destroyed about one-fourth of the city. Many fires were raging, and many important buildings and dock areas had been burned, or were burning. By 1400, the Loyal forces had gained complete control of the city. Lt. Col. KIM, Pak Il set about to restore order. There, sixty-three (63) prisoners were taken; practically all of the people in the town were rounded up for questioning and screening. In the meantime,

RESTRICTED

History of the Rebellion of the 14th Korean Constabulary Regiment (Cont'd)

in the PAEGUN-CHIRI mountain area, it was estimated that about 300 to 400 Rebels were still holding out and were armed with three (3) heavy weapons (type unknown), one radio, and numerous small arms and ammunition. All units in the zones of operation were ordered to reorganize and prepare for extensive mop-up operations. The mop-up units in the vicinity of KOKHUNG were continuing to eliminate remaining enemy forces. (See Map #8).

5. Ninth day of operation, ending 2400 on 28 October:

The 1st Battalion, 5th Regiment, was given the task of patrolling the streets of YOSU; protecting the harbor area. Elements of this battalion were put aboard an LST and taken to the south end of TOLSAN-DO (1079 - 1283) with the mission of mopping-up the entire island for Rebels who might have escaped from YOSU. Korean Coast Guard ships were patrolling the entire area around TOLSAN-DO and RHISU Peninsula and many prisoners were caught attempting to escape in small craft. Restoration of order in YOSU, under Lt. Col. KIM, Pak Il, was continuing in an efficient manner. Streets were being cleaned, bodies being removed, and law and order being restored. Although the Rebels were supposed to be eliminated in KOHUNG area, one company of the 3rd Regiment was left there to continue patrolling operations. The only Rebel force remaining in the PAEGUN-CHIRI mountain area was being pursued by active combat patrols of the Loyalist troops, who established road blocks, and intensified reconnaissance, both ground and air. General SONG, Ho and his staff, considering their task virtually complete, turned over command of the Task Force to Colonel WON, with headquarters at KWANGJU, and returned to SEOUL. Colonel WON continued the mop-up operations. He is assisted by Lt. Col. KIM, Pak Il, who is using the 2d Brigade, less two (2) battalions of the 12th Regiment. The Korean Coast Guard continues to use their patrol ships for search of the Coast areas for fleeing Rebels.

PART V. TAEGU AFTERMATH:

1. At 1200, 2 November 1948, an MP officer of the 6th Constabulary Regiment, 3rd Brigade, was killed by a Constabularyman who was being investigated for Communistic activities. The killing took place at the rifle range at CAMP SKIPWORTH, which is located just south of TAEGU (1158 - 1439) The 3rd Battalion, 6th Regiment, was stationed there for range practice. The battalion took advantage of this incident and mutinied. About thirty (30) Constabulary MP's were dispatched to quell the mutiny and were engaged in a fire fight which lasted until 1430. Seventy-five (75) of the mutineers withdrew, taking four (4) jeeps, three (3) 2½-ton trucks, and one (1) 3/4-ton truck with them. In TAEGU, about 100 Police were deployed around the city to prevent the mutineers from entering the city and causing damage and casualties to civilians. One (1) platoon, Company "A", 1st Infantry Regiment, United States Army, was dispatched toward the rifle range at 1330 from CAMP SKIPWORTH, with the mission of reconnaissance and security. The Commanding Officer of the 1st Regiment, using a public address system, enjoined the mutineers to surrender. This resulted in the surrender of four (4) officers and three hundred and three (303) enlisted men, and twelve (12)

RESTRICTED

81

History of the Rebellion of the 14th Korean Constabulary Regiment (Cont'd)

civilians, who were immediately put under guard at CAMP SKIPWORTH. These mutineers surrendered five (5) trucks and one (1) ambulance. Interrogation of the prisoners revealed that they were supposed to revolt on 3 November and attack Police boxes in the vicinity of TAEGU. Total casualties, as of 3 November, were four (4) Policemen killed, ten (10) Policemen wounded, and ten (10) civilians killed by stray shots. The casualties among the loyal and mutineering Constabulary were unknown at that time.

PART VI. REHABILITATION AND REORGANIZATION:

After the rioting in the YOSU area had been repulsed, Headquarters Korean Constabulary intensified investigation throughout all units to screen all personnel and to discharge such persons who have communistic tendencies. The personnel of the 14th Regiment, 5th Brigade, who rioted at YOSU, together with those of the 6th Regiment, 3rd Brigade, at TAEGU, will be brought before a proper and duly authorized courts martial for military trial and will be charged with mutiny and sedition. The 14th Regiment, 5th Brigade, has now been completely inactivated and a hand-picked cadre of approximately three hundred (300) officers and men from other Constabulary units has been formed and will train selected recruits for the 16th Regiment, 5th Brigade, which is to replace the 14th Regiment and will be located in the vicinity of YOSU. Training of this 16th Regiment will begin in YOSU between 15 November and 1 December.

RESTRICTED

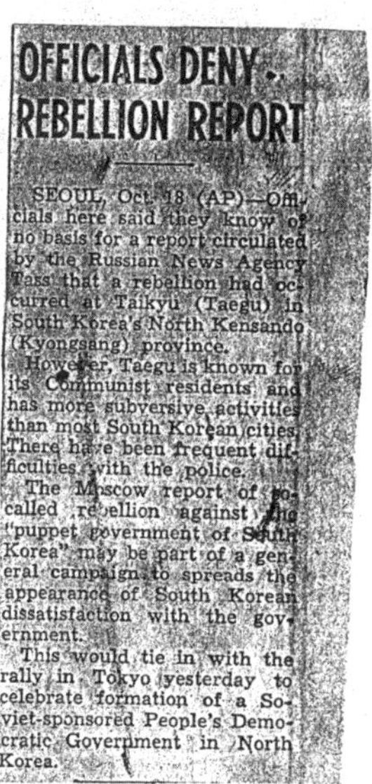

OFFICIALS DENY REBELLION REPORT

SEOUL, Oct. 18 (AP)—Officials here said they know of no basis for a report circulated by the Russian News Agency Tass that a rebellion had occurred at Taikyu (Taegu) in South Korea's North Kensando (Kyongsang) province.

However, Taegu is known for its Communist residents and has more subversive activities than most South Korean cities. There have been frequent difficulties with the police.

The Moscow report of so-called rebellion against the "puppet government of South Korea" may be part of a general campaign to spreads the appearance of South Korean dissatisfaction with the government.

This would tie in with the rally in Tokyo yesterday to celebrate formation of a Soviet-sponsored People's Democratic Government in North Korea.

"STARS AND STRIPES" 19 October 1948

RESTRICTED

Incl #1

RESTRICTED

No. 81

From: PMAG

Date: 200910 Oct 1948

From: Capt. Reed

To: Upham

S-2, 5th Brig at Kwang Ju (990-1350) received amessage at 200820 October 48 from the 14th Regt. Between 192100 - 200200 October 48 40 enlisted men from the Battali n to be sent to CHEJU-DO are in revolt. They occupied the Ordnance Warehouse. This move occured as civilians also rioted in YOSU (1070-1300).

The two forces, civilian and military, combined in action against YOSU police and railroad police. Strength of rioters increasing (casualties unknown). Communications between YOSU and KWANG JU are cut. KWANG JU now quiet.

Evaluation B-2

RESTRICTED

Incl #2

RESTRICTED

PMAGCG

CG, USAFIK | Chief, PMAG | 20 October 1948 1015 hours | WLR:ee

Uprising or meeting reported at Yosu; by part of 14th Regt; probably as a result of plot by former Regtl Comdr there, or possibly discontent because of move to Cheju-Do by 1 Bn.

Variously reported as 40, 400 and 700 troops infected. Communications seem to be cut except police radio. Home minister reports that at 0920 this date, from police radio, that all appeared quiet in Yosu, that approximately 600 were on commandeered train moving through Sunchon from Yosu on Mokpo.

Defense and Home Minister here in conference and preparing group to fly to Kwang Ju at 1330 this date: Chief of Staff, KC, Col Chung, two G-2 Officers, 1 Inspector General; American officers to go are Capt Hausman, G-3 Advisor, Capt Reed, G-2 Advisor, and old Advisor to 5th Brigade, who is in Seoul today. One CIC man will accompany.

Plan to contain and suppress rebels at earliest moment.

W. L. ROBERTS
Brig Gen USA
Chief

P.S. Late report indicates that ammo warehouse at Yosu was taken over by rebels.

Incl #3

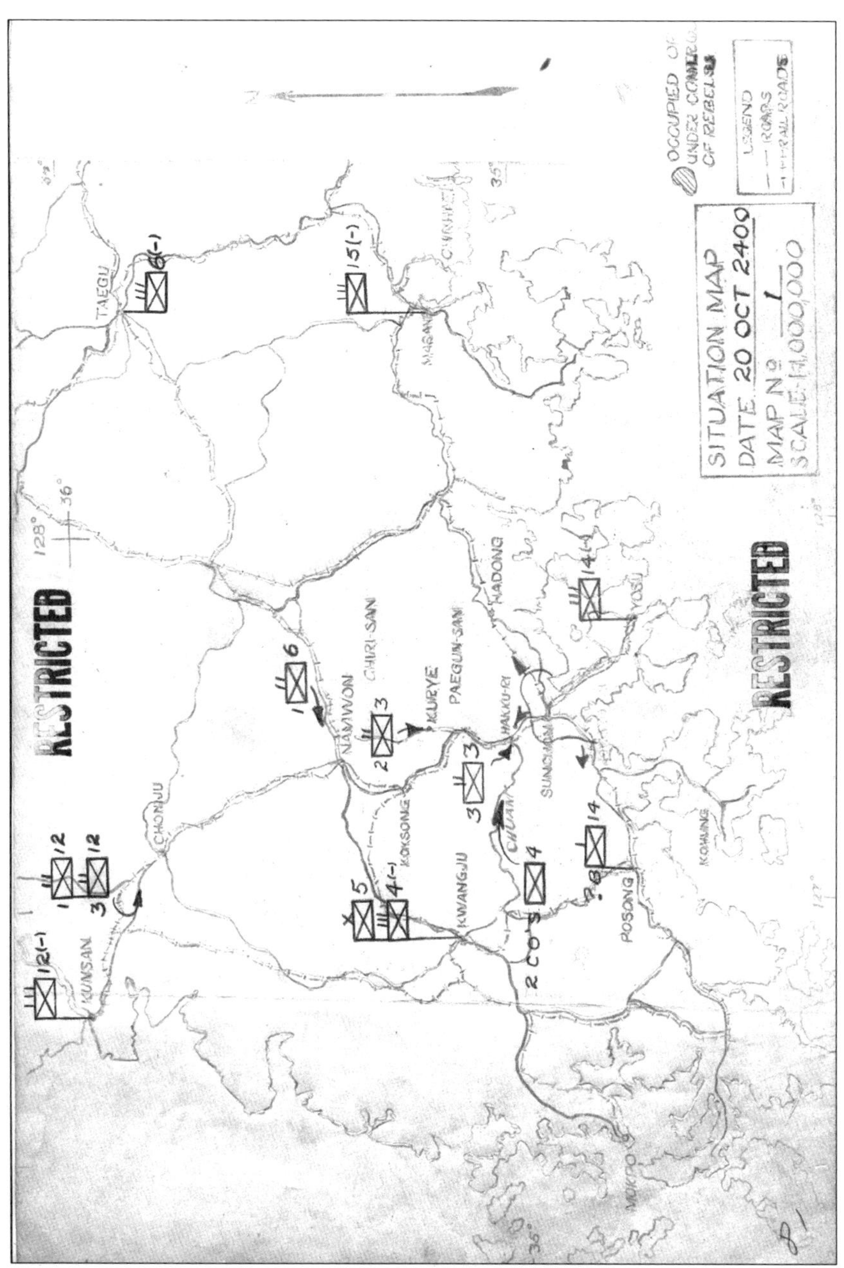
RESTRICTED
SITUATION MAP
DATE 20 OCT 2400
MAP No 1
SCALE 1:1,000,000
OCCUPIED OR UNDER CONTROL OF REBELS
LEGEND
ROADS
RAILROADS
TAEGU
MASAN
CHINHAE
KUNSAN
CHONJU
NAMWON
CHIRI-SAN
KURYE
PAEGUN-SAN
HAKKU-RI
HADONG
YOSU
SUNCHON
KOKSONG
KWANGJU
POSONG
KOHUNG
MOKPO
RESTRICTED

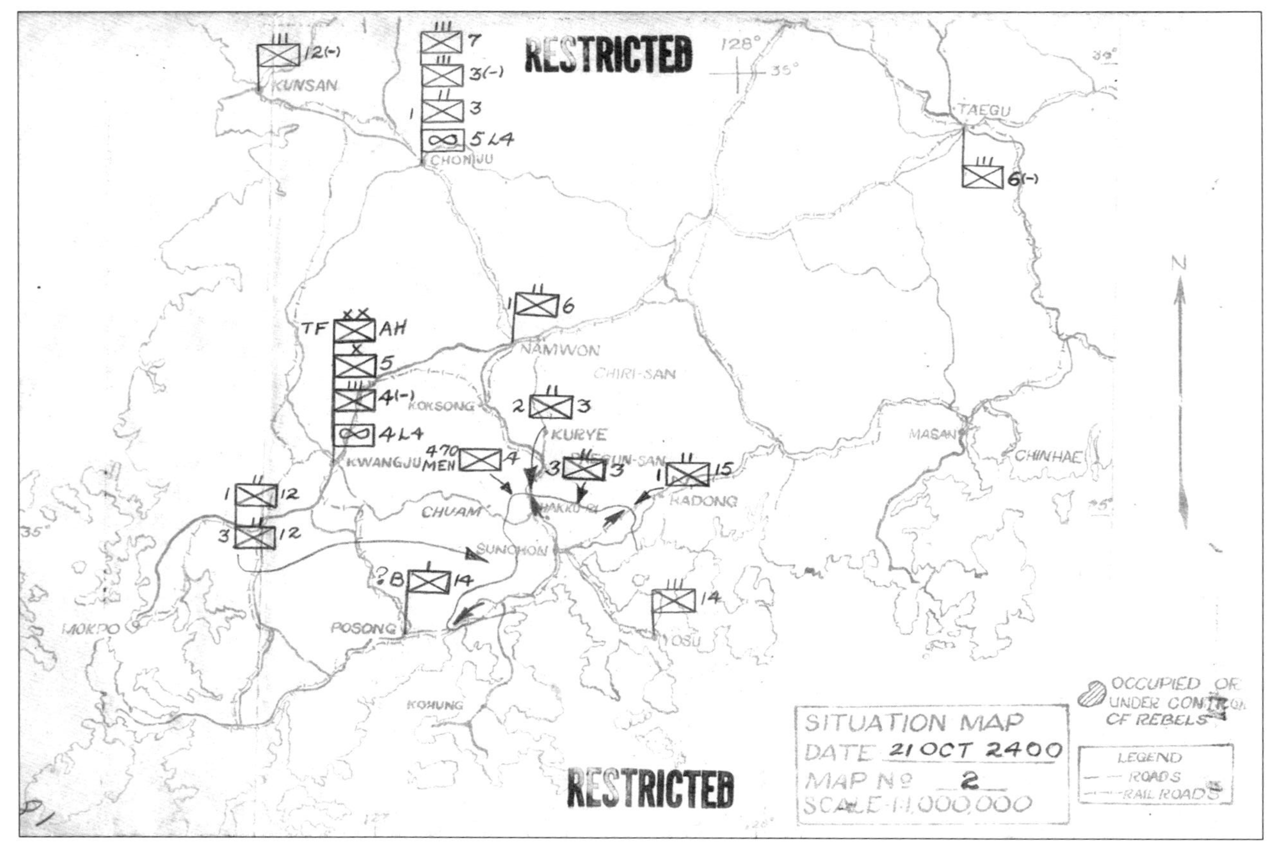
RESTRICTED
SITUATION MAP
DATE 21 OCT 2400
MAP No 2
SCALE 1:1,000,000
OCCUPIED OR UNDER CONTROL OF REBELS
LEGEND
ROADS
RAIL ROADS
N
TAEGU
CHINHAE
MASAN
KUNSAN
CHONJU
NAMWON
CHIRI-SAN
KURYE
KOKSONG
KWANGJU
CHUAM
SUNCHON
POSONG
KOHUNG
MOKPO
KADONG
YOSU
128°
35°
RESTRICTED

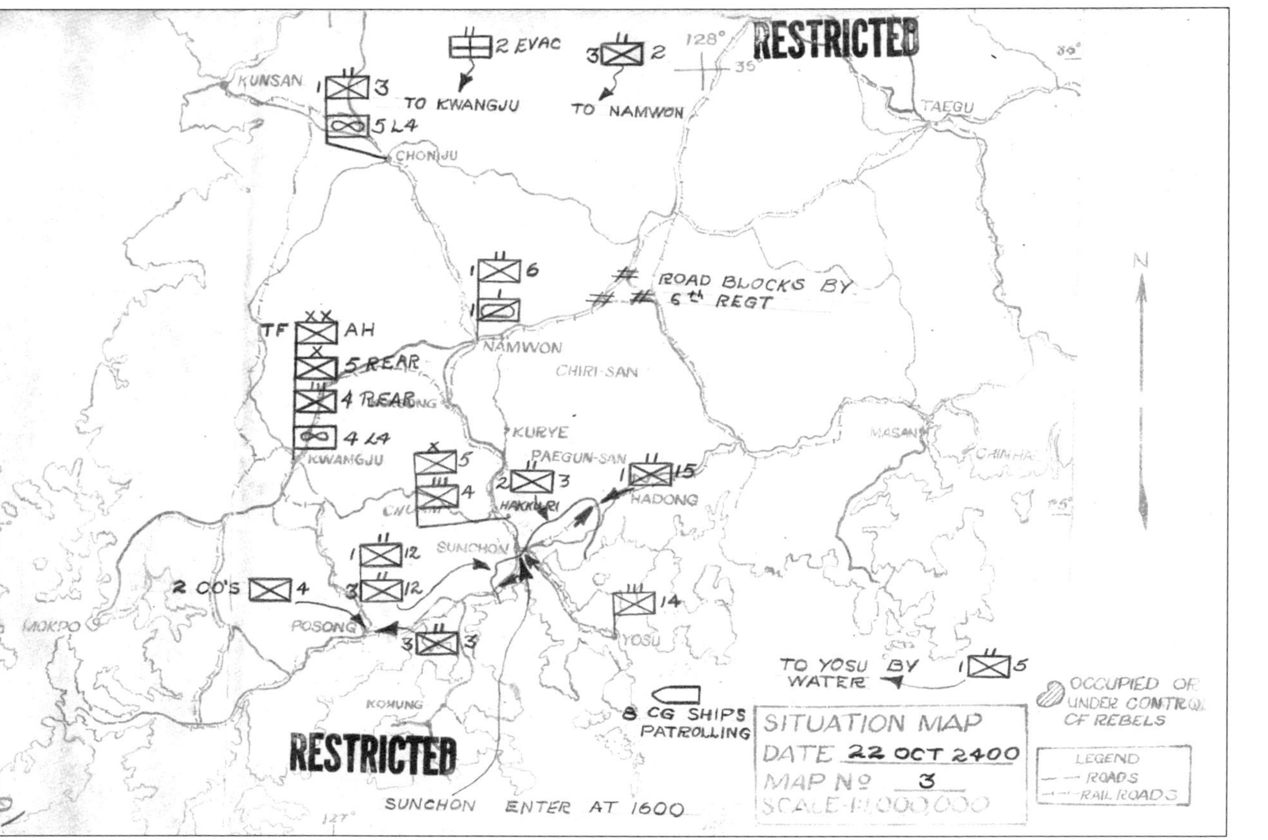
RESTRICTED
2 EVAC
TO KWANGJU
TO NAMWON
KUNSAN
5 L4
CHONJU
TAEGU
ROAD BLOCKS BY 6th REGT
TF
AH
5 REAR
4 REAR
4 L4
KWANGJU
NAMWON
CHIRI-SAN
KURYE
PAEGUN-SAN
HADONG
MASAN
SUNCHON
2 CO'S
MOKPO
POSONG
YOSU
KOMUNG
TO YOSU BY WATER
8 CG SHIPS PATROLLING
OCCUPIED OR UNDER CONTROL OF REBELS
SITUATION MAP
DATE 22 OCT 2400
MAP No 3
SCALE 1:1,000,000
LEGEND
ROADS
RAIL ROADS
RESTRICTED
SUNCHON ENTER AT 1600

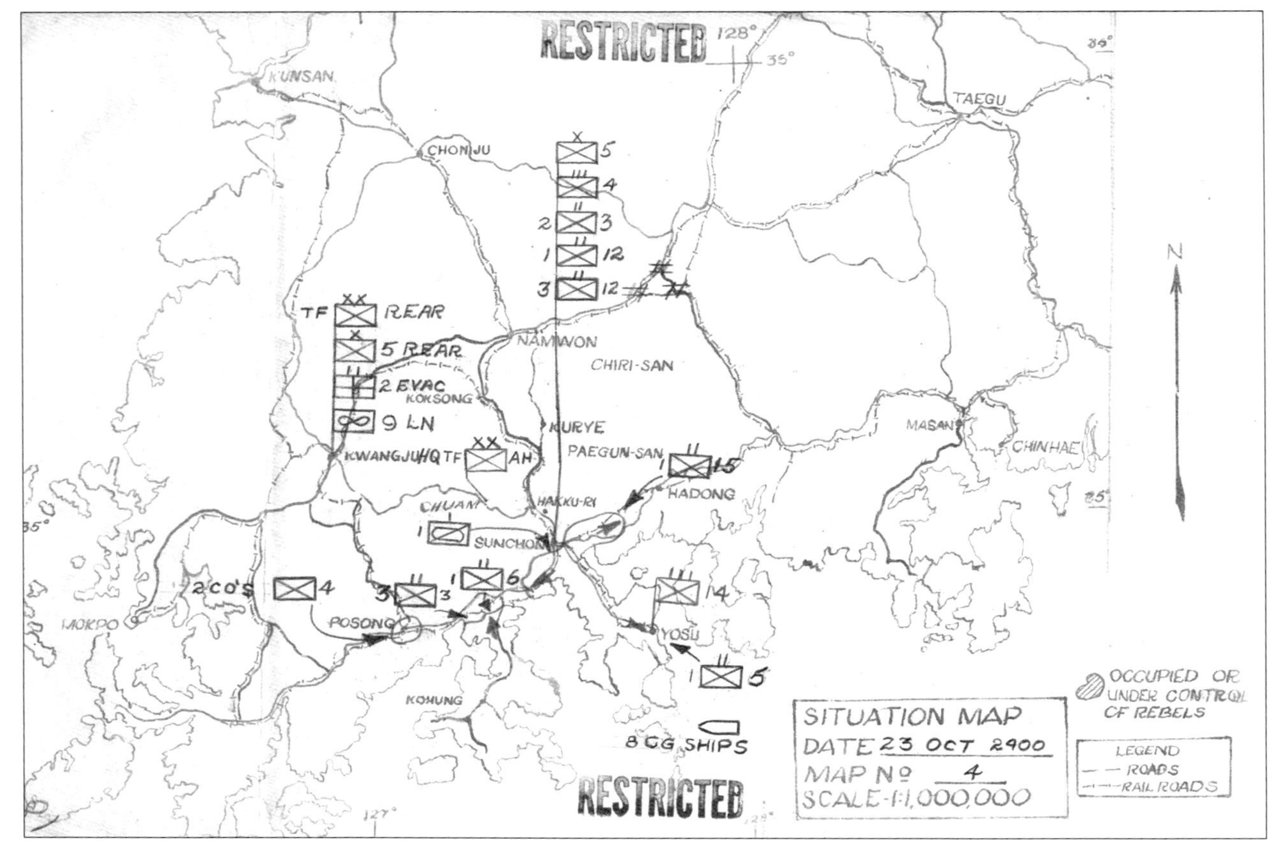
RESTRICTED
KUNSAN
CHONJU
TAEGU
TF REAR
5 REAR
2 EVAC
KOKSONG
9 LN
NAMWON
CHIRI-SAN
KURYE
PAEGUN-SAN
KWANGJU HQ TF
AH
MASAN
CHINHAE
CHUAN
HAKKU-RI
HADONG
SUNCHON
2 CO'S
MOKPO
POSONG
YOSU
KOHUNG
8 CG SHIPS
RESTRICTED
SITUATION MAP
DATE 23 OCT 2900
MAP No 4
SCALE-1:1,000,000
OCCUPIED OR UNDER CONTROL OF REBELS
LEGEND
ROADS
RAIL ROADS

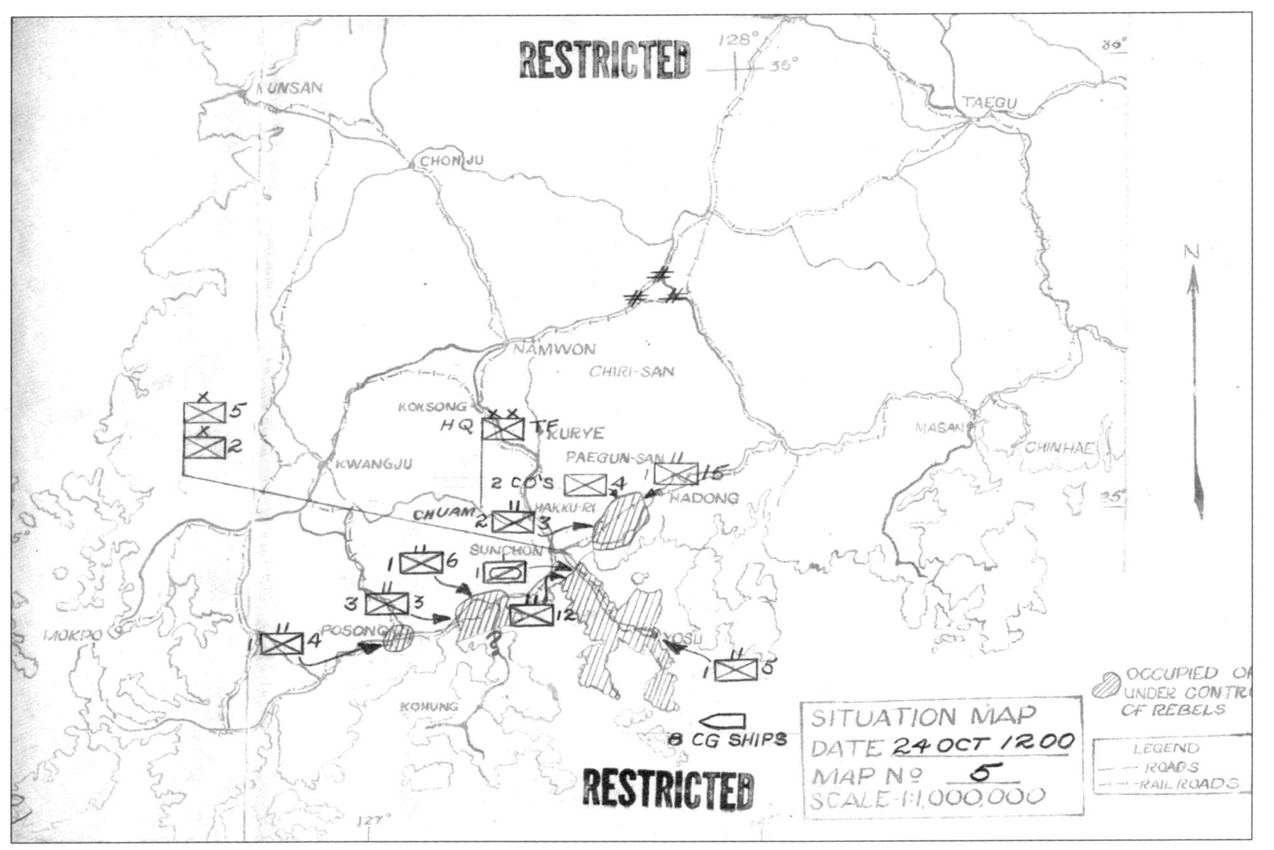
RESTRICTED
128°
35°
KUNSAN
CHONJU
TAEGU
N
NAMWON
CHIRI-SAN
KOKSONG
HQ
TF
KURYE
PAEGUN-SAN
KWANGJU
2 CO'S
HADONG
MASAN
CHINHAE
CHUAM
HAKKU-RI
SUNCHON
POSONG
MOKPO
YOSU
KOHUNG
8 CG SHIPS
RESTRICTED
SITUATION MAP
DATE 24 OCT 1200
MAP No 5
SCALE 1:1,000,000
OCCUPIED OR
UNDER CONTR
OF REBELS
LEGEND
ROADS
RAIL ROADS
127°

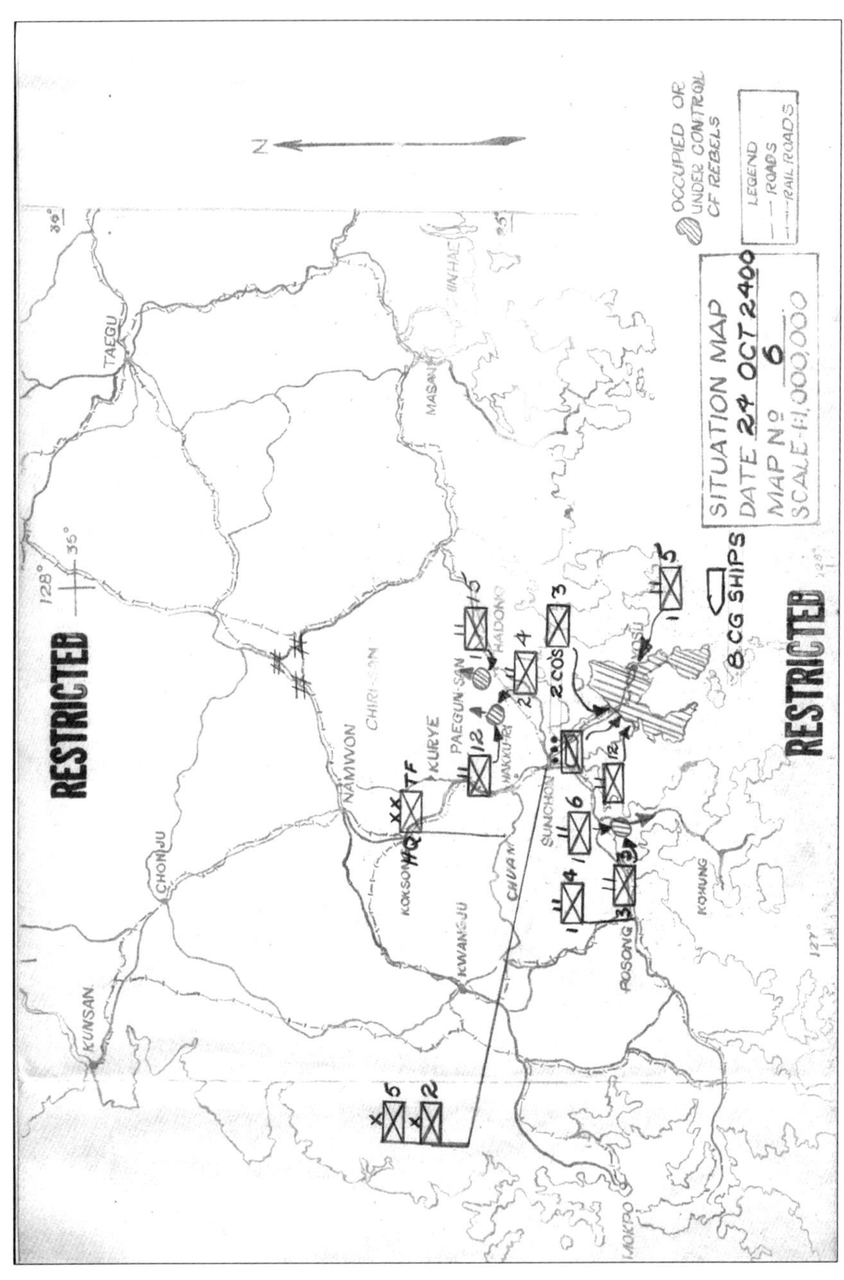
RESTRICTED
128°
35°
N
OCCUPIED OR UNDER CONTROL OF REBELS
LEGEND
ROADS
RAILROADS
SITUATION MAP
DATE 24 OCT 2400
MAP No 6
SCALE 1:1,000,000
8 CG SHIPS
TAEGU
MASAN
CHINHAE
CHONJU
KUNSAN
NAMWON
CHIRI-SAN
KURYE
PAEGUN-SAN
HADONG
HAKKU-RI
SUNCHON
YOSU
KOKSONG
KWANGJU
POSONG
KOHUNG
MOKPO
HQ
TF
2 CO'S
RESTRICTED

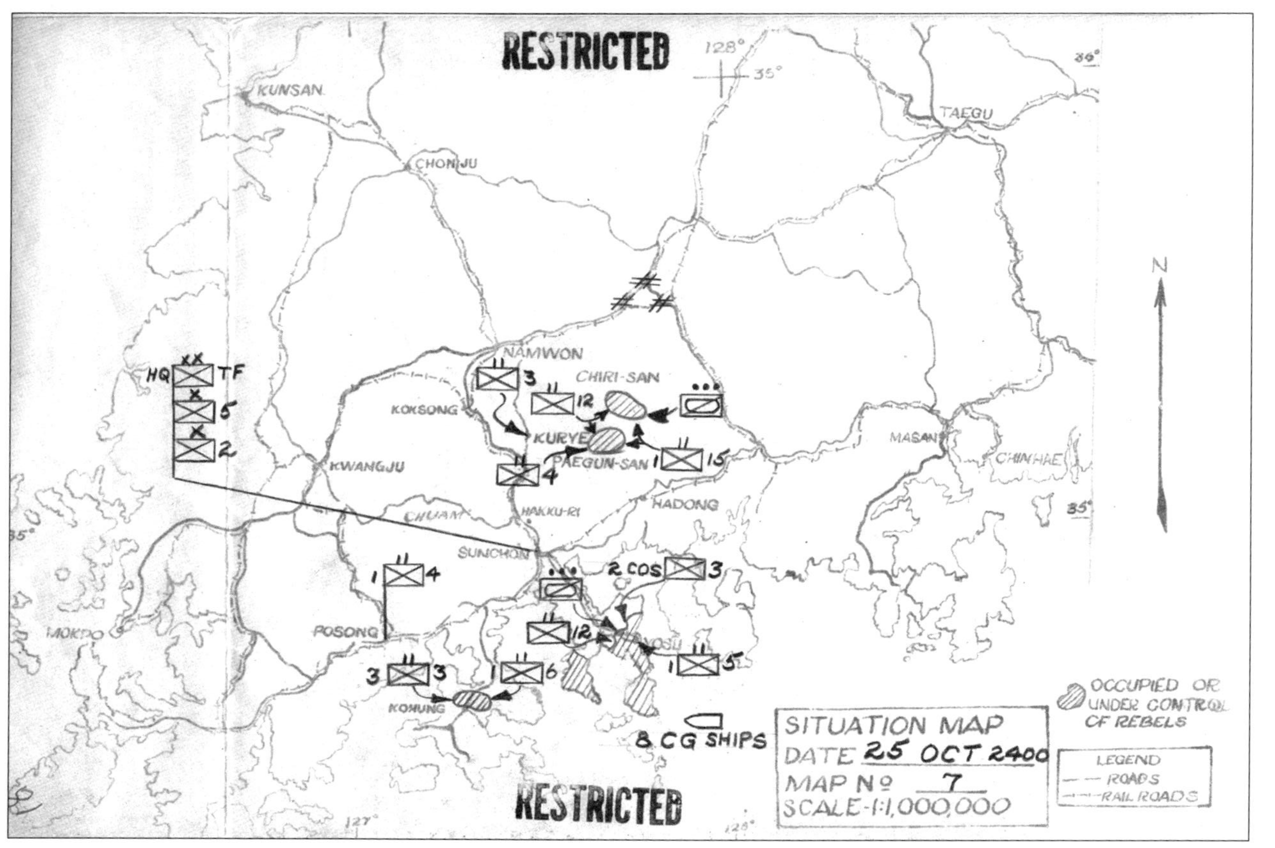
RESTRICTED
128°
35°
36°
KUNSAN
TAEGU
CHONJU
NAMWON
HQ
TF
CHIRI-SAN
KOKSONG
KURYE
PAEGUN-SAN
KWANGJU
MASAN
CHINHAE
CHUAM
HAKKU-RI
HADONG
SUNCHON
2 COS
POSONG
MOKPO
KOHUNG
YOSU
OCCUPIED OR UNDER CONTROL OF REBELS
8 CG SHIPS
SITUATION MAP
DATE 25 OCT 2400
MAP No 7
SCALE-1:1,000,000
LEGEND
ROADS
RAIL ROADS
RESTRICTED
127°

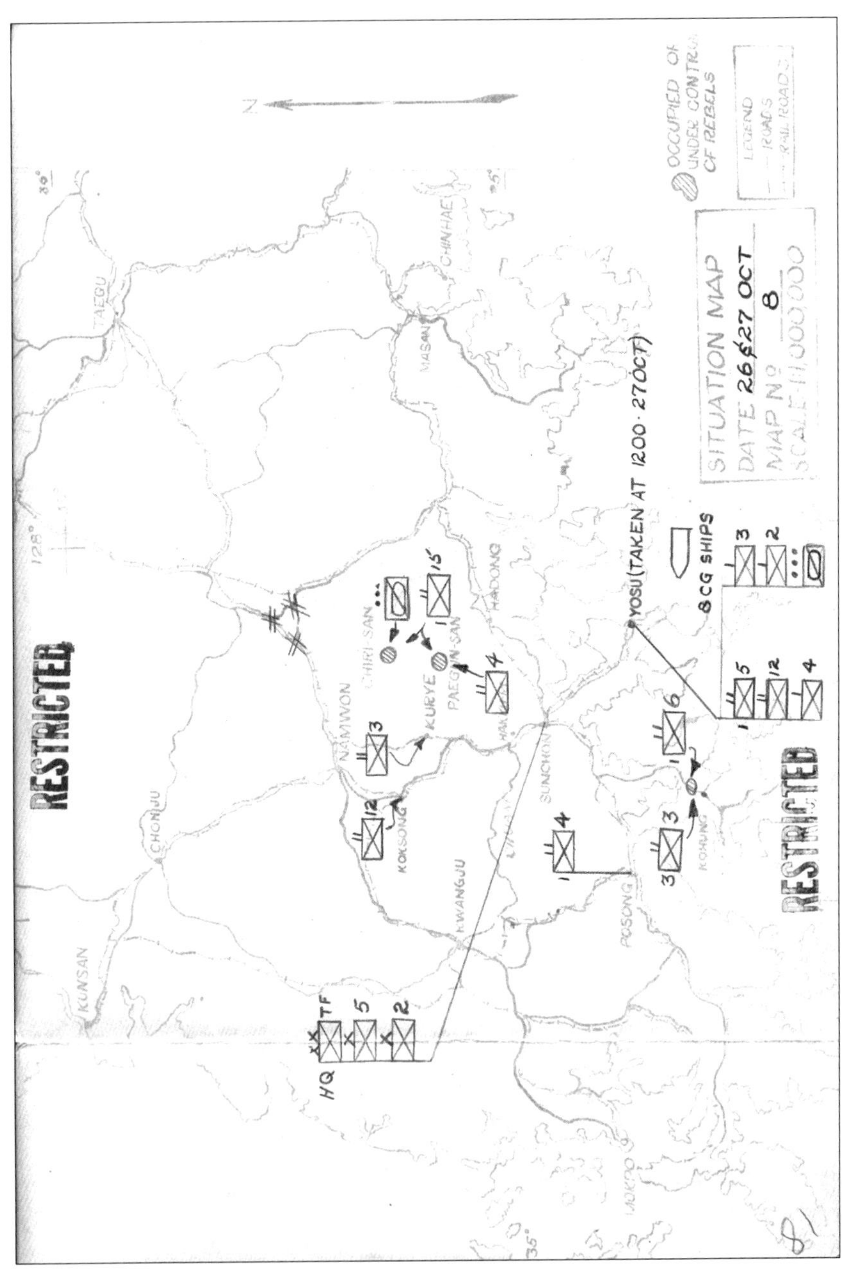
RESTRICTED
SITUATION MAP
DATE 26 & 27 OCT
MAP No 8
SCALE 1:1,000,000
OCCUPIED OR UNDER CONTROL OF REBELS
LEGEND
ROADS
RAIL ROADS
YOSU (TAKEN AT 1200 · 27 OCT)
8 CG SHIPS
HQ
TF
TAEGU
MASAN
CHINHAE
HADONG
CHIRI-SAN
PAEGUN-SAN
KURYE
NAMWON
KOKSONG
KWANGJU
SUNCHON
POSONG
KOHUNG
CHONJU
KUNSAN
MOKPO
128°
35°
RESTRICTED

자료 3 해제

여수반란의 개요와 관찰(1948. 11. 4)

이 자료는 주한 미 특별대표부 무쵸가 미 국무성에 보낸 보고서이다. 미국이 대한민국 정부를 공식 승인 한 뒤, 무쵸는 초대 주한 미국 대사를 지냈다.

무쵸는 미군 정보참모부, 현장을 시찰한 미국 언론인, 데이비드 마크 부영사의 정보를 종합하여 보고서를 작성했다. 무쵸는 미군이 한국 군·경찰로부터 모순되고 부정확한 정보를 수집했다고 지적하고, 이에 비해 상급 본부로 보고된 군 정보나 미국인 소스의 정보는 비교적 정확했다고 밝히고 있다.

이 보고서는 '작전', '봉기의 비군사적 측면', '관찰과 결론'의 세 부분으로 크게 구분되어 있다.

'작전'에서는 10월 19일 제14연대의 봉기부터 지리산 게릴라 투쟁까지를 약 3쪽에 걸쳐 서술하고 있다.

무쵸의 보고서가 다른 보고서와 다른 점은 '봉기의 비군사적 측면'에 대한 주목이다. 여기서 무쵸는 군사적 측면에서 여순사건을 바라보는 것이 아니라, 정치적 측면에서 여순사건의 의미를 짚고 있다, 그는 14연대 군인들이 봉기를 일으킨 이유는 제주도 파병에 반대했기 때문이고, 원래의 봉기는 11월로 예정되어 있었으나 당겨지게 됨으로써 설익은 봉기가 되었다고 평가했다. 또한 그는 여수에서 남로당 민간인 지도자들이 군인들로부터 통제권을 가져왔다고 평가했다.

정부가 10월 22일 계엄을 선포한 뒤에 진압군은 젊은 청년들을 일제히 검거했는데, 진압군의 구타와 즉결처형은 공산주의들의 학살에 분노하고 군대 규율이 없었기 때문에 일어났다고 보았다.

무쵸는 당시 이승만 정부가 주장한 김구와의 관련성에 대해서 부정했다. 그는 설사 김구의 쿠데타 기도가 사실이라 할지라도, 그는 여순사건과는 관련이 없다고 밝혔다.

무쵸 보고서에는 『여수인민보』 10월 21일자에 실렸던 '제주토벌출동거부병사위원회'의 성명서가 영역되어 실려 있다. 이 성명서는 잡지 등에 부분적으로 실리기는 했지만, 전문이 실린 것은 무쵸의 보고서가 유일하다.

무쵸 보고서를 통해 우리는 여순사건과 관련된 미국의 정치적 입장을 어느 정도 파악할 수 있다. 이는 군사적 관점에서 서술되고 있는 미군 보고서들과는 약간 다른 접근을 보여준다. 또 보고서 부록으로 14연대 봉기군의 입장을 잘 알 수 있는 성명서가 첨부되어 있어, 무쵸 보고서의 사료적 가치는 상당히 높다.

■ 출전

John J. Muccio, *Review of and Observation on the Yosu Rebellion*, RG 319 Records of the Army Staff, Intelligence Documents, Box 727, ID File No. 506892

RESTRICTED CONFIDENTIAL SECRET TOP SECRET

BID SHEET

This sheet must be forwarded with the document to the Intelligence Document File Br., where it will be permanently filed with the "Library File Copy" of the document

I. D. NO. 506892

LTR.	AREA	BID NO.	COMMENT	INTL.
L	(South) Korea	(16) 3144.0502	Yosu Revolt; report by Muccio on; account of events and comment	
"	"	" (16) 0107		
"	"	" (16) 02090108		

RESTRICTED CONFIDENTIAL SECRET TOP SECRET

INTELLIGENCE DIVISION GSUSA

47-25031

THE FOREIGN SERVICE
OF THE
UNITED STATES OF AMERICA

No. 81

American Mission in Korea
Seoul, November 4, 1948

CONFIDENTIAL

SUBJECT: Review of and Observations on the Yosu Rebellion

THE HONORABLE
THE SECRETARY OF STATE,
WASHINGTON.

SIR:

With reference to Seoul Mission telegram No. 153, October 25, 1948, I have the honor to submit herewith more complete information on the recent uprising in South Cholla Province. Data contained herein have been compiled from various U.S. Army Intelligence sources, from American press correspondents who were on the scene, and from Vice Consul David E. Mark, who toured the trouble zone during the period. While it is believed that reports from the latter two sources are generally accurate, Army Intelligence stresses that its reports are of two types. The first group, which consists of second-hand reports passed on from Korean Constabulary and Police sources, is to some extend contradictory and, in any event, of low evaluation. The second, which consists of confirmed reports from American sources and of evaluated intelligence submitted to higher headquarters, is generally accurate, or, if not, is evaluated by standard letter-number system. Due to the nature of the revolt and the short period since its termination in which a complete picture may be pieced together, most intelligence sources used in the preparation of this despatch are of the first variety.

THE CAMPAIGN

Between 7 p.m. and midnight of October 19, 1948, aporoximately seven Korean soldiers of the 14th Constabulary Regiment in Yosu, South Cholla Province, led by a sergeant-major, began haranguing a larger number of Constabularymen (40 or more) with a view to usurping control of the regiment. The ostensible occasion for this demonstration was opposition by the rebellious group to being sent to Cheju Island to assist in maintaining order there against Communist guerrilla elements. When the 40 or so additional soldiers had been won over, partly by persuasion and partly by threats of violence, the enlarged force seized an ammunition warehouse and proceeded, with the help of the arms thus obtained, to gain the adherence or submission of the remainder of the garrison. According to several reports, many Constabulary men were induced to join the rebellion by being told that this was just one incident in a successful nation-wide mutiny of the Army. Others apparently were under the initial impression that they were participating in a drive to put down a police rebellion in Yosu and to restore its loyalty to the national government.

In any event, all sections of Yosu were under rebel control by 5 a.m. of October 20, 1948. Two loyal Coast Guard cutters, which had been docked at the port section when the trouble started, departed under rifle fire shortly thereafter, without casualties but with running lights shot out. Aboard were 60 to 80 Korean soldiers who apparently wished to remain loyal, but who in some reports were made out to be captured rebels.

The first move of the mutineers was to commandeer a train at Yosu and advance to Sunchon. This unit, numbering between 400 and 1,000 men had control of the latter city by 4 p.m. of October 20th. In obtaining control, the rebels had the cooperation of a supposedly loyal company from the 4th Constabulary Regiment. This group, which had been sent from Kwangju to Sunchon in response to police requests for assistance in stemming the revolt, refused to fire at the incoming rebels, and later actually joined forces. The police in Sunchon put up determined resistance, but were outnumbered and forced to surrender.

October 21st was probably the high-tide of territorial holdings by disloyal elements. On that date, they spread out in all directions from Sunchon. To the east, rebel units captured Kwangyang and moved toward Hadong and Kurye. To the north, they briefly attacked around Koksung. To the southwest, they occupied Posung.

Loyal forces commenced counter action as soon as definite word of the rebellion became known. In general, attack plans envisaged the bringing of reinforcements of both police and constabulary from other areas to the periphery of the trouble zone and pushing inward toward Sunchon as a focal point. From Sunchon, one force would press down the peninsula towards Yosu, while another Army force would land in or near Yosu in an amphibious attack supported by Coast Guard vessels.

In support of this plan, Constabulary units advanced from Pusan and Masan in South Kyungsang Province, Taegu in North Kyungsang Province, Kunsan and Chonju in North Cholla Province, and Taejon in South Chungchong Province. The points of major concentration became Kwangju, South Cholla Province, Hadong, South Kyungsang Province, and Namwon, North Cholla Province. From these points, pressure inward was exerted as soon as possible.

The first major success came between 3 and 5 p.m. of October 22nd when Sunchon was recaptured by loyal troops converging from Namwon and Kwangju. The city fell without much of a fight following three mortar bursts by the attackers. The rebels quickly broke up into small units and, for the most part, headed east to Kwangyang, with a small force turning southwest to Posung and Polgyori. Earlier on the same day, a force of five to seven hundred loyalists attempted to push westward to Sunchon from Hadong. They were repulsed by rebel troops atop commanding hill sites, however, even before they reached Kwangyang, with a loss of about 5 dead, 50 wounded, and 25 missing, including the commanding officer.

On October 23rd, Posung/

Seoul Mission Despatch 3rd Page November 4, 1948
No. 81

On October 23rd, Posung was attacked by loyal Constabulary forces who were unable to capture the town, but the route from Namwon to Sunchon through Koksung was finally secured. An abortive attempt at a Coast Guard supported landing on the Yosu peninsula itself was driven off by well entrenched rebel troops. By this time units of the 4th, 3rd, 6th, 12th, and 15th Regiments were in the battle zone, mostly under the command of the Chief of Staff of the 5th Brigade.

The 15th Regiment again pushed westward from Hadong on October 24th towards Kwangyang, and without meeting resistance, found the objective already in the hands of friendly troops from Sunchon. Since enemy units had apparently evacuated the town for mountainous country northward towards Kurye, both loyal units headed in that direction. On this date, also, the see-saw battle for Posung was finally concluded with the city's recapture by loyal troops which advanced to Polgyo-ri.

A plan for final attack on Yosu had been drawn up to provide for a sizeable land drive to begin at 6 a.m. of October 25th. This was originally to be coordinated with an amphibious landing just north of the city. The land attack commenced on schedule but advanced units which reached the outskirts of Yosu were forced to give way a mile or more by heavy resistance. Details of the sea phase of the operations are obscure. Apparently, some landings may have have been made by noon, but most, if not all, amphibious troops were held aboard ship temporarily by a request of the land commander, made late in the day, to keep them there until called for.

The size of this attacking force was about 600 to 750 men. The defenders were variously estimated at from 300 to 2,000. The fight was strongly contested through October 26th, when the Coast Guard joined to rake the shore with machine gun and 37 millimeter gunfire. About 1/4 of Yosu, especially around the port and main business areas, was set aflame, partially from gunfiring, partially by accident, and partially by deliberate act of soldiers from both sides. Around noon on the 27th, resistance ceased with the surrender of remaining rebels.

The fall of Yosu marked the end of major attack by government forces. Some skirmishing continued in the Kurye region with various reports having the town itself in and out of rebel hands. Actually, most disloyal remnants appeared to have taken refuge in the inaccessible Chiri and Paegun Mountain areas. From there, in the Hadong, Kurye, Kwangyang region, hit and run raids could be expected to continue. As one reporter put it, this might become "Cheju Do on the mainland".

At present, no responsible official possesses sufficient trustworthy reports to estimate the casualties on either side resulting from military operations, but, in all likelihood, they were not very heavy. All in all, around 600 to 1400 rebel troops have been captured. These are being interrogated by the Constabulary, and some have already been put in the Taejon prison. Many civilians who joined them in the fight have also been rounded up. The latter are also slated for questioning in the areas where captured, but are generally turned over to the

police who treat/

CONFIDENTIAL

Seoul Mission Despatch 4th Page November 4, 1948
No. 81

police who treat them more roughly and have, in some cases, summarily disposed of them. In no instance is it expected that important figures in the revolt will be found. Such persons are either hiding in the Chiri or Paegun Mountains, or were among the persons seen by American press correspondents escaping by boat from Yosu to points unknown.

NON-MILITARY ASPECTS OF THE UPRISING

Although there was some thought at first by American observers that the entire affair may have resulted from reluctance of elements of the 14th Regiment to embark from their home station for fighting on Cheju Island or from a local quarrel with its commander, it became apparent within a few days that the revolt was sparked, organized, managed, and carried forward by trained Communist leaders. Various reports indicate that the outbreak was premature. These suggest that trouble had been planned for early November but that the impending disruption and isolation of the mutinous Communist core of the regiment by transfer to Cheju Island, caused plans to be advanced. Whether this is true or not, in the areas where the rebels established themselves in temporary control, they evidenced the same propaganda preparation, the same affiliation to the "Democratic Peoples Republic" of North Korea, and the same course of mass action and terror.

Activities in the two-day rule of Sunchon are probably typical. Soon after capture, the North Korean flag was raised on chief public buildings. Rebels, with the help of sympathetic civilians in the town, began rather systematic searches for leading Rightists, other major opponents of Communism, wealthier elements of the community, and Christians. Middle school boys who seemed Leftist in attachments and Communist in organization were given authority and rifles to aid in eliminating "reactionary" elements. Policemen not killed in the fighting were lined up and mowed down. Other arrested persons were first usually beaten, and then similarly shot. This continued through October 22nd when the rebels departed. As in natural in such a lawless reign, many innocent persons who were merely in the personal disfavor of some rebel were branded as "people's enemies" and executed. Some reports state that a "court" was put in operation to pass judgment in the manner of the "Tribune" of the French Revolution. Other information indicates that not even this formality was observed. The resultant dead in Sunchon alone, in any case, total between five and six hundred.

On October 21st, the civilian leaders of the South Korea Labor Party who had taken control of affairs from rebel Army leaders and raised their party's flag alongside that of the North Korean Government, organized the populace into a mass parade and meeting in behalf of the "Peoples Committees" and the "People's Republic". Communist-slogan banners were supplemented by cries of "Mansei" (10,000 years life) to the "Democratic People's Republic". In conjunction with these activities, public buildings were raided, banks robbed, and records destroyed. So complete were these plans, that when loyalist troops tried to reorganize the city government, virtually all officials had been killed, and new ones had no idea of where to start their work.

Upon the entry/

CONFIDENTIAL

Seoul Mission Despatch   5th page   November 4, 1948
No. 81

Upon the entry of government forces on the 22nd, martial law was immediately proclaimed. Troops aided by police started a round-up of all men in the town who were of military age. In this assemblage, no initial attempt was made at differentiating between loyal and disloyal elements. In the heat generated by discovery of the victims of Communist slaughter, and under the poor discipline of the troops, great numbers of beatings and many summary executions occurred. Inevitably, mistakes were made, and innocent persons and Rightists perished with Communists. No accurate count of people thus killed can be made, other than the 25 known dead, but shooting was heard in the town nightly through October 27th. The net result was to alienate some loyal Koreans who had first welcomed police and Army back as a relief from two days of Communist terrorism. With no safety on either side, people assumed a submissive air, humbly obeyed orders, attempted to salvage what they could of property, and bowed meekly at the sight of a jeep or other indicia of authority.

The story in Yosu was apparently not too different. Some police in the city seem to have joined the rebellious forces, but those who didn't were, as in Sunchon, speedily disposed of. In well-organized fashion, a "people's government" was established, friendly students and civilians mobilized, proscribed officials and civilians arrested and killed, and propaganda output commenced. In the latter connection, a copy of the "Yosu People's Press" (an
1/ English translation of which is enclosed) found by an American
correspondent provides some illumination.

According to it, a mass meeting of citizens was held on the 20th, at the conclusion of which all governmental powers were turned over to the "People's Committee". Loyalty was pledged to the North Korean regime and undying enmity to the Seoul government. A typical Communist platform was endorsed. Affairs were led by local Communist chieftains who emerged briefly from their underground existence to prove that the South Korea Labor Party, the Laborers' Federation (Chung Pyung), the Student's Alliance, and similar groups still functioned. The story was spread that all South Korea was in "democratic" hands except Seoul and the area around Yosu. In the absence of communications and any means of knowing the truth, many citizens believed this. They probably felt they were accomodating themselves to the inevitable by joining in cheers for the troops (rebels) of the 14th Regiment who liberated them from "reactionary" oppression and mutinied rather than kill their brothers on Cheju Island. Printed paper sheets with the North Korean flag and other Communist propaganda, "hammer and sickle" armbands, ready administrative machinery, assignment of Communist teachers to schools with a prepared program, and lists of "enemies of the people" all point to careful arrangements for a revolutionary seizure of power. Perhaps, the time was premature but the planning was quite complete and well-disseminated, even to the burning of rice warehouses as defeat neared.

Reoccupying loyal troops in Yosu were much better disciplined than in Sunchon. Indiscriminate shooting was kept rather well under control and soon, almost wholly eliminated. Probable participants were again rounded up in attempt to weed out those who had

actively aided/

CONFIDENTIAL

Seoul Mission Despatch   6th page   November 4, 1948
No. 81

actively aided the rebels. Almost no uniformed mutineers were found, however, and it was surmised that either most had fled, or else most had donned civilian garb to help escape detection.

Various rumors have been current, in Seoul, some with the sanction of high Korean officials, that dissident Rightist element, especially those connected with the Kim Koo forces, joined with the rebels in the uprising. These rumors suggest that such union is merely a logical next step to Kim Koo's flirting with leaders in Pyongyang since last April. They point to the fact that Oh Dong Ki, former commander of the disloyal 14th Regiment and now in jail awaiting trial on charges of attempted revolution, is a Kim Koo subordinate.

Although it may be true that Kim Koo is plotting a coup d'etat to overthrow the regime of President Rhee Syngman, it does not seem likely that he was implicated in the South Cholla Province affair. In the first place, all evidence points to the fact that Kim Koo cut his connections with Pyongyang by denunciations, with Kimm Kiu Sik, of activities of that regime culminating in the declaration of August 25, 1948. His letters at the end of September to the United Nations indicate that this attitude continues. In the second place, most of the people mentioned as plotting with Kim Koo are members of his dissident Rightist group and not likely to be playing the Communist game. Finally, the terror which the rebels carried on during the period of their rule was directed against all Rightist and elements opposed to Communism, without exceptions for members of the Korean Independence Party or other Kim Koo groups. So overwhelming is the evidence of Communist preparation, initiation, and control that the affair appears definitely to be their wholly staged show.

OBSERVATIONS AND CONCLUSIONS

Although different observers are already drawing varied conclusions on the military aspects of the uprising, general agreement exists on the political implications. Major General John B. Coulter, Commanding General, USAFIK, concluded in a telegram to General MacArthur that the "overwhelming mass of the (constabulary) troops can be relied on to support the government". He added that the Korean Government must solve the problem of weeding out subversive elements in the Korean Army, Coast Guard, and National Police, and push plans for rapid recruitment, training, and indoctrination of the troops. Although the effort made in stemming the revolt would delay completion of constabulary training by a month (to December 31, 1948), it was implicitly stated that the test under fire might, in the long run, prove more valuable experience than training. Those with a similar viewpoint add that it is significant that, except for one company of troops at Sunchon, no military unit joined the rebels after the initial mutiny at Yosu. They point out that the campaign was concluded in eight days and that the rebels were soundly defeated. Furthermore, different Army units learned to cooperate with each other, the police, and to some extent, the Coast Guard. Finally, although American advisers were available with most units and did contribute to planning, the successful campaign was chiefly Korean in preparation and operation.

Less optimistic/

CONFIDENTIAL

Seoul Mission Despatch No. 81 7th Page November 4, 1948

Less optimistic observers do not question Constabulary potentialities but do doubt its present effectiveness. They note that with trouble confined to one area and a small unit of rebels, there was no question but that the superior manpower and logistic support of the loyal forces would carry the day. They are not so certain of the outcome if simultaneous revolts, even largely among the civilian population, had occurred in many parts of South Korea. Although almost no other Constabulary units sided with the rebels, this may have been natural once other potential mutineers saw that this particular isolated rebellion was doomed to failure. The fact that most of the rebel troops themselves weren't Communists, but merely succumbed to Communist speeches and threats, indicates that similar trouble might occur in other units. As a matter of fact, this susceptibility of many Constabularymen to disorder after inciting speeches by one of their own number has already been demonstrated again in the semi-mutiny of the present week at Taegu, North Kyungsang Province.

The same observers acknowledge that a careful house-cleaning of the Constabulary would go far to eliminate troublemakers and their fellow-travellers. Even though this would not alter the basic brigade, regiment, and battalion organization already established, such a sizeable elimination of personnel would, however, probably necessitate a retraining of units composed of changed and newly-recruited personnel, around cadres composed of men screened and found trustworthy. A wholesale infusion of Rightist youth group members into the Constabulary is already being urged in certain political and governmental circles. The retraining required by these actions would be in addition to much further training of which operations during the squelching of the revolt showed the Constabulary to be in great need.

The greatest deficiency is probably in mobile radio and signal equipment and trained maintenance and operator personnel. All units were generally so out of touch with each other that operations and positions of troops in other sectors had to be obtained in reports from Seoul. Seoul had, in turn, gotten this information by liaison plane observation, plane-to-ground communication, and transmission of reports by motor vehicle.

Another deficiency appears to be a not-yet adequate familiarization by many Korean soldiers with the American motor and mechanical equipment and the American weapons which have been supplied them. Repeated breakdowns occurred, along with careless use of weapons. American press correspondents reported, for example, that an almost childish desire to try out newly issued mortars aboard a Coast Guard vessel plying just off Yosu during the final attack, against the advice of an American adviser, almost cost the correspondents their lives as mortar shells dropped all around them. Army Commander, Brigadier General Sung Ho Song (whose proclamation to the troops
2/ in English translation is enclosed) on one occasion, raced his armored car both toward the enemy and then toward his own men, in each case with machine gun blazing. On numerous occasions, he stopped the advance of his column of troops to question civilian passers-by on the road for latest information on the location of rebel soldiers. By relying on this intelligence, the column was several times stopped and deployed on false alarms, while the American newspapermen and the senior American adviser pushed safely ahead alone.

Part of this trouble was unfamiliarity with the correct tactical approach. Some officers were not up to properly directing their men. One report indicated that a tactical move ordered by the zonal commander had been replaced by a different move radioed from Premier LEE Bum Suk in

Seoul. It is true/

CONFIDENTIAL

Seoul. It is true that the Constabulary in October had not commenced the one month's unit training, largely to be in the field, due to begin November 1st. However, in view of the large scope of the subject to be covered, of the use of 25% of the Constabulary on guard duties of a "police nature" (and their consequent unavailability for training), and the large numbers of men on specialized study courses (signal equipment, 105 millimeter artillery, etc), it seems that one month's training can hardly suffice.

The foregoing less optimistic observers do not, of course, view these failings as insuperable difficulties. They note the type of deficiencies disclosed and feel that corrective measures will be a matter of more than the two months' effort now planned before scheduled American troop withdrawal. They compare the period of preparation of the Constabulary with the over two years of effort required before the American Army was ready to mount one major offensive (North Africa) in the recent war. They add, furthermore, that during this period of several months' training, conditions must allow for all energies to be devoted to organization and training rather than to guarding installations and frontiers and to quelling revolts.

It is at this point that political observations become pertinent. If Communist organization at Yosu is at all typical, and there is no reason to doubt that it is, similar uprisings, controlled and directed from Pyongyang, are possible anywhere at any time. The fact that the revolt will be a lost cause, as in Yosu, apparently detracts nothing from the preparation that goes into its execution. Failure is seemingly worth the tension, confusion, delay, and disheartening effects caused loyal adherents of the Korean Government. Then again, on some occasion, the result may be success rather than failure.

If this political situation is coupled with the views of the less optimistic observers of the effectiveness of the Constabulary, it becomes apparent that a problem arises as to the ability of loyal government forces to maintain even internal order should American troops finally be withdrawn within the next two months. To this may be added the possibility of external attack by the North Korean Army across the 38th degree parallel after American withdrawal. Even should this not materialize in such overt fashion, it is more than probable that if the internal South Korean situation worsens to the extent likely under continuous North Korean-inspired disturbances, the North Korean Army would intervene under the banner of restoring order and aiding "democratic" elements of the population.

It may be that the views of the relative "pessimists" are too extreme and not warranted by events thus far revealed. It seems safe to say, however, that enough data have been uncovered by the recent revolt to provide thought for renewed consideration by policy-making bodies of the U.S. Government concerning the "plausible chance for survival" held by the Government of the Republic of Korea at some future time when American tactical troops are no longer in occupation.

Respectfully yours,

John J. Muccio

Enclosures:
1. Translation as stated Yosu Peoples Press
2. Translation as stated Gen. SONG Proclamation

To the Department in original and hectograph

DEMark/yw/dem

CONFIDENTIAL

Korea, "Review of [illegible] the Yosu Rebellion".

(TRANSLATION)

Yosu Peoples Press which had been Yosu Daily News
First edition, 24 October 1948
Published by the Yosu Peoples Committee
Editor: Pak Chai Young

CALL FOR ALL PATRIOTIC PEOPLE (Head) OUR DEAR BRETHREN (Subhead)

This article written by soldiers committee which refused to go to Cheju Do:

"We are sons of Korean people. We are sons of laborers and farmers. We know our aims that we should protect our country from the aggression of foreign imperialism and also to dedicate our lives for the goodness and right of the people.

"In spite of that, puppets Syngman Rhee, Kim Sung Soo and Lee Bum Suk and their followers who are loyal to the Americans are going to sell our nation to join with American imperialism and finally they counterfeited a separate government which means selling our country.

"They are going to divide our land and colonize South Korea for the Americans and also sell our people and our national land to Americans as American servant. In such way they made an agreement so-called Korean-American agreement which is more shameful than the agreement made between Korea and Japan (In 1907 Korean king was forced to abdicate in favor of his son and Japan and Korea signed an agreement under which all international affairs in Korea were brought under control of the Japanese Resident General in Korea.).

"Dear Brethren---If you are real Koreans, how can you endure your anger for these activities fostered by these reactionary groups?

"All Koreans arise and fight against these acts. The people in Cheju Do started to fight against such acts in April. Still, the foes of our people such as Syngman Rhee and Lee Bum Suk, joining with the Americans, compel us to go down to Cheju Do to fight with our patriotic people who are dedicating their lives for the independence of our fatherland, fighting with the Americans and these evil groups which are going to murder all patriotic people.

"All patriotic brethren! We sons of the Korean people refuse to murder our brethren and would not agree to the plan to send us to Cheju Do. We arise to become the real Korean People's Army for the benefit and happiness of the Korean people.

"Dear Brethren! We promise you that we will fight for the benefit of the Korean people and the achievement of real independence.

"Patriots! We are calling for you to rise with us to concentrate our patriotic minds to attain truth and right and also

we call for/

- 1 -

We shall [illegible] fight until the end for our people and our independence.

"This is our two-point program: 1--Oppose to the death any killing of our brothren. 2--Get out Americans, from here."

Down the middle of the sheet ran the headline:

GIVE THE GREATEST HONOR TO THE HEROIC STRIFE OF THE GREAT PEOPLES ARMY

Message of Appreciation to the Officials and Soldiers of the Great Peoples Army by the Yosu Peoples Mass Meeting:

"Our people's Army refused to go to Cheju Do which meant the slaying of our brothren by Syngman Rhee, Lee Bum Suk and the Americans.

"By the arising of the heroic strife of the officers and soldiers of the People's Army, refusing the order to go to Cheju Do which meant killing of our brethren--scheduled by Syngman Rhee, Lee Bum Suk and the Americans--the foes of the people, watchdogs of the puppet Syngman Rhee separate government, bad police and reactionaries, were purged and all the bad administration of Yosu was handed over to the people of Yosu.

"We, the people of Yosu, offer greatest honor to these heroic strife of the officers and soldiers of the People's Army and reveal our deepest appreciation.

"From now on, we will bind ourselves together around our clever leader, Premier Kim Il Sung and we promise to fulfill our duties to keep the result brought about by the great uprising.

"This is our two point program: 1.--Long live the Greatest People's Army. 2.--Long live the Democratic People's Republic."

Congratulatory messages on the uprising from Moon Sung Rhee, representative of the Yosu county Committee of the South Korean Communist Labor Party; Hong Ki Whan, of the Yosu District Laborer's Federation; Kim In Ok, representative of the Democratic Students Alliance of Yosu. (Their congratulations were about the same as the message above).

RESOLUTION ADOPTED AT PEOPLES MASS MEETING IN YOSU ON OCTOBER 20:

"1--From today all the agencies of administration are handed over to the People's Committee. 2--We promise we will protect and dedicate our loyalty to the Korean Peoples Republic which is the only one, unified, national government. 3--We promise to break down the Syngman Rhee separate government which is going to sell our country as a whole to the American imperialists. 4--We will bring all

democratic/

democratic improvements in practice, such as taking up and distributing land without payment. [illegible] existing undemocratic laws which would result in colonization of South Korea for American imperialism will be abolished. (Purge completely all pro-Japanese National Traitors and Bad Police.

Paper said 14th regiment commander had been captured. (He actually escaped)

Another story said three unidentified submarines surfaced off Yosu early October 20th and fired a machinegun burst, "probably as a signal to the People's Army". Same story said another sub appeared later in the morning "flying the people's Republic flag".

Lee Yong Kee made opening address at People's Mass Meeting October 20th. He gave same lines as in above stories, with a little more emphasis on "liberation of all people who were living under the muscle-chilling tyranny of the police". Army rebels spoke about three years' fight against "American imperialism and oppression".

Five chairmen of People's Committee: LEE Yong Kee; PAK Chai Young; KIM Kwee Young; MOON Sung Hwee; YU Mok.

Paper carried ads by front organizations of women, youth, and labor alliances.

Enclosure No. 2 to despatch No. [illegible], November 1, 1948, Seoul, Korea, "Review of and Observations on the Yosu Rebellion".

(TRANSLATION)

General SONG Ho's Proclamation

To all the soldiers and officials in the area of the Cholla provinces:

To my dear soldiers and army officials:

The Commander-in-Chief whom you have been waiting for has come here now, and is here with you.

Now, I myself stand in the front lines with my real national army to induce, by any means, the rebellious elements to return to the right path.

Now I see that the soldiers and officers in the Cholla provinces should carry on their sacred duties of punishing this unexpected rebellion of our soldiers with our sabres and guns of justice.

Look! The rebellious soldiers and the leftist rioters in the 14th Regiment have been completely surrounded at last. You soldiers and officials in the Cholla provinces should perform your duties in accordance with orders. Take heed of those foolish rebellious soldiers who have been wounded or killed.

I know that none of our soldiers or officers whose hearts are burning with the spirit of the national army desire to kill their fellow countrymen. If any of the rebellious comrades return, you should take their hands in friendship and bring them back to our side; on the other hand, you should realize that you should severely punish those who remain rebels to the end.

The time has already passed for generosity in the treatment of the vicious rebels who intended to cause riots among the people by fraudulent instigation which would destroy our national army.

You soldiers and officers know why I am standing in the front lines in the Cholla provinces.

The real patriotism of our fighting men should be revealed at this time.

I know that our soldiers and officers will do their best to quell this uprising. Therefore I make this proclamation to all.

Commander-in-Chief
Brigadier General SONG Ho Song

찾아보기

인명 · 지명

【ㄴ】

【ㄷ】

【ㄹ】

【ㅁ】

【ㅂ】

【ㅊ】

【ㅋ】

【ㅌ】

사항

지은이

김득중(金得中)

1965년 경기도 양평에서 태어났다. 유신체제하에서 국민학교를 다녔고, 중학교 때 어느 날 라디오에서 광주항쟁이 일어났다는 뉴스를 들었지만, 정치에 민감하지는 않았던 것 같다. 성균관대학교에 입학하여 열심히 공부하고 열심히 놀고 싶었지만, 그러지 못했다.

성균관대학교 대학원에 들어와 한국 현대사를 공부했으며, 「제헌국회의 구성과정과 성격」으로 석사학위를 취득했다. 그 뒤 『여순사건과 이승만반공체제의 구축』으로 문학박사학위를 받았다. 현재 국사편찬위원회 편사연구사로 재직 중이며, 한국제노사이드연구회 운영위원장을 맡고 있다.

논문으로는 「여순사건에 대한 언론보도와 반공담론의 창출」, 「여순사건의 성격」, 「민간인학살 기록현황과 수집 · 관리방안」, 「1980년대 민중의 발견과 민중사학의 성과와 한계」 등이 있다. 저서로는 『죽엄으로써 나라를 지키자』(공저)가 있다.

최근에는 한국전쟁 전후에 발생한 민간인 학살, 제1공화국의 법률과 사법체제 등에 관심을 갖고 연구 중이다.